严格依据
全新考试大纲编写

会计专业技术资格考试专用教材（下册）

经济法基础

JINGJI FA JICHU

会计资格考试教材编写组 编

北京理工大学出版社
BEIJING INSTITUTE OF TECHNOLOGY PRESS

图书在版编目（CIP）数据

经济法基础／会计资格考试教材编写组编．—北京：北京理工大学出版社，2017.5（2017.12 重印）

会计专业技术资格考试专用教材．下册

ISBN 978－7－5682－4018－5

Ⅰ．①经… Ⅱ．①会… Ⅲ．①经济法－中国－资格考试－教材 Ⅳ．①D922．29

中国版本图书馆 CIP 数据核字（2017）第 099990 号

出版发行／北京理工大学出版社有限责任公司
社　　址／北京市海淀区中关村南大街 5 号
邮　　编／100081
电　　话／（010）68914775（总编室）
　　　　　（010）82562903（教材售后服务热线）
　　　　　（010）68948351（其他图书服务热线）
网　　址／http：//www.bitpress.com.cn
经　　销／全国各地新华书店
印　　刷／三河市众誉天成印务有限公司
开　　本／787 毫米×1092 毫米　1／16
印　　张／18
字　　数／461 千字
版　　次／2017 年 5 月第 1 版　2017 年 12 月第 2 次印刷
定　　价／99.00 元（共两册）

责任编辑／陈莉华
文案编辑／陈莉华
责任校对／周瑞红
责任印制／边心超

Preface 前言

全国会计专业技术资格考试是由财政部、人力资源和社会保障部共同组织实施的全国统一考试，分为初级、中级和高级三个级别。其中初级会计专业技术资格考试科目为《初级会计实务》和《经济法基础》，答题形式为客观题，包括单项选择题、多项选择题、判断题和不定项选择题。参加初级资格考试的人员必须在一个考试年度内通过全部科目的考试。

为了满足广大考生和各地会计管理机构的需求，帮助考生顺利通过初级会计专业技术资格考试，我们组织了一批长期从事会计专业技术资格考试教学研究、同时具有深厚理论功底及实务操作经验的专家和老师，按照2018版《初级会计专业技术资格考试大纲》的要求和新颁布的法律法规，精心编写了这套“会计专业技术资格考试专用教材”。本套教材包括《初级会计实务》和《经济法基础》两册。编者在教材编写过程中紧贴最新考试大纲，精益求精。在内容上，融合初级会计专业技术资格考试的最新发展趋势，突出“内容为王，品质最优”的指导思想；在结构上，力争做到层级分明，脉络清晰。与其他同类教材相比，本套教材具有以下特色：

★考情点拨——明确章节所占分值，列明学习重点

在每章的开篇专家都给予了考生本章的考情点拨，明确本章每年考试所占分值，并将本章的重点、难点一一列出，使考生有的放矢、高效备考。

★考试要求 & 命题频率——整体把握知识点，了解考试题型

在大部分知识点的开始告知考生其考试要求和考试频率，使考生对各知识点的考查频率、命题形式一目了然，做到心中有数。

★扫码听课——直击重难点，高效备考

针对部分考试重难点，教材中配以环球网校录制的初级会计职称考试微课，学生通过扫码听课，可以在老师的带领下透彻研究考试难点，使备考达到事半功倍的效果。

★经典例题——巩固考点，强化记忆

在考点之后配以“经典例题”，实现理论与实战相结合，帮助考生快速掌握考试重点，抓住命题规律和趋势，准确把握复习方向。

由于编者水平有限、编写时间仓促，本书在内容上难免有不妥和疏漏之处，恳请广大读者朋友多提宝贵意见，以便我们及时改正，把本书做得更好。

最后，预祝各位考生顺利通过考试，轻松取得初级会计专业技术资格证书！

会计资格考试教材编写组

目　录 CONTENTS

第 1 章　总　论

第 2 章　会计法律制度

第 3 章　支付结算法律制度

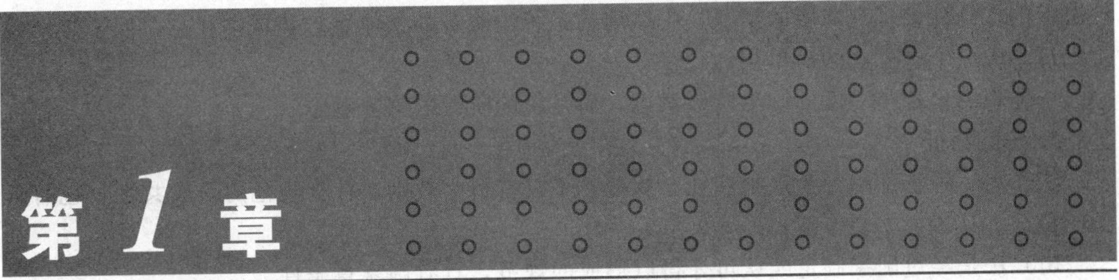

第1章 总论

考情点拨
KAOQINGDIANBO

本章在以往的考试中所占分值约为10分。本章重点较多，其中死记硬背的多，需要理解的少，复习难度大。复习时重点掌握法和法律、法律关系；全面推进依法治国的主要内容；仲裁与民事诉讼；行政复议与行政诉讼；法律事实的形式和分类；法律责任与法律责任的种类、法律部门与法律体系、经济纠纷的解决途径。

第一节 法律基础

一、法和法律

考试要求：掌握
命题频率：2014年多选题；2015年判断题

（一）法和法律的概念

1. 法的概念

一般来说，法是由国家制定或认可，以权利义务为主要内容，由国家强制力保证实施的社会行为规范及其相应的规范性文件等的总称。

2. 法律的概念

狭义的法律指拥有立法权的国家机关（国家立法机关）依照法定权限和程序制定颁布的规范性文件。

广义的法律指法的整体，即国家制定或认可，并由国家强制力保证实施的各种行为规范的总和。

（二）法的本质与特征

1. 法的本质

法是统治阶级的国家意志的体现，即法的本质。

法不是超阶级的产物，不是社会各阶级的意志都能体现为法，法只能是统治阶级意志的体现。

法所体现的统治阶级的意志，不是随心所欲、凭空产生的，而是由统治阶级的物质生活条件决定的，是社会客观需要的反映。它体现的是统治阶级的整体意志和根本利益，而不是统治阶级每个成员个人意志的简单相加。

法体现的也不是一般的统治阶级意志，而是统治阶级的国家意志。

2. 法的特征

法作为一种特殊的行为规则和社会规范，不仅有行为规则、社会规范的一般共性，也有自己的特征。其特征主要包括：

（1）法是经过国家制定或认可才得以形成的规范，具有国家意志性。

（2）法凭借国家强制力的保证而获得普遍遵行的效力，具有国家强制性。

（3）法是确定人们在社会关系中的权利和义务的行为规范，具有规范性。

（4）法是明确而普遍适用的规范，具有明确公开性和普遍约束性。

经典例题
JINGDIANLITI

下列关于法的本质与特征的表述中，正确的有（　　）。

A. 法由统治阶级的物质生活条件所决定

B. 法体现的是统治阶级的整体意志和根本利益

C. 法是由国家制定或认可的行为规范

D. 法由国家强制力保障实施

【答案】 ABCD

【解析】 AB选项属于法的本质，CD选项属于法的特征。

二、法律关系

考试要求： 掌握

命题频率： 2014年多选题；2015年单选题、多选题、判断题；2016年单选题

（一）法律关系的概念

法律关系是指被法律规范所调整的权利与义务关系，如合同买卖关系。

法律关系包括民法关系、行政法关系、经济法关系等。

（二）法律关系的要素

法律关系是由法律关系的主体、法律关系的内容和法律关系的客体三个要素构成的。只有三个要素同时具备，才能构成法律关系；否则就不能构成法律关系。

1. 法律关系的主体

（1）法律关系主体的概念。

法律关系主体指参加法律关系，依法享有权利和承担义务的当事人。任何一个法律关系至少要有两个主体。

（2）法律关系主体的种类。

依法能够参与法律关系的主体包括以下几类：

①自然人（公民）。

自然人既包括中国公民，也包括居住在中国境内或在中国境内活动的外国公民和无国籍人。

②组织（法人和非法人组织）。

法人组织主要包括：营利法人，包括有限责任公司、股份有限公司和其他企业法人等；非营利法人，包括事业单位、社会团体、基金会、社会服务机构等；特别法人，包括机关法人、农村集团经济组织法人、城镇农村的合作经济组织法人、基层群众性自治组织法人。

非法人组织包括个人独资企业、合伙企业、不具有法人资格的专业服务机构等。

③国家。

在国内，国家是国家财产所有权唯一和统一的主体；在国际上，国家则是国际公法关系的主体。

（3）法律关系的主体资格。

法律关系的主体资格包括以下两个方面：

①权利能力。

权利能力就是自然人或组织能够成为法律关系主体的资格。

②行为能力。

法人的行为能力和权利能力是一致的，同时产生、同时消灭。而自然人的行为能力不同于其权利能力，具有行为能力必须首先具有权利能力，但具有权利能力并不必然具有行为能力。我国将自然人民事行为能力划分为以下三类：

一是完全行为能力人。

民法上，18 周岁以上的自然人是成年人，具有完全民事行为能力，可以独立进行民事活动，视为完全民事行为能力人；16 周岁以上的未成年人，以自己的劳动收入为主要生活来源的，视为完全民事行为能力人。

二是限制行为能力人。

民法上，8 周岁以上的未成年人，不能完全辨认自己行为的成年人为限制行为能力人。

三是无行为能力人。

民法上，不满 8 周岁的未成年人，8 周岁以上的未成年人不能辨认自己行为的，不能辨认自己行为的成年人为无民事行为能力人。

2. 法律关系的内容

法律关系的内容指法律关系的主体所享有的权利和承担的义务。

法律权利是指法律关系主体依法享有的权益，包括行为权、请求权和获得法律保护权。

法律义务指法律关系主体依照法律规定所担负的必须作出某种行为或者不得作出某种行为的负担或约束。

义务主体必须作出某种行为称为积极义务，如纳税、服兵役等。

义务主体不得作出某种行为称为消极义务，如不得毁坏公共财物、不得侵害他人生命健康权等。

3. 法律关系的客体

（1）法律关系客体的概念。

法律关系客体指法律关系主体的权利和义务所指向的对象。

（2）法律关系客体的种类。

一般认为，法律关系的客体主要包括物、人身人格、非物质财富和行为四大类。

①物。

物包括自然物、人造物、货币及有价证券。

自然物，如土地、矿藏、水流、森林；人造物，如建筑、机器、各种产品等。

物既可以是有体物也可以是无体物。有体物既可以是固体形态的，也可以是没有固体形态的，如天然气、电力等。无体物，如权利、数据信息等。

②人身、人格。

作为人，不可或缺的两个要素为人身和人格。它们分别代表人的物质形态和精神利益。这一不可或缺性体现在：一方面，人身和人格是生命权、身体权、健康权、姓名权、肖像权、名誉权、荣誉权、隐私权、婚姻自主权等人身权指向的客体；另一方面，人身和人格又是禁止非法拘禁他人、禁止对犯罪嫌疑人刑讯逼供、禁止侮辱或诽谤他人、禁止卖身为奴、禁止卖淫等法律义务所指向的客体。

③非物质财富。

非物质财富，包括知识产品和荣誉产品。

知识产品也称智力成果，如著作、商标、发明、外观设计等。

智力成果不是物，但通常有物质载体，如书籍、图册、录像、录音等。

荣誉产品如荣誉称号、嘉奖表彰等。

④行为（行为结果）。

作为法律关系的客体不是指人们的一切行为，而是指法律关系的主体为达到一定目的所进行的作为（积极行为）或不作为（消极行为），如生产经营行为、经济管理行为、完成一定工作的行为和提供一定劳务的行为等。

保管合同中的客体为保管行为而非保管物，旅客运输合同的客体为运输旅客的行为而非旅客。

经典例题
JINGDIANLITI

1. 下列选项中，属于法律关系客体的有（　　）。

A. 土地　　B. 矿藏　　C. 机器　　D. 发明

【答案】ABCD

【解析】ABC选项属于法律关系客体中的物，D选项属于法律关系客体中的非物质财富。

2. 下列各项中，属于法律关系主体的有（　　）。

A. 国有企业　　B. 集体企业　　C. 合伙企业　　D. 个人独资企业

【答案】ABCD

【解析】ABCD选项均属于“机构和组织”，属于法律关系的主体。

3. 根据民事法律制度的规定，达到一定年龄阶段，以自己的劳动收入为主要生活来源的自然人，应视为完全民事行为能力人。该年龄阶段为（　　）。

A. 16周岁以上不满18周岁　　B. 18周岁以上

C. 10周岁以上不满18周岁　　D. 不满10周岁

【答案】A

【解析】民法将16周岁以上不满18周岁的自然人，以自己的劳动收入为主要生活来源的，视为完全民事行为能力人。

三、法律事实

考试要求：掌握

命题频率：2014年单选题、多选题；2015年单选题、多选题、判断题；2016年单选题、多选题

法律事实指能够直接引起法律关系发生、变更或者消灭的情况。

任何法律关系的发生、变更和消灭，都要有法律事实的存在。法律事实是法律关系发生、变更和消灭的直接原因。

按照是否以当事人的意志为转移作标准，可以将法律事实划分为法律事件和法律行为。

（一）法律事件

法律事件指不以当事人的主观意志为转移的，能够引起法律关系发生、变更和消灭的法定情况或者现象，包括自然现象和社会现象。

自然现象如地震、洪水、台风、森林大火等自然灾害或者生老病死、意外事故等；社会现象如社会革命、战争、重大政策的改变等。这两种事件对于特定的法律关系主体（当事人）而言，都是不可避免，不以当事人的意志为转移的，具有不可抗力的特征。

自然灾害可引起保险赔偿关系的发生或合同关系的解除；人的出生可引起抚养关系、户籍管理关系的发生；人的死亡可引起抚养关系、婚姻关系、劳动合同关系的消灭，继承关系的发生。

自然现象引起的事实称为自然事件、绝对事件，社会现象引起的事实称为社会事件、相对事件。

（二）法律行为

法律行为是指以法律关系主体意志为转移，能够引起法律关系发生、变更和消灭的人们有意识的活动。其对应的是“非法律行为”，简言之，就是不具有法律意义的行为。

根据不同的标准，可以对法律行为作不同的分类。

1. 合法行为与违法行为

根据行为是否符合法律规范的要求，将法律行为分为合法行为与违法行为。

合法行为指行为人所实施的符合法律规范要求、能导致合法的法律后果的行为。

违法行为指行为人所实施的违反法律规范的要求、应承担不利的法律后果的行为。

2. 积极行为（作为）与消极行为（不作为）

根据行为的表现形式不同，将法律行为分为积极行为与消极行为。

积极行为是以积极、主动作用于客体的形式表现的、具有法律意义的行为。

消极行为指以消极的、抑制的形式表现的、具有法律意义的行为。

3. 意思表示行为与非表示行为

根据行为是否通过意思表示，将法律行为分为意思表示行为与非表示行为。

意思表示行为又叫表示行为，指行为人基于意思表示而作出的具有法律意义的行为。

非表示行为指非经行为者意思表示而是基于某种事实状态即具有法律效果的行为，如拾得遗失物、发现埋藏物等。

4. 单方行为与多方行为

根据主体意思表示的形式，将法律行为分为单方行为与多方行为。

单方行为指由法律主体一方的意思表示即可成立的法律行为，如遗嘱、行政命令等。

多方行为指由两个或两个以上的多方法律主体意思表示一致而成立的法律行为，如合同行为等。

5. 要式行为与非要式行为

根据行为是否需要特定形式或实质要件，将法律行为分为要式行为和非要式行为。

要式行为指必须具备某种特定形式或程序才能成立的法律行为。

非要式行为指无须特定形式或程序即能成立的法律行为。

6. 自主行为与代理行为

根据主体实际参与行为的状态，将法律行为分为自主行为和代理行为。

自主行为指法律主体在没有其他主体参与的情况下以自己的名义独立从事的法律行为。

代理行为指法律主体根据法律授权或其他主体的委托而以被代理人的名义所从事的法律行为。

经典例题
JINGDIANLITI

1. 下列各项法律事实中，属于法律事件的有（　　）。

   A. 设立公司　　B. 发生水灾　　C. 纳税人逃税　　D. 发生战争

   【答案】 BD

   【解析】 法律事件，是指不以当事人的主观意志为转移的，能够引起法律关系发生、变更和消灭的法定情况或者现象。BD 选项都是不以人的主观意志为转移的，故 BD 选项正确；AC 选项均以人的意志为转移，故 AC 选项不正确。

2. 甲公司与乙公司签订租赁合同，约定甲公司承租乙公司一台挖掘机，租期为 1 个月，租金为 1 万元。引起该租赁法律关系发生的法律事实是（　　）。

   A. 租赁的挖掘机　　B. 甲公司和乙公司

   C. 1 万元租金　　D. 签订租赁合同的行为

   【答案】 D

   【解析】 法律事实是指能够直接引起法律关系发生、变更或者消灭的情况。甲公司与乙公司只有签订租赁合同，才能从法律上确定租赁关系，形成法律事实。

3. 根据民事法律制度的规定，属于法律行为的有（　　）。

   A. 订立合同　　B. 销售货物

   C. 发生海啸　　D. 签发支票

   【答案】 ABD

   【解析】 法律行为是指以法律关系主体意志为转移，能够引起法律关系发生、变更和消灭的人们有意识的活动，比如签订合同、签发票据、销售货物的行为。

四、法的形式和分类

考试要求： 掌握

命题频率： 2014 年单选题、多选题；2015 年单选题；2016 年判断题

（一）法的形式

1. 我国法的主要形式

（1）宪法。

宪法由国家最高立法机关即全国人民代表大会制定，是国家的根本大法，具有最高的法律效力。

（2）法律。

法律是由全国人民代表大会及其常务委员会经一定立法程序制定颁布的规范性文件。法律通常规定和调整国家、社会和公民生活中某一方面根本性的社会关系或基本问题。其法律效力和地位仅次于宪法，是制定其他规范性文件的依据。

（3）行政法规。

行政法规是由国务院在法定职权范围内制定、发布的规范性文件，通常冠以条例、办法、

规定等名称，如国务院令第287号发布的《企业财务会计报告条例》。

行政法规的地位次于宪法和法律，高于地方性法规、规章。

（4）地方性法规、自治条例和单行条例。

省、自治区、直辖市的人民代表大会及其常务委员会根据本行政区域的具体情况和实际需要，在不与宪法、法律、行政法规相抵触的前提下，可以制定地方性法规。

地方性法规的效力高于本级和下级地方政府规章。

（5）特别行政区的法。

全国人民代表大会制定的特别行政区基本法以及特别行政区依法制定并报全国人民代表大会常务委员会备案的、在该特别行政区内有效的规范性法律文件，属于特别行政区的法。

（6）规章。

国务院各部、委员会、中国人民银行、审计署和具有行政管理职能的直属机构，可以根据法律和国务院的行政法规、决定、命令，在本部门的权限范围内，制定部门规章。其地位低于宪法、法律、行政法规，不得与它们相抵触。

地方政府规章除不得与宪法、法律和行政法规相抵触外，还不得与上级和同级地方性法规相抵触。部门规章之间、部门规章与地方政府规章之间具有同等效力，在各自的权限范围内施行。

（7）国际条约。

国际条约属于国际法而不属于国内法的范畴。但国际条约具有与国内法同样的拘束力，因而也是我国法的形式之一。

2. 法律效力等级及其适用规则

（1）上位法优于下位法，包括：宪法具有最高的法律效力；法律的效力高于行政法规、地方性法规、规章；行政法规的效力高于地方性法规、规章；地方性法规的效力高于本级和下级地方政府规章；省、自治区的人民政府制定的规章的效力高于本行政区域内的设区的市、自治州的人民政府制定的规章。

（2）同一机关制定的法律、行政法规、地方性法规、自治条例和单行条例、规章，特别规定与一般规定不一致的，特别法优于一般法；新的规定与旧的规定不一致的，新法优于旧法。

（3）自治条例和单行条例依法对法律、行政法规、地方性法规作变通规定的，在本自治地方优先适用自治条例和单行条例的变通规定。经济特区法规根据授权对法律、行政法规、地方性法规作变通规定的，在经济特区优先适用经济特区法规的变通规定。

（4）法律之间对同一事项的新的一般规定与旧的特别规定不一致时，由全国人民代表大会常务委员会裁决。

行政法规之间对同一事项的新的一般规定与旧的特别规定不一致时，由国务院裁决。

地方性法规、规章之间不一致时，由有关机关依照规定的权限作出裁决。

同一机关制定的新的一般规定与旧的特别规定不一致时，由制定机关裁决。

地方性法规与部门规章之间对同一事项的规定不一致时，由国务院提出意见，国务院认为应当适用地方性法规的，应当决定在该地方适用地方性法规的规定，认为应当适用部门规章的，应当提请全国人民代表大会常务委员会裁决。

部门规章之间、部门规章与地方政府规章之间对同一事项的规定不一致时，由国务院裁决。

根据授权制定的法规与法律不一致时，由全国人民代表大会常务委员会裁决。

(二) 法的分类

1. 成文法和不成文法

根据法的创制方式和发布形式，将法分为成文法和不成文法。

成文法指有权制定法律的国家机关，依照法定程序所制定的具有条文形式的规范性文件。

不成文法也称习惯法，指国家机关认可的、不具有条文形式的习惯。

2. 根本法和普通法

根据法的内容、效力和制定程序，将法分为根本法和普通法。

根本法就是宪法，具有最高的法律效力，是普通法立法的依据。

普通法泛指宪法以外的所有法律，效力低于宪法。

3. 实体法和程序法

根据法的内容，将法分为实体法和程序法。

实体法指从实际内容上规定主体的权利和义务的法律，如民法、刑法、劳动法、行政法等。

程序法指为了保障实体权利和义务的实现而制定的关于程序方面的法律，如刑事诉讼法、民事诉讼法、行政诉讼法等。

4. 一般法和特别法

根据法的空间效力、时间效力或对人的效力，将法分为一般法和特别法。

一般法指在一国领域内对一般公民、法人、组织和一般事项都普遍适用的法律，如宪法、民法、刑法、民事诉讼法、刑事诉讼法等。

特别法指只在一国的特定地域内或只对特定主体或在特定时期内或对特定事项有效的法律。

5. 国际法和国内法

根据法的主体、调整对象和渊源，将法分为国际法和国内法。

国际法的主体主要是国家，渊源主要是国际条约和各国公认的国际惯例。

国内法的主体主要是该国的公民和社会组织，渊源主要是制定国立法机关颁布的规范性文件。

6. 公法和私法

根据法律运用的目的，将法分为公法和私法。公法包括宪法、行政法、刑法、诉讼法等。私法包括民法、商法等。

经典例题
JINGDIANLITI

1. 下列法的形式中，由全国人民代表大会及其常务委员会经一定立法程序制定颁布的规范性文件是（　　）。

A. 宪法　　B. 行政法规　　C. 法律　　D. 行政规章

【答案】 C

【解析】 宪法由全国人民代表大会制定，故A选项不正确；行政法规由国务院制定，故B选项不正确；法律由全国人民代表大会及其常务委员会经一定立法程序制定颁布，故C选项正确；行政规章是国务院各部委，省、自治区、直辖市人民政府及其所在地的市和国务院批准的较大的市以及某些经济特区市的人民政府，在其职权范围内依法制定、发布的规范性文件，故D选项不正确。

2. 下列法的形式中，效力最低的是（　　）。

A. 法律　　B. 行政法规

C. 地方性法规　　D. 宪法

【答案】 C

【解析】 法律效力：宪法＞法律＞行政法规＞地方性法规＞同级地方政府规章，故 C 选项正确。

3. 下列对法所作的分类中，以法的创制方式和发布形式为依据进行分类的是（　　）。

A. 成文法和不成文法　　B. 根本法和普通法

C. 实体法和程序法　　D. 一般法和特别法

【答案】 A

【解析】 根据法的创制方式和发布形式，可以将法分类为成文法和不成文法，故只有 A 选项正确。

4. 下列对法所作的分类中，以法的空间效力、时间效力或对人的效力进行分类的是（　　）。

A. 成文法和不成文法　　B. 根本法和普通法

C. 一般法和特别法　　D. 实体法和程序法

【答案】 C

【解析】 一般法和特别法是根据法的空间效力、时间效力或对人的效力所作的分类，故只有 C 选项正确。

五、法律部门与法律体系

考试要求： 熟悉

（一）法律部门与法律体系的概念

法律部门又称部门法，指根据一定标准和原则所划定的同类法律规范的总称。划分的标准：首先是法律调整的对象，即法律调整的社会关系；其次是法律调整的方法。

一个国家现行的法律规范分类组合为若干法律部门，由这些法律部门组成的具有内在联系的、互相协调的统一整体，称为法律体系。

（二）我国现行的法律部门与法律体系

我国现行法律体系大体可以划分为以下七个主要的法律部门。

1. 宪法与宪法相关法

宪法是国家的根本法，宪法相关法是与宪法相配套、直接保障宪法实施的法律规范的总和。

2. 民法商法

民法商法，又称民商法，是规范民事、商事活动的法律规范的总和。民法是调整平等主体的自然人之间、法人之间、自然人和法人之间的财产关系和调整公民人身关系的法律规范的总和，主要包括自然人制度、法人制度、代理制度、物权制度、债权制度、知识产权制度、人身权制度、婚姻制度、亲属和继承制度等。商法是调整平等主体的自然人、法人之间商事关系的法律规范的总和，主要包括公司、破产、证券、期货、保险、票据、海商等方面的法律。

3. 行政法

行政法是调整国家行政管理活动的法律规范的总和，主要包括有关行政管理主体、行政行为、行政程序、行政监督以及公务员制度等方面的法律规范。行政法调整的是行政机关与行政管理人（公民、法人和其他组织）之间因行政管理活动而发生的社会关系。

4. 经济法

经济法是调整因国家从社会整体利益出发对市场经济活动实行干预、管理、调控所产生的法律关系的法律规范的总和。

5. 社会法

社会法是调整劳动关系、社会保障和社会福利关系的法律规范的总和。

6. 刑法

刑法是规范犯罪、刑事责任和刑罚的法律规范的总和。

7. 诉讼及非诉讼程序法

诉讼及非诉讼程序法是规范解决社会纠纷的诉讼活动和非诉讼活动的法律规范的总和，包括民事诉讼、刑事诉讼、行政诉讼和仲裁、调解等方面的法律。

第二节 经济纠纷的解决途径

一、经济纠纷的概念与解决途径

考试要求：了解

（一）经济纠纷的概念

经济纠纷是指市场经济主体之间因经济权利和经济义务的矛盾而引起的权益争议。

（二）经济纠纷的解决途径

在我国，解决经济纠纷的途径和方式主要有仲裁、民事诉讼、行政复议、行政诉讼。

仲裁和民事诉讼适用于解决平等民事主体的当事人之间发生的经济纠纷。行政复议和行政诉讼适用于解决行政管理相对人和行政机关之间发生的经济纠纷。

经典例题
JINGDIANLITI

甲公司长期拖欠乙公司货款，双方发生纠纷，期间一直未约定纠纷的解决方式，为解决该纠纷，乙公司可采取的法律途径是（　　）。

A. 提起行政诉讼

B. 提请仲裁

C. 提起民事诉讼

D. 申请行政复议

【答案】 C

【解析】 因为甲乙双方均不是行政机关，所以不适合行政复议和行政诉讼，故AD选项不正确；甲乙是平等民事主体的当事人，因此甲乙之间发生的经济纠纷，只能在仲裁或者民事诉讼两种方式中选择一种解决争议，但是当事人之间一直未约定纠纷的解决方式，暗示双方之间没有仲裁协议，故B选项不正确。用排除法可知C选项正确。

二、仲裁

考试要求：掌握
命题频率：2014 年单选题、多选题；2015 年单选题；2016 年多选题

（一）仲裁的概念和特征

1. 仲裁的概念

仲裁是指由经济纠纷的各方当事人共同选定仲裁机构，对纠纷依法定程序作出具有约束力的裁决的活动。

2. 仲裁的特征

仲裁具有以下三个要素或者特征：

（1）仲裁的基础为双方当事人自愿协商。

（2）仲裁由双方当事人自愿选择的中立第三者（仲裁机构）进行裁判。

（3）仲裁裁决对双方当事人都具有约束力。

（二）仲裁的适用范围

（1）平等主体的公民、法人和其他组织之间发生的合同纠纷和其他财产权益纠纷适用仲裁。

（2）不能提请仲裁的纠纷包括：

①婚姻、收养、监护、扶养、继承纠纷。

②依法应当由行政机关处理的行政争议。

（3）不属于《仲裁法》所规定的仲裁范围，而由别的法律予以调整的有：

①劳动争议的仲裁。

②农业集体经济组织内部的农业承包合同纠纷的仲裁。

（三）仲裁的基本原则

（1）自愿原则。

当事人采用仲裁方式解决纠纷，应当双方自愿，达成仲裁协议。若没有仲裁协议，即使一方申请仲裁，仲裁委员会仍应不予受理。

（2）依据事实和法律，公平合理地解决纠纷的原则。

仲裁要以事实为根据、法律为准绳，在法律没有规定或者规定不完备的情况下，仲裁庭可以按照公平合理的原则来解决纠纷。

（3）独立仲裁原则。

仲裁机关依法独立进行仲裁，不受任何行政机关、社会团体和个人的干涉。

（4）一裁终局原则。

一裁终局，即仲裁庭作出的仲裁裁决为终局裁决。裁决作出后，当事人就同一纠纷再申请仲裁或者向人民法院起诉的，仲裁委员会或者人民法院不予受理。

（四）仲裁机构

仲裁机构主要是指仲裁委员会。

仲裁委员会不按行政区划层层设立。仲裁委员会独立于行政机关，与行政机关没有隶属关系。仲裁委员会之间也没有隶属关系。

(五) 仲裁协议

1. 仲裁协议的概念

仲裁协议指双方当事人自愿把他们之间可能发生或者已经发生的经济纠纷提交仲裁机构裁决的书面约定。

仲裁协议应当以书面形式订立，口头达成仲裁的意思表示无效。

2. 仲裁协议的内容

仲裁协议应当具有下列内容：

(1) 请求仲裁的意思表示。

(2) 仲裁事项。

(3) 选定的仲裁委员会。

3. 仲裁协议的效力

仲裁协议一经依法成立，即具有法律约束力。仲裁协议独立存在，合同的变更、解除、终止或者无效，不影响仲裁协议的效力。

当事人对仲裁协议的效力有异议的，可以请求仲裁委员会作出决定或者请求人民法院作出裁定。一方请求仲裁委员会作出决定，另一方请求人民法院作出裁定的，由人民法院裁定。

当事人对仲裁协议的效力有异议的，应当在仲裁庭首次开庭前提出。

当事人达成仲裁协议，一方向人民法院起诉未声明有仲裁协议，人民法院受理后，另一方在首次开庭前提交仲裁协议的，人民法院应当驳回起诉，但仲裁协议无效的除外；另一方在首次开庭前未对人民法院受理该案提出异议的，视为放弃仲裁协议，人民法院应当继续审理。

(六) 仲裁裁决

1. 仲裁管辖

仲裁不实行级别管辖和地域管辖，仲裁委员会应当由当事人协议选定。

2. 仲裁庭组成

仲裁庭可以由 3 名或者 1 名仲裁员组成。由 3 名仲裁员组成的，设首席仲裁员，除当事人各自选定或者各自委托仲裁委员会主任指定 1 名仲裁员外，第 3 名仲裁员由当事人共同选定或者共同委托仲裁委员会主任指定，第 3 名仲裁员是首席仲裁员。当事人约定由 1 名仲裁员成立仲裁庭的，应当由当事人共同选定或者共同委托仲裁委员会主任指定。

3. 仲裁员回避情形

仲裁员有下列情形之一的，必须回避，当事人也有权提出回避申请：

(1) 是本案当事人或者当事人、代理人的近亲属。

(2) 与本案有利害关系。

(3) 与本案当事人、代理人有其他关系，可能影响公正仲裁的。

(4) 私自会见当事人、代理人，或者接受当事人、代理人的请客送礼的。

4. 仲裁形式

仲裁应当开庭进行。当事人协议不开庭的，仲裁庭可以根据仲裁申请书、答辩书以及其他材料作出裁决。

仲裁不公开进行。当事人协议公开的，可以公开进行，但涉及国家秘密的除外。

5. 当事人和解

当事人申请仲裁后，可以自行和解。

达成和解协议的，可以请求仲裁庭根据和解协议作出裁决书，也可以撤回仲裁申请。当事人达成和解协议，撤回仲裁申请后反悔的，可以根据仲裁协议申请仲裁。

6. 仲裁庭的调解

仲裁庭在作出裁决前，可以先行调解。

当事人自愿调解的，仲裁庭应当调解。调解不成的，应当及时作出裁决。调解达成协议的，仲裁庭应当制作调解书或者根据协议的结果制作裁决书。

调解书与裁决书具有同等法律效力。

调解书经双方当事人签收后，即发生法律效力。在调解书签收前当事人反悔的，仲裁庭应当及时作出裁决。

7. 仲裁裁决

仲裁庭不能形成多数意见时，裁决应当按照首席仲裁员的意见作出。裁决书自作出之日起发生法律效力。

当事人应当履行裁决。一方当事人不履行的，另一方当事人可以依照《民事诉讼法》的有关规定向人民法院申请执行。

经典例题
JINGDIANLITI

1. 根据《仲裁法》的规定，下列关于仲裁协议的表述，正确的有（　　）。

A. 仲裁协议一经依法成立，即具有法律约束力

B. 仲裁协议独立存在，合同的变更、解除、终止或无效，不影响仲裁协议的效力

C. 没有仲裁协议，一方申请仲裁，仲裁委员会可不予受理

D. 仲裁协议应以书面形式订立

【答案】 ABCD

【解析】 根据仲裁协议的效力可知 AB 选项表述正确；根据仲裁基本原则中的自愿原则可知 C 选项正确；仲裁协议应当以书面形式订立，口头达成仲裁的意思表示无效，故 D 选项表述正确。

2. 根据《仲裁法》的规定，下列各项中，属于仲裁协议必备内容的有（　　）。

A. 仲裁事项

B. 选定的仲裁委员会

C. 选定的仲裁员

D. 请求仲裁的意思表示

【答案】 ABD

【解析】 仲裁协议应当具有下列内容：①请求仲裁的意思表示；②仲裁事项；③选定的仲裁委员会。故 ABD 选项正确。选定的仲裁员不属于仲裁协议的必备内容，故 C 选项不正确。

三、民事诉讼

考试要求： 掌握
命题频率： 2014 年判断题、单选题；2015 年单选题、多选题

（一）民事诉讼的适用范围

平等主体当事人之间因财产关系和人身关系发生经济纠纷，可以提起民事诉讼，适用《民事诉讼法》解决纷争。

民事诉讼的适用范围包括：

(1) 因民法、婚姻法、收养法、继承法等调整的平等主体之间的财产关系和人身关系发生的民事案件，如合同纠纷、房产纠纷、侵害名誉权纠纷等案件。

(2) 因经济法、劳动法调整的社会关系发生的争议，法律规定适用民事诉讼程序审理的案件，如劳动合同纠纷案件等。

(3) 适用特别程序审理的选民资格案件和宣告公民失踪、死亡等非讼案件。

(4) 按照督促程序解决的债务案件。

(5) 按照公示催告程序解决的宣告票据和有关事项无效的案件。

(二) 审判制度

1. 合议制度

法院审理第一审民事案件，除适用简易程序、特别程序（选民资格案件及重大、疑难的案件除外）、督促程序、公示催告程序审理的民事案件由审判员一人独任审理外，一律由审判员、陪审员共同组成合议庭或者由审判员组成合议庭。

选民资格案件或者重大、疑难的案件，由审判员组成合议庭。法院审理第二审民事案件，由审判员组成合议庭。合议庭的成员，应当是 3 人以上的单数。

2. 回避制度

回避制度指参与某案件民事诉讼活动的审判人员、书记员、翻译人员、鉴定人、勘验人是案件的当事人或者当事人、诉讼代理人的近亲属，或者与案件有利害关系，或者与案件当事人、诉讼代理人有其他关系，可能影响对案件公正审理的，应当自行回避，当事人有权用口头或者书面方式申请他们回避。

上述人员接受当事人、诉讼代理人请客送礼，或者违反规定会见当事人、诉讼代理人的，当事人有权要求他们回避。

3. 公开审判制度

公开审判制度指法院的审判活动依法向社会公开的制度。

法院审理民事或行政案件，除涉及国家秘密、个人隐私或者法律另有规定的以外，应公开进行。离婚案件，涉及商业秘密的案件，当事人申请不公开审理的，可以不公开审理。

不论案件是否公开审理，一律公开宣告判决。

4. 两审终审制度

两审终审制度指一个诉讼案件经过两级法院审判后即终结的制度。

按照两审终审制，一个案件经第一审法院审判后，当事人如果不服，有权在法定期限内向上一级法院提起上诉，由该上一级法院进行第二审。二审法院的判决、裁定是终审的判决、裁定。

两审终审制度的例外有：

①适用特别程序、督促程序、公示催告程序和简易程序中的小额诉讼程序审理的案件，实行一审终审。

②最高人民法院所作的一审判决、裁定，为终审判决、裁定。

当事人对终审判决、裁定不得上诉，若发现终审裁判确有错误，可通过审判监督程序予以纠正。

(三) 诉讼管辖

管辖可以按照不同标准作多种分类，其中最重要、最常用的是级别管辖和地域管辖。

1. 级别管辖

大多数民事案件均归基层人民法院管辖。

2. 地域管辖

地域管辖分为一般地域管辖、特殊地域管辖和专属管辖等。此外，法律还规定了协议管辖、共同管辖和选择管辖的情形。

（1）一般地域管辖，也叫普通管辖。通常实行“原告就被告”原则，即由被告住所地法院管辖；被告住所地与经常居住地不一致的，由经常居住地人民法院管辖。

对不在中华人民共和国领域内居住、下落不明或者宣告失踪、被采取强制性教育措施或者被监禁的人提起的诉讼，由原告住所地人民法院管辖；原告住所地与经常居住地不一致的，由原告经常居住地人民法院管辖。

（2）特殊地域管辖，也称特别管辖。特殊地域管辖的诉讼规定如下：

①因合同纠纷提起的诉讼，由被告住所地或者合同履行地人民法院管辖。

②因保险合同纠纷提起的诉讼，由被告住所地或者保险标的物所在地人民法院管辖。

③因票据纠纷提起的诉讼，由票据支付地或者被告住所地人民法院管辖。

④因公司设立、确认股东资格、分配利润、解散等纠纷提起的诉讼，由公司住所地人民法院管辖。

⑤因铁路、公路、水上、航空运输和联合运输合同纠纷提起的诉讼，由运输始发地、目的地或者被告住所地人民法院管辖。

⑥因侵权行为提起的诉讼，由侵权行为地（包括侵权行为实施地、侵权结果发生地）或者被告住所地法院管辖。信息网络侵权行为实施地包括实施被诉侵权行为的计算机设备所在地，侵权结果发生地包括被侵权人住所地。因产品、服务质量不合格造成他人财产、人身损害提起的诉讼，产品制造地、产品销售地、服务提供地、侵权行为地和被告住所地人民法院均有管辖权。

⑦因铁路、公路、水上和航空事故请求损害赔偿提起的诉讼，由事故发生地或者车辆、船舶最先到达地、航空器最先降落地或者被告住所地人民法院管辖。

⑧因船舶碰撞或者其他海事损害事故请求损害赔偿提起的诉讼，由碰撞发生地、碰撞船舶最先到达地、加害船舶被扣留地或者被告住所地人民法院管辖。

⑨因海难救助费用提起的诉讼，由救助地或者被救助船舶最先到达地人民法院管辖。

⑩因共同海损提起的诉讼，由船舶最先到达地、共同海损理算地或者航程终止地的人民法院管辖。

（3）专属管辖。专属管辖的案件主要有三类：

①因不动产纠纷提起的诉讼，由不动产所在地人民法院管辖。

②因港口作业中发生纠纷提起的诉讼，由港口所在地人民法院管辖。

③因继承遗产纠纷提起的诉讼，由被继承人死亡时住所地或者主要遗产所在地人民法院管辖。

（4）协议管辖。

合同或者其他财产权益纠纷的当事人可以书面协议选择被告住所地、合同履行地、合同签订地、原告住所地、标的物所在地等与争议有实际联系的地点的人民法院管辖，但不得违反《民事诉讼法》对级别管辖和专属管辖的规定。

（5）共同管辖和选择管辖。

两个以上人民法院都有管辖权（共同管辖）的诉讼，原告可以向其中一个人民法院起诉

（选择管辖）；原告向两个以上有管辖权的人民法院起诉的，由最先立案的人民法院管辖。

（四）诉讼时效

1. 诉讼时效的概念

诉讼时效是指权利人在法定期间内不行使权利而失去诉讼保护的制度。

诉讼时效期间是指权利人请求法院或仲裁机关保护其民事权利的法定期间。

诉讼时效期间届满，权利人丧失的是胜诉权，并不消灭权利人的实体权利，债务人自愿履行的，不受诉讼时效限制。

2. 诉讼时效期间的具体规定

（1）普通诉讼时效期间。

根据《民法总则》的规定，向人民法院请求保护民事权利的诉讼时效期间为3年。法律另有规定的，依照其规定。

（2）最长诉讼时效期间。

诉讼时效期间，均从权利人知道或者应当知道权利被侵害以及义务人之日起计算。但是，从权利被侵害之日起超过20年的，人民法院不予保护。

3. 诉讼时效期间的中止

在诉讼时效期间的最后6个月内，因下列障碍，不能行使请求权的，诉讼时效中止：

（1）不可抗力。

（2）无民事行为能力人或者限制民事行为能力人没有法定代理人，或者法定代理人死亡、丧失民事行为能力、丧失代理权。

（3）继承开始后未确定继承人或者遗产管理人。

（4）权利人被义务人或者其他人控制。

（5）其他导致权利人不能行使请求权的障碍。

自中止时效的原因消除之日起满6个月，诉讼时效期间届满。

4. 诉讼时效的中断

有下列情形之一的，诉讼时效中断，从中断、有关程序终结时起，诉讼时效期间重新计算：

（1）权利人向义务人提出履行请求的。

（2）义务人同意履行义务的。

（3）权利人提起诉讼或者申请仲裁的。

（4）与提起诉讼或者申请仲裁具有同等效力的其他情形。

5. 不适用诉讼时效的情形

下列请求权不适用诉讼时效的规定：

（1）请求停止侵害、排除妨碍、消除危险。

（2）不动产物权和登记的动产物权的权利人请求返还财产。

（3）请求支付抚养费、赡养费或者扶养费。

（4）依法不适用诉讼时效的其他请求权。

（五）判决和执行

1. 调解

人民法院审理民事案件，根据当事人自愿的原则，在事实清楚的基础上，分清是非，进行调解。适用特别程序、督促程序、公示催告程序的案件，婚姻等身份关系确认案件以及其他根据案件性质不能调解的案件，不得调解。

2. 判决

当事人不服地方人民法院第一审判决的，有权在判决书送达之日起 15 日内向上一级法院提起上诉。最高人民法院的判决，以及依法不准上诉或者超过上诉期没有上诉的判决，是发生法律效力的判决。

第二审人民法院的判决是终审的判决，也就是发生法律效力的判决。

3. 执行

对于发生法律效力的民事判决、裁定，以及刑事判决、裁定中的财产部分，由第一审法院或者与第一审人民法院同级的被执行的财产所在地人民法院执行；法律规定由人民法院执行的其他法律文书，则由被执行人住所地或者被执行的财产所在地法院执行。

经典例题
JINGDIANLITI

1. 根据民事诉讼法律制度的规定，因港口作业发生的纠纷，享有管辖权的人民法院是（　　）。

A. 港口所在地人民法院　　B. 被告住所地人民法院

C. 原告住所地人民法院　　D. 原告住所地或者被告住所地人民法院

【答案】 A

【解析】 因港口作业中发生纠纷提起的诉讼属于诉讼管辖中的专属管辖，应由港口所在地法院管辖。

2. 诉讼时效期间届满，权利人丧失的是（　　）。

A. 上诉权　　B. 申诉权

C. 胜诉权　　D. 实体权利

【答案】 C

【解析】 诉讼时效期间届满，权利人丧失的是胜诉权，即丧失依诉讼程序强制义务人履行义务的权利，故 C 选项正确，ABD 选项不正确。

四、行政复议

考试要求： 掌握
命题频率： 2014 年多选题；2015 年判断题、多选题；2016 年多选题；2017 年单选题

（一）行政复议范围

公民、法人或者其他组织认为行政机关的具体行政行为侵犯其合法权益，符合《行政复议法》规定范围的，可以申请行政复议。

1. 可以申请行政复议的事项

有下列情形之一的，公民、法人或者其他组织可以申请行政复议：

（1）对行政机关作出的警告、罚款、没收违法所得、没收非法财物、责令停产停业、暂扣或者吊销许可证、暂扣或者吊销执照、行政拘留等行政处罚决定不服的。

（2）对行政机关作出的限制人身自由或者查封、扣押、冻结财产等行政强制措施决定不服的。

（3）对行政机关作出的有关许可证、执照、资质证、资格证等证书变更、中止、撤销的决

定不服的。

(4) 对行政机关作出的关于确认土地、矿藏、水流、森林、山岭、草原、荒地、滩涂、海域等自然资源的所有权或者使用权的决定不服的。

(5) 认为行政机关侵犯其合法的经营自主权的。

(6) 认为行政机关变更或者废止农业承包合同，侵犯其合法权益的。

(7) 认为行政机关违法集资、征收财物、摊派费用或者违法要求履行其他义务的。

(8) 认为符合法定条件，申请行政机关颁发许可证、执照、资质证、资格证等证书，或者申请行政机关审批、登记有关事项，行政机关没有依法办理的。

(9) 申请行政机关履行保护人身权利、财产权利、受教育权利的法定职责，行政机关没有依法履行的。

(10) 申请行政机关依法发放抚恤金、社会保险金或者最低生活保障费，行政机关没有依法发放的。

(11) 认为行政机关的其他具体行政行为侵犯其合法权益的。

2. 行政复议的排除事项

不能申请行政复议的事项：

(1) 不服行政机关作出的行政处分或者其他人事处理决定，可依照有关法律、行政法规的规定提出申诉。

(2) 不服行政机关对民事纠纷作出的调解或者其他处理，可依法申请仲裁或者向法院提起诉讼。

(二) 行政复议申请和受理

公民、法人或者其他组织认为具体行政行为侵犯其合法权益的，可以自知道该具体行政行为之日起 60 日内提出行政复议申请；但是法律规定的申请期限超过 60 日的除外。

申请人申请行政复议，可以书面申请，也可以口头申请。

公民、法人或者其他组织向人民法院提起行政诉讼，人民法院已经依法受理的，不得申请行政复议。

行政复议机关受理行政复议申请，不得向申请人收取任何费用。

行政复议期间具体行政行为不停止执行。但是，有下列情形之一的，可以停止执行：

①被申请人认为需要停止执行的。

②行政复议机关认为需要停止执行的。

③申请人申请停止执行，行政复议机关认为其要求合理，决定停止执行的。

④法律规定停止执行的。

(三) 行政复议参加人和行政复议机关

1. 行政复议参加人

行政复议参加人包括申请人、被申请人和第三人。

申请行政复议的公民、法人或者其他组织是申请人，作出具体行政行为的行政机关是被申请人。同申请行政复议的具体行政行为有利害关系的其他公民、法人或者其他组织，可以作为第三人参加行政复议。

2. 行政复议机关

依照《行政复议法》履行行政复议职责的行政机关是行政复议机关。

(1) 对县级以上地方各级人民政府工作部门的具体行政行为不服的，可以向该部门的本级人民政府申请行政复议，也可以向上一级主管部门申请行政复议。

（2）对海关、金融、国税、外汇管理等实行垂直领导的行政机关和国家安全机关的具体行政行为不服的，向上一级主管部门申请行政复议。

（3）对地方各级人民政府的具体行政行为不服的，向上一级人民政府申请行政复议。对省、自治区人民政府依法设立的派出机关所属的县级地方人民政府的具体行政行为不服的，向该派出机关申请行政复议。

（4）对国务院部门或者省、自治区、直辖市人民政府的具体行政行为不服的，向作出该具体行政行为的国务院部门或者省、自治区、直辖市人民政府申请行政复议。

对行政复议决定不服的，可以向人民法院提起行政诉讼；也可以向国务院申请裁决。

（四）行政复议决定

行政复议原则上采取书面审查的方法，但是申请人提出要求或者行政复议机关负责法制工作的机构认为有必要时，可以向有关组织和人员调查情况，听取申请人、被申请人和第三人的意见。

行政复议机关应当自受理申请之日起 60 日内作出行政复议决定；但是法律规定的行政复议期限少于 60 日的除外。

情况复杂，不能在规定期限内作出行政复议决定的，经行政复议机关的负责人批准，可以适当延长，但延长期限最多不得超过 30 日。

行政复议机构应当对被申请人作出的具体行政行为进行审查，提出意见，经行政复议机关的负责人同意或者集体讨论通过后，按照下列规定作出行政复议决定：

（1）具体行政行为认定事实清楚，证据确凿，适用依据正确，程序合法，内容适当的，决定维持。

（2）被申请人不履行法定职责的，决定其在一定期限内履行。

（3）具体行政行为有下列情形之一的，决定撤销、变更或者确认该具体行政行为违法；决定撤销或者确认该具体行政行为违法的，可以责令被申请人在一定期限内重新作出具体行政行为：

①主要事实不清、证据不足的。

②适用依据错误的。

③违反法定程序的。

④超越或者滥用职权的。

⑤具体行政行为明显不当的。

被申请人不按照法律规定提出书面答复，提交当初作出具体行政行为的证据、依据和其他有关材料的，视为该具体行政行为没有证据、依据，决定撤销该具体行政行为。

行政复议机关作出行政复议决定，应当制作行政复议决定书，并加盖印章。行政复议决定书一经送达，即发生法律效力。

经典例题
JINGDIANLITI

1. 根据《行政复议法》的规定，下列情形中，公民、法人或者其他组织可以申请行政复议的有（　　）。

   A. 对行政机关作出的没收违法所得行政处罚决定不服的

   B. 申请行政机关履行保护财产权利的法定职责，行政机关没有依法履行的

   C. 认为行政机关侵犯其合法的经营自主权的

D. 不服行政机关对民事纠纷作出的调解的

【答案】ABC

【解析】ABC选项都属于行政复议的范围，故ABC选项正确；当事人不服行政机关对“民事纠纷”的调解或者其他处理的，可以依法申请仲裁或者向人民法院提起诉讼，但不能提起行政复议，故D选项不正确。

2. 根据行政复议法律制度的规定，行政人员对行政机关作出的下列决定不服，不能申请行政复议的有（　　）。

A. 降级　　B. 撤职

C. 记过　　D. 开除

【答案】ABCD

【解析】不服行政机关作出的行政处分或者其他人事处理决定，属于行政复议的排除事项之一，故不能申请行政复议。行政处分种类有：警告、记过、记大过、降级、撤职、开除，故ABCD选项均正确。

五、行政诉讼

考试要求：掌握

命题频率：2014年单选题；2015年多选题；2016年判断题；2017年判断题

（一）行政诉讼的适用范围

公民、法人或者其他组织认为行政机关和行政机关工作人员的行政行为侵犯其合法权益的，有权向法院提起行政诉讼。此处所称的行政行为，包括法律、法规、规章授权的组织作出的行政行为。

1. 法院应受理的行政诉讼

法院受理公民、法人和其他组织提起的下列行政诉讼：

（1）对行政拘留、暂扣或吊销许可证和执照、责令停产停业、没收违法所得、没收非法财物、罚款、警告等行政处罚不服的。

（2）对限制人身自由或者对财产的查封、扣押、冻结等行政强制措施和行政强制执行不服的。

（3）申请行政许可时，行政机关拒绝或者在法定期限内不予答复，或者对行政机关作出的有关行政许可的其他决定不服的。

（4）对行政机关作出的关于确认土地、矿藏、水流、森林、山岭、草原、荒地、滩涂、海域等自然资源的所有权或者使用权的决定不服的。

（5）对征收、征用决定及其补偿决定不服的。

（6）申请行政机关履行保护人身权、财产权等合法权益的法定职责时，行政机关拒绝履行或者不予答复的。

（7）认为行政机关侵犯其经营自主权或者农村土地承包经营权、农村土地经营权的。

（8）认为行政机关滥用行政权力排除或者限制竞争的。

（9）认为行政机关违法集资、摊派费用或者违法要求履行其他义务的。

（10）认为行政机关没有依法支付抚恤金、最低生活保障待遇或者社会保险待遇的。

（11）认为行政机关不依法履行、未按照约定履行或者违法变更、解除政府特许经营协议、土地房屋征收补偿协议等协议的。

（12）认为行政机关侵犯其他人身权、财产权等合法权益的。

2. 法院不予受理的行政诉讼

法院不受理公民、法人或者其他组织对下列事项提起的诉讼：

（1）国防、外交等国家行为。

（2）行政法规、规章或者行政机关制定、发布的具有普遍约束力的决定、命令。

（3）行政机关对行政机关工作人员的奖惩、任免等决定。

（4）法律规定由行政机关最终裁决的具体行政行为。

（二）诉讼管辖

1. 级别管辖

基层人民法院管辖第一审行政案件。

中级人民法院管辖下列第一审行政案件：

①对国务院部门或者县级以上地方人民政府所作的行政行为提起诉讼的案件。

②海关处理的案件。

③本辖区内重大、复杂的案件。

④其他法律规定由中级人民法院管辖的案件。

2. 地域管辖

行政案件由最初作出行政行为的行政机关所在地人民法院管辖。经复议的案件，也可以由复议机关所在地人民法院管辖。

经最高人民法院批准，高级人民法院可以根据审判工作的实际情况，确定若干人民法院跨行政区域管辖行政案件。

对限制人身自由的行政强制措施不服提起的诉讼，由被告所在地或者原告所在地人民法院管辖。因不动产提起的行政诉讼，由不动产所在地人民法院管辖。

（三）起诉和受理

对属于人民法院受案范围的行政案件，公民、法人或者其他组织可以先向行政机关申请复议，对复议决定不服的，再向人民法院提起诉讼；也可直接向人民法院提起诉讼。

公民、法人或者其他组织申请行政复议，行政复议机关已经依法受理的，或者法律、法规规定应先向行政复议机关申请行政复议、对行政复议决定不服再向人民法院提起行政诉讼的，在法定行政复议期限内不得向人民法院提起行政诉讼。

法律、法规规定应先向行政复议机关申请行政复议、对行政复议决定不服再向人民法院提起行政诉讼的，行政复议机关决定不予受理或者受理后超过行政复议期限不作答复的，公民、法人或者其他组织可自收到不予受理决定书之日起或者行政复议期满之日起 15 日内，依法向人民法院提起行政诉讼。

公民、法人或者其他组织直接向人民法院提起诉讼的，应当自知道或者应当知道作出行政行为之日起 6 个月内提出。法律另有规定的除外。

因不动产提起诉讼的案件自行政行为作出之日起超过 20 年，其他案件自行政行为作出之日起超过 5 年提起诉讼的，人民法院不予受理。

公民、法人或者其他组织申请行政机关履行保护其人身权、财产权等合法权益的法定职责，行政机关在接到申请之日起 2 个月内不履行的，公民、法人或者其他组织可以向人民法院提起诉讼。法律、法规对行政机关履行职责的期限另有规定的，从其规定。

公民、法人或者其他组织认为行政行为所依据的国务院部门和地方人民政府及其部门制定的规范性文件（不含规章）不合法，在对行政行为提起诉讼时，可以一并请求对该规范性文件进行审查。

（四）审理和判决

1. 审理

人民法院公开审理行政案件，但涉及国家秘密、个人隐私和法律另有规定的除外。涉及商业秘密的案件，当事人申请不公开审理的，可以不公开审理。

当事人认为审判人员、书记员、翻译人员、鉴定人、勘验人与本案有利害关系或者有其他关系可能影响公正审判的，有权申请上述人员回避。上述人员认为自己与本案有利害关系或者有其他关系时，应当申请回避。

人民法院审理行政案件，不适用调解。但行政赔偿、补偿以及行政机关行使法律、法规规定的自由裁量权的案件可以调解。

2. 判决

当事人不服人民法院第一审判决的，有权在判决书送达之日起 15 日内向上一级人民法院提起上诉。当事人不服人民法院第一审裁定的，有权在裁定书送达之日起 10 日内向上一级人民法院提起上诉。逾期不提起上诉的，人民法院的第一审判决或者裁定发生法律效力。

经典例题
JINGDIANLITI

1. 根据《行政诉讼法》的规定，下列各项中，不应当提起行政诉讼的有（　　）。
   A. 某直辖市部分市民认为市政府新颁布的《道路交通管理办法》侵犯了他们的合法权益
   B. 某税务局工作人员吴某认为税务局对其作出的记过处分违法
   C. 李某认为某公安局对其罚款的处罚决定违法
   D. 某商场认为某教育局应当偿还所欠的购货款

【答案】 ABD

【解析】 市政府新颁布的《道路交通管理办法》属于行政规章，故 A 选项正确；行政机关对行政机关工作人员的奖惩、任免等决定的行政诉讼，人民法院不予受理，税务局属于行政机关，其工作人员属于行政机关工作人员，故 B 选项正确；罚款属于行政诉讼的受理范围，故 C 选项不正确；商场认为教育局应当偿还所欠的购货款属于民事行为，不属于行政诉讼的受理范围，因而不应当提起行政诉讼，故 D 选项正确。

2. 根据《行政诉讼法》的规定，公民、法人或者其他组织对下列事项提出的诉讼中，属于人民法院行政诉讼受理范围的有（　　）。
   A. 认为国务院部门制定的规章不合法的
   B. 对没收违法所得的行政处罚决定不服的
   C. 申请行政许可，遭到行政机关的拒绝的
   D. 认为行政机关滥用行政权力限制竞争的

【答案】 BCD

【解析】 规章属于人民法院不予受理行政诉讼，故 A 选项不正确。对没收非法财物、罚款、警告等行政处罚不服的，申请行政许可遭到行政机关拒绝的，认为行政机关滥用行政权力排除或者限制竞争的，三者都属于人民法院应当受理公民、法人或者其他组织提起的诉讼，故 BCD 选项正确。

3. A 省 B 市工商行政管理局对甲公司作出罚款 100 万元的决定，甲公司不服，向 A 省工商行政管理局申请行政复议，A 省工商行政管理局作出了罚款 80 万元的行政复议决定，甲公司仍不服，拟提起行政诉讼。根据《行政诉讼法》的规定，甲公司可以选择的人民法院有（　　）。

A. 甲公司所在地人民法院

B. B 市工商行政管理局所在地人民法院

C. B 市人民政府所在地人民法院

D. A 省工商行政管理局所在地人民法院

【答案】BD

【解析】甲公司所在地在题干中没有明确说明，故 A 选项不正确；行政案件由最初作出具体行政行为的行政机关所在地人民法院管辖，因为作出处罚的是 B 市工商行政管理局，因而应由 B 市工商行政管理局所在地人民法院管辖，故 B 选项正确；B 市人民政府所在地与 B 市工商行政管理局的所在地可能不一致，故 C 选项不正确；经行政复议的案件，行政复议机关“改变”原具体行政行为的，也可以由复议机关所在地人民法院管辖，因为 A 省工商行政管理局复议决定，因而应由 A 省工商行政管理局所在地人民法院管辖，故 D 选项正确。

第三节　法律责任

一、法律责任的概念

考试要求： 熟悉

法律责任包括积极意义（正面）的法律责任与消极意义（反面）的法律责任。

积极意义上的法律责任是指所有组织和个人都有遵守法律的义务，也称广义的法律责任。

现行立法所用的法律责任是一种消极意义上的法律责任，是指法律关系主体由于违反法定的义务而应承受的不利的法律后果，也称狭义的法律责任。

二、法律责任的种类

考试要求： 掌握

命题频率： 2014 年单选题、多选题；2015 年判断题、单选题、多选题；2016 年单选题

根据我国法律的有关规定，可将法律责任分为民事责任、行政责任和刑事责任三种。

(一) 民事责任

承担民事责任的主要形式有以下十一种：

(1) 停止侵害。

(2) 排除妨碍。

(3) 消除危险。

（4）返还财产。

（5）恢复原状。

（6）修理、重作、更换。

（7）继续履行。

（8）赔偿损失。

（9）支付违约金。

（10）消除影响、恢复名誉。

（11）赔礼道歉。

（二）行政责任

1. 行政处罚

行政处罚的具体种类有：

（1）警告。

（2）罚款。

（3）没收违法所得、没收非法财物。

（4）责令停产停业。

（5）暂扣或者吊销许可证、暂扣或者吊销执照。

（6）行政拘留。

（7）法律、行政法规规定的其他行政处罚。

2. 行政处分

对因违法违纪应当承担纪律责任的公务员给予的行政处分种类有：警告、记过、记大过、降级、撤职、开除六类。

（三）刑事责任

刑事责任主要通过刑罚而实现，刑罚分为主刑和附加刑两类。

1. 主刑

主刑，是对犯罪分子适用的主要刑罚方法，包括：

（1）管制，是对犯罪分子不实行关押，但是限制其一定的自由，期限为 3 个月以上 2 年以下。

（2）拘役，是剥夺犯罪分子短期的人身自由的刑罚，期限为 1 个月以上 6 个月以下。

（3）有期徒刑，是剥夺犯罪分子一定期限的人身自由并实行劳动改造，期限为 6 个月以上 15 年以下。

（4）无期徒刑，是剥夺犯罪分子终身自由并实行劳动改造。

（5）死刑，是剥夺犯罪分子生命的刑罚。对于应当判处死刑的犯罪分子，如果不是必须立即执行的，可以判处死刑同时宣告缓期 2 年执行。

2. 附加刑

附加刑包括以下方面：

（1）罚金。

（2）剥夺政治权利。

具体包括选举权和被选举权；言论、出版、集会、结社、游行、示威自由的权利；担任国家机关职务的权利；担任国有公司、企业、事业单位和人民团体领导职务的权利。

（3）没收财产。

（4）驱逐出境。

一人犯数罪的，除判处死刑和无期徒刑的以外，应当在总和刑期以下、数刑中最高刑期以上，酌情决定执行的刑罚，但是管制最高不能超过 3 年；拘役最高不能超过 1 年；有期徒刑总和刑期不满 35 年的，最高不能超过 20 年；总和刑期在 35 年以上的，最高不能超过 25 年。

数罪中有判处附加刑的，附加刑仍须执行，其中附加刑种类相同的，合并执行，种类不同的，分别执行。

经典例题
JINGDIANLITI

1. 下列法律责任形式中，属于行政责任的是（　　）。

A. 赔偿损失　　B. 罚款

C. 返还财产　　D. 罚金

【答案】 B

【解析】 行政责任包含行政处罚和行政处分，行政处罚包括警告、罚款、没收违法所得、没收非法财物、责令停产停业、暂扣或者吊销许可证、暂扣或者吊销执照、行政拘留、法律法规规定的其他行政处罚，行政处分包括警告、记过、记大过、降级、撤职、开除六类，故只有 B 选项正确。

2. 根据民事法律制度的规定，下列各项中，属于民事责任形式的有（　　）。

A. 返还财产　　B. 没收非法财物

C. 赔偿损失　　D. 罚款

【答案】 AC

【解析】 AC 选项属于民事责任，故正确；BD 选项属于行政责任，故不正确。

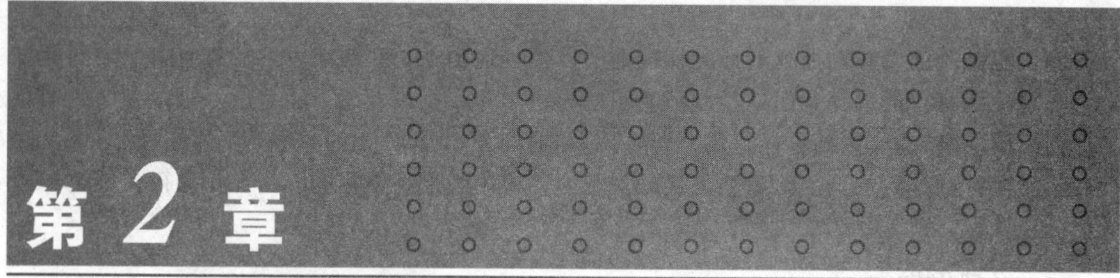

第2章 会计法律制度

考情点拨 KAOQINGDIANBO

本章为2018版初级会计资格考试大纲新增的内容，各个题型中均可能出现。重点掌握会计核算、会计档案管理、会计监督、会计机构以及会计岗位的设置。

第一节　会计法律制度概述

一、会计法律制度的概念

考试要求：了解

会计法律制度，是指国家权力机关和行政机关制定的关于会计工作的法律、法规、规章和规范性文件的总称。它是我国经济法律制度体系的重要组成部分。

作为经济管理工作的会计，对本单位的经济活动进行核算和监督时，其处理经济业务事项必然会涉及、影响有关方面的经济利益，如供销关系、债权债务关系、信贷关系、分配关系、税款征纳关系、管理与被管理关系等。而会计关系就是指会计机构和会计人员在办理会计事务过程中以及国家在管理会计工作过程中发生的各种经济关系。因此，处理上述各种经济关系，就需要用国家制定实施的会计法律制度来规范和调整。

经典例题 JINGDIANLITI

会计关系是指会计机构和会计人员在办理会计事务过程中以及国家在管理会计工作过程中发生的各种经济关系。(　　)

【答案】√

二、我国会计法律制度

我国会计法律制度的主要内容包括：1985年1月21日第六届全国人民代表大会常务委员会第九次会议通过、1993年12月29日第八届全国人民代表大会常务委员会第五次会议修正、1999年10月31日第九届全国人民代表大会常务委员会第十二次会议修订、2017年11月4日第十二届全国人民代表大会常务委员会第三十次会议修正的《中华人民共和国会计法》（简称

《会计法》)；1990 年 12 月 31 日国务院发布的《总会计师条例》；1996 年 6 月 19 日发布的《会计基础工作规范》；2000 年 6 月 21 日国务院发布的《企业财务会计报告条例》；2008 年 5 月 22 日财政部发布的《企业内部控制基本规范》；2015 年 12 月 11 日财政部与国家档案局联合发布的《会计档案管理办法》；2016 年 2 月 16 日财政部发布的《代理记账管理办法》等。

三、会计法律制度的适用范围

考试要求：了解

国家机关、社会团体、公司、企业、事业单位和其他组织（以下统称单位）办理会计事务必须依照《会计法》办理。

国务院财政部门根据《会计法》制定的关于会计核算、会计监督、会计机构和会计人员以及会计工作管理的制度，称为国家统一的会计制度。国家统一的会计制度由国务院财政部门根据《会计法》制定并公布。

四、会计工作管理体制

考试要求：了解

（一）会计工作的行政管理

《会计法》规定："国务院财政部门主管全国的会计工作。县级以上地方各级人民政府财政部门管理本行政区域内的会计工作。"会计工作的主管部门，是指代表国家对会计工作行使管理职能的政府部门。

（二）单位内部的会计工作管理

单位负责人，是指单位法定代表人或者法律、行政法规规定代表单位行使职权的主要负责人，对本单位的会计工作和会计资料的真实性、完整性负责。单位负责人应当保证会计机构、会计人员依法履行职责，不得授意、指使、强令会计机构、会计人员违法办理会计事项。

第二节　会计核算与监督

一、会计核算

考试要求：掌握

（一）会计核算的概念

会计核算是会计工作的重要组成部分，是会计的基本职能之一。

会计核算，是以货币为主要计量单位，运用专门的会计方法，对生产经营活动或预算执行过程及其结果进行连续、系统、全面的记录、计算、分析，定期编制并提供财务会计报告和其他一系列内部管理所需的会计资料，为经营决策和宏观经济管理提供依据的一项会计活动。

（二）会计核算基本要求

1. 依法建账

会计资料必须符合国家统一的会计准则制度的规定。为了保证会计资料的真实性、统一性，我国政府建立了一系列规章制度，对会计资料进行规范，收到了良好的效果。

依法建账要做到：①各单位都应当按照《会计法》的规定设置会计账簿，进行会计核算；②设置会计账簿的种类和具体要求，应当符合《会计法》、会计法规和国家统一的会计制度的规定；③各单位发生的各项经济业务事项应当统一进行会计核算，不得违反规定私设会计账簿进行登记、核算。

2. 根据实际发生的经济业务进行会计核算

会计核算根据实际发生的经济业务，取得可靠的凭证，并据此登记账簿，编制财务会计报告，形成符合质量标准的会计资料。《会计法》规定，各单位必须根据实际发生的经济业务事项进行会计核算，填制会计凭证，登记会计账簿，编制财务会计报告。

3. 保证会计资料的真实和完整

会计资料的真实性和完整性，是对会计资料最基本的质量要求，是会计工作的生命线。各单位必须严格按照《会计法》的要求执行，保证所提供的会计资料的真实性和完整性。任何单位和个人不得伪造、变造会计凭证、会计账簿和其他会计资料，不得提供虚假的财务会计报告。

所谓伪造会计凭证、会计账簿及其他会计资料，是指以虚假的经济业务事项或者资金往来为前提，编制虚假的会计凭证、会计账簿及其他会计资料；所谓变造会计凭证、会计账簿及其他会计资料，是指用涂改、挖补等手段来改变会计凭证、会计账簿等的真实内容，以歪曲事实真相；所谓提供虚假财务会计报告，是指通过变造虚假的会计凭证、会计账簿及其他会计资料或直接篡改财务会计报告上的数据，使财务会计报告不真实、不完整地反映真实财务状况和经营成果，借以误导、欺骗会计资料使用者的行为。

伪造、变造会计资料和提供虚假财务会计报告的主体为“任何单位和个人”，既包括单位及其工作人员为单位内部的非法目的而实施的伪造、变造会计资料和提供虚假财务报告的行为，也包括为他人伪造、变造会计资料和提供虚假财务会计报告提供方便的行为。这种会计资料所记录和反映的经济业务事项的内容与实际发生的经济业务事项严重相违背，是一种虚假的会计资料。提供这样的会计资料属于严重的违法行为。

【提示】注意区别伪造行为和变造行为。伪造是无中生有，而变造是在真实的会计资料上进行改动。

根据《会计法》的规定，伪造会计凭证和会计账簿是指（　　）。

A. 在正规账簿之外，设置另外一套账

B. 用涂改的方法改变会计凭证或账簿的真实内容

C. 采用销毁原始凭证的方法隐瞒真实业务内容

D. 以虚假的经济业务为前提编制会计凭证或登记账簿

【答案】D

4. 正确采用会计处理方法

《会计法》和国家统一的会计制度规定，各单位采用的会计处理方法，前后各期应当一致，不得随意变更；确有必要变更的，应当按照国家统一的会计制度的规定变更，并将变更的原因、情况及影响在财务会计报告中说明。

5. 正确使用会计记录文字

根据《会计法》的规定，会计记录的文字应当使用中文。在民族自治地方，会计记录可以同时使用当地通用的一种民族文字。在中国境内的外贸投资企业、外国企业和其他外国组织的会计记录可以同时使用一种外国文字。

6. 使用电子计算机进行会计核算必须符合法律规定

《会计法》对会计电算化有如下规定：①用电子计算机进行会计核算的单位，其使用的会计软件必须符合国家统一的会计制度的规定；②使用电子计算机生成的会计凭证、会计账簿、财务会计报告和其他会计资料，必须符合国家统一的会计制度的规定；③使用电子计算机进行会计核算的，其会计账簿的登记、更正，应当符合国家统一的会计制度的规定。

（三）会计核算的内容

会计核算的内容，是指应当进行会计核算的经济业务事项。根据《会计法》规定，对一些经济业务事项应当办理会计手续，进行会计核算。其具体内容见表 2-1。

表 2-1　会计核算的内容

经济业务事项	具体内容
款项和有价证券的收付	款项的收付主要包括货币资金的收入、转存、付出、结存等
	有价证券的收付主要包括：①有价证券的购入、无偿取得、债务重组取得；②有价证券的有偿转让、抵债、对外投资、捐赠；③有价证券的利息和股利、溢价与折价的摊销；④有价证券的期末结存、减值等
财务的收发、增减和使用	主要包括存货、固定资产、投资、无形资产等的购入、自行建造、无偿取得、债务重组取得、融资租入、接受捐赠、出售、转让、抵债、无偿调出、捐赠、减值等
债权债务的发生和结算	债权的发生和结算主要包括债权的收回及孳息、债务重组、债权减值等
	债务的发生和结算主要包括债权人变更、债务的偿还及孳息、债务重组及免偿等
资本、基金的增减	主要包括实收股本（资本）、资本公积、盈余公积、基金等的增减变动。如：①实收股本（资本）的取得和企业增资、减资；②资本公积的形成、转增资本；③基金的提取、转入、使用和给付等
收入、支出、费用、成本的计算	收入的计算主要包括：①商品销售收入、提供劳务收入、让渡资产使用权收入等主营业务收入；②材料销售收入，代购、代销、代加工、代管、代修收入和出租收入等其他业务收入；③投资收益，补贴收入，固定资产盘盈、处置固定资产净收益、出售无形资产收益、罚款收益等营业外收入；④以前年度损益调整等的确认与结转
	支出、费用、成本的计算主要包括：①生产成本的汇集、分配与结转；②销售费用、管理费用和财务费用等的汇集与结转；③主营业务税金及附加、出售无形资产损失、债务重组损失、计提的固定资产减值准备、捐赠支出等的确认与结转
财务成果的计算和处理	主要包括：①将收入和相配比的成本、费用、支出转入本年利润，计算利润总额；②将所得税转入本年利润，计算净利润；③年终结转本年利润；④所得税的计提、缴纳、返还和余额结转，递延税款的余额调整等
需要办理会计手续、进行会计核算的其他事项	

（四）会计年度

会计年度，是指以年度为单位进行会计核算的时间区间，是反映单位财务状况、核算经营成果的时间界限。

根据《会计法》规定，我国是以公历年度为会计年度，即以每年公历的 1 月 1 日起至 12 月

31 日止为一个会计年度。每一个会计年度可以按照公历日期具体划分为半年度、季度、月度。

（五）记账本位币

日常登记账簿和编制财务会计报告用以计量的货币称为记账本位币。《会计法》规定，会计核算以人民币为记账本位币。人民币是我国法定货币，在我国境内具有广泛的流通性。另外，业务收支以人民币以外的货币为主的单位，可选定其中一种货币作为记账本位币，但是编报的财务会计报告应当折算为人民币。

（六）会计凭证和会计账簿

1. 会计凭证

会计凭证，是指记录经济业务发生或者完成情况的书面证明，是登记账簿的依据。每个企业都必须按一定的程序填制和审核会计凭证，根据审核无误的会计凭证进行账簿登记，如实反映企业的经济业务。《会计法》对会计凭证的种类、取得、审核、更正等内容进行了规定。会计凭证按其来源和用途可分为原始凭证和记账凭证。

（1）原始凭证的概念和填制的基本要求。

原始凭证，也称单据，是指在经济业务发生时，由业务经办人员直接取得或者填制，用以表明某项经济业务已经发生或完成情况并明确有关经济责任的一种原始凭证。其来源于实际发生的经济业务事项，是会计核算的原始依据。原始凭证有单位外部的，也有单位内部的；有国家统一印制的具有固定格式的发票，也有由发生经济业务事项双方认可并自行填制的凭据等。

会计机构、会计人员必须按照国家统一的会计制度的规定对原始凭证进行审核，具体内容包括：①对不真实、不合法的原始凭证有权不予接受，并向单位负责人报告；②对记载不准确、不完整的原始凭证予以退回，并要求按照国家统一的会计制度的规定更正、补充。原始凭证记载的各项内容均不得涂改；原始凭证有错误的，应当由出具单位重开或者更正，更正处应当加盖出具单位印章。原始凭证金额有错误的，应当由出具单位重开，不得在原始凭证上更正。

（2）记账凭证的概念和填制的基本要求。

记账凭证，也称传票，是指对经济业务事项按其性质加以归类，确定会计分录，并据以登记会计账簿的凭证，具有分类归纳原始凭证和满足登记会计账簿需要的作用。

记账凭证应当根据经过审核的原始凭证及有关资料编制。除部分转账业务以及结账、更正错误外，记账凭证必须附有原始凭证并注明所附原始凭证的张数；一张原始凭证所列的支出需要由两个以上的单位共同负担时，应当由保存该原始凭证的单位开具原始凭证分割单给其他应负担的单位。

2. 会计账簿

（1）会计账簿的概念。

会计账簿，是指由一定格式的账页组成的，以经过审核的会计凭证为依据，全面、系统、连续地记录各项经济业务的簿籍。会计账簿是连接会计凭证和财务会计报告的中间环节，其主要作用是对会计凭证提供的大量分散数据或资料进行分类归集整理，以全面、连续、系统地记录和反映经济活动情况，是编制财务会计报告，检查、分析和控制单位经济活动的重要依据。

（2）会计账簿的种类。

会计账簿的种类见表 2-2。

表 2-2　会计账簿的种类

种类	具体内容
总账	也称总分类账，是根据会计科目开设的账簿，用于分类登记单位的全部经济业务事项，提供资产、负债、所有者权益、费用、成本、收入等总括核算的资料
	总账一般有订本账和活页账两种
明细账	也称明细分类账，是根据总账科目所属的明细科目设置的，用于分类登记某一类经济业务事项，提供有关明细核算资料
	明细账通常使用活页账
日记账	是一种特殊的序时明细账，是按照经济业务事项发生的时间先后顺序，逐日逐笔地进行登记的账簿。其包括现金日记账和银行存款日记账
	日记账通常使用订本账
其他辅助账簿	也称备查账簿，是为备忘备查而设置的。在会计实务中，主要包括各种租借设备、物资的辅助登记或有关应收、应付款项的备查簿，担保、抵押备查簿等

（3）登记会计账簿的基本要求。

依法设置会计账簿，是单位进行会计核算的最基本要求之一。各单位发生的各项经济业务事项应当按照《会计法》和国家统一的会计准则制度的规定进行登记、核算，遵守以下要求：①必须依据经过审核的会计凭证登记会计账簿；②登记会计账簿必须按照记账规则进行，包括会计账簿应当按照连续编号的页码顺序登记；会计账簿记录发生错误或者隔页、缺号、跳行的，应当按照国家统一的会计制度规定的方法更正，并由会计人员和会计机构负责人（会计主管人员）在更正处盖章等；③任何单位都不得在法定会计账簿之外私设会计账簿。

（七）财务会计报告

1. 财务会计报告的概念

财务会计报告，是指单位对外提供的、反映单位某一特定日期财务状况和某一会计期间经营成果、现金流量等会计信息的文件，也称财务报告。

2. 企业财务会计报告的构成

企业财务会计报告包括会计报表、会计报表附注和财务情况说明书。会计报表应当包括资产负债表、利润表、现金流量表及相关附表。企业财务会计报告按编制时间分为年度、半年度、季度和月度财务会计报告。

经典例题
JINGDIANLITI

下列各项中，属于企业财务报表的有（　　）。

A. 资产负债表　　B. 利润表

C. 现金流量表　　D. 年度生产计划表

【答案】ABC

3. 企业财务会计报告的对外提供

（1）企业对外提供的财务会计报告反映的会计信息应当真实、完整。

企业应当依照法律、行政法规和国家统一的会计制度有关财务会计报告提供期限的规定，及时对外提供财务会计报告。企业对外提供的财务会计报告应当由企业负责人和主管会计工作的负责人、会计机构负责人（会计主管人员）签名并盖章。设置总会计师的企业，还应由总会计师签名并盖章。

（2）国有企业、国有控股的或者占主导地位的企业，应当至少每年一次向本企业的职工代表大会公布财务会计报告。

财务报告要重点说明以下事项：①反映与职工利益密切相关的信息，包括管理费用的构成情况，企业管理人员工资、福利和职工工资、福利费的发放、使用和结余情况，公益金的提取及使用情况，利润分配的情况以及其他与职工利益相关的信息；②内部审计发现的问题及纠正情况；③注册会计师审计的情况；④国家审计机关发现的问题及纠正情况；⑤重大的投资、融资和资产处置决策及其原因的说明等；⑥需要说明的其他重要事项。

企业应依照《企业财务会计报告条例》的规定向有关各方提供财务会计报告，其编制基础、编制依据、编制员和方法应当一致。

（八）账务核对及财产清查

1. 账务核对

账务核对，也称账账核对、账表核对、账证核对或对账，是保证会计账簿记录质量的重要程序。

2. 财产清查

财产清查，是会计核算工作的一项重要程序。在编制年度财务会计报告之前，必须进行财产清查。财产清查制度是通过定期或不定期、全面或部分地对各项财产物资进行实地盘点和对库存现金、银行存款、债权债务进行清查核实的一种制度。

二、会计档案管理

考试要求：掌握

会计档案是记录和反映单位经济业务事项的重要史料和证据。《会计法》和《会计基础工作规范》对会计档案管理做出了原则性规定。由财政部、国家档案局发布、修订，自 2016 年 1 月 1 日起施行的《会计档案管理办法》，对会计档案管理有关内容做出了具体规定。

（一）会计档案的概念

会计档案，是指单位在进行会计核算等过程中接收或形成的，记录和反映单位经济业务事项的，具有保存价值的文字、图表等各种形式的会计资料，包括电子会计档案。

（二）会计档案的归档

1. 会计档案的归档范围

下列会计资料应当进行归档：

（1）会计凭证，包括原始凭证、记账凭证。

（2）会计账簿类，包括总账、明细账、日记账、固定资产卡片及其他辅助性账簿。

（3）财务会计报告类，包括月度、季度、半年度、年度财务会计报告。

（4）其他会计资料，包括银行存款余额调节表、银行对账单、纳税申报表、会计档案移交清册、会计档案保管清册、会计档案销毁清册、会计档案鉴定意见书及其他具有保存价值的会计资料。

经典例题
JINGDIANLITI

下列资料中，不属于会计账簿类会计档案的是（　　）。

A. 明细账　　　　B. 日记账

C. 年度财务预算　　　　　　　　　　D. 固定资产卡片

【答案】C

2. 会计档案的归档要求

（1）同时满足下列条件的，单位内部形成的属于归档范围的电子会计资料可仅以电子形式保存，形成电子会计档案：①形成的电子会计资料来源真实有效，由计算机等电子设备形成和传输；②使用的会计核算系统能够准确、完整、有效接收和读取电子会计资料，能够输出符合国家标准归档格式的会计凭证、会计账簿、财务会计报表等会计资料，设定了经办、审核、审批等必要的审签程序；③使用的电子档案管理系统能够有效接收、管理、利用电子会计档案，符合电子档案的长期保管要求，并建立了电子会计档案与相关联的其他纸质会计档案的检索关系；④采取有效措施，防止电子会计档案被篡改；⑤建立电子会计档案备份制度，能够有效防范自然灾害、意外事故和人为破坏的影响；⑥形成的电子会计资料不属于具有永久保存价值或者其他重要保存价值的会计档案。满足上述条件，单位从外部接收的电子会计资料附有符合《中华人民共和国电子签名法》规定的电子签名的，可仅以电子形式归档保存，形成电子会计档案。

（2）单位的会计机构或会计人员所属机构（下文统称单位会计管理机构）按照归档范围和归档要求，负责定期将应当归档的会计资料整理立卷，编制会计档案保管清册。

（3）当年形成的会计档案，在会计年度终了后，可由单位会计管理机构临时保管一年，再移交单位档案管理机构保管。因工作需要确需推迟移交的，应当经单位档案管理机构同意。单位会计管理机构临时保管会计档案最长不超过 3 年。临时保管期间，会计档案的保管应当符合国家档案管理的有关规定，且出纳人员不得兼管会计档案。

（三）会计档案的移交和利用

1. 会计档案的移交

（1）单位会计管理机构在办理会计档案移交时，应当编制会计档案移交清册，并按照国家档案管理的有关规定办理移交手续。

（2）纸质会计档案移交时应当保持原卷的封装。电子会计档案移交时应当将电子会计档案及元数据一并移交。特殊格式的电子会计档案应当与其读取平台一并移交。

（3）单位档案管理机构接收电子会计档案时，应当对电子会计档案的准确性、完整性、可用性、安全性进行检测，符合要求的才能接收。

2. 会计档案的利用

（1）单位应当严格按照相关制度利用会计档案，在进行会计档案查阅、复制、借出时履行登记手续，严禁篡改和损坏。

（2）单位保存的会计档案一般不得对外借出，确因工作需要且根据国家有关规定必须借出的，应当严格按照规定办理相关手续。

（四）会计档案的保管期限

会计档案保管期限分为永久、定期两种类型。会计档案的保管期限是从会计年度终了后的第一天算起。定期保管期限一般分为 10 年和 30 年。《会计档案管理办法》规定的会计档案保管期限为最低保管期限。

1. 会计凭证类

原始凭证、记账凭证、汇总凭证和其他会计凭证，保管期限一般为 30 年。

2. 会计账簿类

总账、明细账、日记账（包括库存现金日记账和银行存款日记账）和辅助账保管期限为

30 年。固定资产卡片在固定资产报废清理后保管 5 年。

3. 财务会计报告

年度财务会计报告保管期限是永久。月度、季度、半年度财务会计报告保管期限为 10 年。

4. 其他会计资料

会计档案保管清册、会计档案销毁清册以及会计档案鉴定意见书的保管期限为永久。会计档案移交清册保管期限为 30 年。银行存款余额调节表、银行对账单以及纳税申报表的保管期限为 10 年。

下列会计档案中，保管期限为 30 年的是（　　）。

A. 年度财务会计报告　　B. 固定资产卡片

C. 库存现金日记账　　D. 银行存款日记账

【答案】CD

【解析】年度财务会计报告保管期限是永久；固定资产卡片在固定资产报废清理后保管 5 年。

（五）会计档案的鉴定和销毁

1. 会计档案的鉴定

会计档案鉴定工作应当由单位档案管理机构牵头，组织单位会计、审计、纪检监察等机构或人员共同进行。单位应当定期对已到保管期限的会计档案进行鉴定，并形成会计档案鉴定意见书。

2. 会计档案的销毁

（1）经鉴定可以销毁的会计档案，应当按照规定程序和要求销毁。销毁的基本程序和要求主要包括以下几项：①单位档案管理机构编制会计档案销毁清册，列明拟销毁会计档案的名称、卷号、册数、起止年度、档案编号、应保管期限、已保管期限和销毁时间等内容；②单位负责人、档案管理机构负责人、会计管理机构负责人、档案管理机构经办人、会计管理机构经办人在会计档案销毁清册上签署意见；③单位档案管理机构负责组织会计档案销毁工作，并与会计管理机构共同派员监销，监销人在销毁前应当对销毁清册所列内容进行清点核对，销毁后应当在销毁清册上签名或盖章。

（2）电子会计档案的销毁还应当符合国家有关电子档案的规定，并由单位档案管理机构、会计管理机构和信息系统管理机构共同派员监销。

3. 不得销毁的会计档案

保管期满但未结清的债权债务原始凭证和涉及其他未了事项的会计凭证不得销毁，纸质会计档案应当单独抽出立卷，电子会计档案单独转存，保管到未了事项完结时为止。

（六）特殊情况下的会计档案处置

1. 单位分立情况下的会计档案处置

（1）单位分立后：①原单位存续的，其会计档案应当由分立后的存续方统一保管，其他方可以查阅、复制与其业务相关的会计档案；②原单位解散的，其会计档案应当经各方协商后由其中一方代管或按照国家档案管理的有关规定处置，各方可以查阅、复制与其业务相关的会计档案。

（2）单位分立中未结清的会计事项所涉及的会计凭证，应当单独抽出由业务相关方保存，并按照规定办理交接手续。

（3）单位因业务移交其他单位办理所涉及的会计档案，应当由原单位保管，承接业务单位可以查阅、复制与其业务相关的会计档案。对其中未结清的会计事项所涉及的会计凭证，应当单独抽出由承接业务单位保存，并按照规定办理交接手续。

2. 单位合并情况下的会计档案处置

单位合并后：①原各单位解散或者一方存续其他方解散的，原各单位的会计档案应当由合并后的单位同意保管；②原各单位仍存续的，其会计档案仍应当由原各单位保管。

3. 建设单位项目建设会计档案的交接

建设单位在项目建设期间形成的会计档案，需要移交给建设项目接收单位的，应当在办理竣工财务决算后及时移交，并按照规定办理交接手续。

4. 单位之间交接会计档案的手续

单位之间交接会计档案时，交接双方应当办理会计档案交接手续。移交会计档案的单位，应当编制会计档案移交清册，列明应当移交的会计档案名称、卷号、册数、起止年度、档案编号、应保管期限和已保管期限等内容。交接完毕后，交接双方经办人和监督人在交接完毕后，应当在会计档案移交清册上签名或盖章。

三、会计监督

考试要求： 掌握

会计监督，是指单位内部的会计机构和会计人员、依法享有经济监督检查职权的政府有关部门、依法批准成立的社会审计中介组织，对国家机关、社会团体、企事业单位经济活动的合法性、合理性和会计资料的真实性、完整性以及本单位内部预算执行情况所进行的监督。

会计监督分为内部监督和外部监督。其中，外部监督包括政府监督和社会监督。目前，我国实行的是单位内部监督、政府监督和社会监督“三位一体”的会计监督体系。

（一）单位内部会计监督

1. 单位内部会计监督的概念

单位内部会计监督，是指各单位的会计机构、会计人员依照法律的规定，通过会计手段对经济活动的合法性、合理性和有效性进行的一种监督。单位内部会计监督的主体是各单位的会计机构和会计人员。内部监督的对象是单位的经济活动。

2. 单位内部会计监督的要求

各单位应当建立健全本单位内部会计监督制度。会计机构、会计人员对违反《会计法》和国家统一的会计制度规定的会计事项，有权拒绝办理或者按照职权予以纠正。发现会计账簿记录与实物、款项及有关资料不相符的，按照国家统一的会计制度的规定有权自行处理的，应当及时处理；无权处理的，应当立即向单位负责人报告，请求查明原因，做出处理。单位负责人应当保证会计机构、会计人员依法履行职责，不得授意、指使、强令会计机构、会计人员违法办理会计事项。

3. 单位内部控制制度

（1）内部控制的概念。

对企业而言，内部控制，是指由企业董事会、监事会、经理层和全体员工实施的、旨在实现控制目标的过程。对行政事业单位而言，内部控制，是指单位为实现控制目标，通过制定制度、实施措施和执行程序，对经济活动的风险进行防范和管控。

（2）内部控制的原则。

企业、行政事业单位建立与实施内部控制，均应当遵循下列原则。

1）全面性原则。内部控制应当贯穿决策、执行和监督的全过程，覆盖各种业务和事项，实现对经济活动的全面控制。

2）重要性原则。内部控制应当在全面控制的基础上，关注重要经济活动和高风险领域。

3）制衡性原则，企业内部控制应当在企业治理结构、机构设置及权责分配、业务流程等方面相互制约、相互监督，同时兼顾运营效率。行政事业单位内部控制应当在单位内部的部门管理、职责分工、业务流程等方面形成相互制约和相互监督。

4）适应性原则。企业内部控制应当与企业经营规模、业务范围、竞争状况和风险水平等相适应，并随着情况的变化及时加以调整。行政事业单位内部控制应当符合国家有关规定和单位的实际情况，并随着外部环境的变化、单位经济活动的调整和管理要求的提高，不断修订和完善。

5）成本效益原则。企业内部控制应当权衡实施成本与预期效益，以适当的成本实现有效控制。

下列各项中，属于企业内部控制应当遵循的原则的是（　　）。

A. 可比性原则　　B. 独立性原则　　C. 真实性原则　　D. 全面性原则

【答案】 D

【解析】 企业、行政事业单位建立与实施内部控制，均应当遵循：①全面性原则；②重要性原则；③制衡性原则；④适应性原则；⑤成本效益原则。

小企业建立与实施内部控制，应当遵循下列原则：①风险导向原则；②适应性原则；③实质重于形式原则；④成本效益原则。

（3）企业内部控制措施。

对企业而言，控制措施一般包括：不相容职务分离控制、授权审批控制、会计系统控制、财产保护控制、预算控制、运营分析控制和绩效考评控制等。

1）不相容职务分离控制。要求企业全面系统地分析、梳理业务流程中所涉及的不相容职务，实施相应的分离措施，形成各司其职、各负其责、相互制约的工作机制。

2）授权审批控制。要求企业根据常规授权和特别授权的规定，明确各岗位办理业务和事项的权限范围、审批程序和相应责任。

3）会计系统控制。要求企业严格执行国家统一的会计准则制度，加强会计基础工作，明确会计凭证、会计账簿和财务会计报告的处理程序，保证会计资料真实完整。

4）财产保护控制。要求企业建立财产日常管理制度和定期清查制度，采取财产记录、实物保管、定期盘点、账实核对等措施，确保财产安全。

5）预算控制。要求企业实施全面预算管理制度，明确各责任单位在预算管理中的职责权限，规范预算的编制、审定、下达和执行程序，强化预算约束。

6）运营分析控制。要求企业建立运营情况分析制度，经理层应当综合运用生产、购销、投资、筹资、财务等方面的信息，通过因素分析、对比分析、趋势分析等方法，定期开展运营情况分析，发现存在的问题，及时查明原因并加以改进。

7）绩效考评控制。要求企业建立和实施绩效考评制度，科学设置考核指标体系，对企业内部各责任单位和全体员工的业绩进行定期考核和客观评价，将考评结果作为确定员工薪酬以及职务晋升、评优、降级、调岗、辞退等的依据。

（4）行政事业单位内部控制方法。

行政事业单位内部控制的控制方法一般包括：不相容岗位相互分离、内部授权审批控制、归口管理、预算控制、财产保护控制、会计控制、单据控制、信息内部公开等。

1）不相容岗位相互分离。合理设置内部控制关键岗位，明确划分职责权限，实施相应的分离措施，形成相互制约、相互监督的工作机制。

2）内部授权审批控制。明确各岗位办理业务和事项的权限范围、审批程序和相关责任，建立重大事项集体决策和会签制度。相关工作人员应当在授权范围内行使职权、办理业务。

3）归口管理。根据本单位实际情况，按照权责对等的原则，采取成立联合工作小组并确定牵头部门或牵头人员等方式，对有关经济活动实行统一管理。

4）预算控制。强化对经济活动的预算约束，使预算管理贯穿于单位经济活动的全过程。

5）财产保护控制。建立资产日常管理制度和定期清查机制，采取资产记录、实物保管、定期盘点、账实核对等措施，确保资产安全完整。

6）会计控制。建立健全本单位财会管理制度，加强会计机构建设，提高会计人员业务水平，强化会计人员岗位责任制，规范会计基础工作，加强会计档案管理，明确会计凭证、会计账簿和财务会计报告处理程序。

7）单据控制。要求单位根据国家有关规定和单位的经济活动业务流程，在内部管理制度中明确界定各项经济活动所涉及的表单和票据，要求相关工作人员按照规定填制、审核、归档、保管单据。

8）信息内部公开。建立健全经济活动相关信息内部公开制度，根据国家有关规定和单位的实际情况，确定信息内部公开的内容、范围、方式和程序。

（二）会计工作的政府监督

1. 会计工作政府监督的概念

会计工作的政府监督主要是指财政部门代表国家对各单位和单位中相关人员的会计行为实施的监督检查，以及对发现的违法会计行为实施的行政处罚。会计工作的政府监督是一种外部监督。

财政部门是会计工作政府监督的实施主体。除财政部门外，审计、税务、人民银行、证券监管、保险监管等部门依照有关法律、行政法规规定的职责和权限，可以对有关单位的会计资料实施监督检查。

会计工作的政府监督中，下列无权代表国家对各单位的财务会计工作实行监督的机关是（　　）。

A. 财政部门　　B. 工商部门　　C. 税务部门　　D. 审计部门

【答案】 B

2. 财政部门会计监督的主要内容

财政部门对各单位是否依法设置会计账簿，会计凭证、会计账簿、财务会计报告和其他会计资料是否真实、完整，会计核算是否符合《会计法》和国家统一的会计制度的规定，从事会计工作的人员是否具备专业能力、遵守职业道德等情况实施会计监督。

（三）会计工作的社会监督

1. 会计工作社会监督的概念

会计工作的社会监督，主要是指由注册会计师及其所在的会计师事务所等中介机构接受委托，依法对委托单位的经济活动进行审计，出具审计报告，发表审计意见的一种监督制度。此外，任何单位和个人检举违反《会计法》和国家统一的会计准则制度规定的行为，也属于会计工作社会监督的范畴。

根据《会计法》规定，法律、行政法规规定须经注册会计师进行审计的单位，应当向受委托的会计师事务所如实提供会计凭证、会计账簿、财务会计报告和其他会计资料以及有关情况。

2. 注册会计师审计报告

（1）审计报告的概念和要素。

审计报告，是指注册会计师根据审计准则的规定，在执行审计工作的基础上，对被审计单位财务报表发表审计意见的书面文件。

注册会计师应当就财务报表是否在所有重大方面按照适用的财务报告编制基础编制并实现公允反映形成审计意见。

审计报告应当包括下列要素：①标题；②收件人；③引言段；④管理层对财务报表的责任段；⑤注册会计师的责任段；⑥审计意见段；⑦注册会计师的签名和盖章；⑧会计师事务所的名称、地址和盖章；⑨报告日期。

（2）审计报告的种类和审计意见的类型。

审计报告分为标准审计报告和非标准审计报告。标准审计报告，是指不含有说明段、强调事项段、其他事项段或其他任何修饰性用语的无保留意见的审计报告。非标准审计报告，是指带强调事项段或其他事项段的无保留意见的审计报告和非无保留意见的审计报告。

【注意】非无保留意见包括保留意见、否定意见和无法表示意见。无保留意见，是指当注册会计师认为财务报表在所有重大方面按照适用的财务报告编制基础编制并实现公允反映时发表的审计意见。

第三节 会计机构与会计人员

一、会计机构

考试要求：掌握

会计机构，是各单位办理会计事务的职能机构。根据《会计法》规定，各单位应当根据会计业务的需要，设置会计机构，或者在有关机构中设置会计人员并指定会计主管人员；不具备设置条件的，应当委托经批准从事会计代理记账业务的中介机构代理记账。

二、代理记账

考试要求：了解

（一）代理记账机构的概念

代理记账机构，是指依法取得代理记账资格，从事代理记账业务的机构。代理记账是指代理记账机构接收委托办理会计业务。

（二）代理记账机构的审批

除会计师事务所以外的机构从事代理记账业务，应当经县级以上人民政府财政部门（简称审批机关）批准，领取由财政部统一规定样式的代理记账许可证书。

会计师事务所及其分所可以依法从事代理记账业务。

(三) 代理记账的业务范围

代理记账的业务范围：

(1) 根据委托人提供的原始凭证和其他资料，按照国家统一的会计制度的规定进行会计核算，包括审核原始凭证、填制记账凭证、登记会计账簿、编制财务会计报告等。

(2) 对外提供财务会计报告。

(3) 向税务机关提供税务资料。

(4) 委托人委托的其他会计业务。

(四) 委托人、代理记账机构及其从业人员各自的义务

1. 委托人委托代理记账机构代理记账

委托人委托代理记账机构代理记账应当在相互协商的基础上，订立书面委托合同。委托合同除应具备法律规定的基本条款外，还应当明确以下内容：

(1) 双方对会计资料真实性、完整性各自应当承担的责任。

(2) 会计资料传递程序和签收手续。

(3) 编制和提供财务会计报告的要求。

(4) 会计档案的保管要求及相应的责任。

(5) 终止委托合同应当办理的会计交接事宜。

2. 委托人的义务

委托人的义务主要包括以下几项：

(1) 对本单位发生的经济业务事项，应当填制或者取得符合国家统一的会计制度规定的原始凭证。

(2) 应当配备专人负责日常货币收支和保管。

(3) 及时向代理记账机构提供真实、完整的原始凭证和其他相关资料。

(4) 对于代理记账机构退回的，要求按照国家统一的会计制度的规定进行更正、补充的原始凭证，应当及时予以更正、补充。

3. 代理记账机构及其从业人员的义务

代理记账机构及其从业人员的义务主要包括以下几项：

(1) 遵守有关法律、法规和国家统一的会计制度的规定，按照委托合同办理代理记账业务。

(2) 对在执行业务中知悉的商业秘密予以保密。

(3) 对委托人要求其做出不当的会计处理，提供不实的会计资料，以及其他不符合法律、法规和国家统一的会计制度行为的，予以拒绝。

(4) 对委托人提出的有关会计处理相关问题予以解释。

三、会计岗位的设置

考试要求： 掌握

(一) 会计工作岗位的概念

会计工作岗位，是指单位会计机构内部根据业务分工而设置的从事会计工作、办理会计事项的具体职位。

(二) 主要会计工作岗位

会计工作岗位一般可分为：总会计师（或行使总会计师职权）岗位；会计机构负责人或者

会计主管人员岗位；出纳岗位；稽核；资本、基金核算；收入、支出、债权债务核算；职工薪酬、成本费用、财务成果核算；财产物资的收发、增减核算；总账；财务会计报告编制；会计机构内会计档案管理；其他会计工作岗位。开展会计电算化和管理会计的单位，可以根据需要设置相应工作岗位，也可以与其他工作岗位相结合。

对于会计档案管理岗位，在会计档案正式移交之前，属于会计岗位；正式移交档案管理部门之后，不再属于会计岗位。档案管理部门的人员管理会计档案，不属于会计岗位。医院门诊收费员、住院处收费员、药房收费员、药品库房记账员、商场收款（银）员所从事的工作，均不属于会计岗位。单位内部审计、社会审计和政府审计工作也不属于会计岗位。

经典例题
JINGDIANLITI

下列不属于会计工作岗位的是（　　）。

A. 会计主管人员　　B. 出纳　　C. 社会审计　　D. 总会计师

【答案】C

【解析】单位内部审计、社会审计和政府审计工作也不属于会计岗位。

（三）会计工作岗位设置要求

（1）会计工作岗位，可以一人一岗、一人多岗或者一岗多人。但出纳人员不得兼管稽核、会计档案保管和收入、支出、费用、债权债务账目的登记工作。对会计人员的工作岗位要有计划地进行轮岗。会计人员应当具备从事会计工作所需要的专业能力，遵守职业道德。

（2）会计机构负责人或会计主管人员，是在一个单位内具体负责会计工作的中层领导人员。担任单位会计机构负责人（会计主管人员）的，应当具备会计师以上专业技术职务资格或者从事会计工作 3 年以上经历。

（3）因有提供虚假财务会计报告，做假账，隐匿或者故意销毁会计凭证、会计账簿、财务会计报告，贪污、挪用公款，职务侵占等与会计职务有关的违法行为被依法追究刑事责任的人员，不得再从事会计工作。

（四）会计人员回避制度

国家机关、国有企业、事业单位任用会计人员应当实行回避制度。单位负责人的直系亲属不得担任本单位的会计机构负责人、会计主管人员。会计机构负责人、会计主管人员的直系亲属不得在本单位会计机构中担任出纳工作。

【注意】需要回避的直系亲属包括：夫妻关系、直系血亲关系、三代以内旁系血亲以及配偶亲关系。

（五）会计工作交接

会计工作交接，也称会计人员工作交接，是指会计人员工作调动、离职或因病暂时不能工作，应与接管人员办理交接手续的一种工作程序。会计人员工作交接是会计工作中的一项重要内容。做好会计交接工作，可以使会计工作前后衔接，保证会计工作连续进行，还可以防止因会计人员的更换出现账目不清的现象。

为了明确责任，会计人员办理工作交接，必须有专人负责监交。移交清册应当经过监交人员审查和签名、盖章，作为交接双方明确责任的证件。对监交的具体要求包括：

（1）一般会计人员办理交接手续，由单位的会计机构负责人（会计主管人员）监交。

（2）会计机构负责人（会计主管人员）办理交接手续时，由单位负责人监交，必要时，主管单位可以派人会同监交。

接管人员应认真按照移交清册逐项点收。交接后的有关事宜主要有：

（1）会计工作交接完毕后，交接双方和监交人在移交清册上签名或盖章，并应在移交清册上注明：单位名称，交接日期，交接双方和监交人的职务、姓名，移交清册页数以及需要说明的问题和意见等。

（2）接替人员应继续使用移交前的账簿，不得擅自另立账簿，以保证会计记录前后衔接，内容完整。

（3）移交清册一般应填制一式三份，交接双方各执一份，存档一份。

经典例题
JINGDIANLITI

会计工作交接完毕后，必须在移交清单上签字或盖章的人有（　　）。

A. 会计主管人员　　B. 交接双方　　C. 监交人　　D. 会计机构负责人

【答案】 BC

【解析】 会计工作交接完毕后，交接双方和监交人在移交清册上签名或盖章。

移交人员应当对所移交的会计凭证、会计账簿、财务会计报告和其他会计资料的真实性、完整性承担法律责任。

（六）会计专业职务

会计专业职务是区分会计人员从事业务工作的技术等级，可分为高级会计师、会计师、助理会计师和会计员。其中，高级会计师为高级职务，会计师为中级职务，助理会计师与会计员为初级职务。

各职称系列均设置初级、中级、高级职称，其中高级职称分为正高级和副高级，初级职称分为助理级和员级，可根据需要仅设置助理级。目前未设置正高级职称的职称系列均设置到正高级，以拓展专业技术人才职业发展空间。

（七）会计专业技术资格

会计专业技术资格，是指担任会计专业职务的任职资格，分为初级资格、中级资格和高级资格。其中，初级、中级会计资格的取得实行全国统一考试制度；高级会计师资格的取得实行考试与评审相结合的制度。

对于已取得中级会计资格并符合国家有关规定的，可聘任会计师职务；对于已取得初级会计资格的人员，如具备大专毕业且担任会计员职务满 2 年，或中专毕业担任会计员职务满 4 年，或者不具备规定学历的，担任会计员职务满 5 年，并符合国家有关规定的，可聘任助理会计师职务。

（八）会计专业技术人员继续教育

会计专业技术人员应当适应岗位需要和职业发展的要求，积极参加继续教育，提升专业水平，用人单位应当保障专业技术人员参加继续教育的权利。继续教育工作实行统筹规划、分级负责、分类指导的管理体制。

继续教育内容包括公需科目和专业科目。

（1）公需科目包括专业技术人员应当普遍掌握的法律法规、理论政策、职业道德、技术信息等基本知识。

（2）专业科目包括专业技术人员从事专业工作应当掌握的新理论、新知识、新技术、新方法等专业知识。

专业技术人员参加继续教育的时间，每年累计不少于 90 学时。其中，专业科目一般不少于总学时的 2/3。

(九) 总会计师

国有的和国有资产占控股地位或者主导地位的大、中型企业，必须设置总会计师。总会计师是主管本单位会计工作的行政领导，是单位工作的主要负责人，全面负责单位的财务会计管理和经济核算，参与单位的重大经营决策活动，是单位主要行政领导人的参谋和助手。

第四节　会计职业道德

一、会计职业道德的概念

考试要求：熟悉

会计职业道德，是指在会计职业活动中应当遵循的、体现会计职业特征的、调整会计职业关系的职业行为准则和规范。

二、会计职业道德与会计法律制度的关系

(一) 会计职业道德与会计法律制度的联系

会计职业道德与会计法律制度有着共同的目标、相同的调整对象、承担着同样的责任，两者联系密切。其主要表现在：①在作用上相互补充、相互协调。会计职业道德是对会计法律制度的重要补充，会计法律制度是对会计职业道德的最低要求。②在内容上相互渗透、相互吸收。

(二) 会计职业道德与会计法律制度的区别

1. 性质不同

会计法律制度通过国家行政权力强制执行，具有很强的他律性；会计职业道德主要依靠会计从业人员的自觉性，并依靠社会舆论和良心来保障实施，具有很强的自律性。

2. 作用范围不同

会计法律制度侧重于调整会计人员的外在行为和结果的合法性，具有较强的客观性；会计职业道德则不仅要求调整会计人员的外在行为，还要调整会计人员内在的精神世界。会计法律制度的各种规定是会计职业关系得以维系的最基本条件，是对会计从业人员行为的最低限度的要求，用以维持现有的会计职业关系和正常的会计工作秩序。在会计工作中，有些不良的会计行为不仅违反了会计法律制度也违反了会计职业道德。有些不良行为虽然没有违反会计法律制度，但却违反了会计职业道德。

3. 表现形式不同

会计法律制度是通过一定的程序由国家立法机关或行政管理机关制定的，其表现形式是具体的成文规定；会计职业道德源自会计人员的职业生活和职业实践，其表现形式既有具体的成文规定，也有不成文的规范，存在于人们的意识和信念之中，并无具体的表现形式。

4. 实施保障机制不同

会计法律制度由国家强制力保障实施；会计职业道德主要依靠道德教育、社会舆论、传统习俗和道德评价来实现。

5. 评价标准不同

会计法律制度以法律规定为评价标准，会计职业道德以道德评价为标准。

关于会计职业道德与会计法律制度的区别，以下说法正确的有（　　）。

A. 性质不同　B. 作用范围不同　C. 表现形式不同　D. 根本目标不同

【答案】ABC

三、会计职业道德的主要内容

考试要求：熟悉

会计职业道德的主要内容包括：爱岗敬业、诚实守信、廉洁自律、客观公正、坚持准则、提高技能、参与管理和强化服务。

（一）爱岗敬业

爱岗敬业，是指忠于职守的事业精神，这是会计职业道德的基础。爱岗敬业对会计人员的基本要求：①正确认识会计职业，树立职业荣誉感；②热爱会计工作，敬重会计职业；③安心工作，任劳任怨；④严肃认真，一丝不苟；⑤忠于职守，尽职尽责。

（二）诚实守信

诚实守信是做人的基本准则，也是会计职业道德的精髓。诚实守信对会计人员的基本要求：①做老实人，说老实话，办老实事，不搞虚假；②保密守信，不为利益所诱惑；③执业谨慎，信誉至上。

（三）廉洁自律

廉洁就是不贪污钱财，不收受贿赂，保持清白。自律要求会计人员按照会计职业的道德规范和原则约束控制自己。会计职业自律包括两层含义：会计人员自律和会计行业自律。廉洁自律对会计人员的基本要求：①树立正确的人生观和价值观；②公私分明，不贪不占；③遵纪守法，一身正气。

（四）客观公正

客观是指按事物的本来面目去反映，不掺杂个人的主观意愿，也不为他人意见所左右。公正就是平等、公平、正直，没有偏失。客观公正是会计职业道德所追求的理想目标。客观公正对会计人员的基本要求：①依法办事；②实事求是；③如实反映。

（五）坚持准则

坚持准则，是指会计人员在处理业务过程中，要严格、始终按照法律、法规和国家统一的会计制度要求进行会计核算，实施会计监督，不为主观或他人意志左右。坚持准则是会计职业道德的核心。坚持准则对会计人员的基本要求：①熟悉准则；②遵循准则；③敢于同违法行为作斗争。

（六）提高技能

提高技能，是指会计人员通过学习，培训和实践等途径，持续提高会计职业技能，以达到和维持足够的专业胜任能力的活动。提高技能对会计人员的基本要求：①具有不断提高会计专业技能的意识和愿望；②具有勤学苦练的精神和科学的学习方法，刻苦钻研、不断进取，提高业务水平。

（七）参与管理

参与管理，是指间接参加管理活动，为管理者当参谋，为管理活动服务。参与管理对会计人员的基本要求：①努力钻研业务，提高业务技能，为参与管理打下坚实的基础；②熟悉服务对象的经营活动和业务流程，主动提出合理化建议，积极参与管理，使管理活动更具针对性和实效性。

(八) 强化服务

强化服务就是要求会计人员具有文明的服务态度、强烈的服务意识和优良的服务质量。强化服务对会计人员的基本要求：①强化服务意识；②提高服务质量。

第五节　违反会计法律制度的法律责任

1. 违反国家统一的会计制度行为的法律责任

考试要求：熟悉

违反《会计法》规定，有下列行为之一的，由县级以上人民政府财政部门责令限期改正，可以对单位并处 3 000 元以上 5 万元以下的罚款；对其直接负责的主管人员和其他直接责任人员，可以处 2 000 元以上 2 万元以下的罚款；属于国家工作人员的，还应当由其所在单位或者有关单位依法给予行政处分：

(1) 不依法设置会计账簿的。

(2) 私设会计账簿的。

(3) 未按照规定填制、取得原始凭证或者填制、取得的原始凭证不符合规定的。

(4) 以未经审核的会计凭证为依据登记会计账簿或者登记会计账簿不符合规定的。

(5) 随意变更会计处理方法的。

(6) 向不同的会计资料使用者提供的财务会计报告编制依据不一致的。

(7) 未按照规定使用会计记录文字或者记账本位币的。

(8) 未按照规定保管会计资料，致使会计资料毁损、灭失的。

(9) 未按照规定建立并实施单位内部会计监督制度或者拒绝依法实施的监督或者不如实提供有关会计资料及有关情况的。

(10) 任用会计人员不符合本法规定的。

会计人员有上述所列行为之一，情节严重的，五年内不得从事会计工作。有关法律对上述所列行为的处罚另有规定的，依照有关法律的规定办理。

经典例题
JINGDIANLITI

某单位违反《会计法》的规定，未依法设置会计账簿，县级以上财政部门可以对该违法行为直接负责的主管人员和其他直接责任人员处（　　）。

A. 2 000 元以上 2 万元以下的罚款　　B. 3 000 元以上 3 万元以下的罚款

C. 5 000 元以上 2 万元以下的罚款　　D. 5 000 元以上 3 万元以下的罚款

【答案】A

2. 伪造、变造会计凭证、会计账簿，编制虚假财务会计报告行为的法律责任

伪造、变造会计凭证、会计账簿，编制虚假财务会计报告，构成犯罪的，依法追究刑事责任。有上述行为，尚不构成犯罪的，由县级以上人民政府财政部门予以通报，可以对单位并处 5 000 元以上 10 万元以下的罚款；对其直接负责的主管人员和其他直接责任人员，可以处

3 000元以上 5 万元以下的罚款；属于国家工作人员的，还应由其所在单位或者有关单位依法给予撤职直至开除的行政处分；对其中的会计人员，五年内不得从事会计工作。

3. 隐匿或者故意销毁依法应当保存的会计凭证、会计账簿、财务会计报告行为的法律责任

隐匿或者故意销毁依法应当保存的会计凭证、会计账簿、财务会计报告，构成犯罪的，依法追究刑事责任。有上述行为，尚不构成犯罪的，由县级以上人民政府财政部门予以通报，可以对单位并处 5 000 元以上 10 万元以下的罚款；对其直接负责的主管人员和其他直接责任人员，可以处 3 000 元以上 5 万元以下的罚款；属于国家工作人员的，还应由其所在单位或者有关单位依法给予撤职直至开除的行政处分；对其中的会计人员，五年内不得从事会计工作。

根据《刑法》第 162 条第二款的规定，隐匿或者故意销毁依法应当保存的会计凭证、会计账簿、财务会计报告，情节严重的，处 5 年以下有期徒刑或拘役，并处或者单处 2 万元以上 20 万元以下罚金。单位犯前款罪的，对单位判处罚金，并对其直接负责的主管人员和其他直接责任人员，依照前款的规定处罚。

4. 授意、指使、强令会计机构、会计人员及其他人员伪造、变造会计凭证、会计账簿，编制虚假财务会计报告或者隐匿、故意销毁依法应当保存的会计凭证、会计账簿、财务会计报告行为的法律责任

授意、指使、强令会计机构、会计人员及其他人员伪造、变造会计凭证、会计账簿，编制虚假财务会计报告或者隐匿、故意销毁依法应当保存的会计凭证、会计账簿、财务会计报告，构成犯罪的，依法追究刑事责任。尚不构成犯罪的，可以处 5 000 元以上 5 万元以下的罚款；属于国家工作人员的，由所在单位或者有关单位依法给予降级、撤职、开除的行政处分。

5. 单位负责人对依法履行职责、抵制违反《会计法》规定行为的会计人员实行打击报复的法律责任

单位负责人对依法履行职责、抵制违反《会计法》规定行为的会计人员以降级、撤职、调离工作岗位、解聘或者开除等方式实行打击报复，构成犯罪的，依法追究刑事责任。尚不构成犯罪的，由其所在单位或者有关单位依法给予行政处分。对受打击报复的会计人员，应当恢复其名誉和原有职务、级别。

根据《刑法》第 225 条规定，公司、企业、事业单位、机关、团体的领导人，对依法履行职责、抵制违反《会计法》行为的会计人员实行打击报复，情节恶劣的，处三年以下有期徒刑或者拘役。

经典例题

JINGDIANLITI

某单位隐匿或者故意销毁依法应当保存的会计凭证、会计账簿、财务会计报告，尚不构成犯罪的，可以对该单位处（　　）的罚款。

A. 5 000 元以上 10 万元以下　　B. 5 000 元以上 5 万元以下

C. 3 000 元以上 3 万元以下　　D. 2 000 元以上 2 万元以下

【答案】 A

6. 财政部门及有关行政部门工作人员职务违法行为的法律责任

财政部门及有关行政部门的工作人员在实施监督管理中滥用职权、玩忽职守、徇私舞弊或者泄露国家秘密、商业秘密，构成犯罪的，依法追究刑事责任。尚不构成犯罪的，依法给予行政处分。

收到对违反《会计法》和国家统一的会计制度行为检举的部门及负责处理检举的部门，将检举人姓名和检举材料转给被检举单位和被检举人个人的，由所在单位或者有关单位依法给予行政处分。

第 3 章

支付结算法律制度

考情点拨

KAOQINGDIANBO

本章在以往的考试中所占分值为15～20分。本章考点较多且容易混淆，考生需要准确把握。考生重点掌握银行卡账户和交易、银行卡计息和收费、票据权利与责任、票据行为与票据追索、“三票一卡”和结算方式。

第一节　支付结算概述

一、支付结算的概念

考试要求：了解

支付结算是指单位、个人在社会经济活动中使用票据、银行卡和汇兑、托收承付、委托收款等结算方式进行货币给付及其资金清算的行为。

二、支付结算的工具

考试要求：了解

我国目前使用的人民币非现金支付工具主要包括“三票一卡”和结算方式。

“三票一卡”是指三种票据（汇票、本票、支票）和银行卡，结算方式包括汇兑、托收承付和委托收款。

我国目前形成了以票据和银行卡为主体，以电子支付为发展方向的非现金支付工具体系。

三、支付结算的原则

考试要求：了解

支付结算原则是指参与支付结算活动的各方当事人，如银行、单位和个人都应遵守的准则。支付结算原则如下：

（1）恪守信用，履约付款原则。

（2）谁的钱进谁的账，由谁支配原则。

（3）银行不垫款原则。

四、支付结算的基本要求

考试要求： 了解

命题频率： 2014 年多选题；2015 年多选题

（1）单位、个人和银行办理支付结算，必须使用按中国人民银行统一规定印制的票据凭证和结算凭证。

（2）单位、个人和银行应当按照《人民币银行结算账户管理办法》的规定开立和使用账户。

在银行开立存款账户的单位和个人，其账户内须有足够的资金保证支付。

除国家法律、行政法规另有规定外，银行不得为任何单位或者个人查询账户情况，不得为任何单位或者个人冻结、扣划款项，不得停止单位、个人存款的正常支付。

（3）票据和结算凭证上的签章和其他记载事项应当真实，不得伪造、变造。

“伪造”指无权限人假冒他人或虚构他人名义签章的行为，如伪造出票签章、背书签章、承兑签章和保证签章等。

“变造”指无权更改票据内容的人，对票据上签章以外的记载事项加以剪接、挖补、覆盖、涂改等。

出票金额、出票日期、收款人名称不得更改，更改的票据无效；更改的结算凭证，银行不予受理。对票据和结算凭证上的其他记载事项，原记载人可以更改，更改时应当由原记载人在更改处签章证明。

单位、银行在票据上的签章和单位在结算凭证上的签章，为该单位、银行的盖章加其法定代表人或其授权的代理人的签名或盖章。

个人在票据和结算凭证上的签章，应为其本人的签名或盖章。

（4）填写各种票据和结算凭证应当规范。规范填写票据和结算凭证时应注意以下事项：

①单位和银行的名称应当记载全称或者规范化简称。如“中国银行业监督管理委员会”的规范化简称为“银监会”。

②票据的出票日期必须使用中文大写。在填写月、日时，月为“壹”“贰”和“壹拾”的，日为“壹”至“玖”和“壹拾”“贰拾”“叁拾”的，应在其前加“零”；日为“拾壹”至“拾玖”的，应在其前加“壹”。如 2 月 18 日，应写成“零贰月壹拾捌日”；再如 10 月 5 日，应写成“零壹拾月零伍日”。

③关于金额。票据和结算凭证金额以中文大写和阿拉伯数码同时记载，二者必须一致，二者不一致的票据无效；二者不一致的结算凭证，银行不予受理。

经典例题
JINGDIANLITI

1. 某公司签发一张商业汇票。根据《票据法》的规定，该公司的下列签章行为中，正确的是（　　）。

A. 公司盖章　　　　B. 公司法定代表人李某盖章

C. 公司法定代表人李某签名加盖章　　　　D. 公司盖章加公司法定代表人李某盖章

【答案】D

【解析】本题考核票据的签章。单位在票据上的签章，为该单位的盖章加法定代表人或其授权的代理人的签名或盖章，故D选项正确。

2. 某票据的出票日期为“2013年7月15日”，其规范写法是（　　）。

A. 贰零壹叁年零柒月壹拾伍日　　B. 贰零壹叁年柒月壹拾伍日

C. 贰零壹叁年零柒月拾伍日　　D. 贰零壹叁年柒月拾伍日

【答案】B

【解析】填写月、日时，月为“壹”“贰”和“壹拾”的，日为“壹”至“玖”和“壹拾”“贰拾”“叁拾”的，应在其前加“零”；日为“拾壹”至“拾玖”的，应在其前加“壹”，故B选项正确。

第二节　银行结算账户

一、银行结算账户的概念和种类

考试要求：了解

银行结算账户指银行为存款人开立的办理资金收付结算的活期存款账户。

银行结算账户按存款人不同分为单位银行结算账户和个人银行结算账户。

单位银行结算账户按用途分为基本存款账户、一般存款账户、专用存款账户和临时存款账户。

个体工商户凭营业执照以字号或经营者姓名开立的银行结算账户纳入单位银行结算账户管理。存款人凭个人身份证件以自然人名称开立的银行结算账户为个人银行结算账户。

二、银行结算账户的开立、变更和撤销

考试要求：熟悉

命题频率：2015年单选题；2016年多选题

（一）银行结算账户的开立

存款人应在注册地或住所地开立银行结算账户。符合异地（跨省、市、县）开户条件的，也可以在异地开立银行结算账户。

存款人申请开立银行结算账户时，应填制开立银行结算账户申请书。开立单位银行结算账户时，应填写“开立单位银行结算账户申请书”，并加盖单位公章和法定代表人（单位负责人）或其授权代理人的签名或者盖章。

申请开立个人银行结算账户时，存款人应填写“开立个人银行结算账户申请书”，并加盖其个人签章。

需要中国人民银行核准的账户包括基本存款账户、临时存款账户（因注册验资和增资验资开立的除外）、预算单位专用存款账户和合格境外机构投资者在境内从事证券投资开立的人民币特殊账户和人民币结算资金账户。

符合开立一般存款账户、其他专用存款账户和个人银行结算账户条件的，银行应办理开户手续，并于开户之日起 5 个工作日内向中国人民银行当地分支行备案。上述结算账户统称备案类结算账户。

备案类结算账户的变更和撤销也应于 2 个工作日内通过账户管理系统向中国人民银行当地分支行报备。

中国人民银行当地分支行应于 2 个工作日内对开户银行报送的核准类账户的开户资料的合规性予以审核，符合开户条件的，予以核准，颁发基本（或临时或专用）存款账户开户许可证。

存款人开立单位银行结算账户，自正式开立之日起 3 个工作日后，方可使用该账户办理付款业务。但注册验资的临时存款账户转为基本存款账户和因借款转存开立的一般存款账户除外。

对于核准类银行结算账户，"正式开立之日"为中国人民银行当地分支行的核准日期；对于非核准类银行结算账户，"正式开立之日"是开户银行为存款人办理开户手续的日期。

(二) 银行结算账户的变更

存款人更改名称，但不改变开户银行及账号的，应于 5 个工作日内向开户银行提出银行结算账户的变更申请，并出具有关部门的证明文件。

单位的法定代表人或主要负责人、住址以及其他开户资料发生变更时，应于 5 个工作日内书面通知开户银行并提供有关证明。

属于变更开户许可证记载事项的，存款人办理变更手续时，应交回开户许可证，由中国人民银行当地分支行换发新的开户许可证。

(三) 银行结算账户的撤销

有下列情形之一的，存款人应向开户银行提出撤销银行结算账户的申请：

(1) 被撤并、解散、宣告破产或关闭的；

(2) 注销、被吊销营业执照的；

(3) 因迁址需要变更开户银行的；

(4) 其他原因需要撤销银行结算账户的。

存款人有以上第 (1) (2) 项情形的，应于 5 个工作日内向开户银行提出撤销银行结算账户的申请。

只有先撤销一般存款账户、专用存款账户、临时存款账户，并将账户资金转入基本存款账户后，方可办理基本存款账户的撤销。

存款人尚未清偿其开户银行债务的，不得申请撤销该银行结算账户。

对于按照账户管理规定应撤销而未办理销户手续的单位银行结算账户，银行通知该单位银行结算账户的存款人自发出通知之日起 30 日内办理销户手续，逾期视同自愿销户，未划转款项列入久悬未取专户管理。

存款人撤销核准类银行结算账户时，应交回开户许可证。

经典例题
JINGDIANLITI

1. 根据支付结算法律制度的规定，下列各项中，应当自开户之日起 5 个工作日内到中国人民银行当地分支行备案的是（　　）。

A. 预算单位专用存款账户　　　　B. 个人银行结算账户

C. 基本存款账户　　　　　　　　　　D. 临时经营的临时存款账户

【答案】B

【解析】备案类账户包括一般存款账户、个人银行结算账户和其他专用存款账户，符合开立一般存款账户、其他专用存款账户和个人银行结算账户条件的，银行应办理开户手续，并于开户之日起5个工作日内向中国人民银行当地分支行备案，故B选项正确。

2. 甲公司因结算需要向P银行申请开立了基本存款账户，甲公司使用该账户办理付款业务的起始时间是（　　）。

A. P银行为甲公司办理开户手续之日起

B. P银行为甲公司办理开户手续之日起5个工作日后

C. 中国人民银行当地分支行核准之日起

D. 中国人民银行当地分支行核准之日起3个工作日后

【答案】D

【解析】由于基本存款账户属于核准类银行结算账户，“正式开立之日”为中国人民银行当地分支行的核准日期；核准类银行结算账户自正式开立之日（中国人民银行当地分支行的核准日期）起3个工作日后，方可使用该账户办理付款业务，故D选项正确。

三、各类具体银行结算账户的开立和使用

考试要求：熟悉

命题频率：2014年单选题、多选题；2015年单选题

（一）基本存款账户

1. 基本存款账户的概念

基本存款账户是存款人因办理日常转账结算和现金收付需要开立的银行结算账户。

下列存款人，可以申请开立基本存款账户：

（1）企业法人；

（2）非法人企业；

（3）机关、事业单位；

（4）团级（含）以上军队、武警部队及分散执勤的支（分）队；

（5）社会团体、民办非企业组织、异地常设机构、外国驻华机构；

（6）个体工商户；

（7）居民委员会、村民委员会、社区委员会；

（8）单位设立的独立核算的附属机构，包括食堂、招待所、幼儿园；

（9）其他组织，即按照现行的法律、行政法规规定可以成立的组织，如业主委员会、村民小组等组织。

2. 开户证明文件

（1）企业法人，应出具企业法人营业执照正本。

（2）非法人企业，应出具企业营业执照正本。

3. 基本存款账户的使用

基本存款账户是存款人的主办账户，一个单位只能开立一个基本存款账户。

存款人日常经营活动的资金收付及其工资、奖金和现金的支取，应通过基本存款账户办理。

（二）一般存款账户

1. 一般存款账户的概念

一般存款账户是存款人因借款或其他结算需要，在基本存款账户开户银行以外的银行营业机构开立的银行结算账户。

2. 开户证明文件

存款人申请开立一般存款账户，应向银行出具其开立基本存款账户规定的证明文件、基本存款账户开户许可证和其他相关证明文件。

3. 一般存款账户的使用

一般存款账户用于办理存款人借款转存、借款归还和其他结算的资金收付。

一般存款账户可以办理现金缴存，但不得办理现金支取。

（三）专用存款账户

1. 专用存款账户的概念

专用存款账户是存款人按照法律、行政法规和规章，对其特定用途资金进行专项管理和使用而开立的银行结算账户。

2. 适用范围

专用存款账户适用于对下列资金的管理和使用：

（1）基本建设资金；

（2）更新改造资金；

（3）粮、棉、油收购资金；

（4）证券交易结算资金；

（5）期货交易保证金；

（6）信托基金；

（7）政策性房地产开发资金；

（8）单位银行卡备用金；

（9）住房基金；

（10）社会保障基金；

（11）收入汇缴资金和业务支出资金；

（12）党、团、工会设在单位的组织机构经费；

（13）其他需要专项管理和使用的资金。

3. 开户证明文件

存款人申请开立专用存款账户，应向银行出具其开立基本存款账户规定的证明文件、基本存款账户开户许可证和其他相关证明文件。

对于合格境外机构投资者在境内从事证券投资开立的人民币特殊账户和人民币结算资金账户，均纳入专用存款账户管理。

4. 专用存款账户的使用

（1）单位银行卡账户不得办理现金收付业务，其资金（备用金）必须由其基本存款账户转账存入。

（2）证券交易结算资金、期货交易保证金和信托基金专用存款账户不得支取现金。

(3) 基本建设资金、更新改造资金、政策性房地产开发资金账户需要支取现金的，应在开户时报中国人民银行当地分支行批准。

(4) 粮、棉、油收购资金，社会保障基金，住房基金和党、团、工会经费等专用存款账户支取现金应按照国家现金管理的规定办理。

(5) 收入汇缴资金和业务支出资金，是指基本存款账户存款人附属的非独立核算单位或派出机构发生的收入和支出的资金。

收入汇缴账户除向其基本存款账户或预算外资金财政专用存款账户划缴款项外，只收不付，不得支取现金。

业务支出账户除从其基本存款账户拨入款项外，只付不收，其现金支取必须按照国家现金管理的规定办理。

(四) 预算单位零余额账户

(1) 预算单位使用财政性资金，应当按照规定的程序和要求，向财政部门提出设立零余额账户的申请。

(2) 一个基层预算单位开设一个零余额账户。

(3) 预算单位零余额账户用于财政授权支付，可以办理转账、提取现金等结算业务，可以向本单位按账户管理规定保留的相应账户划拨工会经费、住房公积金及提租补贴，以及财政部门批准的特殊款项，不得违反规定向本单位其他账户和上级主管单位、所属下级单位账户划拨资金。

(五) 临时存款账户

1. 临时存款账户的概念

临时存款账户是指存款人因临时需要并在规定期限内使用而开立的银行结算账户。

2. 适用范围

(1) 设立临时机构，例如工程指挥部、筹备领导小组、摄制组等；

(2) 异地临时经营活动，例如建筑施工及安装单位等在异地的临时经营活动；

(3) 注册验资、增资；

(4) 军队、武警单位承担基本建设或者异地执行作战、演习、抢险救灾、应对突发事件等临时任务。

3. 临时存款账户的使用

临时存款账户用于办理临时机构以及存款人临时经营活动发生的资金收付。

临时存款账户应根据有关开户证明文件确定的期限或存款人的需要确定其有效期限，最长不得超过2年。

临时存款账户支取现金，应按照国家现金管理的规定办理。注册验资的临时存款账户在验资期间只收不付。

(六) 个人银行结算账户

1. 个人银行结算账户的概念

个人银行结算账户是指存款人因投资、消费、结算等需要而凭个人身份证件以自然人名称开立的银行结算账户。

个人银行账户分为Ⅰ类银行账户、Ⅱ类银行账户和Ⅲ类银行账户（以下分别简称“Ⅰ类户、Ⅱ类户和Ⅲ类户”）。

银行可通过Ⅰ类户为存款人提供存款、购买投资理财产品等金融产品、转账、消费和缴费支付、支取现金等服务。

银行可通过Ⅱ类户为存款人提供存款、购买投资理财产品等金融产品、限定金额的消费和缴费、限额向非绑定账户转出资金业务。

银行可通过Ⅲ类户为存款人提供限额消费和缴费、限额向非绑定账户转出资金业务。

2. 开户方式

（1）柜面开户。通过柜面受理银行账户开户申请的，银行可为开户申请人开立Ⅰ类户、Ⅱ类户或Ⅲ类户。

（2）自助机具开户。通过自助机具受理银行账户开户申请，银行工作人员现场核验开户申请人身份信息的，银行可为其开立Ⅰ类户；银行工作人员未现场核验开户申请人身份信息的，银行可为其开立Ⅱ类户或Ⅲ类户。

（3）电子渠道开户。通过网上银行和手机银行等电子渠道受理银行账户开户申请的，银行可为开户申请人开立Ⅱ类户或Ⅲ类户。

开户申请人开立个人银行账户或者办理其他个人银行账户业务，原则上应当由开户申请人本人亲自办理；符合条件的，可以由他人代理办理。他人代理开立个人银行账户的，代理人应出具代理人、被代理人的有效身份证件以及合法的委托书等。单位代理个人开立银行账户的，应提供单位证明材料、被代理人有效身份证件的复印件或影印件。单位代理开立的个人银行账户，在被代理人持本人有效身份证件到开户银行办理身份确认、密码设（重）置等激活手续前，该银行账户只收不付。

3. 开户证明文件

根据个人银行账户实名制的要求，存款人申请开立个人银行账户时，应向银行出具本人有效身份证件，银行通过有效身份证件仍无法准确判断开户申请人身份的，应要求其出具辅助身份证明材料。

有效身份证件包括：

（1）在中华人民共和国境内已登记常住户口的中国公民为居民身份证；不满十六周岁的，可以使用居民身份证或户口簿。

（2）香港、澳门特别行政区居民为港澳居民往来内地通行证。

（3）台湾地区居民为台湾居民来往大陆通行证。

（4）国外的中国公民为中国护照。

（5）外国公民为护照或者外国人永久居留证（外国边民，按照边贸结算的有关规定办理）。

（6）法律、行政法规规定的其他身份证明文件。

辅助身份证明材料包括但不限于：

（1）中国公民为户口簿、护照、机动车驾驶证、居住证、社会保障卡、军人和武装警察身份证件、公安机关出具的户籍证明、工作证。

（2）香港、澳门特别行政区居民为香港、澳门特别行政区居民身份证。

（3）台湾地区居民为在台湾居住的有效身份证明。

（4）定居国外的中国公民为定居国外的证明文件。

（5）外国公民为外国居民身份证、使领馆人员身份证件或者机动车驾驶证等其他带有照片的身份证件。

（6）完税证明、水电煤缴费单等税费凭证。

4. 个人银行结算账户的使用

个人银行结算账户用于办理个人转账收付和现金存取。

下列款项可以转入个人银行结算账户：

(1) 工资、奖金收入；

(2) 稿费、演出费等劳务收入；

(3) 债券、期货、信托等投资的本金和收益；

(4) 个人债权或产权转让收益；

(5) 个人贷款转存；

(6) 证券交易结算资金和期货交易保证金；

(7) 继承、赠与款项；

(8) 保险理赔、保费退还等款项；

(9) 纳税退还；

(10) 农、副、矿产品销售收入；

(11) 其他合法款项。

单位从其银行结算账户支付给个人银行结算账户的款项，每笔超过5万元（不包含5万元）的，应向其开户银行提供相关付款依据。

从单位银行结算账户向个人银行结算账户支付款项单笔超过5万元人民币时，付款单位若在付款用途栏或备注栏注明事由，可不再另行出具付款依据，但付款单位应对支付款项事由的真实性、合法性负责。

（七）异地银行结算账户

1. 异地银行结算账户的概念

异地银行结算账户，是存款人在其注册地或住所地行政区域之外（跨省、市、县）开立的银行结算账户。

2. 适用范围

(1) 营业执照注册地与经营地不在同一行政区域（跨省、市、县）需要开立基本存款账户的；

(2) 办理异地借款和其他结算需要开立一般存款账户的；

(3) 存款人因附属的非独立核算单位或派出机构发生的收入汇缴或业务支出需要开立专用存款账户的；

(4) 异地临时经营活动需要开立临时存款账户的；

(5) 自然人根据需要在异地开立个人银行结算账户的。

3. 开户证明文件

存款人需要在异地开立单位银行结算账户，除出具开立基本存款账户、一般存款账户、专用存款账户和临时存款账户规定的有关证明文件和基本存款账户开户许可证外，还应出具相关的证明文件。

经典例题 JINGDIANLITI

1. 开立一般存款账户之前，必须开立的账户是（　　）。

A. 一般存款账户　　　　B. 基本存款账户

C. 临时存款账户　　　　D. 专用存款账户

【答案】 B

【解析】 存款人申请开立一般存款账户，应当向银行出具其开立基本存款账户规定的证明文件、基本存款账户开户许可证和借款合同或者其他有关证明文件，故 B 选项正确。

2. 下列银行结算账户中，不能支取现金的是（　　）。

A. 党、团、工会经费专用存款账户　　B. 个人银行结算账户

C. 预算单位零余额账户　　D. 单位银行卡账户

【答案】D

【解析】党、团、工会经费等专用存款账户支取现金应按照国家现金管理的规定办理，故 A 选项不正确；个人银行结算账户用于办理个人转账收付和现金存取，故 B 选项不正确；预算单位零余额账户用于财政授权支付，可以办理转账、提取现金等结算业务，故 C 选项不正确；单位银行卡账户的资金必须由其基本存款账户转账存入，该账户不得办理现金收付业务，故 D 选项正确。

3. 根据支付结算法律制度的规定，临时存款账户的有效期最长不得超过（　　）。

A. 6 个月　　B. 1 年

C. 2 年　　D. 3 年

【答案】C

【解析】临时存款账户应根据有关开户证明文件确定的期限或存款人的需要确定其有效期限，最长不得超过 2 年。

四、银行结算账户的管理

考试要求：掌握
命题频率：2016 年多选题；2017 年单选题

（一）银行结算账户的实名制管理

（1）存款人应以实名开立银行结算账户，并对其出具的开户（变更、撤销）申请资料实质内容的真实性负责，法律、行政法规另有规定的除外。

（2）存款人应按照账户管理规定使用银行结算账户办理结算业务，不得出租、出借银行结算账户，不得利用银行结算账户套取银行信用或进行洗钱活动。

（二）银行结算账户变更事项的管理

存款人申请临时存款账户展期，变更、撤销单位银行结算账户以及补（换）发开户许可证时，可由法定代表人或单位负责人直接办理，也可授权他人办理。

（三）存款人预留银行签章的管理

（1）单位遗失预留公章或财务专用章的，应向开户银行出具书面申请、开户许可证、营业执照等相关证明文件；更换预留公章或财务专用章时，应向开户银行出具书面申请、原预留公章或财务专用章等相关证明文件。

单位存款人申请变更预留公章或财务专用章，可由法定代表人或单位负责人直接办理，也可授权他人办理。

（2）个人遗失或更换预留个人印章或更换签字人时，应向开户银行出具经签名确认的书面申请，以及原预留印章或签字人的个人身份证件。银行应留存相应的复印件，并凭此办理预留银行签章的变更。

单位存款人申请更换预留个人签章，可由法定代表人或单位负责人直接办理，也可授权他

人办理。

单位存款人申请更换预留个人签章，无法出具法定代表人或单位负责人的身份证件的，应出具加盖该单位公章的书面申请、该单位出具的授权书以及被授权人的身份证件。

（四）银行结算账户的对账管理

银行结算账户的存款人应与银行按规定核对账务。存款人收到对账单或对账信息后，应及时核对账务并在规定期限内向银行发出对账回单或确认信息。

经典例题
JINGDIANLITI

甲公司法定代表人为李某，其授权的代理人为张某。下列关于甲公司到开户银行办理银行手续的表述中，正确的有（　　）。

A. 申请临时存款账户展期，张某不能办理 B. 变更银行结算账户事项，可由张某办理

C. 申请补发开户许可证，可由张某办理　D. 撤销单位银行结算账户，张某不能办理

【答案】BC

【解析】存款人申请临时存款账户展期，变更、撤销单位银行结算账户以及补（换）发开户许可证，可由法定代表人或单位负责人直接办理，也可授权他人办理。

第三节　票据

一、票据概述

考试要求：了解
命题频率：2015年单选题

（一）票据的含义和种类

1. 票据的含义

票据指由出票人签发的、约定自己或者委托付款人在见票时或指定的日期向收款人或持票人无条件支付一定金额的有价证券。

2. 票据的种类

广义上的票据包括各种有价证券和凭证，如股票、企业债券、发票、提单等。

狭义上的票据，即我国《票据法》中规定的“票据”，包括汇票、银行本票和支票。

（二）票据当事人

票据当事人分为基本当事人和非基本当事人。

1. 基本当事人

票据基本当事人是指在票据作成和交付时就已经存在的当事人，包括出票人、付款人和收款人三种。

汇票和支票的基本当事人有出票人、付款人与收款人；本票的基本当事人有出票人与收款人。

（1）出票人，指依法定方式签发票据并将票据交付给收款人的人。

银行汇票的出票人为银行。

商业汇票的出票人为银行以外的企业和其他组织。

银行本票的出票人为出票银行。

支票的出票人，为在银行开立支票存款账户的企业、其他组织和个人。

（2）收款人，指票据正面记载的到期后有权收取票据所载金额的人。

（3）付款人，指由出票人委托付款或自行承担付款责任的人。

商业承兑汇票的付款人是合同中应给付款项的一方当事人，也是该汇票的承兑人。

银行承兑汇票的付款人是承兑银行。

支票的付款人是出票人的开户银行。

本票的付款人是出票人。

2. 非基本当事人

非基本当事人是指在票据作成并交付后，通过一定的票据行为加入票据关系而享有一定权利、承担一定义务的当事人，包括承兑人、背书人、被背书人、保证人等。

（1）承兑人，指接受汇票出票人的付款委托，同意承担支付票款义务的人，是汇票主债务人。

（2）背书人与被背书人。背书人是指在转让票据时，在票据背面或粘单上签字或盖章，并将该票据交付给受让人的票据收款人或持有人。

被背书人是指被记名受让票据或接受票据转让的人。

（3）保证人，指为票据债务提供担保的人，由票据债务人以外的第三人担当。

（三）票据的特征和功能

1. 票据的特征

（1）票据是“完全有价证券”，即票据权利完全证券化。

（2）票据是“文义证券”，即票据上的一切票据权利义务必须严格依照票据记载的文义而定，文义之外的任何理由、事项均不得作为根据，即使文义记载有错，也不得用票据之外的其他证明方法变更或补充。

（3）票据是“无因证券”，即票据如果符合《票据法》规定的条件，票据权利就成立，持票人不必证明取得票据的原因，仅以票据文义请求履行票据权利。

（4）票据是“金钱债权证券”，即票据上体现的权利性质是财产权而不是其他权利，财产权的内容是请求支付一定的金钱而不是物品。

（5）票据是“要式证券”，即票据的制作、形式、文义都有规定的格式和要求。

（6）票据是“流通证券”，即票据可以流通转让，只有流通转让，票据的功能才能充分发挥。

2. 票据的功能

（1）支付功能。

（2）汇兑功能。

（3）信用功能。

（4）结算功能。

（5）融资功能。

经典例题
JINGDIANLITI

根据票据法律制度的规定，下列各项中，属于票据基本当事人的有（　　）。

A. 出票人　　B. 收款人　　C. 付款人　　D. 保证人

【答案】ABC

【解析】票据的基本当事人包括出票人、付款人和收款人。

二、票据权利与责任

考试要求：掌握

命题频率：2014 年单选题、多选题；2015 年多选题

（一）票据权利的概念

票据权利是指票据持票人向票据债务人请求支付票据金额的权利，包括付款请求权和追索权。

扫码听课

（二）票据权利的分类

1. 付款请求权

付款请求权是指持票人向汇票的承兑人、本票的出票人、支票的付款人出示票据要求付款的权利，是第一顺序权利。

行使付款请求权的持票人可以是票据记载的收款人或最后的被背书人；担负付款请求权付款义务的主要是主债务人。

2. 票据追索权

票据追索权是指票据当事人行使付款请求权遭到拒绝或有其他法定原因存在时，向其前手请求偿还票据金额及其他法定费用的权利，是第二顺序权利。

行使追索权的当事人除票据记载的收款人和最后被背书人外，还可能是代为清偿票据债务的保证人、背书人。

（三）票据权利的取得

1. 基本规定

票据的取得，必须给付对价，即应当给付票据双方当事人认可的相对应的代价。但也有例外的情形，即如果是因为税收、继承、赠与可以依法无偿取得票据的，则不受给付对价的限制，但是所享有的票据权利不得优于其前手的权利。

2. 取得票据享有票据权利的情形

取得票据享有票据权利的情形有：

（1）依法接受出票人签发的票据；

（2）依法接受背书转让的票据；

（3）因税收、继承、赠与可以依法无偿取得票据。

取得票据不享有票据权利的情形有：

（1）以欺诈、偷盗或者胁迫等手段取得票据的，或者明知有上述情形，出于恶意取得票据的；

（2）持票人因重大过失取得不符合《票据法》规定的票据的。

（四）票据权利的行使与保全

票据权利的行使指持票人请求票据的付款人支付票据金额的行为，如行使付款请求权以获得票款，行使追索权以请求清偿法定的金额和费用等。

票据权利的保全是指持票人为了防止票据权利的丧失而采取的措施，如依据《票据法》的规定期限提示承兑等。

票据权利行使和保全的方法通常包括“按期提示”和“依法证明”两种。

持票人不能出示拒绝证明、退票理由书或者未按照规定期限提供其他合法证明的，丧失对其前手的追索权。

持票人对票据债务人行使票据权利，或者保全票据权利，应当在票据当事人的营业场所和营业时间内进行，票据当事人无营业场所的，应当在其住所进行。

(五) 票据权利丧失补救

票据丧失是指票据因灭失（如不慎被烧毁)、遗失（如不慎丢失)、被盗等原因而使票据权利人脱离其对票据的占有。

票据丧失后，可以采取挂失止付、公示催告和普通诉讼三种形式进行补救。

1. 挂失止付

只有确定付款人或代理付款人的票据丧失时才可进行挂失止付，具体包括：

(1) 已承兑的商业汇票；

(2) 支票；

(3) 填明“现金”字样和代理付款人的银行汇票；

(4) 填明“现金”字样的银行本票。

挂失止付并不是票据丧失后采取的必经措施，而只是一种暂时的预防措施，最终要通过申请公示催告或提起普通诉讼来补救票据权利。付款人或者代理付款人自收到挂失止付通知书之日起 12 日内没有收到人民法院的止付通知书的，自第 13 日起，不再承担止付责任，持票人提示付款即依法向持票人付款。

2. 公示催告

失票人应当在通知挂失止付后的 3 日内，也可以在票据丧失后，依法向票据支付地人民法院申请公示催告。申请公示催告的主体必须是可以背书转让的票据的最后持票人。

3. 普通诉讼

如果与票据上的权利有利害关系的人是明确的，无须公示催告，可按一般的票据纠纷向法院提起诉讼。

(六) 票据权利时效

(1) 持票人对票据的出票人和承兑人的权利自票据到期日起 2 年后消灭。见票即付的汇票、本票自出票日起 2 年后消灭。

(2) 持票人对支票出票人的权利，自出票日起 6 个月后消灭。

在这里，持票人对出票人和承兑人的权利，包括付款请求权和追索权。

(3) 持票人对前手的追索权，在被拒绝承兑或者被拒绝付款之日起 6 个月后消灭。

(4) 持票人对前手的再追索权，自清偿日或者被提起诉讼之日起 3 个月后消灭。

(七) 票据责任

实务中，票据债务人承担票据义务一般有：

(1) 汇票承兑人因承兑而应承担付款义务；

(2) 本票出票人因出票而承担自己付款的义务；

(3) 支票付款人在与出票人有资金关系时承担付款义务；

(4) 汇票、本票、支票的背书人，汇票、支票的出票人、保证人，在票据不获承兑或不获付款时的付款清偿义务。

1. 提示付款

持票人应当按照下列期限提示付款：

（1）见票即付的票据，自出票日起1个月内向付款人提示付款；

（2）定日付款、出票后定期付款或者见票后定期付款的票据，自到期日起10日内向承兑人提示付款。

2. 付款人付款

持票人依照规定提示付款的，付款人必须在当日足额付款。

3. 拒绝付款

票据债务人可以对不履行约定义务的与自己有直接债权债务关系的持票人，进行抗辩。但不得以自己与出票人或者与持票人的前手之间的抗辩事由，对抗持票人。

4. 获得付款

持票人获得付款的，应当在票据上签收，并将票据交给付款人。

持票人委托银行收款的，受委托的银行将代收的票据金额转账收入持票人账户，视同签收。

电子商业汇票的持票人可委托接入机构即银行代为发出提示付款、逾期提示付款行为申请。

5. 相关银行的责任

持票人委托的收款银行的责任，限于按照票据上记载事项将票据金额转入持票人账户。付款人委托的付款银行的责任，限于按照票据上记载事项从付款人账户支付票据金额。

付款人及其代理付款人以恶意或者有重大过失付款的，应当自行承担责任。对定日付款、出票后定期付款或者见票后定期付款的票据，付款人在到期日前付款的，由付款人自行承担所产生的责任。

6. 票据责任解除

付款人依法足额付款后，全体票据债务人的责任解除。

经典例题
JINGDIANLITI

张某因采购货物签发一张票据给王某，胡某从王某处窃取该票据，陈某明知胡某系窃取所得但仍受让该票据，并将其赠与不知情的黄某。下列取得票据的当事人中，享有票据权利的是（　　）。

A. 王某　　B. 胡某　　C. 陈某　　D. 黄某

【答案】 A

【解析】 张某因采购货物签发一张票据给王某，因而王某是依法接受签发的票据的持有人，故A选项正确；胡某是窃取票据，因而胡某不享有票据权利，故B选项不正确；陈某明知该票据是窃取的，仍受让该票据，因而不享有票据权利，故C选项不正确；黄某无对价取得票据，其是否享有票据权利取决于其前手陈某，既然陈某不享有票据权利，黄某也不享有票据权利，故D选项不正确。

三、票据行为

扫码听课

考试要求： 掌握
命题频率： 2014年单选题、多选题；2016年单选题；2017年不定项选择题

票据行为是指票据当事人以发生票据债务为目的的、以在票据上签名或盖章为权利义务成

立要件的法律行为，包括出票、背书、承兑和保证。

（一）出票

1. 出票的概念

出票是指出票人签发票据并将其交给收款人的票据行为。

出票必须同时具备以下两个行为：

（1）出票人依照《票据法》的规定作成票据，即在原始票据上记载法定事项并签章；

（2）交付票据，即将作成的票据交付给他人占有。

2. 出票的基本要求

出票人与付款人应具有真实的委托付款关系，并且具有支付票据金额的可靠资金来源，不得签发无对价的票据。

3. 票据的记载事项

（1）必须记载事项，也称必要记载事项，是指《票据法》明文规定必须记载的，如不记载，票据行为即为无效的事项。

（2）相对记载事项如果未记载，并不影响票据效力的事项。

背书未记载日期的，视为在票据到期日前背书。这里的“背书日期”就属于相对记载事项。

（3）任意记载事项，不记载时不影响票据效力，记载时则产生票据效力的事项。如出票人在汇票记载“不得转让”字样的，汇票不得转让，其中的“不得转让”事项即为任意记载事项。记载不产生《票据法》上效力的事项，这些事项不具有票据效力，银行不负审查责任。

4. 出票的效力

出票人签发票据后，即承担该票据承兑或付款的责任。出票人在票据得不到承兑或者付款时，应当向持票人清偿《票据法》规定的金额和费用。

（二）背书

1. 背书的概念

背书是在票据背面或者粘单上记载有关事项并签章的行为。

2. 背书的种类

以背书的目的为标准，将背书分为转让背书和非转让背书。

转让背书是指以转让票据权利为目的的背书；非转让背书是指以授予他人行使一定的票据权利为目的的背书。非转让背书包括委托收款背书和质押背书。

3. 背书记载事项

以背书转让或者以背书将一定的票据权利授予他人行使时，必须记载被背书人名称。

背书人未记载被背书人名称即将票据交付他人的，持票人在票据被背书人栏内记载自己的名称与背书人记载具有同等法律效力。

委托收款背书应记载“委托收款”字样、被背书人和背书人签章。

质押背书应记载“质押”字样、质权人和出质人签章。

票据凭证不能满足背书人记载事项的需要，可以加附粘单，粘附于票据凭证上。粘单上的第一记载人，为粘单上第一手背书的背书人，应当在票据和粘单的粘接处签章。

4. 背书连续及其效力

背书连续，是指在票据转让中，转让票据的背书人与受让票据的被背书人在票据上的签章依次前后衔接。

第一背书人为票据收款人，最后持票人为最后背书的被背书人，中间的背书人为前手背书的被背书人。

以背书转让的票据，背书应当连续。持票人以背书的连续，证明其票据权利；非经背书转让，而以其他合法方式取得票据的，依法举证，证明其票据权利。

5. 背书特别规定

条件背书是指背书附有条件。背书时附有条件的，所附条件不具有票据上的效力。

部分背书是指将票据金额的一部分转让的背书或者将票据金额分别转让给两人以上的背书。部分背书属于无效背书。

限制背书是指记载了“不得转让”，此时，票据不得转让。背书人在票据上记载“不得转让”字样，其后手再背书转让的，原背书人对后手的被背书人不承担保证责任。

期后背书是指票据被拒绝承兑、被拒绝付款或者超过付款提示期限的，不得背书转让。背书转让的，背书人应当承担票据责任。

6. 背书效力

背书人以背书转让票据后，即承担保证其后手所持票据承兑和付款的责任。

（三）承兑

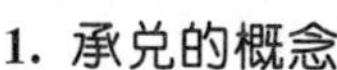

1. 承兑的概念

承兑是指汇票付款人承诺在汇票到期日支付汇票金额并签章的行为，仅适用于商业汇票。

2. 承兑的程序

承兑程序包括提示承兑、受理承兑、记载承兑事项等。

（1）提示承兑是指持票人向付款人出示汇票，并要求付款人承诺付款的行为。

定日付款或者出票后定期付款的汇票，持票人应当在汇票到期日前向付款人提示承兑。

见票后定期付款的汇票，持票人应当自出票日起 1 个月内向付款人提示承兑。

汇票未按照规定期限提示承兑的，持票人丧失对其前手的追索权。

（2）受理承兑。付款人对向其提示承兑的汇票，应当自收到提示承兑的汇票之日起 3 日内承兑或者拒绝承兑。

（3）记载承兑事项。付款人承兑汇票的，应当在汇票正面记载“承兑”字样和承兑日期并签章；见票后定期付款的汇票，应当在承兑时记载付款日期。

汇票上未记载承兑日期的，应当以收到提示承兑的汇票之日起 3 日内的最后一日为承兑日期。

（4）承兑效力。付款人承兑汇票，不得附有条件；承兑附有条件的，视为拒绝承兑。

（四）保证

1. 保证的概念

保证指票据债务人以外的人，为担保特定债务人履行票据债务而在票据上记载有关事项并签章的行为。

除经国务院批准为使用外国政府或者国际经济组织贷款进行转贷、国家机关提供票据保证的，以及企业法人的分支机构在法人书面授权范围内提供票据保证的外，国家机关、以公益为目的的事业单位、社会团体、企业法人的分支机构和职能部门作为票据保证人的，票据保证无效。

2. 保证的记载事项

保证人必须在票据或者粘单上记载下列事项：

（1）表明“保证”的字样；

(2) 保证人名称和住所；

(3) 被保证人的名称、保证日期、保证人签章。

保证人在票据或者粘单上未记载“被保证人名称”的，已承兑的票据，承兑人为被保证人；未承兑的票据，出票人为被保证人。

保证人在票据或者粘单上未记载“保证日期”的，出票日期为保证日期。

3. 保证责任的承担

被保证的票据，保证人应当与被保证人对持票人承担连带责任。

票据到期后得不到付款的，持票人有权向保证人请求付款，保证人应当足额付款。

保证人为两人以上的，保证人之间承担连带责任。

4. 保证效力

除被保证人的债务因票据记载事项欠缺而无效外，保证人对合法取得票据的持票人所享有的票据权利，承担保证责任。

保证不得附有条件；附有条件的，不影响对票据的保证责任。

保证人清偿票据债务后，可以行使持票人对被保证人及其前手的追索权。

经典例题
JINGDIANLITI

1. 根据支付结算法律制度的规定，票据凭证不能满足背书人记载事项的需要，可以加附粘单。粘单上的第一记载人，应当在票据和粘单的粘接处签章。该第一记载人是（　　）。

A. 粘单上的第一手背书的被背书人　　B. 票据上最后一手背书的背书人

C. 票据持票人　　D. 粘单上第一手背书的背书人

【答案】 D

【解析】 票据凭证不能满足背书人记载事项的需要，可以加附粘单，粘单上的第一记载人，为粘单上第一手背书的背书人，应当在票据和粘单的粘接处签章，故 D 选项正确。

2. 根据支付结算法律制度的规定，关于票据保证的下列表述中，正确的有（　　）。

A. 票据上未记载保证日期的，被保证人的背书日期为保证日期

B. 保证人未在票据或粘单上记载被保证人名称的已承兑票据，承兑人为被保证人

C. 保证人为两人以上的，保证人之间承担连带责任

D. 保证人清偿票据债务后，可以对被保证人及其前手行使追索权

【答案】 BCD

【解析】 票据上未记载保证日期的，以出票日期为保证日期，故 A 选项不正确；未记载被保证人的，已承兑的汇票，承兑人为被保证人，故 B 选项正确；被保证的票据，保证人应当与被保证人对持票人承担连带责任，保证人为两人以上的，保证人之间承担连带责任，故 C 选项正确；保证人清偿票据债务后，可以行使持票人对被保证人及其前手的追索权，故 D 选项正确。

四、票据追索

扫码听课

考试要求：掌握

（一）票据追索适用的情形

1. 到期后追索

到期后追索，是指票据到期被拒绝付款的，持票人对背书人、出票人以及票据的其他债务

人行使的追索。

2. 到期前追索

到期前追索，是指票据到期日前，有下列情形之一的，持票人行使到期前追索：

(1) 汇票被拒绝承兑的；

(2) 承兑人或者付款人死亡、逃匿的；

(3) 承兑人或者付款人被依法宣告破产的或者因违法被责令终止业务活动的。

(二) 被追索人的确定

票据的出票人、背书人、承兑人和保证人对持票人承担连带责任。

持票人可以不按照票据债务人的先后顺序，对其中任何一人、数人或者全体行使追索权。

持票人对票据债务人中的一人或者数人已经进行追索的，对其他票据债务人仍可以行使追索权。

(三) 追索的内容

1. 持票人行使追索权

持票人行使追索权，可以请求被追索人支付下列金额和费用：

(1) 被拒绝付款的票据金额；

(2) 票据金额自到期日或者提示付款日起至清偿日止，按照中国人民银行规定的利率计算的利息；

(3) 取得有关拒绝证明和发出通知书的费用。

2. 被追索人行使再追索权

被追索人依照前条规定清偿后，可以向其他票据债务人行使再追索权，请求其他票据债务人支付下列金额和费用：

(1) 已清偿的全部金额；

(2) 前项金额自清偿日起至再追索清偿日止，按照中国人民银行规定的利率计算的利息；

(3) 发出通知书的费用。

(四) 追索权的行使

1. 获得有关证明

持票人行使追索权时，应当提供被拒绝承兑或者拒绝付款的有关证明。

持票人提示承兑或者提示付款被拒绝的，承兑人或者付款人必须出具拒绝证明，或者出具退票理由书。未出具拒绝证明或者退票理由书的，应当承担由此产生的民事责任。

持票人不能出示拒绝证明、退票理由书或者未按照规定期限提供其他合法证明的，丧失对其前手的追索权。但是，承兑人或者付款人仍应当对持票人承担责任。

2. 行使追索

持票人应当自收到被拒绝承兑或者被拒绝付款的有关证明之日起 3 日内，将被拒绝事由书面通知其前手；其前手应当自收到通知之日起 3 日内书面通知其再前手。

持票人也可以同时向各票据债务人发出书面通知，该书面通知应当记明汇票的主要记载事项，并说明该汇票已被退票。

未按照规定期限通知的，持票人仍可以行使追索权。因延期通知给其前手或者出票人造成损失的，由没有按照规定期限通知的票据当事人，承担对该损失的赔偿责任，但是所赔偿的金额以汇票金额为限。

在规定期限内将通知按照法定地址或者约定的地址邮寄的，视为已经发出通知。

（五）追索的效力

被追索人依照规定清偿债务后，其责任解除，与持票人享有同一权利。

经典例题 JINGDIANLITI

甲公司在与乙公司交易中获汇票一张，出票人为丙公司，承兑人为丁公司。根据支付结算法律制度的规定，下列各项中，甲公司可以在汇票到期日前行使追索权的有（　　）。

A. 乙公司申请注销法人资格　　B. 丙公司被宣告破产

C. 丁公司被吊销营业执照　　D. 丁公司因违法被责令终止业务活动

【答案】CD

【解析】承兑人或者付款人被依法宣告破产的或者因违法被责令终止业务活动的，为票据到期前追索适用的情形之一。因为乙丙公司不是承兑人或付款人，故 AB 选项不正确；因为丁公司是承兑人，故 CD 选项正确。

五、银行汇票

扫码听课

考试要求：掌握

命题频率：2014 年单选题

（一）银行汇票的概念

银行汇票是出票银行签发的，由其在见票时按照实际结算金额无条件支付给收款人或者持票人的票据。

（二）银行汇票的适用范围

银行汇票可以用于转账，填明“现金”字样的银行汇票也可以用于支取现金。

单位和个人各种款项结算，均可使用银行汇票。

（三）银行汇票的出票

1. 申请

申请人使用银行汇票，应向出票银行填写“银行汇票申请书”。

申请人和收款人均为个人，需要使用银行汇票向代理付款人支取现金的，申请人须在“银行汇票申请书”上填明代理付款人名称，在“出票金额”栏先填写“现金”字样，后填写汇票金额。

申请人或者收款人为单位的，不得在“银行汇票申请书”上填明“现金”字样。

2. 签发并交付

出票银行受理银行汇票申请书，收妥款项后签发银行汇票，并将银行汇票和解讫通知一并交给申请人。申请人应将银行汇票和解讫通知一并交付给汇票上记明的收款人。

签发现金银行汇票，申请人和收款人必须均为个人，收妥申请人交存的现金后，在银行汇票“出票金额”栏先填写“现金”字样，后填写出票金额，并填写代理付款人名称。出票银行为银行汇票的付款人。

申请人或者收款人为单位的，银行不得为其签发现金银行汇票。

（四）填写实际结算金额

（1）收款人受理申请人交付的银行汇票时，应在出票金额以内，根据实际需要的款项办理结算，并将实际结算金额和多余金额准确、清晰地填入银行汇票和解讫通知的有关栏内。

(2) 银行汇票的实际结算金额低于出票金额的，其多余金额由出票银行退交申请人。

(3) 未填明实际结算金额和多余金额或实际结算金额超过出票金额的，银行不予受理。

(4) 银行汇票的实际结算金额一经填写不得更改，更改实际结算金额的银行汇票无效。

(五) 银行汇票背书

(1) 银行汇票的背书转让以不超过出票金额的实际结算金额为准。

(2) 未填写实际结算金额或实际结算金额超过出票金额的银行汇票不得背书转让。

(六) 银行汇票提示付款

银行汇票的提示付款期限自出票日起 1 个月。持票人超过期限向代理付款银行提示付款不获付款的，须在票据权利时效内向出票银行作出说明，并提供本人身份证件或单位证明，持银行汇票和解讫通知向出票银行请求付款。

持票人超过付款期限提示付款的，代理付款人不予受理。

持票人向银行提示付款时，须同时提交银行汇票和解讫通知，缺少任何一联，银行不予受理。

(七) 银行汇票退款和丧失

申请人因银行汇票超过付款提示期限或其他原因要求退款时，应将银行汇票和解讫通知同时提交到出票银行。

出票银行对于转账银行汇票的退款，只能转入原申请人账户；对于符合规定填明“现金”字样银行汇票的退款，才能退付现金。

申请人缺少解讫通知要求退款的，出票银行应于银行汇票提示付款期满 1 个月后办理。

银行汇票丧失，失票人可以凭人民法院出具的其享有票据权利的证明，向出票银行请求付款或退款。

经典例题
JINGDIANLITI

根据票据法律制度的规定，下列对银行汇票的表述中，不正确的是（　　）。

A. 未填明实际结算金额和多余金额或者实际结算金额超过出票金额的银行汇票，银行不予受理

B. 更改实际结算金额的银行汇票无效

C. 银行汇票的背书转让以出票金额为准

D. 未填写实际结算金额或者实际结算金额超过出票金额的银行汇票不得背书转让

【答案】 C

【解析】 未填明实际结算金额和多余金额或实际结算金额超过出票金额的，银行不予受理，故 A 选项不符合题意；银行汇票的背书转让以不超过出票金额的实际结算金额为准，故 B 选项不符合题意；银行汇票的背书转让以不超过出票金额的实际结算金额为准，而不是以出票金额为准，故 C 选项符合题意；未填写实际结算金额或实际结算金额超过出票金额的银行汇票不得背书转让，故 D 选项不符合题意。

六、商业汇票

扫码听课

考试要求： 掌握

命题频率： 2015 年单选题；2017 年单选题、多选题、不定项选择题

(一) 商业汇票的概念

商业汇票是出票人签发的，委托付款人在指定日期无条件支付确定的金额给收款人或者持

票人的票据。

(二) 商业汇票的种类

(1) 商业汇票按照承兑人的不同分为商业承兑汇票和银行承兑汇票。

(2) 电子商业汇票分为电子银行承兑汇票和电子商业承兑汇票。

(三) 商业汇票的适用范围

在银行开立存款账户的法人以及其他组织之间的结算，才能使用商业汇票。

(四) 商业汇票的出票

1. 出票人的确定

商业承兑汇票可以由付款人签发并承兑，也可以由收款人签发交由付款人承兑。

银行承兑汇票应由在承兑银行开立存款账户的存款人签发。

2. 出票的记载事项

签发商业汇票必须记载下列事项：

(1) 表明“商业承兑汇票”或“银行承兑汇票”的字样；

(2) 无条件支付的委托；

(3) 确定的金额；

(4) 付款人名称；

(5) 收款人名称；

(6) 出票日期；

(7) 出票人签章。

欠缺记载上述事项之一的，商业汇票无效。

其中，“出票人签章”为该单位的财务专用章或者公章加其法定代表人或其授权的代理人的签名或者盖章。

电子商业汇票信息以人民银行电子商业汇票系统的记录为准。电子商业汇票出票必须记载下列事项：

(1) 表明“电子银行承兑汇票”或“电子商业承兑汇票”的字样；

(2) 无条件支付的委托；

(3) 确定的金额；

(4) 出票人名称；

(5) 付款人名称；

(6) 收款人名称；

(7) 出票日期；

(8) 票据到期日；

(9) 出票人签章。

(五) 商业汇票的付款期限

(1) 定日付款的汇票付款期限自出票日起计算，并在汇票上记载具体的到期日。

(2) 出票后定期付款的汇票付款期限自出票日起按月计算，并在汇票上记载。

(3) 见票后定期付款的汇票付款期限自承兑或拒绝承兑日起按月计算，并在汇票上记载。

(4) 电子商业汇票的出票日是指出票人记载在电子商业汇票上的出票日期。纸质商业汇票的付款期限，最长不得超过 6 个月。电子承兑汇票期限自出票日至到期日不超过 1 年。

（六）商业汇票的承兑

商业汇票的付款人为承兑人。

银行承兑汇票由银行承兑，商业承兑汇票由银行以外的付款人承兑。

电子银行承兑汇票由银行业金融机构、财务公司承兑；电子商业承兑汇票由金融机构以外的法人或其他组织承兑。

商业汇票可以在出票时向付款人提示承兑后使用，也可以在出票后先使用再向付款人提示承兑。付款人拒绝承兑的，必须出具拒绝承兑的证明。付款人承兑汇票后，应当承担到期付款的责任。

银行承兑汇票的承兑银行，应按票面金额向出票人收取万分之五的手续费。

（七）商业汇票的付款

1. 提示付款

商业汇票的提示付款期限，自汇票到期日起 10 日。

持票人应在提示付款期限内通过开户银行委托收款或直接向付款人提示付款。

对异地委托收款的，持票人可匡算邮程，提前通过开户银行委托收款。持票人超过提示付款期限提示付款的，持票人开户银行不予受理，但在作出说明后，承兑人或者付款人仍应当继续对持票人承担付款责任。

电子商业汇票的提示付款日是指提示付款申请的指令进入人民银行电子商业汇票系统的日期。

2. 办理付款或拒绝付款

（1）商业承兑汇票的付款。商业承兑汇票的付款人开户银行收到通过委托收款寄来的商业承兑汇票后，将商业承兑汇票留存，并及时通知付款人。付款人收到开户银行的付款通知后，应在当日通知银行付款。

电子商业汇票的拒绝付款日是指驳回提示付款申请的指令进入人民银行电子商业汇票系统的日期。

付款人存在合法抗辩事由拒绝支付的，应自接到通知的次日起 3 日内，作成拒绝付款证明送交开户银行，银行将拒绝付款证明和商业承兑汇票邮寄持票人开户银行转交持票人。

（2）银行承兑汇票的付款。银行承兑汇票的出票人应于汇票到期前将票款足额交存其开户银行。承兑银行应在汇票到期日或到期日后的见票当日支付票款。

承兑银行存在合法抗辩事由拒绝支付的，应自接到商业汇票的次日起 3 日内，作成拒绝付款证明，连同银行承兑汇票邮寄持票人开户银行转交持票人。

电子银行承兑汇票承兑后，出票人可以通过渠道发出提示收票申请，在票据提示付款期截止前将票据交付收款人。

（八）商业汇票的贴现

1. 贴现的概念

贴现是指票据持票人在票据未到期前为获得现金向银行贴付一定利息而发生的票据转让行为。按照交易方式，贴现分为买断式和回购式。

2. 贴现的基本规定

（1）贴现条件。

商业汇票的持票人向银行办理贴现必须具备下列条件：

①票据未到期；

②票据未记载“不得转让”事项；

③在银行开立存款账户的企业法人以及其他组织；

④与出票人或者直接前手之间具有真实的商品交易关系；

⑤提供与其直接前手之间进行商品交易的增值税发票和商品发运单据复印件。

电子商业汇票回购式贴现赎回应作成背书，并记载原贴出人名称、原贴入人名称、赎回日期、赎回利率、赎回金额、原贴入人签章。

（2）贴现利息的计算。贴现的期限从其贴现之日起至汇票到期日止。

实付贴现金额按票面金额扣除贴现日至汇票到期前 1 日的利息计算。

承兑人在异地的纸质商业汇票，贴现的期限以及贴现利息的计算应另加 3 天的划款日期。

（3）贴现的收款。

贴现到期的，贴现银行应向付款人收取票款。

不获付款的，贴现银行应向其前手追索票款。贴现银行追索票款时可从申请人的存款账户直接收取票款。

办理电子商业汇票贴现以及提示付款业务时，可选择票款对付方式或同城票据交换、通存通兑、汇兑等方式清算票据资金。

电子商业汇票当事人在办理回购式贴现业务时，应明确赎回开放日、赎回截止日。

经典例题
JINGDIANLITI

根据《票据法》的规定，下列各项中，可以导致汇票无效的情形有（　　）。

A. 汇票上未记载出票日期　　B. 汇票上未记载付款人名称

C. 汇票上未记载背书日期　　D. 汇票金额的中文大写和数码记载不一致

【答案】ABD

【解析】AB 选项属于绝对应记载事项，未记载绝对事项的票据无效，故 AB 选项正确；C 选项属于相对应记载事项，未记载相对应记载事项不影响票据的效力，故 C 选项不正确；票据金额以中文大写和数码同时记载，两者必须一致，不一致时，票据无效，故 D 选项正确。

七、银行本票

扫码听课

考试要求：掌握

命题频率：2015 年判断题

（一）本票的概念

本票是指由出票人签发的，承诺自己在见票时无条件支付确定的金额给收款人或者持票人的票据。

（二）本票的适用范围

单位和个人在同一票据交换区域需要支付各种款项时，均可以使用银行本票。

在我国，本票仅限于银行本票，即银行出票、银行付款。

银行本票可以用于转账，注明“现金”字样的银行本票可以用于支取现金。

（三）银行本票的出票

1. 申请

申请人使用银行本票的，应向银行填写“银行本票申请书”。

申请人和收款人均为个人需要支取现金的，应在“金额”栏先填写“现金”字样，后填写支付金额。

2. 受理

出票银行受理“银行本票申请书”，收妥款项，签发银行本票交给申请人。

签发银行本票必须记载下列事项：

(1) 表明“银行本票”的字样；

(2) 无条件支付的承诺；

(3) 确定的金额；

(4) 收款人名称；

(5) 出票日期；

(6) 出票人签章。

欠缺记载上列事项之一的，银行本票无效。

出票银行在银行本票上签章后交给申请人。申请人或收款人为单位的，银行不得为其签发现金银行本票。

3. 交付

申请人应将银行本票交付给本票上记明的收款人。

(四) 银行本票的付款

银行本票见票即付。银行本票的提示付款期限自出票日起最长不得超过 2 个月。

持票人超过提示付款期限不获付款的，在票据权利时效内向出票银行作出说明，并提供本人身份证件或单位证明，可持银行本票向出票银行请求付款。

在银行开立存款账户的持票人向开户银行提示付款时，应在银行本票背面“持票人向银行提示付款签章”处签章，签章须与预留银行签章相同。

(五) 银行本票的退款和丧失

申请人因银行本票超过提示付款期限或其他原因要求退款时，应将银行本票提交到出票银行。

申请人为单位的，应出具该单位的证明；申请人为个人的，应出具该本人的身份证件。

出票银行对于在本行开立存款账户的申请人，只能将款项转入原申请人账户；对于现金银行本票和未在本行开立存款账户的申请人，才能退付现金。

银行本票丧失，失票人可以凭人民法院出具的其享有票据权利的证明，向出票银行请求付款或退款。

经典例题
JINGDIANLITI

下列关于银行本票性质的表述，不正确的是（　　）。

A. 银行本票的付款人见票时必须无条件付款给持票人

B. 持票人超过提示付款期限不获付款的，可向出票银行请求付款

C. 银行本票不可以背书转让

D. 注明“现金”字样的银行本票可以用于支取现金

【答案】 C

【解析】 银行本票为见票即付，即无条件支付给持票人，故 A 选项不符合题意；持票人超过提示付款期限不获付款的，在票据权利时效内向出票银行作出说明并提供证明，可持银行本票向出票银行请求付款，故 B 选项不符合题意；收款人可以将银行本票背书转让给被背书人，故 C 选项符合题意；银行本票注明“现金”字样的可以用于支取现金，故 D 选项不符合题意。

八、支票

考试要求：掌握
命题频率：2014年判断题、多选题；2015年多选题；2017年不定项选择题

（一）支票的概念、种类和适用范围

1. 支票的概念

支票是指由出票人签发的、委托办理支票存款业务的银行在见票时无条件支付确定的金额给收款人或者持票人的票据。

2. 支票的当事人

支票的基本当事人包括出票人、付款人和收款人。

出票人即存款人，是在批准办理支票业务的银行机构开立可以使用支票的存款账户的单位和个人。付款人是出票人的开户银行。持票人是票面上填明的收款人，也可以是经背书转让的被背书人。

3. 支票的种类

支票分为现金支票、转账支票和普通支票三种。支票上印有“现金”字样的为现金支票，现金支票只能支取现金。

支票上印有“转账”字样的为转账支票，转账支票只能转账。

支票上未印有“现金”或“转账”字样的为普通支票，普通支票可以支取现金，也可以转账。

在普通支票左上角划两条平行线的，为划线支票，划线支票只能转账，不得支取现金。

4. 适用范围

单位和个人在同一票据交换区域的各种款项结算，均可以使用支票。

全国支票影像系统支持全国使用。

（二）支票的出票

1. 开立支票存款账户

开立支票存款账户，申请人必须使用本名，提交证明其身份的合法证件，并应当预留其本名的签名式样和印鉴。

2. 出票

（1）支票的记载事项。签发支票必须记载下列事项：

①表明“支票”的字样；②无条件支付的委托；③确定的金额；④付款人名称；⑤出票日期；⑥出票人签章。

支票上未记载上列事项之一的，支票无效。其中，支票的“付款人”为支票上记载的出票人开户银行。

支票的金额、收款人名称，可以由出票人授权补记，未补记前不得背书转让和提示付款。

支票上未记载付款地的，付款人的营业场所为付款地。

支票上未记载出票地的，出票人的营业场所、住所或者经常居住地为出票地。

出票人可以在支票上记载自己为收款人。

（2）签发支票的注意事项。

支票的出票人所签发的支票金额不得超过其付款时在付款人处实有的存款金额。出票人签

发的支票金额超过其付款时在付款人处实有的存款金额的，为空头支票。

支票的出票人不得签发与其预留本名的签名式样或者印鉴不符的支票。

支票上的出票人的签章，出票人为单位的，为与该单位在银行预留签章一致的财务专用章或者公章加其法定代表人或者其授权的代理人的签名或者盖章；出票人为个人的，为与该个人在银行预留签章一致的签名或者盖章。

支票的出票人预留银行签章是银行审核支票付款的依据。出票人不得签发与其预留银行签章不符的支票。

（三）支票付款

1. 提示付款

支票的提示付款期限自出票日起 10 日。

持票人可以委托开户银行收款或直接向付款人提示付款。用于支取现金的支票仅限于收款人向付款人提示付款。

收款人持用于支取现金的支票向付款人提示付款时，应在支票背面“收款人签章”处签章，持票人为个人的，还需交验本人身份证件。

2. 付款

出票人必须按照签发的支票金额承担保证向该持票人付款的责任。

出票人在付款人处的存款足以支付支票金额时，付款人应当在见票当日足额付款。

付款人依法支付支票金额的，对出票人不再承担受委托付款的责任，对持票人不再承担付款的责任。但付款人以恶意或者有重大过失付款的除外。

经典例题
JINGDIANLITI

支票可以分为（　　）。

A. 划线支票　　B. 现金支票
C. 转账支票　　D. 普通支票

【答案】BCD

【解析】支票分为现金支票、转账支票和普通支票三种，支票上印有“现金”字样的为现金支票，现金支票只能用于支取现金。支票上印有“转账”字样的为转账支票，转账支票只能用于转账。支票上未印有“现金”或“转账”字样的为普通支票，普通支票可以用于支取现金，也可以用于转账。

第四节　银行卡

一、银行卡的概念和分类

考试要求：了解
命题频率：2015 年多选题；2016 年单选题

（一）银行卡的概念

银行卡指经批准由商业银行（含邮政金融机构）向社会发行的具有消费信用、转账结算、存取现金等全部或部分功能的信用支付工具。

（二）银行卡的分类

按不同标准，可以对银行卡做不同的分类。

（1）按是否具有透支功能分为信用卡和借记卡，前者可以透支，后者不具备透支功能。

信用卡按是否向发卡银行交存备用金分为贷记卡、准贷记卡两类。

借记卡主要功能包括消费、存取款、转账、代收付、外汇买卖、投资理财、网上支付等，按功能不同分为转账卡（含储蓄卡）、专用卡和储值卡。

（2）按币种不同分为人民币卡、外币卡。

（3）按发行对象不同分为单位卡（商务卡）、个人卡。

（4）按信息载体不同分为磁条卡、芯片（IC）卡。

经典例题
JINGDIANLITI

根据支付结算法律制度的规定，下列银行卡中，可以透支的有（　　）。

A. 专用卡　　B. 贷记卡

C. 转账卡　　D. 准贷记卡

【答案】 BD

【解析】 信用卡可以透支，而信用卡按是否向发卡银行交存备用金分为贷记卡、准贷记卡两类，故 BD 选项正确；借记卡包括转账卡、专用卡和储值卡，借记卡不具有透支功能，故 AC 选项不正确。

二、银行卡账户和交易

考试要求： 掌握

（一）银行卡申领、注销和丧失

单位或个人申领信用卡，应按规定填制申请表，连同有关资料一并送交发卡银行。银行卡及其账户只限经发卡银行批准的持卡人本人使用，不得出租和转借。

单位人民币卡账户的资金一律从其基本存款账户转账存入，不得存取现金，不得将销货收入存入单位卡账户。

单位外币卡账户的资金应从其单位的外汇账户转账存入，不得在境内存取外币现钞。

个人人民币卡账户的资金以其持有的现金存入或以其工资性款项等转账存入，严禁将单位的款项转入个人卡账户存储。

持卡人在还清全部交易款项、透支本息和有关费用后，可申请办理销户。发卡行受理注销之日起 45 天后，被注销信用卡账户方能清户。

持卡人丧失银行卡，应立即持本人身份证件或其他有效证明，并按规定提供有关情况，向发卡银行或代办银行申请挂失，发卡银行或代办银行审核后办理挂失手续。

（二）银行卡交易的基本规定

（1）单位人民币卡可办理商品交易和劳务供应款项的结算，但不得透支。单位卡不得支取现金。

（2）预借现金业务。包括现金提取、现金转账和现金充值。

（3）贷记卡持卡人非现金交易可享受免息还款期和最低还款额待遇，银行记账日到发卡银行规定的到期还款日之间为免息还款期，持卡人在到期还款日前偿还所使用全部银行款项有困难的，可按照发卡银行规定的最低还款额还款。持卡人透支消费享受免息还款期和最低还款额待遇的条件和标准等，由发卡机构自主确定。

(4) 发卡银行通过下列途径追偿透支款项和诈骗款项：

①扣减持卡人保证金；

②依法处理抵押物和质物；

③向保证人追索透支款项；

④通过司法机关的诉讼程序进行追偿。

经典例题
JINGDIANLITI

1. 关于银行卡账户及交易管理要求的下列表述中，不正确的是（　　）。

A. 单位人民币卡账户的资金一律从其基本存款账户转账存入

B. 单位外币卡账户的资金应从其单位的外汇账户转账存入

C. 单位人民币卡账户不得存取现金

D. 单位人民币卡账户可以存入销货收入

【答案】 D

【解析】 单位人民币卡账户的资金一律从其基本账户转账存入，不得存取现金，不得将销货收入存入单位卡账户，故AC选项正确，D选项不正确。单位外币卡账户的资金应从其单位的外汇账户转账存入，故B选项正确。

2. 根据支付结算法律制度的规定，下列各项中，属于发卡银行追偿透支款项和诈骗款项的途径有（　　）。

A. 向保证人追索透支款项

B. 依法处理抵押物和质物

C. 通过司法机关的诉讼程序进行追偿

D. 冻结持卡人银行账户

【答案】 ABC

【解析】 发卡银行通过下列途径追偿透支款项和诈骗款项：扣减持卡人保证金、依法处理抵押物和质物、向保证人追索透支款项、通过司法机关的诉讼程序进行追偿。故ABC选项正确。

三、银行卡计息与收费

考试要求： 掌握
命题频率： 2015年单选题

（一）银行卡计息

发卡银行对准贷记卡及借记卡（不含储值卡）账户内的存款，按照中国人民银行规定的同期同档次存款利率及计息办法计付利息。

对信用卡透支利率实行上限和下限管理，透支利率上限为日利率万分之五，下限为日利率万分之五的0.7倍。

信用卡透支的计结息方式，以及对信用卡溢缴款是否计付利息及其利率标准，由发卡机构自主确定。

发卡机构应在信用卡协议中以显著方式提示信用卡利率标准和计结息方式、免息还款期和最低还款额待遇的条件和标准，以及向持卡人收取违约金的详细情形和收取标准等与持卡人有重大利害关系的事项，确保持卡人充分知悉并确认接受。

其中，对于信用卡利率标准，应注明日利率和年利率。发卡机构调整信用卡利率的，应至少提前 45 个自然日按照约定方式通知持卡人。持卡人有权在新利率标准生效之日前选择销户，并按照已签订的协议偿还相关款项。

（二）银行卡收费

取消信用卡滞纳金，对于持卡人违约逾期未还款的行为，发卡机构应与持卡人通过协议约定是否收取违约金，以及相关收取方式和标准。发卡机构向持卡人提供超过授信额度用卡的，不得收取超限费。

发卡机构对向持卡人收取的违约金和年费、取现手续费、货币兑换费等服务费用不得计收利息。

四、银行卡清算市场

考试要求：熟悉

自 2015 年 6 月 1 日起，我国放开银行卡清算市场，符合条件的内外资企业，均可申请在中国境内设立银行卡清算机构。

在中国境内从事银行卡清算业务，境外支付机构、第三方支付机构、银行等符合条件的机构应当向中国人民银行提出申请，经中国人民银行征求中国银行业监督管理委员会同意后予以批准，依法取得“银行卡清算业务许可证”，申请成为银行卡清算机构的，注册资本不低于 10 亿元人民币。

目前，中国银联股份有限公司是唯一经国务院同意，由中国人民银行批准设立的银行卡清算机构。

五、银行卡收单

考试要求：熟悉
命题频率：2016 年单选题

（一）银行卡收单业务概念

银行卡收单业务是指持卡人在银行签约商户那里刷卡消费，银行将持卡人刷卡消费的资金在规定周期内结算给商户，并从中扣取一定比例的手续费。

银行卡收单机构包括从事银行卡收单业务的银行业金融机构，获得银行卡收单业务许可、为实体特约商户提供银行卡受理并完成资金结算服务的支付机构，以及获得网络支付业务许可、为网络特约商户提供银行卡受理并完成资金结算服务的支付机构。

特约商户，是指与收单机构签订银行卡受理协议、按约定受理银行卡并委托收单机构为其完成交易资金结算的企事业单位、个体工商户或其他组织，以及按照国家工商行政管理机关有关规定，开展网络商品交易等经营活动的自然人。

特约商户包括实体特约商户和网络特约商户。

（二）银行卡收单业务管理规定

1. 特约商户管理

收单机构拓展特约商户，对特约商户实行实名制管理。

收单机构应当对实体特约商户收单业务进行本地化经营和管理，通过在特约商户及其分支机构所在省（自治区、直辖市）域内的收单机构或其分支机构提供收单服务，不得跨省（自治区、直辖市）域开展收单业务。特约商户使用单位银行结算账户作为收单银行结算账户的，收单机构应当审核其合法拥有该账户的证明文件。

特约商户为个体工商户或自然人的，可以使用其同名个人银行结算账户作为收单银行结算账户。

2. 业务与风险管理

对于风险等级较高的特约商户，收单机构应当对其开通的受理卡种和交易类型进行限制，并采取强化交易监测、设置交易限额、延迟结算、增加检查频率、建立特约商户风险准备金等措施。

收单机构应按协议约定及时将交易资金结算到特约商户的收单银行结算账户，资金结算时限最迟不得超过持卡人确认可直接向特约商户付款的支付指令生效日后 30 个自然日，因涉嫌违法违规等风险交易需延迟结算的除外。

收单机构发现特约商户发生疑似银行卡套现、洗钱、欺诈、移机、留存或泄露持卡人账户信息等风险事件的，应当对特约商户采取延迟资金结算、暂停银行卡交易或收回受理终端（关闭网络支付接口）等措施，并承担因未采取措施导致的风险损失责任；涉嫌违法犯罪活动的，应当及时向公安机关报案。

（三）银行卡 POS 收单业务交易及结算流程

目前国内银行卡 POS 交易的转接和资金清算由中国银联负责。境外银行卡 POS 交易的转接和转接清算由国际发卡组织负责（如维萨国际组织、万事达卡国际组织等）。

银行卡收单业务交易及结算流程见图 3-1。

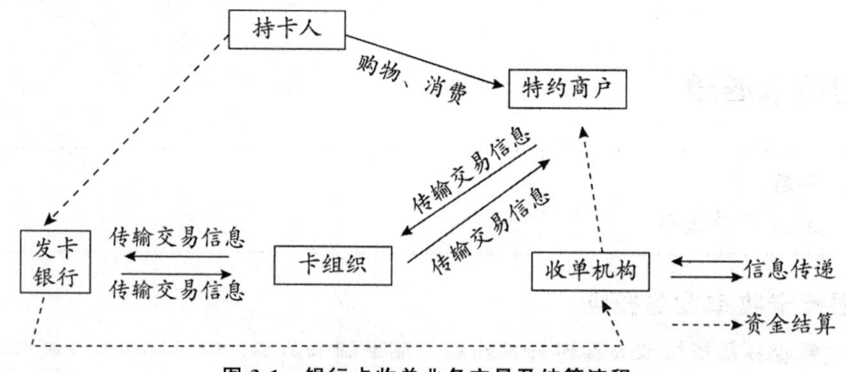

图 3-1 银行卡收单业务交易及结算流程

（四）结算收费

收单机构向商户收取的收单服务费由收单机构与商户协商确定具体费率；发卡机构向收单机构收取的发卡行服务费不区分商户类别，实行政府指导价、上限管理，费率水平借记卡交易不超过交易金额的 0.35%，单笔收费金额不超过 13 元，贷记卡交易不超过 0.45%。

对非营利性的医疗机构、教育机构、社会福利机构、养老机构、慈善机构刷卡交易，实行发卡行服务费、网络服务费全额减免。

自 2016 年 9 月 6 日起 2 年的过渡期内，对超市、大型仓储式卖场、水电煤气缴费、加油、交通运输售票商户刷卡交易实行发卡行服务费、网络服务费优惠。

针对风险等级较高的公司，收单机构无权采取的措施是（　　）。

A. 延迟结算　　B. 暂停银行卡交易

C. 设置交易限额　　D. 建立特约商户风险准备金

【答案】 B

【解析】 对于风险等级较高的特约商户，收单机构应当对其开通的受理卡种和交易类型进行限制，并采取强化交易监测、设置交易限额、延迟结算、增加检查频率、建立特约商户风险准备金等措施，故 B 选项正确。

第五节　网上支付

网上支付是电子支付的一种形式，网上支付的主要方式有网上银行和第三方支付。

一、网上银行

考试要求： 熟悉

（一）网上银行的概念

网上银行（Internetbank or E－bank），包含两个层次的含义：一个是机构概念，指通过信息网络开办业务的银行；另一个是业务概念，指银行通过信息网络提供的金融服务，包括传统银行业务和因信息技术应用带来的新兴业务。

（二）网上银行的分类

按照不同的标准，网上银行可以分为不同的类型。

（1）按主要服务对象分为企业网上银行和个人网上银行。

（2）按经营组织分为分支型网上银行和纯网上银行。

（3）按业务种类分为零售银行和批发银行。

（三）网上银行的主要功能

1. 企业网上银行子系统

企业网上银行子系统目前能够支持所有的对公企业客户，能够为客户提供网上账务信息服务、资金划拨、网上 B2B 支付和批量支付等服务。其主要业务功能包括：

（1）账户信息查询。

（2）支付指令。

（3）B2B（Business to Business）网上支付。

（4）批量支付。能够为企业客户提供批量付款（包括同城、异地及跨行转账业务）、代发工资、一付多收等批量支付功能。

2. 个人网上银行子系统

个人网上银行子系统主要提供银行卡、本外币活期一本通客户账务管理、信息管理、网上支付等功能，是网上银行对个人客户服务的窗口。其具体业务功能包括：

（1）账户信息查询。

（2）人民币转账业务。

（3）银证转账业务。

银行卡客户在网上能够进行银证转账，可以实现银转证、证转银、查询证券资金余额等功能。

（4）外汇买卖业务。

客户通过网上银行系统能够进行外汇买卖，主要可以实现外汇即时买卖、外汇委托买卖、查询委托明细、查询外汇买卖历史明细、撤销委托等功能。

（5）账户管理业务。系统提供客户对本人网上银行各种权限功能、客户信息的管理以及账户的挂失。

（6）B2C（Business to Customer）网上支付。

二、第三方支付

考试要求：了解
命题频率：2016 年单选题

（一）第三方支付的定义

（1）从狭义上讲，第三方支付是指具备一定实力和信誉保障的非银行机构，借助通信、计算机和信息安全技术，采用与各大银行签约的方式，在用户与银行支付结算系统间建立连接的电子支付模式。

（2）从广义上讲，第三方支付是指非金融机构作为收、付款人的支付中介所提供的网络支付、预付卡发行与受理、银行卡收单以及中国人民银行确定的其他支付服务。

（二）第三方支付方式的种类

1. 线上支付方式

线上支付是指通过互联网实现的用户和商户、商户和商户之间在线货币支付、资金清算、查询统计等过程。

广义的线上支付包括直接使用网上银行进行的支付和通过第三方支付平台间接使用网上银行进行的支付。

狭义的线上支付仅指通过第三方支付平台实现的互联网在线支付，包括网上支付和移动支付中的远程支付。

2. 线下支付方式

线下支付区别于网上银行等线上支付，是指通过非互联网线上的方式对购买商品或服务所产生的费用进行的资金支付行为。其中，订单的产生可能通过互联网线上完成。

新兴线下支付的具体表现形式，包括 POS 机刷卡支付、拉卡拉等自助终端支付、电话支付、手机近端支付、电视支付等。

（三）第三方支付的行业分类及主流品牌

1. 行业分类

目前第三方支付机构主要有两类模式：①金融型支付企业，以银联商务、快钱、拉卡拉为代表的独立第三方支付模式，不具有担保功能；②互联网支付企业，以支付宝、财付通为代表且具有担保功能的第三方支付模式。

2. 主流品牌

目前，国内的第三方支付品牌，在支付市场互联网转接交易规模前三位的分别是支付宝、银联商务和财付通。

下列情形中，属于线上支付的是（　　）。

A. 董某在机场购物，使用手机近端支付购物款

B. 吴某在超市购物，使用公交一卡通支付购物款

C. 周某在商场购物，通过 POS 机刷卡支付购物款

D. 郑某网上购物，通过支付宝支付购物款

【答案】 D

【解析】 线上支付是指通过互联网实现的用户和商户、商户和商户之间在线货币支付、资金清算、查询统计等过程，包括直接使用网上银行进行的支付和通过第三方支付平台间接使用网上银行进行的支付。ABC 选项支付购物款未直接或间接通过网上银行实现。

第六节 结算方式和其他支付工具

一、汇兑

考试要求： 掌握
命题频率： 2016 年判断题

（一）汇兑的概念和种类

1. 汇兑的概念

汇兑是汇款人委托银行将其款项支付给收款人的结算方式。

2. 汇兑的种类

汇兑分为信汇、电汇两种。信汇是以邮寄方式将汇款凭证转给外地收款人指定的汇入行，而电汇是以电报方式将汇款凭证转发给收款人指定的汇入行。

信汇、电汇由汇款人选择使用。目前主要的汇兑方式是电汇。单位和个人的各种款项的结算，均可使用汇兑结算方式。

（二）办理汇兑的程序

1. 签发汇兑凭证

签发汇兑凭证必须记载下列事项：①表明“信汇”或“电汇”的字样；②无条件支付的委托；③确定的金额；④收款人名称；⑤汇款人名称；⑥汇入地点、汇入行名称；⑦汇出地点、汇出行名称；⑧委托日期；⑨汇款人签章。汇兑凭证记载的汇款人、收款人在银行开立存款账户的，必须记载其账号。

2. 银行受理

汇出银行受理汇款人签发的汇兑凭证，经审查无误后，应及时向汇入银行办理汇款，并向汇款人签发汇款回单。汇款回单只能作为汇出银行受理汇款的依据，不能作为该笔汇款已转入收款人账户的证明。

3. 汇入处理

汇入银行对开立存款账户的收款人，应将汇入的款项直接转入收款人账户，并向其发出收账通知。

（三）汇兑的撤销

汇款人对汇出银行尚未汇出的款项可以申请撤销。申请撤销时，应出具正式函件或本人身份证件及原信、电汇回单。

经典例题
JINGDIANLITI

1. 关于汇兑的下列表述中，符合法律规定的有（　　）。

   A. 单位和个人均可使用汇兑

   B. 汇款人和收款人均为个人的，方可办理现金汇兑

   C. 汇兑以收账通知为汇出银行受理汇款的依据

   D. 汇兑以汇款回单为银行将款项确已转入收款人账户的凭据

   【答案】 AB

   【解析】 单位和个人各种款项的结算，均可使用汇兑结算方式，故A选项正确；汇款人和收款人均为个人，需要在汇入银行支取现金的，应在"汇款金额"大写栏，先填写"现金"字样，后填写汇款金额，故B选项正确；汇款回单为汇出银行受理汇款的依据，不能作为该笔汇款已转入收款人账户的证明，故CD选项不正确。

2. 根据《支付结算办法》的规定，汇款人委托银行将其款项支付给收款人的结算方式是（　　）。

   A. 汇兑　　B. 信用证　　C. 托收承付　　D. 委托收款

   【答案】 A

   【解析】 根据《支付结算办法》的规定，汇款人委托银行将其款项支付给收款人的结算方式为汇兑结算方式，故A选项正确。

二、托收承付

考试要求： 掌握
命题频率： 2015年单选题

（一）托收承付的概念

托收承付是根据购销合同由收款人发货后委托银行向异地付款人收取款项，由付款人向银行承认付款的结算方式。

（二）托收承付结算的起点

托收承付结算每笔的金额起点为1万元。新华书店系统每笔的金额起点为1 000元。

（三）托收承付的适用范围

（1）办理托收承付结算的款项，必须是商品交易以及因商品交易而产生的劳务供应的款项。

代销、寄销、赊销商品的款项，不得办理托收承付结算。

(2) 使用托收承付结算方式的收款单位和付款单位，必须是国有企业、供销合作社以及经营管理较好并经开户银行审查同意的城乡集体所有制工业企业。

(3) 收付双方使用托收承付结算必须签有符合《合同法》规定的购销合同，并在合同上订明使用托收承付结算方式。

收款人对同一付款人发货托收累计 3 次收不回货款的，收款人开户银行应暂停收款人向该付款人办理托收；付款人累计 3 次提出无理拒付的，付款人开户银行应暂停其向外办理托收。

(四) 办理托收承付的程序

(1) 签发托收凭证。

(2) 托收。

收款人按照签订的购销合同发货后，委托银行办理托收。

(3) 承付。

承付货款分为验单付款和验货付款两种。

验单付款的承付期为 3 天，从付款人开户银行发出承付通知的次日算起（承付期内遇法定休假日顺延）。

验货付款的承付期为 10 天，从运输部门向付款人发出提货通知的次日算起。

付款人在承付期内，未向银行表示拒绝付款，银行即视作承付，并在承付期满的次日（遇法定休假日顺延）上午银行开始营业时，将款项划给收款人。

不论验单付款还是验货付款，付款人都可以在承付期内提前向银行表示承付，并通知银行提前付款，银行应立即办理划款。

(4) 逾期付款。

付款人在承付期满日银行营业终了时，如无足够资金支付，其不足部分，即为逾期未付款项，按逾期付款处理。

(5) 拒绝付款。

有下列情形之一的，付款人在承付期内可向银行提出全部或部分拒绝付款：

①没有签订购销合同或购销合同未订明托收承付结算方式的款项。

②未经双方事先达成协议，收款人提前交货，或因逾期交货，付款人不再需要该项货物的款项。

③未按合同规定的到货地址发货的款项。

④代销、寄销、赊销商品的款项。

⑤验单付款，发现所列货物的品种、规格、数量、价格与合同规定不符，或货物已到，经查验货物与合同规定或发货清单不符的款项。

⑥验货付款，经查验货物与合同规定或与发货清单不符的款项。

⑦货款已经支付或计算有错误的款项。

(6) 重办托收。

收款人对被无理拒绝付款的托收款项，在收到退回的结算凭证及其所附单证后，需要委托银行重办托收。经开户银行审查，确属无理拒绝付款，可以重办托收。

经典例题

JINGDIANLITI

1. 关于托收承付结算方式使用要求的下列表述中，不正确的是（　　）。

A. 托收承付只能用于异地结算

B. 收付双方使用托收承付结算方式必须签有合法的购销合同

C. 收款人对同一付款人发货托收累计 3 次收不回货款的，收款人开户银行应暂停收款人办理所有托收业务

D. 付款人累计 3 次提出无理拒付的，付款人开户银行应暂停其向外办理托收

【答案】C

【解析】托收承付是根据购销合同由收款人发货后委托银行向异地付款人收取款项，"向异地付款人收取款项"即"异地结算"，故 A 选项不符合题意；收付双方使用托收承付结算必须签有符合《合同法》规定的购销合同，"符合《合同法》规定"可以看成"合法"，故 B 选项不符合题意；收款人对同一付款人发货托收累计 3 次收不回货款的，收款人开户银行应暂停收款人向该付款人办理托收，3 次收不回货款的只是暂停办理托收，而不是暂停收款人办理所有托收业务，故 C 选项符合题意，D 选项不符合题意。

2. 根据支付结算法律制度的规定，下列结算方式中，仅适用于单位之间款项结算的是（　　）。

A. 电汇　　B. 信汇

C. 委托收款　　D. 托收承付

【答案】D

【解析】对于汇兑，委托收款单位和个人均可使用，而汇兑又可分为信汇和电汇，故 ABC 选项不正确；对于托收承付，个人不能使用，只能用于单位之间，故 D 选项正确。

三、委托收款

考试要求：掌握

命题频率：2014 年多选题；2017 年多选题

（一）委托收款的概念

委托收款是收款人委托银行向付款人收取款项的结算方式。

（二）委托收款的适用范围

单位和个人凭已承兑商业汇票、债券、存单等付款人债务证明办理款项的结算，均可以使用委托收款结算方式。

委托收款在同城、异地均可以使用。

（三）办理委托收款的程序

1. 签发托收凭证

委托收款以银行以外的单位为付款人的，委托收款凭证必须记载付款人开户银行名称。

以银行以外的单位或在银行开立存款账户的个人为收款人的，委托收款凭证必须记载收款人开户银行名称。

未在银行开立存款账户的个人为收款人的，委托收款凭证必须记载被委托银行名称。

2. 委托

收款人办理委托收款应向银行提交委托收款凭证和有关的债务证明。

3. 付款

银行接到寄来的委托收款凭证及债务证明，审查无误后办理付款。

（1）以银行为付款人的，银行应当在当日将款项主动支付给收款人。

（2）以单位为付款人的，银行应及时通知付款人，需要将有关债务证明交给付款人的应交给付款人。

付款人应于接到通知的当日书面通知银行付款。

付款人未在接到通知日的次日起 3 日内通知银行付款的，视同付款人同意付款，银行应于付款人接到通知日的次日起第 4 日上午开始营业时，将款项划给收款人。

银行在办理划款时，付款人存款账户不足支付的，应通过被委托银行向收款人发出未付款项通知书。

（3）拒绝付款。付款人审查有关债务证明后，对收款人委托收取的款项需要拒绝付款的，可以办理拒绝付款。

以银行为付款人的，应自收到委托收款及债务证明的次日起 3 日内出具拒绝证明，连同有关债务证明、凭证寄给被委托银行，转交收款人。

以单位为付款人的，应在付款人接到通知日的次日起 3 日内出具拒绝证明，持有债务证明的，应将其送交开户银行。

经典例题
JINGDIANLITI

下列关于委托收款的表述，不符合法律规定的是（　　）。

A. 委托收款以银行以外的单位为付款人的，凭证上必须记载付款人开户银行名称

B. 办理委托收款应向银行提交委托收款凭证和有关的债务证明

C. 以单位为付款人的，银行应当在当日将款项主动支付给收款人

D. 付款人审查有关债务证明后，需要拒绝付款的，可以办理拒绝付款

【答案】 C

【解析】 以银行为付款人的，银行应当在当日将款项主动支付给收款人；以单位为付款人的，付款银行应及时通知付款人，付款人应于接到通知的当日书面通知银行付款，故 C 选项不符合法律规定。

四、国内信用证

考试要求： 了解
命题频率： 2016 年判断题

（一）国内信用证的概念

国内信用证（以下简称“信用证”），是指银行依照申请人的申请开立的、对相符交单予以付款的承诺。

我国信用证是以人民币计价、不可撤销的跟单信用证。信用证只能用于转账结算，不得支取现金，适用于银行为国内企事业单位之间货物和服务贸易提供的结算服务。付款期限最长不得超过 1 年。

（二）信用证业务当事人

（1）申请人。一般为货物购买方或服务接收方。

（2）受益人。一般为货物销售方或服务提供方。

（3）开证行。指应申请人申请开立信用证的银行。

（4）通知行。指应开证行的要求向受益人通知信用证的银行。

（5）交单行。指向信用证有效地点提交信用证项下单据的银行。

（6）转让行。指开证行指定的办理信用证转让的银行。

（7）保兑行。指根据开证行的授权或要求对信用证加具保兑的银行。

（8）议付行。指经开证行指定为受益人办理议付的银行。

（三）办理国内信用证的基本程序

1. 开证

（1）申请开立信用证。

开证申请人申请办理开证业务时，应当填具开证申请书，申请人须提交其与受益人签订的贸易合同。

（2）受理开证。

银行与申请人在开证前应签订明确双方权利义务的协议。

（3）开证。

开立信用证可以采用信开和电开方式。

2. 保兑

保兑行根据开证行的授权或要求，在开证行承诺之外做出的对相符交单付款、确认到期付款或议付的确定承诺。

3. 修改

开证申请人需对已开立的信用证内容修改的，应向开证行提出修改申请，明确修改的内容。信用证受益人同意或拒绝接受修改的，应提供接受或拒绝修改的通知。

4. 通知

通知行可由开证申请人指定，如开证申请人没有指定，开证行有权指定通知行。通知行自行决定是否通知，若同意通知，则应于收到信用证次日起 3 个营业日内通知受益人。

5. 转让

转让是指由转让行应第一受益人的要求，将可转让信用证的部分或者全部转为可由第二受益人兑用。

【注意】可转让信用证只能转让一次。

6. 议付

议付是指可议付信用证项下单证相符或在开证行或保兑行已确认到期付款的情况下，议付行在收到开证行或保兑行付款前购买单据、取得信用证项下索款权利，向受益人预付或同意预付资金的行为。

7. 索偿

议付行议付时，必须与受益人书面约定是否有追索权。若约定有追索权的，可向受益人追索；若约定无追索权的，不得向受益人追索。

8. 寄单索款

交单行应在收单次日起 5 个营业日内对其审核相符的单据寄单并附寄一份交单面函（寄单通知书）。

9. 付款

若受益人提交了相符单据或开证行已发出付款承诺，即使申请人交存的保证金及其存款账户余额不足支付，开证行仍应在规定的时间内付款。

10. 注销

开证行、保兑行、议付行未在信用证有效期内收到单据的，开证行可在信用证逾期有效期 1 个月后予以注销。

根据支付结算法律制度的规定，关于国内信用证的下列表述中，正确的是（　　）。

A. 可用于支取现金

B. 开证申请人可以是个人

C. 付款期限最长不得超过 9 个月

D. 国内信用证为不可撤销的跟单信用证

【答案】 D

【解析】 信用证只能用于转账结算，不得支取现金，故 A 选项不正确；信用证结算方式只适用于"国内企事业单位之间"商品交易产生的货款结算，故 B 选项不正确；信用证的付款期限最长不得超过 1 年，故 C 选项不正确。

五、预付卡

考试要求： 熟悉

命题频率： 2014 年判断题、单选题、多选题；2015 年单选题、多选题；2016 年多选题

（一）预付卡的概念

预付卡是指发卡机构以特定载体和形式发行的、可在发卡机构之外购买商品或服务的预付价值。

（二）预付卡的分类

市场上将预付卡分为两类：

（1）专营发卡机构发行，可跨地区、跨行业、跨法人使用的多用途预付卡；

（2）商业企业发行，只在本企业或同一品牌连锁商业企业购买商品、服务的单用途预付卡。

（三）预付卡的相关规定

1. 预付卡的限额

单张记名预付卡资金限额不得超过 5 000 元，单张不记名预付卡资金限额不得超过 1 000 元。

2. 预付卡的期限

预付卡卡面记载有效期限或有效期截止日。

记名预付卡可挂失，可赎回，不得设置有效期；不记名预付卡不挂失，不赎回，有效期不得低于 3 年。

超过有效期尚有资金余额的预付卡，可通过延期、激活、换卡等方式继续使用。

3. 预付卡的办理

个人或单位购买记名预付卡或一次性购买不记名预付卡 1 万元以上的，应使用实名并向发卡机构提供有效身份证件。

单位一次性购买预付卡 5 000 元以上，个人一次性购买预付卡 5 万元以上的，通过银行转账等非现金结算方式购买，不得使用现金。

购卡人不得使用信用卡购买预付卡。

4. 预付卡的充值

预付卡通过现金或银行转账方式进行充值，不得使用信用卡为预付卡充值。

预付卡一次性充值金额 5 000 元以上的，不得使用现金。单张预付卡充值后的资金余额不得超过规定限额。

单张预付卡日累计现金充值在 200 元以下的，可通过自助充值终端、销售合作机构代理等方式充值。

5. 预付卡的使用

预付卡在发卡机构拓展、签约的特约商户中使用，不得用于或变相用于提取现金，不得用于购买、交换非本发卡机构发行的预付卡、单一行业卡及其他商业预付卡或向其充值。

预付卡卡内资金不得向银行账户或向非本发卡机构开立的网络支付账户转移。

6. 预付卡的赎回

记名预付卡可在购卡 3 个月后办理赎回，赎回时，持卡人应当出示预付卡及持卡人和购卡人的有效身份证件。

单位购买的记名预付卡，只能由单位办理赎回。

7. 预付卡的发卡机构

预付卡发卡机构必须是经中国人民银行核准，取得《支付业务许可证》的支付机构。

发卡机构必须在商业银行开立备付金专用存款账户存放预付资金，并与银行签订存管协议，接受银行对备付金使用情况的监督。

经典例题
JINGDIANLITI

1. 根据支付结算法律制度的规定，下列关于预付卡使用的表述中，正确的是（ ）。

   A. 可在发卡机构拓展、签约的特约商户中使用

   B. 可用于提取现金

   C. 可用于购买、交换非本发卡机构发行的预付卡

   D. 卡内资金可向银行账户转移

   【答案】 A

   【解析】 预付卡在发卡机构拓展、签约的特约商户中使用，不得用于或变相用于提取现金，不得用于购买、交换非本发卡机构发行的预付卡，卡内资金不得向银行账户或非本发卡机构开立的网络支付账户转移，故 A 选项正确。

2. 王某购买了一张记名预付卡，根据支付结算法律制度的规定，该张预付卡的最高限额是（ ）元。

   A. 5 000　　B. 50 000

   C. 10 000　　D. 1 000

   【答案】 A

   【解析】 单张记名预付卡资金限额不得超过 5 000 元，故 A 选项正确。

第七节　结算纪律与法律责任

一、结算纪律

考试要求：熟悉

结算纪律是银行、单位和个人办理支付结算业务所应遵守的基本规定。

1. 单位和个人办理支付结算“四不准”

(1) 不准签发没有资金保证的票据或远期支票，套取银行信用；

(2) 不准签发、取得和转让没有真实交易和债权债务的票据，套取银行和他人资金；

(3) 不准无理拒绝付款，任意占用他人资金；

(4) 不准违反规定开立和使用账户。

2. 银行办理支付结算“八不准”

(1) 不准以任何理由压票、任意退票、截留挪用客户和他行资金；

(2) 不准无理拒绝支付应由银行支付的票据款项；

(3) 不准受理无理拒付、不扣少扣滞纳金；

(4) 不准违章签发、承兑、贴现票据，套取银行资金；

(5) 不准签发空头银行汇票、银行本票和办理空头汇款；

(6) 不准在支付结算制度之外规定附加条件，影响汇路畅通；

(7) 不准违反规定为单位和个人开立账户；

(8) 不准拒绝受理、代理他行正常结算业务。

二、违反支付结算法律制度的法律责任

考试要求：熟悉
命题频率：2015 年判断题

银行、单位和个人违反结算纪律，要分别承担相应的法律责任。根据目前的法律、法规和规章的规定，对于下列行为，应依法分别承担民事、行政和刑事责任。

(一) 签发空头支票、印章与预留印鉴不符支票，未构成犯罪的行为

单位或个人签发空头支票或者签发与其预留的签章不符、使用支付密码但支付密码错误的支票，不以骗取财物为目的的，由中国人民银行处以票面金额 5%但不低于 1 000 元的罚款；持票人有权要求出票人赔偿支票金额 2%的赔偿金。

(二) 无理拒付，占用他人资金的行为

商业承兑汇票的付款人对见票即付或者到期的票据，故意压票、退票、拖延支付的，按照规定处以压票、拖延支付期间内每日票据金额万分之七的罚款。

(三) 违反账户规定的行为

(1) 存款人开立、撤销银行结算账户违反规定：

①违反规定开立银行结算账户；

②伪造、变造证明文件欺骗银行开立银行结算账户；

③违反规定不及时撤销银行结算账户。

属于非经营性存款人的，给予警告并处以 1 000 元的罚款；属于经营性存款人的，给予警告并处以 1 万元以上 3 万元以下的罚款；构成犯罪的，移交司法机关依法追究刑事责任。

（2）存款人使用银行结算账户违反规定：

①违反规定将单位款项转入个人银行结算账户；

②违反规定支取现金；

③利用开立银行结算账户逃废银行债务；

④出租、出借银行结算账户；

⑤从基本存款账户之外的银行结算账户转账存入、将销货收入存入或现金存入单位信用卡账户；

⑥法定代表人或主要负责人、存款人地址以及其他开户资料的变更事项未在规定期限内通知银行。

非经营性的存款人有上述第①～⑤项行为的，给予警告并处以 1 000 元罚款；经营性的存款人有上述第①～⑤项行为的，给予警告并处以 5 000 元以上 3 万元以下的罚款；存款人有上述所列第⑥项行为的，给予警告并处以 1 000 元的罚款。

（3）伪造、变造、私自印制开户许可证的存款人，属非经营性的处以 1 000 元罚款；属经营性的处以 1 万元以上 3 万元以下的罚款；构成犯罪的，移交司法机关依法追究刑事责任。

（四）票据欺诈等行为的法律责任

（1）伪造、变造票据、托收凭证、汇款凭证、信用证，伪造信用卡的，处 5 年以下有期徒刑或者拘役，并处或者单处 2 万元以上 20 万元以下罚金；

（2）情节严重的，处 5 年以上 10 年以下有期徒刑，并处 5 万元以上 50 万元以下罚金；

（3）情节特别严重的，处 10 年以上有期徒刑或者无期徒刑，并处 5 万元以上 50 万元以下罚金或者没收财产。

单位犯上述罪行的，对单位判处罚金，并对其直接负责的主管人员和其他责任人员，依照上述规定处罚。

经典例题
JINGDIANLITI

根据支付结算法律制度的规定，签发票面金额 1.6 万元的空头支票，应由中国人民银行处以罚款（　　）元。

A. 200　　B. 800

C. 1 000　　D. 2 000

【答案】 C

【解析】 签发空头支票，应由中国人民银行处以票面金额 5%但不低于 1 000 元的罚款。本题中，票面金额为 16 000 元，16 000×5%＝800（元），低于 1 000 元，所以应罚款1 000 元。

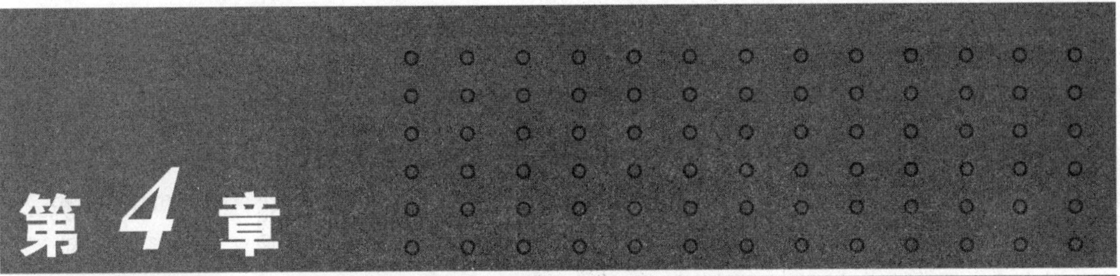

增值税、消费税法律制度

本章在以往的考试中所占分值为18～22分。本章第一节为2018版初级会计资格考试大纲新增的内容，较去年删除了营业税改征增值税。考点较多，有的考点需要强记，有的考点需要准确理解。本章重点掌握增值税征税范围、应纳税额的计算、营业税改征增值税试点相关规定、消费税征税范围、税目、应纳税额的计算。

第一节　税收法律制度概述

一、税收与税收法律关系

考试要求：了解

（一）税收与税法

1. 税收的概念

税收是指以国家为主体，为实现国家职能，凭借政治权力，按照法定标准，无偿取得财政收入的一种特定分配形式。

2. 税收的作用

在社会主义市场经济运行中，税收主要具有资源配置、收入再分配、稳定经济和维护国家政权的作用。

3. 税收的特征

与其他财政收入形式相比，税收具有强制性、无偿性和固定性的特征。

4. 税法的概念

税法即税收法律制度，是调整税收关系的法律规范的总称，是国家法律的重要组成部分。

（二）税收法律关系

在总体上，税收法律关系的构成包括以下三个方面：

（1）主体，是享有权利和承担义务的当事人。主体一方是代表国家行使征税职责的国家税务机关，包括国家各级税务机关和海关；另一方是履行纳税义务的人，包括法人、自然人和其他组织。

（2）客体，即征税对象。

（3）内容，是主体享受的权利和承担的义务。

二、税法要素

考试要求：了解

（1）纳税义务人。简称“纳税人”，是指依法直接负有纳税义务的法人、自然人和其他组织。

（2）征税对象。征税对象又称课税对象，是纳税的客体。它是指税收法律关系中权利义务所指的对象，即对什么征税。不同的征税对象又是区别不同税种的重要标志。

（3）税目。税目是税法中具体规定应当征税的项目，是征税对象的具体化。

（4）税率。税率是指应征税额与计税金额（或数量单位）之间的比例，是计算税额的尺度。我国现行税法规定的税率有：①比例税率，是指对同一征税对象，不论其数额大小，均按同一个比例征税的税率。②累进税率，是根据征税对象数额的逐渐增大，按不同等级逐步提高的税率。即征税对象数额越大，税率越高。累进税率又分为全额累进税率、超额累进税率和超率累进税率三种。③定额税率，又称固定税额，是指按征税对象的一定单位直接规定固定的税额，而不采取百分比的形式。

（5）计税依据。计税依据是指计算应纳税额的依据或标准，即根据什么来计算纳税人应缴纳的税制。其具体包括：①从价计征；②从量计征。

（6）纳税环节。纳税环节主要是指税法规定的征税对象在从生产到消费的流转过程中应当缴纳税款的环节。

（7）纳税期限。纳税期限是指纳税人的纳税义务发生后应依法缴纳税款的期限，包括纳税义务发生时间、纳税期限、缴库期限。

（8）纳税地点。纳税地点是指根据各税种的纳税环节和有利于对税款的源泉控制而规定的纳税人（包括代征、代扣、代缴义务人）的具体申报缴纳税收的地方。

（9）税收优惠。税收优惠是指国家对某些纳税人和征税对象给予鼓励和照顾的一种特殊规定。其主要包括：①减税和免税；②起征点；③免征额。

（10）法律责任。法律责任是指对违反国家税法规定的行为人采取的处罚措施。其一般包括违法行为和因违法而应承担的法律责任。

三、我国的税收管理体制与现行税种

考试要求：了解

现阶段，我国税收征收管理机关有国家税务局、地方税务局和海关。

（1）国家税务局系统主要负责下列各税的征收和管理：①增值税；②消费税；③车辆购置税；④各银行、保险公司集中缴纳的所得税和城市维护建设税；⑤中央企业缴纳的所得税；⑥地方银行及非银行金融企业缴纳的所得税；⑦海洋石油企业缴纳的所得税、资源税；⑧股票交易印花税；⑨中央与地方所属企业、事业单位组成的联营企业、股份制缴纳的所得税；⑩出口产品退税的管理。

（2）地方税务局系统主要负责下列各税的征收和管理（不包括已明确由国家税务局负责征收的地方税部分）：①部分企业所得税；②个人所得税；③房产税；④契税；⑤土地增值税；⑥城镇土地使用税；⑦车船税；⑧印花税（除股票交易印花税之外）；⑨资源税；⑩烟叶税；⑪耕地占用税；⑫环境保护税；⑬城市维护建设税和教育费附加。

(3) 海关系统主要负责下列税收的征收和管理：①关税；②船舶吨税；③委托代征的进口环节增值税、消费税。

第二节　增值税法律制度

增值税是对销售货物、提供劳务或者发生应税行为过程中实现的增值额征收的一种税。

一、增值税纳税人和扣缴义务人

考试要求： 熟悉

(一) 纳税人

增值税的纳税人是指在中华人民共和国境内销售货物或者加工、修理修配劳务，销售服务、无形资产、不动产以及进口货物的单位和个人。

“单位”是指企业、行政单位、事业单位、军事单位、社会团体及其他单位。

“个人”是指个体工商户和其他个人。

单位以承包、承租、挂靠方式经营的，承包人、承租人、挂靠人（下文统称承包人）以发包人、出租人、被挂靠人（下文统称发包人）名义对外经营并由发包人承担相关法律责任的，以该发包人为纳税人。否则，以承包人为纳税人。

二、纳税人的分类

根据纳税人的经营规模以及会计核算的健全程度不同，增值税的纳税人，可以分为小规模纳税人和一般纳税人。

(一) 小规模纳税人

小规模纳税人的标准是：

(1) 从事货物生产或者提供应税劳务的纳税人，以及以从事货物生产或者提供应税劳务为主，并兼营货物批发或者零售的纳税人，年应税销售额在 50 万元以下（含本数，下同）的。

(2) 其他纳税人，年应税销售额在 80 万元以下的。

(3) 营改增应税行为的年应征增值税销售额未超过 500 万元的纳税人为小规模纳税人。

(二) 一般纳税人

一般纳税人，是指年应税销售额超过《增值税暂行条例实施细则》或者《营业税改征增值税试点实施办法》规定的小规模纳税人标准的企业和企业性单位（以下简称企业）。

下列纳税人不办理一般纳税人资格登记：

(1) 个体工商户以外的其他个人。

(2) 选择按照小规模纳税人纳税的非企业性单位。

(3) 选择按照小规模纳税人纳税的不经常发生应税行为的企业。

个体工商户以外的其他个人年应税销售额超过规定标准的，不需要向主管税务机关提交书面说明。

增值税一般纳税人资格实行登记制，登记事项由增值税纳税人向其主管税务机关办理。

除国家税务总局另有规定外，纳税人一经认定为一般纳税人后，不得转为小规模纳税人。

（三）扣缴义务人

中华人民共和国境外单位或者个人在境内发生应税行为，在境内未设有经营机构的，以购买方为增值税扣缴义务人。

（四）纳税人会计核算

纳税人应当按照国家统一的会计制度进行增值税会计核算。

三、增值税征税范围

考试要求：掌握
命题频率：2014 年判断题、单选题、多选题；2015 年单选题、多选题

增值税的征税范围包括在中国境内销售货物，提供应税劳务、进口货物，以及销售应税服务，销售无形资产和销售不动产。

（一）销售货物

销售货物是指有偿转让货物的所有权。货物，是指有形动产，包括电力、热力、气体在内。

（二）提供应税劳务

提供应税劳务，指有偿提供加工、修理修配劳务。单位或个体工商户聘用的员工为本单位或雇主提供加工、修理修配劳务，不包括在内。

加工是指受托加工货物，即委托方提供原料及主要材料，受托方按照委托方的要求制造货物并收取加工费的业务；修理修配是指受托对损伤和丧失功能的货物进行修复，使其恢复原状和功能的业务。

（三）进口货物

进口货物，是指申报进入中国海关境内的货物。

【注意】只要是报关进口的货物，应在进口环节缴纳增值税。

（四）销售服务

销售服务，是指提供交通运输服务、邮政服务、电信服务、建筑服务、金融服务、现代服务、生活服务。

1. 交通运输服务

交通运输服务是指利用运输工具将货物或者旅客送达目的地，使其空间位置得到转移的业务活动。包括陆路运输服务、水路运输服务、航空运输服务和管道运输服务。

2. 邮政服务

邮政服务是指中国邮政集团公司及其所属邮政企业提供邮件寄递、邮政汇兑和机要通信等邮政基本服务的业务活动。包括邮政普遍服务、邮政特殊服务和其他邮政服务。

3. 电信服务

电信服务是指利用有线、无线的电磁系统或者光电系统等各种通信网络资源，提供语音通话服务，传送、发射、接收或者应用图像、短信等电子数据和信息的业务活动。包括基础电信服务和增值电信服务。

4. 建筑服务

建筑服务是指各类建筑物、构筑物及其附属设施的建造、修缮、装饰，线路、管道、设

备、设施等的安装以及其他工程作业的业务活动。包括工程服务、安装服务、修缮服务、装饰服务和其他建筑服务。

5. 金融服务

金融服务是指经营金融保险的业务活动。包括贷款服务、直接收费金融服务、保险服务和金融商品转让。

6. 现代服务

现代服务是指围绕制造业、文化产业、现代物流产业等提供技术性、知识性服务的业务活动。包括研发和技术服务、信息技术服务、文化创意服务、物流辅助服务、租赁服务、鉴证咨询服务、广播影视服务、商务辅助服务和其他现代服务。

7. 生活服务

生活服务是指为满足城乡居民日常生活需求提供的各类服务活动。包括文化体育服务、教育医疗服务、旅游娱乐服务、餐饮住宿服务、居民日常服务和其他生活服务。

(五) 销售无形资产

销售无形资产，是指转让无形资产所有权或者使用权的业务活动。无形资产，是指不具有实物形态，但能带来经济利益的资产，包括技术、商标、著作权、商誉、自然资源使用权和其他权益性无形资产。

(1) 技术，包括专利技术和非专利技术。

(2) 自然资源使用权，包括土地使用权、海域使用权、探矿权、采矿权、取水权和其他自然资源使用权。

(3) 其他权益性无形资产，包括基础设施资产经营权、公共事业特许权、配额、经营权(包括特许经营权、连锁经营权、其他经营权)、经销权、分销权、代理权、会员权、席位权、网络游戏虚拟道具、域名、名称权、肖像权、冠名权、转会费等。

(六) 销售不动产

销售不动产，是指转让不动产所有权的业务活动。不动产，是指不能移动或者移动后会引起性质、形状改变的财产，包括建筑物、构筑物等。

(1) 建筑物，包括住宅、商业营业用房、办公楼等可供居住、工作或者进行其他活动的建造物。

(2) 构筑物，包括道路、桥梁、隧道、水坝等建造物。

(七) 非经营活动的界定

1. 销售服务、无形资产或者不动产

销售服务、无形资产或者不动产是指有偿提供服务、有偿转让无形资产或者不动产，但属于下列非经营活动的情形除外：①行政单位收取的同时满足以下条件的政府性基金或者行政事业性收费：由国务院或者财政部批准设立的政府性基金，由国务院或者省级人民政府及其财政、价格主管部门批准设立的行政事业性收费；收取时开具省级以上（含省级）财政部门监(印) 制的财政票据；所收款项全额上缴财政。②单位或者个体工商户聘用的员工为本单位或者雇主提供取得工资的服务。③单位或者个体工商户为聘用的员工提供服务。④财政部和国家税务总局规定的其他情形。

2. 在境内销售服务、无形资产或者不动产

在境内销售服务、无形资产或者不动产是指：

①服务（租赁不动产除外）或者无形资产（自然资源使用权除外）的销售方或者购买方在境内；

②所销售或者租赁的不动产在境内；

③所销售自然资源使用权的自然资源在境内；

④财政部和国家税务总局规定的其他情形。

3. 不属于在境内销售服务或者无形资产的情形

境外单位或者个人向境内单位或者个人销售完全在境外发生的服务、销售完全在境外使用的无形资产、出租完全在境外使用的有形动产。

（八）视同销售货物行为

单位或者个体工商户的下列行为，视同销售货物：

（1）将货物交付其他单位或者个人代销；

（2）销售代销货物；

（3）设有两个以上机构并实行统一核算的纳税人，将货物从一个机构移送至其他机构用于销售，但相关机构设在同一县（市）的除外；

（4）将自产、委托加工的货物用于集体福利或者个人消费；

（5）将自产、委托加工或者购进的货物作为投资，提供给其他单位或者个体工商户；

（6）将自产、委托加工或者购进的货物分配给股东或者投资者；

（7）将自产、委托加工或者购进的货物无偿赠送其他单位或者个人；

（8）将自产、委托加工的货物用于非增值税应税项目。

（九）混合销售

一项销售行为如果既涉及货物又涉及服务，为混合销售。

从事货物的生产、批发或者零售的单位和个体工商户的混合销售行为，按照销售货物缴纳增值税；其他单位和个体工商户的混合销售行为，按照销售服务缴纳增值税。

（十）兼营

兼营指纳税人的经营中包括销售货物、加工修理修配劳务以及销售服务、无形资产和不动产的行为。

纳税人发生兼营行为，应当分别核算适用不同税率或者征收率的销售额，未分别核算销售额的，按照以下方法适用税率或者征收率：

（1）兼有不同税率的销售货物、加工修理修配劳务、服务、无形资产或者不动产，从高适用税率。

（2）兼有不同征收率的销售货物、加工修理修配劳务、服务、无形资产或者不动产，从高适用征收率。

（3）兼有不同税率和征收率的销售货物、加工修理修配劳务、服务、无形资产或者不动产，从高适用税率。

（十一）征税范围的特殊规定

（1）货物期货（包括商品期货和贵金属期货），应当征收增值税，在期货的实物交割环节纳税。

（2）银行销售金银的业务，应当征收增值税。

（3）典当业的死当物品销售业务和寄售业代委托人销售寄售物品的业务，均应征收增值税。

（4）缝纫业务，应征收增值税。

（5）基本建设单位和从事建筑安装业务的企业附设的工厂、车间生产的水泥预制构件、其他构件或建筑材料，用于本单位或本企业建筑工程的，在移送使用时，征收增值税。

（6）电力公司向发电企业收取的过网费，应当征收增值税。

（7）旅店业和饮食业纳税人销售非现场消费的食品应当缴纳增值税。

（8）纳税人提供的矿产资源开采、挖掘、切割、破碎、分拣、洗选等劳务，属于增值税应税劳务，应当缴纳增值税。

（9）不征收增值税的项目包括：

①根据国家指令无偿提供的铁路运输服务、航空运输服务，属于《营业税改征增值税试点实施办法》规定的用于公益事业的服务；

②存款利息；

③被保险人获得的保险赔付；

④房地产主管部门或者指定机构、公积金管理中心、开发企业以及物业管理单位代收的住宅专项维修资金；

⑤在资产重组过程中，通过合并、分立、出售、置换等方式，将全部或者部分实物资产以及与其相关联的债权、负债和劳动力一并转让给其他单位和个人，其中涉及的不动产、土地使用权转让行为；

⑥纳税人在资产重组过程中，通过合并、分立、出售、置换等方式，将全部或者部分实物资产以及与其相关联的债权、负债和劳动力一并转让给其他单位和个人，不属于增值税的征税范围，其中涉及的货物转让，不征收增值税。

经典例题
JINGDIANLITI

甲市的 A、B 两店为实行统一核算的连锁店。根据增值税法律制度的规定，A 店的下列经营活动中，不属于视同销售货物行为的是（　　）。

A. 将货物交付给位于乙市的某商场代销　　B. 销售丙市某商场委托代销的货物

C. 将货物移送到 B 店用于销售　　D. 为促销将本店货物无偿赠送给消费者

【答案】 C

【解析】 设有两个以上机构并实行统一核算的纳税人，将货物从一个机构移送其他机构用于销售，属于视同销售行为，但相关机构设在同一县（市）的除外。A 店将货物移送到“本市”的 B 店用于销售，不属于视同销售行为。

四、增值税税率和征收率

考试要求： 了解

命题频率： 2016 年多选题

我国增值税采用比例税率，分为基本税率、低税率和零税率三档，适用于一般纳税人，小规模纳税人采用征收率。

（一）税率

1. 基本税率

增值税的基本税率为 17%，适用的具体范围为：

（1）一般纳税人销售或者进口货物，除《增值税暂行条例》列举的外，税率均为 17%；

（2）一般纳税人提供加工、修理修配劳务，税率为 17%。

（3）一般纳税人提供有形动产租赁服务税率为 17%。

2. 低税率

（1）增值税的低税率为11%。一般纳税人销售或者进口下列货物，按低税率计征增值税：粮食等农产品、食用植物油；自来水、暖气、冷气、热水、煤气、石油液化气、天然气、沼气、居民用煤炭制品；图书、报纸、杂志；饲料、化肥、农药、农机、农膜；农产品；音像制品；电子出版物；二甲醚；食用盐。

（2）一般纳税人提供交通运输、邮政、基础电信、建筑、不动产租赁服务，销售不动产，转让土地使用权，税率为11%。

（3）一般纳税人提供增值电信、金融、现代（除有形动产租赁服务和不动产租赁服务外）、生活服务，销售无形资产（除转让土地使用权外），税率为6%。

3. 零税率

（1）纳税人出口货物，适用零税率，但是，国务院另有规定的除外。

（2）中华人民共和国境内的单位和个人销售的下列服务和无形资产，适用零税率：

①国际运输服务；

②航天运输服务；

③向境外单位提供的完全在境外消费的下列服务：研发服务、合同能源管理服务、设计服务、广播影视节目（作品）的制作和发行服务、软件服务、电路设计及测试服务、信息系统服务、业务流程管理服务、离岸服务外包业务、转让技术；

④财政部和国家税务总局规定的其他服务。

（二）征收率

1. 征收率的一般规定

小规模纳税人采用简易办法征收增值税，征收率为3%。具体的适用范围为：

（1）一般纳税人销售自己使用过的属于《增值税暂行条例》第十条规定，不得抵扣且未抵扣进项税额的固定资产，按简易办法依照3%征收率减按2%征收增值税。

（2）一般纳税人销售自己使用过的其他固定资产（以下简称已使用过的固定资产）应区分不同情形征收增值税：

①销售自己使用过的2009年1月1日以后购进或者自制的固定资产，按照适用税率征收增值税。

②2008年12月31日以前未纳入扩大增值税抵扣范围试点的纳税人，销售自己使用过的2008年12月31日以前购进或者自制的固定资产，按照简易办法依照3%征收率减按2%征收增值税。

③2008年12月31日以前已纳入扩大增值税抵扣范围试点的纳税人，销售自己使用过的在本地区扩大增值税抵扣范围试点以前购进或者自制的固定资产，按照简易办法依照3%征收率减按2%征收增值税；销售自己使用过的在本地区扩大增值税抵扣范围试点以后购进或者自制的固定资产，按照适用税率征收增值税。

（3）一般纳税人销售自己使用过的除固定资产以外的物品，应当按照适用税率征收增值税。

（4）小规模纳税人（除其他个人外，下同）销售自己使用过的固定资产，减按2%征收率征收增值税。

小规模纳税人销售自己使用过的除固定资产以外的物品，应按3%的征收率征收增值税。

（5）纳税人销售旧货，按照简易办法依照3%征收率减按2%征收增值税。

旧货，是指进入二次流通的具有部分使用价值的货物（含旧汽车、旧摩托车和旧游艇），但不包括自己使用过的物品。

（6）一般纳税人销售自产的下列货物，可选择按照简易办法依照3%征收率计算缴纳增值税，选择简易办法计算缴纳增值税后，36个月内不得变更。具体适用范围为：

①建筑用和生产建筑材料所用的砂、土、石料。

②以自己采掘的砂、土、石料或其他矿物连续生产的砖、瓦、石灰（不含黏土实心砖、瓦）。

③自来水（对属于一般纳税人的自来水公司销售自来水按简易办法依照3%征收率征收增值税，不得抵扣其购进自来水取得增值税扣税凭证上注明的增值税税款）。

④商品混凝土（仅限于以水泥为原料生产的水泥混凝土）。

⑤县级及县级以下小型水力发电单位生产的电力。小型水力发电单位，是指各类投资主体建设的装机容量为5万千瓦以下（含5万千瓦）的小型水力发电单位。

⑥用微生物、微生物代谢产物、动物毒素、人或动物的血液或组织制成的生物制品。

（7）一般纳税人销售货物属于下列情形之一的，暂按简易办法依照3%征收率计算缴纳增值税：

①寄售商店代销寄售物品（包括居民个人寄售的物品在内）；

②典当业销售死当物品。

（8）建筑企业一般纳税人提供建筑服务属于老项目的，可以选择简易办法依照3%的征收率征收增值税。

2. 征收率的特殊规定

（1）小规模纳税人转让其取得的不动产，按照5%的征收率征收增值税。

（2）一般纳税人转让其2016年4月30日前取得的不动产，选择简易计税方法计税的按照5%的征收率征收增值税。

（3）小规模纳税人出租其取得的不动产（不含个人出租住房），按照5%的征收率征收增值税。

（4）一般纳税人出租其2016年4月30日前取得的不动产，选择简易计税方法计税的，按照5%的征收率征收增值税。

（5）房地产开发企业（一般纳税人）销售自行开发的房地产老项目，选择简易计税方法计税的，按照5%的征收率征收增值税。

（6）房地产开发企业（小规模纳税人）销售自行开发的房地产项目，按照5%的征收率征收增值税。

（7）纳税人提供劳务派遣服务，选择差额纳税的，按照5%的征收率征收增值税。

经典例题
JINGDIANLITI

一般纳税人销售自产的特殊货物，可选择按照简易办法计税，选择简易办法计算缴纳增值税后一定期限内不得变更，该期限是（　　）个月。

A. 24　　B. 12　　C. 36　　D. 18

【答案】 C

【解析】 一般纳税人销售自产的特殊货物，可选择按照简易办法计税，选择简易办法依照3%征收率计算缴纳增值税后，36个月内不得变更。

扫码听课

五、增值税应纳税额的计算

考试要求： 掌握
命题频率： 2015年单选题、多选题；2016年单选题、多选题；2017年单选题、多选题

（一）一般纳税人应纳税额的计算

一般纳税人销售货物、提供应税劳务或者发生应税行为，采取一般计税方法计算应纳增值

税额。其计算公式为：

应纳税额＝当期销项税额－当期进项税额

1. 销售额的确定

（1）销售额的概念和内容。

销售额是指纳税人销售货物、提供应税劳务或者发生应税行为向购买方收取的全部价款和价外费用，但是不包括收取的销项税额。价外费用，包括价外向购买方收取的手续费、补贴、基金、集资费、返还利润、奖励费、违约金、滞纳金、延期付款利息、赔偿金、代收款项、代垫款项、包装费、包装物租金、储备费、优质费、运输装卸费以及其他各种性质的价外收费。上述价外费用无论其会计制度如何核算，均应并入销售额计算销项税额。但下列项目不包括在销售额内：

①受托加工应征消费税的消费品所代收代缴的消费税。

②同时符合以下条件代为收取的政府性基金或者行政事业性收费：由国务院或者财政部批准设立的政府性基金，由国务院或者省级人民政府及其财政、价格主管部门批准设立的行政事业性收费；收取时开具省级以上财政部门印制的财政票据；所收款项全额上缴财政。

③销售货物的同时代办保险等而向购买方收取的保险费，以及向购买方收取的代购买方缴纳的车辆购置税、车辆牌照费。

④以委托方名义开具发票代委托方收取的款项。

（2）含税销售额的换算。

不含税销售额＝含税销售额÷（1＋增值税税率）

（3）视同销售货物销售额的确定。

主管税务机关有权按照下列顺序核定视同销售行为的销售额：

①按纳税人最近时期同类货物的平均销售价格确定；

②按其他纳税人最近时期同类货物的平均销售价格确定；

③按组成计税价格确定。其计算公式为：

组成计税价格＝成本×（1＋成本利润率）

征收增值税的货物，同时又征收消费税的，其组成计税价格中应包含消费税税额。其计算公式为：

组成计税价格＝成本×（1＋成本利润率）＋消费税税额

或：组成计税价格＝成本×（1＋成本利润率）÷（1－消费税税率）

公式中的成本利润率为10%。但属于应从价定率征收消费税的货物，其组成计税价格公式中的成本利润率为《消费税若干具体问题的规定》中规定的成本利润率（详见本章第三节消费税）。

（4）混合销售的销售额的确定。

混合销售的销售额为货物的销售额与服务销售额合计。

（5）兼营销售额的确定。

纳税人兼营不同税率的货物、劳务、服务、无形资产或者不动产，应当分别核算不同税率或者征收率的销售额；未分别核算销售额的，从高适用税率。

（6）特殊销售方式下销售额的确定。

①折扣方式销售。纳税人采取折扣方式销售货物，如果销售额和折扣额在同一张发票上分别注明，可以按折扣后的销售额征收增值税；如果将折扣额另开发票，不论其在财务上如何处理，均不得从销售额中减除折扣额。

②以旧换新方式销售。纳税人采取以旧换新方式销售货物的，应按新货物的同期销售价格确定销售额，不得扣减旧货物的收购价格。

但是对金银首饰以旧换新业务，可以按销售方实际收取的不含增值税的全部价款征收增值税。

③还本销售方式销售。纳税人采取还本销售方式销售货物，其销售额就是货物的销售价格，不得从销售额中减除还本支出。

④以物易物方式销售。以物易物双方都应作购销处理，以各自发出的货物核算销售额并计算销项税额，以各自收到的货物按规定核算购货额并计算进项税额。

⑤直销方式销售。

直销企业先将货物销售给直销员，直销员再将货物销售给消费者的，直销企业的销售额为其向直销员收取的全部价款和价外费用。直销员将货物销售给消费者时，应按照现行规定缴纳增值税。

直销企业通过直销员向消费者销售货物，直接向消费者收取货款的，直销企业的销售额为其向消费者收取的全部价款和价外费用。

(7) 包装物押金。

一般情况下，销货方向购货方收取包装物押金，购货方在规定时间内返还包装物，销货方再将收取的包装物押金返还。

纳税人为销售货物而出租、出借包装物收取的押金，单独记账核算的，且时间在 1 年以内，又未过期的，不并入销售额征税；但对因逾期未收回包装物不再退还的押金，应按所包装货物的适用税率计算增值税款。实践中，应注意以下具体规定：

①"逾期"是指按合同约定实际逾期或以 1 年为期限，对收取 1 年以上的押金，无论是否退还均并入销售额征税。

②包装物押金是含税收入，在并入销售额征税时，需要先将该押金换算为不含税收入，再计算应纳增值税款。

③包装物押金不同于包装物租金，包装物租金属于价外费用，在销售货物时随同货款一并计算增值税款。

④对销售除啤酒、黄酒外的其他酒类产品而收取的包装物押金，无论是否返还以及会计上如何核算，均应并入当期销售额征收增值税。

(8) 营改增行业销售额的规定。

①贷款服务，以提供贷款服务取得的全部利息及利息性质的收入为销售额。

②直接收费金融服务，以提供直接收费金融服务收取的手续费、佣金、酬金、管理费、服务费、经手费、开户费、过户费、结算费、转托管费等各类费用为销售额。

③金融商品转让，按照卖出价扣除买入价后的余额为销售额。金融商品转让，不得开具增值税专用发票。

④经纪代理服务，以取得的全部价款和价外费用，扣除向委托方收取并代为支付的政府性基金或者行政事业性收费后的余额为销售额。向委托方收取的政府性基金或者行政事业性收费，不得开具增值税专用发票。

⑤航空运输企业的销售额，不包括代收的机场建设费和代售其他航空运输企业客票而代收转付的价款。

⑥试点纳税人中的一般纳税人提供客运场站服务，以其取得的全部价款和价外费用，扣除支付给承运方运费后的余额为销售额。

⑦试点纳税人提供旅游服务，可以选择以取得的全部价款和价外费用，扣除向旅游服务购买方收取并支付给其他单位或者个人的住宿费、餐饮费、交通费、签证费、门票费和支付给其他接团旅游企业的旅游费用后的余额为销售额。

⑧试点纳税人提供建筑服务适用简易计税方法的，以取得的全部价款和价外费用扣除支付

的分包款后的余额为销售额。

⑨房地产开发企业中的一般纳税人销售其开发的房地产项目（选择简易计税方法的房地产老项目除外），以取得的全部价款和价外费用，扣除受让土地时向政府部门支付的土地价款后的余额为销售额。房地产老项目，是指《建筑工程施工许可证》注明的合同开工日期在2016年4月30日前的房地产项目。

（9）销售额确定的特殊规定。

①纳税人兼营免税、减税项目的，应当分别核算免税、减税项目的销售额；未分别核算的，不得免税、减税。

②纳税人销售货物、提供应税劳务或者发生应税行为，开具增值税专用发票后，发生开票有误或者销售折让、中止、退回等情形的，应当按照国家税务总局的规定开具红字增值税专用发票；未按照规定开具红字增值税专用发票的，不得扣减销项税额或者销售额。

③纳税人销售货物、提供应税劳务或者发生应税行为，将价款和折扣额在同一张发票上分别注明的，以折扣后的价款为销售额；未在同一张发票上分别注明的，以价款为销售额，不得扣减折扣额。

（10）外币销售额的折算。

纳税人按人民币以外的货币结算销售额的，其销售额的人民币折合率可以选择销售额发生的当天或者当月1日的人民币外汇中间价。

纳税人应在事先确定采用何种折合率，确定后在1年内不得变更。

2. 进项税额的确定

进项税额是指纳税人购进货物、加工修理修配劳务、服务、无形资产或者不动产，支付或者负担的增值税。

（1）准予从销项税额中抵扣的进项税额。

①从销售方取得的增值税专用发票（含税控机动车销售统一发票，下同）上注明的增值税额。

②从海关取得的海关进口增值税专用缴款书上注明的增值税额。

③购进农产品，自2017年7月1日起，按照以下办法扣除（根据《关于简并增值税税率有关政策的通知》财税〔2017〕37号）：

取得一般纳税人开具的增值税专用发票或海关进口增值税专用缴款书的，以增值税专用发票或海关进口增值税专用缴款书上注明的增值税额为进项税额；从按照简易计税方法依照3%征收率计算缴纳增值税的小规模纳税人取得增值税专用发票的，以增值税专用发票上注明的金额和11%的扣除率计算进项税额；取得（开具）农产品销售发票或收购发票的，以农产品销售发票或收购发票上注明的农产品买价和11%的扣除率计算进项税额。

营业税改征增值税试点期间，纳税人购进用于生产销售或委托受托加工17%税率货物的农产品维持原扣除力度不变。

纳税人从批发、零售环节购进适用免征增值税政策的蔬菜、部分鲜活肉蛋而取得的普通发票，不得作为计算抵扣进项税额的凭证。

纳税人购进农产品既用于生产销售或委托受托加工17%税率货物又用于生产销售其他货物服务的，应当分别核算用于生产销售或委托受托加工17%税率货物和其他货物服务的农产品进项税额。未分别核算的，统一以增值税专用发票或海关进口增值税专用缴款书上注明的增值税额为进项税额，或以农产品收购发票或销售发票上注明的农产品买价和11%的扣除率计算进项税额。

④原增值税一般纳税人购进服务、无形资产或者不动产，取得的增值税专用发票上注明的增值税额为进项税额，准予从销项税额中抵扣。

⑤原增值税一般纳税人自用的应征消费税的摩托车、汽车、游艇，其进项税额准予从销项税额中抵扣。

⑥从境外单位或者个人购进服务、无形资产或者不动产，自税务机关或者扣缴义务人取得的解缴税款的完税凭证上注明的增值税额。

⑦原增值税一般纳税人购进货物或者接受加工、修理修配劳务，用于《销售服务、无形资产或者不动产注释》所列项目的，不属于《增值税暂行条例》第十条所称的用于非增值税应税项目，其进项税额准予从销项税额中抵扣。

（2）不得从销项税额中抵扣的进项税额。

①用于简易计税方法的计税项目、免征增值税项目、集体福利或者个人消费的购进货物、加工修理修配劳务、服务、无形资产和不动产。其中，涉及的固定资产、无形资产、不动产，仅指专用于上述项目的固定资产、无形资产（不包括其他权益性无形资产）、不动产。

纳税人的交际应酬消费属于个人消费。

②非正常损失的购进货物，以及相关的加工修理修配劳务和交通运输服务。

③非正常损失的在产品、产成品所耗用的购进货物（不包括固定资产）、加工修理修配劳务和交通运输服务。

④非正常损失的不动产，以及该不动产所耗用的购进货物、设计服务和建筑服务。

⑤非正常损失的不动产在建工程所耗用的购进货物、设计服务和建筑服务；纳税人新建、改建、扩建、修缮、装饰不动产，均属于不动产在建工程。

⑥购进的旅客运输服务、贷款服务、餐饮服务、居民日常服务和娱乐服务。

⑦纳税人接受贷款服务向贷款方支付的与该笔贷款直接相关的投融资顾问费、手续费、咨询费等费用，其进项税额不得从销项税额中抵扣。

⑧财政部和国家税务总局规定的其他情形。

非正常损失，是指因管理不善造成货物被盗、丢失、霉烂变质，以及因违反法律法规造成货物或者不动产被依法没收、销毁、拆除的情形。

（3）适用一般计税方法的纳税人，兼营简易计税方法计税项目、免征增值税项目而无法划分不得抵扣的进项税额，按照下列公式计算不得抵扣的进项税额：

不得抵扣的进项税额＝当期无法划分的全部进项税额×（当期简易计税方法计税项目销售额＋免征增值税项目销售额）÷当期全部销售额

主管税务机关可以按照上述公式依据年度数据对不得抵扣的进项税额进行清算。

（4）根据《增值税暂行条例实施细则》的规定，一般纳税人当期购进的货物或应税劳务用于生产经营，其进项税额在当期销项税额中予以抵扣。但已抵扣进项税额的购进货物或应税劳务如果事后改变用途，用于集体福利或者个人消费、购进货物发生非正常损失、在产品或产成品发生非正常损失等，应当将该项购进货物或者应税劳务的进项税额从当期的进项税额中扣减；无法确定该项进项税额的，按当期外购项目的实际成本计算应扣减的进项税额。

（5）已抵扣进项税额的购进服务，发生《营业税改征增值税试点实施办法》规定的不得从销项税额中抵扣情形（简易计税方法计税项目、免征增值税项目除外）的，应当将该进项税额从当期进项税额中扣减；无法确定该进项税额的，按照当期实际成本计算应扣减的进项税额。

（6）已抵扣进项税额的无形资产或者不动产，发生《营业税改征增值税试点实施办法》规定的不得从销项税额中抵扣情形的，按照下列公式计算不得抵扣的进项税额：

不得抵扣的进项税额＝无形资产或者不动产净值×适用税率

无形资产或者不动产净值，是指纳税人根据财务会计制度计提折旧或摊销后的余额。

(7) 纳税人适用一般计税方法计税的，因销售折让、中止或者退回而退还给购买方的增值税额，应当从当期的销项税额中扣减；因销售折让、中止或者退回而收回的增值税额，应当从当期的进项税额中扣减。

(8) 有下列情形之一者，应当按照销售额和增值税税率计算应纳税额，不得抵扣进项税额，也不得使用增值税专用发票：

①一般纳税人会计核算不健全，或者不能够提供准确税务资料的。

②应当办理一般纳税人资格登记而未办理的。

(9) 适用一般计税方法的试点纳税人，2016 年 5 月 1 日后取得并在会计制度上按固定资产核算的不动产或者 2016 年 5 月 1 日后取得的不动产在建工程，其进项税额应自取得之日起分 2 年从销项税额中抵扣，第一年抵扣比例为 60%，第二年抵扣比例为 40%。

取得不动产，不包括房地产开发企业自行开发的房地产项目。

融资租入的不动产以及在施工现场修建的临时建筑物、构筑物，其进项税额不适用上述分 2 年抵扣的规定。

(10) 按照《增值税暂行条例》和《营业税改征增值税试点实施办法》及相关规定，不得抵扣且未抵扣进项税额的固定资产、无形资产、不动产，发生用途改变，用于允许抵扣进项税额的应税项目，可在用途改变的次月按照下列公式计算可以抵扣的进项税额：

可以抵扣的进项税额＝固定资产、无形资产、不动产净值/（1＋适用税率）×适用税率

(11) 一般纳税人发生下列应税行为时可以选择适用简易计税方法计税，不允许抵扣进项税额：

①公共交通运输服务，包括轮客渡、公交客运、地铁、城市轻轨、出租车、长途客运、班车。

②经认定的动漫企业为开发动漫产品提供的动漫脚本编撰、形象设计、背景设计、动画设计、分镜、动画制作、摄制、描线、上色、画面合成、配音、配乐、音效合成、剪辑、字幕制作、压缩转码（面向网络动漫、手机动漫格式适配）服务，以及在境内转让动漫版权（包括动漫品牌、形象或者内容的授权及再授权）。

③电影放映服务、仓储服务、装卸搬运服务、收派服务和文化体育服务。

④以纳入营改增试点之日前取得的有形动产为标的物提供的经营租赁服务。

⑤在纳入营改增试点之日前签订的尚未执行完毕的有形动产租赁合同。

3. 进项税额抵扣期限的规定

(1) 自 2017 年 7 月 1 日起，增值税一般纳税人取得的 2017 年 7 月 1 日及以后开具的增值税专用发票和机动车销售统一发票，应自开具之日起 360 日内认证或登录增值税发票选择确认平台进行确认，并在规定的纳税申报期内，向主管国税机关申报抵扣进项税额。

(2) 增值税一般纳税人取得的 2017 年 7 月 1 日及以后开具的海关进口增值税专用缴款书，应自开具之日起 360 日内向主管国税机关报送《海关完税凭证抵扣清单》，申请稽核比对。

(二) 简易计税方法应纳税额的计算

简易计税方法的应纳税额应按照销售额和征收率计算的增值税税额，不得抵扣进项税额。应纳税额计算公式：

应纳税额＝销售额×征收率

简易计税方法的销售额不包括其应纳税额，纳税人采用销售额和应纳税额合并定价方法的，按照下列公式计算销售额：

销售额＝含税销售额÷（1＋征收率）

纳税人适用简易计税方法计税的，因销售折让、中止或者退回而退还给购买方的销售额，应当

从当期销售额中扣减。扣减当期销售额后仍有余额造成多缴的税款，可以从以后的应纳税额中扣减。

（三）进口货物应纳税额的计算

无论是一般纳税人还是小规模纳税人，纳税人进口货物均应按照组成计税价格和规定的税率计算应纳税额，不允许抵扣发生在境外的任何税金。其计算公式为：

应纳税额＝组成计税价格×税率

（1）如果进口货物不征收消费税，则上述公式中组成计税价格的计算公式为：

组成计税价格＝关税完税价格＋关税

（2）如果进口货物征收消费税，则上述公式中组成计税价格的计算公式为：

组成计税价格＝关税完税价格＋关税＋消费税

根据《海关法》和《进出口关税条例》的规定，一般贸易下进口货物的关税完税价格以海关审定的成交价格为基础的到岸价格作为完税价格。所谓成交价格是一般贸易项下进口货物的买方为购买该项货物向卖方实际支付或应当支付的价格；到岸价格，包括货价，加上货物运抵我国关境内输入地点起卸前的包装费、运费、保险费和其他劳务费等费用构成的一种价格。

特殊贸易下进口的货物，由于进口时没有“成交价格”可作依据，为此，《进出口关税条例》对这些进口货物制定了确定其完税价格的具体办法。

（四）扣缴计税方法

境外单位或者个人在境内发生应税行为，在境内未设有经营机构的，扣缴义务人按照下列公式计算应扣缴税额：

应扣缴税额＝购买方支付的价款÷（1＋税率）×税率

经典例题
JINGDIANLITI

1. 甲公司为增值税一般纳税人，2015 年 10 月采取折扣方式销售货物一批，该批货物不含税销售额为 90 000 元，折扣额为 9 000 元，销售额和折扣额在同一张发票上分别注明。已知增值税税率为 17%。甲公司当月该笔业务增值税销项税额的下列计算列式中，正确的是（　　）。

A.（90 000－9 000）×（1＋17%）×17%＝16 110.9（元）

B. 90 000×17%＝15 300（元）

C. 90 000×（1＋17%）×17%＝17 901（元）

D.（90 000－9 000）×17%＝13 770（元）

【答案】 D

【解析】 纳税人采取折扣方式销售货物，如果销售额和折扣额在同一张发票上分别注明，可以按折扣后的销售额征收增值税。所以甲公司当月该笔业务增值税销项税额为：（90 000－9 000）×17%＝13 770（元）。

2. 根据增值税法律制度的规定，一般纳税人购进货物的下列进项税额中，不得从销项税额中抵扣的有（　　）。

A. 因管理不善造成被盗的购进货物的进项税额

B. 被执法部门依法没收的购进货物的进项税额

C. 被执法部门强令自行销毁的购进货物的进项税额

D. 因地震造成毁损的购进货物的进项税额

【答案】 ABC

【解析】 非正常损失的购进货物及相关的应税劳务所产生的增值税进项税额不得从销项税额中

抵扣。非正常损失是指因管理不善造成被盗、丢失、霉烂变质的损失，以及被执法部门依法没收或者强令自行销毁的货物，故 ABC 选项正确；自然灾害所产生的货物损失不属于增值税税法中规定的非正常损失，其进项税额可正常抵扣，故 D 选项不正确。

六、增值税税收优惠

考试要求：熟悉

命题频率：2017 年单选题

（一）《增值税暂行条例》及其实施细则规定的免税项目

（1）农业生产者销售的自产农产品。

（2）避孕药品和用具。

（3）古旧图书，是指向社会收购的古书和旧书。

（4）直接用于科学研究、科学试验和教学的进口仪器、设备。

（5）外国政府、国际组织无偿援助的进口物资和设备。

（6）由残疾人的组织直接进口供残疾人专用的物品。

（7）销售的自己使用过的物品。自己使用过的物品，是指其他个人自己使用过的物品。

（二）营改增试点过渡政策的免税规定

1. 下列项目免征增值税

（1）托儿所、幼儿园提供的保育和教育服务。

超过规定收费标准的收费，以开办实验班、特色班和兴趣班等为由另外收取的费用以及与幼儿入园挂钩的赞助费、支教费等超过规定范围的收入，不属于免征增值税的收入。

（2）养老机构提供的养老服务。

（3）残疾人福利机构提供的育养服务。

（4）婚姻介绍服务。

（5）殡葬服务。

（6）残疾人员本人为社会提供的服务。

（7）医疗机构提供的医疗服务。

（8）从事学历教育的学校提供的教育服务。

学校以各种名义收取的赞助费、择校费等，不属于免征增值税的范围。

（9）学生勤工俭学提供的服务。

（10）农业机耕、排灌、病虫害防治、植物保护、农牧保险以及相关技术培训业务，家禽、牲畜、水生动物的配种和疾病防治。

（11）纪念馆、博物馆、文化馆、文物保护单位管理机构、美术馆、展览馆、书画院、图书馆在自己的场所提供文化体育服务取得的第一道门票收入。

（12）寺院、宫观、清真寺和教堂举办文化、宗教活动的门票收入。

（13）行政单位之外的其他单位收取的符合《营业税改征增值税试点实施办法》第十条规定条件的政府性基金和行政事业性收费。

（14）个人转让著作权。

（15）个人销售自建自用住房。

（16）2018 年 12 月 31 日前，公共租赁住房经营管理单位出租公共租赁住房。

(17) 中国台湾航运公司、航空公司从事海峡两岸海上直航、空中直航业务在大陆取得的运输收入。

(18) 纳税人提供的直接或者间接国际货物运输代理服务。

(19) 符合规定条件的贷款、债券利息收入。

(20) 被撤销金融机构以货物、不动产、无形资产、有价证券、票据等财产清偿债务。

(21) 保险公司开办的一年期以上人身保险产品取得的保费收入。

(22) 符合规定条件的金融商品转让收入。

(23) 金融同业往来利息收入。

(24) 同时符合规定条件的担保机构从事中小企业信用担保或者再担保业务取得的收入(不含信用评级、咨询、培训等收入) 3 年内免征增值税。

(25) 国家商品储备管理单位及其直属企业承担商品储备任务，从中央或者地方财政取得的利息补贴收入和价差补贴收入。

(26) 纳税人提供技术转让、技术开发和与之相关的技术咨询、技术服务。

(27) 同时符合规定条件的合同能源管理服务。

(28) 2017 年 12 月 31 日前，科普单位的门票收入，以及县级及以上党政部门和科协开展科普活动的门票收入。

(29) 政府举办的从事学历教育的高等、中等和初等学校(不含下属单位)，举办进修班、培训班取得的全部归该学校所有的收入。

(30) 政府举办的职业学校设立的主要为在校学生提供实习场所，并由学校出资自办、由学校负责经营管理、经营收入归学校所有的企业，从事《销售服务、无形资产或者不动产注释》中“现代服务”(不含融资租赁服务、广告服务和其他现代服务)“生活服务”(不含文化体育服务、其他生活服务和桑拿、氧吧) 业务活动取得的收入。

(31) 家政服务企业由员工制家政服务员提供家政服务取得的收入。

(32) 福利彩票、体育彩票的发行收入。

(33) 军队空余房产租赁收入。

(34) 为了配合国家住房制度改革，企业、行政事业单位按房改成本价、标准价出售住房取得的收入。

(35) 将土地使用权转让给农业生产者用于农业生产。

(36) 涉及家庭财产分割的个人无偿转让不动产、土地使用权。

(37) 土地所有者出让土地使用权和土地使用者将土地使用权归还给土地所有者。

(38) 县级以上地方人民政府或自然资源行政主管部门出让、转让或收回自然资源使用权(不含土地使用权)。

(39) 随军家属就业。

(40) 军队转业干部就业。

2. 增值税即征即退

(1) 一般纳税人提供管道运输服务，对其增值税实际税负超过 3%的部分实行增值税即征即退政策。

(2) 经中国人民银行、银监会或者商务部批准从事融资租赁业务的试点纳税人中的一般纳税人，提供有形动产融资租赁服务和有形动产融资性售后回租服务，对其增值税实际税负超过 3%的部分实行增值税即征即退政策。

商务部授权的省级商务主管部门和国家经济技术开发区批准的从事融资租赁业务和融资性

售后回租业务的试点纳税人中的一般纳税人，2016 年 5 月 1 日后实收资本达到 1.7 亿元的，从达到标准的当月起按照上述规定执行；2016 年 5 月 1 日后实收资本未达到 1.7 亿元但注册资本达到 1.7 亿元的，在 2016 年 7 月 31 日前仍可按照上述规定执行，2016 年 8 月 1 日后开展的有形动产融资租赁业务和有形动产融资性售后回租业务不得按照上述规定执行。

（3）增值税实际税负，指纳税人当期提供应税服务实际缴纳的增值税额占纳税人当期提供应税服务取得的全部价款和价外费用的比例。

3. 扣减增值税规定

（1）退役士兵创业就业

（2）重点群体创业就业。

4. 其他规定

（1）金融企业发放贷款后，自结息日起 90 天内发生的应收未收利息按现行规定缴纳增值税，自结息日起 90 天后发生的应收未收利息暂不缴纳增值税，待实际收到利息时按规定缴纳增值税。

（2）个人将购买不足 2 年的住房对外销售的，按照 5%的征收率全额缴纳增值税；个人将购买 2 年以上（含 2 年）的住房对外销售的，免征增值税。上述政策适用于北京市、上海市、广州市和深圳市之外的地区。

个人将购买不足 2 年的住房对外销售的，按照 5%的征收率全额缴纳增值税；个人将购买 2 年以上（含 2 年）的非普通住房对外销售的，以销售收入减去购买住房价款后的差额按照 5%的征收率缴纳增值税；个人将购买 2 年以上（含 2 年）的普通住房对外销售的，免征增值税。上述政策仅适用于北京市、上海市、广州市和深圳市。

（3）如果试点纳税人在纳入营改增试点之日前已经按照有关政策规定享受了营业税税收优惠，在剩余税收优惠政策期限内，按照本规定享受有关增值税优惠。

（三）跨境行为免征增值税的情形

除财政部和国家税务总局规定适用增值税零税率的外，境内单位和个人销售的下列服务和无形资产免征增值税：

（1）下列服务：

①工程项目在境外的建筑服务。

②工程项目在境外的工程监理服务。

③工程、矿产资源在境外的工程勘察勘探服务。

④会议展览地点在境外的会议展览服务。

⑤存储地点在境外的仓储服务。

⑥标的物在境外使用的有形动产租赁服务。

⑦在境外提供的广播影视节目（作品）的播映服务。

⑧在境外提供的文化体育服务、教育医疗服务、旅游服务。

（2）为出口货物提供的邮政服务、收派服务、保险服务。

（3）向境外单位提供的完全在境外消费的下列服务和无形资产：

①电信服务。

②知识产权服务。

③物流辅助服务（仓储服务、收派服务除外）。

④鉴证咨询服务。

⑤专业技术服务。

⑥商务辅助服务。

⑦广告投放地在境外的广告服务。

⑧无形资产。

（4）以无运输工具承运方式提供的国际运输服务。

（5）为境外单位之间的货币资金融通及其他金融业务提供的直接收费金融服务，且该服务与境内的货物、无形资产和不动产无关。

（6）财政部和国家税务总局规定的其他服务。

（四）起征点

纳税人销售货物、提供应税劳务或者发生应税行为的销售额未达到增值税起征点的，免征增值税；达到起征点的，全额计算缴纳增值税。

增值税起征点不适用于登记为一般纳税人的个体工商户。

增值税起征点幅度如下：

（1）按期纳税的，为月销售额 5 000～20 000 元（含本数）。

（2）按次纳税的，为每次（日）销售额 300～500 元（含本数）。

（五）小微企业免税规定

（1）增值税小规模纳税人，月销售额不超过 3 万元（含 3 万元，下同）的，免征增值税。其中，以 1 个季度为纳税期限的增值税小规模纳税人，季度销售额不超过 9 万元的，免征增值税。

（2）增值税小规模纳税人月销售额不超过 3 万元（按季纳税 9 万元）的，当期因代开增值税专用发票（含货物运输业增值税专用发票）已经缴纳的税款，在专用发票全部联次追回或者按规定开具红字专用发票后，可以向主管税务机关申请退还。

（3）其他个人采取一次性收取租金形式出租不动产，取得的租金收入，可在租金对应的租赁期内平均分摊，分摊后的月租金收入不超过 3 万元的，可享受小微企业免征增值税的优惠政策。

（六）其他减免税规定

（1）纳税人兼营免税、减税项目的，应当分别核算免税、减税项目的销售额；未分别核算销售额的，不得免税、减税。

（2）纳税人销售货物或者应税劳务适用免税规定的，可以放弃免税。放弃免税后，36 个月内不得再申请免税。

经典例题
JINGDIANLITI

1. 根据增值税法律制度的规定，下列各项中，免予缴纳增值税的有（　　）。

A. 果农销售自产水果　　B. 药店销售避孕药品

C. 王某销售自己使用过的空调　　D. 直接用于教学的进口设备

【答案】 ABCD

【解析】 农业生产者销售的自产农产品免征增值税，故 A 选项正确；避孕药品和用具免征增值税，故 B 选项正确；其他个人销售的自己使用过的物品免征增值税，故 C 选项正确；直接用于科学研究、科学试验和教学的进口仪器、设备免征增值税，故 D 选项正确。

2. 下列各项中，免征增值税的是（　　）。

A. 存款利息　　B. 流动资金贷款利息

C. 学历教育收取的学费　　D. 非学历教育收取的学费

【答案】 C

【解析】根据《营业税改征增值税试点实施办法》及相关规定，学历教育收取的学费免征增值税，存款利息不征增值税，流动资金贷款利息和非学历教育收取的学费征收增值税。

七、增值税征收管理

考试要求：熟悉
命题频率：2014 年判断题；2015 年单选题、多选题

（一）纳税义务发生时间

（1）纳税人销售货物或者提供应税劳务的纳税义务发生时间。

纳税人销售货物或者应税劳务，其纳税义务发生时间为收讫销售款项或者取得索取销售款项凭据的当天；先开具发票的，为开具发票的当天。按销售结算方式的不同，具体分为：

①采取直接收款方式销售货物，不论货物是否发出，均为收到销售款或者取得索取销售款凭据的当天。

纳税人生产经营活动中采取直接收款方式销售货物，已将货物移送对方并暂估销售收入入账，但既未取得销售款或取得索取销售款凭据也未开具销售发票的，其纳税义务发生时间为取得销售款或取得索取销售款凭据的当天；先开具发票的，为开具发票的当天。

②采取托收承付和委托银行收款方式销售货物，为发出货物并办妥托收手续的当天。

③采取赊销和分期收款方式销售货物，为书面合同约定的收款日期的当天，无书面合同的或者书面合同没有约定收款日期的，为货物发出的当天。

④采取预收货款方式销售货物，为货物发出的当天，但生产销售生产工期超过 12 个月的大型机械设备、船舶、飞机等货物，为收到预收款或者书面合同约定的收款日期的当天。

⑤委托其他纳税人代销货物，为收到代销单位的代销清单或者收到全部或部分货款的当天。未收到代销清单及货款的为发出代销货物满 180 天的当天。

⑥销售应税劳务，为提供劳务同时收讫销售款或者取得索取销售款的凭据的当天。

⑦纳税人发生相关视同销售货物行为，为货物移送的当天。

⑧纳税人进口货物，其纳税义务发生时间为报关进口的当天。

（2）纳税人发生应税行为的纳税义务发生时间。

纳税人发生应税行为并收讫销售款项或者取得索取销售款项凭据的当天；先开具发票的，为开具发票的当天。

收讫销售款项，是指纳税人销售服务、无形资产、不动产过程中或者完成后收到款项。

取得索取销售款项凭据的当天，是指书面合同确定的付款日期；未签订书面合同或者书面合同未确定付款日期的，为服务、无形资产转让完成的当天或者不动产权属变更的当天。具体为：

①纳税人提供租赁服务采取预收款方式的，其纳税义务发生时间为收到预收款的当天。

②纳税人从事金融商品转让的，为金融商品所有权转移的当天。

③纳税人发生视同销售情形的，其纳税义务发生时间为服务、无形资产转让完成的当天或者不动产权属变更的当天。

（3）增值税扣缴义务发生时间为纳税人增值税纳税义务发生的当天。

（二）纳税地点

（1）固定业户应当向其机构所在地的主管税务机关申报纳税。总机构和分支机构不在同一县（市）的，应当分别向各自所在地的主管税务机关申报纳税；经财政部和国家税务总局或者

其授权的财政、税务机关批准，可以由总机构汇总向总机构所在地的主管税务机关申报纳税。

（2）非固定业户销售货物、应税劳务或者发生应税行为，应当向销售地、劳务发生地或者应税行为发生地的主管税务机关申报纳税；未向销售地、劳务发生地或者应税行为发生地的主管税务机关申报纳税的，由其机构所在地或者居住地的主管税务机关补征税款。

（3）进口货物，应当向报关地海关申报纳税。

（4）扣缴义务人应当向其机构所在地或者居住地的主管税务机关申报缴纳其扣缴的税款。

（5）其他个人提供建筑服务，销售或者租赁不动产，转让自然资源使用权，应向建筑服务发生地、不动产所在地、自然资源所在地主管税务机关申报纳税。

（三）纳税期限

（1）增值税的纳税期限分别为 1 日、3 日、5 日、10 日、15 日、1 个月或者 1 个季度。

（2）纳税人的具体纳税期限，由主管税务机关根据纳税人应纳税额的大小分别核定；不能按照固定期限纳税的，可以按次纳税。以 1 个季度为纳税期限的规定仅适用于小规模纳税人、银行、财务公司、信托投资公司、信用社，以及财政部和国家税务总局规定的其他纳税人。

（3）纳税人以 1 个月或者 1 个季度为 1 个纳税期的，自期满之日起 15 日内申报纳税；以 1 日、3 日、5 日、10 日或者 15 日为 1 个纳税期的，自期满之日起 5 日内预缴税款，于次月 1 日起 15 日内申报纳税并结清上月应纳税款。

（4）扣缴义务人解缴税款的期限，依照上述规定执行。

（5）纳税人进口货物，应当自海关填发进口增值税专用缴款书之日起 15 日内缴纳税款。

经典例题
JINGDIANLITI

根据增值税法律制度的规定，下列关于增值税纳税义务发生时间的表述中，不正确的是（　　）。

A. 纳税人采取直接收款方式销售货物，为货物发出的当天

B. 纳税人提供应税劳务，为提供劳务同时收讫销售款或者取得索取销售款凭据的当天

C. 纳税人采取委托银行收款方式销售货物，为发出货物并办妥托收手续的当天

D. 纳税人进口货物，为报关进口的当天

【答案】A

【解析】纳税人采取直接收款方式销售货物，不论货物是否发出，其纳税义务发生时间均为收到销售款或者取得索取销售款凭据的当天，故 A 选项符合题意；纳税人销售应税劳务，其纳税义务发生时间为提供劳务同时收讫销售款或者取得索取销售款凭据的当天，故 B 选项不符合题意；纳税人采取委托银行收款方式销售货物，其纳税义务发生时间为发出货物并办妥托收手续的当天，故 C 选项不符合题意；纳税人进口货物，其纳税义务发生时间为报关进口的当天，故 D 选项不符合题意。

八、增值税专用发票使用规定

考试要求：了解

一般纳税人应通过增值税防伪税控系统使用专用发票。使用，包括领购、开具、缴销、认证、稽核比对专用发票及其相应的数据电文。

（一）专用发票的联次及用途

专用发票由基本联次或者基本联次附加其他联次构成，基本联次为 3 联，分别为：

（1）发票联，作为购买方核算采购成本和增值税进项税额的记账凭证；

（2）抵扣联，作为购买方报送主管税务机关认证和留存备查的扣税凭证；

（3）记账联，作为销售方核算销售收入和增值税销项税额的记账凭证。

（二）专用发票的领购

一般纳税人凭《发票领购簿》、金税盘（或 IC 卡）和经办人身份证明领购专用发票。

一般纳税人有下列情形之一的，不得领购开具专用发票：

（1）会计核算不健全，不能向税务机关准确提供增值税销项税额、进项税额、应纳税额数据及其他有关增值税税务资料的。

（2）有《税收征管法》规定的税收违法行为，拒不接受税务机关处理的。

（3）有下列行为之一，经税务机关责令限期改正而仍未改正的：

①虚开增值税专用发票；

②私自印制专用发票；

③向税务机关以外的单位和个人买取专用发票；

④借用他人专用发票；

⑤未按规定开具专用发票；

⑥未按规定保管专用发票和专用设备；

⑦未按规定申请办理防伪税控系统变更发行；

⑧未按规定接受税务机关检查。

有上列情形的，如已领购专用发票，主管税务机关应暂扣其结存的专用发票和 IC 卡。

（三）专用发票的使用管理

1. 专用发票开票限额

最高开票限额由一般纳税人申请，税务机关依法审批。最高开票限额为 10 万元及以下的，由区（县）级税务机关审批；最高开票限额为 100 万元的，由地市级税务机关审批；最高开票限额为 1 000 万元及以上的，由省级税务机关审批。防伪税控系统的具体发行工作由区县级税务机关负责。

2. 专用发票开具范围

一般纳税人销售货物、提供应税劳务或者发生应税行为，应向购买方开具专用发票。不得开具增值税专用发票的情形如下：

（1）商业企业一般纳税人零售烟、酒、食品、服装、鞋帽（不包括劳保专用部分）、化妆品等消费品的；

（2）销售货物、提供应税劳务或者发生应税行为适用免税规定的（法律、法规及国家税务总局另有规定的除外）；

（3）向消费者个人销售货物、提供应税劳务或者发生应税行为的；

（4）小规模纳税人销售货物、提供应税劳务或者发生应税行为的（需要开具专用发票的，可向主管税务机关申请代开）。

3. 专用发票开具要求

专用发票应按下列要求开具：

（1）项目齐全，与实际交易相符；

（2）字迹清楚，不得压线、错格；

（3）发票联和抵扣联加盖财务专用章或者发票专用章；

（4）按照增值税纳税义务的发生时间开具。

第三节　消费税法律制度

消费税是对特定的某些消费品和消费行为征收的一种间接税。

一、消费税纳税人

考试要求：熟悉

在中华人民共和国境内生产、委托加工和进口《消费税暂行条例》规定的消费品的单位和个人，以及国务院确定的销售《消费税暂行条例》规定的消费品的其他单位和个人，为消费税的纳税人。

二、消费税征税范围

考试要求：掌握

命题频率：2014 年单选题；2015 年判断题、单选题、多选题；2016 年单选题；2017 年单选题、判断题

根据《消费税暂行条例》及其实施细则的规定，消费税的征收范围包括下列内容：

(一) 生产应税消费品

纳税人生产的应税消费品，于纳税人销售时纳税。

纳税人自产自用的应税消费品，用于连续生产应税消费品的，不纳税；用于其他方面的，于移送使用时纳税。

用于其他方面，是指纳税人将自产自用的应税消费品用于生产非应税消费品、在建工程、管理部门、非生产机构、提供劳务、馈赠、赞助、集资、广告、样品、职工福利、奖励等方面。

工业企业以外的单位和个人的下列行为视为应税消费品的生产行为，按规定征收消费税：

(1) 将外购的消费税非应税产品以消费税应税产品对外销售的；

(2) 将外购的消费税低税率应税产品以高税率应税产品对外销售的。

(二) 委托加工应税消费品

委托加工的应税消费品，受托方只收取加工费和代垫部分辅助材料加工的应税消费品。

对于由受托方提供原材料生产的应税消费品，或者受托方先将原材料卖给委托方，然后再接受加工的应税消费品，以及由受托方以委托方名义购进原材料生产的应税消费品，不论在财务上是否作为销售处理，都不得作为委托加工应税消费品，而应当按照销售自制应税消费品缴纳消费税。

委托加工的应税消费品，除受托方为个人外，由受托方在向委托方交货时代收代缴消费税。委托个人加工的应税消费品，由委托方收回后缴纳消费税。

委托加工的应税消费品，委托方用于连续生产应税消费品的，所纳税款准予按规定抵扣。

委托方将收回的应税消费品，以不高于受托方的计税价格出售的，不再缴纳消费税；委托方以高于受托方的计税价格出售的，在计税时准予扣除受托方已代收代缴的消费税。

(三) 进口应税消费品

单位和个人进口应税消费品，于报关进口时缴纳消费税。进口环节缴纳的消费税由海关代征。

（四）零售应税消费品

1. 商业零售金银首饰

自1995年1月1日起，零售环节征收消费税的金银首饰仅限于金基、银基合金首饰以及金、银和金基、银基合金的镶嵌首饰。

自2002年1月1日起，对钻石及钻石饰品消费税的纳税环节由生产环节、进口环节后移至零售环节。

自2003年5月1日起，铂金首饰消费税改为零售环节征税。

下列业务视同零售业，在零售环节缴纳消费税：

（1）为经营单位以外的单位和个人加工金银首饰。加工包括带料加工、翻新改制、以旧换新等业务，不包括修理和清洗。

（2）经营单位将金银首饰用于馈赠、赞助、集资、广告样品、职工福利、奖励等方面。

（3）未经中国人民银行总行批准，经营金银首饰批发业务的单位将金银首饰销售给经营单位。

2. 零售超豪华小汽车

自2016年12月1日起，对超豪华小汽车，在生产（进口）环节按现行税率征收消费税基础上，在零售环节加征消费税，将超豪华小汽车销售给消费者的单位和个人为超豪华小汽车零售环节纳税人。

（五）批发销售卷烟

烟草批发企业将卷烟销售给其他烟草批发企业的，不缴纳消费税。

卷烟消费税改为在生产和批发两个环节征收后，批发企业在计算应纳税额时不得扣除已含的生产环节的消费税税款。

经典例题
JINGDIANLITI

根据消费税的相关规定，下列各项中应计算缴纳消费税的有（　　）。

A. 进口化妆品　　B. 生产企业销售自产化妆品

C. 商贸企业批发化妆品　　D. 零售化妆品

【答案】 AB

【解析】 消费税征税范围包括生产、委托加工和进口应税消费品，以及零售金银首饰、钻石及钻石饰品、铂金首饰和批发卷烟。AB选项均属于消费税的征税范围；只有批发卷烟才要缴纳消费税，故C选项不正确；零售化妆品不属于零售环节要缴纳消费税的范围，故D选项不正确。

三、消费税税目

考试要求： 熟悉
命题频率： 2014年单选题；2015年单选题、多选题

根据《消费税暂行条例》的规定，消费税税目共有15个，具体内容如下：

1. 烟

凡是以烟叶为原料加工生产的产品，不论使用何种辅料，均属于本税目的征收范围。具体包括3个子目，分别是：

（1）卷烟，包括甲类卷烟和乙类卷烟。

（2）雪茄烟，雪茄烟的征收范围包括各种规格、型号的雪茄烟。

(3) 烟丝，烟丝的征收范围包括以烟叶为原料加工生产的不经卷制的散装烟。

2. 酒

酒，包括白酒、黄酒、啤酒和其他酒。具体征税范围包括：

(1) 白酒，包括粮食白酒和薯类白酒。

(2) 黄酒，包括各种原料酿制的黄酒和酒精度超过 12 度（含 12 度）的土甜酒。

(3) 啤酒，分为甲类啤酒和乙类啤酒。

对饮食业、商业、娱乐业举办的啤酒屋（啤酒坊）利用啤酒生产设备生产的啤酒，应当征收消费税。

(4) 其他酒，包括糠麸白酒、其他原料白酒、土甜酒、复制酒、果木酒、汽酒、药酒、葡萄酒等。

对以黄酒为酒基生产的配制或泡制酒，按其他酒征收消费税。调味料酒不征消费税。

3. 高档化妆品

本税目征收范围包括高档美容、修饰类化妆品、高档护肤类化妆品和成套化妆品。

舞台、戏剧、影视演员化妆用的上妆油、卸装油、油彩，不属于本税目的征收范围。

4. 贵重首饰及珠宝玉石

本税目的征税范围包括各种金银珠宝首饰和经采掘、打磨、加工的各种珠宝玉石。

宝石坯是经采掘、打磨、初级加工的珠宝玉石半成品，对宝石坯应按规定征收消费税。

5. 鞭炮、焰火

本税目征收范围包括各种鞭炮、焰火。

体育上用的发令纸、鞭炮药引线，不按本税目征收。

6. 成品油

本税目包括汽油、柴油、石脑油、溶剂油、航空煤油、润滑油、燃料油 7 个子目。

以汽油、汽油组分调和生产的甲醇汽油、乙醇汽油也属于本税目征收范围。

以柴油、柴油组分调和生产的生物柴油也属于本税目征收范围。

石脑油的征收范围包括除汽油、柴油、航空煤油、溶剂油以外的各种轻质油。

润滑油的征收范围包括矿物性润滑油、矿物性润滑油基础油、植物性润滑油、动物性润滑油和化工原料合成润滑油。

自 2012 年 11 月 1 日起，催化料、焦化料属于燃料油的征收范围，应当征收消费税。

7. 摩托车

本税目征税范围包括气缸容量为 250 毫升的摩托车和气缸容量在 250 毫升（不含）以上的摩托车两种。

对最大设计车速不超过 50 公里/小时，发动机气缸总工作容量不超过 50 毫升的三轮摩托车不征收消费税。

8. 小汽车

电动汽车不属于本税目征收范围。

沙滩车、雪地车、卡丁车、高尔夫车不属于消费税征收范围，不征收消费税。

对于企业购进货车或箱式货车改装生产的商务车、卫星通信车等专用汽车不属于消费税征收范围，不征收消费税。

对于购进乘用车和中轻型商用客车整车改装生产的汽车，应按规定征收消费税。

9. 高尔夫球及球具

本税目征税范围包括高尔夫球、高尔夫球杆及高尔夫球包（袋），高尔夫球杆的杆头、杆身和握把。

10. 高档手表

高档手表是指销售价格（不含增值税）每只在 10 000 元（含）以上的各类手表。本税目征收范围包括符合以上标准的各类手表。

11. 游艇

本税目征收范围包括艇身长度大于 8 米（含）小于 90 米（含），内置发动机，可以在水上移动，一般为私人或团体购置，主要用于水上运动和休闲娱乐等非牟利活动的各类机动艇。

12. 木制一次性筷子

本税目征收范围包括各种规格的木制一次性筷子和未经打磨、倒角的木制一次性筷子。

13. 实木地板

本税目征收范围包括各类规格的实木地板、实木指接地板、实木复合地板及用于装饰墙壁、天棚的侧端面为榫、槽的实木装饰板以及未经涂饰的素板。

14. 电池

对无汞原电池、金属氢化物镍蓄电池（又称“氢镍蓄电池”或“镍氢蓄电池”）、锂原电池、锂离子蓄电池、太阳能电池、燃料电池和全钒液流电池免征消费税。

自 2016 年 1 月 1 日起，对铅蓄电池按 4%税率征收消费税。

15. 涂料

对施工状态下挥发性有机物（VOC）含量低于 420 克/升（含）的涂料免征消费税。

经典例题
JINGDIANLITI

1. 根据消费税法律制度的规定，下列各项中，不征收消费税的是（　　）。

A. 汽油　　B. 指甲油
C. 沐浴液　　D. 香水

【答案】 C

【解析】 护肤护发品不征收消费税，汽油和化妆品都征收消费税。沐浴液属于护肤品。

2. 根据消费税法律制度的规定，下列选项中，应缴纳消费税的是（　　）。

A. 汽车厂销售雪地车　　B. 手表厂销售高档手表
C. 珠宝店销售珍珠项链　　D. 商场销售木质一次性筷子

【答案】 B

【解析】 A 选项，雪地车不属于消费税的征税范围，不缴纳消费税；CD 选项，珍珠项链、一次性筷子是在生产环节缴纳消费税，在零售环节不缴纳消费税。

四、消费税税率

考试要求： 了解
命题频率： 2015 年判断题

消费税税率采取比例税率和定额税率两种形式，以适应不同应税消费品的实际情况。

消费税根据不同的税目或子目确定相应的税率或单位税额。

一般情况下，对一种消费品只选择一种税率形式，但对卷烟和白酒，则采取了比例税率和定额税率复合征收的形式。消费税税目税率详见表 4-1。

表 4-1　消费税税目税率表

税目	税率
(一) 烟	
1. 卷烟	
(1) 甲类卷烟	56%加 0.003 元/支 (生产环节)
(2) 乙类卷烟	36%加 0.003 元/支 (生产环节)
(3) 批发环节	11% (0.005 元/支)
2. 雪茄烟	36%
3. 烟丝	30%
(二) 酒	
1. 白酒	20%加 0.5 元/500 克 (或者 500 毫升)
2. 黄酒	240 元/吨
3. 啤酒	
(1) 甲类啤酒	250 元/吨
(2) 乙类啤酒	220 元/吨
4. 其他酒	10%
(三) 高档化妆品	15%
(四) 贵重首饰及珠宝玉石	
1. 金银首饰、铂金首饰和钻石及钻石饰品	5%
2. 其他贵重首饰和珠宝玉石	10%
(五) 鞭炮、焰火	15%
(六) 成品油	
1. 汽油	1.52 元/升
2. 柴油	1.20 元/升
3. 航空煤油	1.20 元/升
4. 石脑油	1.52 元/升
5. 溶剂油	1.52 元/升
6. 润滑油	1.52 元/升
7. 燃料油	1.20 元/升
(七) 摩托车	
1. 气缸容量 (排气量，下同) 在 250 毫升的	3%
2. 气缸容量在 250 毫升 (不含) 以上的	10%
(八) 小汽车	
1. 乘用车	
(1) 气缸容量 (排气量，下同) 在 1.0 升 (含 1.0 升) 以下的	1%
(2) 气缸容量在 1.0 升以上至 1.5 升 (含 1.5 升) 的	3%
(3) 气缸容量在 1.5 升以上至 2.0 升 (含 2.0 升) 的	5%
(4) 气缸容量在 2.0 升以上至 2.5 升 (含 2.5 升) 的	9%
(5) 气缸容量在 2.5 升以上至 3.0 升 (含 3.0 升) 的	12%
(6) 气缸容量在 3.0 升以上至 4.0 升 (含 4.0 升) 的	25%
(7) 气缸容量在 4.0 升以上的	40%
2. 中轻型商用客车	5%
3. 超豪华小汽车	10% (零售环节)
(九) 高尔夫球及球具	10%
(十) 高档手表	20%

续表

税目	税率
（十一）游艇	10%
（十二）木制一次性筷子	5%
（十三）实木地板	5%
（十四）电池	4%
（十五）涂料	4%

消费税采取列举法按具体应税消费品设置税目税率，征税界限清楚，一般不易发生错用税率的情况。但是，存在下列情况时，纳税人应按照相关规定确定税率：

（1）纳税人兼营不同税率的应税消费品，应当分别核算不同税率应税消费品的销售额、销售数量。未分别核算销售额、销售数量，或者将不同税率的应税消费品组成成套消费品销售的，从高适用税率。

（2）配制酒适用税率的确定。配制酒（露酒）是指以发酵酒、蒸馏酒或食用酒精为酒基，加入可食用或药食两用的辅料或食品添加剂，进行调配、混合或再加工制成的并改变了其原酒基风格的饮料酒。

（3）纳税人自产自用的卷烟应当按照纳税人生产的同牌号规格的卷烟销售价格确定征税类别和适用税率。

（4）卷烟由于接装过滤嘴、改变包装或其他原因提高销售价格后，应按照新的销售价格确定征税类别和适用税率。

（5）委托加工的卷烟按照受托方同牌号规格卷烟的征税类别和适用税率征税。没有同牌号规格卷烟的，一律按卷烟最高税率征税。

（6）残次品卷烟应当按照同牌号规格正品卷烟的征税类别确定适用税率。

（7）下列卷烟不分征税类别一律按照56%卷烟税率征税，并按照定额每标准箱150元计算征税：

①白包卷烟；

②手工卷烟；

③未经国务院批准纳入计划的企业和个人生产的卷烟。

五、消费税应纳税额的计算

考试要求：掌握

命题频率：2015年单选题、多选题；2016年判断题、单选题；2017年多选题

（一）销售额的确定

根据《消费税暂行条例》的规定，消费税应纳税额的计算分为从价计征、从量计征和从价从量复合计征三种方法。以下分三种情况介绍销售额的确定。

1. 从价计征销售额的确定

销售额，是指为纳税人销售应税消费品向购买方收取的全部价款和价外费用。不包括应向购买方收取的增值税税款。

应税消费品的销售额＝含增值税的销售额÷（1＋增值税税率或征收率）

如果消费税的纳税人同时又是增值税一般纳税人的，应适用17%的增值税税率；如果消

费税的纳税人是增值税小规模纳税人的，应适用 3%的征收率。

2. 从量计征销售数量的确定

(1) 销售数量指纳税人生产、加工和进口应税消费品的数量。具体规定为：

①销售应税消费品的，为应税消费品的销售数量。

②自产自用应税消费品的，为应税消费品的移送使用数量。

③委托加工应税消费品的，为纳税人收回的应税消费品数量。

④进口应税消费品的，为海关核定的应税消费品进口征税数量。

(2) 从量定额的换算标准。

吨与升两个计量单位的换算标准见表 4-2。

表 4-2　计量单位换算表

黄酒	1 吨=962 升
啤酒	1 吨=988 升
汽油	1 吨=1 388 升
柴油	1 吨=1 176 升
航空煤油	1 吨=1 246 升
石脑油	1 吨=1 385 升
溶剂油	1 吨=1 282 升
润滑油	1 吨=1 126 升
燃料油	1 吨=1 015 升

3. 复合计征销售额和销售数量的确定

卷烟和白酒实行从价定率和从量定额相结合的复合计征办法征收消费税。

销售额为纳税人生产销售卷烟、白酒向购买方收取的全部价款和价外费用。

销售数量为纳税人生产销售、进口、委托加工、自产自用卷烟、白酒的销售数量、海关核定数量、委托方收回数量和移送使用数量。

4. 特殊情形下销售额和销售数量的确定

(1) 纳税人应税消费品的计税价格明显偏低并无正当理由的，由主管税务机关核定计税价格。其核定权限规定如下：

①卷烟、白酒和小汽车的计税价格由国家税务总局核定，送财政部备案。

②其他应税消费品的计税价格由省、自治区和直辖市国家税务局核定。

③进口的应税消费品的计税价格由海关核定。

(2) 纳税人通过自设非独立核算门市部销售的自产应税消费品，应当按照门市部对外销售额或者销售数量征收消费税。

(3) 纳税人用于换取生产资料和消费资料、投资入股和抵偿债务等方面的应税消费品，应当以纳税人同类应税消费品的最高销售价格作为计税依据计算消费税。

(4) 白酒生产企业向商业销售单位收取的“品牌使用费”，不论企业采取何种方式或以何种名义收取价款，均应并入白酒的销售额中缴纳消费税。

(5) 实行从价计征办法征收消费税的应税消费品连同包装销售的，应并入应税消费品的销售额中缴纳消费税。

如果包装物不作价随同产品销售，而是收取押金，此项押金则不应并入应税消费品的销售额中征税。

但对因逾期未收回的包装物不再退还的或者已收取的时间超过 12 个月的押金，应并入应税消费品的销售额，缴纳消费税。

对包装物既作价随同应税消费品销售，又另外收取押金的包装物的押金，凡纳税人在规定的期限内没有退还的，均应并入应税消费品的销售额，按照应税消费品的适用税率缴纳消费税。

对酒类生产企业销售酒类产品而收取的包装物押金，无论押金是否返回及会计上如何核算，应并入酒类产品销售额，征收消费税。

（6）纳税人采用以旧换新（含翻新改制）方式销售的金银首饰，应按实际收取的不含增值税的全部价款确定计税依据征收消费税。

对既销售金银首饰，又销售非金银首饰的生产、经营单位，凡划分不清楚或不能分别核算的并在生产环节销售的，一律从高适用税率征收消费税；在零售环节销售的，一律按金银首饰征收消费税。

金银首饰与其他产品组成成套消费品销售的，应按销售额全额征收消费税。

金银首饰连同包装物销售的，包装物应并入金银首饰的销售额计征消费税。

（7）纳税人销售的应税消费品，以人民币以外的货币结算销售额的，其销售额的人民币折合率可以选择销售额发生的当天或者当月 1 日的人民币汇率中间价。

纳税人应在事先确定采取何种折合率，确定后 1 年内不得变更。

（二）应纳税额的计算

1. 生产销售应纳消费税的计算

（1）实行从价定率计征消费税的，其计算公式为：

应纳税额＝销售额×比例税率

（2）实行从量定额计征消费税的，其计算公式为：

应纳税额＝销售数量×定额税率

（3）实行从价定率和从量定额复合方法计征消费税的，其计算公式为：

应纳税额＝销售额×比例税率＋销售数量×定额税率

现行消费税的征税范围中，只有卷烟、白酒采用复合计算方法。

2. 自产自用应纳消费税的计算

纳税人自产自用的应税消费品，用于连续生产应税消费品的，不纳税；凡用于其他方面的，于移送使用时，按照纳税人生产的同类消费品的销售价格计算纳税；没有同类消费品销售价格的，按照组成计税价格计算纳税。

（1）实行从价定率办法计征消费税的，其计算公式为：

组成计税价格＝（成本＋利润）÷（1－比例税率）

应纳税额＝组成计税价格×比例税率

（2）实行复合计税办法计征消费税的，其计算公式为：

组成计税价格＝（成本＋利润＋自产自用数量×定额税率）÷（1－比例税率）

应纳税额＝组成计税价格×比例税率＋自产自用数量×定额税率

上述公式中所说的“成本”，是指应税消费品的产品生产成本。

上述公式中所说的“利润”，是指根据应税消费品的全国平均成本利润率计算的利润。应税消费品全国平均成本利润率由国家税务总局确定。具体标准见表 4-3。

表 4-3 平均成本利润率

货物名称	利润率	货物名称	利润率
1. 甲类卷烟	10%	11. 摩托车	6%
2. 乙类卷烟	5%	12. 高尔夫球及球具	10%
3. 雪茄烟	5%	13. 高档手表	20%
4. 烟丝	5%	14. 游艇	10%
5. 粮食白酒	10%	15. 木制一次性筷子	5%
6. 薯类白酒	5%	16. 实木地板	5%
7. 其他酒	5%	17. 乘用车	8%
8. 高档化妆品	5%	18. 中轻型商用客车	5%
9. 鞭炮、焰火	5%	19. 电池	4%
10. 贵重首饰及珠宝玉石	6%	20. 涂料	7%

同类消费品的销售价格是指纳税人或者代收代缴义务人当月销售的同类消费品的销售价格，如果当月同类消费品各期销售价格高低不同，应按销售数量加权平均计算。

但销售的应税消费品有下列情况之一的，不得列入加权平均计算：

①销售价格明显偏低又无正当理由的；

②无销售价格的。

如果当月无销售或者当月未完结，应按照同类消费品上月或者最近月份的销售价格计算纳税。

3. 委托加工应纳消费税的计算

委托加工的应税消费品，按照受托方的同类消费品的销售价格计算纳税，没有同类消费品销售价格的，按照组成计税价格计算纳税。

(1) 实行从价定率办法计征消费税的，其计算公式为：

组成计税价格＝（材料成本＋加工费）÷（1－比例税率）

应纳税额＝组成计税价格×比例税率

(2) 实行复合计税办法计征消费税的，其计算公式为：

组成计税价格＝（材料成本＋加工费＋委托加工数量×定额税率）÷（1－比例税率）

应纳税额＝组成计税价格×比例税率＋委托加工数量×定额税率

材料成本，是指委托方所提供加工材料的实际成本。

加工费为向委托方所收取的全部费用（包括代垫辅助材料的实际成本），不包括增值税税款。

4. 进口环节应纳消费税的计算

纳税人进口应税消费品，按照组成计税价格和规定的税率计算应纳税额。

(1) 从价定率计征消费税的，其计算公式为：

组成计税价格＝（关税完税价格＋关税）÷（1－消费税比例税率）

应纳税额＝组成计税价格×消费税比例税率

公式中所称“关税完税价格”，是指海关核定的关税计税价格。

(2) 实行复合计税办法计征消费税的，其计算公式为：

组成计税价格＝（关税完税价格＋关税＋进口数量×定额税率）÷（1－消费税比例税率）

应纳税额＝组成计税价格×消费税比例税率＋进口数量×定额税率

进口环节消费税除国务院另有规定外，一律不得给予减税、免税。

（三）已纳消费税的扣除

1. 外购应税消费品已纳税款的扣除

税法规定按当期生产领用数量计算准予扣除外购的应税消费品已纳的消费税税款，扣除范围包括：

（1）外购已税烟丝生产的卷烟；

（2）外购已税高档化妆品原料生产的高档化妆品；

（3）外购已税珠宝、玉石原料生产的贵重首饰及珠宝、玉石；

（4）外购已税鞭炮、焰火原料生产的鞭炮、焰火；

（5）外购已税杆头、杆身和握把为原料生产的高尔夫球杆；

（6）外购已税木制一次性筷子原料生产的木制一次性筷子；

（7）外购已税实木地板原料生产的实木地板；

（8）外购已税石脑油、润滑油、燃料油为原料生产的成品油；

（9）外购已税汽油、柴油为原料生产的汽油、柴油。

上述当期准予扣除外购应税消费品已纳消费税税款的计算公式为：

当期准予扣除的外购应税消费品已纳税款＝当期准予扣除的外购应税消费品买价×外购应税消费品适用税率

当期准予扣除的外购应税消费品买价＝期初库存的外购应税消费品的买价＋当期购进应税消费品的买价－期末库存的外购应税消费品的买价

外购已税消费品的买价是指购货发票上注明的销售额，不包括增值税税款。

纳税人用外购的已税珠宝、玉石原料生产的，改在零售环节征收消费税的金银首饰（镶嵌首饰），在计税时一律不得扣除外购珠宝、玉石的已纳税款。

对自己不生产应税消费品，只是购进后再销售应税消费品的工业企业，其销售的化妆品、鞭炮、焰火和珠宝、玉石，凡需进一步生产加工的，应当征收消费税，同时允许扣除上述外购应税消费品的已纳税款。

允许扣除已纳税款的应税消费品只限于从工业企业购进的应税消费品和进口环节已缴纳消费税的应税消费品，对从境内商业企业购进应税消费品的已纳税款一律不得扣除。

2. 委托加工收回的应税消费品已纳税款的扣除

委托加工的应税消费品因为已由受托方代收代缴消费税，因此，委托方收回货物后用于连续生产应税消费品的，其已纳税款准予按照规定从连续生产的应税消费品应纳消费税税额中抵扣。按照消费税法的规定，下列连续生产的应税消费品准予从应纳消费税税额中按当期生产领用数量计算扣除委托加工收回的应税消费品已纳消费税税款：

（1）以委托加工收回的已税烟丝为原料生产的卷烟；

（2）以委托加工收回的已税高档化妆品原料生产的高档化妆品；

（3）以委托加工收回的已税珠宝、玉石原料生产的贵重首饰及珠宝、玉石；

（4）以委托加工收回的已税鞭炮、焰火原料生产的鞭炮、焰火；

（5）以委托加工收回的已税杆头、杆身和握把为原料生产的高尔夫球杆；

（6）以委托加工收回的已税木制一次性筷子原料生产的木制一次性筷子；

（7）以委托加工收回的已税实木地板原料生产的实木地板；

（8）以委托加工收回的已税石脑油、润滑油、燃料油为原料生产的成品油；

（9）以委托加工收回的已税汽油、柴油为原料生产的汽油、柴油。

上述当期准予扣除委托加工收回的应税消费品已纳消费税税款的计算公式是：

当期准予扣除的委托加工应税消费品已纳税款＝期初库存的委托加工应税消费品已纳税款＋当期收回的委托加工应税消费品已纳税款－期末库存的委托加工应税消费品已纳税款

纳税人用委托加工收回的已税珠宝、玉石原料生产的改在零售环节征收消费税的金银首饰，在计税时一律不得扣除委托加工收回的珠宝、玉石原料的已纳消费税税款。

经典例题
JINGDIANLITI

1. 甲汽车厂将 1 辆生产成本 5 万元的自产小汽车用于抵偿债务，同型号小汽车不含增值税平均售价 10 万元/辆，不含增值税最高售价 12 万元/辆。已知小汽车消费税税率为 5%。关于甲汽车厂该笔业务应缴纳消费税税额的下列计算列式中，正确的是（　　）。

A. 1×10×5%＝0.5（万元）　　B. 1×12×5%＝0.6（万元）

C. 1×5×5%＝0.25（万元）　　D. 1×5×（1＋5%）×5%＝0.2625（万元）

【答案】 B

【解析】 消费税纳税人将生产的应税消费品用于抵偿债务的，应当以纳税人同类应税消费品的最高销售价格作为计税依据计算消费税，故 B 选项正确。

2. 实木地板含税金额为 111.15 万元，适用增值税税率为 17%，消费税税率为 5%，应交消费税为（　　）。

A. 111.15÷（1－5%）×5%＝5.85（万元）

B. 111.15×5%＝5.5575（万元）

C. 111.15÷（1＋17%）×5%＝4.75（万元）

D. 111.15÷（1＋17%）÷（1－5%）×5%＝5（万元）

【答案】 C

【解析】 实木地板实行从价定率计征消费税，应纳税额＝不含增值税销售额×比例税率。则应交消费税＝111.15÷（1＋17%）×5%＝4.75（万元）。

六、消费税征收管理

考试要求： 熟悉
命题频率： 2015 年多选题；2016 年判断题、多选题

（一）纳税义务发生时间

（1）纳税人销售应税消费品的，按不同的销售结算方式确定，分别为：

①采取赊销和分期收款结算方式的，为书面合同约定的收款日期的当天，书面合同没有约定收款日期或者无书面合同的，为发出应税消费品的当天。

②采取预收货款结算方式的，为发出应税消费品的当天。

③采取托收承付和委托银行收款方式的，为发出应税消费品并办妥托收手续的当天。

④采取其他结算方式的，为收讫销售款或者取得索取销售款凭据的当天。

（2）纳税人自产自用应税消费品的，为移送使用的当天。

（3）纳税人委托加工应税消费品的，为纳税人提货的当天。

（4）纳税人进口应税消费品的，为报关进口的当天。

（二）纳税地点

（1）除国务院财政、税务主管部门另有规定外，纳税人销售的应税消费品，以及自产自用的应税消费品，应当向纳税人机构所在地或者居住地的主管税务机关申报纳税。

（2）除受托方为个人外，委托加工的应税消费品，由受托方向机构所在地或者居住地的主管税务机关解缴消费税税款。受托方为个人的，由委托方向机构所在地的主管税务机关申报纳税。

（3）进口的应税消费品，由进口人或者其代理人向报关地海关申报纳税。

（4）纳税人到外县（市）销售或者委托外县（市）代销自产应税消费品的，于应税消费品销售后，向其机构所在地或者居住地主管税务机关申报纳税。

（5）纳税人的总机构与分支机构不在同一县（市）的，应当分别向各自机构所在地的主管税务机关申报纳税；不在同一县（市），但在同一省（自治区、直辖市）范围内，经省（自治区、直辖市）财政厅（局）、国家税务局审批同意，可以由总机构汇总向总机构所在地的主管税务机关申报缴纳消费税。

（6）购买者因质量等原因退回纳税人销售的应税消费品，经其机构所在地或者居住地主管税务机关审核批准后，可退还已缴纳的消费税税款。

（7）出口的应税消费品办理退税后，发生退关，或者国外退货进口时予以免税的，报关出口者必须及时向其机构所在地或者居住地主管税务机关申报补缴已退还的消费税税款。

纳税人直接出口的应税消费品办理免税后，发生退关或国外退货，进口时已予以免税的，经其机构所在地或者居住地主管税务机关批准，可暂不办理补税，待其转为国内销售时，再申报补缴消费税。

（8）个人携带或者邮寄进境的应税消费品的消费税，连同关税一并计征。

（三）纳税期限

消费税的纳税期限分别为1日、3日、5日、10日、15日、1个月或者1个季度；纳税人的具体纳税期限，由主管税务机关根据纳税人应纳税额的大小分别核定；不能按照固定期限纳税的，可以按次纳税。

纳税人以1个月或者1个季度为1个纳税期的，自期满之日起15日内申报纳税；以1日、3日、5日、10日或者15日为1个纳税期的，自期满之日起5日内预缴税款，于次月1日起至15日内申报纳税并结清上月应纳税款。

纳税人进口应税消费品，应自海关填发海关进口消费税专用缴款书之日起15日内缴纳税款。

下列关于消费税纳税义务发生时间的表述，正确的有（　　）。

A. 纳税人自产自用应税消费品的，为移送使用的当天

B. 纳税人委托加工应税消费品的，为支付加工费的当天

C. 纳税人进口应税消费品的，为报关进口的当天

D. 纳税人销售应税消费品采取预收款方式的，为发出应税消费品的当天

【答案】 ACD

【解析】 纳税人委托加工应税消费品的，为纳税人提货的当天，故B选项不正确。

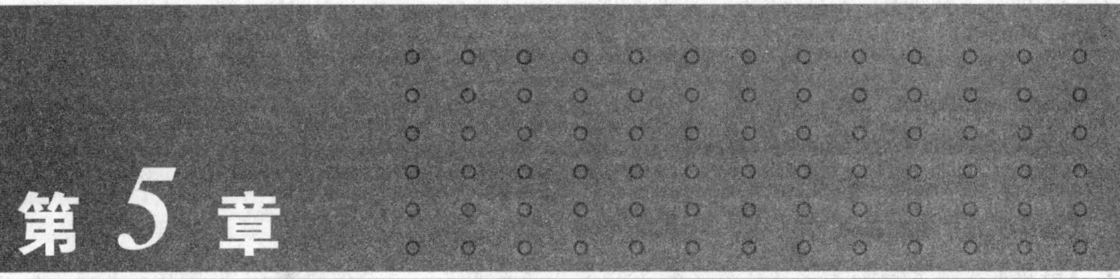

第5章 企业所得税、个人所得税法律制度

本章在以往的考试中所占分值为15～20分。本章考点较多，需要考生准确理解。本章重点掌握企业所得税征税对象，资产的税务处理，企业所得税应纳税额的计算，个人所得税税目、计税依据和个人所得税应纳税额的计算等。

第一节　企业所得税法律制度

企业所得税是国家对企业生产经营所得和其他所得征收的一种所得税。

一、企业所得税纳税人

考试要求：熟悉
命题频率：2014年判断题、单选题；2015年判断题、单选题；2016年判断题、多选题

在中华人民共和国境内，企业和其他取得收入的组织（以下统称“企业”）为企业所得税的纳税人，包括各类企业、事业单位、社会团体、民办非企业单位和从事经营活动的其他组织。

个人独资企业、合伙企业，不属于企业所得税纳税义务人，不缴纳企业所得税。

企业所得税采取收入来源地管辖权和居民管辖权相结合的双重管辖权，把企业分为居民企业和非居民企业。

（一）居民企业

居民企业指依法在中国境内成立，或者依照外国（地区）法律成立但实际管理机构在中国境内的企业。居民企业应当就其来源于中国境内、境外的所得缴纳企业所得税。

实际管理机构指对企业的生产经营、人员、账务、财产等实施实质性全面管理和控制的机构。

（二）非居民企业

非居民企业指依照外国（地区）法律成立且实际管理机构不在中国境内，但在中国境内设立机构、场所的，或者在中国境内未设立机构、场所，但有来源于中国境内所得的企业。

非居民企业委托营业代理人在中国境内从事生产经营活动的，包括委托单位或者个人经常代其

签订合同，或者储存、交付货物等，该营业代理人视为非居民企业在中国境内设立的机构、场所。

1. 下列各项中，不属于企业所得税纳税人的是（　　）。

A. 事业单位　　B. 合伙企业　　C. 社会团体　　D. 民办非企业单位

【答案】B

【解析】依照中国法律、行政法规成立的个人独资企业、合伙企业，不缴纳企业所得税，故B选项正确。

2. 下列各项中，属于非居民企业的是（　　）。

A. 依照外国法律成立，实际管理机构在境内的甲公司

B. 依照中国法律成立，实际管理机构在境内的乙公司

C. 依照中国法律成立，在境外设立机构、场所的丙公司

D. 依照外国法律成立且实际管理机构在境外，但在境内设立机构、场所的丁公司

【答案】D

【解析】非居民企业的判断标准包括：①依照外国法律成立、实际管理机构不在中国境内，并在境内设立机构或场所；②依照外国法律成立、实际管理机构不在中国境内，在境内未设立机构、场所，但必须有来源中国境内所得。A选项实际管理机构在中国境内，不符合判断标准，故A选项不正确；BC选项均依照中国法律成立，故BC选项不正确；而D选项符合判断标准，故D选项正确。

二、企业所得税征税对象

考试要求：掌握

命题频率：2014年判断题；2015年判断题

企业所得税的征税对象是纳税人所取得的生产经营所得、其他所得和清算所得。

（一）居民企业的征税对象

居民企业应当就其来源于中国境内、境外的所得缴纳企业所得税，包括以下方面：

（1）销售货物所得；

（2）提供劳务所得；

（3）转让财产所得；

（4）股息红利等权益性投资所得；

（5）利息所得；

（6）租金所得；

（7）特许权使用费所得；

（8）接受捐赠所得；

（9）其他所得。

（二）非居民企业的征税对象

非居民企业在中国境内设立机构、场所的，应当就其所设机构、场所取得的来源于中国境内的所得，以及发生在中国境外但与其所设机构、场所有实际联系的所得，缴纳企业所得税。

非居民企业在中国境内未设立机构、场所的，或者虽设立机构、场所但取得的所得与其所

设机构、场所没有实际联系的，应当就其来源于中国境内的所得缴纳企业所得税。

实际联系，是指非居民企业在中国境内设立的机构、场所拥有据以取得所得的股权、债权，以及拥有、管理、控制据以取得所得的财产等。

（三）来源于中国境内、境外所得的确定

来源于中国境内、境外的所得，按照以下原则确定：

（1）销售货物所得，按照交易活动发生地确定；

（2）提供劳务所得，按照劳务发生地确定；

（3）转让财产所得，不动产转让所得按照不动产所在地确定，动产转让所得按照转让动产的企业或者机构、场所所在地确定，权益性投资资产转让所得按照被投资企业所在地确定；

（4）股息、红利等权益性投资所得，按照分配所得的企业所在地确定；

（5）利息所得、租金所得、特许权使用费所得，按照负担、支付所得的企业或者机构、场所所在地确定，或者按照负担、支付所得的个人的住所地确定；

（6）其他所得，由国务院财政、税务主管部门确定。

经典例题
JINGDIANLITI

下列关于确定来源于中国境内、境外所得的表述中，不正确的是（　　）。

A. 提供劳务所得，按照劳务发生地确定

B. 销售货物所得，按照交易活动发生地确定

C. 股息、红利等权益性投资所得，按照分配所得的企业所在地确定

D. 转让不动产所得，按照转让不动产的企业或者机构、场所所在地确定

【答案】D

【解析】不动产转让所得按照不动产所在地确定，因而 D 选项不正确。

三、企业所得税税率

考试要求：了解
命题频率：2016 年判断题；2017 年单选题

企业所得税实行比例税率。

居民企业以及在中国境内设立机构、场所且取得的所得与其所设机构、场所有实际联系的非居民企业，应就其来源于中国境内、境外的所得缴纳企业所得税，适用税率为 25%。

非居民企业在中国境内未设立机构、场所的，或者虽设立机构、场所但取得的所得与其所设机构、场所没有实际联系的，应当就其来源于中国境内的所得缴纳企业所得税，适用税率为 20%。

四、企业所得税应纳税所得额的计算

扫码听课

考试要求：掌握
命题频率：2014 年单选题、多选题；2015 年判断题、单选题、多选题；2016 年单选题；2017 年单选题、多选题

企业所得税的计税依据是应纳税所得额。

应纳税所得额＝收入总额－不征税收入－免税收入－各项扣除－以前年度亏损

(一) 收入总额

企业收入总额是指以货币形式和非货币形式从各种来源取得的收入。收入总额包括以下方面：

1. 销售货物收入

(1) 采取下列商品销售方式的，应按以下规定确认收入实现时间：

①销售商品采用托收承付方式的，在办妥托收手续时确认收入；

②销售商品采用预收款方式的，在发出商品时确认收入；

③销售商品需要安装和检验的，在购买方接受商品以及安装和检验完毕时确认收入；如果安装程序比较简单，可在发出商品时确认收入；

④销售商品采用支付手续费方式委托代销的，在收到代销清单时确认收入。

(2) 采用售后回购方式销售商品的，销售的商品按售价确认收入，回购的商品作为购进商品处理。

(3) 销售商品以旧换新的，销售商品应当按照销售商品收入确认条件确认收入，回收的商品作为购进商品处理。

(4) 企业为促进商品销售而在商品价格上给予的价格扣除属于商业折扣，商品销售涉及商业折扣的，应当按照扣除商业折扣后的金额确定销售商品收入金额。

2. 提供劳务收入

企业在各个纳税期末，提供劳务交易的结果能够可靠估计的，应采用完工进度（百分比）法确认提供劳务收入。

3. 转让财产收入

转让财产收入，是指企业转让固定资产、生物资产、无形资产、股权、债权等财产取得的收入。

转让财产收入应当按照从财产受让方已收或应收的合同或协议价款确认收入。

4. 股息、红利等权益性投资收益

股息、红利等权益性投资收益，是指企业因权益性投资从被投资方取得的收入。

股息、红利等权益性投资收益，除国务院财政、税务主管部门另有规定外，按照被投资方作出利润分配决定的日期确认收入的实现。

5. 利息收入

利息收入，是指企业将资金提供他人使用但不构成权益性投资，或者因他人占用本企业资金取得的收入，包括存款利息、贷款利息、债券利息、欠款利息等收入。

利息收入，按照合同约定的债务人应付利息的日期确认收入的实现。

6. 租金收入

按照合同约定的承租人应付租金的日期确认租金收入的实现。如果交易合同或协议中规定租赁期限跨年度，且租金提前一次性支付的，出租人可对上述已确认的收入，在租赁期内，分期均匀计入相关年度收入。

7. 特许权使用费收入

特许权使用费收入，按照合同约定的特许权使用人应付特许权使用费的日期确认收入的实现。

8. 接受捐赠收入

接受捐赠收入，按照实际收到捐赠资产的日期确认收入的实现。

企业以买一赠一等方式组合销售本企业商品的，不属于捐赠，应将总的销售金额按各项商品的公允价值的比例来分摊确认各项的销售收入。

9. 其他收入

其他收入包括企业资产溢余收入、逾期未退包装物押金收入、确实无法偿付的应付款项、已作坏账损失处理后又收回的应收款项、债务重组收入、补贴收入、违约金收入、汇兑收益等。

10. 特殊收入的确认

（1）以分期收款方式销售货物的，按照合同约定的收款日期确认收入的实现。

（2）企业委托加工制造大型机械设备、船舶、飞机，以及从事建筑、安装、装配工程业务或者提供其他劳务等，持续时间超过 12 个月的，按照纳税年度内完工进度或者完成的工作量确认收入的实现。

（3）采取产品分成方式取得收入的，按照企业分得产品的日期确认收入的实现，其收入额按照产品的公允价值确定。

（4）企业发生非货币性资产交换，以及将货物、财产、劳务用于捐赠、偿债、赞助、集资、广告、样品、职工福利或者利润分配等用途的，应当视同销售货物、转让财产或者提供劳务，但国务院财政、税务主管部门另有规定的除外。

（二）不征税收入

不征税收入，是指从性质和根源上不属于企业营利性活动带来的经济利益、不作为应纳税所得额组成部分的收入，不应列为征收范围的收入。

不征税收入包括以下方面：

（1）财政拨款。

（2）依法收取并纳入财政管理的行政事业性收费、政府性基金。

（3）国务院规定的其他不征税收入。

（三）税前扣除项目

企业实际发生的与取得收入有关的、合理的支出，包括成本、费用、税金、损失和其他支出，准予在计算应纳税所得额时扣除。

企业的不征税收入用于支出所形成的费用或者财产，不得扣除或者计算对应的折旧、摊销扣除。

（1）成本，即企业销售商品（产品、材料、下脚料、废料、废旧物资等）、提供劳务、转让固定资产、无形资产的成本。

（2）费用，包括销售费用、管理费用和财务费用。

（3）税金，即纳税人按照规定缴纳的消费税、资源税、土地增值税、关税、城市维护建设税、教育费附加等产品销售税金及附加，以及发生的房产税、车船税、城镇土地使用税、印花税等。企业缴纳的增值税属于价外税，故不在扣除之列。

（4）损失，是指企业在生产经营活动中发生的固定资产和存货的盘亏、毁损、报废损失，转让财产损失，呆账损失，坏账损失，以及自然灾害等不可抗力因素造成的损失以及其他损失。

企业发生的损失，减除责任人赔偿和保险赔款后的余额，依照国务院财政、税务主管部门的规定扣除。企业已经作为损失处理的资产，在以后纳税年度又全部收回或者部分收回时，应当计入当期收入。

（5）其他支出，是指除成本、费用、税金、损失外，企业在生产经营活动中发生的与生产经营活动有关的、合理的支出。

(四) 扣除标准

1. 工资、薪金支出

企业发生的合理的工资薪金支出，准予扣除。

工资薪金包括以下方面：

（1）基本工资；

（2）奖金；

（3）津贴；

（4）补贴；

（5）年终加薪；

（6）加班工资；

（7）与员工任职或者受雇有关的其他支出。

2. 职工福利费、工会经费、职工教育经费

企业发生的职工福利费、工会经费、职工教育经费按标准扣除。未超过标准的按实际发生数额扣除，超过扣除标准的只能按标准扣除。

（1）企业发生的职工福利费支出，不超过工资薪金总额14%的部分，准予扣除。

企业的职工福利费，包括以下内容：

①尚未实行分离办社会职能的企业，其内设福利部门所发生的设备、设施和人员费用。

②为职工卫生保健、生活、住房、交通等所发放的各项补贴和非货币性福利，包括企业向职工发放的因公外地就医费用、未实行医疗统筹企业职工医疗费用、职工供养直系亲属医疗补贴、供暖费补贴、职工防暑降温费、职工困难补贴、救济费、职工食堂经费补贴、职工交通补贴等。

③按照其他规定发生的其他职工福利费，包括丧葬补助费、抚恤费、安家费、探亲假路费等。

（2）企业拨缴的工会经费，不超过工资薪金总额2%的部分，准予扣除。

（3）除国务院财政、税务主管部门另有规定外，企业发生的职工教育经费支出，不超过工资薪金总额的2.5%的部分，准予扣除；超过部分，准予在以后纳税年度结转扣除。

3. 社会保险费

（1）企业在规定的范围和标准为职工缴纳的基本养老保险费、基本医疗保险费、失业保险费、工伤保险费、生育保险费等基本社会保险费和住房公积金，准予扣除。

（2）自2008年1月1日起，企业根据国家有关政策规定为在本企业任职或者受雇的全体员工支付的补充养老保险费、补充医疗保险费，分别在不超过职工工资总额5%标准内的部分，在计算应纳税所得额时准予扣除；超过的部分，不予扣除。

（3）企业职工因公出差乘坐交通工具发生的人身意外保险费支出，准予企业在计算应纳税所得额时扣除。除规定为特殊工种职工支付的人身安全保险费和国务院财政、税务主管部门规定可以扣除的其他商业保险费外，企业为投资者或职工支付的商业保险费不得扣除。

4. 借款费用

（1）企业在生产经营活动中发生的合理的不需要资本化的借款费用，准予扣除。

（2）企业为购置、建造固定资产、无形资产和经过12个月以上的建造才能达到预定可销售状态的存货发生借款的，在有关资产购置、建造期间发生的合理的借款费用，应当作为资本性支出计入有关资产的成本，并依照《企业所得税实施条例》的有关规定扣除。

5. 利息费用

企业在生产经营活动中发生的下列利息支出，准予扣除：

（1）非金融企业向金融企业借款的利息支出、金融企业的各项存款利息支出和同业拆借利息支出、企业经批准发行债券的利息支出可据实扣除。

（2）非金融企业向非金融企业借款的利息支出，未超过按照金融企业同期同类贷款利率计算的数额的部分可据实扣除，超过部分不许扣除。

（3）凡企业投资者在规定期限内未缴足其应缴资本额的，该企业对外借款所发生的利息，相当于投资者实缴资本额与在规定期限内应缴资本额的差额应计付的利息，应由企业投资者负担，不得在计算企业应纳税所得额时扣除。

（4）企业向股东或其他与企业有关联关系的自然人借款的利息支出，应按规定的条件，计算企业所得税扣除额。

企业向除股东或其他与企业有关联关系的自然人以外的内部职工或其他人员借款的利息支出，其借款情况同时符合以下条件的，其利息支出在不超过按照金融企业同期同类贷款利率计算的数额的部分，准予扣除。

①企业与个人之间的借贷是真实、合法、有效的，并且不具有非法集资目的或其他违反法律、法规的行为；

②企业与个人之间签订了借款合同。

6. 汇兑损失

企业在货币交易中，以及纳税年度终了时将人民币以外的货币性资产、负债按照期末即期人民币汇率中间价折算为人民币时产生的汇兑损失，除已经计入有关资产成本以及与向所有者进行利润分配相关的部分外，准予扣除。

7. 公益性捐赠

企业发生的公益性捐赠支出，不超过年度利润总额12%的部分，准予在计算应纳税所得额时扣除；超过年度利润总额12%的部分，准予结转以后三年内在计算应纳税所得额时扣除。

公益性捐赠指企业通过公益性社会团体或者县级以上人民政府及其部门，用于《公益事业捐赠法》规定的公益事业的捐赠。具体范围包括：

（1）救助灾害、救济贫困、扶助残疾人等困难的社会群体和个人的活动；

（2）教育、科学、文化、卫生、体育事业；

（3）环境保护、社会公共设施建设；

（4）促进社会发展和进步的其他社会公共和福利事业。

8. 业务招待费

企业发生的与生产经营活动有关的业务招待费支出，按照发生额的60%扣除，但最高不得超过当年销售（营业）收入的5‰。

企业在筹建期间发生的与筹办活动有关的业务招待费支出，可按实际发生额的60%在税前扣除。

对从事股权投资业务的企业（包括集团公司总部、创业投资企业等），其从被投资企业所分配的股息、红利以及股权转让收入，可以按规定的比例计算业务招待费扣除限额。

9. 广告费和业务宣传费

除国务院财政、税务主管部门另有规定外，企业发生的符合条件的广告费和业务宣传费支出，不超过当年销售（营业）收入15%的部分，准予扣除；超过部分，准予在以后纳税年度结转扣除。

企业在筹建期间发生的广告费和业务宣传费，可按实际发生额在税前扣除。

自2016年1月1日起至2020年12月31日，对化妆品制造或销售、医药制造和饮料制造（不含酒类制造）企业发生的广告费和业务宣传费支出，不超过当年销售（营业）收入30%的部分，准予扣除；超过部分，准予在以后纳税年度结转扣除。

烟草企业的烟草广告费和业务宣传费支出，一律不得在计算应纳税所得额时扣除。

10. 环境保护专项资金

企业依照法律、行政法规有关规定提取的用于环境保护、生态恢复等方面的专项资金，准予扣除。专项资金提取后改变用途的，不得扣除。

11. 保险费

企业参加财产保险，按照规定缴纳的保险费，准予扣除。

12. 租赁费

（1）以经营租赁方式租入固定资产发生的租赁费支出，按照租赁期限均匀扣除。

（2）以融资租赁方式租入固定资产发生的租赁费支出，按照规定构成融资租入固定资产价值的部分应当提取折旧费用分期扣除。

13. 劳动保护费

企业发生的合理的劳动保护支出，准予扣除。

14. 有关资产的费用

企业转让各类固定资产发生的费用，允许扣除。企业按规定计算的固定资产折旧费、无形资产和递延资产的摊销费，准予扣除。

15. 总机构分摊的费用

非居民企业在中国境内设立的机构、场所，就其中国境外总机构发生的与该机构、场所生产经营有关的费用，能够提供总机构出具的费用汇集范围、定额、分配依据和方法等证明文件，并合理分摊的，准予扣除。

16. 手续费及佣金支出

（1）财产保险企业按照全部保费收入扣除退保金等后余额的15%计算限额；人身保险企业按当年全部保费收入扣除退保金等后余额的10%计算限额。

（2）按与具有合法经营资格中介服务机构或个人（不含交易双方及其雇员、代理人和代表人等）所签订服务协议或合同确认的收入金额的5%计算限额。

（3）从事代理服务、主营业务收入为手续费、佣金的企业（如证券、期货、保险代理等企业），其为取得该类收入而实际发生的营业成本（包括手续费及佣金支出），准予在企业所得税前据实扣除。

17. 其他项目

依照有关法律、行政法规和国家有关税法规定准予扣除的其他项目，如会员费、合理的会议费、差旅费、违约金、诉讼费用等。

扫码听课

（五）不得扣除项目

在计算应纳税所得额时，下列支出不得扣除：

（1）向投资者支付的股息、红利等权益性投资收益款项。

（2）企业所得税税款。

（3）税收滞纳金。

（4）罚金、罚款和被没收财物的损失。

（5）超过规定标准的捐赠支出。

（6）赞助支出。

（7）未经核定的准备金支出。

（8）企业之间支付的管理费、企业内营业机构之间支付的租金和特许权使用费，以及非银行企业内营业机构之间支付的利息。

（9）与取得收入无关的其他支出。

（六）亏损弥补

税法规定，企业某一纳税年度发生的亏损可以用下一年度的所得弥补，下一年度的所得不足以弥补的，可以逐年延续弥补，但最长不得超过5年。

企业在汇总计算缴纳企业所得税时，其境外营业机构的亏损不得抵减境内营业机构的盈利。

（七）非居民企业的应纳税所得额

在中国境内未设立机构、场所的，或者虽设立机构、场所但取得的所得与其所设机构、场所没有实际联系的非居民企业，其取得的来源于中国境内的所得，按照下列方法计算其应纳税所得额：

（1）股息、红利等权益性投资收益和利息、租金、特许权使用费所得，以收入全额为应纳税所得额；

（2）转让财产所得，以收入全额减除财产净值后的余额为应纳税所得额；

财产净值，是指有关资产、财产的计税基础减除已经按照规定扣除的折旧、折耗、摊销、准备金等后的余额。

（3）其他所得，参照前两项规定的方法计算应纳税所得额。

非居民企业在中国境内设立的机构、场所，就其中国境外总机构发生的与该机构、场所生产经营有关的费用，能够提供总机构出具的费用汇集范围、定额、分配依据和方法等证明文件并合理分摊的，准予扣除。

经典例题
JINGDIANLITI

1. 2014年5月，甲公司向非关联企业乙公司借款100万元用于生产经营，期限为半年，双方约定年利率为10%，已知甲、乙公司都是非金融企业，金融企业同期同类贷款年利率为7.8%。甲公司在计算当年企业所得税应纳税所得额时，准予扣除的利息费用为（　　）万元。

A. 7.8　　B. 10　　C. 3.9　　D. 5

【答案】C

【解析】税前扣除限额＝100×7.8%×6÷12＝3.9（万元），实际发生利息费用支出＝100×10%×6/12＝5（万元），超过了扣除限额，税前准予扣除3.9万元。

2. 甲公司2015年度取得的销售货物收入为1 000万元，发生与生产经营活动有关的业务招待费支出为6万元，已知在计算企业所得税应纳税所得额时，业务招待费支出按照发生额的60%扣除，但最高不得超过当年销售（营业）收入的5‰。甲公司在计算2015年度企业所得税应纳税所得额时，准予扣除的业务招待费支出为（　　）万元。

A. 6　　B. 5　　C. 4.97　　D. 3.6

【答案】D

【解析】企业发生的与其生产、经营业务有关的业务招待费支出，按照发生额的60%扣除，但最高不得超过当年销售（营业）收入的5‰。按业务招待费发生额计算的扣除限额＝6×60%＝3.6（万元），按当年销售收入计算的业务招待费扣除限额＝1 000×5‰＝5（万元），则在税前准予扣除的业务招待费为3.6万元。

五、资产的税务处理

考试要求：掌握
命题频率：2014年判断题；2015年多选题；2017年单选题

企业的各项资产，包括固定资产、生产性生物资产、无形资产、长期待摊费用、投资资产、存货等，以历史成本为计税基础。

企业转让资产，该项资产的净值，准予在计算应纳税所得额时扣除。

(一) 固定资产

1. 不允许计提折旧的固定资产

下列固定资产不得计算折旧扣除：

(1) 房屋、建筑物以外未投入使用的固定资产；

(2) 以经营租赁方式租入的固定资产；

(3) 以融资租赁方式租出的固定资产；

(4) 已足额提取折旧仍继续使用的固定资产；

(5) 与经营活动无关的固定资产；

(6) 单独估价作为固定资产入账的土地；

(7) 其他不得计算折旧扣除的固定资产。

2. 确定固定资产计税基础的方法

固定资产按照以下方法确定计税基础：

(1) 外购的固定资产，以购买价款和支付的相关税费以及直接归属于使该资产达到预定用途发生的其他支出为计税基础；

(2) 自行建造的固定资产，以竣工结算前发生的支出为计税基础；

(3) 融资租入的固定资产，以租赁合同约定的付款总额和承租人在签订租赁合同过程中发生的相关费用为计税基础；租赁合同未约定付款总额的，以该资产的公允价值和承租人在签订租赁合同过程中发生的相关费用为计税基础；

(4) 盘盈的固定资产，以同类固定资产的重置完全价值为计税基础；

(5) 通过捐赠、投资、非货币性资产交换、债务重组等方式取得的固定资产，以该资产的公允价值和支付的相关税费为计税基础；

(6) 改建的固定资产，除法定的支出外，以改建过程中发生的改建支出增加计税基础。

3. 固定资产计提折旧的规定

按照直线法计算的折旧，准予扣除。

企业应当自固定资产投入使用月份的次月起计算折旧；停止使用的固定资产，应当自停止使用月份的次月起停止计算折旧。

除国务院财政、税务主管部门另有规定外，固定资产计算折旧的最低年限如下：

(1) 房屋、建筑物，为20年；

(2) 飞机、火车、轮船、机器、机械和其他生产设备，为10年；

(3) 与生产经营活动有关的器具、工具、家具等，为5年；

(4) 飞机、火车、轮船以外的运输工具，为4年；

（5）电子设备，为 3 年。

（二）生产性生物资产

生产性生物资产，是指企业为生产农产品、提供劳务或者出租等而持有的生物资产，包括经济林、薪炭林、产畜和役畜等。

1. 确定生产性生物资产计税基础的方法

（1）外购的生产性生物资产，以购买价款和支付的相关税费为计税基础；

（2）通过捐赠、投资、非货币性资产交换、债务重组等方式取得的生产性生物资产，以该资产的公允价值和支付的相关税费为计税基础。

2. 生产性生物资产计提折旧的规定

按照直线法计算的折旧，准予扣除。

企业应当自生产性生物资产投入使用月份的次月起计算折旧；停止使用的生产性生物资产，应当自停止使用月份的次月起停止计算折旧。

生产性生物资产计算折旧的最低年限如下：

（1）林木类生产性生物资产，为 10 年；

（2）畜类生产性生物资产，为 3 年。

（三）无形资产

在计算应纳税所得额时，企业按照规定计算的无形资产摊销费用，准予扣除。

无形资产，是指企业为生产产品、提供劳务、出租或者经营管理而持有的、没有实物形态的非货币性长期资产，包括专利权、商标权、著作权、土地使用权、非专利技术、商誉等。

1. 不得计算摊销费用扣除的无形资产

下列无形资产不得计算摊销费用扣除：

（1）自行开发的支出已在计算应纳税所得额时扣除的无形资产；

（2）自创商誉；

（3）与经营活动无关的无形资产；

（4）其他不得计算摊销费用扣除的无形资产。

2. 确定无形资产计税基础的方法

（1）外购的无形资产，以购买价款和支付的相关税费以及直接归属于使该资产达到预定用途发生的其他支出为计税基础；

（2）自行开发的无形资产，以开发过程中该资产符合资本化条件后至达到预定用途前发生的支出为计税基础；

（3）通过捐赠、投资、非货币性资产交换、债务重组等方式取得的无形资产，以该资产的公允价值和支付的相关税费为计税基础。

3. 无形资产摊销的规定

按照直线法计算的摊销费用，准予扣除。

无形资产的摊销年限不得低于 10 年。

（四）长期待摊费用

在计算应纳税所得额时，企业发生的下列支出作为长期待摊费用，按照规定摊销的，准予扣除：

（1）已足额提取折旧的固定资产的改建支出，按照固定资产预计尚可使用年限分期摊销。

（2）租入固定资产的改建支出，按照合同约定的剩余租赁期限分期摊销。

（3）固定资产的大修理支出，按照固定资产尚可使用年限分期摊销。固定资产的大修理支出是指同时符合下列条件的支出：

①修理支出达到取得固定资产时的计税基础50%以上；

②修理后固定资产的使用年限延长2年以上。

（4）其他应当作为长期待摊费用的支出，自支出发生月份的次月起，分期摊销，摊销年限不得低于3年。

（五）投资资产

企业对外投资期间，权益性投资和债权性投资形成的资产的成本在计算应纳税所得额时不得扣除。

企业在转让或者处置投资资产时，投资资产的成本，准予扣除。投资资产按照以下方式确定成本：

（1）通过支付现金方式取得的投资资产，以购买价款为成本；

（2）通过支付现金以外的方式取得的投资资产，以该资产的公允价值和支付的相关税费为成本。

（六）存货

企业使用或者销售存货，按照规定计算的存货成本，准予在计算应纳税所得额时扣除。

企业使用或者销售的存货的成本计算方法，可以在先进先出法、加权平均法、个别计价法中选用一种。计价方法一经选用，不得随意变更。

（七）资产损失

企业以前年度发生的资产损失未能在当年税前扣除的，可以按照规定，向税务机关说明并进行专项申报扣除。其中，属于实际资产损失，准予追补至该项损失发生年度扣除，其追补确认期限一般不得超过5年。

企业因以前年度实际资产损失未在税前扣除而多缴的企业所得税税款，可在追补确认年度企业所得税应纳税款中予以抵扣，不足抵扣的，向以后年度递延抵扣。

经典例题
JINGDIANLITI

根据企业所得税法律制度的规定，下列固定资产中，在计算企业所得税应纳税所得额时，准予扣除折旧费的是（　　）。

A. 未投入使用的房屋　　B. 未投入使用的机器设备

C. 以经营租赁方式租入的固定资产　　D. 以融资租赁方式租出的固定资产

【答案】 A

【解析】 房屋、建筑物以外未投入使用的固定资产不得计提折旧，故A选项正确，B选项不正确；以经营租赁方式租入的固定资产不得计提折旧，故C选项不正确；以融资租赁方式租出的固定资产不得计提折旧，故D选项不正确。

六、企业所得税应纳税额的计算

扫码听课

考试要求： 掌握

命题频率： 2016年单选题

企业所得税应纳税额的计算公式为：

应纳税额＝应纳税所得额×适用税率－减免税额－抵免税额

所称减免税额和抵免税额，是指依照《企业所得税法》和国务院的税收优惠规定减征、免征和抵免的应纳税额。

企业取得的下列所得已在境外缴纳的所得税税额，可以从其当期应纳税额中抵免，抵免限额为该项所得依照《企业所得税法》规定计算的应纳税额；超过抵免限额的部分，可以在以后 5 个年度内，用每年抵免限额抵免当年应抵税额后的余额进行抵补：

（1）居民企业来源于中国境外的应税所得；

（2）非居民企业在中国境内设立机构、场所，取得发生在中国境外但与该机构、场所有实际联系的应税所得。

除国务院财政、税务主管部门另有规定外，该抵免限额应当分国（地区）不分项计算，计算公式如下：

抵免限额＝中国境内、境外所得的应纳税总额×来源于某国（地区）的应纳税所得额÷中国境内、境外应纳税所得总额

所谓 5 个年度，是指从企业取得的来源于中国境外的所得，已经在中国境外缴纳的企业所得税性质的税额超过抵免限额的当年的次年起连续 5 个纳税年度。

居民企业从其直接或间接控制的外国企业分得的来源于中国境外的股息、红利等权益性投资收益，外国企业在境外实际缴纳的所得税税额中属于该项所得负担的部分，可以作为该居民企业的可抵免境外所得税税额，在该法规定的抵免限额内抵免。

直接控制是指居民企业直接持有外国企业 20%以上股份。间接控制是指居民企业以间接持股方式持有外国企业 20%以上股份，具体认定办法由国务院财政、税务主管部门另行制定。

经典例题
JINGDIANLITI

甲公司 2015 年应纳税所得额为 1 000 万元，减免税额为 10 万元，抵免税额为 20 万元，所得税税率为 25%，则下列企业所得税应纳税额的计算公式中，正确的是（　　）。

A. 1 000×25%－20　　B. 1 000×25%－10－20

C. 1 000×25%－10　　D. 1 000×25%

【答案】 B

【解析】 应纳税额计算公式：应纳税额＝应纳税所得额×税率－减免税额－抵免税额＝1 000×25%－10－20。

七、企业所得税税收优惠

考试要求： 熟悉

命题频率： 2014 年多选题；2015 年判断题、单选题；2017 年判断题

我国企业所得税的税收优惠包括免税收入、可以减免税的所得、优惠税率、民族自治地方的减免税、加计扣除、抵扣应纳税所得额、加速折旧、减计收入、抵免应纳税额和其他专项优惠政策。

（一）免税收入

企业的免税收入包括：

（1）国债利息收入。国债利息收入，是指企业持有国务院财政部门发行的国债取得的利息收入。

（2）符合条件的居民企业之间的股息、红利等权益性投资收益。符合条件的居民企业之间的股息、红利等权益性投资收益，是指居民企业直接投资于其他居民企业取得的投资收益。

（3）在中国境内设立机构、场所的非居民企业从居民企业取得与该机构、场所有实际联系的股息、红利等权益性投资收益。

股息、红利等权益性投资收益，不包括连续持有居民企业公开发行并上市流通的股票不足12个月取得的投资收益。

（4）符合条件的非营利组织的收入。

符合条件的非营利组织的收入，不包括非营利组织从事营利性活动取得的收入，但国务院财政、税务主管部门另有规定的除外。

对非营利组织从事非营利性活动取得的收入给予免税，但从事营利性活动取得的收入则要征税。

（二）减、免税所得

1. 免征所得税

企业从事下列项目的所得，免征企业所得税：

（1）蔬菜、谷物、薯类、油料、豆类、棉花、麻类、糖料、水果、坚果的种植；

（2）农作物新品种的选育；

（3）中药材的种植；

（4）林木的培育和种植；

（5）牲畜、家禽的饲养；

（6）林产品的采集；

（7）灌溉、农产品初加工、兽医、农技推广、农机作业和维修等农、林、牧、渔服务业项目；

（8）远洋捕捞。

2. 减半征收企业所得税

企业从事下列项目的所得，减半征收企业所得税：

（1）花卉、茶以及其他饮料作物和香料作物的种植；

（2）海水养殖、内陆养殖。

3. 从事国家重点扶持的公共基础设施项目投资经营的所得

（1）企业从事国家重点扶持的公共基础设施项目的投资经营的所得，自项目取得第1笔生产经营收入所属纳税年度起，第1年至第3年免征企业所得税，第4年至第6年减半征收企业所得税，简称“三免三减半”。

（2）企业承包经营、承包建设和内部自建自用国家重点扶持的公共基础设施项目，不得享受上述企业所得税优惠。

4. 从事符合条件的环境保护、节能节水项目的所得

企业从事符合条件的环境保护、节能节水项目的所得，自项目取得第1笔生产经营收入所属纳税年度起，第1年至第3年免征企业所得税，第4年至第6年减半征收企业所得税。

5. 符合条件的技术转让所得

符合条件的技术转让所得免征、减征企业所得税，是指一个纳税年度内，居民企业技术转让所得不超过500万元的部分，免征企业所得税；超过500万元的部分，减半征收企业所得税。其计算公式为：

技术转让所得＝技术转让收入－技术转让成本－相关税费

6. 非居民企业所得

在中国境内未设立机构、场所的，或者虽设立机构、场所但取得的所得与其所设机构、场所没有实际联系的非居民企业，其取得的来源于中国境内的所得，减按 10％的税率征收企业所得税。

7. 权益性投资资产转让所得

从 2014 年 11 月 17 日起，对合格境外机构投资者（QFII）、人民币合格境外机构投资者（RQFII）取得来源于中国境内的股票等权益性投资资产转让所得，暂免征收企业所得税。

（三）小型微利企业和高新技术企业税收优惠

1. 小型微利企业所得

符合条件的小型微利企业，减按 20％的税率征收企业所得税。

符合条件的小型微利企业，是指从事国家非限制和禁止行业，并符合下列条件的企业：

（1）工业企业，年度应纳税所得额不超过 50 万元，从业人数不超过 100 人，资产总额不超过 3 000 万元；

（2）其他企业，年度应纳税所得额不超过 50 万元，从业人数不超过 80 人，资产总额不超过 1 000 万元。

2017 年 1 月 1 日至 2019 年 12 月 31 日，年应纳税所得额低于 50 万元（含 50 万元）的小型微利企业，其所得减按 50％计入应纳税所得额，按 20％的税率缴纳企业所得税。

2. 高新技术企业所得

国家需要重点扶持的高新技术企业，减按 15％的税率征收企业所得税。

国家需要重点扶持的高新技术企业，是指拥有核心自主知识产权，并同时符合下列条件的企业：

（1）产品（服务）属于《国家重点支持的高新技术领域》规定的范围；

（2）研究开发费用占销售收入的比例不低于规定比例；

（3）高新技术产品（服务）收入占企业总收入的比例不低于规定比例；

（4）科技人员占企业职工总数的比例不低于规定比例；

（5）高新技术企业认定管理办法规定的其他条件。

（四）民族自治地方的减免税

民族自治地方的自治机关对本民族自治地方的企业应缴纳的企业所得税中属于地方分享的部分，可以决定减征或者免征。

对民族自治地方内国家限制和禁止行业的企业，不得减征或者免征企业所得税。

（五）加计扣除

企业为开发新技术、新产品、新工艺发生的研究开发费用，未形成无形资产计入当期损益的，在按照规定据实扣除的基础上，按照研究开发费用的 50％加计扣除；形成无形资产的，按照无形资产成本的 150％摊销。

科技型中小企业开展研发活动中实际发生的研发费用，未形成无形资产计入当期损益的，在按规定据实扣除的基础上，在 2017 年 1 月 1 日至 2019 年 12 月 31 日期间，再按照实际发生额的 75％在税前加计扣除；形成无形资产的，在上述期间按照无形资产成本的 175％在税前摊销。科技型中小企业条件和管理办法由科技部、财政部和国家税务总局发布。

企业安置残疾人员的，在按照支付给残疾职工工资据实扣除的基础上，按照支付给残疾职工工资的 100％加计扣除。

（六）应纳税所得额抵扣

创业投资企业采取股权投资方式投资于未上市的中小高新技术企业两年以上的，可以按照其投资额的 70%在股权持有满两年的当年抵扣该创业投资企业的应纳税所得额；当年不足抵扣的，可以在以后纳税年度结转抵扣。

有限合伙制创业投资企业采取股权投资方式投资于未上市的中小高新技术企业满 2 年（24 个月）的，其法人合伙人可按照对未上市中小高新技术企业投资额的 70%抵扣该法人合伙人从该有限合伙制创业投资企业分得的应纳税所得额，当年不足抵扣的，可以在以后纳税年度结转抵扣。

（七）加速折旧

可以采取缩短折旧年限或者采取加速折旧的方法的固定资产，包括：

（1）由于技术进步，产品更新换代较快的固定资产；

（2）常年处于强震动、高腐蚀状态的固定资产。

采取缩短折旧年限方法的，最低折旧年限不得低于税法规定折旧年限的 60%；采取加速折旧方法的，可以采取双倍余额递减法或者年数总和法。

企业在 2014 年 1 月 1 日后购进并专门用于研发活动的仪器、设备，单位价值不超过 100 万元的，可以一次性在计算应纳税所得额时扣除；单位价值超过 100 万元的，允许按不低于企业所得税法规定折旧年限的 60%缩短折旧年限，或选择采取双倍余额递减法或年数总和法进行加速折旧。

（八）减计收入

企业以《资源综合利用企业所得税优惠目录》规定的资源作为主要原材料，生产国家非限制和禁止并符合国家和行业相关标准的产品取得的收入，减按 90%计入收入总额。原材料占生产产品材料的比例不得低于优惠目录规定的标准。

（九）应纳税额抵免

企业购置并实际使用规定的环境保护、节能节水、安全生产等专用设备的，该专用设备的投资额的 10%可以从企业当年的应纳税额中抵免；当年不足抵免的，可以在以后 5 个纳税年度结转抵免。

享受上述规定的企业所得税优惠的企业，应当实际购置并自身实际投入使用上述规定的专用设备；企业购置规定的专用设备在 5 年内转让、出租的，应当停止享受企业所得税优惠，并补缴已经抵免的企业所得税税款。

（十）西部地区的减免税

对设在西部地区以《西部地区鼓励类产业目录》中新增鼓励类产业项目为主营业务，且其当年度主营业务收入占企业收入总额 70%以上的企业，自 2014 年 10 月 1 日起，可减按 15%税率缴纳企业所得税。

1. 根据企业所得税法律制度的规定，我国企业所得税的税收优惠包括（　　）。

A. 免税收入　　B. 加计扣除　　C. 减计收入　　D. 税额抵免

【答案】ABCD

【解析】我国企业所得税的税收优惠包括免税收入、可以减免税的所得、优惠税率、民族自治地方的减免税、加计扣除、抵扣应纳税所得额、加速折旧、减计收入、抵免应纳税额和其他专项优惠政策，故 ABCD 选项正确。

2. 根据企业所得税法律制度的规定，下列项目中，享受“税额抵免”优惠政策的是（ ）。

A. 企业的赞助支出

B. 企业向残疾职工支付的工资

C. 企业购置并实际使用国家相关目录规定的环境保护专用设备投资额 10%的部分

D. 创业投资企业采取股权投资方式投资于未上市的中小高新技术企业 2 年以上的投资额 70%的部分

【答案】C

【解析】企业发生的与生产经营活动无关的各种非广告性质的赞助支出，属于“不得扣除项目”，故 A 选项不正确；向残疾职工支付的工资，享受“加计扣除”（而非税额抵免）的优惠政策，故 B 选项不正确；购置符合国家规定的环境保护专用设备，享受“税额抵免”的优惠政策，故 C 选项正确；D 选项享受“应纳税所得额抵扣”（而非税额抵免）的优惠政策，故 D 选项不正确。

八、企业所得税征收管理

考试要求：熟悉

命题频率：2014 年判断题；2015 年判断题；2016 年多选题

（一）纳税地点

1. 居民企业的纳税地点

居民企业以企业登记注册地为纳税地点；但登记注册地在境外的，以实际管理机构所在地为纳税地点。

2. 非居民企业的纳税地点

非居民企业在中国境内设立机构、场所的，以机构、场所所在地为纳税地点。非居民企业在中国境内设立两个或者两个以上机构、场所的，经税务机关审核批准，可以选择由其主要机构、场所汇总缴纳企业所得税。

在中国境内未设立机构、场所的，或者虽设立机构、场所但取得的所得与其所设机构、场所没有实际联系的非居民企业，以扣缴义务人所在地为纳税地点。

非居民企业经批准汇总缴纳企业所得税后，需要增设、合并、迁移、关闭机构、场所或者停止机构、场所业务的，应当事先由负责汇总申报缴纳企业所得税的主要机构、场所向其所在地税务机关报告。

（二）纳税期限

企业所得税按年计征，分月或者分季预缴，年终汇算清缴，多退少补。纳税年度自公历 1 月 1 日起至 12 月 31 日止。

企业在一个纳税年度中间开业或者终止经营活动，使该纳税年度的实际经营期不足 12 个月的，应以其实际经营期为 1 个纳税年度。企业依法清算时，应当以清算期间作为 1 个纳税年度。

企业应当自年度终了之日起 5 个月内，向税务机关报送年度企业所得税纳税申报表，并汇算清缴，结清应缴应退税款。

企业在年度中间终止经营活动的，应自实际经营终止之日起 60 日内，向税务机关办理当期企业所得税汇算清缴。

（三）纳税申报

（1）按月或按季预缴的，应当自月份或者季度终了之日起 15 日内，向税务机关报送预缴企业所得税纳税申报表，预缴税款。

（2）企业应当在办理注销登记前，就其清算所得向税务机关申报并依法缴纳企业所得税。

（3）企业分月或分季预缴企业所得税时，应当按照月度或者季度的实际利润额预缴。按照月度或者季度的实际利润额预缴有困难的，可以按照上一纳税年度应纳税所得额的月度或者季度平均额预缴，或者按照经税务机关认可的其他方法预缴。预缴方法一经确定，该纳税年度内不得随意变更。

（4）企业在纳税年度内无论盈利或者亏损，都应当依照规定期限，向税务机关报送预缴企业所得税纳税申报表、年度企业所得税纳税申报表、财务会计报告和税务机关规定应当报送的其他有关资料。

（5）企业所得税以人民币计算。所得以人民币以外的货币计算的，应当折合成人民币计算并缴纳税款。

经典例题
JINGDIANLITI

根据企业所得税法律制度的规定，下列关于企业所得税纳税期限的表述，正确的有（　　）。

A. 企业所得税按年计征，分月或者分季预缴，年终汇算清缴，多退少补

B. 企业在一个纳税年度中间开业，使该纳税年度的实际经营不足 12 个月的，应当以其实际经营期为 1 个纳税年度

C. 企业依法清算时，应当以清算期作为 1 个纳税年度

D. 企业在纳税年度中间终止经营活动的，应当自实际经营终止之日起 60 日内，向税务机关办理当期企业所得税汇算清缴

【答案】ABCD

【解析】根据企业所得税法律制度的规定，企业所得税按年计征，分月或者分季预缴，年终汇算清缴，多退少补；企业在一个纳税年度中间开业，使该纳税年度的实际经营不足 12 个月的，应当以其实际经营期为 1 个纳税年度；企业依法清算时，应当以清算期作为 1 个纳税年度；企业在纳税年度中间终止经营活动的，应当自实际经营终止之日起 60 日内，向税务机关办理当期企业所得税汇算清缴。故 ABCD 选项均正确。

第二节　个人所得税法律制度

个人所得税是对个人（即自然人）取得的各项应税所得征收的一种税。

一、个人所得税纳税人和所得来源的确定

考试要求：了解
命题频率：2014 年判断题；2015 年判断题；2016 年判断题；2017 年单选题；2017 年判断题

个人所得税的纳税义务人包括在中国境内有住所，或者虽无住所但在中国境内居住满 1 年的个人，以及无住所又不居住或居住不满 1 年但有从中国境内取得所得的个人。具体包括中国

公民，个体工商户，外籍个人以及中国香港、澳门、台湾同胞等。

（一）居民纳税人和非居民纳税人

我国把个人所得税的纳税义务人划分为居民和非居民两类。

居民纳税义务人承担无限纳税义务（即来源于境内外的全部所得都应纳税），非居民纳税义务人承担有限纳税义务（即只限来源于境内的所得纳税）。

1. 住所标准

住所通常是指公民长期生活和活动的主要场所。

2. 居住时间标准

居住时间是指个人在一国境内实际居住的时间天数。

在中国境内有住所，或者无住所而在境内居住满 1 年的个人，属于我国的居民纳税人；在中国境内无住所又不居住，或者无住所而在境内居住不满 1 年（365 日）的个人，属于我国的非居民纳税人。

在居住期间内临时离境的，即在一个纳税年度中一次离境不超过 30 日或者多次离境累计不超过 90 日的，不扣减日数，连续计算。

（二）居民纳税人和非居民纳税人的纳税义务

1. 居民纳税人的纳税义务

居民纳税人（即在中国境内有住所，或者无住所而在境内居住满 1 年的个人），应就其来源于中国境内和境外的所得，依照个人所得税法律制度的规定向中国政府履行全面纳税义务，缴纳个人所得税。

对于在中国境内无住所，但居住 1 年以上而未超过 5 年的个人，其来源于中国境内的所得应全部依法缴纳个人所得税。

对于其来源于中国境外的各种所得，经主管税务机关批准，可以只就由中国境内公司、企业以及其他经济组织或个人支付的部分缴纳个人所得税。

2. 非居民纳税人的纳税义务

非居民纳税人（即在中国境内无住所又不居住，或者无住所而在境内居住不满 1 年的个人），仅就其来源于中国境内取得的所得，向我国政府履行有限纳税义务，缴纳个人所得税。

（1）对于中国境内无住所而一个纳税年度内在中国境内连续或累计工作不超过 90 日，或者在税收协定规定的期间内，在中国境内连续或累计居住不超过 183 日的个人，其来源于中国境内的所得，由中国境外雇主支付并且不是由该雇主设在中国境内机构负担的工资、薪金所得，免予缴纳个人所得税，仅就其实际在中国境内工作期间由中国境内企业或个人雇主支付或者由中国境内机构负担的工资、薪金所得纳税。

（2）对于在中国境内无住所，但在一个纳税年度中在中国境内连续或累计工作超过 90 日，或在税收协定规定的期间内，在中国境内连续或累计居住超过 183 日但不满 1 年的个人，其来源于中国境内的所得，无论是由中国境内企业或个人雇主支付还是由境外企业或个人雇主支付，均应缴纳个人所得税。

（三）扣缴义务人

我国实行个人所得税代扣代缴和个人申报纳税相结合的征收管理制度。凡支付应纳税所得的单位或个人，都是个人所得税的扣缴义务人。

扣缴义务人在向纳税人支付各项应纳税所得（个体工商户的生产、经营所得和企业、事业单位的承包经营、承租经营所得除外）时，必须履行代扣代缴税款的义务。

根据个人所得税法律制度的规定，在中国境内无住所但取得所得的下列外籍个人中，属于居民纳税人的是（　　）。

A. M国甲，在华工作6个月

B. N国乙，2009年1月10日入境，2009年10月13日离境

C. X国丙，2008年10月1日入境，2009年12月31日离境，其间临时离境28天

D. Y国丁，2009年3月1日入境，2010年3月1日离境，其间临时离境100天

【答案】 C

【解析】 甲、乙、丁在1个纳税年度内，在中国居住时间不满365日，故ABD选项不正确；丙在1个纳税年度内，在中国境内居住满365日，且临时离境仅28天，可以不扣减其在华居住天数，故C选项正确。

（四）所得来源的确定

下列所得，不论支付地点是否在中国境内，均为来源于中国境内的所得：

（1）因任职、受雇、履约等而在中国境内提供劳务取得的所得；

（2）将财产出租给承租人在中国境内使用而取得的所得；

（3）转让中国境内的建筑物、土地使用权等财产或者在中国境内转让其他财产取得的所得；

（4）许可各种特许权在中国境内使用而取得的所得；

（5）从中国境内的公司、企业以及其他经济组织或者个人取得的利息、股息、红利所得。

下列各项中，不属于来源于中国境内的所得的是（　　）。

A. 中国境内的出租人将财产出租给承租人在境外使用而取得的所得

B. 从中国境内的公司、企业以及其他经济组织或者个人取得的利息、股息、红利所得

C. 许可各种特许权在中国境内使用而取得的所得

D. 因任职、受雇约等而在中国境内提供劳务取得的所得

【答案】 A

【解析】 将财产出租给承租人“在中国境内使用”而取得的所得，属于来源于中国境内的所得，故A选项正确。

二、个人所得税应税所得项目

扫码听课

考试要求： 掌握

命题频率： 2014年判断题、单选题、多选题；2015年判断题、单选题、多选题；2016年判断题、单选题；2017年单选题、不定项选择题

按应纳税所得的来源划分，现行个人所得税共分为11个应税项目。

（一）工资、薪金所得

1. 关于工资、薪金所得的一般规定

工资、薪金所得，是指个人因任职或者受雇而取得的工资、薪金、奖金、年终加薪、劳动分红、津贴、补贴以及与任职或者受雇有关的其他所得。工资薪金所得属于非独立个人劳动所得。

年终加薪、劳动分红不分种类和取得情况，一律按工资、薪金所得课税。

下列项目不属于工资、薪金性质的补贴、津贴，不予征收个人所得税。这些项目包括：

（1）独生子女补贴；

（2）执行公务员工资制度未纳入基本工资总额的补贴、津贴差额和家属成员的副食补贴；

（3）托儿补助费；

（4）差旅费津贴、误餐补助。

2. 关于工资、薪金所得的特殊规定

（1）在办理内部退养手续后从原任单位取得的一次性收入，应按办理内部退养手续至法定离退休年龄之间的所属月份进行平均，并与领取当月的“工资、薪金所得”合并后减除当月费用扣除标准，以余额为基数确定适用税率，再将当月工资、薪金加上取得的一次性收入，减去费用扣除标准，按适用税率计征个人所得税。

个人在办理内部退养手续后至法定退休年龄之间重新就业取得的“工资、薪金所得”，应与其从原任职单位取得的同一月份的“工资、薪金所得”合并依法缴纳个人所得税。

（2）机关、企事业单位对未达到法定退休年龄、正式办理提前退休手续的个人，按照统一标准向提前退休工作人员支付一次性补贴，不属于免税的离退休工资收入，应按照“工资、薪金所得”项目征收个人所得税。

提前退休一次性补贴收入计税公式如下：

应纳所得税额＝｛[（一次性补贴收入÷办理提前退休手续至法定退休年龄的实际月份数）－费用扣除标准]×适用税率－速算扣除数｝×提前办理退休手续至法定退休年龄的实际月份数

（3）个人因与用人单位解除劳动关系而取得的一次性补偿收入（包括用人单位发放的经济补偿金、生活补助费和其他补助费用），其收入超过当地上年职工平均工资 3 倍数额部分的一次性补偿收入，可视为一次取得数月的工资、薪金收入，允许在一定期限内平均计算。

以超过 3 倍数额部分的一次性补偿收入，除以个人在本企业的工作年限数（超过 12 年的按 12 年计算），以其商数作为个人的月工资、薪金收入，按照税法规定计算缴纳个人所得税。

个人领取一次性补偿收入时，按照国家和地方政府规定的比例实际缴纳的住房公积金、医疗保险费、基本养老保险费、失业保险费可以计征其一次性补偿收入的个人所得税时予以扣除。

（4）退休人员再任职取得的收入，符合相关条件的，在减除按税法规定的费用扣除标准后，按“工资、薪金所得”应税项目缴纳个人所得税。

（5）离退休人员除按规定领取离退休工资或养老金外，另从原单位取得的各类补贴、奖金、实物，不属于免税的退休工资、离休工资、离休生活补助费，应按“工资、薪金所得”应税项目的规定缴纳个人所得税。

（6）个人因公务用车和通信制度改革而取得的公务用车、通信补贴收入，扣除一定标准的公务费用后，按照“工资、薪金所得”项目计征个人所得税。按月发放的，并入当月“工资、薪金所得”计征个人所得税；不按月发放的，分解到所属月份并与该月份“工资、薪金所得”合并后计征个人所得税。

（7）公司职工取得的用于购买企业国有股权的劳动分红按“工资、薪金所得”项目计征个人所得税。

（8）个人因任职、受雇从上市公司取得的股票增值权所得和限制性股票所得，由上市公司或其境内机构按照“工资、薪金所得”项目和股票期权所得个人所得税计税方法，依法扣缴其个人所得税。

(9) 城镇企业事业单位及其职工个人实际缴付的失业保险费，超过《失业保险条例》规定比例的，应将其超过规定比例缴付的部分计入职工个人当期的工资薪金收入，依法计征个人所得税。

(10) 企业为员工支付各项免税之外的保险金，应在企业向保险公司缴付时（即该保险落到被保险人的保险账户）并入员工当期的工资收入，按“工资、薪金所得”项目计征个人所得税，税款由企业负责代扣代缴。

(11) 企业和事业单位超过国家有关政策规定的标准，为在本单位任职或者受雇的全体职工缴付的企业年金或职业年金（以下统称“年金”）单位缴费部分，应并入个人当期的“工资、薪金所得”，依法计征个人所得税。

个人根据国家有关政策规定缴付的年金个人缴费部分，超过本人缴费工资计税基数的4%的部分，应并入个人当期的“工资、薪金所得”，依法计征个人所得税。

个人达到国家规定的退休年龄之后按月领取的年金，按照“工资、薪金所得”项目适用的税率，计征个人所得税；按年或按季领取的年金，平均分摊计入各月，每月领取额按照“工资、薪金所得”项目适用的税率，计征个人所得税。

(12) 对在中国境内无住所的个人一次取得数月奖金或年终加薪、劳动分红（以下简称奖金，不包括应按月支付的奖金），可单独作为一个月的“工资、薪金所得”计算纳税。

对上述奖金不再减除费用，全额作为应纳税所得额直接按适用税率计算应纳税款，并且不再按居住天数进行划分计算。

(13) 对采掘业、远洋运输业、远洋捕捞业的职工取得的“工资、薪金所得”，可按月预缴，年度终了后30日内，合计其全年“工资、薪金所得”，再按12个月平均，并计算实际应纳的税款，多退少补。用公式表示为：

应纳所得税额＝［（全年工资、薪金收入÷12－费用扣除标准）×税率－速算扣除数］×12

(14) 兼职律师从律师事务所取得工资、薪金性质的所得，律师事务所在代扣代缴其个人所得税时，不再减除个人所得税法规定的费用扣除标准，以收入全额（取得分成收入的为扣除办理案件支出费用后的余额）直接确定适用税率，计算扣缴个人所得税。

兼职律师应自行向主管税务机关申报两处或两处以上取得的“工资、薪金所得”，合并计算缴纳个人所得税。

（二）个体工商户的生产、经营所得

个体工商户的生产、经营所得包括：

(1) 个体工商户和个人取得的与生产、经营有关的各项应税所得。

(2) 实行查账征税办法的个人独资企业和合伙企业的个人投资者的生产经营所得比照执行。

(3) 个体工商户和从事生产经营的个人，取得与生产、经营活动无关的其他各项应税所得，应分别按照有关规定，计算征收个人所得税。

(4) 个人因从事彩票代销业务而取得所得，应按照“个体工商户的生产、经营所得”项目计征个人所得税。

（三）对企事业单位的承包经营、承租经营所得

企业、事业单位的承包经营、承租经营所得包括个人承包经营或承租经营以及转包、转租取得的所得，个人按月或按次取得的工资、薪金性质的所得。

(1) 个人对企事业单位承包、承租经营后，工商登记改变为个体工商户的，应按“个体工

商户的生产、经营所得”项目征收个人所得税，不再征收企业所得税。

(2) 个人对企事业单位承包、承租经营后，工商登记仍为企业的，依照《个人所得税法》的有关规定缴纳个人所得税。具体包括以下两种情况：

①承包、承租人对企业经营成果不拥有所有权，仅按合同（协议）规定取得一定所得的，应按“工资、薪金所得”项目征收个人所得税。

②承包、承租按合同（协议）规定只向发包方、出租方缴纳一定的费用，缴纳承包、承租费后的企业的经营成果归承包、承租人所有的，其取得的所得，按对“企业、事业单位的承包经营、承租经营所得”项目征收个人所得税。

(四) 劳务报酬所得

劳务报酬所得包括：设计、装潢、安装、制图、化验、测试、医疗、法律、会计、咨询、讲学、新闻、广播、翻译、审稿、书画、雕刻、影视、录音、录像、演出、表演、广告、展览、技术服务、介绍服务、经纪服务、代办服务、其他劳务。

区分“劳务报酬所得”和“工资、薪金所得”，主要看是否存在雇佣与被雇佣的关系。

(1) 个人兼职取得的收入应按照“劳务报酬所得”应税项目缴纳个人所得税。

(2) 律师以个人名义再聘请其他人员为其工作而支付的报酬，应由该律师按“劳务报酬所得”应税项目负责代扣代缴个人所得税。

(3) 证券经纪人从证券公司取得的佣金收入，应按照“劳务报酬所得”项目缴纳个人所得税。证券经纪人佣金收入由展业成本和劳务报酬构成，对展业成本部分不征收个人所得税。

(4) 个人保险代理人以其取得的佣金、奖励和劳务费等相关收入（不含增值税）减去地方税费附加及展业成本，按照规定计算个人的所得税。展业成本，为佣金收入减去地方税费附加余额的 40%。个人保险代理人，是指根据保险企业的委托，在保险企业授权范围内代为办理保险业务的自然人，不包括个体工商户。

(五) 稿酬所得

稿酬所得是个人因其作品以图书、报刊形式出版、发表而取得的所得。作品包括文学作品、书画作品、摄影作品以及其他作品。作者去世后，财产继承人取得的遗作稿酬，也应征收个人所得税。

(六) 特许权使用费所得

特许权使用费所得指个人提供专利权、商标权、著作权、非专利技术以及其他特许权的使用权取得的所得。

(1) 提供著作权的使用权取得的所得，不包括稿酬所得，对于作者将自己的文字作品手稿原件或复印件公开拍卖（竞价）取得的所得，属于提供著作权的使用所得，故应按“特许权使用费所得”项目征收个人所得税。

(2) 个人取得特许权的经济赔偿收入，应按“特许权使用费所得”项目缴纳个人所得税。

(3) 从 2002 年 5 月 1 日起，编剧从电视剧的制作单位取得的剧本使用费，不再区分剧本的使用方是否为其任职单位，统一按“特许权使用费所得”项目征收个人所得税。

(七) 利息、股息、红利所得

利息、股息、红利所得，是指个人拥有债权、股权而取得的利息、股息、红利所得。

1. 个人投资者收购企业股权后，将企业原有盈余积累转增股本

一名或多名个人投资者以股权收购方式取得被收购企业 100%股权：

（1）股权收购前，被收购企业原账面金额中的“资本公积、盈余公积、未分配利润”等盈余积累未转增股本，而在股权交易时将其一并计入股权转让价格并履行了所得税纳税义务。

（2）股权收购后，企业将原账面金额中的盈余积累向个人投资者（新股东，下同）转增股本，有关个人所得税问题区分以下情形处理：

①新股东以不低于净资产价格收购股权的，企业原盈余积累已全部计入股权交易价格，新股东取得盈余积累转增股本的部分，不征收个人所得税。

②新股东以低于净资产价格收购股权的，企业原盈余积累中，对于股权收购价格减去原股本的差额部分已经计入股权交易价格，新股东取得盈余积累转增股本的部分，不征收个人所得税；对于股权收购价格低于原所有者权益的差额部分未计入股权交易价格，新股东取得盈余积累转增股本的部分，应按照“利息、股息、红利所得”项目征收个人所得税。

2. 个人从公开发行和转让市场取得的上市公司股票

（1）个人从公开发行和转让市场取得的上市公司股票，持股期限在 1 个月以内（含 1 个月）的，其股息红利所得全额计入应纳税所得额；持股期限在 1 个月以上至 1 年（含 1 年）的，暂减按 50%计入应纳税所得额；上述所得统一适用 20%的税率计征个人所得税。

（2）对个人持有的上市公司限售股，解禁后取得的股息红利，按照上市公司股息红利差别化个人所得税政策规定计算纳税，持股时间自解禁日起计算；解禁前取得的股息红利继续暂减按 50%计入应纳税所得额，适用 20%的税率计征个人所得税。

（八）财产租赁所得

财产租赁所得，是指个人出租建筑物、土地使用权、机器设备、车船以及其他财产取得的所得。

（1）取得转租收入的个人向房屋出租方支付的租金，凭房屋租赁合同和合法支付凭据允许在计算个人所得税时，从该项转租收入中扣除，属于“财产租赁所得”的征税范围。

（2）房地产开发企业与商店购买者个人签订协议，以优惠价格出售其商店给购买者个人，购买者个人在一定期限内必须将购买的商店无偿提供给房地产开发企业对外出租使用，属于“财产租赁所得”的征税范围。

（九）财产转让所得

财产转让所得，是指个人转让有价证券、股权、建筑物、土地使用权、机器设备、车船以及其他财产取得的所得。

1. 个人转让股权或股份

个人将投资于在中国境内成立的企业或组织（不包括个人独资企业和合伙企业）的股权或股份，转让给其他个人或法人的行为，按照“财产转让所得”项目，依法计算缴纳个人所得税。

2. 个人因终止投资等行为收回的款项

个人因各种原因终止投资、联营、经营合作等行为，从被投资企业或合作项目、被投资企业的其他投资者以及合作项目的经营合作人取得股权转让收入、违约金、补偿金、赔偿金及以其他名目收回的款项等，应按照“财产转让所得”项目适用的规定计算缴纳个人所得税。

3. 个人以非货币性资产投资

个人以非货币性资产投资，属于个人转让非货币性资产和投资同时发生。对个人转让非货币性资产的所得，应按照“财产转让所得”项目，依法计算缴纳个人所得税。

4. 纳税人收回转让的股权

（1）股权转让合同履行完毕、股权已作变更登记，且所得已经实现的，转让人取得的股权转让收入应当依法缴纳个人所得税。转让行为结束后，当事人双方签订并执行解除原股权转让合同、退回股权的协议，对前次转让行为征收的个人所得税款不予退回。

（2）股权转让合同未履行完毕，因执行仲裁委员会作出的解除股权转让合同及补充协议的裁决、停止执行原股权转让合同，并原价收回已转让股权的，纳税人不应缴纳个人所得税。

5. 个人转让限售股取得的所得

对个人转让限售股取得的所得，按照“财产转让所得”项目征收个人所得税。

个人转让限售股，以每次限售股转让收入，减除股票原值和合理税费后的余额，为应纳税所得额。即：

应纳税所得额＝限售股转让收入－（限售股原值＋合理税费）

应纳税额＝应纳税所得额×20％

6. 个人购置债权

个人通过招标、竞拍或其他方式购置债权以后，通过相关司法或行政程序主张债权而取得的所得，应按照“财产转让所得”项目缴纳个人所得税。

7. 个人出售虚拟货币

个人通过网络收购玩家的虚拟货币，加价后向他人出售取得的收入，应按照“财产转让所得”项目计算缴纳个人所得税。

（十）偶然所得

偶然所得，是指个人得奖、中奖、中彩以及其他偶然性质的所得。

（1）企业对累积消费达到一定额度的顾客，给予额外抽奖机会，个人的获奖所得，按照“偶然所得”项目，全额缴纳个人所得税。

（2）个人取得单张有奖发票奖金所得超过 800 元的，应全额按照“偶然所得”项目征收个人所得税。税务机关或其指定的有奖发票兑奖机构，是有奖发票奖金所得个人所得税的扣缴义务人。

（十一）经国务院财政部门确定征税的其他所得

个人为单位或他人提供担保获得报酬；房屋产权所有人将房屋产权无偿赠与他人的，受赠人因无偿受赠房屋取得的受赠所得；企业在业务宣传、广告等活动中，随机向本单位以外的个人赠送礼品，对个人取得的礼品所得；企业在年会、座谈会、庆典以及其他活动中向本单位以外的个人赠送礼品，对个人取得的礼品所得等按照“其他所得”项目，全额适用 20％的税率缴纳个人所得税。

经典例题
JINGDIANLITI

2013 年 12 月，甲公司职员王某取得的下列收入中，应计入“工资、薪金所得”缴纳个人所得税的是（　　）。

A. 劳动分红 2 000 元　　B. 差旅费津贴 200 元

C. 独生子女补贴 3 元　　D. 误餐补助 50 元

【答案】 A

【解析】 差旅费津贴、误餐补助、独生子女补贴不属于工资、薪金性质的补贴、津贴，不征收个人所得税，故 BCD 选项不正确；奖金、年终加薪、劳动分红、津贴、补贴被列入工资、薪金税目，应缴纳个人所得税，故 A 选项正确。

三、个人所得税税率

考试要求：了解

（一）工资、薪金所得适用税率

工资、薪金所得适用3%～45%的超额累进税率，计算缴纳个人所得税。具体税率和速算扣除数见表5-1。

表5-1 个人所得税税率表

工资、薪金所得适用

级数	全月应纳税所得额		税率（%）	速算扣除数
	含税级距	不含税级距		
1	不超过1 500元的部分	不超过1 455元的部分	3	0
2	超过1 500元至4 500元的部分	超过1 455元至4 155元的部分	10	105
3	超过4 500元至9 000元的部分	超过4 155元至7 755元的部分	20	555
4	超过9 000元至35 000元的部分	超过7 755元至27 255元的部分	25	1 005
5	超过35 000元至55 000元的部分	超过27 255元至41 255元的部分	30	2 755
6	超过55 000元至80 000元的部分	超过41 255元至57 505元的部分	35	5 505
7	超过80 000元的部分	超过57 505元的部分	45	13 505

注：(1) 本表所列含税级距与不含税级距，均为按照税法规定减除有关费用后的所得额；

(2) 含税级距适用于由纳税人负担税款的工资、薪金所得；不含税级距适用于由他人（单位）代付税款的工资、薪金所得。

（二）个体工商户的生产、经营所得和对企事业单位的承包经营、承租经营所得适用税率

个体工商户的生产、经营所得和对企事业单位的承包经营、承租经营所得，适用5%～35%的超额累进税率，计算缴纳个人所得税。具体税率和速算扣除数见表5-2。

表5-2 个人所得税税率表

个体工商户的生产、经营所得和对企事业单位的承包经营、承租经营所得适用

级数	全年应纳税所得额		税率（%）	速算扣除数
	含税级距	不含税级距		
1	不超过15 000元的部分	不超过14 250元的部分	5	0
2	超过15 000元至30 000元的部分	超过14 250元至27 750元的部分	10	750
3	超过30 000元至60 000元的部分	超过27 750元至51 750元的部分	20	3 750
4	超过60 000元至100 000元的部分	超过51 750元至79 750元的部分	30	9 750
5	超过100 000元的部分	超过79 750元的部分	35	14 750

注：(1) 本表所列含税级距与不含税级距，均为按照税法规定以每一纳税年度的收入总额减除成本、费用以及损失后的所得额；

(2) 含税级距适用于个体工商户的生产、经营所得和由纳税人负担税款的对企事业单位的承包经营、承租经营所得；不含税级距适用于由他人（单位）代付税款的对企事业单位的承包经营、承租经营所得。

实行查账征税办法的个人独资企业和合伙企业，其税率比照“个体工商户的生产、经营所

得”项目，计算征收个人所得。实行核定应税所得率征收方式的，先按照应税所得率计算其应纳税所得额，再按其应纳税所得额的大小，计算征收个人所得税。

投资者兴办两个或两个以上企业，并且企业性质全部是独资的，年度终了后汇算清缴时，应纳税款的计算按以下方法进行：汇总其投资兴办的所有企业的经营所得作为应纳税所得额，以此确定适用税率，计算出全年经营所得的应纳税额，再根据每个企业的经营所得占所有企业经营所得的比例，分别计算出每个企业的应纳税额和应补缴税额。

(三) 稿酬所得适用税率

稿酬所得，适用比例税率，税率为 20%，并按应纳税额减征 30%，即只征收 70%的税额，其实际税率为 14%。

(四) 劳务报酬所得适用税率

劳务报酬所得，适用比例税率，税率为 20%。对劳务报酬所得一次收入畸高的，可以实行加成征收。

所谓“劳动报酬所得一次收入畸高的”，是指个人一次取得劳务报酬，其应纳税所得额超过 20 000 元。

劳务报酬所得加成征税采取超额累进办法，即个人取得劳务报酬收入的应纳税所得额一次超过 20 000～50 000 元的部分，按照税法规定计算应纳税额后，再按照应纳税额加征五成；超过 50 000 元的部分，加征十成。具体税率及速算扣除数见表 5-3。

表 5-3　个人所得税税率表

劳务报酬所得适用

级数	每次应纳税所得额	税率（%）	速算扣除数
1	不超过 20 000 元的部分	20	0
2	超过 20 000～50 000 元的部分	30	2 000
3	超过 50 000 元的部分	40	7 000

注：本表所称“每次应纳税所得额”，是指每次收入额减除费用 800 元（每次收入不超过 4 000 元时）或者减除 20%的费用（每次收入额超过 4 000 元时）后的余额。

(五) 特许权使用费所得，利息、股息、红利所得，财产租赁所得，财产转让所得，偶然所得和经国务院财政部门确定征税的其他所得适用税率

特许权使用费所得，利息、股息、红利所得，财产租赁所得，财产转让所得，偶然所得和经国务院财政部门确定征税的其他所得，适用比例税率，税率为 20%。

对个人出租住房取得的所得暂减按 10%的税率征收个人所得税。

扫码听课

四、个人所得税应纳税所得额的确定

考试要求：掌握
命题频率：2014 年判断题、单选题、多选题；2015 年单选题、多选题；2016 年单选题；2017 年判断题

(一) 计税依据

个人所得税的计税依据是纳税人取得的应纳税所得额。

应纳税所得额为个人取得的各项收入减去税法规定的费用扣除金额和减免税收入后的余额。

由于个人所得税的应税项目不同，扣除费用标准也各不相同，需要按不同应税项目分项计算。

1. 收入的形式

个人取得的应纳税所得形式，包括现金、实物、有价证券和其他形式的经济利益。

2. 费用扣除的方法

根据其所得的不同情况分别实行定额、定率和限额内据实扣除三种扣除办法。

（1）对工资、薪金所得涉及的个人生计费用，采取定额扣除的办法；

（2）对个体工商户的生产、经营所得和对企事业单位的承包经营、承租经营所得及财产转让所得，涉及生产、经营有关成本或费用的支出，采取限额内据实扣除有关成本、费用或规定的必要费用；

（3）对劳务报酬所得、稿酬所得、特许权使用费所得、财产租赁所得，采取定额和定率两种扣除办法；

（4）利息、股息、红利所得、偶然所得和经国务院财政部门确定征税的其他所得，不得扣除任何费用。

（二）个人所得项目的具体扣除标准

1. 工资、薪金所得项目

工资、薪金所得，以每月收入额减除费用 3 500 元后的余额，为应纳税所得额。

在中国境内的外商投资企业和外国企业中工作取得工资、薪金所得的外籍人员，应聘在中国境内的企业、事业单位、社会团体、国家机关中工作取得工资、薪金所得的外籍专家，在中国境内有住所而在中国境外任职或者受雇取得工资、薪金所得的个人，费用扣除总额为 4 800 元。

2. 个体工商户的生产、经营所得项目

个体工商户的生产、经营所得，以每一纳税年度的收入总额，减除成本、费用、税金、损失、其他支出以及允许弥补的以前年度亏损后的余额，为应纳税所得额。

个体工商户已经作为损失处理的资产，在以后纳税年度又全部收回或者部分收回时，应当计入收回当期的收入。

（1）个体工商户下列支出不得扣除：

①个人所得税税款；

②税收滞纳金；

③罚金、罚款和被没收财物的损失；

④不符合扣除规定的捐赠支出；

⑤赞助支出；

⑥用于个人和家庭的支出；

⑦与取得生产经营收入无关的其他支出；

⑧国家税务总局规定不准扣除的支出。

（2）个体工商户生产经营活动中，应当分别核算生产经营费用和个人、家庭费用。

对于生产经营与个人、家庭生活混用难以分清的费用，其 40%视为与生产经营有关费用，准予扣除。

(3) 个体工商户纳税年度发生的亏损，准予向以后年度结转，但结转年限最长不得超过五年。

(4) 个体工商户实际支付给从业人员的、合理的工资薪金支出，准予扣除。

个体工商户业主的费用扣除标准统一确定为 42 000 元/年，即 3 500 元/月。

个体工商户业主的工资薪金支出不得税前扣除。

(5) 个体工商户按照规定缴纳的基本养老保险费、基本医疗保险费、失业保险费、生育保险费、工伤保险费和住房公积金，准予扣除。

个体工商户为从业人员缴纳的补充养老保险费、补充医疗保险费，分别在不超过从业人员工资总额 5%标准内的部分据实扣除；超过部分，不得扣除。

个体工商户业主本人缴纳的补充养老保险费、补充医疗保险费，以当地（地级市）上年度社会平均工资的 3 倍为计算基数，分别在不超过该计算基数 5%标准内的部分据实扣除；超过部分，不得扣除。

(6) 个体工商户在生产经营活动中发生的合理的不需要资本化的借款费用，准予扣除。

(7) 个体工商户在生产经营活动中发生的下列利息支出，准予扣除：

①向金融企业借款的利息支出；

②向非金融企业和个人借款的利息支出，不超过按照金融企业同期同类贷款利率计算的数额的部分。

(8) 个体工商户向当地工会组织拨缴的工会经费、实际发生的职工福利费支出、职工教育经费支出分别在工资薪金总额的 2%、14%、2.5%的标准内据实扣除。

(9) 个体工商户发生的与生产经营活动有关的业务招待费，按照实际发生额的 60%扣除，但最高不得超过当年销售（营业）收入的 5‰。

业主自申请营业执照之日起至开始生产经营之日止所发生的业务招待费，按照实际发生额的 60%计入个体工商户的开办费。

(10) 个体工商户每一纳税年度发生的与其生产经营活动直接相关的广告费和业务宣传费不超过当年销售（营业）收入 15%的部分，可以据实扣除；超过部分，准予在以后纳税年度结转扣除。

(11) 个体工商户代其从业人员或者他人负担的税款，不得税前扣除。

(12) 个体工商户按照规定缴纳的摊位费、行政性收费、协会会费等，按实际发生数额扣除。

(13) 个体工商户参加财产保险，按照规定缴纳的保险费，准予扣除。

(14) 个体工商户发生的合理的劳动保护支出，准予扣除。

(15) 个体工商户自申请营业执照之日起至开始生产经营之日止所发生符合规定的费用，除为取得固定资产、无形资产的支出，以及应计入资产价值的汇兑损益、利息支出外，作为开办费，个体工商户可以选择在开始生产经营的当年一次性扣除，也可自生产经营月份起在不短于 3 年期限内摊销扣除。

开始生产经营之日为个体工商户取得第一笔销售（营业）收入的日期。

(16) 个体工商户通过公益性社会团体或者县级以上人民政府及其部门，用于规定的公益事业的捐赠，捐赠额不超过其应纳税所得额 30%的部分可以据实扣除。

个体工商户直接对受益人的捐赠不得扣除。

(17) 个体工商户研究开发新产品、新技术、新工艺所发生的开发费用，以及研究开发新产品、新技术而购置单台价值在 10 万元以下的测试仪器和试验性装置的购置费准予直接扣除；

单台价值在10万元以上（含10万元）的测试仪器和试验性装置，按固定资产管理，不得在当期直接扣除。

(18) 计提的各种准备金不得扣除。

查账征收的个人独资企业和合伙企业的扣除项目比照《个体工商户个人所得税计税办法》的规定确定。

投资者兴办两个或两个以上企业的，其投资者个人费用扣除标准由投资者选择在其中一个企业的生产经营所得中扣除。

国家对依照国家有关规定应当设置但未设置账簿的；虽设置账簿，但账目混乱或者成本资料、收入凭证、费用凭证残缺不全，难以查账的；纳税人发生纳税义务，未按照规定的期限办理纳税申报，经税务机关责令限期申报，逾期仍不申报的情形的个人独资企业和合伙企业实行核定征收个人所得税。

核定征收方式包括定额征收、核定应税所得率征收以及其他合理的征收方式。

3. 对企事业单位的承包经营、承租经营所得项目

对企事业单位的承包经营、承租经营所得，以每一纳税年度的收入总额，减除必要费用后的余额，为应纳税所得额。

这里所说的减除必要费用，是指按月减除3 500元。

4. 劳务报酬所得、稿酬所得、特许权使用费所得、财产租赁所得项目

劳务报酬所得、稿酬所得、特许权使用费所得、财产租赁所得每次收入不超过4 000元的，减除费用800元；4 000元以上的，减除20%的费用，其余额为应纳税所得额。

5. 财产转让所得项目

财产转让所得，以转让财产的收入额减除财产原值和合理费用后的余额，为应纳税所得额。

6. 利息、股息、红利所得，偶然所得和经国务院财政部门确定征税的其他所得项目

利息、股息、红利所得，偶然所得和经国务院财政部门确定征税的其他所得，以每次收入额为应纳税所得额。

（三）其他费用扣除规定

(1) 个人通过中国境内非营利的社会团体、国家机关向教育、公益事业和遭受严重自然灾害地区、贫困地区的捐赠，捐赠额不超过应纳税所得额的30%的部分，可以从其应纳税所得额中扣除。

(2) 个人通过非营利性的社会团体和国家机关向红十字事业的捐赠，在计算缴纳个人所得税时，准予在税前的所得额中全额扣除。

(3) 个人通过非营利的社会团体和国家机关向农村义务教育的捐赠，在计算缴纳个人所得税时，准予在税前的所得额中全额扣除。

纳税人对农村义务教育与高中在一起的学校的捐赠，也享受规定的所得税前扣除政策。

(4) 个人通过非营利性社会团体和国家机关对公益性青少年活动场所（其中包括新建）的捐赠，在计算缴纳个人所得税时，准予在税前的所得额中全额扣除。

(5) 自2017年7月1日起，对个人购买符合规定的商业健康保险产品的支出，允许在当年（月）计算应纳税所得额时予以税前扣除，扣除限额为2 400元/年（200元/月）。单位统一为员工购买符合规定的商业健康保险产品的支出，应分别计入员工个人工资薪金，视同个人购买，按上述限额予以扣除。

(四) 每次收入的确定

劳务报酬所得，稿酬所得，特许权使用费所得，利息、股息、红利所得，财产租赁所得，偶然所得和经国务院财政部门确定征税的其他所得等 7 项所得，都按每次取得的收入计算征税。

(1) 劳务报酬所得，根据不同劳务项目的特点，对“每次”分别规定为：

①只有一次性收入的，以取得该项收入为一次。如从事设计、安装、装潢、制图、化验、测试等劳务，属于只有一次性的收入，应以每次提供劳务取得的收入为一次。

②属于同一事项连续取得收入的，以 1 个月内取得的收入为一次。如某歌手与一卡拉 OK 厅签约，在 2014 年 1 年内每天到卡拉 OK 厅演唱一次。在计算其劳务报酬所得时，应视为同一事项的连续性收入，以其 1 个月内取得的收入为一次计征个人所得税，而不能以每天取得的收入为一次。

(2) 稿酬所得，以每次出版、发表取得的收入为一次。对“每次”具体又可细分为：

①同一作品再版取得的所得，应视作另一次稿酬所得计征个人所得税。

②同一作品先在报刊上连载，然后再出版，或先出版，再在报刊上连载的，应视为两次稿酬所得征税。即连载作为一次，出版作为另一次。

③同一作品在报刊上连载取得收入的，以连载完成后取得的所有收入合并为一次，计征个人所得税。

④同一作品在出版和发表时，以预付稿酬或分次支付稿酬等形式取得的稿酬收入，应合并计算为一次。

⑤同一作品出版、发表后，因添加印数而追加稿酬的，应与以前出版、发表时取得的稿酬合并计算为一次，计征个人所得税。

(3) 特许权使用费所得，以一项特许权的一次许可使用所取得的收入为一次。

对特许权使用费所得的“次”的界定，明确为每一项使用权的每次转让所取得的收入为一次。如果该次转让取得的收入是分笔支付的，则应将各笔收入相加为一次的收入，计征个人所得税。

(4) 财产租赁所得，以 1 个月内取得的收入为一次。

(5) 利息、股息、红利所得，以支付利息、股息、红利时取得的收入为一次。

(6) 偶然所得，以每次收入为一次。

(7) 经国务院财政部门确定征税的其他所得，以每次收入为一次。

经典例题
JINGDIANLITI

1. 下列情形中，以 1 个月内取得的收入为一次计算缴纳个人所得税的有（　　）。

A. 李某将小说在某报刊上连载 6 个月，每月取得稿酬收入 1 500 元

B. 胡某在某培训机构连续授课 4 个月，每月取得课酬收入 8 800 元

C. 赵某将一项专利转让给甲企业使用 1 年，专利使用费分 3 个月收取，每月 10 000 元

D. 王某出租住房 1 套，租期 1 年，每月收取租金 3 000 元

【答案】 BD

【解析】 同一作品在报刊上连载取得收入的，以连载完成后取得的所有收入合并为一次，故 A 选项不正确；劳务报酬属于同一事项连续取得收入的，以 1 个月内取得的收入为一次，故 B 选项正确；特许权使用费所得，以“某项”特许权的一次转让所取得的收入为一次，如果该次转让取得的收入是分笔支付的，则应将各笔收入相加为一次的收入，故 C 选项不正确；财产租赁所得以“1 个月”内取得的收入为一次，故 D 选项正确。

2. 2015 年 8 月，张某在杂志上发表一篇文章，取得稿酬 5 000 元。已知稿酬所得的个人所得税税率为 20%，每次收入 4 000 元以上，减除 20%的费用，张某发表文章应缴纳个人所得税税额的下列计算列式中，正确的是（　　）。

A. 5 000×20%×（1－30%）＝700（元）

B. 5 000×（1－20%）×20%×（1－30%）＝560（元）

C. 5 000×20%＝1 000（元）

D. 5 000×（1－20%）×20%＝800（元）

【答案】B

【解析】稿酬所得，适用比例税率，税率为 20%，并按应纳税额减征 30%，即只征收 70%的税额，其实际税率为 14%。稿酬所得每次收入在 4 000 元以上的，应纳税额＝每次收入额×（1－20%）×20%×（1－30%）。则张某发表文章应缴纳个人所得税＝5 000×（1－20%）×20%×（1－30%）＝560（元）。

五、个人所得税应纳税额的计算

考试要求：掌握

命题频率：2014 年单选题；2015 年判断题、单选题；2017 年不定项选择题

（一）应纳税额的计算

1. 工资、薪金所得应纳税额的计算

（1）一般工资、薪金所得应纳税额的计算公式为：

应纳税额＝应纳税所得额×适用税率－速算扣除数

＝（每月收入额－减除费用标准）×适用税率－速算扣除数

（2）纳税人取得含税全年一次性奖金计算征收个人所得税的方法。

全年一次性奖金即包括行政机关、企事业单位等扣缴义务人根据其全年经济效益和对雇员全年工作业绩的综合考核情况，向雇员发放的一次性奖金，也包括年终加薪、实行年薪制和绩效工资办法的单位根据考核情况兑现的年薪和绩效工资。

纳税义务人取得全年一次性奖金，单独作为 1 个月工资、薪金所得计算纳税。具体计税办法如下：

①先将雇员当月内取得的全年一次性奖金除以 12 个月，按其商数确定适用税率和速算扣除数。

②如果在发放年终一次性奖金的当月，雇员当月工资薪金所得高于（或等于）3 500 元的计算公式为：

应纳税额＝雇员当月取得全年一次性奖金×适用税率－速算扣除数

③如果在发放年终一次性奖金的当月，雇员当月工资薪金所得低于 3 500 元的计算公式为：

应纳税额＝（雇员当月取得全年一次性奖金－雇员当月工资薪金所得与费用扣除额的差额）×适用税率－速算扣除数

（3）纳税人取得除全年一次性奖金以外的其他各种名目奖金，如半年奖、季度奖、加班奖、先进奖、考勤奖等，一般应将全部奖金与当月工资、薪金收入合并，按税法规定缴纳个人所得税。

（4）纳税人取得不含税全年一次性奖金计算征收个人所得税的方法。

按照不含税的全年一次性奖金收入除以 12 的商数，查找相应适用税率 A 和速算扣除

数 A。

含税的全年一次性奖金收入＝（不含税的全年一次性奖金收入－速算扣除数 A）÷（1－适用税率 A）

按含税的全年一次性奖金收入除以 12 的商数，重新查找适用税率 B 和速算扣除数 B。

应纳税额＝含税的全年一次性奖金收入×适用税率 B－速算扣除数 B

如果纳税人取得不含税全年一次性奖金收入的当月工资薪金所得，低于税法规定的费用扣除额，应先将不含税全年一次性奖金减去当月工资薪金所得低于税法规定费用扣除额的差额部分后，再按上述规定处理。

个人独资和合伙企业、个体工商户为个人支付的个人所得税税款，不得在所得税前扣除。

2. 个体工商户的生产、经营所得应纳税额的计算

个体工商户的生产、经营所得应纳税额的计算公式为：

应纳税额＝应纳税所得额×适用税率－速算扣除数

＝(全年收入总额－成本、费用、税金、损失、其他支出及以前年度亏损)×适用税率－速算扣除数

个体工商户因在纳税年度中间开业、合并、注销及其他原因，导致该纳税年度的实际经营期不足 1 年的，对个体工商户业主的生产经营所得计算个人所得税时，以其实际经营期为 1 个纳税年度。

3. 对企事业单位的承包经营、承租经营所得应纳税额的计算

对企事业单位的承包经营、承租经营所得应纳税额的计算公式为：

应纳税额＝应纳税所得额×适用税率－速算扣除数

＝（纳税年度收入总额－必要费用）×适用税率－速算扣除数

4. 劳务报酬所得应纳税额的计算

劳务报酬所得应纳税额的计算公式为：

(1) 每次收入不足 4 000 元的：

应纳税额＝应纳税所得额×适用税率＝（每次收入额－800）×20%

(2) 每次收入在 4 000 元以上的：

应纳税额＝应纳税所得额×适用税率＝每次收入额×（1－20%）×20%

(3) 每次收入的应纳税所得额超过 20 000 元的：

应纳税额＝应纳税所得额×适用税率－速算扣除数

＝每次收入额×（1－20%）×适用税率－速算扣除数

5. 稿酬所得应纳税额的计算

稿酬所得应纳税额的计算公式为：

(1) 每次收入不足 4 000 元的：

应纳税额＝应纳税所得额×适用税率×（1－30%）

＝（每次收入额－800）×20%×（1－30%）

(2) 每次收入在 4 000 元以上的：

应纳税额＝应纳税所得额×适用税率×（1－30%）

＝每次收入额×（1－20%）×20%×（1－30%）

6. 特许权使用费所得应纳税额的计算

特许权使用费所得应纳税额的计算公式为：

(1) 每次收入不足 4 000 元的：

应纳税额＝应纳税所得额×适用税率

＝（每次收入额－800）×20％

（2）每次收入在4 000元以上的：

应纳税额＝应纳税所得额×适用税率

＝每次收入额×（1－20％）×20％

7. 利息、股息、红利所得应纳税额的计算

利息、股息、红利所得应纳税额的计算公式为：

应纳税额＝应纳税所得额×适用税率＝每次收入额×适用税率

8. 财产租赁所得应纳税额的计算

财产租赁所得应纳税额的计算公式为：

（1）每次（月）收入不足4 000元的：

应纳税额＝［每次（月）收入额－财产租赁过程中缴纳的税费－由纳税人负担的租赁财产实际开支的修缮费用（800元为限）－800元］×20％

（2）每次（月）收入在4 000元以上的：

应纳税额＝［每次（月）收入额－财产租赁过程中缴纳的税费－由纳税人负担的租赁财产实际开支的修缮费用（800元为限）］×（1－20％）×20％

个人出租房屋的个人所得税应税收入不含增值税，计算房屋出租所得可扣除的税费不包括本次出租缴纳的增值税。个人转租房屋的，其向房屋出租方支付的租金及增值税额，在计算转租所得时予以扣除。

9. 财产转让所得应纳税额的计算

（1）一般情况下财产转让所得应纳税额的计算。

财产转让所得应纳税额的计算公式为：

应纳税额＝应纳税所得额×适用税率

＝（收入总额－财产原值－合理费用）×20％

（2）个人销售无偿受赠不动产应纳税额的计算。

受赠人转让受赠房屋的，以其转让受赠房屋的收入减除原捐赠人取得该房屋的实际购置成本以及赠与和转让过程中受赠人支付的相关税费后的余额，为受赠人的应纳税所得额，依法计征个人所得税。

10. 偶然所得应纳税额的计算

偶然所得应纳税额的计算公式为：

应纳税额＝应纳税所得额×适用税率

＝每次收入额×20％

11. 经国务院财政部门确定征税的其他所得应纳税额的计算

经国务院财政部门确定征税的其他所得应纳税额的计算公式为：

应纳税额＝应纳税所得额×适用税率

＝每次收入额×20％

（二）应纳税额计算的特殊规定

（1）出租汽车经营单位对出租车驾驶员采取单车承包或承租方式运营，出租车驾驶员取得的收入，按“工资、薪金所得”项目征税。

出租车属于个人所有，但挂靠出租汽车经营单位或企事业单位，驾驶员向挂靠单位缴纳管理费的，或出租汽车经营单位将出租车所有权转移给驾驶员的，出租车驾驶员取得的收入，比照“个体工商户的生产、经营所得”项目征税。

从事个体出租车运营的出租车驾驶员取得的收入，按“个体工商户的生产、经营所得”项目缴纳个人所得税。

（2）对商品营销活动中，企业和单位对营销成绩突出的雇员以培训班、研讨会、工作考察等名义组织旅游活动，通过免收差旅费、旅游费对个人实行的营销业绩奖励（包括实物、有价证券等），应根据所发生费用的全额并入营销人员当期的“工资、薪金所得”，按照“工资、薪金所得”项目征收个人所得税。

对营销成绩突出的非雇员实行的上述奖励，应根据所发生费用的全额作为该营销人员当期的劳务收入，按照“劳务报酬所得”项目征收个人所得税。

（3）为了支持企业改组改制的顺利进行，对于企业在改制过程中个人取得量化资产的征税问题，税法作出了如下规定：

①对职工个人以股份形式取得的仅作为分红依据，不拥有所有权的企业量化资产，不征收个人所得税。

②对职工个人以股份形式取得的拥有所有权的企业量化资产，暂缓征收个人所得税；待个人将股份转让时，就其转让收入额，减除个人取得该股份时实际支付的费用支出和合理转让费用后的余额，按“财产转让所得”项目计征个人所得税。

③对职工个人以股份形式取得的企业量化资产参与企业分配而获得的股息、红利，应按“利息、股息、红利所得”项目征收个人所得税。

（4）个人担任公司董事、监事，且不在公司任职、受雇的，其担任董事职务所取得的董事费收入，属于劳务报酬性质，按“劳务报酬所得”项目征税。

个人在公司（包括关联公司）任职、受雇，同时兼任董事、监事的，应将董事费、监事费与个人工资收入合并，统一按“工资、薪金所得”项目缴纳个人所得税。

（5）任职、受雇于报纸、杂志等单位的记者、编辑等专业人员，因在本单位的报纸、杂志上发表作品取得的所得，属于因任职、受雇而取得的所得，应与其当月工资收入合并，按“工资、薪金所得”项目征收个人所得税。

出版社的专业作者撰写、编写或翻译的作品，由本社以图书形式出版而取得的稿费收入，应按“稿酬所得”项目征收个人所得税。

（6）符合以下情形的房屋或其他财产，应依法计征个人所得税：

①企业出资购买房屋及其他财产，将所有权登记为投资者个人、投资者家庭成员或企业其他人员的；

②企业投资者个人、投资者家庭成员或企业其他人员向企业借款用于购买房屋及其他财产，将所有权登记为授资者、投资者家庭成员或企业其他人员，且借款年度终了后未归还借款的。

③对个人独资企业、合伙企业的个人投资者或其家庭成员取得的上述所得，视为企业对个人投资者的利润分配，按照“个体工商户的生产、经营所得”项目计征个人所得税；对除个人独资企业、合伙企业以外其他企业的个人投资者或其家庭成员取得的上述所得，视为企业对个人投资者的红利分配，按照“利息、股息、红利所得”项目计征个人所得税；对企业其他人员取得的上述所得，按照“工资、薪金所得”项目计征个人所得税。

经典例题
JINGDIANLITI

1. 2013 年 6 月，张某从本单位取得基本工资 4 000 元，岗位津贴 1 000 元，季度奖金2 100元。

已知工资、薪金收入减除费用的标准为每月 3 500 元，全月应纳税所得额不超过 1 500 元的，适用税率为 3%，全月应纳税所得额超过 1 500 元至 4 500 元的部分，适用税率为 10%，速算扣除数为 105 元。根据个人所得税法律制度的规定，张某当月工资、薪金所得应缴纳个人所得税额的下列计算中，正确的是（　　）。

A.（4 000＋1 000－3 500）×3%＝45（元）

B.（4 000－3 500）×3%＝15（元）

C.（4 000＋1 000＋2 100/3－3 500）×10%－105＝115（元）

D.（4 000＋1 000＋2 100－3 500）×10%－105＝255（元）

【答案】 D

【解析】 岗位津贴属于“工资、薪金所得”，应计征个人所得税；季度奖金应与当月工资、薪金收入合并，计征个人所得税，故 D 选项正确。

2. 2014 年 10 月高校教师张某取得一次性技术服务收入 4 200 元，支付交通费 300 元。张某当月该笔收入应缴纳个人所得税税额的下列计算中，正确的是（　　）。（已知劳务报酬所得个人所得税税率为 20%，每次收入不超过 4 000 元的，减除费用 800 元；每次收入在 4 000 元以上的，减除 20%的费用）

A.［（4 200－300）－800］×20%＝620（元）

B. 4 200×（1－20%）×20%－300＝372（元）

C.［4 200×（1－20%）－300］×20%＝612（元）

D. 4 200×（1－20%）×20%＝672（元）

【答案】 D

【解析】 技术服务收入属于劳务收入，每次收入在 4 000 元以上的扣除其每次收入额的 20%，而劳务收入的税率为 20%，故 D 选项正确。

六、个人所得税税收优惠

考试要求： 熟悉

命题频率： 2014 年单选题、多选题；2015 年单选题、多选题；2017 年不定项选择题

（一）免税项目

（1）省级人民政府、国务院部委和中国人民解放军军以上单位，以及外国组织、国际组织颁发的科学、教育、技术、文化、卫生、体育、环境保护等方面的奖金。

（2）国债和国家发行的金融债券利息。

（3）按照国家统一规定发给的补贴、津贴。

按照国家统一规定发给的补贴、津贴，是指按照国务院规定发给的政府特殊津贴、院士津贴、资深院士津贴，以及国务院规定免纳个人所得税的其他补贴、津贴。

（4）福利费、抚恤金、救济金。

（5）保险赔款。

（6）军人的转业费、复员费。

（7）按照国家统一规定发给干部、职工的安家费、退职费、退休工资、离休工资、离休生活补助费。

（8）依照我国有关法律规定应予免税的各国驻华使馆、领事馆的外交代表、领事官员和其

他人员的所得。

(9) 中国政府参加的国际公约、签订的协议中规定免税的所得。

(10) 在中国境内无住所，但是在一个纳税年度中在中国境内连续或者累计居住不超过 90 日的个人，其来源于中国境内的所得，由境外雇主支付并且不由该雇主在中国境内的机构、场所负担的部分，免予缴纳个人所得税。

(11) 对外籍个人取得的探亲费免征个人所得税。可以享受免征个人所得税优惠待遇的探亲费，仅限于外籍个人在我国的受雇地与其家庭所在地（包括配偶或父母居住地）之间搭乘交通工具且每年不超过 2 次的费用。

(12) 按照国家规定，单位为个人缴付和个人缴付的住房公积金、基本医疗保险费、基本养老保险费、失业保险费，从纳税义务人的应纳税所得额中扣除。

(13) 个人取得的拆迁补偿款按有关规定免征个人所得税。

(14) 经国务院财政部门批准免税的其他所得。

(二) 减税项目

(1) 残疾、孤老人员和烈属的所得。

(2) 因严重自然灾害造成重大损失的。

(3) 其他经国务院财政部门批准减免的。

(三) 暂免征税项目

对下列所得暂免征收个人所得税：

(1) 外籍个人以非现金形式或实报实销形式取得的住房补贴、伙食补贴、搬迁费、洗衣费。

(2) 外籍个人按合理标准取得的境内、境外出差补贴。

(3) 外籍个人取得的语言训练费、子女教育费等，经当地税务机关审核批准为合理的部分。

(4) 外籍个人从外商投资企业取得的股息、红利所得。

(5) 符合条件的外籍专家取得的工资、薪金所得。

(6) 股票转让所得。

(7) 个人举报、协查各种违法、犯罪行为而获得的奖金。

(8) 个人办理代扣代缴手续，按规定取得的扣缴手续费。

(9) 个人转让自用达 5 年以上，并且是唯一的家庭生活用房取得的所得。

(10) 对个人购买福利彩票、赈灾彩票、体育彩票，一次中奖收入在 1 万元以下的（含 1 万元）暂免征收个人所得税；超过 1 万元的，全额征收个人所得税。

(11) 个人取得不超过 800 元（含 800 元）的单张有奖发票奖金所得。

(12) 达到离休、退休年龄，但确因工作需要，适当延长离休、退休年龄的高级专家（指享受国家发放的政府特殊津贴的专家、学者），其在延长离休、退休期间的工资、薪金所得。

(13) 国有企业职工，因企业依法宣告破产，从破产企业取得的一次性安置费收入。

(14) 职工与用人单位解除劳动关系取得的一次性补偿收入（包括用人单位发放的经济补偿金、生活补助费和其他补助费用），在当地上年职工年平均工资 3 倍数额内的部分。

(15) 个人领取原提存的住房公积金、基本医疗保险金、基本养老保险金，以及失业保险金。

(16) 工伤职工及其近亲属按照《工伤保险条例》规定取得的工伤保险待遇。

(17) 企业和事业单位根据国家有关政策规定的办法和标准，为在本单位任职或者受雇的全体职工缴付的企业年金或职业年金单位缴费部分，在计入个人账户时，个人暂不缴纳个人所得税。

个人根据国家有关政策规定缴付的年金个人缴费部分，在不超过本人缴费工资计税基数的4%标准内的部分，暂从个人当期的应纳税所得额中扣除。

年金基金投资运营收益分配计入个人账户时，暂不缴纳个人所得税。

(18) 储蓄存款利息所得。

(19) 个人从公开发行和转让市场取得的上市公司股票，持股期限超过1年的股息红利所得。

(20) 以下情形的房屋产权无偿赠与的，对当事双方不征收个人所得税：

①房屋产权所有人将房屋产权无偿赠与配偶、父母、子女、祖父母、外祖父母、孙子女、外孙子女、兄弟姐妹；

②房屋产权所有人将房屋产权无偿赠与对其承担直接抚养或者赡养义务的抚养人或者赡养人；

③房屋产权所有人死亡，依法取得房屋产权的法定继承人、遗嘱继承人或者受遗赠人。

(21) 个体工商户、个人独资企业和合伙企业或个人从事种植业、养殖业、饲养业、捕捞业取得的所得。

(22) 企业在销售商品（产品）和提供服务过程中向个人赠送礼品，属于下列情形之一的，不征收个人所得税：

①企业通过价格折扣、折让方式向个人销售商品（产品）和提供服务；

②企业在向个人销售商品（产品）和提供服务的同时给予赠品，如通信企业对个人购买手机赠话费、入网费，或者购话费赠手机等；

③企业对累积消费达到一定额度的个人按消费积分反馈礼品。

经典例题

JINGDIANLITI

2014年5月李某花费500元购买体育彩票，一次中奖30 000元，将其中1 000元直接捐赠给甲小学。已知偶然所得个人所得税税率为20%，李某彩票中奖收入应缴纳个人所得税税额的下列计算中，正确的是（　　）。

A.（30 000－500）×20%＝5 900（元）　B. 30 000×20%＝6 000（元）

C.（30 000－1 000）×20%＝5 800（元）　D.（30 000－1 000－500）×20%＝5 700（元）

【答案】 B

【解析】 ①对个人购买福利彩票、赈灾彩票、体育彩票，一次中奖收入在1万元以下的（含1万元），暂免征收个人所得税；超过1万元的，“全额”征收个人所得税（不得扣除购买彩票的成本）；②个人“直接”向受赠人的捐赠不允许税前扣除；③李某应缴纳个人所得税＝30 000×20%＝6 000（元）。

七、个人所得税征收管理

考试要求： 熟悉

命题频率： 2014年多选题；2015年多选题；2016年多选题

纳税义务人有下列情形之一的，应当按照规定到主管税务机关办理纳税申报。

(一) 纳税申报

1. 代扣代缴方式

以支付所得的单位或者个人为扣缴义务人。

税务机关应根据扣缴义务人所扣缴的税款，付给 2%的手续费，由扣缴义务人用于代扣代缴费用开支和奖励代扣代缴工作做得较好的办税人员。

2. 自行纳税申报

纳税义务人有下列情形之一的，应当按照规定到主管税务机关办理纳税申报：

(1) 年所得 12 万元以上的；

(2) 从中国境内两处或者两处以上取得工资、薪金所得的；

(3) 从中国境外取得所得的；

(4) 取得应纳税所得，没有扣缴义务人的；

(5) 国务院规定的其他情形。

(二) 纳税期限

1. 代扣代缴期限

扣缴义务人每月扣缴的税款，应当在次月 15 日内缴入国库。

2. 自行申报纳税期限

一般情况下，纳税人应在取得应纳税所得的次月 15 日内向主管税务机关申报所得并缴纳税款。具体规定如下：

(1) 工资、薪金所得的纳税期限，实行按月计征，在次月 15 日内缴入国库，并向税务机关报送个人所得税纳税申报表。

对特定行业的纳税人，可以实行按年计算，分月预缴的方式计征，自年度终了后 30 日内，合计全年工资、薪金所得，再按 12 个月平均计算实际应缴纳的税款，多退少补。

(2) 对账册健全的个体工商户，其纳税期限实行按年计算、分月预缴，并在次月 15 日内申报预缴，年终后 3 个月汇算清缴，多退少补。

对账册不健全的个体工商户，其纳税期限由税务机关确定。

(3) 对年终一次性取得承包经营、承租经营所得的，自取得所得之日起 30 日内申报纳税；对在 1 年内分次取得承包经营、承租经营所得的，应在每次取得所得后的 15 日内预缴税款，年终后 3 个月汇算清缴，多退少补。

(4) 劳务报酬、稿酬、特许权使用费、利息、股息、红利、财产租赁及转让、偶然所得等的纳税期限，实行按次计征，并在次月 15 日内预缴税款并报送个人所得税纳税申报表。

(5) 若在境外以纳税年度计算缴纳个人所得税的，应在所得来源国的纳税年度终了、结清税款后的 30 日内，向中国主管税务机关申报纳税；若在取得境外所得时结清税款的，或者在境外按所得来源国税法规定免予缴纳个人所得税的，应当在次年 1 月 1 日起 30 日内，向主管税务机关申报纳税。

(6) 年所得额 12 万元以上的纳税义务人，在年度终了后 3 个月内到主管税务机关办理纳税申报。

3. 个人独资企业和合伙企业投资者个人所得税的纳税期限

(1) 投资者应纳的个人所得税税款，按年计算，分月或者分季预缴，由投资者在每月或者每季度终了后 15 日内预缴，年度终了后 3 个月内汇算清缴，多退少补。

(2) 企业在年度中间合并、分立、终止时，投资者应当在停止生产经营之日起 60 日内，向主管税务机关办理当期个人所得税汇算清缴。

(3) 企业在纳税年度的中间开业或由于合并、关闭等原因，使该纳税年度的实际经营期不足12个月的，应以其实际经营期为一个纳税年度。

年度终了后30日内，投资者应向主管税务机关报送《个人独资企业和合伙企业投资者个人所得税申报表》，并附送年度会计决算报表和预缴个人所得税纳税凭证。

(三) 纳税地点

(1) 个人所得税自行申报的，其申报地点一般应为收入来源地的主管税务机关。

(2) 纳税人从两处或两处以上取得工资、薪金的，可选择并固定在其中一地税务机关申报纳税。

(3) 境外取得所得的，应向其境内户籍所在地或经营居住地税务机关申报纳税。

(4) 扣缴义务人应向其主管税务机关进行纳税申报。

(5) 纳税人要求变更申报纳税地点的，须经原主管税务机关批准。

(6) 个人独资企业和合伙企业投资者个人所得税纳税地点。

投资者应向企业实际经营管理所在地主管税务机关申报缴纳个人所得税。投资者兴办两个或两个以上企业的，应分别向企业实际经营管理所在地主管税务机关预缴税款。

投资者的个人所得税征收管理工作由地方税务局负责。

经典例题
JINGDIANLITI

居民纳税人发生的下列情形中，应当按照规定向主管税务机关办理个人所得税自行纳税申报的有（　　）。

A. 王某从英国取得的所得

B. 林某从出版社取得稿酬所得1万元

C. 李某从境内两家公司取得工资、薪金所得

D. 张某2015年度取得的所得15万元

【答案】 ACD

【解析】 纳税义务人有下列情形之一的，应当按照规定到主管税务机关办理纳税申报：①年所得12万元以上的；②从中国境内两处或者两处以上取得工资、薪金所得的；③从中国境外取得所得的；④取得应纳税所得，没有扣缴义务人的；⑤国务院规定的其他情形，故ACD选项正确。

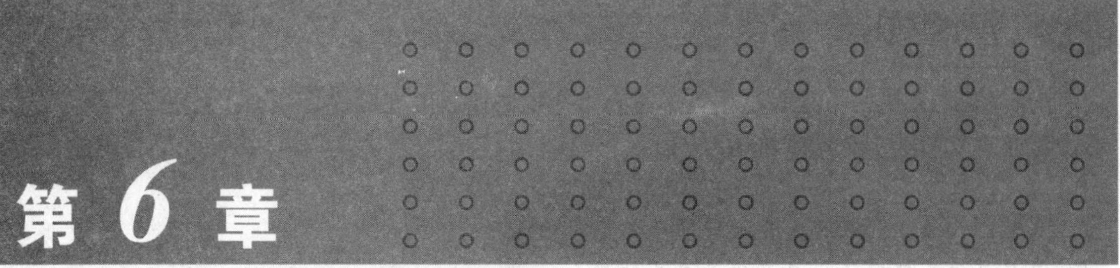

第6章 其他税收法律制度

本章在以往的考试中所占分值为8～12分。本章考点较多，有些考点需要考生强记，有些考点需要考生理解，复习难度大。本章重点掌握相关税种的纳税人、相关税种的征税范围（课税对象）和税率（税目）、相关税种的计税依据和相关税种应纳税额的计算。

第一节 房产税法律制度

房产税，是以房产为征税对象，按照房产的计税价值或房产租金收入向房产所有人或经营管理人等征收的一种税。

一、房产税纳税人

考试要求：掌握
命题频率：2014年判断题；2015年判断题

房产税的纳税人指在我国城市、县城、建制镇和工矿区内拥有房屋产权的单位和个人。具体包括产权所有人、承典人、房产代管人或者使用人。

（1）产权属于国家所有的，其经营管理的单位为纳税人；产权属于集体和个人的，集体单位和个人为纳税人。

（2）产权出典的，承典人为纳税人。

产权所有人（房主）称为房屋出典人；支付现金或实物取得房屋支配权的人称为房屋的承典人。税法规定对房屋具有支配权的承典人为纳税人。

（3）产权所有人、承典人均不在房产所在地的，房产代管人或者使用人为纳税人。

（4）产权未确定以及租典纠纷未解决的，房产代管人或者使用人为纳税人。

（5）纳税单位和个人无租使用房产管理部门、免税单位及纳税单位的房产，由使用人代为缴纳房产税。

（6）房屋出租的，出租人为房产税的纳税人。

房地产开发企业建造的商品房，在出售前，不征收房产税，但对出售前房地产开发企业已使用或出租、出借的商品房应按规定征收房产税。

关于房产税纳税人的下列表述中，不符合房产税法律制度规定的是（　　）。

A. 房屋出租的，承租人为纳税人

B. 房屋产权所有人不在房产所在地的，房产代管人为纳税人

C. 房屋产权属于国家的，其经营管理单位为纳税人

D. 房屋产权未确定的，房产代管人为纳税人

【答案】A

【解析】房屋出租的，出租人为房产税的纳税人。

二、房产税征税范围

考试要求：掌握

房产税征税范围包括以下方面：

（1）房产税的征税范围为城市、县城、建制镇和工矿区的房屋。

城市是指国务院批准设立的市，其征税范围为市区、郊区和市辖县城，不包括农村。

县城是指未设立建制镇的县人民政府所在地的地区。

建制镇是指经省、自治区、直辖市人民政府批准设立的建制镇。

工矿区是指工商业比较发达，人口比较集中，符合国务院规定的建制镇的标准，但尚未设立建制镇的大中型工矿企业所在地。

（2）独立于房屋之外的建筑物，如围墙、烟囱、水塔、菜窖、室外游泳池等不属于房产税的征税范围。

三、房产税税率

考试要求：掌握

我国现行房产税采用比例税率。从价计征和从租计征实行不同标准的比例税率。

（1）从价计征的，税率为1.2%。

（2）从租计征的，税率为12%。

四、房产税计税依据

考试要求：掌握

命题频率：2014年判断题；2015年多选题

房产税以房产的计税价值或房产租金收入为计税依据。

按房产计税价值征税的，称为从价计征；按房产租金收入征税的，称为从租计征。

（一）从价计征的房产税的计税依据

从价计征的房产税，是以房产余值为计税依据。

房产税依照房产原值一次减除10%～30%后的余值计算缴纳。具体扣减比例由省、自治

区、直辖市人民政府确定。

（1）房产原值，是指纳税人按照会计制度规定，在账簿固定资产科目中记载的房屋原价。

（2）房产余值，是房产的原值减除规定比例后的剩余价值。

（3）房屋附属设备和配套设施的计税规定。

房产原值应包括与房屋不可分割的各种附属设备或一般不单独计算价值的配套设施。主要有：暖气、卫生、通风、照明、煤气等设备；各种管线，如蒸汽、压缩空气、石油、给水排水等管道及电力、电讯、电缆导线；电梯、升降机、过道、晒台等。

凡以房屋为载体，不可随意移动的附属设备和配套设施，如给排水、采暖、消防、中央空调、电气及智能化楼宇设备等，无论在会计核算中是否单独记账与核算，都应计入房产原值，计征房产税。

纳税人对原有房屋进行改建、扩建的，要相应增加房屋的原值。

（4）对于投资联营的房产的计税规定。

①对以房产投资联营、投资者参与投资利润分红、共担风险的，按房产余值作为计税依据计缴房产税。

②对以房产投资收取固定收入、不承担经营风险的，实际上是以联营名义取得房屋租金，应以出租方取得的租金收入为计税依据计缴房产税。

③融资租赁房屋实际是一种变相的分期付款购买固定资产的形式，所以在计征房产税时应以房产余值计算征收。由承租人自融资租赁合同约定开始日的次月起依照房产余值缴纳房产税。合同未约定开始日的，由承租人自合同签订的次月起依照房产余值缴纳房产税。

（5）居民住宅区内业主共有的经营性房产的计税规定。

对居民住宅内业主共有的经营性房产，由实际经营（包括自营和出租）的代管人或使用人缴纳房产税。

自营的依照房产原值减除10%～30%后的余值计征，没有房产原值或不能将业主共有房产与其他房产的原值准确划分开的，由房产所在地地方税务机关参照同类房产核定房产原值；出租房产的，按照租金收入计征。

（二）从租计征的房产税的计税依据

房产出租的，以房屋出租取得的租金收入为计税依据，计缴房产税。

房产的租金收入包括货币收入和实物收入。

经典例题
JINGDIANLITI

根据房产税法律制度的有关规定，下列应计入房产原值计征房产税的有（　　）。

A. 中央空调

B. 电梯

C. 暖气管道

D. 给排水管道

【答案】 ABCD

【解析】 凡以房屋为载体，不可随意移动的附属设备和配套设施，如给排水（给排水管道）、采暖（暖气管道）、消防、中央空调、电气及智能化楼宇设备（电梯）等，无论在会计核算中是否单独记账与核算，都应计入房产原值，计征房产税。

五、房产税应纳税额的计算

考试要求：掌握
命题频率：2015 年单选题；2017 年单选题

（一）从价计征的房产税应纳税额的计算

从价计征是按房产的原值减除一定比例后的余值计征，其计算公式为：

从价计征的房产税应纳税额＝应税房产原值×（1－扣除比例）×1.2%

公式中，扣除比例幅度为10%～30%，具体减除幅度由省、自治区、直辖市人民政府规定。

（二）从租计征的房产税应纳税额的计算

从租计征是按房产的租金收入计征，其计算公式为：

从租计征的房产税应纳税额＝租金收入×12%（或 4%）

经典例题
JINGDIANLITI

某企业 2016 年度生产经营用房原值 12 000 万元；幼儿园用房原值 400 万元；出租房屋原值 600 万元，年租金 80 万元。已知房产原值减除比例为 30%；房产税税率从价计征的为 1.2%，从租计征的为 12%。该企业当年应缴纳房产税税额的下列计算中，正确的是（　　）。

A. 12 000×（1－30%）×1.2%＝100.8（万元）

B. 12 000×（1－30%）×1.2%＋80×12%＝110.4（万元）

C.（12 000＋400）×（1－30%）×1.2%＋80×12%＝113.76（万元）

D.（12 000＋400＋600）×（1－30%）×1.2%＝109.2（万元）

【答案】 B

【解析】 企业办的幼儿园用房免征房产税，企业经营性房产从价计征房产税。出租房产从租计征房产税，应缴纳的房产税＝12 000×（1－30%）×1.2%＋80×12%＝110.4（万元），故 B 选项正确。

六、房产税税收优惠

考试要求：熟悉
命题频率：2016 年判断题

（1）国家机关、人民团体、军队自用的房产免征房产税。但上述免税单位的出租房产以及非自身业务使用的生产、营业用房，不属于免税范围。

（2）由国家财政部门拨付事业经费（全额或差额）的单位（学校、医疗卫生单位、托儿所、幼儿园、敬老院以及文化、体育、艺术类单位）所有的、本身业务范围内使用的房产免征房产税。

上述单位所属的附属工厂、商店、招待所等不属于单位公务、业务的用房，应照章纳税。

（3）宗教寺庙、公园、名胜古迹自用的房产免征房产税。宗教寺庙自用的房产，是指举行宗教仪式等的房屋和宗教人员使用的生活用房屋。

宗教寺庙、公园、名胜古迹中附设的营业单位，如影剧院、饮食部、茶社、照相馆等所使用的房产及出租的房产，不属于免税范围，应照章征税。

(4) 个人所有非营业用的房产免征房产税。

个人所有的非营业用房，主要是指居民住房，不分面积多少，一律免征房产税。对个人拥有的营业用房或者出租的房产，不属于免税房产，应照章征税。

(5) 经财政部批准免税的其他房产：

①毁损不堪居住的房屋和危险房屋，经有关部门鉴定，在停止使用后，可免征房产税。

②纳税人因房屋大修导致连续停用半年以上的，在房屋大修期间免征房产税。

③在基建工地为基建工地服务的各种工棚、材料棚、休息棚和办公室、食堂、茶炉房、汽车房等临时性房屋，施工期间一律免征房产税。

但工程结束后，施工企业将这种临时性房屋交还或估价转让给基建单位的，应从基建单位接收的次月起，照章纳税。

④对房管部门经租的居民住房，在房租调整改革之前收取租金偏低的，可暂缓征收房产税。

⑤对高校学生公寓免征房产税。

⑥对非营利性医疗机构、疾病控制机构和妇幼保健机构等卫生机构自用的房产，免征房产税。

⑦老年服务机构自用的房产免征房产税。

⑧对公共租赁住房免征房产税。公共租赁住房经营单位应单独核算公共租赁住房租金收入，未单独核算的，不得享受免征房产税优惠政策。

对廉租住房经营管理单位按照政府规定价格、向规定保障对象出租廉租住房的租金收入，免征房产税。

对个人出租住房，不区分用途，按 4%的税率征收房产税；对企事业单位、社会团体以及其他组织按市场价格向个人出租用于居住的住房，减按 4%的税率征收房产税。

⑨国家机关、军队、人民团体、财政补助事业单位、居民委员会、村民委员会拥有的体育场馆，用于体育活动的房产，免征房产税。

经典例题
JINGDIANLITI

根据房产税法律制度的规定，下列各项中，不予免征房产税的是（　　）。

A. 名胜古迹中附设的经营性茶社　　B. 公园自用的办公用房

C. 个人所有的唯一普通居住用房　　D. 国家机关的职工食堂

【答案】 A

【解析】 个人、国家机关、公园、名胜古迹自用的房产免征房产税，用于经营的照章纳税，故 A 选项正确，BCD 选项不正确。

七、房产税征收管理

考试要求： 了解
命题频率： 2015 年单选题

(一) 纳税义务发生时间

(1) 纳税人将原有房产用于生产经营，从生产经营之月起，缴纳房产税。

(2) 纳税人自行新建房屋用于生产经营，从建成之次月起，缴纳房产税。

(3) 纳税人委托施工企业建设的房屋，从办理验收手续之次月起，缴纳房产税。

(4) 纳税人购置新建商品房，自房屋交付使用之次月起，缴纳房产税。

(5) 纳税人购置存量房，自办理房屋权属转移、变更登记手续，房地产权属登记机关签发房屋权属证书之次月起，缴纳房产税。

(6) 纳税人出租、出借房产，自交付出租、出借本企业房产之次月起，缴纳房产税。

(7) 房地产开发企业自用、出租、出借本企业建造的商品房，自房屋使用或交付之次月起，缴纳房产税。

(8) 纳税人因房产的实物或权利状态发生变化而依法终止房产税纳税义务的，其应纳税款的计算截止到房产的实物或权利状态发生变化的当月末。

(二) 纳税地点

房产税在房产所在地缴纳。房产不在同一地方的纳税人，应按房产的坐落地点分别向房产所在地的税务机关申报纳税。

(三) 纳税期限

房产税实行按年计算、分期缴纳的征收方法，具体纳税期限由省、自治区、直辖市人民政府确定。

经典例题
JINGDIANLITI

甲企业 2014 年年初拥有一栋房产，房产原值 1 000 万元，3 月 31 日将其对外出租，租期 1 年，每月收取租金 1 万元。已知从价计征房产税税率为 1.2%，从租计征房产税税率为 12%，当地省政府规定计算房产余值的减除比例为 30%。2014 年甲企业上述房产应缴纳房产税（　　）万元。

A. 1.08　　B. 3.18　　C. 3.76　　D. 8.4

【答案】 B

【解析】 纳税人出租房产，自交付出租房产之次月起缴纳房产税，因此甲企业前 3 个月应按房产原值计征房产税，后 9 个月从租计征房产税。甲企业 2014 年应缴纳房产税＝1 000×(1－30%)×1.2%×3÷12＋1×9×12%＝3.18（万元），故 B 选项正确。

第二节　契税法律制度

契税指国家在土地、房屋权属转移时，按照当事人双方签订的合同（契约），以及所确定价格的一定比例，向权属承受人征收的一种税。

一、契税纳税人

考试要求： 掌握
命题频率： 2015 年单选题；2016 年单选题

契税的纳税人指在我国境内承受土地、房屋权属转移的单位和个人。

这里所说的“承受”，是指以受让、购买、受赠、交换等方式取得土地、房屋权属的行为。

下列各项中，属于契税纳税人的是（　　）。

A. 出租房屋的李某　　B. 出让土地使用权的某市政府

C. 转让土地使用权的甲公司　　D. 购买房屋的王某

【答案】D

【解析】房屋的出租不属于契税的征税范围，故 A 选项不正确；出让和转让土地使用权的应由土地使用权的承受方缴纳契税，故 BC 选项不正确；购买房屋的购买人为承受人，故 D 选项正确。

二、契税征税范围

考试要求：掌握
命题频率：2016 年多选题

契税以在我国境内转移土地、房屋权属的行为作为征税对象。土地、房屋权属未发生转移的，不征收契税。

契税的征税范围主要包括：

（1）国有土地使用权出让。

（2）土地使用权转让。

土地使用权的转让不包括农村集体土地承包经营权的转移。

（3）房屋买卖。

（4）房屋赠与。

（5）房屋交换。

（6）如以土地、房屋权属作价投资、入股，以土地、房屋权属抵债，视同土地使用权出让。

（7）以获奖方式承受土地、房屋权属，视同房屋买卖或者房屋赠与。

（8）以预购方式或者预付集资建房款方式承受土地、房屋权属等。

（9）土地使用权受让人通过完成土地使用权转让方约定的投资额度或投资特定项目，以此获取低价转让或无偿赠与的土地使用权的，属于契税征收范围。

（10）公司增资扩股中，对以土地、房屋权属作价入股或作为出资投入企业的，征收契税；企业破产清算期间，对非债权人承受破产企业土地、房屋权属的，征收契税。

土地、房屋典当、继承、分拆（分割）、抵押以及出租等行为，不属于契税的征税范围。

经典例题
JINGDIANLITI

下列各项中，需要缴纳契税的有（　　）。

A. 甲接受捐赠房子　　B. 乙出典房子

C. 丙购买房子　　D. 丁承租房子

【答案】AC

【解析】房屋的典当、出租，不属于契税的征税范围，故 BD 选项不正确；房屋的买卖和赠与属于契税的征税范围，故 AC 选项正确。

三、契税税率

考试要求：掌握

契税采用比例税率，并实行3%～5%的幅度税率。

四、契税计税依据

考试要求：掌握

（1）国有土地使用权出让、土地使用权出售、房屋买卖，以成交价格作为计税依据。

（2）土地使用权赠与、房屋赠与，由征收机关参照土地使用权出售、房屋买卖的市场价格核定。

（3）土地使用权交换、房屋交换，以交换土地使用权、房屋的价格差额为计税依据。

交换价格不相等的，由多交付货币、实物、无形资产或其他经济利益的一方缴纳契税；交换价格相等的，免征契税。

土地使用权与房屋所有权之间相互交换，也应按照上述办法确定计税依据。

（4）以划拨方式取得土地使用权，经批准转让房地产时应补交的契税，以补交的土地使用权出让费用或土地收益作为计税依据。

经典例题
JINGDIANLITI

关于契税计税依据的下列表述中，符合法律制度规定的有（　　）。

A. 受让国有土地使用权的，以成交价格为计税依据

B. 受赠房屋的，由征收机关参照房屋买卖的市场价格规定计税依据

C. 购入土地使用权的，以评估价格为计税依据

D. 交换土地使用权的，以交换土地使用权的价格差额为计税依据

【答案】ABD

【解析】国有土地使用权出让、土地使用权出售以成交价格作为计税依据，故A选项正确，C选项不正确；土地使用权赠与、房屋赠与，计税依据由征税机关参照土地使用权出售、房屋买卖的市场价格确定，故B选项正确；土地使用权交换、房屋交换，计税依据为所交换土地使用权、房屋的“价格差额”，故D选项正确。

五、契税应纳税额的计算

考试要求：掌握

命题频率：2014年单选题；2015年单选题

契税应纳税额依照省、自治区、直辖市人民政府确定的适用税率和税法规定的计税依据计算征收。其计算公式为：

应纳税额＝计税依据×税率

经典例题
JINGDIANLITI

老李拥有一套价值72万元的住房，老张拥有一套52万元的住房，双方交换住房，由老张补

差价 20 万元给老李。已知契税的税率为 3%，下列各项中，正确的是（　　）。

A. 老李应缴纳契税 2.16 万元　　B. 老张应缴纳契税 0.6 万元

C. 老李应缴纳契税 0.6 万元　　D. 老张应缴纳契税 2.16 万元

【答案】B

【解析】房屋交换，以房屋的价格差额为计税依据，由于是老张补差价，因而纳税人是老张。契税应纳税额＝20×3%＝0.6（万元），故 B 选项正确。

六、契税税收优惠

考试要求：熟悉
命题频率：2014 年判断题；2015 年多选题

（1）国家机关、事业单位、社会团体、军事单位承受土地、房屋用于办公、教学、医疗、科研和军事设施的，免征契税。

（2）城镇职工按规定第一次购买公有住房的，免征契税。

（3）因不可抗力灭失住房而重新购买住房的，酌情准予减征或者免征契税。

（4）土地、房屋被县级以上人民政府征用、占用后，重新承受土地、房屋权属的，是否减征或者免征契税，由省、自治区、直辖市人民政府确定。

（5）纳税人承受荒山、荒沟、荒丘、荒滩土地使用权，用于农、林、牧、渔业生产的，免征契税。

（6）依照我国有关法律规定以及我国缔结或参加的双边和多边条约或协定的规定应当予以免税的外国驻华使馆、领事馆、联合国驻华机构及其外交代表、领事官员和其他外交人员承受土地、房屋权属的，经外交部确认，可以免征契税。

（7）经批准减征、免征契税的纳税人，改变有关土地、房屋的用途的，就不再属于减征、免征契税范围，并且应当补缴已经减征、免征的税款。

经典例题
JINGDIANLITI

根据契税法律制度的规定，下列情形中，不予免征契税的是（　　）。

A. 医院承受划拨土地用于修建门诊楼　　B. 农民承受荒沟土地用于林业生产

C. 企业接受捐赠房屋用于办公　　D. 学校承受划拨土地用于建造教学楼

【答案】C

【解析】事业单位承受土地用于教学、医疗的，免征契税，由于学校和医院属于事业单位，故 AD 选项不正确；纳税人承受荒沟土地使用权，用于农、林、牧、渔业生产的，免征契税，故 B 选项不正确；企业捐赠不属于免征契税的范围，故 C 选项正确。

七、契税征收管理

考试要求：了解
命题频率：2014 年单选题

（一）纳税义务发生时间

契税的纳税义务发生时间为纳税人签订土地、房屋权属转移合同的当天，或者纳税人取得其他具有土地、房屋权属转移合同性质凭证的当天。

（二）纳税地点

纳税人发生契税纳税义务时，应向土地、房屋所在地的税务征收机关申报纳税。

（三）纳税期限

纳税人应当自纳税义务发生之日起10日内，向土地、房屋所在地的税收征收机关办理纳税申报，并在税收征收机关核定的期限内缴纳税款。

根据契税法律制度的规定，纳税人应当自契税纳税义务发生之日起（　　）日内，向土地、房屋所在地的税收征收机关办理纳税申报。

A. 5　　B. 10　　C. 7　　D. 15

【答案】B

【解析】纳税人应当自纳税义务发生之日起10日内，向土地、房屋所在地的税收征收机关办理纳税申报，并在税收征收机关核定的期限内缴纳税款。

第三节　土地增值税法律制度

土地增值税是对转让国有土地使用权、地上建筑物及其附着物并取得收入的单位和个人，就其转让房地产所取得的增值额征收的一种税。

一、土地增值税纳税人

考试要求： 掌握
命题频率： 2015年多选题

土地增值税的纳税人为转让国有土地使用权、地上建筑物及其附着物（以下简称“转让房地产”）并取得收入的单位和个人。

单位包括各类企业单位、事业单位、国家机关和社会团体及其他组织，个人包括个体经营者。外商投资企业、外国企业、外国驻华机构及海外华侨、港澳台同胞和外国公民也是土地增值税纳税人。

下列各项中，属于土地增值税纳税人的是（　　）。

A. 承租商铺的张某　　B. 出让国有土地使用权的某市政府

C. 接受房屋捐赠的某学校　　D. 转让厂房的某企业

【答案】D

【解析】土地增值税的纳税人为转让国有土地使用权、地上建筑物及其附着物并取得收入的单位和个人，故AC选项不正确；政府出让土地的行为不属于土地增值税的征税范围，故B选项不正确。

二、土地增值税征税范围

考试要求：掌握
命题频率：2014 年单选题；2015 年多选题

（一）征税范围的一般规定

（1）土地增值税只对转让国有土地使用权的行为征税，对出让国有土地的行为不征税。

对属于集体所有的土地，按现行法律规定须先由国家征用后才能转让。

（2）土地增值税既对转让国有土地使用权的行为征税，也对转让地上建筑物及其他附着物产权的行为征税。

纳税人转让地上建筑物和其他附着物的产权，取得的增值性收入，也应计算缴纳土地增值税。

（3）土地增值税只对有偿转让的房地产征税，对以继承、赠与等方式无偿转让的房地产，不予征税。

下列情况不征收土地增值税：

①房产所有人、土地使用权所有人将房屋产权、土地使用权赠与直系亲属或承担直接赡养义务人的行为。

②房产所有人、土地使用权所有人通过中国境内非营利的社会团体、国家机关将房屋产权、土地使用权赠与教育、民政和其他社会福利、公益事业的行为。

（二）征税范围的特殊规定

（1）企业改制重组。

①对改建前的企业将国有土地、房屋权属转移、变更到改建后的企业，暂不征收土地增值税。

②按照法律规定或者合同约定，两个或两个以上企业合并为一个企业，且原企业投资主体存续的，对原企业将国有土地、房屋权属转移、变更到合并后的企业，暂不征收土地增值税。

③按照法律规定或者合同约定，企业分设为两个或两个以上与原企业投资主体相同的企业，对原企业将国有土地、房屋权属转移、变更到分立后的企业，暂不征收土地增值税。

④单位、个人在改制重组时以国有土地、房屋进行投资，对其将国有土地、房屋权属转移、变更到被投资的企业，暂不征收土地增值税。

（2）房地产开发企业将开发的部分房地产转为企业自用或用于出租等商业用途时，如果产权未发生转移，不征收土地增值税。

（3）房地产交换属于土地增值税的征税范围，但对个人之间互换自有居住用房地产的，经当地税务机关核实，可以免征土地增值税。

（4）对于一方出地，另一方出资金，双方合作建房，建成后按比例分房自用的，暂免征收土地增值税；建成后转让的，应征收土地增值税。

（5）房地产出租没有发生房产产权、土地使用权的转让，因此，不属于土地增值税的征税范围。

（6）对房地产的抵押，在抵押期间不征收土地增值税。待抵押期满后，视该房地产是否转移占有而确定是否征收土地增值税。对于以房地产抵债而发生房地产权属转让的，应列入土地增值税的征税范围。

（7）房地产代建取得的收入属于劳务收入性质，故不属于土地增值税的征税范围。

（8）国有企业在清产核资时对房地产进行重新评估而产生的评估增值，不属于土地增值税的征税范围。

（9）土地使用者转让、抵押或置换土地，只要土地使用者享有占有、使用、收益或处分该土地的权利，且有合同等证据表明其实质转让、抵押或置换了土地并取得了相应的经济利益，土地使用者及其对方当事人就应当依照税法规定缴纳土地增值税和契税等。

下列行为中，应缴纳土地增值税的是（　　）。

A. 甲企业将自有厂房出租给乙企业

B. 丙企业转让国有土地使用权给丁企业

C. 某市政府出让国有土地使用权给戊房地产开发商

D. 庚软件开发公司将闲置房屋通过民政局捐赠给养老院

【答案】B

【解析】房地产出租，不属于土地增值税的征税范围，故A选项不正确；土地增值税只对转让国有土地使用权的行为征税，对出让国有土地的行为不征税，故C选项不正确；房产所有人、土地使用权人通过中国境内非营利的社会团体、国家机关将房屋产权、土地使用权赠与教育、民政和其他社会福利、公益事业的行为，不征收土地增值税，故D选项不正确。

三、土地增值税税率

考试要求：掌握

命题频率：2015 年判断题

土地增值税实行四级超率累进税率：

（1）增值额未超过扣除项目金额50％的部分，税率为30％。

（2）增值额超过扣除项目金额50％、未超过扣除项目100％的部分，税率为40％。

（3）增值额超过扣除项目金额100％、未超过扣除项目金额200％的部分，税率为50％。

（4）增值额超过扣除项目金额200％的部分，税率为60％。

上述所列四级超率累进税率，每级“增值额未超过扣除项目金额”的比例，均包括本比例数。四级超率累进税率及速算扣除系数见表6-1。

表6-1　土地增值税四级超率累进税率

级数	增值额与扣除项目金额的比率	税率（％）	速算扣除系数（％）
1	不超过50％的部分	30	0
2	超过50％至100％的部分	40	5
3	超过100％至200％的部分	50	15
4	超过200％的部分	60	35

四、土地增值税计税依据

考试要求：掌握

命题频率：2016 年多选题

土地增值税的计税依据是纳税人转让房地产所取得的增值额。

转让房地产的增值额，是纳税人转让房地产的收入减除税法规定的扣除项目金额后的余额。土地增值额的大小，取决于转让房地产的收入额和扣除项目金额两个因素。

（一）应税收入的确定

纳税人转让房地产取得的应税收入，应包括转让房地产的全部价款及有关的经济收益。从收入的形式来看，包括货币收入、实物收入和其他收入。

1. 货币收入

货币收入，是指纳税人转让房地产而取得的现金、银行存款和国库券、金融债券、企业债券、股票等有价证券。

2. 实物收入

实物收入，是指纳税人转让房地产而取得的各种实物形态的收入，如钢材、水泥等建材，房屋、土地等不动产等。实物收入一般要按照公允价值确认应税收入。

3. 其他收入

其他收入，是指纳税人转让房地产而取得的无形资产收入或具有财产价值的权利，如专利权、商标权、著作权、专有技术使用权、土地使用权、商誉权等。

对于这些无形资产收入一般要进行专门的评估，按照评估价确认应税收入。

纳税人取得的收入为外国货币的，应当以取得收入当天或当月 1 日国家公布的市场汇价折合成人民币。当月以分期收款方式取得的外币收入，也应按实际收款日或收款当月 1 日国家公布的市场汇价折合成人民币。

（二）扣除项目及其金额

准予纳税人从房地产转让收入额减除的扣除项目金额具体包括以下内容：

1. 取得土地使用权所支付的金额

取得土地使用权所支付的金额包括以下两方面的内容：

（1）纳税人为取得土地使用权所支付的地价款。

如果是以行政划拨方式取得土地使用权的，地价款为按照国家有关规定补交的土地出让金。

如果是以转让方式取得土地使用权的，地价款为向原土地使用权人实际支付的地价款。

（2）纳税人在取得土地使用权时按国家统一规定缴纳的有关费用和税金。

有关费用和税金为按国家统一规定缴纳的有关登记、过户手续费和契税。

2. 房地产开发成本

房地产开发成本，是指纳税人开发房地产项目实际发生的成本，包括土地的征用及拆迁补偿费、前期工程费、建筑安装工程费、基础设施费、公共配套设施费、开发间接费用等。

3. 房地产开发费用

房地产开发费用，是指与房地产开发项目有关的销售费用、管理费用和财务费用。

在计算土地增值税时，房地产开发费用并不是按照纳税人实际发生额进行扣除，应分别按以下两种情况扣除：

（1）财务费用中的利息支出，凡能够按转让房地产项目计算分摊并提供金融机构证明的，允许据实扣除，但最高不能超过按商业银行同类同期贷款利率计算的金额。

其他房地产开发费用，按规定（即取得土地使用权所支付的金额和房地产开发成本，下同）计算的金额之和的 5%以内计算扣除。计算公式为：

允许扣除的房地产开发费用＝利息＋（取得土地使用权所支付的金额＋房地产开发成本）×5%

（2）财务费用中的利息支出，凡不能按转让房地产项目计算分摊利息支出或不能提供金融机构证明的，房地产开发费用按规定计算的金额之和的10%以内计算扣除。

计算扣除的具体比例，由各省、自治区、直辖市人民政府规定。计算公式为：

允许扣除的房地产开发费用＝（取得土地使用权所支付的金额＋房地产开发成本）×10%

4. 与转让房地产有关的税金

与转让房地产有关的税金包括转让房地产时缴纳的增值税、城市维护建设税、印花税。因转让房地产缴纳的教育费附加，也可视同税金予以扣除。《土地增值税暂行条例》等规定的土地增值税扣除项目涉及的增值税进项税额，允许在销项税额中计算抵扣的，不计入扣除项目，不允许在销项税额中计算抵扣的，可以计入扣除项目。

房地产开发企业按照《施工、房地产开发企业财务制度》有关规定，其在转让时缴纳的印花税已列入管理费用中，故不允许单独再扣除。其他纳税人缴纳的印花税允许在此扣除。

5. 财政部确定的其他扣除项目

对从事房地产开发的纳税人可按规定计算的金额之和，加计20%的扣除，除此之外的其他纳税人不适用。

6. 旧房及建筑物的扣除金额

（1）按评估价格扣除。

旧房及建筑物的评估价格为由政府批准设立的房地产评估机构评定的重置成本价乘以成新度折扣率后的价格。

转让旧房应按房屋及建筑物的评估价格、取得土地使用权所支付的地价款和按国家统一规定缴纳的有关费用，以及在转让环节缴纳的税金作为扣除项目金额计征土地增值税。

对取得土地使用权时未支付地价款或不能提供已支付的地价款凭据的，在计征土地增值税时不允许扣除。

（2）按购房发票金额计算扣除。

纳税人转让旧房及建筑物，凡不能取得评估价格，但能提供购房发票的，经当地税务部门确认，可按发票所载金额并从购买年度起至转让年度止每年加计5%计算扣除。

对于纳税人购房时缴纳的契税，凡能够提供契税完税凭证的，准予作为“与转让房地产有关的税金”予以扣除，但不作为加计5%的基数。

7. 计税依据的特殊规定

（1）对于纳税人隐瞒、虚报房地产成交价格的，应由评估机构参照同类房地产的市场交易价格进行评估，税务机关根据评估价格确定转让房地产的收入。

（2）对于纳税人申报扣除项目金额不实的，应由评估机构对该房屋按照评估出的房屋重置成本价，乘以房屋的成新度折扣率，确定房产的扣除项目金额，并用该房产所坐落土地取得时的基准地价或标准地价来确定土地的扣除项目金额，房产和土地的扣除项目金额之和即为该房地产的扣除项目金额。

（3）对于这种情况，应按评估的市场交易价确定其实际成交价，并以此作为转让房地产的收入计算征收土地增值税。

（4）房地产开发企业将开发产品用于职工福利、奖励、对外投资、分配给股东或投资人、抵偿债务、换取其他单位和个人的非货币性资产等，发生所有权转移时应视同销售房地产，其收入按下列方法和顺序确认：

①按本企业在同一地区、同一年度销售的同类房地产的平均价格确定；

②由主管税务机关参照当地当年、同类房地产的市场价格或评估价值确定。

1. 北京市某企业 2013 年 7 月转让一块未经开发的土地使用权，取得收入 2 000 万元，支付相关税费 110 万元。2013 年 3 月取得该土地使用权时支付地价款 1 000 万元，取得土地使用权时发生相关税费 60 万元。根据土地增值税法律制度的规定，该企业计算缴纳土地增值税时的“土地增值额”为（　　）万元。

A. 2 000－1 000＝1 000　　B. 2 000－110－1 000＝890

C. 2 000－110－1 000－60＝830　　D. 2 000－1 000－60＝940

【答案】 C

【解析】 扣除项目金额＝地价款＋相关费用和税金＝1 000＋60＋110＝1 170（万元）；土地增值税＝收入－扣除项目金额＝2 000－1 170＝830（万元）。通过以上计算可知 C 选项正确。

2. 计算土地增值税时，旧房及建筑物可以扣除的金额有（　　）。

A. 转让环节的税金　　B. 取得土地的地价款

C. 评估价格　　D. 重置成本

【答案】 ABC

【解析】 转让旧房的，应按房屋及建筑物的评估价格、取得土地使用权所支付的地价款和按国家统一规定交纳的有关费用以及在转让环节缴纳的税金作为扣除项目金额计征土地增值税，故 ABC 选项正确。

五、土地增值税应纳税额的计算

考试要求： 掌握

命题频率： 2015 年单选题

1. 应纳税额的计算公式

土地增值税按照纳税人转让房地产所取得的增值额和规定的税率计算征收。土地增值税的计算公式是：

应纳税额＝∑（每级距的增值额×适用税率）

土地增值税税额，可按增值额乘以适用的税率减去扣除项目金额乘以速算扣除系数的简便方法计算。具体公式如下：

（1）增值额未超过扣除项目金额 50%。

土地增值税应纳税额＝增值额×30%

（2）增值额超过扣除项目金额 50%，未超过 100%。

土地增值税应纳税额＝增值额×40%－扣除项目金额×5%

（3）增值额超过扣除项目金额 100%，未超过 200%。

土地增值税应纳税额＝增值额×50%－扣除项目金额×15%

（4）增值额超过扣除项目金额 200%。

土地增值税应纳税额＝增值额×60%－扣除项目金额×35%

2. 应纳税额的计算步骤

根据上述计算公式，土地增值税应纳税额的计算可分为以下四步：

（1）计算增值额。

增值额＝房地产转让收入－扣除项目金额

（2）计算增值率。

增值率＝增值额÷扣除项目金额×100％

（3）确定适用税率。

按照计算出的增值率，从土地增值税税率表中确定适用税率。

（4）计算应纳税额。

土地增值税应纳税额＝增值额×适用税率－扣除项目金额×速算扣除系数

经典例题
JINGDIANLITI

某企业销售房产取得售价 5 000 万元，扣除项目金额合计为 3 000 万元，已知适用的土地增值税税率为 40％，速算扣除系数为 5％。则该企业应缴纳土地增值税（　　）万元。

A. 650　　B. 700
C. 1 850　　D. 1 900

【答案】A

【解析】土地增值额＝5 000－3 000＝2 000（万元）；土地增值税应纳税额＝增值额×适用税率－扣除项目金额×速算扣除系数＝2 000×40％－3 000×5％＝650（万元）。通过以上计算可知 A 选项正确。

六、土地增值税税收优惠

考试要求：熟悉
命题频率：2014 年多选题；2015 年单选题

（1）纳税人建造普通标准住宅出售，增值额未超过扣除项目金额 20％的，予以免税；超过 20％的，应按全部增值额缴纳土地增值税。

对于纳税人既建普通标准住宅又搞其他房地产开发的，不分别核算增值额或不能准确核算增值额的，其建造的普通标准住宅不能适用这一免税规定。

（2）因国家建设需要依法征用、收回的房地产，免征土地增值税。

（3）企事业单位、社会团体以及其他组织转让旧房作为公共租赁住房房源且增值额未超过扣除项目金额 20％的，免征土地增值税。

（4）对居民个人转让住房一律免征土地增值税。

经典例题
JINGDIANLITI

根据土地增值税法律制度的规定，纳税人建造普通标准住宅出售，增值额未超过扣除项目金额（　　）的，免征土地增值税。

A. 5％　　B. 10％
C. 20％　　D. 30％

【答案】C

【解析】纳税人建造普通标准住宅出售，增值额未超过扣除项目金额的 20％，予以免税。

七、土地增值税征收管理

考试要求：了解
命题频率：2014 年单选题、多选题；2015 年判断题

（一）纳税申报

纳税人应在转让房地产合同签订后 7 日内，到房地产所在地主管税务机关办理纳税申报。

纳税人因经常发生房地产转让而难以在每次转让后申报的，经税务机关审核同意后，可以按月或按季定期进行纳税申报，具体期限由主管税务机关根据情况确定。

（1）纳税人采取预售方式销售房地产的，对在项目全部竣工结算前转让房地产取得的收入，税务机关可以预征土地增值税。

（2）对于纳税人预售房地产所取得的收入，凡当地税务机关规定预征土地增值税的，纳税人应当到主管税务机关办理纳税申报，并按规定比例预交，待办理完纳税清算后，多退少补。

（二）纳税清算

1. 土地增值税的清算单位

土地增值税以国家有关部门审批的房地产开发项目为单位进行清算，对于分期开发的项目，以分期项目为单位清算。

开发项目中，包含普通住宅和非普通住宅的，应分别计算增值额。

2. 土地增值税的清算条件

纳税人应进行土地增值税清算的情形：

①房地产开发项目全部竣工、完成销售的。

②整体转让未竣工决算房地产开发项目的。

③直接转让土地使用权的。

主管税务机关可要求纳税人进行土地增值税清算的情形：

①已竣工验收的房地产开发项目，已转让的房地产建筑面积占整个项目可售建筑面积的比例在 85%以上，或该比例虽未超过 85%，但剩余的可售建筑面积已经出租或自用的。

②取得销售（预售）许可证满 3 年仍未销售完毕的。

③纳税人申请注销税务登记但未办理土地增值税清算手续的。

④省级税务机关规定的其他情况。

3. 土地增值税清算应报送的资料

纳税人办理土地增值税清算应报送以下资料：

（1）房地产开发企业清算土地增值税书面申请、土地增值税纳税申报表。

（2）项目竣工决算报表、取得土地使用权所支付的地价款凭证、国有土地使用权出让合同、银行贷款利息结算通知单、项目工程合同结算单、商品房购销合同统计表等与转让房地产的收入、成本和费用有关的证明资料。

（3）主管税务机关要求报送的其他与土地增值税清算有关的证明资料等。

纳税人委托税务中介机构审核鉴证的清算项目，还应报送中介机构出具的《土地增值税清算税款鉴证报告》。

4. 清算后再转让房地产的处理

在土地增值税清算时未转让的房地产，清算后销售或有偿转让的，纳税人应按规定进行土地增

值税的纳税申报，扣除项目金额按清算时的单位建筑面积成本费用乘以销售或转让面积计算。

单位建筑面积成本费用＝清算时的扣除项目总金额÷清算的总建筑面积

5. 土地增值税的核定征收

房地产开发企业有下列情形之一的，税务机关可以参照与其开发规模和收入水平相近的当地企业的土地增值税税负情况，按不低于预征率的征收率核定征收土地增值税：

（1）依照法律、行政法规的规定应当设置但未设置账簿的。

（2）擅自销毁账簿或者拒不提供纳税资料的。

（3）虽设置账簿，但账目混乱或者成本资料、收入凭证、费用凭证残缺不全，难以确定转让收入或扣除项目金额的。

（4）符合土地增值税清算条件，未按照规定的期限办理清算手续，经税务机关责令限期清算，逾期仍不清算的。

（5）申报的计税依据明显偏低，又无正当理由的。

（三）纳税地点

土地增值税纳税人发生应税行为应向房地产所在地主管税务机关缴纳税款。

房地产所在地可分为以下两种情况：

（1）纳税人是法人的，当转让的房地产坐落地与其机构所在地或经营所在地一致时，则在办理税务登记的原管辖税务机关申报纳税即可；如果转让的房地产坐落地与其机构所在地或经营所在地不一致时，则应在房地产坐落地所管辖的税务机关申报纳税。

（2）纳税人是自然人的，当转让的房地产坐落地与其居住所在地一致时，则在居住所在地税务机关申报纳税；当转让的房地产坐落地与其居住所在地不一致时，在办理过户手续所在地的税务机关申报纳税。

经典例题
JINGDIANLITI

1. 下列各项中，不符合纳税人应进行土地增值税清算的是（　　）。

A. 直接转让土地使用权的

B. 房地产开发项目全部竣工、完全销售的

C. 整体转让未竣工决算房地产开发项目的

D. 取得销售（预售）许可证满3年仍未销售完毕的

【答案】 D

【解析】 ABC选项属于纳税人应进行土地增值税清算的情形，故ABC选项不正确；D选项属于主管税务机关可要求纳税人进行土地增值税清算的情形，故D选项正确。

2. 下列各项中，属于土地增值税核定征收情形的有（　　）。

A. 依照法律、行政法规的规定应当设置但未设置账簿的

B. 擅自销毁账簿或者拒不提供纳税资料的

C. 虽设置账簿，但账目混乱或者成本资料、收入凭证、费用凭证残缺不全，难以确定转让收入或者扣除项目金额的

D. 申报的计税依据明显偏低，又无正当理由的

【答案】 ABCD

【解析】 属于土地增值税核定征收情形的有：①依照法律、行政法规的规定应当设置但未设置账簿的；②擅自销毁账簿或者拒不提供纳税资料的；③虽设置账簿，但账目混乱或者成本资料、收入凭证、费用凭证残缺不全，难以确定转让或扣除项目金额的；④申报的计税

依据明显偏低，又无正当理由的。故 ABCD 选项均正确。

第四节　城镇土地使用税法律制度

城镇土地使用税是国家在城市、县城、建制镇和工矿区范围内，对使用土地的单位和个人，以其实际占用的土地面积为计税依据，按照规定的税额计算征收的一种税。

一、城镇土地使用税纳税人

考试要求：掌握
命题频率：2016 年多选题

城镇土地使用税的纳税人，是指在税法规定的征税范围内使用土地的单位和个人。

城镇土地使用税的纳税人，根据用地者的不同情况分别确定为：

（1）城镇土地使用税由拥有土地使用权的单位或个人缴纳。

（2）拥有土地使用权的纳税人不在土地所在地的，由代管人或实际使用人缴纳。

（3）土地使用权未确定或权属纠纷未解决的，由实际使用人纳税。

（4）土地使用权共有的，共有各方均为纳税人，由共有各方分别纳税。

土地使用权共有的，以共有各方实际使用土地的面积占总面积的比例，分别计算缴纳城镇土地使用税。

经典例题
JINGDIANLITI

根据城镇土地使用税法律制度的规定，下列各项中，城镇土地使用税纳税人的表述正确的有（　　）。

A. 城镇土地使用税由拥有土地使用权的单位或个人缴纳

B. 土地使用权共有的，共有各方均为纳税人，由共有各方分别纳税

C. 土地使用权未确定或权属纠纷未解决的，由实际使用人纳税

D. 拥有土地使用权的纳税人不在土地所在地的，由代管人或实际使用人缴纳

【答案】ABCD

【解析】城镇土地使用税的纳税人，根据用地者的不同情况分别确定为：①城镇土地使用税由拥有土地使用权的单位或个人缴纳；②土地使用权共有的，共有各方均为纳税人，由共有各方分别纳税；③土地使用权未确定或权属纠纷未解决的，由实际使用人纳税；④拥有土地使用权的纳税人不在土地所在地的，由代管人或实际使用人缴纳，故 ABCD 选项均正确。

二、城镇土地使用税征税范围

考试要求：掌握
命题频率：2014 年单选题；2015 年多选题；2017 年多选题

凡在城市、县城、建制镇、工矿区范围内的土地，都属于城镇土地使用税的征税范围。

城市，是指国务院批准设立的市。城市的征税范围包括市区和郊区。

县城，是指县人民政府所在地，县城的征税范围为县人民政府所在地的城镇。

建制镇，是经省级人民政府批准设立的建制镇，建制镇的征税范围为镇人民政府所在地的地区，但不包括镇政府所在地所辖行政村。工矿区，是指工商业比较发达，人口比较集中，符合国务院规定的建制镇标准，但尚未设立建制镇的大中型工矿企业所在地。

建立在城市、县城、建制镇和工矿区以外的工矿企业则不需缴纳城镇土地使用税。

公园、名胜古迹内的索道公司经营用地，应按规定缴纳城镇土地使用税。

经典例题
JINGDIANLITI

根据城镇土地使用税法律制度的规定，下列各项中，属于城镇土地使用税征税对象的有（　　）。

A. 镇政府所在地所辖行政村的集体土地

B. 县政府所在地的国有土地

C. 位于市区由私营企业占用的国有土地

D. 位于工矿区内的国有土地

【答案】 BCD

【解析】 建制镇，是经省级人民政府批准设立的建制镇，建制镇的征税范围为镇人民政府所在地的地区，但不包括镇政府所在地所辖行政村，故A选项不正确，B选项正确；城市范围内的土地应属于土地使用税的征税范围，城市包括市区和郊区，故C选项正确；工矿区以内的土地属于土地使用税的征税范围，工矿区以外的不属于征税的范围，故D选项正确。

三、城镇土地使用税税率

考试要求： 掌握

城镇土地使用税采用定额税率，按大、中、小城市和县城、建制镇、工矿区分别规定每平方米城镇土地使用税年应纳税额。

大、中、小城市以公安部门登记在册的非农业正式户口人数为依据，按照国务院颁布的《城市规划条例》中规定的标准划分。人口在50万以上的为大城市；人口在20万～50万之间的为中等城市；人口在20万以下的为小城市。

城镇土地使用税每平方米年税额标准具体规定如下：

（1）大城市1.5～30元；

（2）中等城市1.2～24元；

（3）小城市0.9～18元；

（4）县城、建制镇、工矿区0.6～12元。

四、城镇土地使用税计税依据

考试要求： 掌握
命题频率： 2014年多选题；2017年单选题

城镇土地使用税的计税依据是纳税人实际占用的土地面积。

土地面积以平方米为计量标准。具体按以下办法确定：

（1）凡由省级人民政府确定的单位组织测定土地面积的，以测定的土地面积为准。

（2）尚未组织测定，但纳税人持有政府部门核发的土地使用证书的，以证书确定的土地面积为准。

（3）尚未核发土地使用证书的，应由纳税人据实申报土地面积，并据以纳税，待核发土地使用证书后再作调整。

经典例题
JINGDIANLITI

下列关于城镇土地使用税计税依据的表述中，正确的有（　　）。

A. 尚未组织测定，但纳税人持有政府部门核发的土地使用证书的，以证书确定的土地面积为准

B. 尚未核发土地使用证书的，应由纳税人据实申报土地面积，并据以纳税，待核发土地使用证书后再作调整

C. 凡由省级人民政府确定的单位组织测定土地面积的，以测定的土地面积为准

D. 城镇土地使用税的计税依据是纳税人实际占用的土地面积

【答案】 ABCD

【解析】 城镇土地使用税的计税依据是纳税人实际占用的土地面积。凡由省级人民政府确定的单位组织测定土地面积的，以测定的土地面积为准。尚未组织测定，但纳税人持有政府部门核发的土地使用证书的，以证书确定的土地面积为准。尚未核发土地使用证书的，应由纳税人据实申报土地面积，并据以纳税，待核发土地使用证书后再作调整。故 ABCD 选项均正确。

五、城镇土地使用税应纳税额的计算

考试要求： 掌握

命题频率： 2014 年单选题；2015 年单选题

城镇土地使用税是以纳税人实际占用的土地面积为计税依据，按照规定的适用税额计算征收。其应纳税额计算公式为：

年应纳税额＝实际占用应税土地面积（平方米）×适用税额

经典例题
JINGDIANLITI

2014 年甲服装公司（位于某县城）实际占地面积 30 000 平方米，其中办公楼占地面积 500 平方米，厂房仓库占地面积 22 000 平方米，厂区内铁路专用线、公路等用地 7 500 平方米，已知当地规定的城镇土地使用税每平方米年税额为 5 元。甲服装公司当年应缴纳城镇土地使用税税额的下列计算中，正确的是（　　）。

A. 30 000×5＝150 000（元）

B.（30 000－7 500）×5＝112 500（元）

C.（30 000－500）×5＝147 500（元）

D.（30 000－22 000）×5＝40 000（元）

【答案】 A

【解析】 对企业的铁路专用线、公路等用地，除另有规定者外，在企业厂区（包括生产、办公及生活区）以内的，应照章征收城镇土地使用税；甲公司当年城镇土地使用税应纳税额＝30 000×5＝150 000（元），故 A 选项正确。

六、城镇土地使用税税收优惠

考试要求：熟悉
命题频率：2014 年判断题、单选题；2015 年单选题

（一）下列用地免征城镇土地使用税

（1）国家机关、人民团体、军队自用的土地；

（2）由国家财政部门拨付事业经费的单位自用的土地；

（3）宗教寺庙、公园、名胜古迹自用的土地；

（4）市政街道、广场、绿化地带等公共用地；

（5）直接用于农、林、牧、渔业的生产用地；

（6）经批准开山填海整治的土地和改造的废弃土地，从使用的月份起免缴土地使用税 5～10 年；

（7）由财政部另行规定免税的能源、交通、水利设施用地和其他用地。

（二）税收优惠的特殊规定

（1）凡是缴纳了耕地占用税的，从批准征用之日起满 1 年后征收城镇土地使用税；征用非耕地因不需要缴纳耕地占用税，应从批准征用之次月起征收城镇土地使用税。

（2）对免税单位无偿使用纳税单位的土地（如公安、海关等单位使用铁路、民航等单位的土地），免征城镇土地使用税；对纳税单位无偿使用免税单位的土地，纳税单位应照章缴纳城镇土地使用税。

（3）房地产开发公司开发建造商品房的用地，除经批准开发建设经济适用房的用地外，对各类房地产开发用地一律不得减免城镇土地使用税。

（4）对基建项目在建期间使用的土地，原则上应征收城镇土地使用税。但是对国家产业政策扶持发展的大型基建项目占地面积大，建设周期长，在建期间又没有经营收入，纳税确有困难的，可根据具体情况予以免征或减征城镇土地使用税；对已经完工或已经使用的建设项目，其用地应照章征收城镇土地使用税。

（5）城镇内的集贸市场（农贸市场）用地，按规定应征收城镇土地使用税。

（6）对于各类危险品仓库、厂房所需的防火、防爆、防毒等安全防范用地，可暂免征收城镇土地使用税；对仓库库区、厂房本身用地，应依法征收城镇土地使用税。

（7）搬迁企业的用地。

①企业搬迁后原场地不使用的、企业范围内荒山等尚未利用的土地，免征城镇土地使用税。

②企业按规定暂免征收城镇土地使用税的土地开始使用时，应从使用的次月起自行计算和申报缴纳城镇土地使用税。

（8）对企业的铁路专用线、公路等用地除另有规定者外，在企业厂区（包括生产、办公及生活区）以内的，应照章征收城镇土地使用税；在厂区以外、与社会公用地段未加隔离的，暂免征收城镇土地使用税。

（9）对 2014 年以前已按规定免征城镇土地使用税的企业范围内荒山、林地、湖泊等占地，自 2014 年 1 月 1 日至 2015 年 12 月 31 日，按应纳税额减半征收城镇土地使用税；自 2016 年 1 月 1 日起，全额征收城镇土地使用税。

（10）石油天然气（含页岩气、煤层气）生产企业用地。

①下列石油天然气生产建设用地暂免征收城镇土地使用税：地质勘探、钻井、井下作业、油气田地面工程等施工临时用地；企业厂区以外的铁路专用线、公路及输油（气、水）管道用地；油气长输管线用地。

②在城市、县城、建制镇以外工矿区内的消防、防洪排涝、防风、防沙设施用地，暂免征收城镇土地使用税。

③除上述列举免税的土地外，其他油气生产及办公、生活区用地，依照规定征收城镇土地使用税。享受上述税收优惠的用地，用于非税收优惠用途的，不得享受税收优惠。

（11）林业系统用地。

①对林区的育林地、运材道、防火道、防火设施用地，免征城镇土地使用税。

②林业系统的森林公园、自然保护区可比照公园免征城镇土地使用税。

③林业系统的林区贮木场、水运码头用地，原则上应按税法规定缴纳城镇土地使用税，考虑到林业系统目前的困难，为扶持其发展，暂予免征城镇土地使用税。

④对林业系统的其他生产用地及办公、生活区用地，均应征收城镇土地使用税。

（12）盐场、盐矿用地。

①对盐场、盐矿的生产厂房、办公、生活区用地，应照章征收城镇土地使用税。

②盐场的盐滩、盐矿的矿井用地，暂免征收城镇土地使用税。

③对盐场、盐矿的其他用地，由各省、自治区、直辖市税务局根据实际情况，确定征收城镇土地使用税或给予定期减征、免征的照顾。

（13）矿山企业用地。

①矿山的采矿场、排土场、尾矿库、炸药库的安全区，以及运矿运岩公路、尾矿输送管道及回水系统用地，免征城镇土地使用税。

②对位于城镇土地使用税征税范围内的煤炭企业已取得土地使用权、未利用的塌陷地，征收城镇土地使用税。

③对矿山企业的其他生产用地及办公、生活区用地，均应征收城镇土地使用税。

（14）电力行业用地。

①火电厂厂区围墙内的用地均应征收城镇土地使用税。对厂区围墙外的灰场、输灰管、输油（气）管道、铁路专用线用地，免征城镇土地使用税；厂区围墙外的其他用地，应照章征税。

②水电站的发电厂房用地（包括坝内、坝外式厂房），生产、办公、生活用地，应征收城镇土地使用税；对其他用地给予免税照顾。

③对供电部门的输电线路用地、变电站用地，免征城镇土地使用税。

（15）水利设施用地。

①水利设施及其管护用地（如水库库区、大坝、堤防、灌渠、泵站等用地），免征城镇土地使用税；其他用地，如生产、办公、生活用地，应照章征税。

②对兼有发电的水利设施用地城镇土地使用税的征免，具体办法比照电力行业征免城镇土地使用税的有关规定办理。

（16）交通部门港口用地。

①对港口的码头（即泊位，包括岸边码头、伸入水中的浮码头、堤岸、堤坝、校桥等）用地，免征城镇土地使用税。

②对港口的露天堆货场用地，原则上应征收城镇土地使用税。企业纳税确有困难的，可由各省、自治区、直辖市税务局根据其实际情况，给予定期减征或免征城镇土地使用税的照顾。

③港口的其他用地，应按规定征收城镇土地使用税。

（17）民航机场用地。

①机场飞行区（包括跑道、滑行道、停机坪、安全带、夜航灯光区）用地、场内外通信导航设施用地和飞行区四周排水防洪设施用地，免征城镇土地使用税。

②在机场道路中，场外道路用地免征城镇土地使用税；场内道路用地依照规定征收城镇土地使用税。

③机场工作区（包括办公、生产和维修用地及候机楼、停车场）用地、生活区用地、绿化用地，均须依照规定征收城镇土地使用税。

（18）老年社会福利院、敬老院（养老院）、老年服务中心、老年公寓（含老年护理院、康复中心、托老所）等老年服务机构自用土地免征城镇土地使用税。

（19）对邮政部门坐落在城市、县城、建制镇、工矿区范围内的土地，应当依法征收城镇土地使用税；对坐落在城市、县城、建制镇、工矿区范围以外的，尚在县邮政局内核算的土地，在单位财务账中划分清楚的，不征收城镇土地使用税。

（20）国家机关、军队、人民团体、财政补助事业单位、居民委员会、村民委员会拥有的体育场馆，用于体育活动的土地，免征城镇土地使用税。

经费自理事业单位、体育社会团体、体育基金会、体育类民办非企业单位拥有并运营管理的体育场馆，符合相关条件的，其用于体育活动的土地，免征城镇土地使用税。

企业拥有并运营管理的大型体育场馆，其用于体育活动的土地，减半征收城镇土地使用税。

享受上述税收优惠体育场馆的运动场地用于体育活动的天数不得低于全年自然天数的70%。

经典例题
JINGDIANLITI

某林场面积100万平方米，其中森林公园占地58万平方米，防火设施占地17万平方米，办公用地10万平方米，生活区用地15万平方米。根据城镇土地使用税法律制度的规定，该林场需要缴纳城镇土地使用税的面积是（　　）万平方米。

A. 58　　B. 100　　C. 42　　D. 25

【答案】 D

【解析】 林业系统的森林公园比照公园用地免征城镇土地使用税；林业系统的育林地、运材道、防火道、防火设施用地，免征城镇土地使用税；对林业系统的办公、生活区用地，均应征收城镇土地使用税。土地使用税的面积＝100－58－17＝25（万平方米），故D选项正确。

七、城镇土地使用税征收管理

考试要求： 了解
命题频率： 2015年单选题、多选题

（一）纳税义务发生时间

（1）纳税人购置新建商品房，自房屋交付使用之次月起，缴纳城镇土地使用税。

（2）纳税人购置存量房，自办理房屋权属转移、变更登记手续，房地产权属登记机关签发房屋权属证书之次月起，缴纳城镇土地使用税。

（3）纳税人出租、出借房产，自交付出租、出借房产之次月起，缴纳城镇土地使用税。

（4）以出让或转让方式有偿取得土地使用权的，应由受让方从合同约定交付土地时间的次月起缴纳城镇土地使用税；合同未约定交付土地时间的，由受让方从合同签订的次月起缴纳城

镇土地使用税。

（5）纳税人新征用的耕地，自批准征用之日起满 1 年时开始缴纳土地使用税。

（6）纳税人新征用的非耕地，自批准征用次月起缴纳城镇土地使用税。

（二）纳税地点

城镇土地使用税在土地所在地缴纳。

（三）纳税期限

城镇土地使用税按年计算、分期缴纳，具体纳税期限由省、自治区、直辖市人民政府确定。

经典例题
JINGDIANLITI

根据城镇土地使用税法律制度的规定，下列关于城镇土地使用税纳税义务发生时间的表述，正确的有（　　）。

A. 纳税人购置新建商品房，自房屋交付使用之次月起缴纳城镇土地使用税

B. 纳税人以出让方式有偿取得土地使用权，应从合同约定交付土地时间的次月起缴纳城镇土地使用税

C. 纳税人新征用的耕地，自批准征用之日起满 1 年时开始缴纳城镇土地使用税

D. 纳税人新征用的非耕地，自批准征用次月起缴纳城镇土地使用税

【答案】 ABCD

【解析】 纳税人购置新建商品房，自房屋交付使用之次月起，缴纳城镇土地使用税。以出让或转让方式有偿取得土地使用权的，应由受让方从合同约定交付土地时间的次月起缴纳城镇土地使用税。纳税人新征用的耕地，自批准征用之日起满 1 年时开始缴纳土地使用税。纳税人新征用的非耕地，自批准征用次月起缴纳城镇土地使用税。故 ABCD 选项均正确。

第五节　车船税法律制度

车船税，是指对在中国境内车船管理部门登记的车辆、船舶依法征收的一种税。

一、车船税纳税人

考试要求： 掌握

车船税的纳税人，是指在中华人民共和国境内属于税法规定的车辆、船舶（以下简称“车船”）的所有人或者管理人。

从事机动车第三者责任强制保险业务的保险机构为机动车车船税的扣缴义务人。

二、车船税征收范围

考试要求： 掌握
命题频率： 2016 年多选题

车船税的征税范围是指在中华人民共和国境内属于车船税法所规定的应税车辆和船舶。具

体包括：

（1）依法应当在车船登记管理部门登记的机动车辆和船舶；

（2）依法不需要在车船登记管理部门登记的在单位内部场所行驶或者作业的机动车辆和船舶。

经典例题 JINGDIANLITI

下列各项中，属于车船税征税范围的有（　　）。

A. 摩托车　　B. 客车

C. 货车　　D. 火车

【答案】ABC

【解析】火车不属于车船税的征税范围。

三、车船税税目

考试要求：掌握

命题频率：2014 年多选题；2015 年多选题

车船税的税目分为五大类，包括乘用车、商用车、其他车辆、摩托车和船舶。

乘用车为核定载客人数 9 人（含）以下的车辆；商用车包括客车和货车，其中客车为核定载客人数 9 人（含）以上的车辆（包括电车），货车包括半挂牵引车、挂车、客货两用汽车、三轮汽车和低速载货汽车等；

其他车辆包括专用作业车和轮式专用机械车等（不包括拖拉机）。船舶包括机动船舶、非机动驳船、拖船和游艇。

经典例题 JINGDIANLITI

下列各项中，属于车船税征税范围的有（　　）。

A. 用于耕地的拖拉机　　B. 用于接送员工的客车

C. 用于休闲娱乐的游艇　　D. 供企业经理使用的小汽车

【答案】BCD

【解析】其他车辆包括专用作业车和轮式专用机械车等（不包括拖拉机），故 A 选项不正确；客车属于商用车，游艇属于船舶，小汽车属于乘用车，故 BCD 选项正确。

四、车船税税率

考试要求：掌握

命题频率：2014 年单选题

车船税采用定额税率，又称固定税额。

根据《车船税法》的规定，对应税车船实行有幅度的定额税率，即对各类车船分别规定一个最低到最高限度的年税额。

车船税税目税额表见表 6-2。

表 6-2　车船税税目表

税目		计税单位	年基准税额（元）	备注
乘用车（按发动机汽缸容量排气量分档）	1.0 升（含）以下的	每辆	60～360	核定载客人数 9 人（含）以下
	1.0 升以上至 1.6 升（含）的		300～540	
	1.6 升以上至 2.0 升（含）的		360～660	
	2.0 升以上至 2.5 升（含）的		660～1 200	
	2.5 升以上至 3.0 升（含）的		1 200～2 400	
	3.0 升以上至 4.0 升（含）的		2 400～3 600	
	4.0 升以上的		3 600～5 400	
商用车	客车	每辆	480～1 440	核定载客人数 9 人以上（包括电车）
	货车	整备质量每吨	16～120	包括半挂牵引车、挂车、三轮汽车和低速载货汽车等；挂车按照货车税额的 50%计算
其他车辆	专用作业车	整备质量每吨	16～120	不包括拖拉机
	轮式专用机械车	整备质量每吨	16～120	
摩托车		每辆	36～180	
船舶	机动船舶	净吨位每吨	3～6	拖船、非机动驳船分别按照机动船舶税的 50%计算；游艇的税额另行规定
	游艇	艇身长度每米	600～2 000	

下列车辆计算车船税时，按照货车税额的 50%计算的是（　　）。

A. 半挂牵引车　　　　B. 挂车

C. 客货两用汽车　　　D. 低速载货汽车

【答案】B

【解析】挂车按照货车税额的 50%计算，故 B 选项正确。

五、车船税计税依据

考试要求： 掌握

命题频率： 2016 年多选题；2017 年多选题

车船税以车船的计税单位数量为计税依据。《车船税法》按车船的种类和性能，分别确定每辆、整备质量、净吨位每吨和艇身长度每米为计税单位。具体如下：

（1）乘用车、商用客车和摩托车，以辆数为计税依据。

（2）商用货车、专用作业车和轮式专用机械车，以整备质量吨位数为计税依据。

（3）机动船舶、非机动驳船、拖船，以净吨位数为计税依据。游艇以艇身长度为计税依据。

下列各项中，关于车船税计税依据正确的有（　　）。

A. 商用货车以辆数　　B. 商用客车以辆数

C. 机动船舶以净吨位数　　D. 游艇以艇身长度

【答案】BCD

【解析】商用货车计税依据为整备质量吨位数，故 A 选项错误。

六、车船税应纳税额的计算

考试要求：掌握

（1）车船税各税目应纳税额的计算。

车船税各税目应纳税额的计算公式为：

乘用车、客车和摩托车的应纳税额＝辆数×适用年基准税额

货车、专用作业车和轮式专用机械车的应纳税额＝整备质量吨位数×适用年基准税额

机动船舶的应纳税额＝净吨位数×适用年基准税额

拖船和非机动驳船的应纳税额＝净吨位数×适用年基准税额×50％

游艇的应纳税额＝艇身长度×适用年基准税额

（2）购置新车船应纳税额的计算。

购置的新车船，购置当年的应纳税额自纳税义务发生的当月起按月计算。计算公式为：

应纳税额＝适用年基准税额÷12×应纳税月份数

（3）保险机构代收代缴车船税和滞纳金的计算。

①对于境外机动车临时入境、机动车临时上道路行驶、机动车距规定的报废期限不足 1 年而购买短期交强险的车辆，保单中“当年应缴”项目的计算公式为：

当年应缴＝计税单位×年单位税额×应纳税月份数÷12

其中，应纳税月份数为“交强险”有效期起始日期的当月至截止日期当月的月份数。

②对于已向税务机关缴税或税务机关已经批准免税的车辆，保单中“当年应缴”项目应为零。对于税务机关已批准减税的机动车，保单中“当年应缴”项目应根据减税前的应纳税额扣除依据减税证明中注明的减税幅度计算的减税额确定，计算公式为：

减税车辆应纳税额＝减税前应纳税额×（1－减税幅度）

③对于 2007 年 1 月 1 日前购置的车辆或者曾经缴纳过车船税的车辆，保单中“往年补缴”项目的计算公式为：

往年补缴＝计税单位×年单位税额×（本次缴税年度－前次缴税年度－1）

其中，对于 2007 年 1 月 1 日前购置的车辆，纳税人从未缴纳车船税的，前次缴税年度设定为 2006 年。

④对于 2007 年 1 月 1 日以后购置的车辆，纳税人从购置时起一直未缴纳车船税的，保单中“往年补缴”项目的计算公式为：

往年补缴＝购置当年欠缴的税款＋购置年度以后欠缴税款

其中，购置当年欠缴的税款＝计税单位×年单位税额×应纳税月份数÷12。应纳税月份数为车辆登记日期的当月起至该年度终了的月份数。若车辆尚未到车船管理部门登记，则应纳税

月份数为购置日期的当月起至该年度终了的月份数。

购置年度以后欠缴税款＝计税单位年单位税额×（本次缴税年度－车辆登记年度－1）

⑤对于纳税人在应购买“交强险”截止日期以后购买“交强险”的，或以前年度没有缴纳车船税的，保险机构在代收代缴税款的同时，还应代收代缴欠缴税款的滞纳金。

保单中“滞纳金”项目为各年度欠税应加收滞纳金之和。

每一年度欠税应加收的滞纳金＝欠税金额×滞纳天数×0.5‰

滞纳天数的计算自应购买“交强险”截止日期的次日起到纳税人购买“交强险”当日止。纳税人连续两年以上欠缴车船税的，应分别计算每一年度欠税应加收的滞纳金。

某货运公司 2013 年年初拥有载货汽车 10 辆、挂车 5 辆，整备质量均为 20 吨/辆；拥有乘用车 5 辆。该公司所在省规定载货汽车年基准税额每吨 40 元，乘用车年基准税额为每辆 360 元。根据车船税法律制度的规定，该公司 2013 年应缴纳车船税（　　）元。

A. 9 400　　B. 10 200　　C. 11 800　　D. 12 000

【答案】 C

【解析】 挂车按照货车税额的 50％计算车船税，2013 年应缴纳车船税＝10×20×40＋5×20×40×50％＋5×360＝11 800（元），故 C 选项正确。

七、车船税税收优惠

考试要求： 熟悉

命题频率： 2014 年多选题；2015 年单选题、多选题；2016 年单选题

（一）下列车船免征车船税

（1）捕捞、养殖渔船。

（2）军队、武装警察部队专用的车船。

（3）警用车船。

（4）依照法律规定应当予以免税的外国驻华使领馆、国际组织驻华代表机构及其有关人员的车船。

（5）对使用新能源车船，免征车船税。纯电动乘用车和燃料电池乘用车不属于车船税征税范围，对其不征收车船税。

（6）临时入境的外国车船和中国香港特别行政区、澳门特别行政区、台湾地区的车船，不征收车船税。

（7）按照规定缴纳船舶吨税的机动船舶，自《车船税法》实施之日起 5 年内免征车船税。

（8）依法不需要在车船登记管理部门登记的机场、港口、铁路站场内部行驶或者作业的车船，自车船税法实施之日起 5 年内免征车船税。

（二）车船税其他税收优惠

（1）对节约能源车船，减半征收车船税。

（2）对受地震、洪涝等严重自然灾害影响纳税困难以及其他特殊原因确需减免税的车船，可以在一定期限内减征或者免征车船税。

(3) 省、自治区、直辖市人民政府根据当地实际情况，可以对公共交通车船，农村居民拥有并主要在农村地区使用的摩托车、三轮汽车和低速载货汽车定期减征或者免征车船税。

下列车船中，应征收车船税的是（ ）。

A. 捕捞渔船
B. 符合国家有关标准的纯电动商用车
C. 军队专用车船
D. 观光游艇

【答案】D

【解析】捕捞、养殖渔船，军队、武装警察部队专用的车船，免征车船税；纯电动乘用车和燃料电池乘用车不属于车船税征收范围，对其不征车船税。

八、车船税征收管理

考试要求：了解
命题频率：2014 年判断题、多选题；2015 年判断题、单选题

（一）纳税义务发生时间

车船税纳税义务发生时间为取得车船所有权或者管理权的当月，以购买车船的发票或其他证明文件所载日期的当月为准。

（二）纳税地点

车船税的纳税地点为车船的登记地或者车船税扣缴义务人所在地。

依法不需要办理登记的车船，其车船税的纳税地点为车船的所有人或者管理人所在地。

（三）纳税申报

车船税按年申报，分月计算，一次性缴纳。纳税年度为公历 1 月 1 日至 12 月 31 日。

(1) 从事机动车第三者责任强制保险业务的保险机构为机动车车船税的扣缴义务人。

机动车车船税扣缴义务人在代收车船税时，应当在机动车交通事故责任强制保险的保险单以及保费发票上注明已收税款的信息，作为代收税款凭证。

(2) 已完税或者依法减免税的车辆，纳税人应当向扣缴义务人提供登记地的主管税务机关出具的完税凭证或者减免税证明。

纳税人没有按照规定期限缴纳车船税的，扣缴义务人在代收代缴税款时，可以一并代收代缴欠缴税款的滞纳金。

(3) 扣缴义务人已代收代缴车船税的，纳税人不再向车辆登记地的主管税务机关申报缴纳车船税。

(4) 没有扣缴义务人的，纳税人应当向主管税务机关自行申报缴纳车船税。

(5) 已缴纳车船税的车船在同一纳税年度内办理转让过户的，不另纳税，也不退税。

（四）其他管理规定

(1) 车辆所有人或者管理人在申请办理车辆相关登记、定期检验手续时，应当向公安机关交通管理部门提交依法纳税或者免税证明。

(2) 扣缴义务人应当及时解缴代收代缴的税款和滞纳金，并向主管税务机关申报。

(3) 在一个纳税年度内，已完税的车船被盗抢、报废、灭失的，纳税人可以凭有关管理机

关出具的证明和完税凭证，向纳税所在地的主管税务机关申请退还自被盗抢、报废、灭失月份起至该纳税年度终了期间的税款。

已办理退税的被盗抢车船失而复得的，纳税人应当从公安机关出具相关证明的当月起计算缴纳车船税。

某企业 2014 年初拥有小轿车 2 辆。2014 年 4 月 10 日，1 辆小轿车被盗，已按照规定办理退税。通过公安机关的侦查，9 月 20 日被盗车辆失而复得，并取得公安机关的相关证明。已知当地小轿车车船税年税额为 500 元/辆，该企业 2014 年实际应缴纳的车船税为(　　)元。

A. 500　　B. 791.67　　C. 833.33　　D. 1 000

【答案】 B

【解析】 被盗后复得的小轿车应当缴纳 7 个月（4～8 月共计 5 个月可以退税）的车船税，该企业 2014 年实际应缴纳车船税＝500＋500÷12×7＝791.67（元）。

第六节　印花税法律制度

印花税是对经济活动和经济交往中书立、领受、使用的应税经济凭证征收的一种税。

一、印花税纳税人

考试要求： 掌握

命题频率： 2014 年多选题

印花税的纳税人，是指在中国境内书立、领受、使用税法所列举凭证的单位和个人。

如果一份合同或应税凭证由两方或两方以上当事人共同签订，签订合同或应税凭证的各方都是纳税人，应各就其所持合同或应税凭证的计税金额履行纳税义务。

根据书立、领受、使用应税凭证的不同，纳税人可分为立合同人、立账簿人、立据人、领受人和使用人等。

1. 立合同人

立合同人指合同的当事人，即对凭证有直接权利义务关系的单位和个人，但不包括合同的担保人、证人、鉴定人。

合同包括购销、加工承揽、建筑工程、财产租赁、货物运输、仓储保管、借款、财产保险以及具有合同性质的凭证。当事人的代理人有代理纳税义务。

2. 立账簿人

立账簿人指开立并使用营业账簿的单位和个人。

3. 立据人

立据人是指书立产权转移书据的单位和个人。

4. 领受人

领受人是指领取并持有权利、许可证照的单位和个人。如领取房屋产权证的单位和个人，即为印花税的纳税人。

5. 使用人

使用人是指在国外书立、领受，但在国内使用应税凭证的单位和个人。

6. 各类电子应税凭证的签订人

即以电子形式签订的各类应税凭证的当事人。

经典例题
JINGDIANLITI

甲向乙购买一批货物，合同约定丙为鉴定人，丁为担保人，关于该合同印花税纳税人的下列表述中，正确的是（ ）。

A. 甲和乙为纳税人 B. 甲和丙为纳税人 C. 乙和丁为纳税人 D. 甲和丁为纳税人

【答案】A

【解析】立合同人即合同的当事人属于印花税的纳税人，但不包括合同的担保人、证人、鉴定人。甲乙双方是合同当事人，故A选项正确。丙丁都不属于当事人，故BCD选项不正确。

二、印花税征税范围

考试要求：掌握
命题频率：2014 年单选题、多选题；2015 年多选题；2016 年多选题；2017 年多选题

现行印花税采取正列举形式，只对《印花税暂行条例》列举的凭证征收，没有列举的凭证不征税。列举的凭证分为五类，即经济合同、产权转移书据、营业账簿、权利、许可证照和经财政部门确认的其他凭证。具体征税范围如下：

（一）经济合同

1. 购销合同

购销合同包括供应、预购、采购、购销结合及协作、调剂、补偿、易货等合同；还包括各出版单位与发行单位（不包括订阅单位和个人）之间订立的图书、报刊、音像征订凭证。

对纳税人以电子形式签订的各类应税凭证按规定征收印花税。

对发电厂与电网之间、电网与电网之间（国家电网公司系统、南方电网公司系统内部各级电网互供电量除外）签订的购售电合同，按购销合同征收印花税。电网与用户之间签订的供用电合同不征印花税。

2. 加工承揽合同

加工承揽合同，包括加工、定做、修缮、修理、印刷、广告、测绘、测试等合同。

3. 建设工程勘察设计合同

建设工程勘察设计合同，包括勘察、设计合同的总包合同、分包合同和转包合同。

4. 建筑安装工程承包合同

建筑安装工程承包合同，包括建筑、安装工程承包合同的总包合同、分包合同和转包合同。

5. 财产租赁合同

财产租赁合同，包括租赁房屋、船舶、飞机、机动车辆、机械、器具、设备等合同；还包括企业、个人出租门店、柜台等所签订的合同，但不包括企业与主管部门签订的租赁承包合同。

6. 货物运输合同

货物运输合同，包括民用航空运输、铁路运输、海上运输、内河运输、公路运输和联运

合同。

7. 仓储保管合同

仓储保管合同，包括仓储、保管合同或作为合同使用的仓单、栈单（或称入库单）。对某些使用不规范的凭证不便计税的，可就其结算单据作为计税贴花的凭证。

8. 借款合同

借款合同，包括银行及其他金融组织和借款人（不包括银行同业拆借）所签订的借款合同。

9. 财产保险合同

财产保险合同，包括财产、责任、保证、信用等保险合同。

10. 技术合同

技术合同包括技术开发、转让、咨询、服务等合同。其中：

技术转让合同包括专利申请转让、非专利技术转让所书立的合同，但不包括专利权转让、专利实施许可所书立的合同。后者适用于“产权转移书据”合同。

一般的法律、会计、审计等方面的咨询不属于技术咨询，其所立合同不贴印花。

技术服务合同的征税范围包括技术服务合同、技术培训合同和技术中介合同。

此外，在确定应税经济合同的范围时，特别需要注意以下三个问题：

（1）具有合同性质的凭证应视同合同征税。

所谓具有合同性质的凭证，是指具有合同效力的协议、契约、合约、单据、确认书及其他各种名称的凭证。

（2）未按期兑现合同亦应贴花。

印花税既是凭证税，又具有行为税性质。不论合同是否兑现或能否按期兑现，都应当缴纳印花税。

（3）同时书立合同和开立单据的贴花方法。

办理一项业务（如货物运输、仓储保管、财产保险、银行借款等），如果既书立合同，又开立单据，只就合同贴花；凡不书立合同，只开立单据，以单据作为合同适用的，其使用的单据应按规定贴花。

（二）产权转移书据

产权转移书据包括财产所有权、版权、商标专用权、专利权、专有技术使用权共 5 项产权的转移书据。

土地使用权出让合同、土地使用权转让合同、商品房销售合同按照产权转移书据征收印花税。

（三）营业账簿

1. 资金账簿

资金账簿是反映生产经营单位“实收资本”和“资本公积”金额增减变化的账簿。

2. 其他营业账簿

其他营业账簿即除资金账簿以外的，归属于财务会计体系的其他生产经营用账册。

3. 营业账簿征免范围

（1）纳入征税范围的营业账簿，不按立账簿人是否属于经济组织（工商企业单位、工商业户）来划定范围，而是按账簿的经济用途来确定征免界限。

如一些企业单位内的职工食堂、工会组织以及自办的学校、托儿所、幼儿园设置的经费收支账簿，不反映生产经营活动，就不属于“营业账簿”税目的适用范围。

(2) 对采用一级核算形式的单位，只就财会部门设置的账簿贴花；采用分级核算形式的，除财会部门的账簿应贴花之外，财会部门设置在其他部门和车间的明细分类账，也应按规定贴花。

(3) 车间、门市部、仓库设置的不属于会计核算范围或虽属会计核算范围，但不记载金额的登记簿、统计簿、台账等，不贴印花。

(4) 对会计核算采用单页表式记载资金活动情况，以表代账的，在未形成账簿（账册）前，暂不贴花，待装订成册时，按册贴花。

(5) 对有经营收入的事业单位，凡属由国家财政部门拨付事业经费，实行差额预算管理的单位，其记载经营业务的账簿，按其他账簿定额贴花，不记载经营业务的账簿不贴花；凡属经费来源实行自收自支的单位，对其营业账簿，应就记载资金的账簿和其他账簿分别按规定贴花。

(6) 跨地区经营的分支机构使用的营业账簿，应由各分支机构在其所在地缴纳印花税。对上级单位核拨资金的分支机构，其记载资金的账簿按核拨的账面资金数额计税贴花；对上级单位不核拨资金的分支机构，只就其他账簿按定额贴花。

(7) 实行公司制改造并经县级以上政府和有关部门批准的企业在改制过程中成立的新企业（重新办理法人登记的），其新启用的资金账簿记载的资金或因企业建立资本纽带关系而增加的资金，凡原已贴花的部分可不再贴花，未贴花的部分和以后新增加的资金按规定贴花。

(8) 以合并或分立方式成立的新企业，其新启用的资金账簿记载的资金，凡原已贴花的部分可不再贴花，未贴花的部分和以后新增加的资金按规定贴花。

(9) 企业债权转股权新增加的资金按规定贴花；企业改制中经评估增加的资金按规定贴花。

(10) 企业其他会计科目记载的资金转为实收资本或资本公积的资金按规定贴花。

(四) 权利、许可证照

权利、许可证照包括政府部门发给的房屋产权证、工商营业执照、商标注册证、专利证、土地使用证等。

(五) 经财政部门确定征税的其他凭证

在确定经济凭证的征免税范围时，需要注意以下三点：

(1) 各类凭证不论以何种形式或名称书立，只要其性质属于条例中列举征税范围内的凭证，均应照章纳税。

(2) 应税凭证均是指在中国境内具有法律效力，受中国法律保护的凭证。

(3) 适用于中国境内，并在中国境内具备法律效力的应税凭证，无论在中国境内或者境外书立，均应依照印花税的规定贴花。

经典例题
JINGDIANLITI

1. 下列合同中，属于印花税征税范围的有（ ）。

A. 会计师事务所与客户之间签订的审计咨询合同

B. 电网与用户之间签订的供用电合同

C. 软件公司与用户之间签订的技术培训合同

D. 研究所与企业之间签订的技术转让合同

【答案】CD

【解析】一般的法律、会计、审计等方面的咨询不属于技术咨询，其所立合同不贴印花，故A选项不正确；电网与用户之间签订的供用电合同，不征收印花税，故B选项不正确；技术合同包括技术开发、转让、咨询、服务等合同，故CD选项正确。

2. 属于印花税征税范围，其下列关于印花税征税范围的表述中，正确的有（　　）。

A. 同一业务中既书立合同，又开立单据，只就合同征收印花税

B. 未按期兑现的合同不征收印花税

C. 具有合同性质的凭证应视同合同征收印花税

D. 对纳税人以电子形式签订的各类应税凭证按规定征收印花税

【答案】ACD

【解析】办理一项业务，如果既书立合同，又开立单据，只就合同贴花，故 A 选项正确；印花税既是凭证税又具有行为税性质，不论合同是否兑现或能否按期兑现，都应当缴纳印花税，故 B 选项不正确；具有合同性质的凭证应视同合同征税，故 C 选项正确；对纳税人以电子形式签订的各类应税凭证按规定征收印花税，故 D 选项正确。

三、印花税税率

考试要求：掌握

命题频率：2015 年判断题、单选题

（一）比例税率

在印花税 13 个税目中，各类合同以及具有合同性质的凭证（包括电子形式）、产权转移书据、营业账簿中记载资金的账簿，适用比例税率。

（1）借款合同，适用税率为 0.05‰。

（2）购销合同、建筑安装工程承包合同、技术合同等，适用税率为 0.3‰。

（3）加工承揽合同、建设工程勘察设计合同、货物运输合同、产权转移书据合同、记载资金数额的营业账簿等，适用税率为 0.5‰。

（4）财产租赁合同、仓储保管合同、财产保险合同等，适用税率为 1‰。

（5）因股票买卖、继承、赠与而书立“股权转让书据”（包括 A 股和 B 股），适用税率为 1‰。

（二）定额税率

权利、许可证照、营业账簿中的其他账簿，均为按件贴花，单位税额为每件 5 元。印花税税目税率见表 6-3。

表 6-3　印花税税目税率表

税目	范围	税率	纳税人	说明
购销合同	包括供应、预购、采购、购销结合及协作、调剂、补偿、易货等合同	按购销金额 0.3‰贴花	立合同人	
加工承揽合同	包括加工、定做、修缮、修理、印刷、广告、测绘、测试等合同	按加工或承揽收入 0.5‰贴花	立合同人	
建设工程勘察设计合同	包括勘察、设计合同	按收取费用 0.5‰贴花	立合同人	
建筑安装工程承包合同	包括建筑、安装工程承包合同	按承包金额 0.3‰贴花	立合同人	

续表

税目	范围	税率	纳税人	说明
财产租赁合同	包括租赁房屋、船舶、飞机、机动车辆、机械、器具、设备等	按租赁金额1‰贴花。税额不足1元的按1元贴花	立合同人	
货物运输合同	包括民用航空、铁路运输、海上运输、内河运输、公路运输和联运合同	按运输收取的费用0.5‰贴花	立合同人	单据作为合同使用的，按合同贴花
仓储保管合同	包括仓储、保管合同	按仓储收取的保管费用1‰贴花	立合同人	仓单或栈单作为合同使用的，按合同贴花
借款合同	银行及其他金融组织和借款人（不包括银行同业拆借）所签订的借款合同	按借款金额0.05‰贴花	立合同人	单据作为合同使用的，按合同贴花
财产保险合同	包括财产、责任、保证、信用等保险合同	按保险费收入1‰贴花	立合同人	单据作为合同使用的，按合同贴花
技术合同	包括技术开发、转让、咨询、服务等合同	按所载金额0.3‰贴花	立合同人	
产权转移书据	包括财产所有权和版权、商标专用权、专利权、专有技术使用权等转移书据	按所载金额0.5‰贴花	立据人	
营业账簿	生产经营用账册	记载资金的账簿，按实收资本和资本公积合计金额0.5‰贴花。其他账簿按件贴花5元	立账簿人	
权利、许可证照	包括政府部门发给的房屋产权证、工商营业执照、商标注册证、专利证、土地使用证	按件贴花5元	领受人	

经典例题
JINGDIANLITI

下列各项中，按件贴花的是（　　）。

A. 权利、许可证照　　B. 加工承揽合同

C. 产权转移书据　　D. 记载资金的账簿

【答案】A

【解析】权利、许可证照、营业账簿中的其他账簿，均为按件贴花，故A选项正确。

四、印花税计税依据

考试要求：掌握

命题频率：2016年单选题

（1）合同或具有合同性质的凭证，以凭证所载金额作为计税依据。

具体包括购销合同中记载的购销金额、加工承揽合同中的加工或承揽收入、建设工程勘察设计合同中的收取费用、建筑安装工程合同中的承包金额、财产租赁合同中的租赁金额、货物运输合同中的运输费用（运费收入）、仓储保管费用、借款合同中的借款金额、保险合同中的保险费等。

合同或具有合同性质的凭证以“金额”“费用”作为计税依据的，应当全额计税，不得作任何扣除。

载有两个或两个以上应适用不同税目税率经济事项的同一凭证，分别记载金额的，应分别计算应纳税额，相加后按合计税额贴花；如未分别记载金额的，按税率高的计算贴花。

（2）营业账簿中记载资金的账簿，以“实收资本”与“资本公积”两项的合计金额为其计税依据。

（3）不记载金额的营业账簿、政府部门发给的房屋产权证、工商营业执照、专利证等权利许可证照，以及日记账簿和各种明细分类账簿等辅助性账簿，以凭证或账簿的件数作为计税依据。

（4）有以下情形之一的，地方税务机关可以核定纳税人印花税计税依据：

①未按规定建立印花税应税凭证登记簿，或未如实登记和完整保存应税凭证的；

②拒不提供应税凭证或不如实提供应税凭证致使计税依据明显偏低的；

③采用按期汇总缴纳办法的，未按地方税务机关规定的期限报送汇总缴纳印花税情况报告，经地方税务机关责令限期报告，逾期仍不报告的或者地方税务机关在检查中发现纳税人有未按规定汇总缴纳印花税情况的。

关于印花税计税依据的下列表述中，符合法律规定的有（　　）。

A. 财产租赁合同以租赁金额为计税依据　B. 财产保险合同以保险费为计税依据

C. 工商营业执照以注册资金为计税依据　D. 商标注册证以件数为计税依据

【答案】ABD

【解析】合同或具有合同性质的凭证，以凭证所载金额作为计税依据，具体包括财产租赁合同中的租赁金额，保险合同中的保险费等，故 AB 选项正确。不记载金额的营业账簿、政府部门发给的房屋产权证、工商营业执照、商标注册证、专利证等权利许可证照，以及日记账簿和各种明细分类账簿等辅助性账簿，以凭证或账簿的件数作为计税依据，故 C 选项不正确，D 选项正确。

五、印花税应纳税额的计算

考试要求：掌握

命题频率：2014 年单选题

（1）实行比例税率的凭证，印花税应纳税额的计算公式为：

应纳税额＝应税凭证计税金额×比例税率

（2）实行定额税率的凭证，印花税应纳税额的计算公式为：

应纳税额＝应税凭证件数×定额税率

（3）营业账簿中记载资金的账簿，印花税应纳税额的计算公式为：

应纳税额＝（实收资本＋资本公积）×0.5‰

（4）其他账簿按件贴花，每件5元。

甲公司于2012年8月开业后，领受了工商营业执照、税务登记证、土地使用证、房屋产权证各一件。已知“权利、许可证照”印花税单位税额为每件5元，甲公司应缴纳的印花税额为（　　）元。

A. 5　　B. 10　　C. 15　　D. 20

【答案】C

【解析】对“税务登记证”不征收印花税，甲公司应缴纳印花税=5×3=15（元），故C选项正确。

六、印花税税收优惠

考试要求：熟悉
命题频率：2015年单选题；2017年多选题

（1）法定凭证免税。

下列凭证，免征印花税：

①已缴纳印花税的凭证的副本或者抄本；

②财产所有人将财产赠予政府、社会福利单位、学校所立的书据；

③经财政部批准免税的其他凭证。

（2）免税额。

应纳税额不足1角的，免征印花税。

（3）特定凭证免税。

下列凭证，免征印花税：

①国家指定的收购部门与村委会、农民个人书立的农副产品收购合同；

②无息、贴息贷款合同；

③外国政府或者国际金融组织向中国政府及国家金融机构提供优惠贷款所书立的合同。

（4）特定情形免税。

有下列情形之一的，免征印花税：

①对商店、门市部的零星加工修理业务开具的修理单，不贴印花；

②对房地产管理部门与个人订立的租房合同，凡用于生活居住的，暂免贴花；用于生产经营的，按规定贴花；

③对铁路、公路、航运、水路承运快件行李、包裹开具的托运单据，暂免贴花；

④对企业车间、门市部、仓库设置的不属于会计核算范围，或虽属会计核算范围，但不记载金额的登记簿、统计簿、台账等，不贴印花；

⑤实行差额预算管理的单位，不记载经营业务的账簿不贴花。

（5）对货物运输、仓储保管、财产保险、银行借款等，办理一项业务，既书立合同，又开立单据的，只就合同贴花。所开立的各类单据，不再贴花。

（6）对企业兼并的并入资金，凡已按资金总额贴花的，接收单位对并入的资金，不再补贴印花。

（7）企业与主管部门等签订的租赁承包经营合同，不属于财产租赁合同，不征收印花税。

(8) 纳税人已履行并贴花的合同，发现实际结算金额与合同所载金额不一致的，一般不再补贴印花。

(9) 农林作物、牧业畜类保险合同，免征印花税。

(10) 书、报、刊发行单位之间，发行单位与订阅单位或个人之间书立的凭证，免征印花税。

(11) 由外国运输企业运输进口货物的，外国运输企业所持有的一份结算凭证，免征印花税。

(12) 特殊货运凭证免税

下列特殊货运凭证，免征印花税：

①军事物资运输结算凭证；

②抢险救灾物资运输结算凭证；

③为新建铁路运输施工所属物料，使用工程临管线专用运费结算凭证。

(13) 对工业、商业、物资、外贸等部门调拨商品物资，作为内部执行计划使用的调拨单，不作为结算凭证，不属于合同性质的凭证，不征收印花税。

(14) 银行、非银行金融机构之间相互融通短期资金，按照规定的同业拆借期限和利率签订的同业拆借合同，不征收印花税。

(15) 对办理借款展期业务使用借款展期合同或其他凭证，按规定仅载明延期还款事项的，可暂不贴花。

(16) 出版合同，不属于印花税列举征税的凭证，免征印花税。

(17) 人民银行各级机构经理国库业务及委托各专业银行各级机构代理国库业务设置的账簿，免征印花税。

(18) 代理单位与委托单位之间签订的委托代理合同，不征收印花税。

(19) 对人民银行向各商业银行提供的日拆性贷款（20 日以内的贷款）所签订的合同或借据，暂免征收印花税。

(20) 铁道企业特定凭证免税。

铁道部所属单位的下列凭证，不征收印花税：

①铁道部层层下达的基建计划不贴花；

②企业内部签订的有关铁路生产经营设施基建、更新改造、大修、维修的协议或责任书不贴花；

③在铁路内部无偿调拨固定资产的调拨单据不贴花；

④由铁道部全额拨付事业费的单位，其营业账簿不贴花。

(21) 对在供需经济活动中使用电话、计算机联网订货，没有开具书面凭证的，暂不贴花。

(22) 对国务院和省级人民政府批准进行政企脱钩、对企业进行改组和改变管理体制、变更企业隶属关系，以及国有企业改制、盘活国有资产，而发生的国有股权无偿转让划转行为，暂不征收证券交易印花税；对上市公司国有股权无偿转让，需要免征证券交易印花税的，须由企业提出申请，报证券交易所所在地国家税务局审批，并报国家税务总局备案。

经典例题

JINGDIANLITI

1. 下列各项中，免征印花税的是（　　）。

A. 土地使用证　　　　B. 专利权转移书据

C. 未按期兑现的加工承揽合同　　　　D. 发行单位与订阅单位之间书立的凭证

【答案】 D

【解析】 土地使用证属于权利许可证照，专利权转移书据属于产权转移书据，均需交纳印花税，故AB选项不正确；未按期兑现合同也应贴花，故C选项不正确；购销合同包括各出版单位与发行单位（不包括订阅单位和个人）之间订立的凭证，故D选项正确。

2. 下列各项中，应缴纳印花税的是（　　）。

A. 报刊发行单位和订阅单位之间书立的凭证

B. 建筑安装工程承包合同

C. 门市部零星修理业务开具的修理单

D. 农林作物保险合同

【答案】 B

【解析】 购销合同包括各出版单位与发行单位（不包括订阅单位和个人）之间订立的凭证，故A选项不正确；建筑安装工程承包合同需要交纳印花税，故B选项正确；对商店、门市部的零星加工修理业务开具的修理单，不贴印花，故C选项不正确；农林作物、牧业畜类保险合同，免征印花税，故D选项不正确。

七、印花税征收管理

考试要求： 了解
命题频率： 2014 年单选题；2015 年判断题

（一）纳税义务发生时间

印花税在合同签订时、账簿启用时和证照领受时贴花。如果合同是在国外签订，并且不便在国外贴花的，应在将合同带入境时办理贴花纳税手续。

（二）纳税地点

印花税一般实行就地纳税。对于全国性商品物资订货会（包括展销会、交易会等）上所签订合同应纳的印花税，由纳税人回其所在地后及时办理贴花完税手续。

（三）纳税期限

印花税应税凭证应在书立、领受时即行贴花完税，不得延至凭证生效日期贴花。同一种类应纳印花税凭证若需要频繁贴花的，纳税人可向当地税务机关申请近期汇总缴纳印花税，经税务机关核准发给许可证后，按税务机关确定的限期（最长不超过1个月）汇总计算纳税。

（四）缴纳方法

印花税采用自行贴花、汇贴汇缴和委托代征三种缴纳方法。

1. 自行贴花

纳税人在书立、领受应税凭证时，自行计算应纳印花税额，向当地纳税机关或印花税票代售点购买印花税票，自行在应税凭证上一次贴足印花并自行注销。

已贴用的印花税票不得重用；已贴花的凭证，修改后所载金额有增加的，其增加部分应当补贴印花。

2. 汇贴汇缴

一份凭证应纳税额超过500元的，纳税人应当向当地税务机关申请填写缴款书或完税证，将其中一联粘贴在凭证上或者税务机关在凭证上加注完税标记代替贴花。

同一类应纳税凭证，需频繁贴花的，纳税人应向当地税务机关申请按期汇总缴纳印花税。税务机关对核准汇总缴纳的单位，应发给汇缴许可证，汇总缴纳的限期限额由当地税务机关确定，但最长期限不得超过 1 个月。

3. 委托代征

对通过国家有关部门发放、鉴证、公证或仲裁的应税凭证，税务部门可以委托这些部门代征印花税，发给代征单位代征委托书。

下列各项中，不属于印花税缴纳方法的是（　　）。

A. 自行贴花　　B. 汇贴汇缴　　C. 委托代征　　D. 邮局申报

【答案】 D

【解析】 根据税额大小，应税项目纳税次数多少以及税源控管的需要，印花税分别采用自行贴花、汇贴汇缴和委托代征三种缴纳方法，故 ABC 选项不正确，邮局申报是纳税申报的方式之一，故 D 选项正确。

第七节　资源税法律制度

资源税是对在我国境内从事应税矿产品开采或生产盐的单位和个人征收的一种税。

2016 年 7 月 1 日，将 21 种资源品目和未列举名称的其他金属矿实行从价计征。

一、资源税纳税人

考试要求： 掌握

命题频率： 2014 年多选题；2015 年单选题

资源税的纳税人，是指在中华人民共和国领域及管辖海域开采《资源税暂行条例》规定的矿产品或者生产盐（以下称开采或者生产应税产品）的单位和个人。

收购未税矿产品的单位为资源税的扣缴义务人。收购未税矿产品的单位，是指独立矿山、联合企业和其他单位。

1. 下列各项中，属于资源税纳税人的是（　　）。

A. 进口金属矿石的冶炼企业　　B. 销售精盐的商场

C. 开采原煤的公司　　D. 销售石油制品的加油站

【答案】 C

【解析】 开采矿产品需要征收资源税，进口不需要征收资源税，故 A 选项不正确；生产盐需要征收资源税，销售不需要征收资源税，故 B 选项不正确；开采应税矿产品的单位或者个人征收资源税，故 C 选项正确；零售矿产品不征收资源税，故 D 选项不正确。

2. 下列各项中，应缴纳资源税的有（　　）。

A. 开采销售的原矿　　B. 进口的原矿

C. 职工食堂领用的自产原矿　　D. 职工宿舍领用的自产原矿

【答案】 ACD

【解析】进口原矿不属于资源税的征税范围，不缴纳资源税，B选项不正确；开采的原矿均要征收资源税，故ACD选项正确。

二、资源税征税范围

考试要求：掌握
命题频率：2014年多选题；2015年单选题、多选题；2016年单选题

我国目前资源税的征税范围仅涉及矿产品和盐两大类，具体包括：

（1）原油。开采的天然原油征税；人造石油不征税。

（2）天然气。开采的天然气和与原油同时开采的天然气征税。

（3）煤炭。包括原煤和以未税原煤加工的洗选煤。

（4）其他非金属矿。包括：石墨、硅藻土、高岭土、萤石、石灰石、硫铁矿、磷矿、氯化钾、硫酸钾、井矿盐、湖盐、提取地下卤水晒制的盐、煤层（成）气等。

（5）金属矿。包括：铁矿、金矿、铜矿、铝土矿、铅锌矿、镍矿、锡矿及其他金属矿产品等。

（6）海盐。纳税人开采或者生产应税产品，自用于连续生产应税产品的，不缴纳资源税；自用于其他方面的，视同销售，缴纳资源税。

下列各项中，属于资源税征税范围的是（　　）。

A. 液体盐　　B. 煤矿生产的天然气

C. 以已税原煤加工的洗选煤　　D. 人造石油

【答案】A

【解析】资源税征税范围包括：矿产品和盐两大类，原油中人造石油不征税；天然气中，煤矿生产的天然气不征税；煤炭的征税范围是原煤和以未税原煤加工的洗选煤，不包括已税原煤加工的洗选煤。

三、资源税税目

考试要求：掌握

现行资源税税目包括原油、天然气、煤炭等非金属矿和金矿、铁矿等金属矿以及海盐等品目。各税目的征税对象包括原矿、精矿（或原矿加工品，下同）、金锭、氯化钠初级产品。对未列举名称的其他矿产品，省级人民政府可对本地区主要矿产品按矿种设定税目，对其余矿产品按类别设定税目，并按其销售的主要形态（如原矿、精矿）确定征税对象。

四、资源税税率

考试要求：掌握
命题频率：2014年判断题；2015年单选题

资源税采用比例税率和定额税率两种形式。对《资源税税目税率幅度表》中列举名称的

27 种资源品目和未列举名称的其他金属矿实行从价计征。对经营分散、多为现金交易且难以控管的黏土、砂石，实行从量定额计征。对未列举名称的其他非金属矿产品，按照从价计征为主、从量计征为辅的原则，由省级人民政府确定计征方式。资源税税目税率幅度见表 6-4。

表 6-4　资源税税目税率幅度表

税目		征税对象	税率幅度
一、原油		原油	5%～10%
二、天然气		原矿	5%～10%
三、煤炭		原煤或洗选煤	2%～10%
四、其他非金属矿	石墨	精矿	3%～10%
	硅藻土	精矿	1%～6%
	高岭土	原矿	1%～6%
	萤石	精矿	1%～6%
	石灰石	原矿	1%～6%
	硫铁矿	精矿	1%～6%
	磷矿	原矿	3%～8%
	氯化钾	精矿	3%～8%
	硫酸钾	精矿	6%～12%
	井矿盐	氯化钠初级产品	1%～6%
	湖盐	氯化钠初级产品	1%～6%
	提取地下卤水晒制的盐	氯化钠初级产品	3%～15%
	煤层（成）气	原矿	1%～2%
	黏土、砂石	原矿	每吨或每立方米 0.1～5 元
	未列举名称的其他非金属矿产品	原矿或精矿	从量税率每吨或每立方米不超过 30 元；从价税率不超过 20%
五、金属矿	稀土	原矿或精矿	7.5%～27%
	钨	原矿或精矿	6.5%
	钼	原矿或精矿	11%
	铁矿	精矿	1%～6%
	金矿	金锭	1%～4%
	铜矿	精矿	2%～8%
	铝土矿	原矿	3%～9%
	铅锌矿	精矿	2%～6%
	镍矿	精矿	2%～6%
	锡矿	精矿	2%～6%
	未列举名称的其他金属矿产品	原矿或精矿	税率不超过 20%
六、海盐		氯化钠初级产品	1%～5%

注：铝土矿包括耐火级矾土、研磨级矾土等高铝粘土；氯化钠初级产品是指井矿盐、湖盐原盐、提取地下卤水晒制的盐和海盐原盐，包括固体和液体形态的初级产品；海盐是指海水晒制的盐，不包括提取地下卤水晒制的盐。

纳税人开采或者生产不同税目应税产品的，应当分别核算不同税目应税产品的销售额或者销售数量；未分别核算或者不能准确提供不同税目应税产品的销售额或者销售数量的，从高适用税率。

纳税人开采销售共伴生矿，共伴生矿与主矿产品销售额分开核算的，对共伴生矿暂不计征资源税；没有分开核算的，共伴生矿按主矿产品的税目和适用税率计征资源税。

独立矿山、联合企业收购未税矿产品的单位，按照本单位应税产品税额标准，依据收购的数量代扣代缴资源税。其他收购单位收购的未税矿产品，按税务机关核定的应税产品税额标准，依据收购的数量代扣代缴资源税。

根据资源税法律制度的规定，按照固定税额从量征收资源税的是（　　）。

A. 砂石　　B. 天然气

C. 煤炭　　D. 原油

【答案】A

【解析】砂石实行从量征收资源税，故A选项正确。

五、资源税计税依据

考试要求： 掌握

命题频率： 2014年判断题、单选题、多选题；2015年单选题、多选题；2017年判断题

资源税以纳税人开采或者生产应税矿产品的销售额或者销售数量为计税依据。对《资源税税目税率幅度表》中未列举名称的其他矿产品，省级人民政府可对本地区主要矿产品按矿种设定税目，对其余矿产品按类别设定税目，并按其销售的主要形态（如原矿、精矿）确定征税对象。

（一）销售额

1. 销售额定义

销售额是指纳税人销售应税矿产品向购买方收取的全部价款和价外费用，但不包括收取的增值税销项税额和运杂费用。

运杂费用是指应税产品从坑口或洗选（加工）地到车站、码头或购买方指定地点的运输费用、建设基金以及随运销产生的装卸、仓储、港杂费用。运杂费用应与销售额分别核算，凡未取得相应凭据或不能与销售额分别核算的，应当一并计征资源税。

2. 原煤销售额

纳税人将其开采的原煤，自用于连续生产洗选煤的，在原煤移送使用环节不缴纳资源税；将开采的原煤加工为洗选煤销售的，以洗选煤销售额乘以折算率作为应税煤炭销售额，计算缴纳资源税。

洗选煤销售额包括洗选副产品的销售额，不包括洗选煤从洗选煤厂到车站、码头等的运输费用。

纳税人同时以自采未税原煤和外购已税原煤加工洗选煤的，应当分别核算；未分别核算的，按上述规定，计算缴纳资源税。

纳税人将其开采的原煤自用于其他方面的，视同销售原煤；将其开采的原煤加工为洗选煤自用的，视同销售洗选煤缴纳资源税。

3. 原矿销售额与精矿销售额换算

征税对象为精矿的，纳税人销售原矿时，应将原矿销售额换算为精矿销售额缴纳资源税；征税对象为原矿的，纳税人销售自采原矿加工的精矿，应将精矿销售额折算为原矿销售额缴纳资源税。换算比或折算率原则上应通过原矿售价、精矿售价和选矿比计算，也可通过原矿销售

额、加工环节平均成本和利润计算。

金矿以标准金锭为征税对象，纳税人销售金原矿、金精矿的，应比照上述规定将其销售额换算为金锭销售额缴纳资源税。

纳税人销售其自采原矿的，可采用成本法或市场法将原矿销售额换算为精矿销售额计算缴纳资源税。

（1）成本法公式为：

精矿销售额＝原矿销售额＋原矿加工为精矿的成本×（1＋成本利润率）

（2）市场法公式为：

精矿销售额＝原矿销售额×换算比

换算比＝同类精矿单位价格÷（原矿单位价格×选矿比）

选矿比＝加工精矿耗用的原矿数量÷精矿数量

4. 组成计税价格

纳税人申报的应税产品销售额明显偏低并且无正当理由的、有视同销售应税产品行为而无销售额的，除财政部、国家税务总局另有规定外，按下列顺序确定销售额：

（1）按纳税人最近时期同类产品的平均销售价格确定。

（2）按其他纳税人最近时期同类产品的平均销售价格确定。

（3）按组成计税价格确定。组成计税价格为：

组成计税价格＝成本×（1＋成本利润率）÷（1－税率）

公式中的成本是指应税产品的实际生产成本。

（二）销售数量

（1）纳税人开采或者生产应税产品销售的，以实际销售数量为销售数量。

（2）纳税人开采或者生产应税产品自用的，以移送时的自用数量为销售数量。自产自用包括生产自用和非生产自用。

（3）纳税人不能准确提供应税产品销售数量或移送使用数量的，以应税产品的产量或按主管税务机关确定的折算比换算成的数量为计征资源税的销售数量。

纳税人将其开采的矿产品原矿自用于连续生产精矿产品，无法提供移送使用原矿数量的，可将其精矿按选矿比折算成原矿数量，以此作为销售数量。

（4）纳税人的减税、免税项目，应当单独核算销售额和销售数量；未单独核算或者不能准确提供销售额和销售数量的，不予减税或者免税。

经典例题
JINGDIANLITI

根据资源税法律制度的规定，下列关于资源税应税产品销售数量的表述中，正确的有（　　）。

A. 纳税人开采或者生产应税产品销售的，以实际销售数量为销售数量

B. 纳税人开采或者生产应税产品自用的，以移送时的自用数量为销售数量

C. 纳税人以自产的液体盐加工固体盐，以加工的固体盐数量为销售数量

D. 纳税人将其开采的非金属矿产品原矿自用于连续生产精矿产品，以精矿产量为销售数量

【答案】 ABC

【解析】 纳税人将其开采的矿产品原矿自用于连续生产精矿产品，无法提供移送使用原矿数量的，可将其精矿按选矿比折算成原矿数量，以此作为销售数据，故 D 选项不正确。

六、资源税应纳税额的计算

考试要求：掌握
命题频率：2014 年单选题

资源税的应纳税额，按照从价定率或者从量定额的办法，计算应纳税额。计算公式如下：

（1）实行从价定率计征办法的应税产品，资源税应纳税额按销售额和比例税率计算：

应纳税额＝应税产品的销售额×适用的比例税率

（2）实行从量定额计征办法的应税产品，资源税应纳税额按销售数量和定额税率计算：

应纳税额＝应税产品的销售数量×适用的定额税率

（3）扣缴义务人代扣代缴资源税应纳税额的计算：

代扣代缴应纳税额＝收购未税矿产品的数量×适用定额税率

2014 年 12 月 1 日前，煤炭资源税仍实行从量定额的办法计征，自 2014 年 12 月 1 日起，实行从价定率的办法计征。

纳税人 2014 年 12 月 1 日前开采或洗选的应税煤炭，在 2014 年 12 月 1 日后销售和自用的，按从价定率的办法缴纳资源税；2014 年 12 月 1 日前签订的销售应税煤炭的合同，在 2014 年 12 月 1 日后收讫销售款或者取得索取销售款凭据的，按从价定率的办法缴纳资源税。

2015 年 5 月 1 日前，稀土、钨和钼资源税仍实行从量定额的办法计征，自 2015 年 5 月 1 日起，实行从价定率办法计征。

纳税人 2015 年 5 月 1 日前开采的原矿或加工的精矿，在 2015 年 5 月 1 日后销售和自用的，按从价定率办法缴纳资源税；2015 年 5 月 1 日前签订的销售原矿或精矿的合同，在 2015 年 5 月 1 日后收讫销售款或者取得索取销售款凭据的，按从价定率办法缴纳资源税。

2015 年 5 月 1 日后销售的精矿，其所用原矿如果此前已按从量定额办法缴纳了资源税，这部分已缴税款可在其应纳税额中抵减。

经典例题
JINGDIANLITI

2016 年 10 月，甲铜矿当月销售当月产铜矿石原矿取得销售收入 400 万元，销售精矿取得收入 800 万元。假设该矿山铜矿精矿换算比为 20%，适用的资源税税率为 6%。该铜矿 10 月份应纳的资源税税额为（　　）万元。

A. 24　　B. 48　　C. 72　　D. 52.8

【答案】 D

【解析】 铜矿计税依据为精矿，应将原矿销售额换算为精矿销售额。该铜矿当月应税产品销售＝400×20%＋800＝880（万元），该铜矿 10 月份应纳资源税税额＝880×6%＝52.8（万元），故 D 选项正确。

七、资源税税收优惠

考试要求：熟悉
命题频率：2015 年单选题；2016 年判断题

（1）开采原油过程中用于加热、修井的原油免税。

（2）纳税人开采或者生产应税产品过程中，因意外事故或者自然灾害等原因遭受重大损失的，由省、自治区、直辖市人民政府酌情决定减税或者免税。

（3）对已经缴纳资源税的岩金矿原矿经选矿形成的尾矿进行再利用的，纳税人能够在统计、核算上清楚地反映，并在堆放等具体操作上能够同应税原矿明确区隔开，免征资源税。尾矿与原矿如不能划分清楚的，应按原矿计征资源税。

（4）我国油气田稠油、高凝油和高含硫天然气资源税减征 40%；三次采油资源税减征 30%；低丰度油气田资源税暂减征 20%；深水油气田减征 30%；油田范围内运输稠油过程中用于加热的原油天然气免征资源税。纳税人开采的原油、天然气同时符合上述两项及两项以上减税规定的，只能选择其中一项执行，不能叠加适用。

（5）对依法在建筑物下、铁路下、水体下通过充填开采方式采出的矿产资源，资源税减征 50%。

（6）对实际开采年限在 15 年以上的衰竭期矿山开采的矿产资源，资源税减征 30%。

衰竭期矿山是指剩余可采储量下降到原设计可采储量的 20%（含）以下或剩余服务年限不超过 5 年的矿山，以开采企业下属的单个矿山为单位确定。

（7）纳税人开采销售共伴生矿，共伴生矿与主矿产品销售额分开核算的，对共伴生矿暂不计征资源税；没有分开核算的，共伴生矿按主矿产品的税目和适用税率计征资源税。

经典例题
JINGDIANLITI

下列各项中，应同时征收增值税和资源税的是（　　）。

A. 生产销售人造石油　　　　B. 销售煤矿生产的天然气

C. 将自产的液体盐连续生产固体盐　　　　D. 将开采的天然气用于职工食堂

【答案】D

【解析】人造石油不征收资源税，故 A 选项不正确；煤矿生产的天然气暂不征收资源税，故 B 选项不正确；将自产的液体盐连续生产固体盐，不缴纳资源税，故 C 选项不正确；将开采的天然气用于职工食堂，应视同销售，既征收增值税，又征收资源税，故 D 选项正确。

八、资源税征收管理

考试要求：了解

（一）纳税义务发生时间

资源税在应税产品的销售或自用环节计算缴纳。以自采原矿加工精矿产品的，在原矿移送使用时不缴纳资源税，在精矿销售或自用时缴纳资源税。

纳税人以自采原矿加工金锭的，在金锭销售或自用时缴纳资源税。纳税人销售自采原矿或者自采原矿加工的金精矿、粗金，在原矿或者金精矿、粗金销售时缴纳资源税，在移送使用时不缴纳资源税。

（1）纳税人销售应税资源品目采取分期收款结算方式的，其纳税义务发生时间为销售合同规定的收款日期的当天。

（2）纳税人销售应税资源品目采取预收货款结算方式的，其纳税义务发生时间为发出应税产品的当天。

（3）纳税人销售应税资源品目采取其他结算方式的，其纳税义务发生时间为收讫销售款或者取得索取销售款凭据的当天。

(4) 纳税人自产自用应税资源品目的，其纳税义务发生时间为移送使用应税产品的当天。

(5) 扣缴义务人代扣代缴税款的，其纳税义务发生时间为支付首笔货款或者开具应支付货款凭据的当天。

(二) 纳税地点

(1) 凡是缴纳资源税的纳税人，都应向应税产品的开采或者生产所在地主管税务机关缴纳税款。

(2) 纳税人在本省、自治区、直辖市范围内开采或者生产应税产品，其纳税地点需要调整的，由所在省、自治区、直辖市税务机关决定。

(3) 纳税人跨省开采资源税应税产品，其下属生产单位与核算单位不在同一省、自治区、直辖市的，对其开采的矿产品一律在开采地纳税。

实行从量计征的应税产品，其应纳税款由独立核算的单位，按照每个开采地或者生产地的实际销售量（或者自用量）及适用的单位税额计算划拨；实行从价计征的应税产品，其应纳税款由独立核算的单位按照每个开采地或者生产地的销售量（或自用量）单位销售价格及适用税率计算划拨。

(4) 扣缴义务人代扣代缴的资源税，应当向收购地主管税务机关缴纳。

(三) 纳税期限

资源税的纳税期限为 1 日、3 日、5 日、10 日、15 日或者 1 个月。

纳税人的纳税期限由主管税务机关根据实际情况具体核定。不能按固定期限计算纳税的，可以按次计算纳税。

纳税人以 1 个月为一期纳税的，自期满之日起 10 日内申报纳税；以 1 日、3 日、5 日、10 日或者 15 日为一期纳税的，自期满之日起 5 日内预缴税款，于次月 1 日起 10 日内申报纳税并结清上月税款。

第八节　其他相关税收法律制度

一、城市维护建设税与教育费附加法律制度

城市维护建设税是以纳税人实际缴纳的增值税、消费税（下文简称“两税”）的税额为计税依据所征收的一种税。

教育费附加是以各单位和个人实际缴纳的增值税、消费税的税额为计征依据而征收的一种费用。

(一) 城市维护建设税

考试要求：了解

命题频率：2015 年单选题；2016 年单选题

1. 纳税人

城市维护建设税的纳税人，是指实际缴纳“两税”的单位和个人，包括各类企业、行政单

位、事业单位、军事单位、社会团体及其他单位，以及个体工商户和其他个人。

自 2010 年 12 月 1 日起，对外商投资企业、外国企业及外籍个人征收城市维护建设税和教育费附加。

2. 征税范围

城市维护建设税的征税范围从地域上看分布很广，具体包括城市、县城、建制镇，以及税法规定征收“两税”的其他地区。

3. 税率

（1）税率的具体规定。

城市维护建设税实行差别比例税率：

①纳税人所在地区为市区的，税率为 7%；

②纳税人所在地区为县城、镇的，税率为 5%；

③纳税人所在地区不在市区、县城或者镇的，税率为 1%。

（2）适用税率的确定。

①由受托方代扣代缴、代收代缴“两税”的单位和个人，其代扣代缴、代收代缴的城市维护建设税按受托方所在地适用税率执行。

②流动经营等无固定纳税地点的单位和个人，在经营地缴纳“两税”的，其城市维护建设税的缴纳按经营地适用税率执行。

4. 计税依据

城市维护建设税的计税依据，是纳税人实际缴纳的增值税和消费税税额。

纳税人因违反增值税和消费税有关规定而加收的滞纳金和罚款，不作为城市维护建设税的计税依据，但纳税人在被查补增值税和消费税和被处以罚款时，应同时对其城市维护建设税进行补税、征收滞纳金和罚款。

5. 应纳税额的计算

城市维护建设税应纳税额的计算比较简单，计税方法基本上与“两税”一致，其计算公式为：

应纳税额＝实际缴纳的增值税、消费税税额之和×适用税率

6. 税收优惠

现行城市维护建设税的减免规定主要有：

（1）海关对进口产品代征的增值税、消费税，不征收城市维护建设税。

（2）对由于减免增值税、消费税而发生退税的，可同时退还已征收的城市维护建设税。但对出口产品退还增值税、消费税的，不退还已缴纳的城市维护建设税。

（3）对“两税”实行先征后返、先征后退、即征即退办法的，除另有规定外，对随“两税”附征的城市维护建设税，一律不予退（返）还。

7. 征收管理

（1）纳税义务发生时间。

城市维护建设税以纳税人实际缴纳的“两税”为计税依据，分别与增值税和消费税同时缴纳。

（2）纳税地点。

纳税人缴纳“两税”的地点，就是该纳税人缴纳城市维护建设税的地点。

①代扣代缴、代收代缴增值税和消费税的单位和个人，同时也是城市维护建设税的代扣代缴、代收代缴义务人，其纳税地点为代扣代收地。

②对流动经营等无固定纳税地点的单位和个人，应随同“两税”在经营地纳税。

（3）纳税期限。

由于城市维护建设税是由纳税人在缴纳“两税”的同时缴纳的，所以其纳税期限分别与增值税和消费税的纳税期限一致。根据增值税和消费税暂行条例规定，增值税、消费税的纳税期限分别为1日、3日、5日、10日、15日、1个月或者1个季度。

城市维护建设税的纳税期限应比照上述“两税”的纳税期限，由主管税务机关根据纳税人应纳税额大小分别核定；不能按照固定期限纳税的，可以按次纳税。

经典例题 JINGDIANLITI

下列关于城市维护建设税税收优惠的表述中，不正确的是（　　）。

A. 对增值税实行先征后退办法的，除另有规定外，不予退还随增值税附征的城市维护建设税

B. 对增值税实行即征即退办法的，除另有规定外，不予退还随增值税附征的城市维护建设税

C. 海关对进口产品代征的增值税，不征收城市维护建设税

D. 对出口产品退还增值税的，可同时退还已缴纳的城市维护建设税

【答案】D

【解析】对出口产品退还增值税、消费税的，不退还已缴纳的城市维护建设税。

（二）教育费附加

考试要求：了解

1. 征收范围

教育费附加的征收范围为税法规定征收“两税”的单位和个人，对外商投资企业、外国企业及外籍个人征收教育费附加。

2. 计征依据

教育费附加以纳税人实际缴纳的“两税”税额之和为计征依据。

3. 征收比率

现行教育费附加征收比率为3%。

4. 计算与缴纳

（1）计算公式。

应纳教育费附加＝实际缴纳增值税、消费税税额之和×征收比率

（2）费用缴纳。

教育费附加分别与“两税”税款同时缴纳。

5. 减免规定

教育费附加的减免，原则上比照“两税”的减免规定。如果税法规定“两税”减免，则教育费附加也就相应地减免。主要的减免规定有：

（1）对海关进口产品征收的增值税、消费税，不征收教育费附加。

（2）对由于减免增值税、消费税而发生退税的，可同时退还已征收的教育费附加。但对出口产品退还增值税、消费税的，不退还已征的教育费附加。

二、关税法律制度

关税是对进出国境或关境的货物、物品征收的一种税。关境又称税境，是指一国海关法规

可以全面实施的境域。国境是一个主权国家的领土范围。

我国目前对进出境货物征收的关税分为进口关税和出口关税两类。

（一）关税纳税人

考试要求：掌握

1. 贸易性商品的纳税人

贸易性商品的纳税人是经营进出口货物的收、发货人。具体包括：

（1）外贸进出口公司；

（2）工贸或农贸结合的进出口公司；

（3）其他经批准经营进出口商品的企业。

2. 物品的纳税人

物品的纳税人包括：

（1）入境旅客随身携带的行李、物品的持有人；

（2）各种运输工具上服务人员入境时携带自用物品的持有人；

（3）馈赠物品以及其他方式入境个人物品的所有人；

（4）个人邮递物品的收件人。

接受纳税人委托办理货物报关等有关手续的代理人，可以代办纳税手续。

（二）关税课税对象和税目

考试要求：掌握
命题频率：2015 年判断题

1. 课税对象

关税的课税对象是进出境的货物、物品。

凡准许进出口的货物，除国家另有规定的以外，均应由海关征收进口关税或出口关税。

对从境外采购进口的原产于中国境内的货物，也应按规定征收进口关税。

2. 关税项目

关税的项目、税率都由《海关进口税则》规定。它包括三个主要部分：

（1）归类总规则；

（2）进口税率表；

（3）出口税率表。

进出口税则中的商品分类目录为关税税目。按照税则归类总规则及其归类方法，每一种商品都能找到一个最适合的对应税目。

（三）关税税率

考试要求：掌握
命题频率：2014 年单选题；2015 年单选题；2016 年多选题

1. 税率的种类

关税的税率分为进口税率和出口税率两种。其中进口税率又分为普通税率、最惠国税率、协定税率、特惠税率、关税配额税率和暂定税率。

进口货物适用何种关税税率是以进口货物的原产地为标准的。

(1) 普通税率。

原产于未与我国共同适用最惠国条款的世界贸易组织成员国或地区，未与我国订有相互给予最惠国待遇、关税优惠条款贸易协定和特殊关税优惠条款贸易协定的国家或者地区的进口货物，以及原产地不明的货物，按照普通税率征税。

(2) 最惠国税率。

原产于与我国共同适用最惠国条款的世界贸易组织成员国或地区的进口货物，原产于与我国签订含有相互给予最惠国待遇的双边贸易协定的国家或者地区的进口货物，以及原产于我国的进口货物，按照最惠国税率征税。

(3) 协定税率。

对原产于与我国签订含有关税优惠条款的区域性贸易协定的国家或地区的进口货物，按协定税率征税。

(4) 特惠税率。

对原产于与我国签订含有特殊关税优惠条款的贸易协定的国家或地区的进口货物，按特惠税率征收。

(5) 关税配额税率。

关税配额税率是指关税配额限度内的税率。

(6) 暂定税率。

暂定税率是在最惠国税率的基础上，对于一些国内需要降低进口关税的货物，以及出于国际双边关系的考虑需要个别安排的进口货物，可以实行暂定税率。

2. 税率的确定

进出口货物应当依照《海关进出口税则》规定的归类原则归入合适的税号，按照适用的税率征税。其中：

(1) 进出口货物，应当按照收发货人或其代理人申报进口或者出口之日实施的税率征税；

(2) 进口货物到达前，经海关核准先行申报的，应当按照装载此货物的运输工具申报进境之日实施的税率征税；

(3) 除特殊情况外，进出口货物的补税和退税，适用该进出口货物原申报进口或者出口之日所实施的税率。

经典例题
JINGDIANLITI

1. 根据关税法律制度的规定，进口原产于与我国共同适用最惠国条款的世界贸易组织成员国或者地区的货物，适用的关税税率是（ ）。

A. 最惠国税率　　B. 普通税率

C. 协定税率　　D. 特惠税率

【答案】 A

【解析】 对原产于与我国共同适用最惠国条款的世界贸易组织成员国或地区的进口货物，按照最惠国税率征税，故A选项正确。

2. 根据关税法律制度的规定，下列各项中，属于进口关税税率的有（ ）。

A. 普通税率　　B. 最惠国税率

C. 特惠税率　　D. 协定税率

【答案】 ABCD

【解析】 关税的税率分为进口税率和出口税率两种。其中进口税率又分为普通税率、最惠国税率、协定税率、特惠税率、关税配额税率和暂定税率，故 ABCD 选项正确。

（四）关税计税依据

考试要求： 掌握

命题频率： 2014 年单选题；2015 年单选题；2016 年判断题、单选题

1. 进口货物的完税价格

（1）一般贸易项下进口的货物的完税价格。

一般贸易项下进口的货物以海关审定的成交价格为基础的到岸价格作为完税价格。

在货物成交过程中，进口人在成交价格外另支付给卖方的佣金，应计入成交价格，而向境外采购代理人支付的买方佣金则不能列入，如已包括在成交价格中应予以扣除。

卖方付给进口人的正常回扣，应从成交价格中扣除。

卖方违反合同规定延期交货的罚款，卖方在货价中冲减时，罚款则不能从成交价格中扣除。

到岸价格包括货价以及货物运抵我国关境内输入地点起卸前的包装费、运费、保险费和其他劳务费等费用，其中还应包括为了在境内生产、制造、使用或出版、发行的目的而向境外支付的与该进口货物有关的专利、商标、著作权，以及专有技术、计算机软件和资料等费用。

（2）特殊贸易下进口货物的完税价格。

①运往境外加工的货物出境时已向海关报明，并在海关规定期限内复运进境的，以加工后货物进境时的到岸价格与原出境货物价格的差额作为完税价格。

如无法得到原出境货物的到岸价格，可以用原出境货物相同或类似货物在进境时的到岸价格，或用原出境货物申报出境时的离岸价格代替。

②运往境外修理的机械器具、运输工具或者其他货物，出境时已向海关报明并在海关规定期限内复运进境的，以经海关审定的修理费和料件费作为完税价格。

③租借、租赁方式进境的货物，以海关审查确定的货物租金作为完税价格。

④对于国内单位留购的进口货样、展览品和广告陈列品，以留购价格作为完税价格。

但对于留购货样、展览品和广告陈列品的买方，除按留购价格付款外，又直接或间接给卖方一定利益的，海关可以另行确定上述货物的完税价格。

⑤对于经海关批准暂时进口的施工机械、工程车辆、供安装使用的仪器和工具、电视或电影摄制机械，以及盛装货物的容器等，如入境超过半年仍留在国内使用的，应自第 7 个月起，按月征收进口关税，其完税价格按原货进口时的到岸价格确定，每月的税额计算公式为：

每月关税＝货物原到岸价格×关税税率×1/48

⑥按照特定减免税办法批准予以减免税进口的货物，在转让或出售而需补税时，可按这些货物原进口时的到岸价格来确定其完税价格。其计算公式为：

完税价格＝原入境到岸价格×［1－实际使用月份÷（管理年限×12）］

管理年限是指海关对减免税进口的货物监督管理的年限。

2. 出口货物的完税价格

（1）出口货物以海关审定的货物售予境外的离岸价格，扣除出口关税后作为完税价格。计算公式为：

出口货物完税价格＝离岸价格÷（1＋出口税率）

（2）离岸价格应以该项货物运离关境前的最后一个口岸的离岸价格为实际离岸价格。若该项货物从内地起运，则以内地口岸至最后出境口岸所支付的国内段运输费用应予扣除。离岸价格不包括装船以后发生的费用。

（3）出口货物在成交价格以外支付给国外的佣金应予扣除，未单独列明的则不予扣除。出口货物在成交价格以外，买方还另行支付的货物包装费，应计入成交价格，当离岸价格不能确定时，完税价格由海关估定。

3. 进出口货物完税价格的审定

海关认为需要估价的，则按以下方法依次估定完税价格：

（1）相同货物成交价格法。

（2）类似货物成交价格法。

（3）国际市场价格法。

（4）国内市场价格倒扣法。

（5）合理方法估定的价格。

经典例题
JINGDIANLITI

下列各项中，应计入关税完税价格的有（　　）。

A. 货物运抵我国关境内输入地点起卸前的包装费

B. 货物运抵我国关境内输入地点起卸前的运费

C. 货物运抵我国关境内输入地点起卸前的保险费

D. 为在国内使用而向境外支付的与该进口货物有关的专利权费用

【答案】 ABCD

【解析】 一般贸易下进口货物以海关审定的成交价格为基础的到岸价格作为完税价格。到岸价格是指包括货价以及货物运抵我国关境内输入地点起卸前的包装费、运费、保险费和其他劳务费等费用，其中还应包括为了在境内生产、制造、使用或者出版、发行的目的而向境外支付的与该进口货物有关的专利、商标、著作权，以及专有技术、计算机软件和资料等费用，故ABCD选项正确。

（五）关税应纳税额的计算

考试要求： 掌握
命题频率： 2014 年单选题；2015 年判断题

1. 从价税计算方法

从价税是最普遍的关税计征方法，它以进（出）口货物的完税价格作为计税依据。进（出）口货物应纳关税税额的计算公式为：

应纳税额＝应税进（出）口货物数量×单位完税价格×适用税率

2. 从量税计算方法

从量税是以进口商品的数量为计税依据的一种关税计征方法。其应纳关税税额的计算公式为：

应纳税额＝应税进口货物数量×关税单位税额

3. 复合税计算方法

复合税是对某种进口货物同时使用从价和从量计征的一种关税计征方法。其应纳关税税额的计算公式为：

应纳税额＝应税进口货物数量×关税单位税额＋应税进口货物数量×单位完税价格×适用税率

4. 滑准税计算方法

滑准税是指关税的税率随着进口商品价格的变动而反方向变动的一种税率形式，即价格越高，税率越低，税率为比例税率。因此，对实行滑准税率的进口商品应纳关税税额的计算方法与从价税的计算方法相同。

经典例题

JINGDIANLITI

根据关税法律制度的规定，下列进口货物中，实行从量计征关税的有（　　）。

A. 汽车　　B. 缝纫机

C. 原油　　D. 啤酒

【答案】 CD

【解析】 对啤酒、原油等少数货物实行从量计征，故 CD 选项正确。

（六）关税税收优惠

考试要求：熟悉

命题频率：2014 年单选题；2015 年多选题

关税的减税、免税分为法定性减免税、政策性减免税和临时性减免税。

1. 法定性减免税

法定性减免税主要有下列情形：

（1）一票货物关税税额、进口环节增值税或者消费税税额在人民币 50 元以下的；

（2）无商业价值的广告品及货样；

（3）国际组织、外国政府无偿赠送的物资；

（4）进出境运输工具装载的途中必需的燃料、物料和饮食用品；

（5）因故退还的中国出口货物，可以免征进口关税，但已征收的出口关税不予退还；

（6）因故退还的境外进口货物，可以免征出口关税，但已征收的进口关税不予退还。

2. 酌情减免税

酌情减免税主要有下列情形：

（1）在境外运输途中或者在起卸时，遭受到损坏或者损失的；

（2）起卸后海关放行前，因不可抗力遭受损坏或者损失的；

（3）海关查验时已经破漏、损坏或者腐烂，经证明不是保管不慎造成的。

此外，为境外厂商加工、装配成品和为制造外销产品而进口的原材料、辅料、零件、部件、配套件和包装物料，海关按照实际加工出口的成品数量免征进口关税；或者对进口料件先征进口关税，再按照实际加工出口的成品数量予以退税。

经典例题

JINGDIANLITI

下列各项中，属于法定减免关税的有（　　）。

A. 进出境运输工具装载的途中必需的燃料、物料和饮食用品

B. 外国政府无偿赠送的物资

C. 无商业价值的广告品

D. 无商业价值的货样

【答案】ABCD

【解析】法定减免税的情形包括：①进出境运输工具装载的途中必需的燃料、物料和饮食用品；②国际组织、外国政府无偿赠送的物资；③无商业价值广告品及货样。故 ABCD 选项均正确。

（七）关税征收管理

考试要求：了解

（1）关税应在货物实际进出境时，即在纳税人按进出口货物通关规定向海关申报后、海关放行前一次性缴纳。

（2）进出口货物的收发货人或其代理人应当在海关签发税款缴款凭证次日起 15 日内（星期日和法定节假日除外），向指定银行缴纳税款。逾期不缴的，除依法追缴外，由海关自到期次日起至缴清税款之日止，按日征收欠缴税额 0.5‰的滞纳金。

（3）对由于海关误征，多缴纳税款的；海关核准免验的进口货物在完税后，发现有短卸情况，经海关审查认可的；已征出口关税的货物，因故未装运出口申报退关，经海关查验属实的，纳税人可以从缴纳税款之日起的 1 年内，书面声明理由，连同纳税收据向海关申请退税，逾期不予受理。

（4）海关应当自受理退税申请之日起 30 日内作出书面答复，并通知退税申请人。

（5）进出口货物完税后，如发现少征或漏征税款，海关有权在 1 年内予以补征；如因收发货人或其代理人违反规定而造成少征或漏征税款的，海关在 3 年内可以追缴。

三、环境保护税

考试要求：熟悉

环境保护税是为了保护和改善环境，减少污染物排放，推进生态文明建设而征收的一种税。

（一）纳税人

环境保护税的纳税人为在中华人民共和国领域和中华人民共和国管辖的其他海域，直接向环境排放应税污染物的企业事业单位和其他生产经营者。按照规定征收环境保护税，不再征收排污费。

（二）征税范围

环境保护税的征税范围为相关规范规定的大气污染物、水污染物、固体废物和噪声等。

有下列情形之一的，不属于直接向环境排放污染物，不缴纳相应污染物的环境保护税：

（1）企业事业单位和其他生产经营者向依法设立的污水集中处理、生活垃圾集中处理场所排放应税污染物的。

（2）企业事业单位和其他生产经营者在符合国家和地方环境保护标准的设施、场所贮存或者处置固体废物的。

依法设立的城乡污水集中处理、生活垃圾集中处理场所超过国家和地方规定的排放标准向环境排放应税污染物的，应当缴纳环境保护税。

企业事业单位和其他生产经营者贮存或者处置固体废物不符合国家和地方环境保护标准的，应当缴纳环境保护税。

(三) 税率

环境保护税实行定额税率。

税目、税额依照《环境保护税税目税额表》执行，见表6-5。

表6-5　环境保护税税目税额表

<table>
<tr><th colspan="2">税目</th><th>计税单位</th><th>税额</th><th>备注</th></tr>
<tr><td colspan="2">大气污染物</td><td>每污染当量</td><td>1.2～12元</td><td></td></tr>
<tr><td colspan="2">水污染物</td><td>每污染当量</td><td>1.4～14元</td><td></td></tr>
<tr><td rowspan="4">固体废物</td><td>煤矸石</td><td>每吨</td><td>5元</td><td rowspan="4"></td></tr>
<tr><td>尾矿</td><td>每吨</td><td>15元</td></tr>
<tr><td>危险废物</td><td>每吨</td><td>1 000元</td></tr>
<tr><td>冶炼渣、粉煤灰、炉渣、其他固体废物（含半固体、液体废物）</td><td>每吨</td><td>25元</td></tr>
<tr><td rowspan="6">噪声</td><td rowspan="6">工业噪声</td><td>超标1～3分贝</td><td>每月350元</td><td rowspan="6">(1) 一个单位边界上有多处噪声超标，根据最高一处超标声级计算应纳税额；当沿边界长度超过100米有两处以上噪声超标，按照两个单位计算应纳税额
(2) 一个单位有不同地点作业场所的，应当分别计算应纳税额，合并计征
(3) 昼、夜均超标的环境噪声，昼、夜分别计算应纳税额，累计计征
(4) 声源一个月内超标不足15天的，减半计算应纳税额
(5) 夜间频繁突发和夜间偶然突发厂界超标噪声，按等效声级和峰值噪声两种指标中超标分贝值高的一项计算应纳税额</td></tr>
<tr><td>超标4～6分贝</td><td>每月700元</td></tr>
<tr><td>超标7～9分贝</td><td>每月1 400元</td></tr>
<tr><td>超标10～12分贝</td><td>每月2 800元</td></tr>
<tr><td>超标13～15分贝</td><td>每月5 600元</td></tr>
<tr><td>超标16分贝以上</td><td>每月11 200元</td></tr>
</table>

(四) 计税依据

应税污染物的计税依据，按照下列方法确定：

(1) 应税大气污染物按照污染物排放量折合的污染当量数确定；

(2) 应税水污染物按照污染物排放量折合的污染当量数确定；

(3) 应税固体废物按照固体废物的排放量确定；

(4) 应税噪声按照超过国家规定标准的分贝数确定。

(五) 应纳税额的计算

环境保护税应纳税额按照下列方法计算：

(1) 应税大气污染物的应纳税额＝污染当量数×具体适用税率；

(2) 应税水污染物的应纳税额＝污染当量数×具体适用税额；

(3) 应税固体废物的应纳税额＝固体废物排放量×具体适用税额；

(4) 应税噪声的应纳税额＝超过国家规定标准的分贝数对应的具体适用税额。

应税大气污染物、水污染物、固体废物的排放量和噪声的分贝数，按照下列方法和顺序计算：

（1）纳税人安装使用符合国家规定和监测规范的污染物自动监测设备的，按照污染物自动监测数据计算；

（2）纳税人未安装使用污染物自动监测设备的，按照监测机构出具的符合国家有关规定和监测规范的监测数据计算；

（3）因排放污染物种类多等原因不具备监测条件的，按照国务院环境保护主管部门规定的排污系数、物料衡算方法计算；

（4）不能按上述第（1）项至第（3）项规定的方法计算的，按照省、自治区、直辖市人民政府环境保护主管部门规定的抽样测算的方法核定计算。

（六）税收优惠

下列情形，暂予免征环境保护税：

（1）农业生产（不包括规模化养殖）排放应税污染物的；

（2）机动车、铁路机车、非道路移动机械、船舶和航空器等流动污染源排放应税污染物的；

（3）依法设立的城乡污水集中处理、生活垃圾集中处理场所排放相应应税污染物，不超过国家和地方规定的排放标准的；

（4）纳税人综合利用的固体废物，符合国家和地方环境保护标准的；

（5）国务院批准免税的其他情形。

纳税人排放应税大气污染物或者水污染物的浓度值低于国家和地方规定的污染物排放标准30%的，减按75%征收环境保护税。

纳税人排放应税大气污染物或者水污染物的浓度值低于国家和地方规定的污染物排放标准50%的，减按50%征收环境保护税。

（七）征收管理

（1）环境保护税由税务机关依照《中华人民共和国税收征收管理法》和《环境保护税法》的有关规定征收管理。

（2）纳税义务发生时间为纳税人排放应税污染物的当日。纳税人应当向应税污染物排放地的税务机关申报缴纳环境保护税。

（3）环境保护税按月计算，按季申报缴纳。不能按固定期限计算缴纳的，可以按次申报缴纳。

纳税人按季申报缴纳的，应当自季度终了之日起15日内，向税务机关办理纳税申报并缴纳税款。

纳税人按次申报缴纳的，应当自纳税义务发生之日起15日内，向税务机关办理纳税申报并缴纳税款。

四、车辆购置税

考试要求： 熟悉
命题频率： 2014年多选题

车辆购置税，是对在中国境内购置规定车辆的单位和个人征收的一种税。

（一）纳税人

在我国境内购置规定的车辆（以下简称应税车辆）的单位和个人，为车辆购置税的纳税人。

购置，包括购买、进口、自产、受赠、获奖或者以其他方式取得并自用应税车辆的行为。

(二) 征收范围

征税范围包括汽车、摩托车、电车、挂车、农用运输车。具体征收范围依照《车辆购置税暂行条例》所附《车辆购置税征收范围表》执行（见表 6-6）。

表 6-6 车辆购置税征收范围表

应税车辆	具体范围	注释
汽车	各类汽车	
摩托车	轻便摩托车	最高设计车速不大于 50km/h，发动机汽缸总排量不大于 50cm³ 的两个或者三个车轮的机动车
	二轮摩托车	最高设计车速大于 50km/h，或者发动机汽缸总排量大于 50cm³ 的两个车轮的机动车
	三轮摩托车	最高设计车速大于 50km/h，或者发动机汽缸总排量大于 50cm³，空车质量不大于 400kg 的三个车轮的机动车
电车	无轨电车	以电能为动力，由专用输电电缆线供电的轮式公共车辆
	有轨电车	以电能为动力，在轨道上行驶的公共车辆
挂车	挂车	无动力设备，独立承载，由牵引车辆牵引行驶的车辆
	半挂车	无动力设备，与牵引车辆共同承载，由牵引车辆牵引行驶的车辆
农用运输车	三轮农用运输车	柴油发动机，功率不大于 7.4kW，载重量不大于 500kg，最高车速不大于 40km/h 的三个车轮的机动车
	四轮农用运输车	柴油发动机，功率不大于 28kW，载重量不大于 1 500kg，最高车速不大于50km/h 的四个车轮的机动车

(三) 税率

车辆购置税采用 10%的比例税率。

(四) 计税依据

车辆购置税的计税依据为应税车辆的计税价格。

(1) 纳税人购买自用的应税车辆的计税价格，为纳税人购买应税车辆而支付给销售者的全部价款和价外费用，不包括增值税税款。

价外费用不包括销售方代办保险等而向购买方收取的保险费，以及向购买方收取的代购买方缴纳的车辆购置税、车辆牌照费。

(2) 纳税人进口自用的应税车辆的计税价格的计算公式为：

计税价格＝关税完税价格＋关税＋消费税

(3) 纳税人自产、受赠、获奖或者以其他方式取得并自用的应税车辆的计税价格，由主管税务机关参照国家税务总局规定的最低计税价格核定。

(4) 纳税人购买自用或者进口自用应税车辆，申报的计税价格低于同类型应税车辆的最低计税价格，又无正当理由的，计税价格为国家税务总局核定的最低计税价格。

(5) 国家税务总局未核定最低计税价格的车辆，计税价格为纳税人提供的有效价格证明注明的价格。有效价格证明注明的价格明显偏低的，主管税务机关有权核定应税车辆的计税价格。

（五）应纳税额的计算

车辆购置税实行从价定率的方法计算应纳税额。计算公式如下：

应纳税额＝计税依据×税率

进口应税车辆应纳税额＝（关税完税价格＋关税＋消费税）×税率

（六）税收优惠

车辆购置税的免税、减税，按照下列规定执行：

（1）外国驻华使馆、领事馆和国际组织驻华机构及其外交人员自用的车辆，免税；

（2）中国人民解放军和中国人民武装警察部队列入军队武器装备订货计划的车辆，免税；

（3）设有固定装置的非运输车辆，免税；

（4）自 2016 年 1 月 1 日起至 2020 年 12 月 31 日止，对城市公交企业购置的公共汽电车免征车辆购置税。

（5）自 2017 年 1 月 1 日起至 12 月 31 日止，对购置 1.6 升及以下排量乘用车减按 7.5％的税率征收车辆购置税。自 2018 年 1 月 1 日起，恢复按 10％的法定税率征收车辆购置税。

（6）自 2014 年 9 月 1 日至 2017 年 12 月 31 日，对购置的符合条件的纯电动汽车、插电式（含增程式）混合动力汽车、燃料电池汽车免征车辆购置税。

（七）征收管理

1. 纳税申报

（1）税款应当一次缴清。购置已征车辆购置税的车辆，不再征收车辆购置税。

纳税人购买自用应税车辆的，应当自购买之日起 60 日内申报纳税。

（2）进口自用应税车辆的，应当自进口之日起 60 日内申报纳税。

（3）自产、受赠、获奖或者以其他方式取得并自用应税车辆的，应当自取得之日起 60 日内申报纳税。

已缴纳车辆购置税的车辆，发生下列情形之一的，准予纳税人申请退税：

①车辆退回生产企业或者经销商的；

②符合免税条件的设有固定装置的非运输车辆但已征税的；

③其他依据法律法规规定应予退税的情形。

车辆退回生产企业或者经销商的，纳税人申请退税时，主管税务机关自纳税人办理纳税申报之日起，按已缴纳税款每满 1 年扣减 10％计算退税额；未满 1 年的，按已缴纳税款全额退税。

2. 纳税环节

纳税人应当在向公安机关车辆管理机构办理车辆登记注册前，缴纳车辆购置税。

3. 纳税地点

纳税人购置应税车辆，应当向车辆登记注册地的主管税务机关申报纳税；购置不需要办理车辆登记注册手续的应税车辆，应当向纳税人所在地的主管税务机关申报纳税。

经典例题
JINGDIANLITI

甲汽车专卖店购入小汽车 12 辆，根据车辆购置税法律制度的规定，下列行为中，应当由甲汽车专卖店作为纳税人缴纳车辆购置税的是（　　）。

A. 将其中 6 辆销售给客户

B. 将其中 2 辆作为董事长、总经理的专用轿车

C. 将其中 1 辆赠送给乙企业

D. 库存 3 辆尚未售出

【答案】B

【解析】销售汽车由购买方缴纳车辆购置税，故 A 选项不正确；公司管理层专用车由公司缴纳车辆购置税，故 B 选项正确；捐赠车辆由受赠人缴纳车辆购置税，故 C 选项不正确；购入待售车辆不需要缴纳车辆购置税，待进一步处置时再行确定纳税人、缴纳车辆购置税，故 D 选项不正确。

五、耕地占用税

考试要求：熟悉
命题频率：2014 年判断题、单选题、多选题；2015 年多选题；2017 年单选题

耕地占用税是对占用耕地建房或者从事非农业建设的单位或者个人征收的一种税。

（一）纳税人

耕地占用税的纳税人为在我国境内占用耕地建房或者从事非农业建设的单位或者个人。

（二）征税范围

（1）耕地占用税的征税范围包括纳税人为建房或从事其他非农业建设而占用的国家所有和集体所有的耕地。

（2）占用鱼塘及其他农用土地建房或从事其他非农业建设，也视同占用耕地，必须依法征收耕地占用税。

（3）占用林地、牧草地、农田水利用地、养殖水面以及渔业水域滩涂等其他农用地建房或者从事非农业建设的，征收耕地占用税。

（4）用于农业生产并已由相关行政主管部门发放使用权证的草地，以及用于种植芦苇并定期进行人工养护管理的苇田，属于耕地占用税的征税范围。

（5）建设直接为农业生产服务的生产设施占用前款规定的农用地的，不征收耕地占用税。

（三）税率

耕地占用税实行定额税率。

（1）人均耕地不超过 1 亩的地区（以县级行政区域为单位，下同），每平方米为 10 元至 50 元；

（2）人均耕地超过 1 亩但不超过 2 亩的地区，每平方米为 8 元至 40 元；

（3）人均耕地超过 2 亩但不超过 3 亩的地区，每平方米为 6 元至 30 元；

（4）人均耕地超过 3 亩的地区，每平方米为 5 元至 25 元。

占用基本农田的，适用税率应当在国务院财政、税务主管部门规定的当地适用税率的基础上提高 50%。

（四）计税依据

耕地占用税以纳税人实际占用的耕地面积为计税依据，按照适用税额标准计算应纳税额，一次性缴纳。

（五）应纳税额的计算

耕地占用税应纳税额的计算公式为：

应纳税额＝实际占用耕地面积（平方米）×适用税率

（六）税收优惠

（1）下列项目占用耕地，可以免征耕地占用税：

①军事设施。

②学校，包括县级以上人民政府教育行政部门批准成立的大学、中学、小学、学历性职业教育学校和特殊教育学校。

学校内经营性场所和教职工住房占用耕地的，按照当地适用税率缴纳耕地占用税。

③幼儿园。包括在县级以上人民政府教育行政部门登记或者备案的幼儿园用于幼儿保育、教育的场所。

④养老院。包括经批准设立的养老院为老年人提供生活照顾的场所。

⑤医院。包括县级以上人民政府卫生行政部门批准设立的医院用于提供医疗服务的场所及其配套设施。

医院内职工住房占用耕地的，按照当地适用税率缴纳耕地占用税。

（2）下列项目占用耕地，可以减按每平方米 2 元的税额标准征收耕地占用税。根据实际需要，国务院财政、税务主管部门商国务院有关部门并报国务院批准后，可以免征或者减征耕地占用税。

①铁路线路。

专用铁路和铁路专用线占用耕地的，按照当地适用税率缴纳耕地占用税。

②公路线路。

专用公路和城区内机动车道占用耕地的，按照当地适用税率缴纳耕地占用税。

③飞机场跑道、停机坪。

④港口。

⑤航道。

（3）农村居民经批准在户口所在地按照规定标准占用耕地，建设自用住宅，可以按照当地的适用税额标准减半征收耕地占用税。

（4）农村烈士家属、残疾军人、鳏寡孤独和革命老根据地、少数民族聚居区、边远贫困山区生活困难的农村居民，在规定用地标准以内新建住宅缴纳耕地占用税确有困难的，经批准可以免征、减征耕地占用税。

按规定免征或者减征耕地占用税后，纳税人改变原占地用途，不再属于免征或者减征耕地占用税情形的，应补缴耕地占用税。

（七）征收管理

1. 纳税义务发生时间

经批准占用耕地的，耕地占用税纳税义务发生时间为纳税人收到土地管理部门办理占用农用地手续通知的当天。

未经批准占用耕地的，耕地占用税纳税义务发生时间为纳税人实际占用耕地的当天。

2. 纳税地点和征收机构

纳税人占用耕地或其他农用地，应当在耕地或其他农用地所在地申报纳税。

耕地占用税由地方税务机关负责征收。

纳税人临时占用耕地，应当缴纳耕地占用税。纳税人在批准临时占用耕地的期限内恢复所占用耕地原状的，全额退还已经缴纳的耕地占用税。

下列各项中，可以免征耕地占用税的有（　　）。

A. 军用机场占用的耕地

B. 养老院为老人提供生活照顾场所占用的耕地

C. 幼儿园用于幼儿保育、教育场所占用的耕地

D. 学校内教职工住房占用的耕地

【答案】ABC

【解析】军事设施、学校、养老院、医院和幼儿园占用的耕地，可以免征耕地占用税，但学校内经营性场所和教职工住房占用耕地的，应当缴纳耕地占用税，故 ABC 选项正确，D 选项不正确。

六、烟叶税

考试要求：了解
命题频率：2015 年判断题；2016 年判断题

烟叶税是向收购烟叶的单位征收的一种税。

（一）纳税人

烟叶税的纳税人为在中华人民共和国境内收购烟叶的单位。一般是有权收购烟叶的烟草公司或者受其委托收购烟叶的单位。

（二）征税范围

烟叶税的征税范围包括晾晒烟叶、烤烟叶。

晾晒烟叶包括列入名晾晒烟名录的晾晒烟叶和未列入名晾晒烟名录的其他晾晒烟叶。

（三）税率

烟叶税实行比例税率，税率为 20％。

（四）计税依据

烟叶税的计税依据是纳税人收购烟叶的收购金额，具体包括纳税人支付给烟叶销售者的烟叶收购价款和价外补贴。价外补贴统一暂按烟叶收购价款的 10％计入收购金额。

收购金额的计算公式为：

收购金额＝收购价款×（1＋10％）

（五）应纳税额的计算

烟叶税应纳税额的计算公式为：

应纳税额＝烟叶收购金额×税率
　　　　＝烟叶收购价款×（1＋10％）×税率

（六）征收管理

烟叶税的纳税义务发生时间为纳税人收购烟叶的当天，具体指纳税人向烟叶销售者付讫收购烟叶款项或者开具收购烟叶凭证的当天。

烟叶税在烟叶收购环节征收。纳税人收购烟叶就发生纳税义务。

纳税人应当自纳税义务发生之日起 30 日内申报纳税。

查处没收的违法收购的烟叶，由收购罚没烟叶的单位按照购买金额计算缴纳烟叶税。

烟叶税由地方税务机关征收。

甲烟草公司收购一批烟叶，不含价外补贴的收购价款为 234 万元。已知，价外补贴为烟叶收购价款的 10%，烟叶税税率为 20%，增值税税率为 17%。根据烟叶税法律制度的规定，甲烟草公司应缴纳烟叶税税额为（　　）。

A. 234÷（1+17%）×（1+10%）×20%=44（万元）

B. 234×（1+10%）×20%=51.48（万元）

C. 234×（1+17%）×20%=54.76（万元）

D. 234÷（1+17%）×20%=40（万元）

【答案】 B

【解析】 烟叶收购价款不含增值税，不需要价税分离。烟叶税应纳税额=烟叶收购价款×（1+10%）×20%=234×（1+10%）×20%=51.48（万元），故 B 选项正确。

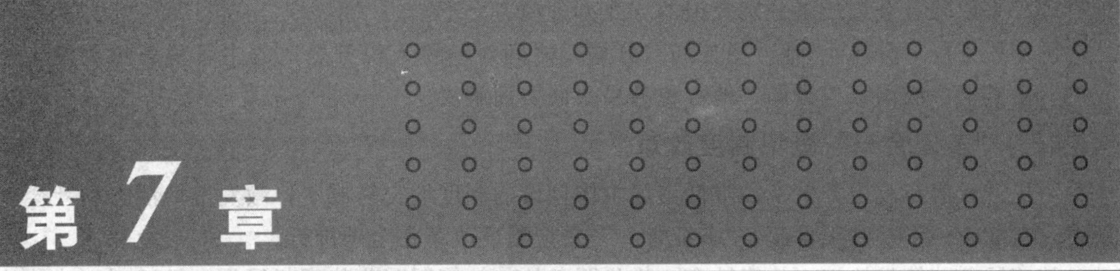

第7章 税收征收管理法律制度

考情点拨 KAOQINGDIANBO

本章在以往的考试中所占分值为8～10分。本章数字较多，需要考生死记硬背。重点掌握税务登记管理，账簿和凭证管理、发票管理，纳税申报、税款征收和税务检查等。

第一节 税务管理

一、税务管理的概念

考试要求：了解

税务管理指税收征收管理机关为了贯彻、执行国家税收法律制度，加强税收工作，协调征税关系而对纳税人和扣缴义务人实施的基础性的管理制度和管理行为。

税务管理主要包括税务登记管理、账簿和凭证管理、发票管理、纳税申报管理等。

二、税务登记

考试要求：掌握

从税务登记开始，纳税人的身份及征纳双方的法律关系即得到确认。

(一) 税务登记申请人

企业，企业在外地设立的分支机构和从事生产、经营的场所，个体工商户和从事生产、经营的事业单位，都应当办理税务登记（统称从事生产、经营的纳税人）。

上述规定以外的纳税人，除国家机关、个人和无固定生产经营场所的流动性农村小商贩外，也应当办理税务登记（统称非从事生产经营但依照规定负有纳税义务的单位和个人）。

(二) 税务登记主管机关

县以上（含本级，下同）国家税务局（分局）、地方税务局（分局）是税务登记的主管机关，负责税务登记的设立登记、变更登记、注销登记以及非正常户处理、报验登记等有关事项。

国家税务局（分局）、地方税务局（分局）按照国务院规定的税收征收管理范围，实施属地管理，采取联合登记或者分别登记的方式办理税务登记。

国家税务局（分局）、地方税务局（分局）之间对纳税人税务登记的主管税务机关发生争议的，由其上一级国家税务局、地方税务局共同协商解决。

（三）“多证合一”登记制度改革

为提升政府行政服务效率，降低市场主体创设的制度性交易成本，激发市场活力和社会创新力，自2015年10月1日起，“多证合一”登记制度改革在全国推行。

随着国务院简政放权、放管结合、优化服务的“放管服”改革不断深化，登记制度改革从“三证合一”推进为“五证合一”，又进一步推进为“多证合一、一照一码”。即在全面实施企业、农民专业合作社工商营业执照、组织机构代码证、税务登记证、社会保险登记证、统计登记证“五证合一、一照一码”登记制度改革和个体工商户工商营业执照、税务登记证“两证整合”的基础上，将涉及企业、个体工商户和农民专业合作社（以下统称企业）登记、备案等有关事项和各类证照进一步整合到营业执照上，实现“多证合一、一照一码”。

三、账簿和凭证管理

考试要求：掌握
命题频率：2015年单选题；2016年单选题；2017年单选题

（一）账簿的设置管理

（1）从事生产、经营的纳税人应当自领取营业执照或者发生纳税义务之日起15日内，按照国家有关规定设置账簿。

（2）生产、经营规模小又确无建账能力的纳税人，可以聘请经批准从事会计代理记账业务的专业机构或者经税务机关认可的财会人员代为建账和办理账务。

（3）扣缴义务人应当自税收法律、行政法规规定的扣缴义务发生之日起10日内，按照所代扣、代收的税种，分别设置代扣代缴、代收代缴税款账簿。

（二）纳税人财务会计制度及其处理办法

（1）纳税人使用计算机记账的，纳税人建立的会计电算化系统应当符合国家有关规定，并能正确、完整核算其收入或者所得。

（2）纳税人、扣缴义务人的财务、会计制度或者财务、会计处理办法与国务院或者国务院财政、税务主管部门有关税收的规定抵触的，依照有关税收的规定计算应纳税款、代扣代缴和代收代缴税款。

（3）账簿、会计凭证和报表，应当使用中文。民族自治地方可以同时使用当地通用的一种民族文字。外商投资企业和外国企业可以同时使用一种外国文字。

（三）账簿、凭证等涉税资料的保存

账簿、记账凭证、报表、完税凭证、发票、出口凭证以及其他有关涉税资料应当保存10年；但是法律、行政法规另有规定的除外。

账簿、记账凭证、完税凭证及其他有关资料不得伪造、变造或者擅自损毁。

经典例题
JINGDIANLITI

根据税收征收管理法律制度的规定，从事生产、经营的纳税人应当自领取营业执照或者发生

纳税义务之日起一定期限内，按照国家规定设置账簿，该期限为（　　）日。

A. 90　　B. 60　　C. 30　　D. 15

【答案】D

【解析】从事生产、经营的纳税人应当自领取营业执照或者发生纳税义务之日起15日内，按照国家有关规定设置账簿，故D选项正确。

四、发票管理

考试要求：掌握

命题频率：2014 年判断题、单选题、多选题；2015 年单选题、多选题

（一）发票的类型和适用范围

1. 发票的类型

全国范围内全面推行营改增试点后，发票的类型主要包括：

（1）增值税专用发票，包括增值税专用发票和机动车销售统一发票。

（2）增值税普通发票，包括增值税普通发票、增值税电子普通发票和增值税普通发票（卷票）。

（3）其他发票，包括农产品收购发票、农产品销售发票、门票、过路（过桥）费发票、定额发票、客运发票和二手车销售统一发票等。

2. 发票适用的范围

（1）增值税一般纳税人销售货物、提供加工修理修配劳务和发生应税行为，使用增值税发票管理新系统（下文简称“新系统”）开具增值税专用发票、增值税普通发票、机动车销售统一发票、增值税电子普通发票。

（2）增值税小规模纳税人销售货物、提供加工修理修配劳务月销售额超过 3 万元（按季纳税 9 万元），或者销售服务、无形资产月销售额超过 3 万元（按季纳税 9 万元），使用新系统开具增值税普通发票、机动车销售统一发票、增值税电子普通发票。

（3）2017 年 1 月 1 日起启用增值税普通发票（卷票），由纳税人自愿选择使用，重点在生活性服务业纳税人中推广。

（4）门票、过路（过桥）费发票、定额发票、客运发票和二手车销售统一发票继续使用。

（5）餐饮行业增值税一般纳税人购进农业生产者自产农产品，可以使用国税机关监制的农产品收购发票，按照现行规定计算抵扣进项税额。

（6）采取汇总纳税的金融机构，省、自治区所辖地市以下分支机构可以使用地市级机构统一领取的增值税专用发票、增值税普通发票、增值税电子普通发票；直辖市、计划单列市所辖区县及以下分支机构可以使用直辖市、计划单列市机构统一领取的增值税专用发票、增值税普通发票、增值税电子普通发票。

（7）国税机关、地税机关使用新系统代开增值税专用发票和增值税普通发票。

（二）发票的开具和使用

1. 发票的开具

销售商品、提供服务以及从事其他经营活动的单位和个人，对外发生经营业务收取款项，收款方应当向付款方开具发票；特殊情况下，由付款方向收款方开具发票。

所有单位和从事生产、经营活动的个人在购买商品、接受服务以及从事其他经营活动支付款项，应当向收款方取得发票。取得发票时，不得要求变更品名和金额。

开具发票应按规定的时限、顺序、栏目，全部联次一次性如实开具，并加盖发票专用章。不符合规定的发票，不得作为财务报销凭证，任何单位和个人有权拒收。

任何单位和个人不得有下列虚开发票行为：

（1）为他人、为自己开具与实际经营业务情况不符的发票；

（2）让他人为自己开具与实际经营业务情况不符的发票；

（3）介绍他人开具与实际经营业务情况不符的发票。

2. 发票的使用和保管

任何单位和个人应当按照发票管理规定使用发票，不得有下列行为：

（1）转借、转让、介绍他人转让发票、发票监制章和发票防伪专用品；

（2）知道或者应当知道是私自印制、伪造、变造、非法取得或者废止的发票而受让、开具、存放、携带、邮寄、运输；

（3）拆本使用发票；

（4）扩大发票使用范围；

（5）以其他凭证代替发票使用。

开具发票的单位和个人应当建立发票使用登记制度，设置发票登记簿，并定期向主管税务机关报告发票使用情况。开具发票的单位和个人应当按照税务机关的规定存放和保管发票，不得擅自损毁。已经开具的发票存根联和发票登记簿，应当保存5年。保存期满，报经税务机关查验后销毁。

（三）增值税发票开具和使用的特别规定

（1）税务总局编写了《商品和服务税收分类与编码（试行）》，并在新系统中增加了编码相关功能。增值税纳税人应使用新系统选择相应的编码开具增值税发票。

（2）自2017年7月1日起，购买方为企业（包括公司、非公司制企业法人、企业分支机构、个人独资企业、合伙企业和其他企业）的，索取增值税普通发票时，应向销售方提供纳税人识别号或统一社会信用代码；销售方为其开具增值税普通发票时，应在“购买方纳税人识别号”栏填写购买方的纳税人识别号或统一社会信用代码。不符合规定的发票，不得作为税收凭证。

（3）销售方开具增值税发票时，发票内容应按照实际销售情况如实开具，不得根据购买方要求填开与实际交易不符的内容。销售方开具发票时，通过销售平台系统与增值税发票税控系统后台对接，导入相关信息开票的，系统导入的开票数据内容应与实际交易相符，如不相符应及时修改完善销售平台系统。

（四）发票的检查

税务机关在发票管理中有权进行下列检查：

（1）检查印制、领购、开具、取得、保管和缴销发票的情况；

（2）调出发票查验；

（3）查阅、复制与发票有关的凭证、资料；

（4）向当事各方询问与发票有关的问题和情况；

（5）在查处发票案件时，对与案件有关的情况和资料，可以记录、录音、录像、照相和复制。

税务人员进行检查时，应当出示税务检查证。

税务机关需要将已开具的发票调出查验时，应当向被查验的单位和个人开具发票换票证。发票换票证与所调出查验的发票有同等的效力。

被调出查验发票的单位和个人不得拒绝接受。税务机关需要将空白发票调出查验时，应当开具收据；经查无问题的，应当及时返还。

经典例题
JINGDIANLITI

下列关于发票开具和保管的表述，正确的有（　　）。

A. 不得为他人开具与实际经营业务不符的发票

B. 已经开具的发票存根联和发票登记簿应当保存 3 年

C. 取得发票时，不得要求变更品名和金额

D. 开具发票的单位和个人应当建立发票使用登记制度，设置发票登记簿

【答案】ACD

【解析】任何单位和个人不得为他人、为自己开具与实际经营业务情况不符的发票，故 A 选项正确。已经开具的发票存根联和发票登记簿，应当保存 5 年，故 B 选项不正确。所有单位和从事生产、经营活动的个人在购买商品、接受服务以及从事其他经营活动支付款项，应当向收款方取得发票，取得发票时，不得要求变更品名和金额，故 C 选项正确。开具发票的单位和个人应当建立发票使用登记制度，设置发票登记簿，并定期向主管税务机关报告发票使用情况，故 D 选项正确。

五、纳税申报

考试要求： 掌握

命题频率： 2014 年判断题、单选题

纳税申报，是指纳税人按照税法规定，定期就计算缴纳税款的有关事项向税务机关提交书面报告的法定手续。

（一）纳税申报的内容

纳税人、扣缴义务人的纳税申报或者代扣代缴、代收代缴税款报告表的主要内容包括税种、税目；应纳税项目或者应代扣代缴、代收代缴税款项目；计税依据；扣除项目及标准；适用税率或者单位税额；应退税项目及税额、应减免税项目及税额；应纳税额或者应代扣代缴、代收代缴税额；税款所属期限、延期缴纳税款、欠税、滞纳金等。

（二）纳税申报的方式

纳税申报的方式主要有以下几种：

1. 自行申报

自行申报也称直接申报，指纳税人、扣缴义务人在规定的申报期限内，自行直接到主管税务机关指定的办税服务场所办理纳税申报手续。这是一种传统的申报方式。

2. 邮寄申报

邮寄申报指经税务机关批准，纳税人、扣缴义务人使用统一的纳税申报专用信封，通过邮政部门办理交寄手续，并以邮政部门收据作为申报凭据的纳税申报方式。

邮寄申报以寄出的邮戳日期为实际申报日期。

3. 数据电文申报

数据电文申报指经税务机关批准，纳税人、扣缴义务人以税务机关确定的电话语音、电子数据交换和网络传输等电子方式进行纳税申报。

这种方式运用了新的电子信息技术，代表着纳税申报方式的发展方向，使用范围逐渐扩大。纳税人、扣缴义务人采取数据电文方式办理纳税申报的，其申报日期以税务机关计算机网络系统收到该数据电文的时间为准。

4. 其他方式

实行定期定额缴纳税款的纳税人，可以实行简易申报、简并征期等方式申报纳税。

（三）纳税申报的其他要求

纳税申报的其他要求包括以下方面：

（1）纳税人在纳税期内没有应纳税款的，也应当按照规定办理纳税申报。

（2）纳税人享受减税、免税待遇的，在减税、免税期间应当按照规定办理纳税申报。

（3）纳税人、扣缴义务人按照规定的期限办理纳税申报或者报送代扣代缴、代收代缴税款报告表确有困难，需要延期的，应当在规定的期限内向税务机关提出书面延期申请。

（4）纳税人、扣缴义务人因不可抗力，不能按期办理纳税申报或者报送代扣代缴、代收代缴税款报告表的，可以延期办理；但应当在不可抗力情形消除后立即向税务机关报告。

根据税收征收管理法律制度的规定，下列关于纳税申报方式的表述，不正确的是（　　）。

A. 邮寄申报以税务机关收到的日期为实际申报日期

B. 数据电文方式的申报日期以税务机关计算机网络系统收到数据电文的时间为准

C. 实行定期定额缴纳税款的纳税人，可以实行简易申报、简并征期等方式申报纳税

D. 自行申报是指纳税人、扣缴义务人按照规定的期限自行直接到主管税务机关办理纳税申报手续

【答案】A

【解析】邮寄申报以寄出的邮戳日期为实际申报日期，故A选项不正确。

六、涉税专业服务

涉税专业服务是指涉税专业服务机构接受委托，利用专业知识和技能，就涉税事项向委托人提供的税务代理等服务。

（一）涉税专业服务机构

涉税专业服务机构是指税务师事务所和从事涉税专业服务的会计师事务所、律师事务所、代理记账机构、税务代理公司、财税类咨询公司等机构。

税务机关对税务师事务所实施行政登记管理。未经行政登记不得使用“税务师事务所”名称，不能享有税务师事务所的合法权益。

税务师事务所合伙人或者股东由税务师、注册会计师、律师担任，税务师占比应高于50%，国家税务总局另有规定的除外。

税务师事务所办理商事登记后，应当向省税务机关办理行政登记。省税务机关准予行政登记的，颁发《税务师事务所行政登记证书》，并将相关资料报送国家税务总局，抄送省税务师行业协会。不予行政登记的，书面通知申请人，说明不予行政登记的理由。

从事涉税专业服务的会计师事务所和律师事务所，依法取得会计师事务所执业证书或律师事务所执业许可证，视同行政登记。

(二) 涉税专业服务的业务范围

(1) 纳税申报代理。对纳税人、扣缴义务人提供的资料进行归集和专业判断，代理纳税人、扣缴义务人进行纳税申报准备和签署纳税申报表、扣缴税款报告表以及相关文件。

(2) 一般税务咨询。对纳税人、扣缴义务人的日常办税事项提供税务咨询服务。

(3) 专业税务顾问。对纳税人、扣缴义务人的涉税事项提供长期的专业税务顾问服务。

(4) 税收策划。对纳税人、扣缴义务人的经营和投资活动提供符合税收法律法规及相关规定的纳税计划、纳税方案。

(5) 涉税鉴证。按照法律、法规以及依据法律、法规制定的相关规定要求，对涉税事项真实性和合法性出具鉴定和证明。

(6) 纳税情况审查。接受行政机关、司法机关委托，依法对企业纳税情况进行审查，作出专业结论。

(7) 其他税务事项代理。接受纳税人、扣缴义务人的委托，代理建账记账、发票领用、减免退税申请等税务事项。

(8) 其他涉税服务。

(三) 涉税专业服务机构从事涉税专业服务的要求

1. 涉税专业服务的限制

前述列举涉税专业服务业务范围中的第（3）（4）（5）（6）项涉税业务，应当由具有税务师事务所、会计师事务所、律师事务所资质的涉税专业服务机构从事，相关文书应由税务师、注册会计师、律师签字，并承担相应的责任。税务机关所需的涉税专业服务，应当通过政府采购方式购买。

2. 税务代理委托协议

税务代理委托协议应当包括以下内容：

(1) 委托人及涉税专业服务机构名称和住址；

(2) 委托代理项目和范围；

(3) 委托代理的方式；

(4) 委托代理的期限；

(5) 双方的义务及责任；

(6) 委托代理费用、付款方式及付款期限；

(7) 违约责任及赔偿方式；

(8) 争议解决方式；

(9) 其他需要载明的事项。

税务代理委托协议中的当事人一方必须是涉税专业服务机构，税务代理执业人员不得以个人名义直接接受委托。税务代理执业人员承办税务代理业务由涉税专业服务机构委派。

3. 涉税报告和文书

涉税专业服务机构为委托人出具的各类涉税报告和文书，由双方留存备查，其中，税收法律、法规及国家税务总局规定报送的，应当向税务机关报送。

涉税专业服务机构所承办代理业务必须建立档案管理制度，保证税务代理档案的真实、完整。税务代理业务档案需要妥善保存，专人负责。税务代理业务档案保存应不少于5年。

(四) 税务机关对涉税专业服务机构的监管

税务机关对涉税专业服务机构在中华人民共和国境内从事涉税专业服务进行监管。税务机关通过建立行政登记、实名制管理、业务信息采集、检查和调查、信用评价、公告与推送等制度，同时加强对税务师行业协会的监督指导，形成较为完整的涉税专业服务机构监管体系。

第二节 税款征收与税务检查

一、税款征收

考试要求：掌握
命题频率：2014 年单选题、多选题；2015 年判断题、单选题、多选题；2016 年单选题；2017 年多选题

（一）税款征收的方式

税款征收方式包括确定征收方式和缴纳方式。

1. 查账征收

这种征收方式较为规范，符合税收法定的基本原则，适用于财务会计制度健全，能够如实核算和提供生产经营情况，并能正确计算应纳税款和如实履行纳税义务的纳税人。

2. 查定征收

这种征收方式适用生产经营规模较小、产品零星、税源分散、会计账册不健全，但能控制原材料或进销货的小型厂矿和作坊。

3. 查验征收

这种征收方式适用于纳税人财务制度不健全，生产经营不固定，零星分散、流动性大的税源。

4. 定期定额征收

这种征收方式适用于经主管税务机关认定和县以上税务机关（含县级）批准的生产、经营规模小，达不到《个体工商户建账管理暂行办法》规定设置账簿标准，难以查账征收，不能准确计算计税依据的个体工商户（包括个人独资企业，简称定期定额户）。

（二）应纳税额的核定与调整

1. 核定应纳税额的情形

核定应纳税额的情形包括：

（1）依照法律、行政法规的规定可以不设置账簿的。

（2）依照法律、行政法规的规定应当设置但未设置账簿的。

（3）擅自销毁账簿或者拒不提供纳税资料的。

（4）虽设置账簿，但账目混乱或者成本资料、收入凭证、费用凭证残缺不全，难以查账的。

（5）发生纳税义务，未按照规定的期限办理纳税申报，经税务机关责令限期申报，逾期仍不申报的。

（6）纳税人申报的计税依据明显偏低，又无正当理由的。

2. 核定应纳税额的方法

税务机关核定应纳税额的方法包括：

（1）参照当地同类行业或者类似行业中经营规模和收入水平相近的纳税人的税负水平核定。

（2）按照营业收入或者成本加合理的费用和利润的方法核定。

（3）按照耗用的原材料、燃料、动力等推算或者测算核定。

（4）按照其他合理方法核定。

（三）税款征收措施

1. 责令缴纳

（1）纳税人未按照规定期限缴纳税款的，扣缴义务人未按照规定期限解缴税款的，税务机关可责令限期缴纳，并从滞纳税款之日起，按日加收滞纳税款万分之五的滞纳金。逾期仍未缴纳的，税务机关可以采取税收强制执行措施。

（2）对未按照规定办理税务登记的从事生产、经营的纳税人，以及临时从事经营的纳税人，税务机关核定其应纳税额，责令其缴纳应纳税款。

（3）税务机关有根据认为从事生产、经营的纳税人有逃避纳税义务行为，可在规定的纳税期之前责令其限期缴纳应纳税款。逾期仍未缴纳的，税务机关有权采取其他税款征收措施。

（4）纳税担保人未按照规定的期限缴纳所担保的税款，税务机关可责令其限期缴纳应纳税款。逾期仍未缴纳的，税务机关有权采取其他税款征收措施。

2. 责令提供纳税担保

（1）适用纳税担保的情形。

①税务机关有根据认为从事生产、经营的纳税人有逃避纳税义务行为，在规定的纳税期之前经责令其限期缴纳应纳税款，在限期内发现纳税人有明显的转移、隐匿其应纳税的商品、货物，以及其他财产或者应纳税收入的迹象，责成纳税人提供纳税担保的。

②欠缴税款、滞纳金的纳税人或者其法定代表人需要出境的。

③纳税人同税务机关在纳税上发生争议而未缴清税款，需要申请行政复议的。

④税收法律、行政法规规定可以提供纳税担保的其他情形。

（2）纳税担保的范围。

纳税担保范围包括税款、滞纳金和实现税款、滞纳金的费用。费用包括抵押、质押登记费用，质押保管费用，以及保管、拍卖、变卖担保财产等相关费用支出。

用于纳税担保的财产、权利的价值不得低于应当缴纳的税款、滞纳金，并考虑相关的费用。

3. 采取税收保全措施

（1）适用税收保全的情形及措施。

税务机关可以采取下列税收保全措施：

①书面通知纳税人开户银行或者其他金融机构冻结纳税人的金额相当于应纳税款的存款。

②扣押、查封纳税人的价值相当于应纳税款的商品、货物或者其他财产。其他财产包括纳税人的房地产、现金、有价证券等不动产和动产。

（2）不适用税收保全的财产。

①个人及其所扶养家属维持生活必需的住房和用品，不在税收保全措施的范围之内。

需要注意的是，个人及其所扶养家属维持生活必需的住房和用品不包括机动车辆、金银饰品、古玩字画、豪华住宅或者一处以外的住房。

②税务机关对单价 5 000 元以下的其他生活用品，不采取税收保全措施。

4. 采取强制执行措施

（1）适用强制执行的情形及措施。

税务机关可以采取下列强制执行措施：

①强制扣款，即书面通知其开户银行或者其他金融机构从其存款中扣缴税款。

②拍卖变卖，即扣押、查封、依法拍卖或者变卖其价值相当于应纳税款的商品、货物或者其他财产，以拍卖或者变卖所得抵缴税款。

个人及其所扶养家属维持生活必需的住房和用品，不在强制执行措施的范围之内。税务机关对单价 5 000 元以下的其他生活用品，不采取强制执行措施。

(2) 抵税财物的拍卖与变卖。

①适用拍卖、变卖的情形包括：

第一，采取税收保全措施后，限期期满仍未缴纳税款的。

第二，设置纳税担保后，限期期满仍未缴纳所担保的税款的。

第三，逾期不按规定履行税务处理决定的。

第四，逾期不按规定履行复议决定的。

第五，逾期不按规定履行税务行政处罚决定的。

第六，其他经责令限期缴纳，逾期仍未缴纳税款的。

②拍卖、变卖执行原则与顺序。税务机关按照拍卖优先的原则确定抵税财物拍卖、变卖的顺序包括：

第一，委托依法成立的拍卖机构拍卖。

第二，无法委托拍卖或者不适于拍卖的，可以委托当地商业企业代为销售，或者责令被执行人限期处理。

第三，无法委托商业企业销售，被执行人也无法处理的，由税务机关变价处理。

5. 阻止出境

欠缴税款的纳税人或者其法定代表人在出境前未按规定结清应纳税款、滞纳金或者提供纳税担保的，税务机关可以通知出境管理机关阻止其出境。

经典例题
JINGDIANLITI

甲公司按照规定，最晚应于 2015 年 1 月 15 日缴纳应纳税款 30 万元，该公司却迟迟未缴。主管税务机关责令其于当年 2 月 28 日前缴纳，并加收滞纳金，但直到 3 月 15 日，该公司才缴纳税款。甲公司应缴纳的滞纳金金额是（　　）元。

A. 8 850　　B. 8 700　　C. 9 000　　D. 6 600

【答案】 A

【解析】 该企业应缴纳税款期限是 1 月 15 日，即从 1 月 16 日滞纳税款，从 1 月 16 日—3 月 15 日，共计 16＋28＋15＝59（天）。根据税收征收管理法律制度的规定，纳税人未按照规定期限缴纳税款的，扣缴义务人未按照规定期限解缴税款的，税务机关可从滞纳税款之日起，按日加收滞纳税款万分之五的滞纳金，应缴纳的滞纳金金额＝300 000×59×5‱＝8 850（元），故 A 选项正确。

二、税务检查

考试要求： 掌握

命题频率： 2015 年多选题

（一）税务机关在税务检查中的职权和职责

(1) 税务机关有权进行的税务检查包括以下方面：

①检查纳税人的账簿、记账凭证、报表和有关资料，检查扣缴义务人代扣代缴、代收代缴税款账簿、记账凭证和有关资料。

②到纳税人的生产、经营场所和货物存放地检查纳税人应纳税的商品、货物或者其他财产，检查扣缴义务人与代扣代缴、代收代缴税款有关的经营情况。

③责成纳税人、扣缴义务人提供与纳税或者代扣代缴、代收代缴税款有关的文件、证明材料和有关资料。

④询问纳税人、扣缴义务人与纳税或者代扣代缴、代收代缴税款有关的问题和情况。

⑤到车站、码头、机场、邮政企业及其分支机构检查纳税人托运、邮寄应纳税商品、货物或者其他财产的有关单据、凭证和有关资料。

⑥经县以上税务局（分局）局长批准，指定专人负责，凭全国统一格式的检查存款账户许可证明，查询从事生产、经营的纳税人、扣缴义务人在银行或者其他金融机构的存款账户，并有责任为被检查人保守秘密。税务机关在调查税收违法案件时，经设区的市、自治州以上税务局（分局）局长批准，可以查询案件涉嫌人员的储蓄存款。

（2）税务机关对从事生产、经营的纳税人以前纳税期的纳税情况依法进行税务检查时，发现纳税人有逃避纳税义务行为，并有明显的转移、隐匿其应纳税的商品、货物以及其他财产或者应纳税的收入的迹象的，可以按照《征管法》规定的批准权限采取税收保全措施或者强制执行措施。

税务机关采取税收保全措施的期限一般不得超过 6 个月；重大案件需要延长的，应当报国家税务总局批准。

（3）税务机关调查税务违法案件时，对与案件有关的情况和资料，可以记录、录音、录像、照相和复制。

（4）税务机关依法进行税务检查时，有权向有关单位和个人调查纳税人、扣缴义务人和其他当事人与纳税或者代扣代缴、代收代缴税款有关的情况。

（5）税务机关派出的人员进行税务检查时，应出示税务检查证和税务检查通知书，并有责任为被检查人保守秘密；未出示税务检查证和税务检查通知书的，被检查人有权拒绝检查。

（二）被检查人的义务

（1）纳税人、扣缴义务人必须接受税务机关依法进行的税务检查，如实反映情况，提供有关资料，不得拒绝、隐瞒。

（2）税务机关依法进行税务检查，向有关单位和个人调查纳税人、扣缴义务人和其他当事人与纳税或者代扣代缴、代收代缴税款有关的情况时，有关单位和个人有义务向税务机关如实提供有关资料及证明材料。

经典例题
JINGDIANLITI

税务机关在实施税务检查时，可以采取的措施有（　　）。

A. 检查纳税人的会计资料

B. 检查纳税人货物存放地的应纳税商品

C. 检查纳税人托运、邮寄应纳税商品的单据、凭证

D. 到车站检查旅客自带物品

【答案】ABC

【解析】税务机关有权到车站、码头检查纳税人托运应税商品、货物的有关单据、凭证和有关资料，但无权“检查旅客自带物品”，故 D 选项不正确。

第三节 税务行政复议

一、税务行政复议概述

考试要求：了解

税务行政复议，是指纳税人和其他税务当事人对税务机关的税务行政行为不服，依法向上级税务机关提出申诉，请求上一级税务机关对原具体行政行为的合理性、合法性作出审议；复议机关依法对原行政行为的合理性、合法性作出裁决的行政司法活动。

二、税务行政复议范围

考试要求：熟悉
命题频率：2014 年单选题；2015 年单选题；2017 年多选题

申请人对下列具体行政行为不服，可以提出行政复议申请：

（1）税务机关作出的征税行为，包括确认纳税主体、征税对象、征税范围、减税、免税、退税、抵扣税款、适用税率、计税依据、纳税环节、纳税期限、纳税地点和税款征收方式等具体行政行为，征收税款、加收滞纳金，扣缴义务人、受税务机关委托的单位和个人作出的代扣代缴、代收代缴、代征行为等。

（2）行政许可、行政审批行为。

（3）发票管理行为，包括发售、收缴、代开发票等。

（4）税收保全措施、强制执行措施。

（5）税务机关作出的行政处罚行为：

①罚款；

②没收财物和违法所得；

③停止出口退税权。

（6）税务机关不依法履行下列职责的行为：

①开具、出具完税凭证；

②行政赔偿；

③行政奖励；

④其他不依法履行职责的行为。

（7）资格认定行为。

（8）不依法确认纳税担保行为。

（9）政府公开信息工作中的具体行政行为。

（10）纳税信用等级评定行为。

（11）税务机关通知出入境管理机关阻止出境行为。

（12）税务机关作出的其他具体行政行为。

申请人认为税务机关的具体行政行为所依据的下列规定不合法，对具体行政行为申请行政复议时，可以一并向复议机关提出对该规定（不含规章）的审查申请：

（1）国家税务总局和国务院其他部门的规定；

（2）其他各级税务机关的规定；

（3）地方各级人民政府的规定；

（4）地方人民政府工作部门的规定。

申请人对具体行政行为提出行政复议申请时不知道该具体行政行为所依据的规定的，可以在行政复议机关作出行政复议决定以前提出对该规定的审查申请。

经典例题
JINGDIANLITI

根据税务行政复议法律制度的规定，税务机关作出的下列行政行为中，不属于征税行为的是（　　）。

A. 征收税款　　　　B. 没收财物和违法所得

C. 加收滞纳金　　　D. 确认纳税主体

【答案】B

【解析】ACD 选项均属于税务机关作出的征税行为，故 ACD 选项不正确；B 选项属于税务机关作出的行政处罚，故 B 选项正确。

三、税务行政复议管辖

考试要求：熟悉

命题频率：2014 年判断题、多选题；2015 年判断题、单选题；2016 年单选题；2017 年判断题

（一）复议管辖的一般规定

（1）对各级国家税务局的具体行政行为不服的，向其上一级国家税务局申请行政复议。

（2）对各级地方税务局的具体行政行为不服的，可以选择向其上一级地方税务局或者该税务局的本级人民政府申请行政复议。

（3）省、自治区、直辖市人民代表大会及其常务委员会、人民政府对地方税务局的行政复议管辖另有规定的，从其规定。

（4）对国家税务总局的具体行政行为不服的，向国家税务总局申请行政复议。对行政复议决定不服，申请人可以向人民法院提起行政诉讼，也可以向国务院申请裁决。国务院的裁决为最终裁决。

（二）复议管辖的特殊规定

（1）对计划单列市税务局的具体行政行为不服的，向省税务局申请行政复议；对计划单列市地方税务局的具体行政行为不服的，可以选择向省地方税务局申请行政复议。

（2）对税务所（分局）、各级税务局的稽查局的具体行政行为不服的，向其所属税务局申请行政复议。

（3）对两个以上税务机关共同作出的具体行政行为不服的，向共同上一级税务机关申请行政复议；对税务机关与其他行政机关共同作出的具体行政行为不服的，向其共同上一级行政机关申请行政复议。

（4）对被撤销的税务机关在撤销以前所作出的具体行政行为不服的，向继续行使其职权的税务机关的上一级税务机关申请行政复议。

（5）对税务机关作出逾期不缴纳罚款加处罚款的决定不服的，向作出行政处罚决定的税务

机关申请行政复议。但是对已处罚款和加处罚款都不服的，一并向作出行政处罚决定的税务机关的上一级税务机关申请行政复议。

有前款第（2）（3）（4）（5）项所列情形之一的，申请人也可以向具体行政行为发生地的县级地方人民政府提交行政复议申请，由接受申请的县级地方人民政府依法转送。

1. M县地方税务局对甲企业作出罚款，甲企业对此不服，应向（　　）申请行政复议。

A. M县人民法院　　B. M县人民政府

C. M县国家税务局　　D. M县地方税务局

【答案】B

【解析】对各级地方税务局的具体行政行为不服的，可以选择向其上一级地方税务局或者该税务局的本级人民政府申请行政复议。不能向M县人民法院申请行政复议，故A选项不正确；可以向M县人民政府申请行政复议，故B选项正确；因为是地方税务局作出罚款，只能向上一级地方税务局申请行政复议，故CD选项不正确。

2. 对国家税务总局的具体行政行为不服的，向（　　）申请行政复议。

A. 国务院　　B. 国家税务总局

C. 人民法院　　D. 上一级税务机关

【答案】B

【解析】对国家税务总局的具体行政行为不服的，向国家税务总局申请行政复议，故B选项正确。

四、税务行政复议申请与受理

考试要求：熟悉

命题频率：2016年单选题、多选题

（一）税务行政复议申请

申请人可以在知道税务机关作出具体行政行为之日起60日内提出行政复议申请。因不可抗力或者被申请人设置障碍等原因耽误法定申请期限的，申请期限的计算应当扣除被耽误时间。

申请人对复议范围中第（1）项规定的行为不服的，应当先向复议机关申请行政复议，对行政复议决定不服的，可以再向人民法院提起行政诉讼。

申请人对复议范围中第（1）项规定以外的其他具体行政行为不服的，可以申请行政复议，也可以直接向人民法院提起行政诉讼。

申请人申请行政复议可以书面申请，也可以口头申请。书面申请的，可以采取当面递交、邮寄、传真或者电子邮件等方式提出行政复议申请。口头申请的，复议机关应当当场制作行政复议申请笔录，交申请人核对或者向申请人宣读，并由申请人确认。

（二）税务行政复议受理

复议机关收到行政复议申请后，应当在5日内进行审查，决定是否受理。行政复议机关收到行政复议申请以后未按照规定期限审查并作出不予受理决定的，视为受理。

对应当先向行政复议机关申请行政复议，对行政复议决定不服再向人民法院提起行政诉讼的具体行政行为，行政复议机关决定不予受理或者受理以后超过行政复议期限不作答复的，申

请人可以自收到不予受理决定书之日起或者行政复议期满之日起 15 日内，依法向人民法院提起行政诉讼。

申请人向复议机关申请行政复议，复议机关已经受理的，在法定行政复议期限内申请人不得向人民法院提起行政诉讼；申请人向人民法院提起行政诉讼，人民法院已经依法受理的，不得申请行政复议。

行政复议期间具体行政行为不停止执行。但有下列情形之一的，可以停止执行：

（1）被申请人认为需要停止执行的；

（2）行政复议机关认为需要停止执行的；

（3）申请人申请停止执行，复议机关认为其要求合理，决定停止执行的；

（4）法律规定停止执行的。

经典例题
JINGDIANLITI

税务机关作出的下列行为中，纳税人不服时应申请行政复议，不服行政复议再提起行政诉讼的是（　　）。

A. 纳税信用等级评定　　B. 税收强制执行措施

C. 行政审批　　D. 纳税地点确认

【答案】 D

【解析】 税务机关作出的征税行为，包括确认纳税主体、征税对象、征税范围、减税、免税、退税、抵扣税款、适用税率、计税依据、纳税环节、纳税期限、纳税地点和税款征收方式等具体行政行为，征收税款、加收滞纳金、扣缴义务人、受税务机关委托的单位和个人作出的代扣代缴、代收代缴、代征行为等。申请人对行政机关作出的征税行为不服的，应当先向复议机关申请行政复议，对行政复议决定不服的，可以再向人民法院提起行政诉讼，故 D 选项正确。

五、税务行政复议审查和决定

考试要求： 熟悉

命题频率： 2014 年单选题；2016 年单选题

（一）税务行政复议审查

申请人在行政复议决定做出以前撤回行政复议申请的，经行政复议机构同意，可以撤回；申请人撤回行政复议申请的，不得再以同一事实和理由提出行政复议申请。但是，申请人能够证明撤回行政复议申请违背其真实意思表示的除外。

行政复议期间被申请人改变原具体行政行为的，不影响行政复议案件的审理。但是，申请人依法撤回行政复议申请的除外。

行政复议机关审查被申请人的具体行政行为时，认为其依据不合法，本机关有权处理的，应当在 30 日内依法处理；无权处理的，应当在 7 日内按照法定程序逐级转送有权处理的国家机关依法处理。处理期间，中止对具体行政行为的审查。

（二）税务行政复议决定

行政复议机构应当按照下列规定作出行政复议决定：

（1）具体行政行为认定事实清楚，证据确凿，适用依据正确，程序合法，内容适当的，决定维持。

（2）被申请人不履行法定职责的，决定其在一定期限内履行。

(3) 具体行政行为有下列情形之一的，决定撤销、变更或者确认该具体行政行为违法：

①主要事实不清、证据不足的；

②适用依据错误的；

③违反法定程序的；

④超越或者滥用职权的；

⑤具体行政行为明显不当的。

复议机关责令被申请人重新做出具体行政行为的，被申请人应当在 60 日内重新做出具体行政行为；情况复杂，不能在规定期限内重新做出具体行政行为的，经复议机关批准，可以适当延期，但是延期不得超过 30 日。

申请人对被申请人重新做出的具体行政行为不服，可以依法申请行政复议，或者提起行政诉讼。

(4) 被申请人不按照规定提出书面答复，提交当初作出具体行政行为的证据、依据和其他有关材料的，视为该具体行政行为没有证据、依据，决定撤销该具体行政行为。

复议机关应当自受理申请之日起 60 日内作出行政复议决定。情况复杂，不能在规定期限内作出行政复议决定的，经复议机关负责人批准，可以适当延长，并告知申请人和被申请人；但延长期限最多不超过 30 日。

复议机关作出行政复议决定，应当制作行政复议决定书，并加盖印章。行政复议书一经送达，即发生法律效力。

下列关于税务行政复议决定的表述，不正确的是（　　）。

A. 复议机关应当自受理申请之日起 180 日内作出行政复议决定

B. 具体行政行为认定事实清楚，证据确凿，适用依据正确，程序合法，内容适当的，行政复议机构作出维持的复议决定

C. 具体行政行为适用依据错误的，行政复议机构作出撤销、变更或者确认该具体行政行为违法的复议决定

D. 被申请人不履行法定职责的，行政复议机构作出要求被申请人在一定期限内履行的复议决定

【答案】 A

【解析】 复议机关应当自受理申请之日起 60 日内作出行政复议决定，故 A 选项不正确。

第四节　税收法律责任

一、税收管理相对人实施税收违法行为的法律责任

考试要求： 熟悉

命题频率： 2014 年单选题、多选题；2015 年判断题、单选题；2016 年多选题

（一）违反税务管理规定的法律责任

(1) 纳税人有下列行为之一的，由税务机关责令限期改正，可以处 2 000 元以下的罚款；

情节严重的，处 2 000 元以上 1 万元以下的罚款：

①未按照规定设置、保管账簿或者保管记账凭证和有关资料的。

②未按照规定将财务、会计制度或者财务、会计处理办法和会计核算软件报送税务机关备查的。

③未按照规定将其全部银行账号向税务机关报告的。

④未按照规定安装、使用税控装置，或者损毁或者擅自改动税控装置的。

（2）扣缴义务人未按照规定设置、保管代扣代缴、代收代缴税款账簿或者保管代扣代缴、代收代缴税款记账凭证及有关资料的，由税务机关责令限期改正，可以处 2 000 元以下的罚款；情节严重的，处 2 000 元以上 5 000 元以下的罚款。

（3）纳税人未按照规定的期限办理纳税申报和报送纳税资料的，或者扣缴义务人未按照规定的期限向税务机关报送代扣代缴、代收代缴税款报告表和有关资料的，由税务机关责令限期改正，可以处 2 000 元以下的罚款；情节严重的，处 2 000 元以上 1 万元以下的罚款。

（4）非法印制、转借、倒卖、变造或者伪造完税凭证的，由税务机关责令改正，处 2 000 元以上 1 万元以下的罚款；情节严重的，处 1 万元以上 5 万元以下的罚款；构成犯罪的，依法追究刑事责任。

（5）银行和其他金融机构未依照税收征管法的规定在从事生产、经营的纳税人的账户中登录税务登记证件号码，或者未按规定在税务登记证件中登录从事生产、经营的纳税人的账户账号的，由税务机关责令其限期改正，处 2 000 元以上 2 万元以下的罚款；情节严重的，处 2 万元以上 5 万元以下的罚款。

（6）税务代理人违反税收法律、行政法规，造成纳税人未缴或者少缴税款的，除由纳税人缴纳或者补缴应纳税款、滞纳金外，对税务代理人处纳税人未缴或者少缴税款 50%以上 3 倍以下的罚款。

（二）逃避税务机关追缴欠税行为的法律责任

纳税人欠缴应纳税款，采取转移或者隐匿财产的手段，妨碍税务机关追缴欠缴的税款的，由税务机关追缴欠缴的税款、滞纳金，并处罚款；构成犯罪的，依法追究刑事责任。

（三）偷税行为的法律责任

纳税人采取伪造、变造、隐匿、擅自销毁账簿、记账凭证，或者在账簿上多列支出或者不列、少列收入，或者经税务机关通知申报而拒不申报或者进行虚假的纳税申报的手段，不缴或者少缴应纳税款的行为，即偷税。

纳税人偷税的，由税务机关追缴其不缴或者少缴的税款、滞纳金，并处罚款；构成犯罪的，依法追究刑事责任。

扣缴义务人采取上述偷税手段，不缴或者少缴已扣、已收税款，由税务机关追缴其不缴或者少缴的税款、滞纳金，并处罚款；构成犯罪的，依法追究刑事责任。

纳税人、扣缴义务人编造虚假计税依据的，由税务机关责令限期改正，并处罚款。

为纳税人、扣缴义务人非法提供银行账户、发票、证明或者其他方便，导致未缴、少缴税款的，税务机关除没收其违法所得外，可处以罚款。

（四）抗税行为的法律责任

纳税人、扣缴义务人以暴力、威胁方法拒不缴纳税款的行为，即抗税。

对抗税行为，除由税务机关追缴其拒缴的税款、滞纳金外，依法追究刑事责任。情节轻微，未构成犯罪的，由税务机关追缴其拒缴的税款、滞纳金，并处罚款。

（五）骗税行为的法律责任

纳税人以假报出口或者其他欺骗手段，骗取国家出口退税款的行为，即骗税。

纳税人有骗税行为的，由税务机关追缴其骗取的退税款，并处骗取税款1倍以上5倍以下的罚款；构成犯罪的，依法追究刑事责任。

为纳税人、扣缴义务人非法提供银行账户、发票、证明或者其他方便，骗取国家出口退税款的，税务机关除没收其违法所得外，可以处未缴、少缴或者骗取的税款1倍以下的罚款。

（六）纳税人、扣缴义务人不配合税务机关检查的法律责任

纳税人、扣缴义务人有下列情形之一的，由税务机关责令改正，可以处1万元以下的罚款；情节严重的，处1万元以上5万元以下的罚款：

①纳税人、扣缴义务人逃避、拒绝或者以其他方式阻挠税务机关检查的。

②提供虚假资料，不如实反映情况，或者拒绝提供有关资料的。

③拒绝或者阻止税务机关记录、录音、录像、照相和复制与案件有关的情况和资料的。

④在检查期间，纳税人、扣缴义务人转移、隐匿、销毁有关资料的。

⑤有不依法接受税务检查的其他情形的。

二、税务行政主体实施税收违法行为的法律责任

（一）渎职行为的法律责任

（1）税务人员徇私舞弊，对依法应当移交司法机关追究刑事责任的不移交，情节严重的，依法追究刑事责任。

（2）税务人员利用职务上的便利，收受或者索取纳税人、扣缴义务人财物或者牟取其他不正当利益，构成犯罪的，依法追究刑事责任；未构成犯罪的，依法给予行政处分。

（3）税务人员徇私舞弊或者玩忽职守，不征或者少征应征税款，致使国家税收遭受重大损失，构成犯罪的，依法追究刑事责任；未构成犯罪的，依法给予行政处分。

（4）税务人员滥用职权，故意刁难纳税人、扣缴义务人的，调离税收工作岗位，并依法给予行政处分。

（5）税务人员对控告、检举税收违法行为的纳税人、扣缴义务人以及其他检举人进行打击报复的，依法给予行政处分；构成犯罪的，依法追究刑事责任。

（二）其他违法行为的法律责任

（1）税务机关违反规定擅自改变税收征收管理范围和税款入库预算级次的，责令限期改正，对直接负责的主管人员和其他直接责任人员依法给予降级或者撤职的行政处分。

（2）税务人员在征收税款或者查处税收违法案件时，未按照《征管法》的规定进行回避的，对直接负责的主管人员和其他直接责任人员，依法给予行政处分。未按照《征管法》的规定为纳税人、扣缴义务人、检举人保密的，对直接负责的主管人员和其他直接责任人员，由所在单位或者有关单位依法给予行政处分。

（3）税务人员与纳税人、扣缴义务人勾结，唆使或者协助纳税人、扣缴义务人实施税收违法行为，构成犯罪的，依法追究刑事责任；未构成犯罪的，依法给予行政处分。

（4）税务人员私分扣押、查封的商品、货物或者其他财产，情节严重，构成犯罪的，依法追究刑事责任；未构成犯罪的，依法给予行政处分。

（5）违反法律、行政法规的规定提前征收、延缓征收或者摊派税款的，由其上级机关或者

行政监察机关责令改正，对直接负责的主管人员和其他直接责任人员依法给予行政处分。

（6）违反法律、行政法规的规定，擅自做出税收的开征、停征或者减税、免税、退税、补税以及其他同税收法律、行政法规相抵触的决定的，除按《征管法》的规定撤销其擅自做出的决定外，补征应征未征税款，退还不应征收而征收的税款，并由上级机关追究直接负责的主管人员和其他直接责任人员的行政责任；构成犯罪的，依法追究刑事责任。

经典例题

JINGDIANLITI

纳税人发生的下列行为中，属于偷税的是（　　）。

A. 以暴力、威胁方法，拒不缴纳税款的

B. 在账簿上多列支出、少列收入，少缴应纳税款的

C. 未按照规定的期限办理纳税申报和报送纳税资料的

D. 假报出口，骗取国家出口退税款的

【答案】B

【解析】A 选项属于抗税行为，故不正确；偷税，是指纳税人采取伪造、变造、隐匿、擅自销毁账簿、记账凭证，或者在账簿上多列支出或者不列、少列收入，不缴或者少缴应纳税款的行为，故 B 选项正确；C 选项属于违反税务管理基本规定的行为，故不正确；D 选项属于骗税行为，故不正确。

第 8 章

劳动合同与社会保险法律制度

本章在以往的考试中所占分值为 12～15 分。本章考点较多，不仅需要记住考点，有的考点甚至还要理解，增大了考生复习难度。本章重点掌握劳动合同的订立、劳动合同的解除和终止、劳动合同解除和终止时的经济补偿、劳动合同的主要内容等。

第一节　劳动合同法律制度

一、劳动关系与劳动合同

考试要求：了解

（一）劳动关系与劳动合同的概念与特征

1. 劳动关系与劳动合同的概念

劳动关系指劳动者与用人单位依法签订劳动合同而在劳动者与用人单位之间产生的法律关系。

劳动合同是劳动者和用人单位之间依法确立劳动关系，明确双方权利义务的协议。

2. 劳动关系的特征

与一般的民事关系不同，劳动关系有其自身独有的特征：

（1）劳动关系的主体具有特定性。

（2）劳动关系的内容具有较强的法定性。

（3）劳动者在签订和履行劳动合同时的地位是不同的。

（二）《劳动合同法》的适用范围

中华人民共和国境内的企业、个体经济组织、民办非企业单位（以下称用人单位）与劳动者建立劳动关系，订立、履行、变更、解除或者终止劳动合同，适用《劳动合同法》。

依法成立的会计师事务所、律师事务所等合伙组织和基金会，属于《劳动合同法》规定的用人单位。

国家机关、事业单位、社会团体和与其建立劳动关系的劳动者，订立、履行、变更、解除或者终止劳动合同，依照《劳动合同法》执行。

地方各级人民政府及县级以上人民政府有关部门为安置就业困难人员提供的给予岗位补贴

和社会保险补贴的公益性岗位，其劳动合同不适用《劳动合同法》有关无固定期限劳动合同的规定以及支付经济补偿的规定。

二、劳动合同的订立

扫码听课

考试要求：掌握

命题频率：2014 年单选题；2016 年判断题、单选题；2017 年多选题

（一）劳动合同订立的概念和原则

劳动合同的订立指劳动者和用人单位经过相互选择与平等协商，就劳动合同的各项条款达成一致意见，并以书面形式明确规定双方权利、义务的内容，从而确立劳动关系的法律行为。

订立劳动合同，应当遵循合法、公平、平等自愿、协商一致、诚实信用的原则。

（二）劳动合同订立的主体

1. 劳动合同订立主体的资格要求

（1）劳动者有劳动权利能力和行为能力。

根据《劳动法》的规定，禁止用人单位招用未满十六周岁的未成年人，有特殊要求的除外。

文艺、体育和特种工艺单位招用未满十六周岁的未成年人，必须依照国家有关规定，履行审批手续，并保障其接受义务教育的权利。

（2）用人单位有用人权利能力和行为能力。

用人单位是指具有用人权利能力和用人行为能力，运用劳动力组织生产劳动，且向劳动者支付工资等劳动报酬的单位。

用人单位设立的分支机构，依法取得营业执照或者登记证书的分支机构，可作为用人单位与劳动者订立劳动合同；未依法取得营业执照或者登记证书的，受用人单位委托可以与劳动者订立劳动合同。

2. 劳动合同订立主体的义务

（1）用人单位的义务和责任。

用人单位招用劳动者时，应如实告知劳动者工作内容、工作条件、工作地点、职业危害、安全生产状况、劳动报酬等情况。

用人单位招用劳动者，不得扣押劳动者的居民身份证和其他证件，不得要求劳动者提供担保或者以其他名义向劳动者收取财物。

用人单位以担保或者其他名义向劳动者收取财物的，由劳动行政部门责令限期退还劳动者本人，并处以每人 500 元以上 2 000 元以下罚款；给劳动者造成损害的，应当承担赔偿责任。

（2）劳动者的义务。

用人单位有权了解劳动者与劳动合同直接相关的基本情况，劳动者应如实说明。

（三）劳动关系建立的时间

用人单位自用工之日起即与劳动者建立劳动关系。用人单位与劳动者在用工前订立劳动合同的，劳动关系自用工之日起建立。

（四）劳动合同订立的形式

扫码听课

1. 书面形式

建立劳动关系，应当订立书面劳动合同。已建立劳动关系，未同时订立书面劳动合同的，

应自用工之日起 1 个月内订立书面劳动合同。

（1）自用工之日起 1 个月内，经用人单位书面通知后，劳动者不与用人单位订立书面劳动合同的，用人单位应书面通知劳动者终止劳动关系，无须向劳动者支付经济补偿，但是应依法向劳动者支付其实际工作时间的劳动报酬。

（2）用人单位自用工之日起超过 1 个月不满 1 年未与劳动者订立书面劳动合同的，应当向劳动者每月支付 2 倍的工资，并与劳动者补订书面劳动合同。

劳动者不与用人单位订立书面劳动合同的，用人单位应书面通知劳动者终止劳动关系，并支付经济补偿。

用人单位向劳动者每月支付 2 倍工资的起算时间为用工之日起满 1 个月的次日，截止时间为补订书面劳动合同的前 1 日。

（3）用人单位自用工之日起满 1 年未与劳动者订立书面劳动合同的，自用工之日起满 1 个月的次日至满 1 年的前 1 日应当向劳动者每月支付 2 倍的工资，并视为自用工之日起满 1 年的当日已经与劳动者订立无固定期限劳动合同，应当立即与劳动者补订书面劳动合同。

（4）用人单位违反《劳动合同法》规定不与劳动者订立无固定期限劳动合同的，自应当订立无固定期限劳动合同之日起向劳动者每月支付 2 倍的工资。

2. 口头形式

非全日制用工双方当事人可以订立口头协议。

非全日制用工指以小时计酬为主，劳动者在同一用人单位一般平均每日工作时间不超过 4 小时，每周工作时间累计不超过 24 小时的用工形式。

从事非全日制用工的劳动者可与一个或一个以上用人单位订立劳动合同，但后订立的劳动合同不得影响先订立的劳动合同的履行。

非全日制用工双方当事人不得约定试用期。非全日制用工双方当事人任何一方都可以随时通知对方终止用工。终止用工，用人单位不向劳动者支付经济补偿。

非全日制用工小时计酬标准不得低于用人单位所在地人民政府规定的最低小时工资标准。用人单位可以小时、日或周为单位向劳动者结算工资，但非全日制用工劳动报酬结算支付周期最长不得超过 15 日。

（五）劳动合同的效力

1. 劳动合同的生效

劳动合同由用人单位与劳动者协商一致，并经用人单位与劳动者在劳动合同文本上签字或者盖章生效。

如果用人单位不履行劳动合同，没有给劳动者提供约定的工作岗位，劳动者可以要求用人单位提供约定的工作岗位或者承担违约责任；如果劳动者不履行劳动合同，用人单位可以要求劳动者提供约定的劳动或者承担违约责任。

如果因一方不履行劳动合同，造成另一方损失的，违约方还要赔偿对方相应的损失。

2. 无效劳动合同

无效劳动合同指由用人单位和劳动者签订成立，而国家不予承认其法律效力的劳动合同。

已经成立的劳动合同，若因违反了平等自愿、协商一致、诚实信用、公平等原则和法律、行政法规的强制性规定，可使其全部或者部分条款归于无效。

下列劳动合同无效或者部分无效：

（1）以欺诈、胁迫的手段或者乘人之危，使对方在违背真实意思的情况下订立或者变更劳动合同的。

（2）用人单位免除自己的法定责任、排除劳动者权利的。

（3）违反法律、行政法规强制性规定的。

对劳动合同的无效或者部分无效有争议的，由劳动争议仲裁机构或者人民法院确认。

3. 无效劳动合同的法律后果

无效劳动合同的法律后果包括以下方面：

（1）无效劳动合同，从订立时起就没有法律约束力。劳动合同部分无效，不影响其他部分效力的，其他部分仍然有效。

（2）劳动合同被确认无效，劳动者已付出劳动的，用人单位应当向劳动者支付劳动报酬。劳动报酬的数额，参照本单位相同或者相近岗位劳动者的劳动报酬确定。

（3）劳动合同被确认无效，给对方造成损害的，有过错的一方应当承担赔偿责任。

经典例题

JINGDIANLITI

下列关于无效劳动合同法律后果的表述中，不正确的是（　　）。

A. 劳动合同被确认无效，给对方造成损害的，有过错的一方应承担赔偿责任

B. 无效劳动合同从订立时起就没有法律约束力

C. 劳动合同被确认无效，劳动者已付出劳动的，用人单位无须支付劳动报酬

D. 劳动合同部分无效，不影响其他部分效力的，其他部分仍然有效

【答案】 C

【解析】 劳动合同被确认无效，给对方造成损害的，有过错的一方应当承担赔偿责任，故 A 选项表述正确。无效劳动合同，从订立时起就没有法律约束力，故 B 选项表述正确；劳动合同部分无效，不影响其他部分效力的，其他部分仍然有效，故 D 选项表述正确；劳动合同被确认无效，劳动者已付出劳动的，用人单位应当向劳动者支付劳动报酬，故 C 选项表述不正确。

三、劳动合同的主要内容

考试要求： 熟悉

命题频率： 2014 年判断题、单选题、多选题、不定项选择题；2015 年单选题、多选题；2016 年单选题、多选题

（一）劳动合同必备条款

劳动合同应当具备以下条款：

（1）用人单位的名称、住所和法定代表人或者主要负责人。

（2）劳动者的姓名、住址和居民身份证或者其他有效身份证件号码。

（3）劳动合同期限。劳动合同分为固定期限劳动合同、无固定期限劳动合同和以完成一定工作任务为期限的劳动合同。

有下列情形之一，劳动者提出或者同意续订、订立劳动合同的，除劳动者提出订立固定期限劳动合同外，应当订立无固定期限劳动合同：

①劳动者在该用人单位连续工作满 10 年的。

②用人单位初次实行劳动合同制度或者国有企业改制重新订立劳动合同时，劳动者在该用

人单位连续工作满 10 年且距法定退休年龄不足 10 年的。

③连续订立 2 次固定期限劳动合同，且劳动者没有下述情形，续订劳动合同的：

a. 严重违反用人单位的规章制度的；

b. 严重失职，营私舞弊，给用人单位造成重大损害的；

c. 劳动者同时与其他用人单位建立劳动关系，对完成本单位的工作任务造成严重影响，或者经用人单位提出，拒不改正的；

d. 劳动者以欺诈、胁迫的手段或者乘人之危，使用人单位在违背真实意思的情况下订立或者变更劳动合同，致使劳动合同无效的；

e. 被依法追究刑事责任的；

f. 劳动者患病或者非因工负伤，在规定的医疗期满后不能从事原工作，也不能从事由用人单位另行安排的工作的；

g. 劳动者不能胜任工作，经过培训或者调整工作岗位，仍不能胜任工作的。

连续订立固定期限劳动合同的次数，应当自《劳动合同法》2008 年 1 月 1 日施行后续订固定期限劳动合同时开始计算。

（4）工作内容和工作地点。

（5）工作时间和休息休假。

①工作时间。

目前我国实行的工时制度主要有标准工时制、不定时工作制和综合计算工时制三种类型。

国家实行劳动者每日工作 8 小时、每周工作 40 小时的标准工时制度。

有些企业因工作性质和生产特点不能实行标准工时制度的，应保证劳动者每天工作不超过 8 小时，每周工作不超过 40 小时，每周至少休息 1 天。

用人单位由于生产经营需要，经与工会和劳动者协商后可延长工作时间的，一般每日不得超过 1 小时；因特殊原因需要延长工作时间的，在保障劳动者身体健康的情况下，每日不得超过 3 小时，每月不得超过 36 小时。

②休息、休假。

休息包括工作日内的间歇时间、工作日之间的休息时间和公休假日（即周休息日，是职工工作满一个工作周以后的休息时间）。

休假如法定假日、年休假。

《职工带薪年休假条例》规定，机关、团体、企业、事业单位、民办非企业单位、有雇工的个体工商户等单位的职工连续工作 1 年以上的，享受带薪年休假（简称年休假）。职工在年休假期间享受与正常工作期间相同的工资收入。年休假标准如下：

a. 职工累计工作已满 1 年不满 10 年的，年休假 5 天；

b. 已满 10 年不满 20 年的，年休假 10 天；

c. 已满 20 年的，年休假 15 天。

国家法定休假日、休息日不计入年休假的假期。不享受当年的年休假的情况如下：

a. 职工依法享受寒暑假，其休假天数多于年休假天数的；

b. 职工请事假累计 20 天以上且单位按照规定不扣工资的；

c. 累计工作满 1 年不满 10 年的职工，请病假累计 2 个月以上的；

d. 累计工作满 10 年不满 20 年的职工，请病假累计 3 个月以上的；

e. 累计工作满 20 年以上的职工，请病假累计 4 个月以上的。

职工新进用人单位且符合享受带薪年休假条件的，当年度年休假天数按照在本单位剩余日历天数折算确定，折算后不足一整天的部分不享受年休假。

（6）劳动报酬。

①劳动报酬与支付。

根据国家有关规定，工资应当以法定货币支付，不得以实物及有价证券替代货币支付。

工资必须在用人单位与劳动者约定的日期支付。如遇节假日或休息日，则应提前在最近的工作日支付。

工资至少每月支付一次，实行周、日、小时工资制的可按周、日、小时支付工资。

对完成一次性临时劳动或某项具体工作的劳动者，用人单位应按有关协议或合同规定在其完成劳动任务后即支付工资。

劳动者在法定休假日和婚丧假期间以及依法参加社会活动期间，用人单位应当依法支付工资。

在部分公民放假的节日期间（妇女节、青年节），对参加社会活动或单位组织庆祝活动和照常工作的职工，单位应支付工资报酬，但不支付加班工资。如果该节日恰逢星期六、星期日，单位安排职工加班工作，则应当依法支付休息日的加班工资。

用人单位安排加班不支付加班费的，由劳动行政部门责令限期支付加班费；逾期不支付的，责令用人单位按应付金额50％以上100％以下的标准向劳动者加付赔偿金。

实行不定时工时制度的劳动者，不执行上述规定。

②最低工资制度。

《劳动法》规定，国家实行最低工资保障制度。最低工资的具体标准由省、自治区、直辖市人民政府规定，报国务院备案。用人单位支付劳动者的工资不得低于当地最低工资标准。

最低工资不包括延长工作时间的工资报酬，以货币形式支付的住房和用人单位支付的伙食补贴，中班、夜班、高温、低温、井下、有毒、有害等特殊工作环境和劳动条件下的津贴，国家法律、法规、规章规定的社会保险福利待遇。

劳动合同履行地与用人单位注册地不一致的，有关劳动者的最低工资标准、劳动保护、劳动条件、职业危害防护和本地区上年度职工月平均工资标准等事项，按照劳动合同履行地的有关规定执行。用人单位注册地的有关标准高于劳动合同履行地的有关标准，且用人单位与劳动者约定按照用人单位注册地的有关规定执行的，从其约定。

因劳动者本人原因给用人单位造成经济损失的，用人单位可按照劳动合同的约定要求其赔偿经济损失。经济损失的赔偿，可从劳动者本人的工资中扣除。但每月扣除的部分不得超过劳动者当月工资的20％。若扣除后的剩余工资部分低于当地月最低工资标准，则按最低工资标准支付。

用人单位低于当地最低工资标准支付劳动者工资的，由劳动行政部门责令限期支付其差额部分；逾期不支付的，责令用人单位按应付金额50％以上100％以下的标准向劳动者加付赔偿金。

（7）社会保险。社会保险包括基本养老保险、基本医疗保险、失业保险、工伤保险等。

（8）劳动保护、劳动条件和职业危害防护。

（9）法律、法规规定应当纳入劳动合同的其他事项。

（二）劳动合同约定条款

除劳动合同必备条款外，用人单位与劳动者还可以在劳动合同中约定试用期、培训、保守秘密、补充保险和福利待遇等其他事项。在劳动合同中约定的事项，不能违反法律、行政法规的强制性规定，否则该约定无效。

1. 试用期

试用期属于劳动合同的约定条款，双方可以约定，也可以不约定试用期。

（1）试用期期限。试用期期限具体规定如下：

①劳动合同期限3个月以上不满1年的，试用期不得超过1个月。

②劳动合同期限1年以上不满3年的，试用期不得超过2个月。

③3年以上固定期限和无固定期限的劳动合同，试用期不得超过6个月。

【注意】1年以上包括1年，3年以上包括3年。

同一用人单位与同一劳动者只能约定一次试用期。以完成一定工作任务为期限的劳动合同或者劳动合同期限不满3个月的，不得约定试用期。试用期包含在劳动合同期限内。劳动合同仅约定试用期的，试用期不成立，该期限为劳动合同期限。

（2）试用期工资。

劳动者在试用期的工资不得低于本单位相同岗位最低档工资或者劳动合同约定工资的80%，并不得低于用人单位所在地的最低工资标准。

劳动合同约定工资，是指该劳动者与用人单位在劳动合同中约定的劳动者试用期满后的工资。

2. 服务期

（1）服务期的适用范围。

《劳动合同法》规定，用人单位为劳动者提供专项培训费用，对其进行专业技术培训的，可以与该劳动者订立协议，约定服务期。

（2）劳动者违反服务期约定的违约责任。

劳动者违反服务期约定的，向用人单位支付违约金的数额不得超过用人单位提供的培训费用。用人单位要求劳动者支付的违约金不得超过服务期尚未履行部分所应分摊的培训费用。

如果劳动者有重大过错行为而被用人单位解除劳动关系的，用人单位仍有权要求其支付违约金。重大过错行为包括：

①劳动者严重违反用人单位的规章制度的。

②劳动者严重失职，营私舞弊，给用人单位造成重大损害的。

③劳动者同时与其他用人单位建立劳动关系，对完成本单位的工作任务造成严重影响，或者经用人单位提出，拒不改正的。

④劳动者以欺诈、胁迫的手段或者乘人之危，使用人单位在违背真实意思的情况下订立或者变更劳动合同的。

⑤劳动者被依法追究刑事责任的。

（3）劳动者解除劳动合同不属于违反服务期约定的情形。

劳动者依照下述情形的规定解除劳动合同的，不属于违反服务期的约定，用人单位不得要求劳动者支付违约金：

①用人单位未按照劳动合同约定提供劳动保护或者劳动条件的。

②用人单位未及时足额支付劳动报酬的。

③用人单位未依法为劳动者缴纳社会保险费的。

④用人单位的规章制度违反法律、法规的规定，损害劳动者权益的。

⑤用人单位以欺诈、胁迫的手段或者乘人之危，使劳动者在违背真实意思的情况下订立或者变更劳动合同的。

⑥用人单位在劳动合同中免除自己的法定责任、排除劳动者权利的。

⑦用人单位违反法律、行政法规强制性规定的。

⑧法律、行政法规规定劳动者可以解除劳动合同的其他情形。

3. 保守商业秘密和竞业限制

（1）关于保守商业秘密和竞业限制的规定。

商业秘密包括非专利技术和经营信息两部分。

竞业限制又称竞业禁止，指在用人单位和劳动者劳动关系解除和终止后，限制劳动者一定时期的择业权。

对负有保密义务的劳动者，用人单位可以在劳动合同或者保密协议中与劳动者约定竞业限制条款，并约定在解除或者终止劳动合同后，在竞业限制期限内按月给予劳动者经济补偿。

竞业限制的人员限于用人单位的高级管理人员、高级技术人员和其他负有保密义务的人员，而不是所有的劳动者。竞业限制的范围、地域、期限由用人单位与劳动者约定，竞业限制的约定不得违反法律、法规的规定。

在解除或者终止劳动合同后，竞业限制人员到与本单位生产或者经营同类产品、从事同类业务的有竞争关系的其他用人单位工作，或者自己开业生产或者经营同类产品、从事同类业务的竞业限制期限，不得超过 2 年。

（2）对竞业限制的司法解释。

竞业限制条款处理争议说明：

①当事人在劳动合同或者保密协议中约定了竞业限制，但未约定解除或者终止劳动合同后给予劳动者经济补偿，劳动者履行了竞业限制义务，要求用人单位按照劳动者在劳动合同解除或者终止前 12 个月平均工资的 30%按月支付经济补偿的，人民法院应予支持。前述规定的月平均工资的 30%低于劳动合同履行地最低工资标准的，按照劳动合同履行地最低工资标准执行。

②当事人在劳动合同或者保密协议中约定了竞业限制和经济补偿，当事人解除劳动合同时，除另有约定外，用人单位要求劳动者履行竞业限制义务，或者劳动者履行了竞业限制义务后要求用人单位支付经济补偿的，人民法院应予支持。

③当事人在劳动合同或者保密协议中约定了竞业限制和经济补偿，劳动合同解除或者终止后，因用人单位的原因导致 3 个月未支付经济补偿，劳动者请求解除竞业限制约定的，人民法院应予支持。

④在竞业限制期限内，用人单位请求解除竞业限制协议时，人民法院应予支持。在解除竞业限制协议时，劳动者请求用人单位额外支付劳动者 3 个月的竞业限制经济补偿的，人民法院应予支持。

⑤劳动者违反竞业限制约定，向用人单位支付违约金后，用人单位要求劳动者按照约定继续履行竞业限制义务的，人民法院应予支持。

经典例题

JINGDIANLITI

1. 关于用人单位和劳动者对竞业限制约定的下列表述中，正确的有（　　）。

A. 用人单位应按照双方约定，在竞业限制期限内按月给予劳动者经济补偿

B. 劳动者违反竞业限制约定的，应按照约定向用人单位支付违约金

C. 用人单位和劳动者约定的从事同类业务的竞业限制期限不得超过 2 年

D. 竞业限制约定适用于用人单位与其高级管理人员、高级技术人员和其他负有保密义务的

人员之间

【答案】ABCD

【解析】以上四个选项均是保守商业秘密和竞业限制法律条款明确规定的内容。

2. 某公司拟与张某签订为期 3 年的劳动合同，关于该合同试用期约定的下列方案中，符合法律制度的有（　　）。

A. 不约定试用期　　B. 试用期 1 个月

C. 试用期 3 个月　　D. 试用期 6 个月

【答案】ABCD

【解析】试用期属于劳动合同的约定条款（而非必备条款），当事人可以不约定试用期，故 A 选项正确；3 年以上（包括 3 年）固定期限和无固定期限的劳动合同，试用期不得超过 6 个月（≤6 个月即可），故 BCD 选项正确。

3. 下列关于职工带薪年休假制度的表述中，正确的有（　　）。

A. 职工连续工作 1 年以上方可享受年休假

B. 机关、团体、企业、事业单位、民办非企业单位、有雇工的个体工商户等单位的职工均可依法享受年休假

C. 国家法定休假日、休息日不计入年休假的假期

D. 职工在年休假期间享受与正常工作期间相同的工资收入

【答案】ABCD

【解析】机关、团体、企事业单位、民办非企业单位、有雇工的个体工商户等单位的职工连续工作 1 年以上的，享受带薪年休假，职工在年休假期间享受与正常工作期间相同的工资收入，国家法定休假日、休息日不计入年休假的假期，故 ABCD 选项正确。

四、劳动合同的履行和变更

考试要求： 熟悉

命题频率： 2015 年判断题、多选题

（一）劳动合同的履行

劳动合同的履行指劳动合同生效后，当事人双方应按照劳动合同的约定，享受和承担各自的权利和义务，使当事人双方订立合同的目的得以实现的法律行为。

1. 用人单位与劳动者应当按照劳动合同的约定，全面履行各自的义务

（1）用人单位应当按照劳动合同约定和国家规定，向劳动者及时足额支付劳动报酬。

（2）用人单位应当严格执行劳动定额标准，不得强迫或者变相强迫劳动者加班。

（3）劳动者拒绝用人单位管理人员违章指挥、强令冒险作业的，不视为违反劳动合同。劳动者对危害生命安全和身体健康的劳动条件，有权对用人单位提出批评、检举和控告。

（4）用人单位变更名称、法定代表人、主要负责人或者投资人等事项，不影响劳动合同的履行。

（5）用人单位发生合并或者分立等情况，原劳动合同继续有效，劳动合同由承继其权利和义务的用人单位继续履行。

2. 用人单位应当依法建立和完善劳动规章制度

劳动规章制度是用人单位制定的组织劳动过程和进行劳动管理的规则和制度的总称。其主

要包括劳动合同管理、工资管理、社会保险福利待遇、工时休假、职工奖惩等。

合法有效的劳动规章制度是劳动合同的组成部分，对用人单位和劳动者均具有法律约束力。

用人单位应当将直接涉及劳动者切身利益的规章制度和重大事项决定公示，或者告知劳动者。如果用人单位的规章制度未经公示或者未对劳动者告知，该规章制度对劳动者不生效。公示或告知可以采用张贴通告、员工手册送达、会议精神传达等方式。

（二）劳动合同的变更

劳动合同的变更指劳动合同依法订立后，在合同尚未履行或者尚未履行完毕之前，经用人单位和劳动者双方当事人协商同意，对劳动合同内容作部分修改、补充或者删减的法律行为。

用人单位与劳动者协商一致，可变更劳动合同约定的内容。

变更劳动合同，应采用书面形式。变更劳动合同未采用书面形式，但已经实际履行了口头变更的劳动合同超过 1 个月，且变更后的劳动合同内容不违反法律、行政法规、国家政策以及公序良俗，当事人以未采用书面形式为由主张劳动合同变更无效的，人民法院不予支持。

经典例题
JINGDIANLITI

下列关于劳动合同履行的表述中，正确的有（　　）。

A. 用人单位发生合并或者分立等情况，原劳动合同继续有效

B. 用人单位变更名称、法定代表人、主要负责人或者投资人等事项，不影响劳动合同的履行

C. 劳动者对危害生命安全和身体健康的劳动条件，有权对用人单位提出批评、检举和控告

D. 劳动者拒绝用人单位管理人员违章指挥、强令冒险作业的，不视为违反劳动合同

【答案】 ABCD

【解析】 用人单位发生合并或者分立等情况，原劳动合同继续有效，劳动合同由承继其权利和义务的用人单位继续履行，故 A 选项正确；用人单位变更名称、法定代表人、主要负责人或者投资人等事项，不影响劳动合同的履行，故 B 选项正确；劳动者拒绝用人单位管理人员违章指挥、强令冒险作业的，不视为违反劳动合同，劳动者对危害生命安全和身体健康的劳动条件，有权对用人单位提出批评、检举和控告，故 CD 选项正确。

五、劳动合同的解除和终止

扫码听课

考试要求： 掌握
命题频率： 2014 年单选题、多选题；2017 年判断题

（一）劳动合同的解除

1. 劳动合同解除的概念

劳动合同解除指在劳动合同订立后，劳动合同期限届满之前，因双方协商提前结束劳动关系，或因法定情形一方单方通知对方结束劳动关系的法律行为。

劳动合同解除包括协商解除和法定解除。

2. 协商解除

协商解除，又称合意解除、意定解除，指劳动合同订立后，双方当事人因某种原因，在协

商一致的基础上，提前终止劳动合同，结束劳动关系。

《劳动合同法》规定，用人单位与劳动者协商一致，可以解除劳动合同。

由用人单位提出解除劳动合同而与劳动者协商一致的，必须依法向劳动者支付经济补偿；由劳动者主动辞职而与用人单位协商一致解除劳动合同的，用人单位无须向劳动者支付经济补偿。

3. 法定解除

法定解除指在出现国家法律、法规或劳动合同规定的可以解除劳动合同的情形时，不需当事人协商一致，一方当事人即可决定解除劳动合同，劳动合同效力可以自然终止或由单方提前终止。

若出现法定解除的情形，主动解除劳动合同的一方一般负有主动通知对方的义务。

法定解除又可分为劳动者的单方解除和用人单位的单方解除。

(1) 劳动者可单方面解除劳动合同的情形。

❖劳动者提前通知解除劳动合同的情形：

①劳动者提前30日以书面形式通知用人单位解除劳动合同。

②劳动者在试用期内提前3日通知用人单位解除劳动合同。

在这两种情形下，劳动者不能获得经济补偿。如果劳动者没有履行通知程序，则属于违法解除，由此对用人单位造成损失的，劳动者应对用人单位的损失承担赔偿责任。

❖劳动者可随时通知解除劳动合同的情形：

①用人单位未按照劳动合同约定提供劳动保护或者劳动条件的。

②用人单位未及时足额支付劳动报酬的。

③用人单位未依法为劳动者缴纳社会保险费的。

④用人单位的规章制度违反法律、法规的规定，损害劳动者权益的。

⑤用人单位以欺诈、胁迫的手段或者乘人之危，使劳动者在违背真实意思的情况下订立或者变更劳动合同的。

⑥用人单位在劳动合同中免除自己的法定责任、排除劳动者权利的。

⑦用人单位违反法律、行政法规强制性规定的。

⑧法律、行政法规规定劳动者可以解除劳动合同的其他情形。

用人单位有上述情形的，劳动者可随时通知用人单位解除劳动合同。用人单位需向劳动者支付经济补偿。

❖劳动者不需事先告知用人单位即可解除劳动合同的情形：

①用人单位以暴力、威胁或者非法限制人身自由的手段强迫劳动者劳动的。

②用人单位违章指挥、强令冒险作业危及劳动者人身安全的。

用人单位有上述两种情形的，劳动者可以立即解除劳动合同，不需事先告知用人单位，用人单位需向劳动者支付经济补偿。

(2) 用人单位可单方面解除劳动合同的情形。

❖用人单位可随时通知劳动者解除劳动合同的情形：

①劳动者在试用期间被证明不符合录用条件的。

②劳动者严重违反用人单位的规章制度的。

③劳动者严重失职，营私舞弊，给用人单位造成重大损害的。

④劳动者同时与其他用人单位建立劳动关系，对完成本单位的工作任务造成严重影响，或者经用人单位提出，拒不改正的。

⑤劳动者以欺诈、胁迫的手段或者乘人之危，使用人单位在违背真实意思的情况下订立或

者变更劳动合同的。

⑥劳动者被依法追究刑事责任的。

在上述情形下，用人单位不需向劳动者支付经济补偿。

❖无过失性辞退的情形：

无过失性辞退，是指由于劳动者非过失性原因和客观情况的需要而导致劳动合同无法履行时，用人单位可以在提前通知劳动者或者额外支付劳动者一个月工资后，单方解除劳动合同。

①劳动者患病或者非因工负伤，在规定的医疗期满后不能从事原工作，也不能从事由用人单位另行安排的工作的。

②劳动者不能胜任工作，经过培训或者调整工作岗位，仍不能胜任工作的。

③劳动合同订立时所依据的客观情况发生重大变化，致使劳动合同无法履行，经用人单位与劳动者协商，未能就变更劳动合同内容达成协议的。

在上述情形下，用人单位提前 30 日以书面形式通知劳动者本人或者额外支付劳动者 1 个月工资后，可以解除劳动合同。

用人单位选择额外支付劳动者 1 个月工资解除劳动合同的，其额外支付的工资应当按照该劳动者上 1 个月的工资标准确定。用人单位还应当向劳动者支付经济补偿。

❖经济性裁员的情形：

经济性裁员是指企业由于经营不善等经济性原因，解雇多个劳动者的情形。

根据《劳动合同法》的规定，用人单位有下列情形之一，需要裁减人员 20 人以上或者裁减不足 20 人但占企业职工总数 10%以上的，用人单位提前 30 日向工会或者全体职工说明情况，听取工会或者职工的意见后，裁减人员方案经向劳动行政部门报告，可以裁减人员：

①依照《企业破产法》规定进行重整的。

②生产经营发生严重困难的。

③企业转产、重大技术革新或者经营方式调整，经变更劳动合同后，仍需裁减人员的。

④其他因劳动合同订立时所依据的客观经济情况发生重大变化，致使劳动合同无法履行的。

在上述情形下用人单位解除劳动合同的应向劳动者支付经济补偿。

裁减人员时，应优先留用的人员包括：

①与本单位订立较长期限的固定期限劳动合同的。

②与本单位订立无固定期限劳动合同的。

③家庭无其他就业人员，有需要扶养的老人或者未成年人的。

用人单位裁减人员后，在 6 个月内重新招用人员的，应当通知被裁减的人员，并在同等条件下优先招用被裁减的人员。

（3）工会在解除劳动合同中的监督作用。

用人单位单方解除劳动合同，应当事先将理由通知工会。

（二）劳动合同的终止

1. 劳动合同终止的概念

劳动合同终止指用人单位与劳动者之间的劳动关系因某种法律事实的出现而自动归于消灭，或导致劳动关系的继续履行成为不可能而不得不消灭的情形。

2. 劳动合同终止的情形

（1）劳动合同期满的；

（2）劳动者开始依法享受基本养老保险待遇的；

(3) 劳动者达到法定退休年龄的；

(4) 劳动者死亡，或者被人民法院宣告死亡或者宣告失踪的；

(5) 用人单位被依法宣告破产的；

(6) 用人单位被吊销营业执照、责令关闭、撤销或者用人单位决定提前解散的；

(7) 法律、行政法规规定的其他情形。

除上述情形之外，用人单位与劳动者不得约定劳动合同终止条件。

扫码听课

（三）对劳动合同解除和终止的限制性规定

劳动者有下列情形之一的，用人单位既不得解除劳动合同，也不得终止劳动合同，劳动合同应当续延至相应的情形消失时终止：

(1) 从事接触职业病危害作业的劳动者未进行离岗前职业健康检查，或者疑似职业病病人在诊断或者医学观察期间的；

(2) 在本单位患职业病或者因工负伤并被确认丧失或者部分丧失劳动能力的；

(3) 患病或者非因工负伤，在规定的医疗期内的；

(4) 女职工在孕期、产期、哺乳期的；

(5) 在本单位连续工作满 15 年，且距法定退休年龄不足 5 年的；

(6) 法律、行政法规规定的其他情形。

上述第 (2) 项“丧失或者部分丧失劳动能力”劳动者的劳动合同的终止，按照国家有关工伤保险的规定执行。

（四）劳动合同解除和终止的经济补偿

1. 经济补偿的概念

劳动合同法中的经济补偿也称为经济补偿金，指按照《劳动合同法》的规定，在劳动者无过错的情况下，用人单位与劳动者解除或者终止劳动合同时，应给予劳动者经济上的补助。

注意区分经济补偿金与违约金、赔偿金的不同。

经济补偿金是法定的，如果劳动者无过错，用人单位则应给予劳动者一定数额的经济上的补偿。

违约金是约定的，是指劳动者违反了服务期和竞业限制的约定而向用人单位支付的违约补偿。

赔偿金是指用人单位和劳动者由于自己的过错给对方造成损害时所应承担的不利的法律后果。

经济补偿金的支付主体只能是用人单位，而违约金的支付主体只能是劳动者，赔偿金的支付主体可能是用人单位，也可能是劳动者。

2. 用人单位应当向劳动者支付经济补偿的情形

有下列情形的，用人单位应向劳动者支付经济补偿：

(1) 劳动者符合随时通知解除和不需事先通知即可解除劳动合同规定情形而解除劳动合同的；

(2) 由用人单位提出解除劳动合同并与劳动者协商一致而解除劳动合同的；

(3) 用人单位符合提前 30 日以书面形式通知劳动者本人或者额外支付劳动者 1 个月工资后，可以解除劳动合同规定情形而解除劳动合同的；

(4) 用人单位符合可裁减人员规定而解除劳动合同的；

(5) 除用人单位维持或者提高劳动合同约定条件续订劳动合同，劳动者不同意续订的情形外，劳动合同期满终止固定期限劳动合同的；

(6) 用人单位被依法宣告破产或者用人单位被吊销营业执照、责令关闭、撤销或者用人单位决定提前解散而终止劳动合同的；

(7) 以完成一定工作任务为期限的劳动合同因任务完成而终止的；

(8) 法律、行政法规规定的其他情形。

3. 经济补偿的支付

根据劳动者在用人单位的工作年限和工资标准，计算经济补偿的具体金额，并以货币形式支付给劳动者。

经济补偿金的计算公式为：

经济补偿金＝劳动合同解除或终止前劳动者在本单位的工作年限×每工作 1 年应得的经济补偿

或者简写为：

经济补偿金＝工作年限×月工资

(1) 关于补偿年限的计算标准。

根据《劳动合同法》的规定，劳动者在本单位工作每满 1 年，向其支付 1 个月工资。6 个月以上不满 1 年的，按 1 年计算；不满 6 个月的，向劳动者支付半个月工资的经济补偿。

劳动者非因本人原因从原用人单位被安排到新用人单位工作的，劳动者在原用人单位的工作年限合并计入新用人单位的工作年限。原用人单位已经向劳动者支付经济补偿的，新用人单位在依法解除、终止劳动合同计算支付经济补偿的工作年限时，不再计算劳动者在原用人单位的工作年限。

(2) 关于补偿基数的计算标准。

①月工资指劳动者在劳动合同解除或者终止前 12 个月的平均工资。月工资包括计时工资或者计件工资以及奖金、津贴和补贴等货币性收入。劳动者工作不满 12 个月的，按照实际工作的月数计算平均工资。

②劳动者在劳动合同解除或者终止前 12 个月的平均工资低于当地最低工资标准的，按照当地最低工资标准计算。

即：

经济补偿金＝工作年限×月最低工资标准

③劳动者月工资高于用人单位所在地上年度职工月平均工资 3 倍的，按职工月平均工资 3 倍的数额向其支付经济补偿，但支付经济补偿的年限最高不超过 12 年。

即：

经济补偿金＝工作年限（最高不超过 12 年）×当地上年度职工月平均工资 3 倍

(3) 关于补偿年限和基数的特殊计算。

经济补偿的计发办法分两段计算：2008 年 1 月 1 日前的，按当时当地的有关规定执行；2008 年 1 月 1 日以后的，按《劳动合同法》执行。两段补偿合并计算。

(五) 劳动合同解除和终止的法律后果和双方义务

(1) 劳动合同解除和终止后，用人单位和劳动者双方不再履行劳动合同，劳动关系消灭。劳动者应当按照双方约定，办理工作交接。

(2) 劳动合同解除或终止的，用人单位应在解除或者终止劳动合同时，出具解除或者终止劳动合同的证明，并在 15 日内为劳动者办理档案和社会保险关系转移手续。

用人单位对已经解除或者终止的劳动合同的文本，至少保存 2 年备查。

劳动者依法解除或者终止劳动合同，用人单位扣押劳动者档案或者其他物品的，由劳动行政部门责令限期退还劳动者本人，并以每人 500 元以上 2 000 元以下的标准处以罚款；给劳动者造成损害的，应当承担赔偿责任。

（3）用人单位应当在解除或者终止劳动合同时向劳动者支付经济补偿的，在办结工作交接时支付。

解除或者终止劳动合同，用人单位未依照《劳动合同法》的规定向劳动者支付经济补偿的，由劳动行政部门责令限期支付经济补偿；逾期不支付的，责令用人单位按应付金额50%以上100%以下的标准向劳动者加付赔偿金。

（4）用人单位违反规定解除或者终止劳动合同，劳动者要求继续履行劳动合同的，用人单位应当继续履行。

劳动者不要求继续履行劳动合同或者劳动合同已经不能继续履行的，用人单位应当依照《劳动合同法》规定的经济补偿标准的2倍向劳动者支付赔偿金。

用人单位支付了赔偿金的，不再支付经济补偿。赔偿金的计算年限自用工之日起计算。

（5）劳动者违反《劳动合同法》规定解除劳动合同，给用人单位造成损失的，应当承担赔偿责任。

经典例题
JINGDIANLITI

2011年4月1日，张某到甲公司工作。2014年7月31日，甲公司向张某提出解除劳动合同，双方协商一致后于8月3日解除。已知张某在劳动合同解除前12个月的月平均工资为4 000元。解除劳动合同时，甲公司应依法向张某支付的经济补偿为（　　）元。

A. 16 000　　B. 14 000

C. 4 000　　D. 12 000

【答案】 B

【解析】 经济补偿金按劳动者在本单位工作的年限，每满一年支付一个月工资的标准向劳动者支付。6个月以上不满1年的，按1年计算。不满6个月的，按半个月工资标准支付。张某工作3年4个月，因此甲公司应该向张某支付经济补偿金＝4 000×3.5＝14 000元。

六、集体合同与劳务派遣

考试要求： 熟悉

命题频率： 2014年判断题、单选题、多选题；2015年判断题、单选题

（一）集体合同

1. 集体合同的概念

集体合同指工会代表企业职工一方与企业签订的以劳动报酬、工作时间、休息休假、劳动安全卫生、保险福利等为主要内容的书面协议。

尚未建立工会的用人单位，可以由上级工会指导劳动者推举的代表与用人单位订立集体合同。

企业职工一方与用人单位可以订立劳动安全卫生、女职工权益保护、工资调整机制等专项集体合同。

在县级以下区域内，建筑业、采矿业、餐饮服务业等行业可以由工会与企业方面代表订立行业性集体合同，或者订立区域性集体合同。

2. 集体合同的订立

（1）集体合同内容由用人单位和职工各自派出集体协商代表通过集体协商（会议）的方式协商确定。

（2）经双方协商代表协商一致的集体合同草案或专项集体合同草案应提交职工代表大会或者全体职工讨论。

（3）职工代表大会或者全体职工讨论集体合同草案，应有 2/3 以上职工代表或者职工出席，且须经全体职工代表半数以上或者全体职工半数以上同意，方获通过。

（4）集体合同草案或专项集体合同草案经职工代表大会或者职工大会通过后，由集体协商双方首席代表签字。

（5）集体合同订立后，应当报送劳动行政部门；劳动行政部门自收到集体合同文本之日起 15 日内未提出异议的，集体合同即行生效。

（6）集体合同中劳动报酬和劳动条件等标准不得低于当地人民政府规定的最低标准；用人单位与劳动者订立的劳动合同中劳动报酬和劳动条件等标准不得低于集体合同规定的标准。

（7）依法订立的集体合同对用人单位和劳动者具有约束力。行业性、区域性集体合同对当地本行业、本区域的用人单位和劳动者具有约束力。

3. 集体合同纠纷和法律救济

用人单位违反集体合同，侵犯职工劳动权益的，工会可依法要求用人单位承担责任；因履行集体合同发生争议且不能协商解决的，工会可依法申请仲裁、提起诉讼。

（二）劳务派遣

1. 劳务派遣的概念

劳务派遣指由劳务派遣单位与劳动者订立劳动合同，与用工单位订立劳务派遣协议，将被派遣劳动者派往用工单位给付劳务。

2. 劳务派遣的特征

劳动力的雇佣与劳动力使用分离，被派遣劳动者不与用工单位签订劳动合同、发生劳动关系，而是与派遣单位存在劳动关系。这是劳务派遣的最显著特征。

3. 劳务派遣的适用范围

劳动合同用工是我国的企业基本用工形式。劳务派遣用工是劳动合同用工的补充形式，只能在临时性、辅助性或者替代性的工作岗位上实施。

临时性工作岗位指存续时间不超过六个月的岗位；辅助性工作岗位指为主营业务岗位提供服务的非主营业务岗位；替代性工作岗位指用工单位的劳动者因脱产学习、休假等原因无法工作的一定期间内，可以由其他劳动者替代工作的岗位。

用工单位不得设立劳务派遣单位向本单位或者所属单位派遣劳动者。用工单位不得将被派遣劳动者再派遣到其他用人单位。劳务派遣单位不得以非全日制用工形式招用被派遣劳动者。

用工单位应当严格控制劳务派遣用工数量，使用的被派遣劳动者数量不得超过其用工总量的 10%。该用工总量是指用工单位订立劳动合同人数与使用的被派遣劳动者人数之和。

4. 劳务派遣单位、用工单位与劳动者的权利和义务

劳务派遣单位是《劳动合同法》所称的用人单位，应当履行用人单位对劳动者的义务。劳务派遣单位与被派遣劳动者订立的劳动合同，除应当载明劳动合同必备的条款外，还应当载明被派遣劳动者的用工单位以及派遣期限、工作岗位等情况。

（1）劳务派遣单位应当与被派遣劳动者订立 2 年以上的固定期限劳动合同，按月支付劳动报酬；被派遣劳动者在无工作期间，劳务派遣单位应当按照所在地人民政府规定的最低工资标准，向其按月支付报酬。

（2）劳务派遣单位派遣劳动者应当与用工单位订立劳务派遣协议。劳务派遣协议应当约定派遣岗位和人员数量、派遣期限、劳动报酬和社会保险费的数额与支付方式以及违反协议的责任。

（3）劳务派遣单位应当将劳务派遣协议的内容告知被派遣劳动者，不得克扣用工单位按照劳务派遣协议支付给被派遣劳动者的劳动报酬。劳务派遣单位和用工单位不得向被派遣劳动者收取费用。

（4）接受以劳务派遣形式用工的单位是用工单位。用工单位应当根据工作岗位的实际需要与劳务派遣单位确定派遣期限，不得将连续用工期限分割订立数个短期劳务派遣协议。

（5）被派遣劳动者享有与用工单位的劳动者同工同酬的权利。用工单位无同类岗位劳动者的，参照用工单位所在地相同或者相近岗位劳动者的劳动报酬确定。

（6）被派遣劳动者有权在劳务派遣单位或者用工单位依法参加或者组织工会，维护自身的合法权益。

经典例题
JINGDIANLITI

1. 下列关于集体合同的表述，正确的是（　　）。

A. 未建立工会的企业，集体合同应由劳动者推举的代表与用人单位签订

B. 用人单位与劳动者订立的劳动合同中劳动报酬不得高于集体合同规定的标准

C. 集体合同一经订立立即生效

D. 用人单位违反集体合同，侵犯职工劳动权益的，工会只能诉讼

【答案】A

【解析】尚未建立工会的用人单位，可以由上级工会指导劳动者推举的代表与用人单位订立集体合同，故A选项正确。用人单位与劳动者订立的劳动合同中劳动报酬和劳动条件等标准不得低于集体合同规定的标准，故B选项不正确。集体合同订立后，应当报送劳动行政部门，劳动行政部门自收到集体合同文本之日起15日内未提出异议的，集体合同即行生效，故C选项不正确。用人单位违反集体合同，侵犯职工劳动权益的，工会可以依法要求用人单位承担责任；因履行集体合同发生争议，经协商解决不成的，工会可以依法申请仲裁、提起诉讼，故D选项不正确。

2. 下列各项中，关于劳动派遣的表述，正确的有（　　）。

A. 劳动合同关系存在于劳动派遣单位与被派遣劳动者之间

B. 劳务派遣单位是用人单位，接受以劳务派遣形式用工的单位是用工单位

C. 被派遣劳动者的劳动报酬可低于用工单位同类岗位劳动者的劳动报酬

D. 被派遣劳动者不能参加用工单位的工会

【答案】AB

【解析】被派遣者不与用工单位签订劳动合同，而是与派遣单位签订劳动合同，故A选项正确。劳务派遣单位是《劳动合同法》所称的用人单位，接受以劳务派遣形式用工的单位是用工单位，故B选项正确。被派遣劳动者享有与用工单位的劳动者同工同酬的权利。用工单位应当按照同工同酬原则，对被派遣劳动者与本单位同类岗位的劳动者实行相同的劳动报酬分配方法，故C选项不正确。被派遣劳动者有权在劳务派遣单位或者用工单位依法参加或者组织工会，维护自身的合法权益，故D选项不正确。

七、劳动争议的解决

考试要求：熟悉
命题频率：2014 年多选题；2015 年单选题、不定项选择题

（一）劳动争议及解决方法

1. 劳动争议的概念

劳动争议，也称劳动纠纷、劳资争议，指劳动关系当事人之间因实现劳动权利、履行劳动义务发生分歧而引起的争议。

2. 劳动争议的适用范围

（1）因确认劳动关系发生的争议；

（2）因订立、履行、变更、解除和终止劳动合同发生的争议；

（3）因除名、辞退和辞职、离职发生的争议；

（4）因工作时间、休息休假、社会保险、福利、培训以及劳动保护发生的争议；

（5）因劳动报酬、工伤医疗费、经济补偿或者赔偿金等发生的争议；

（6）法律、法规规定的其他劳动争议。

3. 劳动争议的解决原则和方法

（1）劳动争议解决的基本原则。

解决劳动争议的基本原则是合法、公正、及时、着重调解，根据事实，依法保护当事人的合法权益。

（2）劳动争议解决的基本方法。

劳动争议解决的方法有协商、调解、仲裁和诉讼。

①协商。发生劳动争议时，劳动者可以与用人单位协商，也可以请工会或者第三方共同与用人单位协商，达成和解协议；当事人不愿协商、协商不成或者达成和解协议后不履行的，可以向调解组织申请调解；不愿调解、调解不成或者达成调解协议后不履行的，可以向劳动争议仲裁委员会申请仲裁；对仲裁裁决不服的，除《劳动争议调解仲裁法》另有规定的以外，可以向人民法院提起诉讼。

②调解。劳动争议的调解指在劳动争议调解组织的主持下，在双方当事人自愿的基础上，通过宣传法律、法规、规章和政策，劝导当事人化解矛盾，自愿就争议事项达成协议，使劳动争议及时得到解决的一种活动。

③仲裁。劳动仲裁指劳动争议仲裁机构对劳动争议当事人争议的事项，根据劳动方面的法律、法规、规章和政策等的规定，依法作出裁决，从而解决劳动争议的一项劳动法律制度。劳动仲裁与一般经济纠纷的仲裁相比，除法律依据和适用范围不同外，还包括以下几点：

一是申请程序不同。一般经济纠纷的仲裁，当事人必须在事先或事后达成仲裁协议，才能据此向仲裁机构提出仲裁申请；而劳动争议的仲裁，则不要求当事人达成仲裁协议，只要一方当事人提出申请，有关仲裁机构即可受理。

二是裁决的效力不同。一般经济纠纷的仲裁实行“一裁终局”制度，劳动争议的裁决一般不是终局的。

④诉讼。仲裁裁决作出后，当事人就同一纠纷再申请仲裁或者向人民法院起诉的，仲裁委员会或者人民法院不予受理；而劳动争议仲裁，当事人对裁决不服的，除劳动争议调解仲裁法

规定的几类特殊劳动争议外，可以向人民法院起诉。

用人单位拖欠或者未足额支付劳动报酬，或者拖欠工伤医疗费、经济补偿或者赔偿金的，劳动者可向劳动行政部门投诉，劳动行政部门应当依法处理。

（3）举证责任。

发生劳动争议时，当事人对自己提出的主张，有提供证据的责任。与争议事项有关的证据由用人单位提供；用人单位不提供的，应当承担不利后果。

在法律没有具体规定，按照上述原则也无法确定举证责任承担时，仲裁庭可以根据公平原则和诚实信用原则，综合当事人举证能力等因素确定举证责任的承担。

（二）劳动调解

1. 劳动争议调解组织

可受理劳动争议的调解组织有：

（1）企业劳动争议调解委员会。

（2）依法设立的基层人民调解组织。

（3）在乡镇、街道设立的具有劳动争议调解职能的组织。

2. 劳动调解程序

（1）当事人申请劳动争议调解可以书面申请，也可以口头申请。

（2）调解劳动争议，应当充分听取双方当事人对事实和理由的陈述，耐心疏导，帮助其达成协议。

（3）经调解达成协议的，应当制作调解协议书。

调解协议书由双方当事人签名或者盖章，经调解员签名并加盖调解组织印章后生效，对双方当事人具有约束力。

自劳动争议调解组织收到调解申请之日起 15 日内未达成调解协议的，当事人可以依法申请仲裁。

（4）达成调解协议后，一方当事人在协议约定期限内不履行调解协议的，另一方当事人可以依法申请仲裁。

因支付拖欠劳动报酬、工伤医疗费、经济补偿或者赔偿金事项达成调解协议，用人单位在协议约定期限内不履行的，劳动者可以持调解协议书依法向人民法院申请支付令。人民法院应当依法发出支付令。

（三）劳动仲裁

1. 劳动仲裁机构

劳动仲裁机构是劳动人事争议仲裁委员会（简称仲裁委员会）。

仲裁委员会下设实体化的办事机构，称为劳动人事争议仲裁院（简称仲裁院）。

劳动争议仲裁不收费。

2. 劳动仲裁参加人

（1）当事人。

发生劳动争议的劳动者和用人单位为劳动争议仲裁案件的双方当事人。

劳务派遣单位或者用工单位与劳动者发生劳动争议的，劳务派遣单位和用工单位为共同当事人。

劳动者与个人承包经营者发生争议的，发包的组织和个人承包经营者为当事人。

发生争议的用人单位未办理营业执照、被吊销营业执照、营业执照到期继续经营、被责令关闭、被撤销以及用人单位解散、歇业，不能承担相关责任的，应当将用人单位和其出资人、开办单位或主管部门作为共同当事人。

（2）当事人代表。

发生争议的劳动者一方在 10 人以上，并有共同请求的，劳动者可以推举 3 至 5 名代表人参加仲裁活动。

（3）第三人。

与劳动争议案件的处理结果有利害关系的第三人，可以申请参加仲裁活动或者由劳动争议仲裁委员会通知其参加仲裁活动。

（4）代理人。

当事人可以委托代理人参加仲裁活动。

劳动者死亡的，由其近亲属或者代理人参加仲裁活动。

3. 劳动争议仲裁案件的管辖

劳动争议仲裁案件管辖的具体规定如下：

（1）劳动争议由劳动合同履行地或者用人单位所在地的劳动争议仲裁委员会管辖。

（2）双方当事人分别向劳动合同履行地和用人单位所在地的劳动争议仲裁委员会申请仲裁的，由劳动合同履行地的劳动争议仲裁委员会管辖。

其中劳动合同履行地为劳动者实际工作场所地，用人单位所在地为用人单位注册、登记地。

（3）案件受理后，劳动合同履行地和用人单位所在地发生变化的，不改变争议仲裁的管辖。多个仲裁委员会都有管辖权的，由先受理的仲裁委员会管辖。

4. 申请和受理

（1）仲裁时效。

①劳动争议申请仲裁的时效期间为 1 年。

仲裁时效期间从当事人知道或者应当知道其权利被侵害之日起计算。劳动关系存续期间因拖欠劳动报酬发生争议的，劳动者申请仲裁不受 1 年仲裁时效期间的限制；但是，劳动关系终止的，应当自劳动关系终止之日起 1 年内提出。

②仲裁时效的中断。

劳动仲裁时效，因当事人一方向对方当事人主张权利（一方当事人通过协商、申请调解等方式向对方当事人主张权利的）；或者向有关部门请求权利救济（一方当事人通过向有关部门投诉，向仲裁委员会申请仲裁，向人民法院起诉或者申请支付令等方式请求权利救济的）；或者对方当事人同意履行义务而中断。

从中断时起，仲裁时效期间重新计算。这里的中断时起，应理解为中断事由消除时起。如权利人申请调解的，经调解达不成协议的，应自调解不成之日起重新计算；如达成调解协议，自义务人应当履行义务的期限届满之日起计算。

③仲裁时效的中止。

因不可抗力或者有其他正当理由，当事人不能在仲裁时效期间申请仲裁的，仲裁时效中止。从中止时效的原因消除之日起，仲裁时效期间继续计算。

（2）仲裁申请。

申请人申请仲裁应当提交书面仲裁申请，并按照被申请人人数提交副本。

书写仲裁申请确有困难的，可以口头申请，由劳动争议仲裁委员会记入笔录，经申请人签名、盖章或者捺印确认。

（3）仲裁受理。

劳动争议仲裁委员会收到仲裁申请之日起 5 日内，认为符合受理条件的，应当受理并向申请人出具受理通知书；认为不符合受理条件的，向申请人出具不予受理通知书。

5. 开庭和裁决

（1）基本制度。

①仲裁公开原则及例外。

劳动争议仲裁应公开进行，但当事人协议不公开进行或者涉及商业秘密和个人隐私的，经相关当事人书面申请，仲裁委员会应当不公开审理。

②仲裁庭制。

劳动争议仲裁委员会裁决劳动争议案件实行仲裁庭制。仲裁庭由 3 名仲裁员组成，设首席仲裁员。简单劳动争议案件可以由 1 名仲裁员独任仲裁。

③回避制度。

仲裁员有下列情形之一的，应当回避，当事人有权以口头或者书面方式提出回避申请：

一是本案当事人或者当事人、代理人的近亲属；

二是与本案有利害关系的；

三是与本案当事人、代理人有其他关系，可能影响公正裁决的；

四是私自会见当事人、代理人，或者接受当事人、代理人请客送礼的。

（2）开庭程序。

仲裁委员会应当在受理仲裁申请之日起 5 个工作日内将仲裁庭的组成情况书面通知当事人。仲裁庭应当在开庭 5 个工作日前，将开庭日期、地点书面通知双方当事人。当事人有正当理由的，可以在开庭 3 个工作日前请求延期开庭。是否延期，由仲裁委员会根据实际情况决定。

申请人收到书面开庭通知，无正当理由拒不到庭或者未经仲裁庭同意中途退庭的，可以按撤回仲裁申请处理；申请人重新申请仲裁的，仲裁委员会不予受理。被申请人收到书面开庭通知，无正当理由拒不到庭或者未经仲裁庭同意中途退庭的，仲裁庭可以继续开庭审理，并缺席裁决。

开庭审理中，仲裁员应当听取申请人的陈述和被申请人的答辩，主持庭审调查、质证和辩论、征询当事人最后意见，并进行调解。

仲裁庭裁决劳动争议案件，应当自仲裁委员会受理仲裁申请之日起 45 日内结束。案情复杂需要延期的，经仲裁委员会主任批准，可以延期并书面通知当事人，但是延长期限不得超过 15 日。逾期未做出仲裁裁决的，当事人可以就该劳动争议事项向人民法院提起诉讼。

（3）裁决。

①裁决的原则。

裁决应按照多数仲裁员的意见作出，少数仲裁员的不同意见应记入笔录。仲裁庭不能形成多数意见时，裁决应按照首席仲裁员的意见作出。

裁决书由仲裁员签名，加盖劳动争议仲裁委员会印章。

②一裁终局的案件。

除《劳动争议调解仲裁法》另有规定外，下列劳动争议仲裁裁决为终局裁决：

a. 追索劳动报酬、工伤医疗费、经济补偿或者赔偿金，不超过当地月最低工资标准 12 个月金额的争议。如果仲裁裁决涉及数项，对单项裁决数额不超过当地最低工资标准 12 个月金额的事项，应当适用终局裁决。

b. 因执行国家的劳动标准在工作时间、休息休假、社会保险等方面发生的争议。

裁决书自作出之日起发生法律效力。

（4）仲裁裁决的撤销。

用人单位有证据证明一裁终局的裁决有下列情形之一的，可自收到仲裁裁决书之日起 30

日内向劳动争议仲裁委员会所在地的中级人民法院申请撤销裁决：

①适用法律、法规确有错误的；

②劳动争议仲裁委员会无管辖权的；

③违反法定程序的；

④裁决所根据的证据是伪造的；

⑤对方当事人隐瞒了足以影响公正裁决的证据的；

⑥仲裁员在仲裁该案时有索贿受贿、徇私舞弊、枉法裁决行为的。

人民法院经组成合议庭审查核实裁决有上述规定情形之一的，应当裁定撤销。

6. 执行

(1) 仲裁庭对追索劳动报酬、工伤医疗费、经济补偿或者赔偿金的案件，根据当事人的申请，可以裁决先予执行，移送人民法院执行。

劳动者申请先予执行的，可不提供担保。

(2) 当事人对发生法律效力的调解书、裁决书，应依照规定的期限履行。一方当事人逾期不履行的，另一方当事人可依照《民事诉讼法》的有关规定向人民法院申请执行。受理申请的人民法院应当依法执行。

(四) 劳动诉讼

1. 劳动诉讼的提起

(1) 对劳动争议仲裁委员会不予受理或者逾期未作出决定的，申请人可就该劳动争议事项向人民法院提起诉讼。

(2) 劳动者对劳动争议的终局裁决不服的，可自收到仲裁裁决书之日起 15 日内向人民法院提起诉讼。

(3) 当事人对终局裁决情形之外的其他劳动争议案件的仲裁裁决不服的，可自收到仲裁裁决书之日起 15 日内提起诉讼。

(4) 终局裁决被人民法院裁定撤销的，当事人可自收到裁定书之日起 15 日内就该劳动争议事项向人民法院提起诉讼。

2. 劳动诉讼程序

劳动诉讼依照《民事诉讼法》的规定执行。

经典例题
JINGDIANLITI

1. 用人单位与劳动者发生争议，可以采取的解决方法包括（　　）。

A. 协商　　B. 调解　　C. 仲裁　　D. 诉讼

【答案】 ABCD

【解析】 劳动争议解决的方法有协商、调解、仲裁和诉讼，故 ABCD 选项均正确。

2. 甲公司录用张某 8 个月后开始无故拖欠其工资，张某向甲公司多次催要未果，直至双方劳动关系终止，甲公司仍未结算所欠工资。根据《劳动合同法》的规定，张某就甲公司拖欠工资申请劳动仲裁的时效期间是（　　）。

A. 自甲公司开始无故拖欠工资之日起 1 年

B. 自双方劳动关系终止之日起 1 年

C. 自张某到甲公司工作之日起 2 年

D. 自张某向甲公司最后一次催要工资未果之日起 2 年

【答案】B

【解析】劳动争议申请仲裁的时效期间为1年。劳动关系存续期间因拖欠劳动报酬发生争议的，劳动者申请仲裁不受1年仲裁时效期间的限制；但是，劳动关系终止的，应当自劳动关系终止之日起1年内提出。故B选项正确。

第二节　社会保险法律制度

一、社会保险概述

考试要求：了解

社会保险，是指国家依法建立的，由国家、用人单位和个人共同筹集资金、建立基金，使个人在年老（退休）、患病、工伤（因工伤残或者患职业病）、失业、生育等情况下获得物质帮助和补偿的一种社会保障制度。

目前我国的社会保险项目主要有基本养老保险、基本医疗保险、工伤保险、失业保险和生育保险。2017年1月19日，国务院办公厅通知印发了《生育保险和职工基本医疗保险合并实施试点方案》，在河北省邯郸市、山西省晋中市、辽宁省沈阳市、江苏省泰州市、安徽省合肥市、山东省威海市、河南省郑州市、湖南省岳阳市、广东省珠海市、重庆市、四川省内江市、云南省昆明市等12地开展生育保险和职工基本医疗保险合并实施试点工作，期限为1年。

二、基本养老保险

考试要求：掌握

命题频率：2014年单选题、多选题；2015年单选题、多选题

（一）基本养老保险的含义

基本养老保险指缴费达到法定期限并且个人达到法定退休年龄后，国家和社会提供物质帮助以保证因年老而退出劳动领域者稳定、可靠的生活来源的社会保险制度。

（二）基本养老保险的覆盖范围

1. 基本养老保险制度组成

根据《社会保险法》的规定，基本养老保险制度由三个部分组成：职工基本养老保险制度、新型农村社会养老保险制度（简称新农保）、城镇居民社会养老保险制度（简称城居保）。

国务院于2014年2月26日发布了《关于建立统一的城乡居民基本养老保险制度的意见》（国发〔2014〕8号），决定将新农保和城居保两项制度合并实施，在全国范围内建立统一的城乡居民基本养老保险制度。

年满16周岁（不含在校学生），非国家机关和事业单位工作人员及不属于职工基本养老保险制度覆监范围的城乡居民，可以在户籍地参加城乡居民养老保险。

【注意】本章除特别说明外，基本养老保险均指职工基本养老保险。

2. 职工基本养老保险

职工基本养老保险费的征缴范围：国有企业、城镇集体企业、外商投资企业、城镇私营企业和

其他城镇企业及其职工，实行企业化管理的事业单位及其职工。这是基本养老保险的主体部分。

由用人单位和职工共同缴纳基本养老保险费。

无雇工的个体工商户、未在用人单位参加基本养老保险的非全日制从业人员以及其他灵活就业人员参加基本养老保险的，由个人缴纳基本养老保险费。

按照《公务员法》管理的单位、参照《公务员法》管理的机关（单位）、事业单位及其编制内的工作人员，实行社会统筹与个人账户相结合的基本养老保险制度。

（三）职工基本养老保险基金的组成和来源

基本养老保险基金由用人单位和个人缴费以及政府补贴等组成。基本养老保险实行社会统筹与个人账户相结合。基本养老金由统筹养老金和个人账户养老金组成。

用人单位应当按照国家规定的本单位职工工资总额的比例缴纳基本养老保险费，计入基本养老保险统筹基金。职工按照国家规定的本人工资的比例缴纳基本养老保险费，计入个人账户。

无雇工的个体工商户、未在用人单位参加基本养老保险的非全日制从业人员以及其他灵活就业人员，参加基本养老保险的，应按照国家规定缴纳基本养老保险费，分别计入基本养老保险统筹基金和个人账户。

个人账户不得提前支取，记账利率不得低于银行定期存款利率，免征利息税。

参加职工基本养老保险的个人死亡后，其个人账户中的余额可以全部依法继承。

个人跨统筹地区就业的，其基本养老保险关系随本人转移，缴费年限累计计算。个人达到法定退休年龄时，基本养老金分段计算、统一支付。

（四）职工基本养老保险费的缴纳与计算

1. 单位缴费

自 2016 年 5 月 1 日起，企业职工基本养老保险单位缴费比例超过企业工资总额 20%的省（区、市），将单位缴费比例降至 20%；单位缴费比例为 20%且 2015 年底企业职工基本养老保险基金累计结余可支付月数高于 9 个月的省（区、市），可以阶段性将单位缴费比例降低至 19%，降低费率的期限暂按两年执行。

2. 个人缴费

职工个人按照本人缴费工资的 8%缴费，计入个人账户。

缴费工资，也称缴费工资基数，一般为职工本人上一年度月平均工资（有条件的地区也可以本人上月工资收入为个人缴费工资基数），包括工资、奖金、津贴、补贴等收入，不包括用人单位承担或者支付给员工的社会保险费、劳动保护费、福利费、用人单位与员工解除劳动关系时支付的一次性补偿以及计划生育费用等其他不属于工资的费用。

新招职工（包括研究生、大学生、大中专毕业生等）以起薪当月工资收入作为缴费工资基数；从第二年起，按上一年实发工资的月平均工资作为缴费工资基数。

即：个人养老账户月存储额＝本人月缴费工资×8%

职工月平均工资低于当地职工月平均工资 60%的，按当地职工月平均工资的 60%作为缴费基数。

月平均工资高于当地职工月工资 300%的，按当地职工月平均工资的 300%作为缴费基数，超过部分不计入缴费工资基数，也不计入计发养老金的基数。

个人缴费不计征个人所得税，在计算个人所得税的应税收入时，应当扣除个人缴纳的养老保险费。

城镇个体工商户和灵活就业人员的缴费基数为当地上年度在岗职工月平均工资，缴费比例为 20%，其中 8%计入个人账户。

（五）职工基本养老保险享受条件与待遇

1. 职工基本养老保险享受条件

（1）年龄条件：达到法定退休年龄。

（2）缴费条件：累计缴费满 15 年。

2. 职工基本养老保险待遇

（1）支付职工基本养老金。

（2）丧葬补助金和遗属抚恤金。

参加基本养老保险的个人，因病或者非因工死亡的，其遗属可以领取丧葬补助金和抚恤金，所需资金从基本养老保险基金中支付。

（3）病残津贴。

参加基本养老保险的个人，在未达到法定退休年龄时因病或者非因工致残完全丧失劳动能力的，可以领取病残津贴。所需资金从基本养老保险基金中支付。

经典例题
JINGDIANLITI

1. 下列各项中，基本养老保险费全部由个人缴纳的有（　　）。

   A. 城镇私营企业的职工

   B. 无雇工的个体工商户

   C. 未在用人单位参加基本养老保险的非全日制从业人员

   D. 实行企业化管理的事业单位职工

   【答案】 BC

   【解析】 国有、城镇集体、外商投资、城镇私营和其他城镇企业及其职工，实行企业化管理的事业单位及其职工共同缴纳基本养老保险，故 AD 选项不正确；无雇工的个体工商户、未在用人单位参加基本养老保险的非全日制从业人员及其他灵活就业的人员基本养老保险由个人缴纳，故 BC 选项正确。

2. 某企业职工王某的月工资为 7 000 元，当地职工月平均工资为 2 000 元。根据社会保险法律制度的规定，王某每月应缴纳的基本养老保险费为（　　）元。

   A. 160　　B. 360　　C. 480　　D. 560

   【答案】 C

   【解析】 本人月平均工资高于当地职工月工资 300%的，按当地职工月平均工资的 300%作为缴费基数。故王某每月应缴纳的基本养老保险费＝2 000×3×8%＝480（元）。

三、基本医疗保险

考试要求：掌握
命题频率：2014 年单选题；2015 年单选题、多选题

（一）基本医疗保险的含义

基本医疗保险制度是指按照国家规定缴纳一定比例的医疗保险费，在参保人因患病和意外伤害而就医诊疗时，由医疗保险基金支付其一定医疗费用的社会保险制度。

（二）基本医疗保险的覆盖范围

1. 职工基本医疗保险

职工基本医疗保险费由用人单位和职工按照国家规定共同缴纳。

职工基本医疗保险费的征缴范围：国有企业、城镇集体企业、外商投资企业、城镇私营企业和其他城镇企业及其职工，国家机关及其工作人员，事业单位及其职工，民办非企业单位及其职工，社会团体及其专职人员。

无雇工的个体工商户、未在用人单位参加基本医疗保险的非全日制从业人员以及其他灵活就业人员可以参加职工基本医疗保险，由个人按照国家规定缴纳基本医疗保险费。

2. 城乡居民基本医疗保险

城乡居民基本医疗保险制度覆盖范围包括现有城镇居民医疗保险制度和新型农村合作医疗所有应参保（合）人员，即覆盖除职工基本医疗保险应参保人员以外的其他所有城乡居民，统一保障待遇。

（三）职工基本医疗保险费的缴纳

1. 单位缴费

基本医疗保险单位缴费率，一般为职工工资总额的6%左右。用人单位缴纳的基本医疗保险费分为两部分，一部分用于建立统筹基金，另一部分划入个人账户。

2. 基本医疗保险个人账户的资金来源

（1）个人缴费部分。

基本医疗保险个人缴费率一般为本人工资收入的2%。

（2）用人单位缴费的划入部分。

根据个人医疗账户的支付范围和职工年龄等因素，确定用人单位所缴医疗保险费划入个人医疗账户的具体比例一般为30%左右。

3. 基本医疗保险关系转移接续制度

个人跨统筹地区就业的，其基本医疗保险关系随本人转移，缴费年限累计计算。

4. 退休人员基本医疗保险费的缴纳

参加职工基本医疗保险的个人，达到法定退休年龄时累计缴费达到国家规定年限的，退休后不再缴纳基本医疗保险费；未达到国家规定缴费年限的，可以缴费至国家规定年限。

（四）职工基本医疗费用的结算

参保人员符合基本医疗保险药品目录、诊疗项目、医疗服务设施标准以及急诊、抢救的医疗费用，按照国家规定从基本医疗保险基金中支付。

（五）基本医疗保险基金不支付的医疗费用

不属于基本医疗保险基金支付范围的医疗费用如下：

（1）应当从工伤保险基金中支付的；

（2）应当由第三人负担的；

（3）应当由公共卫生负担的；

（4）在境外就医的。

医疗费用应由第三人负担的，但第三人不支付或者无法确定第三人，由基本医疗保险基金先行支付。基本医疗保险基金先行支付后，有权向第三人追偿。

（六）医疗期

医疗期指企业职工因患病或非因工负伤停止工作，治病休息，但不得解除劳动合同的期限。

1. 医疗期期间

（1）实际工作年限10年以下的，在本单位工作年限5年以下的为3个月；5年以上的为6个月。

（2）实际工作年限10年以上的，在本单位工作年限5年以下的为6个月；5年以上10年以下的为9个月；10年以上15年以下的为12个月；15年以上20年以下的为18个月；20年以上的为24个月。

2. 医疗期的计算方法

（1）医疗期3个月的按6个月内累计病休时间计算；

（2）6个月的按12个月内累计病休时间计算；

（3）9个月的按15个月内累计病休时间计算；

（4）12个月的按18个月内累计病休时间计算；

（5）18个月的按24个月内累计病休时间计算；

（6）24个月的按30个月内累计病休时间计算。

病休期间，公休、假日和法定节日包括在内。在24个月内尚不能痊愈的特殊疾病（如癌症、精神病、瘫痪等）的职工，经企业和劳动主管部门批准，可以适当延长医疗期。

3. 医疗期内的待遇

病假工资或疾病救济费可以低于当地最低工资标准支付，但最低不能低于最低工资标准的80%。

医疗期内不得解除劳动合同。如医疗期内遇合同期满，则合同必须续延至医疗期满，职工在此期间仍然享受医疗期内待遇。

对医疗期满尚未痊愈者，或者医疗期满后，不能从事原工作，也不能从事用人单位另行安排的工作，被解除劳动合同的，用人单位需按经济补偿规定给予其经济补偿。

经典例题
JINGDIANLITI

甲公司职工汪某非因工负伤住院治疗。已知汪某月工资3 800元，当地最低月工资标准为2 000元，汪某医疗期内工资待遇的下列方案中，甲公司可依法采用的有（　　）。

A. 3 040元/月　　B. 1 900元/月　　C. 1 500元/月　　D. 2 000元/月

【答案】 ABD

【解析】 企业职工医疗期的病假工资或者疾病救济费可以低于当地最低工资标准，但不能低于最低工资标准的80%。在本题中，不低于1 600元/月（2 000×80%）的方案均可采用。

四、工伤保险

考试要求： 熟悉

命题频率： 2014年多选题；2015年单选题、多选题；2016年判断题

（一）工伤保险的含义

工伤保险指劳动者在职业工作中或规定的特殊情况下遭遇意外伤害或职业病，导致暂时或永久丧失劳动能力以及死亡时，劳动者或其遗属能够从国家和社会获得物质帮助的社会保险制度。

（二）工伤保险费的缴纳和工伤保险基金

1. 工伤保险费的缴纳

职工工伤保险费由用人单位缴纳，职工个人不缴纳工伤保险费。

中华人民共和国境内的企业、事业单位、社会团体、民办非企业单位、基金会、律师事务所、会计师事务所等组织和有雇工的个体工商户（以下称用人单位）应当依照《工伤保险条例》的规定参加工伤保险，为本单位全部职工或者雇工（以下称职工）缴纳工伤保险费。

中华人民共和国境内的企业、事业单位、社会团体、民办非企业单位、基金会、律师事务所、会计师事务所等组织的职工和个体工商户的雇工，均有依照规定享受工伤保险待遇的权利。

建筑施工企业可以实行以建筑施工项目为单位，按照项目工程总造价的一定比例，计算缴纳工伤保险费。

商贸、餐饮、住宿、美容美发、洗浴以及文体娱乐等小型服务业企业以及有雇工的个体工商户，可以按照营业面积的大小核定应参保人数，按照所在统筹地区上一年度职工月平均工资的一定比例和相应的费率，计算缴纳工伤保险费；也可以按照营业额的一定比例计算缴纳工伤保险费。

小型矿山企业可以按照总产量、吨矿工资含量和相应的费率计算缴纳工伤保险费。

2. 工伤保险基金

工伤保险基金由用人单位缴纳的工伤保险费、工伤保险基金的利息和依法纳入工伤保险基金的其他资金构成。

(三) 工伤认定与劳动能力鉴定

1. 工伤认定

(1) 职工有下列情形之一的，应当认定为工伤：

①在工作时间和工作场所内，因工作原因受到事故伤害的；

②工作时间前后在工作场所内，从事与工作有关的预备性或收尾性工作受到事故伤害的；

③在工作时间和工作场所内，因履行工作职责受到暴力等意外伤害的；

④患职业病的；

⑤因工外出期间，由于工作原因受到伤害或者发生事故下落不明的；

⑥在上下班途中，受到非本人主要责任的交通事故或者城市轨道交通、客运轮渡、火车事故伤害的；

⑦法律、行政法规规定应当认定为工伤的其他情形。

(2) 职工有下列情形之一的，视同工伤：

①在工作时间和工作岗位，突发疾病死亡或者在 48 小时内经抢救无效死亡的；

②在抢险救灾等维护国家利益、公共利益活动中受到伤害的；

③原在军队服役，因战、因公负伤致残，已取得革命伤残军人证，到用人单位后旧伤复发的。

(3) 职工因下列情形之一导致本人在工作中伤亡的，不认定为工伤：

①故意犯罪；

②醉酒或者吸毒；

③自残或者自杀；

④法律、行政法规规定的其他情形。

2. 劳动能力鉴定

职工发生工伤，经治疗伤情相对稳定后存在残疾、影响劳动能力的，应当进行劳动能力鉴定。

劳动功能障碍分为十个伤残等级，最重的为一级，最轻的为十级。生活自理障碍分为三个等级：生活完全不能自理、生活大部分不能自理和生活部分不能自理。

（四）工伤保险待遇

1. 工伤医疗待遇

工伤医疗待遇包括以下方面：

（1）治疗工伤的医疗费用（诊疗费、药费、住院费）。

（2）住院伙食补助费、交通食宿费。

（3）康复性治疗费。

（4）停工留薪期工资福利待遇。

职工因工作遭受事故伤害或者患职业病需要暂停工作接受工伤医疗的，在停工留薪期内，原工资福利待遇不变，由所在单位按月支付。停工留薪期一般不超过12个月。

伤情严重或者情况特殊，经设区的市级劳动能力鉴定委员会确认，可以适当延长，但延长不得超过12个月。

但工伤职工治疗非工伤引发的疾病，不享受工伤医疗待遇，按照基本医疗保险办法处理。

2. 辅助器具装配费

工伤职工因安装假肢、矫形器、假眼、假牙和配置轮椅等辅助器具，所需费用按照国家规定的标准从工伤保险基金支付。

3. 伤残待遇

伤残待遇包括以下方面：

（1）生活护理费。

（2）一次性伤残补助金。

（3）伤残津贴。

（4）一次性工伤医疗补助金和一次性伤残就业补助金。

4. 工亡待遇

职工因工死亡，或者伤残职工在停工留薪期内因工伤导致死亡的，其近亲属按照规定从工伤保险基金领取丧葬补助金、供养亲属抚恤金和一次性工亡补助金。

（1）丧葬补助金，为6个月的统筹地区上年度职工月平均工资。

（2）供养亲属抚恤金，按照职工本人工资的一定比例，发给由因工死亡职工生前提供主要生活来源、无劳动能力的亲属。

（3）一次性工亡补助金，标准为上一年度全国城镇居民人均可支配收入的20倍。

（4）一至四级伤残职工在停工留薪期满后死亡的，其近亲属可以享受丧葬补助金、供养亲属抚恤金待遇，不享受一次性工亡补助金待遇。

（五）工伤保险待遇负担

工伤保险大部分费用由工伤保险基金支付。由用人单位支付的费用包括以下方面：

①治疗工伤期间的工资福利；

②五级、六级伤残职工按月领取的伤残津贴；

③终止或者解除劳动合同时，应当享受的一次性伤残就业补助金。

（六）特别规定

（1）工伤职工有下列情形之一的，停止享受工伤保险待遇：

①丧失享受待遇条件的；

②拒不接受劳动能力鉴定的；

③拒绝治疗的。

（2）工伤职工符合领取基本养老金条件的，停发伤残津贴，按照国家有关规定享受基本养老保险待遇。基本养老保险待遇低于伤残津贴的，由工伤保险基金补足差额。

（3）职工所在用人单位未依法缴纳工伤保险费，发生工伤事故的，由用人单位支付工伤保险待遇。用人单位不支付的，从工伤保险基金中先行支付，由用人单位偿还。用人单位不偿还的，社会保险经办机构可以追偿。

（4）由于第三人的原因造成工伤，第三人不支付工伤医疗费用或者无法确定第三人的，由工伤保险基金先行支付。工伤保险基金先行支付后，有权向第三人追偿。

经典例题
JINGDIANLITI

1. 张某在甲公司任职期间，因工负伤，但甲公司并未依法为其缴纳工伤保险费用。根据《社会保险法》的规定，下列表述正确的是（　　）。

   A. 张某只能自己承担所有的医疗费用

   B. 甲公司有权拒绝承担任何费用

   C. 张某仍有权从工伤保险基金享受工伤保险待遇

   D. 甲公司应当向张某支付工伤保险待遇

   【答案】 D

   【解析】 职工所在用人单位未依法缴纳工伤保险费，发生工伤事故的，由用人单位支付工伤保险待遇，故 D 选项表述正确。

2. 下列各项工伤保险费用，应当由用人单位支付的有（　　）。

   A. 劳动能力鉴定费

   B. 一次性伤残补助金

   C. 治疗期间的工资福利

   D. 终止或者解除劳动合同时，应当享受的一次性伤残就业补助金

   【答案】 CD

   【解析】 CD 选项由用人单位支付。

五、失业保险

考试要求： 熟悉
命题频率： 2014 年单选题；2015 年判断题、单选题；2016 年多选题；2017 年单选题

（一）失业保险费的缴纳

失业保险费的征缴范围：国有企业、城镇集体企业、外商投资企业、城镇私营企业和其他城镇企业（统称城镇企业）及其职工，事业单位及其职工。

从 2015 年 3 月 1 日起，失业保险费率暂由本单位工资总额的 3%降至 2%。

从 2016 年 5 月 1 日起，失业保险总费率在 2015 年已降低 1 个百分点的基础上可以阶段性降至 1%～1.5%，其中个人费率不超过 0.5%，降低费率的期限暂按两年执行。

职工跨统筹地区就业的，其失业保险关系随本人转移，缴费年限累计计算。

(二) 失业保险待遇

1. 失业保险待遇的享受条件

享受失业保险待遇的条件如下:

(1) 失业前用人单位和本人已经缴纳失业保险费满1年的。

(2) 非因本人意愿中断就业的,包括劳动合同终止;用人单位解除劳动合同;被用人单位开除、除名和辞退;因用人单位过错由劳动者解除劳动合同;法律、法规、规章规定的其他情形。

(3) 已经进行失业登记,并有求职要求的。

2. 失业保险金的领取期限

失业保险金领取期限自办理失业登记之日起计算。

失业人员失业前用人单位和本人累计缴费满1年不足5年的,领取失业保险金的最长期限为12个月;累计缴费满5年不足10年的,领取失业保险金的最长期限为18个月;累计缴费10年以上的,领取失业保险金的最长期限为24个月。

重新就业后,再次失业的,缴费时间重新计算,领取失业保险金的期限与前次失业应当领取而尚未领取的失业保险金的期限合并计算,最长期限为24个月。失业人员因当期不符合失业保险金领取条件的,原有缴费时间予以保留,重新就业并参保的,缴费时间累计计算。

3. 失业保险金的发放标准

失业保险金的发放标准,不得低于城市居民最低生活保障标准,一般也不高于当地最低工资标准。

4. 失业保险待遇

(1) 领取失业保险金。

(2) 领取失业保险金期间享受基本医疗保险待遇。

失业人员在领取失业保险金期间,参加职工基本医疗保险,享受基本医疗保险待遇。

失业人员应当缴纳的基本医疗保险费从失业保险基金中支付,个人不缴纳基本医疗保险费。

(3) 领取失业保险金期间的死亡补助。

失业人员在领取失业保险金期间死亡的,参照当地对在职职工死亡的规定,向其遗属发给一次性丧葬补助金和抚恤金,所需资金从失业保险基金中支付。

(4) 职业介绍与职业培训补贴。

(5) 国务院规定或者批准的与失业保险有关的其他费用。

(三) 停止领取失业保险金及其他失业保险待遇的情形

停止领取失业保险金,并同时停止享受其他失业保险待遇的情形:

(1) 重新就业的;

(2) 应征服兵役的;

(3) 移居境外的;

(4) 享受基本养老保险待遇的;

(5) 无正当理由,拒不接受当地人民政府指定部门或者机构介绍的适当工作或者提供的培训的。

经典例题
JINGDIANLITI

1. 刘某与甲公司共同缴纳失业保险费累计12年后因劳动合同终止而失业,已知刘某符合领取失业保险金的条件。根据社会保险法律制度的规定，其领取失业保险金的最长期限是（　　）。

A. 18 个月　　B. 12 个月　　C. 6 个月　　D. 24 个月

【答案】D

【解析】累计缴费 10 年以上的，领取失业保险金的期限最长为 24 个月，故 D 选项正确。

2. 根据社会保险法律制度的规定，下列各项中，属于停止领取失业保险金并且同时停止享受其他失业保险待遇的情形有（　　）。

A. 重新就业的　　B. 应征服兵役的

C. 移居境外的　　D. 享受基本养老保险待遇的

【答案】ABCD

【解析】重新就业的、应征服兵役的、移居境外的、享受基本养老保险待遇的、无正当理由拒不接受当地人民政府指定部门或者机构介绍的适当工作或者提供的培训的，均属于停止领取失业保险金并且同时停止享受其他失业保险待遇的情形，故 ABCD 选项均正确。

六、社会保险费征缴与管理

考试要求：了解

命题频率：2015 年判断题、单选题；2016 年单选题

（一）社会保险登记

1. 用人单位的社会保险登记

从 2016 年 10 月 1 日起，在工商部门登记的企业和农民专业合作社（统称“企业”）按照“五证合一、一照一码”登记制度进行社会保险登记证管理。

新成立的企业在办理工商注册登记时，同步完成企业的社会保险登记。

国家机关、事业单位、社会团体等未纳入“五证合一、一照一码”登记制度管理的单位仍按原办法，到社会保险经办机构办理社会保险登记，由社会保险经办机构核发社会保险登记证，并逐步采用统一社会信用化代码进行登记证管理。

2. 个人的社会保险登记

用人单位应当自用工之日起 30 日内为其职工向社会保险经办机构申请办理社会保险登记。

自愿参加社会保险的无雇工的个体工商户、未在用人单位参加社会保险的非全日制从业人员以及其他灵活就业人员，应当向社会保险经办机构申请办理社会保险登记。

（二）社会保险费缴纳

1. 用人单位缴纳义务

（1）用人单位应当自行申报、按时足额缴纳社会保险费，除不可抗力等法定事由外不得缓缴、减免。

（2）职工应当缴纳的社会保险费由用人单位代扣代缴，用人单位应当按月将缴纳社会保险费的明细情况告知本人。

（3）无雇工的个体工商户、未在用人单位参加社会保险的非全日制从业人员以及其他灵活就业人员，可以直接向社会保险费征收机构缴纳社会保险费。

2. 社会保险费征收机构的权利义务

（1）未按规定申报。

用人单位未按规定申报应当缴纳的社会保险费数额的，按照该单位上月缴费额的 110％确

定应当缴纳数额；缴费单位补办申报手续后，由社会保险费征收机构按照规定结算。

（2）未按时足额缴纳。

用人单位未按时足额缴纳社会保险费的，由社会保险费征收机构责令其限期缴纳或者补足。

用人单位逾期仍未缴纳或者补足社会保险费的，社会保险费征收机构可以向银行和其他金融机构查询其存款账户；并可以申请县级以上有关行政部门作出划拨社会保险费的决定，书面通知其开户银行或者其他金融机构划拨社会保险费。

用人单位账户余额少于应当缴纳的社会保险费的，社会保险费征收机构可以要求该用人单位提供担保，签订延期缴费协议。用人单位未足额缴纳社会保险费且未提供担保的，社会保险费征收机构可以申请人民法院扣押、查封、拍卖其价值相当于应当缴纳社会保险费的财产，以拍卖所得抵缴社会保险费。

经典例题
JINGDIANLITI

根据《社会保险法》的规定，用人单位自用工之日起（　　）内为其职工向其社会保险经办机构办理社会保险登记。

A. 60 日　　B. 30 日　　C. 45 日　　D. 90 日

【答案】B

【解析】用人单位应当自用工之日起 30 日内为其职工向社会保险经办机构申请办理社会保险登记。

（三）社会保险基金管理

考试要求：了解

基金按照社会保险险种分别建账，分账核算，执行国家统一的会计制度。

社会保险基金专款专用，任何组织和个人不得侵占或者挪用。

基金存入财政专户，按照统筹层次设立预算，通过预算实现收支平衡。

社会保险基金在保证安全的前提下，按照国务院规定投资运营实现保值增值。不得违规投资运营，不得用于平衡其他政府预算，不得违反法律、行政法规规定挪作其他用途。

经典例题
JINGDIANLITI

根据社会保险法律制度的规定，关于社会保险基金管理运营的下列表述中，正确的有（　　）。

A. 社会保险基金专款专用

B. 按照社会保险险种分别建账、分账核算

C. 社会保险基金存入财政专户，通过预算实现收支平衡

D. 基本养老保险基金逐步实行统筹，其他社会保险基金逐步实行市级统筹

【答案】ABC

【解析】D 选项，基本养老保险基金逐步实行全国统筹，其他社会保险基金逐步实行省级统筹。

主要参考法律法规

1. 中华人民共和国宪法（1982 年 12 月 4 日 第五届全国人民代表大会第五次会议通过 2004 年 3 月 14 日 第十届全国人民代表大会第二次会议第四次修正）

2. 中华人民共和国立法法（2000 年 3 月 15 日 第九届全国人民代表大会第三次会议通过 2015 年 3 月 15 日 第十二届全国人民代表大会第三次会议修正）

3. 中华人民共和国民法总则（2017 年 3 月 15 日 第十二届全国人民代表大会第五次会议通过）

4. 中华人民共和国民事诉讼法（1991 年 4 月 9 日 第七届全国人民代表大会第四次会议通过 2017 年 6 月 27 日 第十二届全国人民代表大会常务委员会第二十八次会议第三次修正）

5. 中华人民共和国仲裁法（1994 年 8 月 31 日 第八届全国人民代表大会常务委员会第九次会议通过 2017 年 9 月 1 日 第十二届全国人民代表大会常务委员会第二十九次会议第二次修正）

6. 中华人民共和国行政复议法（1999 年 4 月 29 日 第九届全国人民代表大会常务委员会第九次会议通过 2017 年 9 月 1 日第十二届全国人民代表大会常务委员会第二十九次会议第二次修正）

7. 中华人民共和国行政诉讼法（1989 年 4 月 4 日 第七届全国人民代表大会第二次会议通过 2017 年 6 月 27 日 第十二届全国人民代表大会常务委员会第二十八次会议第二次修正）

8. 中华人民共和国行政处罚法（1996 年 3 月 17 日 第八届全国人民代表大会第四次会议通过 2017 年 9 月 1 日 第十二届全国人民代表大会常务委员会第二十九次会议第二次修正）

9. 中华人民共和国公务员法（2005 年 4 月 27 日 第十届全国人民代表大会常务委员会第十五次会议通过 2017 年 9 月 1 日 第十二届全国人民代表大会常务委员会第二十九次会议修正）

10. 中华人民共和国刑法（1979 年 7 月 1 日 第五届全国人民代表大会第二次会议通过 2017 年 11 月 4 日 第十二届全国人民代表大会常务委员会第三十次会议第十次修正）

11. 中华人民共和国会计法（1985 年 1 月 21 日 第六届全国人民代表大会常务委员会第九次会议通过 2017 年 11 月 4 日 第十二届全国人民代表大会常务委员会第三十次会议修正）

12. 企业财务会计报告条例（2000 年 6 月 21 日 国务院令第 287 号）

13. 财政部门实施会计监督办法（2001 年 2 月 20 日 财政部令第 10 号）

14. 财政部关于印发《行政事业单位内部控制规范（试行）》的通知（2012 年 11 月 29 日 财会〔2012〕21 号）

15. 财政部关于印发《小企业内部控制规范（试行）》的通知（2017 年 6 月 29 日 财会〔2017〕21 号）

16. 代理记账管理办法（2016 年 2 月 16 日 财政部令第 80 号）

17. 专业技术人员继续教育规定（2015 年 8 月 3 日 人力资源和社会保障部令第 25 号）

18. 总会计师条例（1990 年 12 月 31 日 国务院令第 72 号）

19. 中华人民共和国票据法（1995 年 5 月 10 日 第八届全国人民代表大会常务委员会第十三次会议通过 2004 年 8 月 28 日 第十届全国人民代表大会常务委员会第十一次会议修正）

20. 票据管理实施办法（1997 年 6 月 23 日 国务院批准 1997 年 8 月 21 日 中国人民银行发布 2011 年 1 月 8 日 国务院令第 588 号修正）

21. 支付结算办法（1997 年 9 月 19 号 中国人民银行发布）

22. 中国人民银行关于调整票据、结算凭证种类和格式的通知（2004 年 10 月 13 日中国人民银行发布）

23. 人民币银行结算账户管理办法（2003 年 4 月 10 日 中国人民银行发布）

24. 人民币银行结算账户管理办法实施细则（2005 年 1 月 19 日 中国人民银行发布）

25. 银行卡业务管理办法（1999 年 1 月 5 日 中国人民银行发布）

26. 国内信用证结算办法（中国人民银行中国银行业监督管理委员会公告〔2016〕第 10 号）

27. 支付机构预付卡业务管理办法（中国人民银行公告〔2012〕第 12 号）

28. 非金融机构支付服务管理办法（中国人民银行令第〔2010〕第 2 号）

29. 电子商业汇票业务管理办法（中国人民银行令第〔2009〕第 2 号）

30. 银行卡收单业务管理办法（中国人民银行公告〔2013〕第 9 号）

31. 中国人民银行关于信用卡业务有关事项的通知（银发〔2016〕111 号）

32. 中国人民银行关于落实个人银行账户分类管理制度的通知（银发〔2016〕302号）

33. 中国人民银行关于规范和促进电子商业汇票业务发展的通知（银发〔2016〕224号）

34. 中国人民银行关于加强支付结算管理防范电信网络新型违法犯罪有关事项的通知（银发〔2016〕261号）

35. 中华人民共和国增值税暂行条例（1993年12月13日 国务院令第134号发布 2008年11月10日 国务院令第538号修订）

36. 中华人民共和国增值税暂行条例实施细则（2008年12月15号 财政部 国家税务总局第50号令发布 2011年10月28日 财政部 国家税务总局令第65号修正）

37. 国家税务总局关于印发《增值税若干具体问题的规定》的通知（1993年12月28日 国税发〔1993〕154号）

38. 国家税务总局关于修订《增值税专用发票使用规定》的通知（2006年10月17日 国税发〔2006〕156号）

39. 劳务派遣暂行规定（2014年1月24日 人力资源和社会保障部令第22号）

40. 财政部 国家税务总局关于全面推开营业税改征增值税试点的通知（2016年3月23日 财税〔2016〕36号）

41. 国家税务总局关于进一步明确营改增有关征管问题的公告（2017年4月20日 国家税务总局公告2017年第11号）

42. 财政部 国家税务总局关于简并增值税税率有关政策的通知（2017年4月28日 财税〔2017〕37号）

43. 中华人民共和国消费税暂行条例（1993年12月13日 中华人民共和国国务院令第135号发布 2008年11月10日 国务院令第539号修订）

44. 中华人民共和国消费税暂行条例实施细则（2008年12月15日 财政部 国家税务总局第51号令）

45. 国家税务总局关于印发《消费税征收范围注释》的通知（1993年12月27日 国税〔1993〕153号）

46. 财政部 国家税务总局关于消费税若干具体政策的通知（2006年8月30日 财税〔2006〕125号）

47. 财政部 国家税务总局关于调整消费税政策的通知（2014年11月25日 财税〔2014〕93号）

48. 财务部 国家税务总局关于实施煤炭资源税改革的通知（2014年10月9日 财税〔2014〕72号）

49. 中华人民共和国企业所得税法（2007年3月16日 第十届全国人民代表大会第五次会议通过 2017年2月24日 第十二届全国人民代表大会常务委员会第二十六次会议修正）

50. 中华人民共和国企业所得税法实施条例（国务院2007年11月28日通过）

51. 国家税务总局关于企业工资薪金和职工福利费等支出税前扣除问题的公告（2015年5月8日 国家税务总局公告2015年第34号）

52. 国家税务总局关于企业所得税有关问题的公告（2016年12月9日 国家税务总局公告2016年第80号）

53. 国家税务总局关于提高科技型中小企业研究开发费用税前加计扣除比例有关问题的公告（2017年5月22日 国家税务总局公告2017年第18号）

54. 财政部 国家税务总局关于广告费和业务宣传费支出税前扣除政策的通知（2017年5月27日 财税〔2017〕41号）

55. 财政部 国家税务总局关于扩大小型微利企业所得税优惠政策范围的通知（2017年6月6日 财税〔2017〕43号）

56. 中华人民共和国个人所得税法（1980年9月10日 第五届全国人民代表大会第三次会议通过 2011年6月30日 第十一届全国人民代表大会常务委员会第二十一次会议第六次修正）

57. 中华人民共和国个人所得税法实施条例（1994年1月28日 国务院令第142号发布 2011年7月19日 国务院令第600号第三次修订）

58. 国家税务总局关于境外所得征收个人所得税若干问题的通知（1994年3月8日 国税发〔1994〕044号）

59. 国家税务总局关于印发《征收个人所得税若干问题的规定》的通知（1994年3月31日 国税发〔1994〕089号）

60. 中华人民共和国房产税暂行条例（1986年9月15号 国发〔1986〕90号颁布）

61. 财政部 国家税务总局关于房产税若干具体问题的解释和暂行规定（1986 年 9 月 25 日 财政部税务总局〔1986〕财税地字第 008 号颁布）

62. 中华人民共和国契税暂行条例（1997 年 7 月 7 日 国务院令第 224 号颁布）

63. 中华人民共和国土地增值税暂行条例（1993 年 12 月 13 日 国务院令第 138 号）

64. 中华人民共和国城镇土地使用税暂行条例（1988 年 9 月 27 日 国务院令第 17 号颁布自 1988 年 11 月 1 日起实施 2006 年 12 月 30 日 国务院令第 483 号修订重新公布）

65. 中华人民共和国车船税法（2012 年 2 月 25 日 第十一届全国人民代表大会常务委员会第十九次会议通过）

66. 中华人民共和国车船税法实施条例（2011 年 11 月 23 日 国务院令第 611 号颁布）

67. 中华人民共和国印花税暂行条例（1988 年 8 月 6 日 国务院令第 11 号颁布）

68. 国家税务总局关于印花税若干具体问题的规定（1988 年 12 月 12 日 国家税务总局国税地字〔1988〕25 号颁布）

69. 国务院关于修改《中华人民共和国资源税暂行条例》的决定（2011 年 9 月 30 日国务院令第 605 号）

70. 中华人民共和国资源税暂行条例实施细则（2011 年 10 月 28 日 财政部 国家税务总局令第 66 号）

71. 中华人民共和国海关法（1987 年 1 月 22 日 第六届全国人民代表大会常务委员会第十九次会议通过 2000 年 7 月 8 日 第九届全国人民代表大会常务委员会第十六次会议修正）

72. 中华人民共和国进出口关税条例（2003 年 11 月 23 日 国务院令第 392 号）

73. 中华人民共和国城市维护建设税暂行条例（1985 年 2 月 8 日 国发〔1985〕19 号）

74. 中华人民共和国车辆购置税暂行条例（2000 年 10 月 22 日 国务院令第 294 号）

75. 国家税务总局《车辆购置税征收管理办法》（2014 年 12 月 2 日 国家税务总局令第 33 号）

76. 中华人民共和国耕地占用税暂行条例（2007 年 12 月 1 日 国务院令第 511 号）

77. 中华人民共和国烟叶税暂行条例（2006 年 4 月 28 日 国务院令第 464 号）

78. 中华人民共和国环境保护税法（2016 年 12 月 25 日 第十二届全国人民代表大会常务委员会第二十五次会议通过）

79. 中华人民共和国税收征收管理法（1992 年 9 月 4 日 第七届全国人民代表大会常务委员会第二十七次会议通过 1995 年 2 月 28 日 第八届全国人民代表大会常务委员会第十二次会议第一次修正 2001 年 4 月 28 日 第九届全国人民代表大会常务委员会第二十一次会议修订 2013 年 6 月 29 日 第十二届全国人民代表大会常务委员会第三次会议第二次修正 2015 年 4 月 24 日 第十二届全国人民代表大会常务委员会第十四次会议第三次修正）

80. 中华人民共和国税收征收管理法实施细则（2002 年 9 月 7 日 国务院令第 362 号公布 2012 年 11 月 9 日 国务院令第 628 号第一次修正 2013 年 7 月 18 日 国务院令第 638 号第二次修正 2016 年 2 月 6 日 国务院令第 666 号第三次修正）

81. 中华人民共和国发票管理办法（1993 年 12 月 23 日 财政部令第 6 号发布 2010 年 12 月 20 日 国务院令第 587 号修订）

82. 中华人民共和国发票管理办法实施细则（2011 年 2 月 14 日 国家税务总局令第 25 号公布 2014 年 12 月 27 日 国家税务总局令第 37 号修正）

83. 税务行政复议规则（2010 年 2 月 10 日 国家税务总局令第 21 号公布 2015 年 12 月 28 日 国家税务总局令 39 号修正）

84. 国务院办公厅关于加快推进“多证合一”改革的指导意见（2017 年 5 月 5 日 国办发〔2017〕41 号）

85. 国家税务总局关于印发《税务代理业务规程（试行）》的通知（2001 年 10 月 8 日 国税发〔2001〕117 号）

86. 国家税务总局关于发布《涉税专业服务监管办法（试行）》的公告（2017 年 5 月 5 日国家税务总局公告 2017 年第 13 号）

87. 国家税务总局关于增值税发票开具有关问题的公告（2017 年 5 月 19 日 国家税务总局公告 2017 年第 16 号）

88. 中华人民共和国劳动法（1994 年 7 月 5 日 第八届全国人民代表大会常务委员会第八次会议通过 2009 年 8 月 27 日 第十一届全国人民代表大会常务委员会第十次会议修正）

89. 中华人民共和国劳动合同法（2007 年 6 月 29 日 第十届全国人民代表大会常务委员会第二十八次会议通过 2012 年 12 月 28 日 第十一届全国人民代表大会常务委员会第三十次会议修正）

90. 中华人民共和国劳动合同法实施条例（2008 年 9 月 18 日 国务院令第 535 号）

91. 职工带薪年休假条例（2007 年 12 月 14 日 国务院令第 514 号）

92. 全国年节及纪念日放假办法（2013 年 12 月 11 日 国务院令第 644 号）

93. 工资支付暂行规定（1994 年 12 月 6 日 劳部发〔1994〕489 号）

94. 对《工资支付暂行规定》有关问题的补充规定（1995 年 5 月 12 日 劳部发〔1995〕226 号）

95. 集体合同规定（2004 年 1 月 14 日 劳动和社会保障部令第 22 号）

96. 中华人民共和国劳动争议调解仲裁法（2007 年 12 月 29 日 中华人民共和国第十届全国人民代表大会常务委员会第三十一次会议通过）

97. 劳动人事争议仲裁办案规则（2017 年 4 月 24 日 人力资源和社会保障部令第 33 号）

98. 中华人民共和国社会保险法（2010 年 10 月 28 日 第十一届全国人民代表大会常务委员会第十七次会议通过）

99. 实施《中华人民共和国社会保险法》若干规定（2011 年 6 月 29 日 人力资源和社会保障部令第 13 号）

100. 失业保险条例（1999 年 1 月 22 日 国务院令第 258 号）

101. 工伤保险条例（2003 年 4 月 27 日 国务院令第 375 号 2010 年 12 月 20 日 国务院令第 586 号修订）

102. 国务院办公厅关于印发生育保险和职工基本医疗保险合并实施试点方案的通知（国办发〔2017〕6 号）

103. 社会保险费征缴暂行条例（1999 年 1 月 22 日 国务院令第 259 号）

严格依据
全新考试大纲编写

2018 初级会计资格

会计专业技术资格考试专用教材（上册）

初级会计实务

CHUJI KUAIJI SHIWU

会计资格考试教材编写组 编

北京理工大学出版社
BEIJING INSTITUTE OF TECHNOLOGY PRESS

图书在版编目（CIP）数据

初级会计实务 / 会计资格考试教材编写组编. —北京：北京理工大学出版社，2017.5（2017.12 重印）

会计专业技术资格考试专用教材. 上册

ISBN 978－7－5682－4018－5

Ⅰ.①初… Ⅱ.①会… Ⅲ.①会计实务－资格考试－教材 Ⅳ.①F233

中国版本图书馆 CIP 数据核字（2017）第 099994 号

出版发行 / 北京理工大学出版社有限责任公司
社　　址 / 北京市海淀区中关村南大街 5 号
邮　　编 / 100081
电　　话 / （010）68914775（总编室）
（010）82562903（教材售后服务热线）
（010）68948351（其他图书服务热线）
网　　址 / http：//www. bitpress. com. cn
经　　销 / 全国各地新华书店
印　　刷 / 三河市众誉天成印务有限公司
开　　本 / 787 毫米×1092 毫米　1 / 16
印　　张 / 12.5
字　　数 / 337 千字
版　　次 / 2017 年 5 月第 1 版　2017 年 12 月第 2 次印刷
定　　价 / 99.00 元（共两册）

责任编辑 / 陈莉华
文案编辑 / 陈莉华
责任校对 / 周瑞红
责任印制 / 边心超

Preface 前言

全国会计专业技术资格考试是由财政部、人力资源和社会保障部共同组织实施的全国统一考试，分为初级、中级和高级三个级别。其中初级会计专业技术资格考试科目为《初级会计实务》和《经济法基础》，答题形式为客观题，包括单项选择题、多项选择题、判断题和不定项选择题。参加初级资格考试的人员必须在一个考试年度内通过全部科目的考试。

为了满足广大考生和各地会计管理机构的需求，帮助考生顺利通过初级会计专业技术资格考试，我们组织了一批长期从事会计专业技术资格考试教学研究、同时具有深厚理论功底及实务操作经验的专家和老师，按照2018版《初级会计专业技术资格考试大纲》的要求和新颁布的法律法规，精心编写了这套“会计专业技术资格考试专用教材”。本套教材包括《初级会计实务》和《经济法基础》两册。编者在教材编写过程中紧贴最新考试大纲，精益求精。在内容上，融合初级会计专业技术资格考试的最新发展趋势，突出“内容为王，品质最优”的指导思想；在结构上，力争做到层级分明，脉络清晰。与其他同类教材相比，本套教材具有以下特色：

★考情点拨——明确章节所占分值，列明学习重点

在每章的开篇专家都给予了考生本章的考情点拨，明确本章每年考试所占分值，并将本章的重点、难点一一列出，使考生有的放矢、高效备考。

★考试要求 & 命题频率——整体把握知识点，了解考试题型

在大部分知识点的开始告知考生其考试要求和考试频率，使考生对各知识点的考查频率、命题形式一目了然，做到心中有数。

★扫码听课——直击重难点，高效备考

针对部分考试重难点，教材中配以环球网校录制的初级会计职称考试微课，学生通过扫码听课，可以在老师的带领下透彻研究考试难点，使备考达到事半功倍的效果。

★经典例题——巩固考点，强化记忆

在考点之后配以“经典例题”，实现理论与实战相结合，帮助考生快速掌握考试重点，抓住命题规律和趋势，准确把握复习方向。

由于编者水平有限、编写时间仓促，本书在内容上难免有不妥和疏漏之处，恳请广大读者朋友多提宝贵意见，以便我们及时改正，把本书做得更好。

最后，预祝各位考生顺利通过考试，轻松取得初级会计专业技术资格证书！

会计资格考试教材编写组

目　录 CONTENTS

第1章　会计概述

第2章　资　产

第3章　负　债

第 4 章 所有者权益

第 5 章 收入、费用、利润

第 6 章 财务报表

第 7 章 管理会计基础

第 8 章 政府会计基础

主要参考法律法规

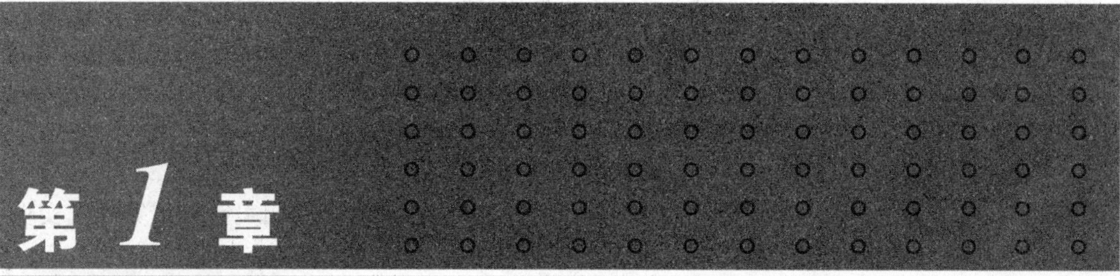

第 1 章

会计概述

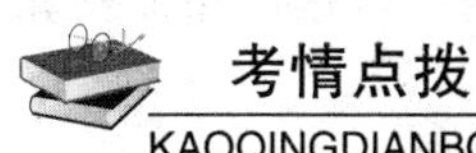

考情点拨

KAOQINGDIANBO

本章为2018版初级会计资格考试大纲新增的内容，属于基础章节。重点掌握会计基本假设（4个）和会计基础（2个）、会计信息质量要求（8点）、会计要素及其确认条件、借贷记账法的记账规则、借贷记账法下的试算平衡、原始凭证、记账凭证的填制和审核要求、对账与结账的方法、错账更正的方法、账务处理程序、财产清查的方法。

第一节　会计概念、职能和目标

一、会计概念

考试要求：了解

会计是以货币为主要计量单位，运用专门的方法和程序，对企业和行政、事业单位的经济活动进行完整的、连续的、系统的核算和监督，以提供经济信息和提高经济效益为主要目的的经济管理活动。

【注意】在未进行特殊说明时，本章都以企业会计为对象展开陈述。

二、会计职能

考试要求：了解

会计的职能，是指会计在经济管理过程中所具有的功能。会计具有会计核算和会计监督两项基本职能和预测经济前景、参与经济决策、评价经营业绩等拓展职能。

（一）基本职能

1. 核算职能

会计核算职能，又称会计反映职能，是指会计以货币为主要计量单位，对特定主体的经济活动进行确认、计量和报告。

确认，是指运用特定会计方法，以文字和金额同时描述某一交易或事项，使其金额反映在特定主体财务报表中的会计程序。计量，是指确定会计确认中用以描述某一交易或事项的金额的会计程序。报告，是指在确认和计量的基础上，将特定主体的财务状况、经营成果和现金流量信息以财务报表等形式向有关各方报告。

会计核算贯穿于经济活动的全过程，是会计最基本的职能。会计核算的内容主要包括：①款项和有价证券的收付；②财物的收发、增减和使用；③债权、债务的发生和结算；④资本、基金的增减；⑤收入、支出、费用、成本的计算；⑥财务成果的计算和处理；⑦需要办理会计手续、进行会计核算的其他事项。

2. 监督职能

会计监督职能，又称会计控制职能，是指对特定主体经济活动和相关会计核算的真实性、合法性和合理性进行监督检查。

3. 会计核算与会计监督的关系

会计核算与会计监督两项基本会计职能是相辅相成、辩证统一的关系。会计核算职能是会计的首要职能，是会计监督的基础。会计核算工作的好坏，直接影响会计信息质量的高低，并为会计监督提供依据。而会计监督是会计核算的保证，只有核算、没有监督，就难以保证核算所提供信息的真实性、完整性。

经典例题
JINGDIANLITI

下列关于会计核算和会计监督关系的说法，正确的有（　　）。

A. 会计核算是会计监督的基础

B. 两者之间存在着相辅相成、辩证统一的关系

C. 会计监督是会计核算的保障

D. 会计核算和会计监督没有什么必然的联系

【答案】 ABC

【解析】 会计核算与会计监督两项基本会计职能是相辅相成、辩证统一的关系。故 D 项错误。

（二）拓展职能

1. 预测经济前景

预测经济前景，是指根据财务会计报告等信息，定量或者定性地判断和推测经济活动的发展变化规律，以指导和调节经济活动，提高经济效益。

2. 参与经济决策

参与经济决策，是指根据财务会计报告等信息，运用定量分析和定性分析方法，对备选方案进行经济可行性分析，为企业生产经营管理提供与决策相关的信息。

3. 评价经营业绩

评价经营业绩，是指利用财务会计报告等信息，采用适当的方法，对企业一定经营期间的资产运营、经济效益等经营成果，对照相应的评价标准，进行定量及定性对比分析，做出真实、客观、公正的综合评判。

三、会计目标

考试要求： 了解

会计目标，是要求会计工作完成的任务或达到的标准，即向财务会计报告使用者提供与企业财务状况、经营成果和现金流量等有关的会计信息，反映企业管理层受托责任履行情况，有助于财务会计报告使用者做出经济决策。

（一）反映企业管理层受托责任履行情况

现代企业制度强调企业所有权和经营权相分离，企业管理层受委托人之托经营管理企业及

其各项资产，负有受托责任。即企业管理层所经营管理的企业各项资产基本上由投资者投入的资本（或者留存收益作为再投资）和向债权人借入的资金形成，企业管理层有责任妥善保管并合理、有效运用这些资产。因此，会计应当反映企业管理层受托责任的履行情况，以便外部投资者和债权人等评价企业的经营管理责任和资源使用的有效性。

（二）向财务会计报告使用者提供决策有用的信息

财务会计报告使用者主要包括投资者、债权人、政府及其有关部门和社会公众等。

会计主要是通过财务会计报告向其使用者提供与企业财务状况、经营成果和现金流量等有关的会计信息，有助于财务会计报告使用者做出是否投资或继续投资、是否发放或收回贷款的决策；有助于政府及其有关部门做出促进经济资源分配公平与合理、市场经济秩序公正和有序的宏观经济决策。

第二节　会计基本假设、会计基础和会计信息质量要求

一、会计基本假设

考试要求： 掌握

会计基本假设是企业会计确认、计量和报告的前提，是对会计核算所处时间、空间环境等所作的合理假定。

按照我国会计准则的规定，会计基本假设包括会计主体、持续经营、会计分期和货币计量。

（一）会计主体

会计主体，是指会计工作服务的特定对象，是企业会计确认、计量和报告的空间范围。明确界定会计主体是开展会计确认、计量和报告工作的重要前提。

（二）持续经营

持续经营，是指在可以预见的未来，企业将会按当前的规模和状态继续经营下去，不会停业，也不会大规模削减业务。

在持续经营假设下，会计确认、计量和报告应当以企业持续、正常的经济活动为前提。一个企业在不能持续经营时，应当停止使用根据该假设所选择的会计确认、计量和报告原则与方法，否则不能客观反映企业的财务状况、经营成果和现金流量，会误导会计信息使用者的经济决策。

（三）会计分期

会计分期，是指将一个企业持续经营的经济活动划分成一个个连续的、长短相同的期间，以便分期结算账目和编制财务会计报告。

这一基本假设的主要意义在于：界定了会计信息的时间段落，为分期结算账目和编制财务会计报告、贯彻落实权责发生制等奠定了理论与实务的基础。

根据《企业会计准则——基本准则》的规定，会计期间分为年度和中期。中期，是指短于一个完整的会计年度的报告期间。通常中期包括半年度、季度和月度。年度、半年度、季度和月度均按公历起讫日期确定。我国的会计年度为公历的 1 月 1 日至 12 月 31 日。

（四）货币计量

货币计量，是指会计主体在会计确认、计量和报告时以货币计量，反映会计主体的生产经

营活动。

根据《会计法》的规定，会计核算以人民币为记账本位币。业务收支以人民币以外的货币为主的单位，可以选定其中一种货币作为记账本位币，但是编报的财务会计报告应当折算为人民币。

二、会计基础

考试要求：掌握

会计基础，是指会计确认、计量和报告的基础，包括权责发生制和收付实现制。

（一）权责发生制

权责发生制，是指收入、费用的确认应当以收入和费用的实际发生而非实际收支作为确认的标准，是合理确认当期损益的一种会计基础。

权责发生制要求，凡是当期已经实现的收入和已经发生或应当负担的费用，无论款项是否收付，都应当作为当期的收入和费用，计入利润表；凡是不属于当期的收入和费用，即使款项已在当期收付，也不应当作为当期的收入和费用。

《企业会计准则——基本准则》规定，企业应当以权责发生制为基础进行确认、计量和报告。企业应当在收入已经实现和费用已经发生时进行确认，不是等到实际收到现金或者支付现金时才确认。

（二）收付实现制

收付实现制，是指以实际收到或支付现金作为确认收入和费用的标准，是与权责发生制相对应的一种会计基础。

在这种会计基础下，凡在本期实际收到现金的收入，不论其应否归属于本期，均应作为本期的收入处理；凡在本期实际以现金付出的费用，不论其应否在本期收入中取得补偿，均应作为本期的费用处理。

事业单位会计核算一般采用收付实现制。事业单位部分经济业务或者事项，以及部分行业事业单位的会计核算采用权责发生制核算的，由财政部在相关会计制度中具体规定。

《政府会计准则——基本准则》规定，政府会计由预算会计和财务会计构成。预算会计实行收付实现制（国务院另有规定的，依照其规定），财务会计实行权责发生制。

例如，某企业 1 月份订全年期刊一份，价值 1 200 元。该项业务，按照权责发生制基础处理，每月应计费用 100 元，每月均需对该项业务进行核算；若按收付实现制基础处理，在支付报刊费当月，即可将 1 200 元全部计入费用，其他月份不再需要对该项业务进行处理。由于费用金额小，采用收付实现制对企业盈亏没有实质性影响，而且简化了会计处理，节约了核算成本。

经典例题

JINGDIANLITI

下列有关企业会计基础的表述中，错误的是（　　）。

A. 凡不属于当期的费用，即使款项已在当期支付，也不作为当期的费用计入利润表

B. 收付实现制的会计基础，是企业会计核算的根本

C. 凡不属于当期的收入，即使款项已在当期收取，也不作为当期的收入计入利润表

D. 权责发生制的会计基础，在企业会计核算中发挥了统驭作用

【答案】B

【解析】权责发生制的会计基础是企业会计核算的根本。

三、会计信息的质量要求

考试要求：掌握

会计信息质量要求是对企业财务会计报告中所提供会计信息质量的基本要求，是使财务会计报告中所提供会计信息对投资者等信息使用者决策有用应具备的基本特征，主要包括可靠性、相关性、可理解性、可比性、实质重于形式、重要性、谨慎性和及时性等。

（一）可靠性

可靠性要求企业应当以实际发生的交易或者事项为依据进行确认、计量和报告，如实反映符合确认和计量要求的各项会计要素及其他相关信息，保证会计信息真实可靠、内容完整。会计信息要有用，必须以可靠为基础，如果财务报告所提供的会计信息是不可靠的，就会给投资者等使用者的决策产生误导甚至损失。

（二）相关性

相关性要求企业提供的会计信息应当与财务会计报告使用者的经济决策需要相关，有助于财务会计报告使用者对企业过去和现在的情况做出评价，对未来的情况做出预测。

会计信息是否有用，是否具有价值，关键是看其与使用者的决策需要是否相关，是否有助于决策或者提高决策水平。相关的会计信息应当能够有助于使用者评价企业过去的决策，证实或者修正过去的有关预测，因而具有反馈价值。相关的会计信息还应当具有预测价值，有助于使用者根据财务报告所提供的会计信息预测企业未来的财务状况、经营成果和现金流量。

（三）可理解性

可理解性要求企业提供的会计信息应当清晰明了，便于投资者等财务报告使用者理解和使用。

企业编制财务报告、提供会计信息的目的在于使用，而要使使用者有效地使用会计信息，应当能让其了解会计信息的内涵，弄懂会计信息的内容，这就要求财务报告所提供的会计信息应当清晰明了，易于理解。只有这样，才能提高会计信息的有用性，实现财务报告的目标，满足向投资者等财务报告使用者提供决策有用信息的要求。

（四）可比性

可比性要求企业提供的会计信息应当相互可比，保证同一企业不同时期可比、不同企业相同会计期间可比。其具体包括下列两层含义。

1. 同一企业不同时期可比

同一企业不同时期发生的相同或者相似的交易或者事项，应当采用一致的会计政策，不得随意变更。但是，满足会计信息可比性要求，并非说明企业不得变更会计政策，如果按照规定或者在会计政策变更后可以提供更可靠、更相关的会计信息，可以变更会计政策。有关会计政策变更的情况，应当在附注中予以说明。

2. 不同企业相同会计期间可比

不同企业同一会计期间发生的相同或者相似的交易或者事项，应当采用规定的会计政策，确保会计信息口径一致、相互可比。

经典例题
JINGDIANLITI

下列各项中，符合可比性信息质量要求的有（　　）。

A. 同一企业不同时期的会计信息相互可比

B. 企业提供的会计信息应确保使用者充分理解

C. 不同企业相同会计期间会计信息应该相互可比

D. 企业选定的会计政策，以后期间不得变更

【答案】AC

【解析】B 项，体现的是可理解性；D 项，企业选定的会计政策，以后期间可以变更。

（五）实质重于形式

实质重于形式要求企业应当按照交易或事项的经济实质进行会计确认、计量和报告，不应仅以交易或者事项的法律形式为依据。

企业发生的交易或事项在多数情况下其经济实质和法律形式是一致的，但在有些情况下也会出现不一致。

例如，以融资租赁方式租入的资产，虽然在租赁期内承租企业从法律形式来讲并不拥有其所有权，但是由于租赁合同中规定的租赁期相当长，接近于该资产的使用寿命；租赁期结束时，承租企业有优先购买该资产的选择权。在租赁期内，承租企业有权支配该资产并从中受益，从其经济实质来看，企业能够控制其创造的未来经济利益。因此，在会计核算上就应将以融资租赁方式租入的资产视为企业的资产，列入企业资产负债表。

（六）重要性

重要性要求企业提供的会计信息应当反映与企业财务状况、经营成果和现金流量有关的所有重要交易或者事项。

财务会计报告中提供的会计信息的省略或者错报会影响投资者等使用者据此做出决策的，该信息就具有重要性。重要性的应用需要依赖职业判断，企业应当根据其所处环境和实际情况，从项目的性质和金额大小两方面加以判断。

（七）谨慎性

谨慎性要求企业对交易或者事项进行会计确认、计量和报告时保持应有的谨慎，不应高估资产或者收益，低估负债或者费用。

在市场经济环境下，企业的生产经营活动面临着许多风险和不确定性，如应收款项的可收回性、固定资产的使用寿命、售出存货可能发生的退货或者返修等。会计信息质量的谨慎性要求，需要企业在面临不确定性因素的情况下作出职业判断时，应当保持应有的谨慎，充分估计到各种风险和损失，既不高估资产或者收益，也不低估负债或者费用。例如，企业对可能发生的资产减值损失计提资产减值准备、对固定资产采用加速折旧法计提折旧以及对售出商品可能发生的保修义务确认预计负债等，而对可能获得的收入不能预估及提前入账，体现的正是这一要求。

（八）及时性

及时性要求企业对于已经发生的交易或者事项，应当及时进行会计确认、计量和报告，不得提前或者延后。

会计信息的价值在于帮助会计信息使用者做出经济决策，即便是可靠、相关的会计信息，如果提供得不及时，对于信息使用者的作用就会大大降低，甚至产生误导，因而会计信息必须注重时效性。

第三节　会计要素及其确认与计量

一、会计要素及其确认条件

考试要求：掌握

会计要素，是指根据交易或事项的经济特征所确定的财务会计对象和基本分类。

我国《企业会计准则——基本准则》将会计要素划分为资产、负债、所有者权益、收入、费用和利润六大类。其中，前三类属于反映财务状况的会计要素，在资产负债表中列示；后三类属于反映经营成果的会计要素，在利润表中列示。

（一）资产的定义及其确认条件

1. 资产的定义与特征

资产，是指企业过去的交易或者事项形成的、由企业拥有或控制的、预期会给企业带来经济利益的资源。它包括各种财产、债权和其他权利。资产具有以下特征：

（1）资产是由企业过去的交易或者事项形成的。

也就是说，资产是过去已经发生的交易或事项所产生的结果，资产必须是现实的资产，而不能是预期的资产。未来交易或事项可能产生的结果不能作为资产确认，只有过去发生的交易或者事项才能增加或减少企业的资产，而不能根据谈判中的交易或计划中的经济业务来确认资产。

例如，甲公司计划在 10 月份买入一批机器设备，当年 5 月份与销售方签订了购买合同，但实际购买行为将发生在 10 月份。甲公司不能在当年 5 月份将该批机器设备确认为资产，因为资产是由企业过去的交易或事项形成的，而该批机器设备的实际购入发生在 10 月份，因此企业不能在 5 月份将该批机器设备确认为资产。

（2）资产是企业拥有或控制的资源。

资产作为一项资源，应当由企业拥有或者控制，具体是指企业享有某项资源的所有权，或者虽然不享有某项资源的所有权，但该资源能被企业所控制。

有些情况下，资产虽然不为企业所拥有，即企业并不享有其所有权，但企业控制了这些资产，同样表明企业能够从资产中获取经济利益，符合会计上对资产的定义。

例如，某企业以融资租赁方式租入一项固定资产，尽管企业并不拥有其所有权，但是如果租赁合同规定的租赁期相当长，接近于该资产的使用寿命，表明企业控制了该资产的使用及其所能带来的经济利益，应当将其作为企业资产予以确认、计量和报告。

（3）资产预期会给企业带来经济利益。

资产预期会给企业带来经济利益，是指资产直接或者间接导致现金和现金等价物流入企业的潜力。按照这一特征，那些已经没有经济价值、不能给企业带来经济利益的项目，就不能继续确认为企业的资产。

例如，乙公司的某工序上有两台机床，其中 A 机床型号较老，零件破损，已无法正常使用；B 机床是 A 机床的替代品，目前承担该工序的全部生产任务，则 A 机床不应确认为乙公司的固定资产。乙公司原有的 A 机床已没有经济价值，不能为公司带来经济利益，因此不应作为资产反映在资产负债表中。

2. 资产的确认条件

将一项资源确认为资产，需要符合资产的定义，还应同时满足以下两个条件：

（1）与该资源有关的经济利益很可能流入企业。

资产的确认应与经济利益流入企业的不确定性程度的判断结合起来。如果根据编制财务报表时所取得的证据，与资源有关的经济利益很可能流入企业，那么就应当将其作为资产予以确认；反之，不能确认为资产。

（2）该资源的成本或者价值能够可靠地计量。

财务会计系统是一个确认、计量和报告的系统，其中可计量性是所有会计要素确认的重要前提，资产的确认也是如此。只有当有关资源的成本或者价值能够可靠地计量时，资产才能予以确认。

（二）负债的定义及其确认条件

1. 负债的定义与特征

负债，是指企业过去的交易或者事项形成的、预期会导致经济利益流出企业的现时义务。

负债具有以下特征：

（1）负债是由企业过去的交易或者事项形成的。

负债应当由企业过去的交易或者事项所形成。换言之，只有过去的交易或者事项才形成负债，企业在未来发生的承诺、签订的购买合同等交易或者事项，不形成负债。

经典例题
JINGDIANLITI

开源股份有限公司于2017年3月向银行借款200万元，此外，公司同时还与银行达成了两个月后借入300万元的借款意向书，为此公司共确认了500万元的负债。（　　）

【答案】×

【解析】负债应由企业过去的交易或者事项形成，题干所述公司与银行达成的两个月后借入的300万元不构成当前公司的负债。

（2）负债是企业承担的现时义务。

负债必须是企业承担的现时义务，这是负债的一个基本特征。其中，现时义务，是指企业在现行条件下已承担的义务。未来发生的交易或者事项形成的义务，不属于现时义务，不应当确认为负债。这里所指的义务可以是法定义务，也可以是推定义务。

（3）负债预期会导致经济利益流出企业。

预期会导致经济利益流出企业也是负债的一个本质特征，只有企业在履行义务时会导致经济利益流出企业的，才符合负债的定义，如果不会导致企业经济利益流出，就不符合负债的定义。在履行现时义务清偿负债时，导致经济利益流出企业的形式多种多样，例如，用现金偿还或以实物资产形式偿还；以提供劳务形式偿还；以部分转移资产、部分提供劳务形式偿还；将负债转为资本等。

经典例题
JINGDIANLITI

负债的特征有（　　）。

A. 由过去的交易或者事项所引起　　B. 由企业拥有或者控制

C. 承担的潜在义务　　D. 最终要导致经济利益流出企业

【答案】AD

【解析】负债的特征包括：①负债是由企业过去的交易或者事项形成的；②负债是企业承担的现时义务；③负债预期会导致经济利益流出企业。

2. 负债的确认条件

将一项现时义务确认为负债，需要符合负债的定义，还应当同时满足以下两个条件：

（1）与该义务有关的经济利益很可能流出企业。

负债的确认应当与经济利益流出企业的不确定性程度的判断相结合。如果有确凿证据表明，与现时义务有关的经济利益很可能流出企业，就应当将其确认为负债；反之，不应将其确认为负债。

（2）未来流出的经济利益的金额能够可靠地计量。

负债的确认在考虑经济利益流出企业的同时，对于未来流出的经济利益的金额应当能够可靠地计量。

（三）所有者权益的定义及其确认条件

1. 所有者权益的定义及来源

所有者权益，是指企业资产扣除负债后由所有者享有的剩余权益。公司的所有者权益又称为股东权益。

所有者权益的来源包括所有者投入的资本、其他综合收益、留存收益等，具体表现为实收资本（或股本）、资本公积（含资本溢价或股本溢价、其他资本公积）、其他综合收益、盈余公积和未分配利润等。

所有者投入的资本，是指所有者投入企业的资本部分，它既包括构成企业注册资本（实收资本）或者股本部分的金额，也包括投入资本超过注册资本或者股本部分的金额，即资本溢价或者股本溢价。这部分投入资本在我国企业会计准则体系中被计入了资本公积，并在资产负债表中的资本公积项目反映。

其他综合收益，是指企业根据会计准则规定未在当期损益中确认的各项利得和损失。

留存收益，是指企业从历年实现的利润中提取或形成的留存于企业的内部积累，包括盈余公积和未分配利润。

2. 所有者权益的确认条件

所有者权益的确认、计量主要取决于资产和负债的确认和计量。所有者权益在数量上等于企业资产总额扣除债权人权益后的净额，即为企业的净资产，反映所有者（股东）在企业资产中享有的经济利益。

（四）收入的定义及其确认条件

1. 收入的定义与特征

收入，是指企业在日常活动中形成的、会导致所有者权益增加的、与所有者投入资本无关的经济利益的总流入。收入具有以下特征：

（1）收入是企业在日常活动中形成的。

日常活动，是指企业为完成其经营目标所从事的经常性活动以及与之相关的活动。明确界定日常活动是为了将收入与利得相区分，日常活动是确认收入的重要判断标准，凡是日常活动所形成的经济利益的流入应当确认为收入；反之，非日常活动所形成的经济利益的流入不能确认为收入，而应当计入利得。

例如，无形资产出租所取得的租金收入属于日常活动所形成的，应当确认为收入，但是处置无形资产属于非日常活动，所形成的净利益，不应当确认为收入，而应当确认为利得。

（2）收入会导致所有者权益的增加。

与收入相关的经济利益的流入应当会导致所有者权益的增加，不会导致所有者权益增加的经济利益的流入不符合收入的定义，不应确认为收入。

例如，企业向银行借入款项，尽管也导致了企业经济利益的流入，但该流入并不导致所有者权益的增加，而使企业承担了一项现时义务，故不应将其确认为收入，应当确认为一项负债。

（3）收入是与所有者投入资本无关的经济利益的总流入。

收入应当会导致经济利益的流入，从而导致资产的增加。

例如，企业销售商品，应当收到现金或者有权在未来收到现金，才表明该交易符合收入的定义。但是，经济利益的流入有时是所有者投入资本的增加所致，所有者投入资本的增加不应当确认为收入，应当将其直接确认为所有者权益。

2. 收入的确认条件

当企业与客户之间的合同同时满足下列条件时，企业应当在客户取得相关商品控制权时确认收入：①合同各方已批准该合同并承诺将履行各自义务；②该合同明确了合同各方与所转让商品或提供劳务相关的权利和义务；③该合同有明确的与所转让商品或提供劳务相关的支付条款；④该合同具有商业实质，即履行该合同将改变企业未来现金流量的风险、时间分布或金额；⑤企业因向客户转让商品或提供劳务而有权取得的对价很可能收回。

（五）费用的定义及其确认条件

1. 费用的定义与特征

费用，是指企业在日常活动中发生的、会导致所有者权益减少的、与向所有者分配利润无关的经济利益的总流出。费用具有以下特征：

(1) 费用是企业在日常活动中发生的。

费用必须是企业在其日常活动中所形成的，这些日常活动的界定与收入定义中涉及的日常活动的界定相一致。因日常活动所产生的费用通常包括销售成本（营业成本）、管理费用等。将费用界定为日常活动所形成的，目的是为了将其与损失相区分，企业非日常活动所形成的经济利益的流出不能确认为费用，而应当计入损失。

(2) 费用会导致所有者权益的减少。

与费用相关的经济利益的流出应当会导致所有者权益的减少，不会导致所有者权益减少的经济利益的流出不符合费用的定义，不应确认为费用。

(3) 费用是与向所有者分配利润无关的经济利益的总流出。

费用的发生应当会导致经济利益的流出，从而导致资产的减少或者负债的增加。其表现形式包括现金或者现金等价物的流出，存货、固定资产和无形资产等的流出或者消耗等。企业向所有者分配利润也会导致经济利益的流出，而该经济利益的流出属于投资者投资回报的分配，是所有者权益的直接抵减项目，不应确认为费用，应当将其排除在费用的定义之外。

2. 费用的确认条件

费用的确认除了应当符合定义外，至少还应当符合以下条件：

(1) 与费用相关的经济利益应当很可能流出企业。

(2) 经济利益流出企业的结果会导致资产的减少或者负债的增加。

(3) 经济利益的流出额能够可靠计量。

(六) 利润的定义及其确认条件

1. 利润的定义与特征

利润，是指企业在一定会计期间的经营成果。通常情况下，如果企业实现了利润，表明企业的所有者权益将增加；反之，如果企业发生了亏损（即利润为负数），表明企业的所有者权益将减少。利润是评价企业管理层业绩的指标之一，也是投资者等财务会计报告使用者进行决策时的重要参考依据。

经典例题

JINGDIANLITI

反映企业一定会计期间经营成果的会计要素是（ ）。

A. 收入 B. 利润 C. 利得 D. 收益

【答案】 B

【解析】 利润是指企业在一定会计期间的经营成果。

2. 利润的确认条件

利润反映收入减去费用、直接计入当期损益的利得减去损失后的净额。利润的确认主要依赖于收入和费用，以及直接计入当期损益的利得和损失的确认，其金额的确定也主要取决于收入、费用、利得和损失金额的计量。

二、会计要素的计量

考试要求： 熟悉

会计要素的计量是为了将符合确认条件的会计要素登记入账并列报于财务报表而确定其金额的过程。企业应当按照规定的会计计量属性进行计量，确定相关金额。

(一) 会计计量属性及其构成

会计计量属性，是指会计要素的数量特征或外在表现形式，反映了会计要素金额的确定基础，主要包括历史成本、重置成本、可变现净值、现值和公允价值等。

1. 历史成本

历史成本，又称实际成本，是指为取得或制造某项财产物资实际支付的现金或现金等价物。在历史成本计量下，资产按照其购置时支付的现金或者现金等价物的金额，或者按照购置资产时所付出的对价的公允价值计量。负债按照其因承担现时义务而实际收到的款项或者资产的金额，或者承担现时义务的合同金额，或者按照日常活动中为偿还负债预期需要支付的现金或者现金等价物的金额计量。

历史成本计量，要求对企业资产、负债和所有者权益等项目的计量，应当基于经济业务的实际交易成本，而不考虑随后市场价格变动的影响。

例如，A 公司购入原材料一批，价款 500 万元以银行存款支付，不考虑其他因素，该批原材料按历史成本计价，金额为 500 万元。

2. 重置成本

重置成本，又称现行成本，是指按照当前市场条件，重新取得同样一项资产所需要支付的现金或现金等价物金额。在重置成本计量下，资产按照现在购买相同或者相似资产所需要支付的现金或者现金等价物的金额计量。负债按照现在偿付该项债务所需支付的现金或者现金等价物的金额计量。

重置成本是现在时点的成本。它强调站在企业主体角度，以投入到某项资产上的价值作为重置成本。在实务中，重置成本多应用于盘盈固定资产的计量等。

例如，在年末财产清查中，B 公司发现一台全新的未入账的设备（即资产盘盈），其同类设备的市场价格为 6 万元。该设备按重置成本计价，金额为 6 万元。

3. 可变现净值

可变现净值，是指在正常生产经营过程中，以预计售价减去进一步加工成本和预计销售费用以及相关税费后的净值。在可变现净值计量下，资产按照其正常对外销售所能收到现金或者现金等价物的金额扣减该资产至完工时估计将要发生的成本、估计的销售费用以及相关税费后的金额计量。

可变现净值是在不考虑资金时间价值的情况下，计量资产在正常经营过程中可带来的预期净现金流入或流出。可变现净值通常应用于存货资产减值情况下的后续计量。不同资产的可变现净值确定方法有所不同。

例如，某企业期末库存商品 A 的账面价值为 100 万元，该批商品的市场销售价格为 80 万元，估计销售 A 商品需要发生销售费用及相关税费 5 万元，则 A 商品按可变现净值计价为 75 万元（预计售价 80 万元－估计销售费用及相关税费 5 万元＝75 万元）。

4. 现值

现值，是指对未来现金流量以恰当的折现率进行折现后的价值，是考虑货币时间价值的一种计量属性。在现值计量下，资产按照预计从其持续使用和最终处置中所产生的未来净现金流入量的折现金额计量。负债按照预计期限内需要偿还的未来净现金流出量的折现金额计量。

在会计计量中使用现值的目的是尽可能地捕捉和反映各种不同类型的未来现金流量之间的经济差异。

例如，企业分期付款购买设备，总金额为 300 万元，在未来三年年末支付 100 万元。假定折现率为 10%，那么按照现值计算资产总价值为 248.69 万元［300÷3×2.486 9＝248.69（万元），其中 2.486 9 为年金现值系数］。如果不使用现值计量，当前的 300 万元现金流量与几年后的 300 万元现金流量看不出有什么区别，但采用现值计量，就会发现差异其实是较大的。

5. 公允价值

公允价值，是指市场参与者在计量日发生的有序交易中，出售一项资产所能收到或者转移一项负债所需支付的价格。在公允价值计量下，资产和负债按照市场参与者在计量日发生的有序交易中，出售资产所能收到或者转移负债所需支付的价格计量。

公允价值强调独立于企业主体之外，站在市场的角度以交易双方达成的市场价格作为公允价值，是对资产和负债以当前市场情况为依据进行价值计量的结果。公允价值主要应用于交易性金融资产、可供出售金融资产的计量等。

（二）计量属性的运用原则

企业在对会计要素进行计量时，一般应当采用历史成本。采用重置成本、可变现净值、现值、公允价值计量的，应当保证所确定的会计要素金额能够持续取得并可靠计量。

三、会计等式

考试要求： 熟悉

会计等式，又称会计恒等式、会计方程式或会计平衡公式。它是表明各会计要素之间基本关系的等式。

（一）会计等式的表现形式

1. 财务状况等式

任何企业要进行经济活动，都必须拥有一定数量和质量的能给企业带来经济利益的经济资源。企业资产最初来源于两个方面：一是由企业所有者投入；二是由企业向债权人借入。所有者和债权人将其拥有的资产提供给企业使用，就应该相应地对企业的资产享有一种要求权，这种对资产的要求权在会计上称为“权益”。

资产表明企业拥有什么经济资源和拥有多少经济资源，权益表明经济资源的来源渠道，即谁提供了这些经济资源。可见，资产与权益是同一事物的两个不同方面，两者相互依存，不可分割，没有无资产的权益，也没有无权益的资产。因此，资产和权益两者在数量上必然相等，在任一时点都必然保持恒等的关系，可用公式表示为：

资产＝权益

企业的资产来源于企业的债权人和所有者，所以，权益又分为债权人权益和所有者权益。在会计上称债权人权益为负债，故上式可以写成：

资产＝负债＋所有者权益

这一等式反映了企业某一特定时点资产、负债和所有者权益三者之间的平衡关系，反映的是资金运动的静态状况。该等式被称为财务状况等式，也称基本会计等式或静态会计等式。它是复式记账法的理论基础，也是编制资产负债表的依据。

2. 经营成果等式

企业经营的目的是获取收入，实现盈利。企业在取得收入的同时，必然要发生相应的费用。通过收入与费用的比较，才能确定一定时期的盈利水平，确定实现的利润总额。在不考虑利得和损失的情况下，它们之间的关系可用公式表示为：

收入－费用＝利润

这一等式反映了利润的实现过程，反映的是资金运动的动态状况。该等式称为经营成果等式，也称动态会计等式，是用以反映企业一定时期收入、费用和利润之间恒等关系的会计等式，是编制利润表的依据。

（二）经济业务对会计等式的影响

经济业务，又称会计事项，是指在经济活动中使会计要素发生增减变动的交易或者事项。企业经济业务按其对财务状况等式的影响不同可以分为以下九种基本类型，见表 1-1。

表 1-1 企业经济业务的基本类型及其对财务状况等式的影响

序号	经济业务类型	实际经济业务	对财务状况等式的影响
(1)	一项资产增加、另一项资产等额减少	花费现金 3 万元购买原材料	公司的一项资产（原材料）增加 3 万元，另一项资产（库存现金）同时减少 3 万元，即财务状况等式左边资产要素内部的金额有增有减，增减金额相等，其平衡关系保持不变
(2)	一项资产增加、一项负债等额增加	从银行借入期限为 6 个月的短期借款 6 000 万元	该项经济业务发生后，公司的一项资产（银行存款）增加了 6 000 万元，一项负债（短期借款）同时增加了 6 000 万元，即财务状况等式左右两边金额等额增加，其平衡关系保持不变
(3)	一项资产增加、一项所有者权益等额增加	收到 A 投资者投入的价值 4 000 万元的生产设备一台	该项经济业务发生后，公司的一项资产（固定资产）增加了 4 000 万元，一项所有者权益（实收资本）同时增加了 4 000 万元，即财务状况等式左右两边金额等额增加，其平衡关系保持不变
(4)	一项资产减少、一项负债等额减少	以银行存款 3 000 万元偿还前欠乙公司的货款	该项经济业务发生后，公司的一项资产（银行存款）减少 3 000 万元，一项负债（应付账款）同时减少 3 000万元，即财务状况等式左右两边金额等额减少，其平衡关系保持不变
(5)	一项资产减少、一项所有者权益等额减少	股东大会决定减少注册资本 2 000 万元，以银行存款向投资者退回其相应投入的资本	该项经济业务发生后，公司的一项资产（银行存款）减少 2 000 万元，一项所有者权益（实收资本）同时减少 2 000 万元，即财务状况等式左右两边金额等额减少，其平衡关系保持不变
(6)	一项负债增加、另一项负债等额减少	已到期的应付票据 1 500 万元因无力支付，转为应付账款	该项经济业务发生后，公司的一项负债（应付账款）增加 1 500 万元，另一项负债（应付票据）同时减少 1 500万元，即财务状况等式右边负债要素内部的金额有增有减，增减金额相等，其平衡关系保持不变
(7)	一项负债增加、一项所有者权益等额减少	宣布向投资者分配利润 1 000 万元	该项经济业务发生后，公司的一项负债（应付利润）增加 1 000 万元，一项所有者权益（未分配利润）同时减少了 1 000 万元，即财务状况等式右边一项负债增加而一项所有者权益等额减少，其平衡关系保持不变
(8)	一项所有者权益增加、一项负债等额减少	经批准，公司已发行的债券 5 000 万元转为实收资本	该项经济业务发生后，公司的一项负债（应付债券）减少 5 000 万元，一项所有者权益（实收资本）同时增加了 5 000万元，即财务状况等式右边一项所有者权益增加而一项负债等额减少，其平衡关系保持不变
(9)	一项所有者权益增加、另一项所有者权益等额减少	经批准，将资本公积 2 500万元转为实收资本	该项经济业务发生后，公司的一项所有者权益（实收资本）增加 2 500 万元，另一项所有者权益（资本公积）同时减少 2 500 万元，即财务状况等式右边所有者权益要素内部的金额有增有减，增减金额相等，其平衡关系保持不变

上述九类基本经济业务的发生均不影响财务状况等式的平衡关系，具体分为三种情形：基本经济业务（1）、（6）、（7）、（8）、（9）使财务状况等式左右两边的金额保持不变；基本经济业务（2）、（3）使财务状况等式左右两边的金额等额增加；基本经济业务（4）、（5）使财务状况等式左右两边的金额等额减少。

由此可见，每一项经济业务的发生，都必然引起财务状况等式的一边或两边有关项目相互联系地发生等量变化，即当涉及财务状况等式的一边时，有关项目的金额发生相反方向的等额变动；当涉及财务状况等式的两边时，有关项目的金额将发生相同方向的等额的变动，但始终不会影响财务状况等式的平衡关系。

第四节 会计科目和借贷记账法

一、会计科目和账户

考试要求：了解

（一）会计科目

会计科目，简称科目，是对会计要素的具体内容进行分类核算的项目，是进行会计核算和提供会计信息的基础。

会计科目可按其反映的经济内容（即所属会计要素）、所提供信息的详细程度及其统驭关系分类。

1. 按反映的经济内容分类

企业会计科目按其反映的经济内容不同，可以分为资产类科目、负债类科目、共同类科目、所有者权益类科目、成本类科目和损益类科目。

（1）资产类科目。

资产类科目，是对资产要素的具体内容进行分类核算的项目，按其流动性可分为：①反映流动资产的科目，如库存现金、银行存款、原材料、库存商品、应收账款等；②反映非流动资产的科目，如长期股权投资、长期应收款、固定资产、在建工程、无形资产、长期待摊费用等。

（2）负债类科目。

负债类科目，是对负债要素的具体内容进行分类核算的项目，按其偿还期限可分为：①反映流动负债的科目，如短期借款、应付账款、应付职工薪酬、应交税费、其他应付款等；②反映非流动负债的科目，如长期借款、应付债券、长期应付款等。

（3）共同类科目。

共同类科目，是既有资产性质又有负债性质的科目，如清算资金往来、外汇买卖、衍生工具、套期工具、被套期项目、货币兑换等。

（4）所有者权益类科目。

所有者权益类科目，是对所有者权益要素的具体内容进行分类核算的项目，包括实收资本（或股本）、资本公积、其他综合收益、盈余公积、本年利润、利润分配、库存股等。

（5）成本类科目。

成本类科目，是对可归属于产品生产成本、劳务成本等的具体内容进行分类核算的项目，包括生产成本、制造费用、劳务成本、研发支出等。

（6）损益类科目。

损益类科目，是对收入、费用等的具体内容进行分类核算的项目，按照损益的不同内容可分为：①反映收入的科目，如主营业务收入、其他业务收入等；②反映费用的科目，如主营业务成本、其他业务成本、销售费用、管理费用、财务费用、所得税费用等。

2. 按提供信息的详细程度及其统驭关系分类

会计科目按其提供信息的详细程度及其统驭关系，可分为总分类科目和明细分类科目。

（1）总分类科目。

总分类科目，又称一级科目或总账科目，是对会计要素的具体内容进行总括分类、提供总括信息的会计科目。总分类科目反映各种经济业务的概括情况，是进行总分类核算的依据，如“应付账款”“原材料”等科目。

(2) 明细分类科目。

明细分类科目，又称明细科目，是对总分类科目作进一步分类，提供更详细更具体会计信息的科目，如“应收账款”科目按债务人名称或姓名设置明细科目，反映应收账款的具体对象；“应付账款”科目按债权人名称或姓名设置明细科目，反映应付账款的具体对象；“原材料”科目按原料及材料的种类、规格等设置明细科目，反映各种原材料的具体构成内容。如果某一总分类科目所辖的明细分类科目较多，可在总分类科目下设置二级明细科目，在二级明细科目下设置三级明细科目。

总分类科目和明细分类科目的关系是：总分类科目对其所属的明细分类科目具有统驭和控制的作用，而明细分类科目是对其所属的总分类科目的补充和说明。总分类科目及其所属明细科目，共同反映经济业务既总括又详细的情况。

(二) 账户

1. 账户的概念

账户是根据会计科目设置的，具有一定格式和结构，用于分类反映会计要素增减变动情况及其结果的载体。

2. 账户的分类

账户可根据其核算的经济内容、提供信息的详细程度及其统驭关系进行分类。

(1) 根据核算的经济内容进行分类。

根据核算的经济内容，账户分为资产类账户、负债类账户、共同类账户、所有者权益类账户、成本类账户和损益类账户。其中，有些资产类账户、负债类账户和所有者权益类账户存在备抵账户。备抵账户，又称抵减账户，是指用来抵减被调整账户余额，以确定被调整账户实有数额而设置的独立账户。如“累计折旧”账户是“固定资产”账户的备抵账户。

(2) 根据提供信息的详细程度及其统驭关系进行分类。

根据提供信息的详细程度及其统驭关系，账户分为总分类账户和明细分类账户。总分类账户，又称总账账户或一级账户，是根据总分类科目设置的账户。明细分类账户，又称明细账户，是根据明细分类科目设置的账户。

总分类账户和所属明细分类账户核算的内容相同，只是反映内容的详细程度有所不同，两者相互补充、相互制约、相互核对。总分类账户统驭和控制所辖明细分类账户，明细分类账户从属于总分类账户。

账户的功能在于连续、系统、完整地提供企业经济活动中各会计要素增减变动及其结果的具体信息。账户的结构是指账户的组成部分及其相互关系。各项经济业务所引起会计要素的变动不是增加就是减少，为便于记录经济业务，账户一般分为左右两方，按相反方向来记录增加额和减少额，即一方登记增加额，另一方登记减少额。从账户名称、记录增加额和减少额的左右两方来看，账户结构在整体上类似于汉字“丁”和大写的英文字母“T”。因此，账户的基本结构在实务中被形象地称为“丁”字账户或者“T”型账户，见图 1-1。

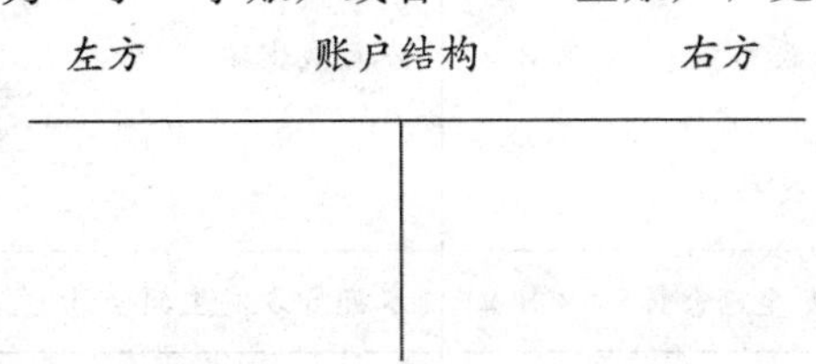

图 1-1 “T”型账户示意图

就某个具体账户而言，该账户可以左边登记增加额，右边登记减少额，也可以左边登记减少额，右边登记增加额。至于账户的哪一方登记增加额，哪一方登记减少额，则取决于企业所采用的记账方法和所记录经济内容的性质。

二、借贷记账法

考试要求：掌握

（一）借贷记账法的概念

会计记账方法包括单式记账法和复式记账法。复式记账法可分为借贷记账法、增减记账法和收付记账法等。借贷记账法是目前国际上通用的记账方法，我国《企业会计准则——基本准则》规定企业应当采用借贷记账法记账。

借贷记账法，是指以“借”和“贷”为记账符号的一种复式记账法，也就是指对每一笔经济业务，都要在两个或两个以上相互联系的会计科目中以借贷方相等的金额进行登记的记账方法。

（二）借贷记账法下的账户结构

1. 借贷记账法下账户的基本结构

借贷记账法下，账户的左方称为借方，右方称为贷方。所有账户的借方和贷方按相反方向记录增加数和减少数，即一方登记增加额，另一方就登记减少额。至于“借”表示增加，还是“贷”表示增加，则取决于账户的性质与所记录经济内容的性质。

经典例题
JINGDIANLITI

采用借贷记账法，哪方记增加，哪方记减少，是根据（　　）决定的。

A. 每个账户与所记录经济内容的性质　　B. 企业习惯的记法

C. 贷方记增加、借方记减少的规则　　D. 借方记增加、贷方记减少的规则

【答案】 A

【解析】 借贷记账法下，“借”表示增加，还是“贷”表示增加，取决于账户的性质与所记录经济内容的性质。

通常而言，资产、成本和费用类账户的增加用“借”表示，减少用“贷”表示；负债、所有者权益和收入类账户的增加用“贷”表示，减少用“借”表示。

2. 资产类和成本类账户的结构

在借贷记账法下，资产类、成本类账户的借方登记增加额；贷方登记减少额；期末余额一般在借方，有些账户可能无余额。其余额计算公式为：

期末借方余额＝期初借方余额＋本期借方发生额－本期贷方发生额

资产类和成本类账户的结构用“T”型账户表示，见图 1-2。

借方　　资产类和成本类账户　　贷方

借方		贷方	
期初余额	×××		
本期增加额	×××	本期减少额	×××
	×××		×××
	……		……
本期借方发生额合计	×××	本期贷方发生额合计	×××
期末余额	×××		

图 1-2　资产和成本类账户的结构

3. 负债类和所有者权益类账户的结构

在借贷记账法下，负债类、所有者权益类账户的借方登记减少额；贷方登记增加额；期末

余额一般在贷方，有时可能无余额，其余额计算公式为：

期末贷方余额＝期初贷方余额＋本期贷方发生额－本期借方发生额

负债类和所有者权益类账户的结构用“T”型账户表示，见图 1-3。

借方	负债类和所有者权益类账户		贷方
		期初余额	×××
本期减少额	×××	本期增加额	×××
	×××		×××
	……		……
本期借方发生额合计	×××	本期贷方发生额合计	×××
		期末余额	×××

图 1-3　负债类和所有者权益类账户的结构

4. 损益类账户的结构

损益类账户主要包括收入类账户和费用类账户。损益类账户是为了计算损益而设立的，因而在会计期末，应将收入、费用全额转出，计算利润。收入、费用转出后，损益类账户期末一般没有余额。

（1）收入类账户的结构。

在借贷记账法下，收入类账户的借方登记减少额；贷方登记增加额。本期收入净额在期末转入“本年利润”账户，用以计算当期损益，结转后无余额。其账户结构见图 1-4。

借方	收入类账户		贷方
本期减少额	×××	本期增加额	×××
本期转出额	×××		×××
	……		……
本期借方发生额合计	×××	本期贷方发生额合计	×××

图 1-4　收入类账户的结构

（2）费用类账户的结构。

在借贷记账法下，费用类账户的借方登记增加额；贷方登记减少额。本期费用净额在期末转入“本年利润”账户，用以计算当期损益，结转后无余额。其账户结构见图 1-5。

借方	费用类账户		贷方
本期增加额	×××	本期减少额	×××
	×××	本期转出额	×××
	……		……
本期借方发生额合计	×××	本期贷方发生额合计	×××

图 1-5　费用类账户的结构

（三）借贷记账法的记账规则

所谓记账规则，就是指采用某种记账方法登记具体经济业务时应当遵循的规律。运用借贷记账法登记经济交易或事项时，首先要根据经济交易或事项的内容，确定它所涉及的会计要素，以及这些会计要素是增加还是减少；然后确定经济业务或事项所涉及的会计科目；最后确定应将其记入有关账户的借方或者贷方及其金额。

借贷记账法的记账规则是“有借必有贷，借贷必相等”。即当发生经济业务或事项时，企业必须按照相同的金额，一方面记入一个或者多个账户的借方，另一方面同时记入一个或者多个账户的贷方，借方金额合计与贷方金额合计必须相等。

无论企业经济交易或事项怎样复杂，均可概括为以下四种类型：一是资产与权益同时增加，总额增加；二是资产与权益同时减少，总额减少；三是资产内部有增有减，总额不变；四是权益内部有增有减，总额不变。

无论哪一种类型的经济业务，都将以相等的金额记入有关账户的借方，同时记入有关账户的贷方，见图 1-6。

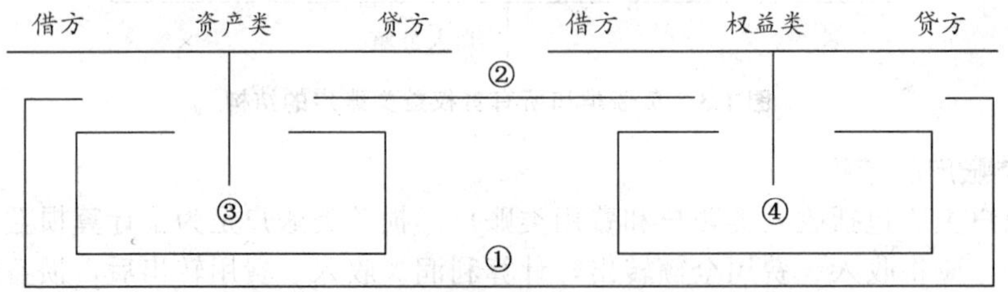

图 1-6 资金运动与记账规则的对应关系

现举例说明如下：(下列业务均不考虑税收因素)

(1) 资产与权益同增，总额增加（如图 1-6 中①)。如：企业收到投资人 100 000 元投资，存入银行。此项业务中，一方面使资产类中的“银行存款”账户增加 100 000 元，记入该账户借方，另一方面使权益类中的“实收资本”账户增加 100 000 元，记入该账户贷方，借贷金额相等。

(2) 资产与权益同减，总额减少（如图 1-6 中②)。如：企业用银行存款 50 000 元偿还短期借款。此项业务中，一方面使资产类中的“银行存款”账户减少 50 000 元，记入该账户贷方，另一方面使权益类中的“短期借款”账户减少 50 000 元，记入该账户借方，借贷金额相等。

(3) 资产内部有增有减，总额不变（如图 1-6 中③)。如：企业以银行存款 3 000 元购买材料。此项业务中，一方面使资产类中的“原材料”账户增加 3 000 元，记入该账户借方，另一方面使资产类中的“银行存款”账户减少 3 000 元，记入该账户贷方，借贷金额相等。

(4) 权益内部有增有减，总额不变（如图 1-6 中④)。如：经企业申请，银行于 20××年 4 月 18 日同意将该企业短期借款 60 000 元展期两年，变更为长期借款。此项业务中，一方面使权益类中的“短期借款”账户减少 60 000 元，记入该账户借方，另一方面使权益类中的“长期借款”账户增加 60 000 元，记入该账户贷方，借贷金额相等。

综上所述，借贷记账法的记账规则为：有借必有贷，借贷必相等。

（四）借贷记账法下的账户对应关系与会计分录

1. 账户的对应关系

账户的对应关系，是指采用借贷记账法对每笔交易或事项进行记录时，相关账户之间形成的应借、应贷的相互关系。存在对应关系的账户称为对应账户。通过账户间的这种对应关系，可以了解每笔经济业务的内容，掌握经济业务的来龙去脉，检查经济业务的处理是否合理、合法。

例如，用银行存款购买设备，新增的购买设备记入“固定资产”账户的借方，同时支付了的购买设备款要记入“银行存款”账户的贷方，这样，在“固定资产”与“银行存款”之间就形成了应借和应贷关系，即账户的对应关系。

2. 会计分录

(1) 会计分录的定义。

会计分录，简称分录，是对每项经济业务列示出应借、应贷的账户名称（科目）及其金额的一种记录。会计分录由应借应贷方向、相互对应的科目及其金额三个要素构成。在我国，会计分录记载于记账凭证中。

（2）会计分录的分类。

按照所涉及账户的多少，会计分录可分为简单会计分录和复合会计分录两种。

简单会计分录，是指只涉及一个账户借方和另一个账户贷方的会计分录，即一借一贷的会计分录。复合会计分录，是指由两个以上（不含两个）对应账户所组成的会计分录，即一个借方账户与多个贷方账户互相对应，或多个借方账户与一个贷方账户互相对应，或多个借方账户与多个贷方账户互相对应的会计分录。复合会计分录中三种对应关系一般称作“一借多贷”“多借一贷”“多借多贷”。

【注意】“多借多贷”复合会计分录的对应关系应从总体上实现借方和贷方的金额相等。一般只能在一笔经济业务存在复杂关系时，才能编制“多借多贷”的复合会计分录；不允许将不同类型的经济业务或事项合并编制“多借多贷”的会计分录。

（五）借贷记账法下的试算平衡

1. 试算平衡的定义

试算平衡，是指根据借贷记账法的记账规则和资产与权益的恒等关系，通过对所有账户的发生额和余额的汇总计算和比较，来检查记录是否正确的一种方法。

2. 试算平衡的分类

（1）发生额试算平衡。

发生额试算平衡，是指全部账户本期借方发生额合计与全部账户本期贷方发生额合计保持平衡，即：

全部账户本期借方发生额合计＝全部账户本期贷方发生额合计

发生额试算平衡的直接依据是借贷记账法的记账规则，即“有借必有贷，借贷必相等”。

（2）余额试算平衡。

余额试算平衡，是指全部账户借方期末（初）余额合计与全部账户贷方期末（初）余额合计保持平衡，即：

全部账户借方期末（初）余额合计＝全部账户贷方期末（初）余额合计

余额试算平衡的直接依据是财务状况等式，即“资产＝负债＋所有者权益”。

3. 试算平衡表的编制

试算平衡是通过编制试算平衡表进行的。试算平衡表通常是在期末结出各账户的本期发生额合计和期末余额后编制的，试算平衡表中一般应设置“期初余额”“本期发生额”和“期末余额”三大栏目，其下分设“借方”和“贷方”两个小栏。各大栏中的借方合计与贷方合计应该平衡相等，否则，便存在记账错误。为了简化表格，试算平衡表也可只根据各个账户的本期发生额编制，不填列各账户的期初余额和期末余额。

试算平衡表的一般格式见表 1-2。

表 1-2　试算平衡表

账户名称	期初余额		本期发生额		期末余额	
	借方	贷方	借方	贷方	借方	贷方
合计						

根据某企业期末余额试算平衡表资料，如表 1-3 所示，计算乙账户的余额是（　　）元。

表 1-3 某企业期末余额试算平衡表资料 单位：元

账户名称	期末借方余额	期末贷方余额
甲账户	29 000	
乙账户		
丙账户	51 000	
丁账户		60 000
戊账户		55 000

A. 借方余额 35 000　　B. 贷方余额 35 000
C. 贷方余额 25 000　　D. 借方余额 25 000

【答案】 A

【解析】 根据“全部账户的借方期末余额合计＝全部账户的贷方期末余额合计”等式，乙账户余额＝60 000＋55 000－29 000－51 000＝35 000（元），余额方向为借方。

试算平衡只是通过借贷金额是否平衡来检查账户记录是否正确的一种方法。如果借贷双方发生额或余额相等，可以表明账户记录基本正确，但有些错误并不影响借贷双方的平衡。因此，试算不平衡，表示记账一定有错误，但试算平衡时，不能表明记账一定正确。

不影响借贷双方平衡关系的错误通常有：

（1）漏记某项经济业务，使本期借贷双方的发生额等额减少，借贷仍然平衡。

（2）重记某项经济业务，使本期借贷双方的发生额等额虚增，借贷仍然平衡。

（3）某项经济业务记录的应借应贷科目正确，但借贷双方金额同时多记或少记，且金额一致，借贷仍然平衡。

（4）某项经济业务记错有关账户，借贷仍然平衡。

（5）某项经济业务在账户记录中，颠倒了记账方向，借贷仍然平衡。

（6）某借方或贷方发生额中，偶然发生多记和少记并相互抵销，借贷仍然平衡。

第五节 会计凭证、会计账簿与账务处理程序

一、会计凭证

考试要求： 了解

（一）会计凭证概述

会计凭证，是指记录经济业务发生或者完成情况的书面证明，是登记账簿的依据。每个企业都必须按一定的程序填制和审核会计凭证，根据审核无误的会计凭证进行账簿登记，如实反映企业的经济业务。

会计凭证按照填制程序和用途可分为原始凭证和记账凭证，见表 1-4。

表 1-4 会计凭证的类型（按照填制程序和用途分类）

类型	概念	作用	示例
原始凭证	又称单据，是指在经济业务发生或完成时取得或填制的，用以记录或证明经济业务的发生或完成情况的原始凭据	主要是记载经济业务的发生过程和具体内容。原始凭证记载的信息是整个企业会计信息系统运行的起点，原始凭证的质量将影响会计信息的质量	现金收据、发货票、银行进账单、差旅费报销单、产品入库单、领料单

续表

类型	概念	作用	示例
记账凭证	又称记账凭单，是指会计人员根据审核无误的原始凭证，按照经济业务的内容加以归类，并据以确定会计分录后所填制的会计凭证，作为登记账簿的直接依据	确定会计分录，进行账簿登记。记账凭证是登记总分类账户和明细分类账户的依据，能反映经济业务的发生或完成情况，监督企业经济活动，明确相关人员的责任	收款凭证、付款凭证、转账凭证

（二）原始凭证

1. 原始凭证的分类

原始凭证可以按照取得来源、格式、填制的手续和内容进行分类。

（1）按取得的来源分类。

按取得的来源分类，原始凭证可分为自制原始凭证和外来原始凭证。

1）自制原始凭证。

自制原始凭证，是指由本单位有关部门和人员，在执行或完成某项经济业务时填制的，仅供本单位内部使用的原始凭证，如领料单、产品入库单和借款单等。常见的入库单格式见表 1-5。

表 1-5 入库单

——xxxxxxxxxxxxxxxxxxxxxxx有限公司——

入 库 单 №

交货单位： 年 月 日

序号	名　称	规格	单位	数量	单价	金额	备注
1							
2							
3							
4							
5							
6							
7							
合计人民币(大写)	佰 拾 万 仟 佰 拾 元 角 分 ¥						

①存根(白)②交货人(红)③记账(绿)

交货单位： 保管员： 会计：

经 手 人： 地 址： 电话/传真：

2）外来原始凭证。

外来原始凭证，是指在经济业务发生或完成时，从其他单位或个人直接取得的原始凭证，如购买原材料取得的增值税专用发票、职工出差报销的飞机票、火车票和餐饮费发票等。增值税专用发票的格式示例见图 1-7。

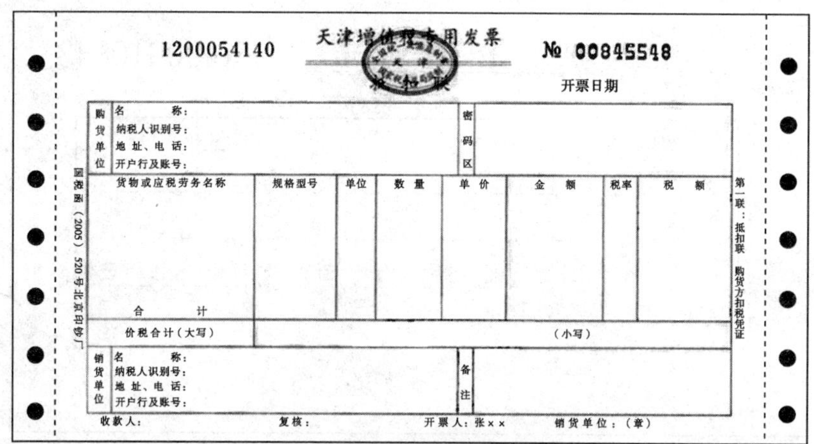

1200054140　天津增值税专用发票　№ 00845548

开票日期

购货单位	名称： 纳税人识别号： 地址、电话： 开户行及账号：	密码区					
货物或应税劳务名称	规格型号	单位	数量	单价	金额	税率	税额
合计							
价税合计（大写）					（小写）		
销货单位	名称： 纳税人识别号： 地址、电话： 开户行及账号：	备注					

收款人： 复核： 开票人：张×× 销货单位：（章）

国税函（2005）520号北京印钞厂

第一联：抵扣联 购货方扣税凭证

图 1-7 增值税专用发票示例

下列属于外来原始凭证的有（　　）。

A. 限额领料单　　　　B. 增值税专用发票

C. 产品入库单　　　　D. 汽车票

【答案】 BD

【解析】 A、C 两项属于自制原始凭证。

（2）按照格式分类。

原始凭证按照格式的不同可分为通用凭证和专用凭证。

1）通用凭证。

通用凭证，是指由有关部门统一印制、在一定范围内使用的具有统一格式和使用方法的原始凭证。通用凭证的使用范围因制作部门的不同而有所差异，可以是分地区、分行业使用，也可以全国通用，如某省（市）印制的在该省（市）通用的发票、收据（如图 1-8 所示）等；由中国人民银行制作的在全国通用的银行转账结算凭证、由国家税务总局统一印制的全国通用的增值税专用发票等。

2）专用凭证。

专用凭证，是指由单位自行印制、仅在本单位内部使用的原始凭证，如领料单、差旅费报销单、折旧计算表和工资费用分配表等。

经典例题
JINGDIANLITI

原始凭证可分为通用凭证和专用凭证，其分类依据是（　　）。

A. 项目不同　　　　B. 形式不同

C. 格式不同　　　　D. 内容不同

【答案】 C

【解析】 原始凭证按照格式的不同可分为通用凭证和专用凭证。

（3）按填制的手续和内容分类。

原始凭证按照填制的手续和内容可分为一次凭证、累计凭证和汇总凭证。

1）一次凭证。

一次凭证，是指一次填制完成，只记录一笔经济业务且仅一次有效的原始凭证，如收据、收料单、发货票和银行结算凭证等。常见的一次凭证是收据，一般格式见图 1-8。

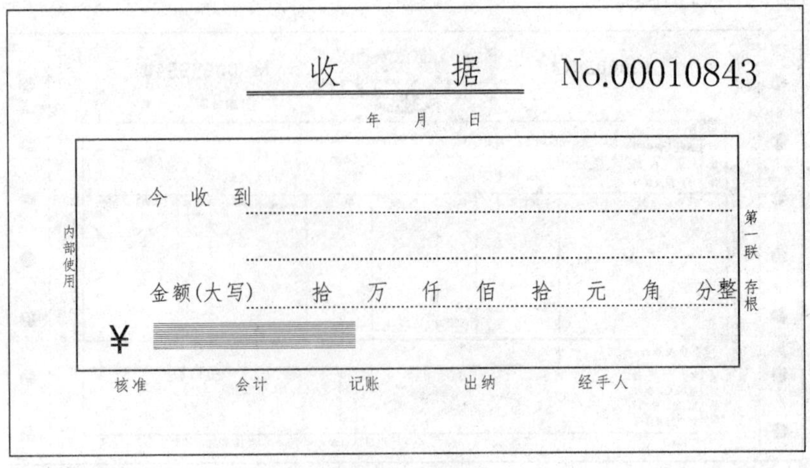

收　据　No.00010843

年　月　日

内部使用

今 收 到

金额(大写)　拾　万　仟　佰　拾　元　角　分整

¥

第一联 存根

核准　会计　记账　出纳　经手人

图 1-8　收据

2）累计凭证。

累计凭证，是指在一定时期内多次记录发生的同类型经济业务且多次有效的原始凭证。累计凭证的特点是在一张凭证内可以连续登记相同性质的经济业务，随时结出累计数和结余数，并按照费用限额进行费用控制，期末按实际发生额记账。常见的累计凭证是限额领料单，一般格式见表 1-6。

表 1-6　限额领料单

领料单位：　　　　　　　　年　　月　　日　　　　　　　　编号：
用途：　　　　　　　　　　　　　　　　　　　　　　　　　单位消耗定额：
计划产量：　　　　　　　　　　　　　　　　　　　　　　　材料单价：

材料名称及规格		单位	本月领用限额		本月实领	
					数量	金额
领料日期	请领数	实发数	结余数	领料人	车间负责人	发料人

生产计划部门负责人：　　　　　供应部门负责人：　　　　　材料核算员：

3）汇总凭证。

汇总凭证，是指对一定时期内反映经济业务内容相同的若干张原始凭证，按照一定标准综合填制的原始凭证。汇总原始凭证合并了同类型经济业务，简化了记账的工作。常用的汇总凭证是发料凭证汇总表，一般格式见表 1-7。

表 1-7　发料凭证汇总表

年　　月　　日　　　　　　附单据　　　张

部门	材料名称	零用数量（千克）	计划单价	计划总额
合计				

财务主管：　　　　　　　　　　　　　　　　制表人：

下列各项中，原始凭证按照填制的手续和内容可分为（　　）。

A. 累计凭证　　　　B. 汇总凭证

C. 专用凭证　　　　D. 一次凭证

【答案】ABD

2. 原始凭证的基本内容

原始凭证的格式和内容因经济业务和经营管理的要求不同而有所差异，但原始凭证应当具备以下基本内容（也称为原始凭证要素）：①凭证的名称；②填制凭证的日期；③填制凭证单位名称和填制人姓名；④经办人员的签名或者盖章；⑤接受凭证单位名称；⑥经济业务内容；⑦数量、单价和金额。

3. 原始凭证的填制要求

（1）原始凭证填制的基本要求

原始凭证的填制必须符合下列要求。

1）记录真实。

原始凭证所填列经济业务的内容和数字，必须真实可靠，符合实际情况。

2）内容完整。

原始凭证所要求填列的项目必须逐项填列齐全，不得遗漏或省略。原始凭证中的年、月、日要按照填制原始凭证的实际日期填写；名称要齐全，不能简化；品名或用途要填写明确，不能含糊不清；有关人员的签章必须齐全。

3）手续完备。

单位自制的原始凭证必须有经办单位相关负责人的签名盖章；对外开出的原始凭证必须加盖本单位公章或财务专用章；从外部取得的原始凭证，必须盖有填制单位的公章或财务专用章；从个人取得的原始凭证，必须有填制人员的签名或盖章。总之，取得原始凭证的手续必须完备，以明确经济责任，确保凭证的合法性和真实性。

4）书写清楚、规范。

原始凭证要按规定填写，文字要简明，字迹要清楚，易于辨认，不得使用未经国务院公布的简化汉字。大小写金额必须符合填写规范，小写金额用阿拉伯数字逐个书写，不得写连笔字。在金额前要填写人民币符号“¥”，且与阿拉伯数字之间不得留有空白。金额数字一律填写到角、分，无角无分的，写“00”或符号“—”；有角无分的，分位写“0”，不得用符号“—”。大写金额用汉字壹、贰、叁、肆、伍、陆、柒、捌、玖、拾、佰、仟、万、亿、元、角、分、零、整等，一律用正楷或行书字书写。大写金额前未印有“人民币”字样的，应加写“人民币”三个字且和大写金额之间不得留有空白。大写金额到元或角为止的，后面要写“整”或“正”字；有分的，不写“整”或“正”字。

例如，小写金额为¥2 030.00，大写金额应写成“贰仟零叁拾元整”。

5）连续编号。

各种凭证要连续编号，以便检查。如果凭证已预先印定编号，如发票、支票等重要凭证，在因错作废时，应加盖“作废”戳记，妥善保管，不得撕毁。

6）不得涂改、刮擦、挖补。

原始凭证金额有错误的，应当由出具单位重开，不得在原始凭证上更正。原始凭证有其他错误的，应当由出具单位重开或更正，更正处应当加盖出具单位印章。

7）填制及时。

各种原始凭证一定要及时填写，并按规定的程序及时送交会计机构审核。

（2）自制原始凭证的填制要求。

不同的自制原始凭证，填制要求也有所不同。

1）一次凭证的填制。

一次凭证应在经济业务发生或完成时，由相关业务人员一次填制完成。该凭证往往只能反映一项经济业务，或者同时反映若干项同一性质的经济业务。一次凭证有些是自制的原始凭证，如收料单、领料单、工资结算表、制造费用分配表等；有些是外来的原始凭证，如增值税专用发票、税收缴款书、各种银行结算凭证等。

例如，“领料单”的填制手续是在经济业务发生或完成时，由经办人员填制的，一般只反映一项经济业务，或者同时反映若干项同类性质的经济业务。企业、车间或部门从仓库中领用各种材料，都应履行出库手续，由领料经办人根据需要材料的情况填写“领料单”，并经该单位主管领导批准到仓库领用材料。仓库保管员根据“领料单”，审核其用途，认真计量发放材料，并在领用单上签章。“领料单”一式三联，一联留领料部门备查，一联留仓库，据以登记材料物资明细账和材料卡片，一联转会计部门或月末经汇总后转会计部门据以进行核算。

2）累计凭证的填制。

累计凭证应在每次经济业务完成后，由相关人员在同一张凭证上重复填制完成。该凭证能在一定时期内不断重复地反映同类经济业务的完成情况。最典型的累计凭证是限额领料单。

例如，“限额领料单”是由生产、计划部门根据下达的生产任务和材料消耗定额按每种材料用途分别开出，一料一单，一般一式两联，一联交仓库据以发料，一联交领料部门据以领料。领料单位领料时，在该单内注明请领数量，经负责人签章批准后，持往仓库领料。仓库发料时，根据材料的品名、规格在限额内发料，同时将实发数量及限额余额填写在“限额领料单”内，领、发料双方在单内签章，月末在此单内结出实发数量和金额转交会计部门，据以计算材料费用，并做材料减少的核算。使用“限额领料单”领料，全月不能超过生产计划部门下达的全月领用限额量。

3）汇总凭证的填制。

汇总凭证应由相关人员在汇总一定时期内反映同类经济业务的原始凭证后填制完成。该凭证只能将类型相同的经济业务进行汇总，不能汇总两类或两类以上的经济业务。

（3）外来原始凭证的填制要求。

外来原始凭证应在企业同外单位发生经济业务时，由外单位的相关人员填制完成。外来原始凭证一般由税务局等部门统一印制，或经税务部门批准由经营单位印制，在填制时加盖出具凭证单位公章方为有效，对于一式多联的原始凭证必须用复写纸套写或打印机套打。

4. 原始凭证的审核

为了如实反映经济业务的发生和完成情况，充分发挥会计的监督职能，保证会计信息的真实、合法、完整和准确，会计人员必须对原始凭证进行严格审核。审核的内容主要包括：

（1）审核原始凭证的真实性。

原始凭证作为会计信息的基本信息源，其真实性对会计信息的质量具有重要影响，其真实性的审核包括凭证日期是否真实、业务内容是否真实、数据是否真实等。对外来原始凭证，必须有填制单位公章或财务专用章和填制人员签章；对自制原始凭证，必须有经办部门和经办人员的签名或盖章。此外，对通用原始凭证，还应审核凭证本身的真实性，以防作假。

（2）审核原始凭证的合法性。

审核原始凭证所记录经济业务是否违反国家法律法规，是否履行了规定的凭证传递和审核程序，是否有贪污腐化等行为。

（3）审核原始凭证的合理性。

审核原始凭证所记录经济业务是否符合企业经济活动的需要，是否符合有关的计划和预算等。

（4）审核原始凭证的完整性。

审核原始凭证各项基本要素是否齐全，是否有漏项情况，日期是否完整，数字是否清晰，文字是否工整，有关人员签章是否齐全，凭证联次是否正确等。

（5）审核原始凭证的正确性。

审核原始凭证记载的各项内容是否正确，包括：

1）接受原始凭证单位的名称是否正确。

2）金额的填写和计算是否正确。阿拉伯数字分位填写，不得连写。小写金额前要标明“￥”字样，中间不能留有空位。大写金额前要加“人民币”字样，大写金额与小写金额要相符。

3）更正是否正确。原始凭证记载的各项内容均不得涂改。原始凭证金额有错误的，应当由出具单位重开，不得在原始凭证上更正。原始凭证有其他错误的，应当由出具单位重开或者更正，更正处应当加盖出具单位印章或财务专用章。

（6）审核原始凭证的及时性。

原始凭证的及时性是保证会计信息及时性的基础。原始凭证应在经济业务发生或完成时及时填制并及时传递。审核时应注意审查凭证的填制日期，尤其是支票、银行汇票、银行本票等时效性较强的原始凭证，更应仔细验证其签发日期。

（三）记账凭证

1. 记账凭证的种类

记账凭证，按其反映的经济业务内容，可分为收款凭证、付款凭证和转账凭证。

收款凭证，是指用于记录库存现金和银行存款收款业务的记账凭证。收款凭证根据有关库存现金和银行存款收入业务的原始凭证填制，是登记库存现金日记账、银行存款日记账以及有关明细账和总账等账簿的依据，也是出纳人员收讫款项的依据。

付款凭证，是指用于记录库存现金和银行存款付款业务的记账凭证。付款凭证根据有关库存现金和银行存款支付业务的原始凭证填制，是登记库存现金日记账、银行存款日记账以及有关明细账和总账等账簿的依据，也是出纳人员支付款项的依据。

转账凭证，是指用于记录不涉及库存现金和银行存款业务的记账凭证。转账凭证根据有关转账业务的原始凭证填制，是登记有关明细账和总账等账簿的依据。

经典例题
JINGDIANLITI

销售产品一批，一部分货款收回存入银行，一部分货款对方暂欠时，应编制的记账凭证是（　　）。

A. 收款凭证和转账凭证

B. 收款凭证和付款凭证

C. 两种转账凭证

D. 付款凭证和转账凭证

【答案】 A

【解析】 收（付）款凭证是用于记录库存现金和银行存款的收（付）款业务的会计凭证，不涉及库存现金和银行存款的业务应编制转账凭证。因此，一部分货款收回存入银行应编制收款凭证，一部分货款对方暂欠应编制转账凭证。

2. 记账凭证的基本内容

记账凭证是登记账簿的依据，因其所反映经济业务的内容不同、各单位规模大小及其对会计核算繁简程度的要求不同，其内容有所差异，但记账凭证应当具备以下基本内容：①填制凭证的日期；②凭证编号；③经济业务摘要；④会计科目；⑤金额；⑥所附原始凭证张数；⑦填制凭证人员、稽核人员、记账人员、会计机构负责人、会计主管人员签名或者盖章。收款和付款记账凭证还应当由出纳人员签名或者盖章。

3. 记账凭证的填制要求

记账凭证根据审核无误的原始凭证或原始凭证汇总表填制。记账凭证填制正确与否，直接影响整个会计系统最终提供信息的质量。

（1）记账凭证填制的基本要求。

1）记账凭证各项内容必须完整。

2）记账凭证的书写应当清楚、规范。

3）除结账和更正错账可以不附原始凭证外，其他记账凭证必须附原始凭证。

4）记账凭证可以根据每一张原始凭证填制，或根据若干张同类原始凭证汇总填制，也可以根据原始凭证汇总表填制；但不得将不同内容和类别的原始凭证汇总填制在一张记账凭证上。

5）记账凭证应连续编号。凭证应由主管该项业务的会计人员，按业务发生的顺序并按不同种类的记账凭证采用“字号编号法”连续编号，如银收字 1 号、现收字 2 号、现付字 1 号、银付字 2 号。如果一笔经济业务需要填制两张以上（含两张）记账凭证的，可以采用“分数编号法”编号，如一笔经济业务需编制 2 张转账凭证，该转账凭证的顺序号为 3 号，则这笔经济业务的转账凭证可编制成转字 $3\frac{1}{2}$ 号、转字 $3\frac{2}{2}$ 号。为便于监督，反映付款业务的会计凭证不得由出纳人员编号。

6）填制记账凭证时若发生错误，应当重新填制。已经登记入账的记账凭证在当年内发现填写错误时，可以用红字填写一张与原内容相同的记账凭证，在摘要栏注明“注销某月某日某号凭证”字样，同时再用蓝字重新填制一张正确的记账凭证，注明“订正某月某日某号凭证”字样。如果会计科目没有错误，只是金额错误，也可以将正确数字与错误数字之间的差额另编一张调整的记账凭证，调增金额用蓝字，调减金额用红字。发现以前年度记账凭证有错误的，应当用蓝字填制一张更正的记账凭证。

7）记账凭证填制完成后，如有空行，应当自金额栏最后一笔金额数字下的空行处至合计数上的空行处划线注销。

(2）收款凭证的填制要求。

收款凭证左上角的“借方科目”按收款的性质填写“库存现金”或“银行存款”；日期填写的是填制该凭证的日期；右上角填写填制收款凭证的顺序号；“摘要”填写对所记录的经济业务的简要说明；“贷方科目”填写与收入“库存现金”或“银行存款”相对应的会计科目；“记账”是指该凭证已登记账簿的标记，防止经济业务重记或漏记；“金额”是指该项经济业务的发生额；该凭证右边“附件×张”是指本记账凭证所附原始凭证的张数；最下边分别由有关人员签章，以明确经济责任。

(3）付款凭证的填制要求。

付款凭证是根据审核无误的有关库存现金和银行存款的付款业务的原始凭证填制的。付款凭证的填制方法与收款凭证基本相同，不同的是在付款凭证的左上角应填列“贷方科目”，即“库存现金”或“银行存款”科目，“借方科目”栏应填写与“库存现金”或“银行存款”相对应的一级科目和明细科目。

对于涉及“库存现金”和“银行存款”之间的相互划转业务，如将现金存入银行或从银行提取现金，为了避免重复记账，一般只填制付款凭证，不再填制收款凭证。

出纳人员在办理收款或付款业务后，应在原始凭证上加盖“收讫”或“付讫”的戳记，以免重收重付。

(4）转账凭证的填制要求。

转账凭证通常是根据有关转账业务的原始凭证填制的。转账凭证中“总账科目”和“明细科目”栏应填写应借、应贷的总账科目和明细科目，借方科目应记金额应在同一行的“借方金额”栏填列，贷方科目应记金额应在同一行的“贷方金额”栏填列，“借方金额”栏合计数与“贷方金额”栏合计数应相等。

【注意】某些既涉及收款业务或付款业务，又涉及转账业务的综合性业务，可分开填制不同类型的记账凭证。

4. 记账凭证的审核

为了保证会计信息的质量，在记账之前应由有关稽核人员对记账凭证进行严格的审核，审核的内容主要包括：

(1）内容是否真实。

审核记账凭证是否有原始凭证为依据，所附原始凭证的内容与记账凭证的内容是否一致，记账凭证汇总表的内容与其所依据的记账凭证的内容是否一致等。

（2）项目是否齐全。

审核记账凭证各项目的填写是否齐全，如日期、凭证编号、摘要、会计科目、金额、所附原始凭证张数及有关人员签章等。

（3）科目是否正确。

审核记账凭证的应借、应贷科目是否正确，是否有明确的账户对应关系，所使用的会计科目是否符合企业会计准则等规定。

（4）金额是否正确。

审核记账凭证所记录的金额与原始凭证的有关金额是否一致，计算是否正确，记账凭证汇总表的金额与记账凭证的金额合计是否相符等。

（5）书写是否规范。

审核记账凭证中的记录是否文字工整、数字清晰，是否按规定进行更正等。

（6）手续是否完备。

审核出纳人员在办理收款或付款业务后，是否已在原始凭证上加盖“收讫”或“付讫”的戳记。

（四）会计凭证的保管

考试要求： 熟悉

会计凭证的保管，是指会计凭证记账后的整理、装订、归档和存查工作。会计凭证作为记账的依据，是重要的会计档案和经济资料。任何单位在完成经济业务手续和记账后，必须将会计凭证按规定的立卷归档形成会计档案资料，妥善保管，以便日后随时查阅。

会计凭证的保管要求主要有：

（1）会计凭证应定期装订成册，防止散失。会计部门在依据会计凭证记账以后，应定期（每天、每旬或每月）对各种会计凭证进行分类整理，将各种记账凭证按照编号顺序，连同所附的原始凭证一起加具封面和封底，装订成册，并在装订线上加贴封签，由装订人员在装订线封签处签名或盖章。

从外单位取得的原始凭证遗失时，应取得原签发单位盖有公章的证明，并注明原始凭证的号码、金额、内容等，由经办单位会计机构负责人、会计主管人员和单位负责人批准后，才能代作原始凭证。若确实无法取得证明的，如车票丢失，则应由当事人写明详细情况，由经办单位会计机构负责人、会计主管人员和单位负责人批准后，代作原始凭证。

（2）会计凭证封面应注明单位名称、凭证种类、凭证张数、起止号数、年度、月份、会计主管人员和装订人员等有关事项。会计主管人员和保管人员应在封面上签章。会计凭证封面的一般格式见图 1-9。

<table>
<tr><td>年　　月</td><td rowspan="2">（会计主体名称）
年　　月　　共　　册　　第　　册
收款
付款　凭证第　　号至　　号共　　张 附原始凭证　　张
转账

会计主管：　　　　　　保管：</td></tr>
<tr><td>第　　册</td></tr>
</table>

图 1-9　会计凭证封面

（3）会计凭证应加贴封条，防止抽换凭证。原始凭证不得外借，其他单位如有特殊原因确实需要使用时，经本单位会计机构负责人、会计主管人员批准，可以复制。向外单位提供的原始凭证复制件，应在专设的登记簿上登记，并由提供人员和收取人员共同签名或者盖章。

（4）原始凭证较多时，可单独装订，但应在凭证封面注明所属记账凭证的日期、编号和种类，同时在所属的记账凭证上应注明“附件另订”及原始凭证的名称和编号，以便查阅。对各种重要的原始凭证，如押金收据、提货单等，以及各种需要随时查阅和退回的单据，应另编目录，单独保管，并在有关的记账凭证和原始凭证上分别注明日期和编号。

（5）每年装订成册的会计凭证，在年度终了时可暂由单位会计机构保管一年，期满后应当移交本单位档案机构统一保管；未设立档案机构的，应当在会计机构内部指定专人保管。出纳人员不得兼管会计档案。

（6）严格遵守会计凭证的保管期限要求，期满前不得任意销毁。

二、会计账簿

（一）会计账簿的概念及作用

会计账簿，简称账簿，是指由一定格式的账页组成的，以经过审核的会计凭证为依据，全面、系统、连续地记录各项经济业务的簿籍。对于账簿的概念，可以从两方面理解：一是从外表形式看，账簿是由具有一定格式的账页联结而成的簿籍；二是从记录的内容看，账簿是对各项经济业务进行分类和序时记录的簿籍。

会计账簿和会计凭证都是记录经济业务的会计资料，但二者记录的方式不同。会计凭证对经济业务的记录是零散的，不能全面、连续、系统地反映和监督经济业务内容；而会计账簿对经济业务的记录是分类、序时、全面、连续的，能够把分散在会计凭证中的大量核算资料加以集中，为经营管理提供系统、完整的核算资料。各单位应当按照国家统一的会计制度的规定和会计业务的需要设置会计账簿。

设置和登记账簿，既是填制和审核会计凭证的延伸，也是编制财务报表的基础，是连接会计凭证和财务报表的中间环节。账簿的设置和登记在会计核算中具有重要作用。

（二）会计账簿的基本内容

在实际工作中，由于各种会计账簿所记录的经济业务不同，账簿的格式也多种多样，但各种账簿都应具备以下基本内容。

1. 封面

封面主要用来标明账簿的名称，如总分类账、各种明细分类账、库存现金日记账、银行存款日记账等。

2. 扉页

扉页主要用来列明会计账簿的使用信息，如科目索引、账簿启用和经管人员一览表等。

3. 账页

账页是账簿用来记录经济业务的主要载体，包括账户的名称、日期栏、凭证种类和编号栏、摘要栏、金额栏以及总页次和分户页次等基本内容。

（三）会计账簿与账户的关系

账簿与账户的关系是形式和内容的关系。账簿是由若干账页组成的一个整体，账簿中的每一账页就是账户的具体存在形式和载体，没有账簿，账户就无法存在；账簿序时、分类地记录经济业务，是在各个具体的账户中完成的。因此，账簿只是一个外在形式，账户才是它的实质内容。

（四）会计账簿的种类

会计账簿的种类很多，不同类别的会计账簿可以提供不同的信息，满足不同的需要。实际工作中，通常使用以下方法对会计账簿进行分类：

1. 按用途分类

（1）序时账簿。

序时账簿，又称日记账，是指按照经济业务发生时间的先后顺序逐日、逐笔登记的账簿。

常见的日记账包括库存现金日记账和银行存款日记账，见表1-8和表1-9。

表1-8 库存现金日记账

第 页

2017		凭证字号	摘要	对方科目	收入	支出	结存
月	日						
2	1		期初余额				1 800
	4	银付3	提现（发工资）	银行存款	20 000		21 800
	5	现付1	发放工资	应付工资		20 000	1 800
	9	银付5	提现（备用）	银行存款	5 000		6 800
	14	现付2	刘某暂借差旅费	其他应收款		2 000	4 800
	19	现付3	代垫运杂费	应收账款		800	4 000
	23	现付4	支付办公费	管理费用		500	3 500
	26	现收1	李某报销差旅费	其他应收款	100		3 600
	28		本月合计		25 100	23 300	3 600

表1-9 银行存款日记账

第 页

2017年		凭证		对方科目	摘要	收入	支出	结余
月	日	字	号					
6	1		（略）		期初余额			30 000
6	2	现付		库存现金	存入销货款	2 000		32 000
6	2	银付		材料采购	物资采购款		17 000	15 000
6	2	银付		应交税费	付进项税额		2 890	12 110
					本日合计	2 000	19 890	12 110
6	3	银收		应收账款	收回应收款	10 000		22 110
6	4	银付		应付账款	偿还欠款		4 500	17 610

（2）分类账簿。

分类账簿，是指按照分类账户设置登记的账簿。账簿按其反映经济业务的详略程度，可分为总分类账簿和明细分类账簿。

总分类账簿，简称总账，是指根据总分类账户开设的，总括反映某类经济活动。总分类账簿主要为编制财务报表提供直接数据资料，主要采用三栏式，其格式见表1-10。

表1-10 总分类账

账户名称：

第 页

年		凭证		摘要	借方	贷方	借或贷	余额
月	日	种类	编号					

明细分类账簿，简称明细账，是指根据明细分类账户开设的，用来提供明细的核算资料。明细分类账簿可采用的格式主要有三栏式明细账、数量金额式明细账和多栏式明细账等。分类账簿是会计账簿的主体，也是编制财务报表的主要依据。

总账对明细账起统驭作用，明细账对总账进行补充和说明。

经典例题
JINGDIANLITI

用于分类记录单位的全部交易或事项，提供总括核算资料的账簿是（ ）。

A. 总分类账　　B. 明细分类账　　C. 日记账　　D. 备查账

【答案】 A

【解析】 总分类账用于分类记录单位的全部交易或事项，是提供总括核算资料的账簿。

（3）备查账簿。

备查账簿，又称辅助登记簿或补充登记簿，是指对某些在序时账簿和分类账簿中未能记载或记载不全的经济业务进行补充登记的账簿。例如，反映企业租入固定资产的“租入固定资产登记簿”、反映为其他企业代管商品的“代管商品物资登记簿”等。

备查账簿只是对其他账簿记录的一种补充，与其他账簿之间不存在严密的依存和勾稽关系。备查账簿根据企业的实际需要设置，没有固定的格式要求。

2. 按账页格式分类

会计账簿按账页格式的不同，可以分为两栏式账簿、三栏式账簿、多栏式账簿、数量金额式账簿。

（1）三栏式账簿。

三栏式账簿，是指设有借方、贷方和余额三个金额栏目的账簿。各种日记账、总账以及资本、债权、债务明细账都可采用三栏式账簿。三栏式账簿又分为设对方科目和不设对方科目两种。区别是在摘要栏和借方科目栏之间是否有一栏“对方科目”。设有“对方科目”栏的，称为设对方科目的三栏式账簿；不设有“对方科目”栏的，称为不设对方科目的三栏式账簿。其格式与总账的格式基本相同，见表 1-10。

（2）多栏式账簿。

多栏式账簿，是指在账簿的两个金额栏目（借方和贷方）按需要分设若干专栏的账簿。这种账簿可以按“借方”和“贷方”分别设专栏，也可以只设“借方”或“贷方”专栏，设多少栏则根据需要确定。收入、成本、费用明细账一般均采用这种格式的账簿，示例见下文中的表 1-11。

（3）数量金额式账簿。

数量金额式账簿，是指在账簿的借方、贷方和余额三个栏目内，每个栏目再分设数量、单价和金额三小栏，借以反映财产物资的实物数量和价值量的账簿。原材料、库存商品等明细账一般都采用数量金额式账簿，示例见下文中的表 1-12。

经典例题
JINGDIANLITI

下列各项中，通常采用三栏式账页的账簿有（　　）。

A. 应收账款明细账　　B. 库存商品明细账

C. 总账　　D. 库存现金日记账

【答案】ACD

【解析】选项 B 采用的是数量金额式账簿。

3. 按外形特征分类

会计账簿按照外形特征可分为订本式账簿、活页式账簿和卡片式账簿。

（1）订本式账簿。

订本式账簿，简称订本账，是指在启用前将编有顺序页码的一定数量账页装订成册的账簿。订本账的优点是能避免账页散失和防止抽换账页；其缺点是不能准确为各账户预留账页。这种账簿一般适用于重要的和具有统驭性的总分类账、库存现金日记账和银行存款日记账。

（2）活页式账簿。

活页式账簿，简称活页账，是指将一定数量的账页置于活页夹内，可根据记账内容的变化而随时增加或减少部分账页的账簿。这类账簿的优点是记账时可以根据实际需要，随时将空白账页装入账簿，或抽去不需要的账页，便于分工记账；其缺点是如果管理不善，可能会造成账页散失或故意抽换账页。活页账一般适用于明细分类账。

（3）卡片式账簿。

卡片式账簿，简称卡片账，是指将一定数量的卡片式账页存放于专设的卡片箱中，可以根据需要随时增添账页的账簿。在我国，企业一般只对固定资产的核算采用卡片账形式，也有少数企业在材料核算中使用材料卡片。

下列各项中，一般应采用订本式账簿的是（　　）。

A. 生产成本明细账　　B. 总分类账

C. 备查账　　D. 应付账款明细账

【答案】B

（五）会计账簿的启用与登记要求

考试要求：了解

启用会计账簿时，应当在账簿封面上写明单位名称和账簿名称，并在账簿扉页上附启用表。启用订本式账簿应当从第一页到最后一页顺序编定页数，不得跳页、缺号。使用活页式账簿应当按账户顺序编号，并须定期装订成册，装订后再按实际使用的账页顺序编定页码，另加目录以便于记明每个账户的名称和页次。

为了保证账簿记录的正确性，必须根据审核无误的会计凭证登记会计账簿，并符合有关法律、行政法规和国家统一的会计准则制度的规定，主要有：

1. 准确完整

登记会计账簿时，应当将会计凭证日期、编号、业务内容摘要、金额和其他有关资料逐项记入账内，做到数字准确、摘要清楚、登记及时、字迹工整。每一项会计事项，一方面要记入有关的总账，另一方面要记入该总账所属的明细账。账簿记录中的日期，应该填写记账凭证上的日期；以自制原始凭证（如收料单、领料单等）作为记账依据的，账簿记录中的日期应按有关自制凭证上的日期填列。

2. 注明记账符号

账簿登记完毕后，应在记账凭证上签名或盖章，并在记账凭证的“过账”栏内注明账簿页数或画对勾，表示记账完毕，避免重记、漏记。

3. 书写留空

账簿中书写的文字和数字上面要留有适当的空格，不要写满格，一般应占格距的二分之一。这样，一旦发生登记错误，能比较容易地进行更正，同时也方便查账工作。

4. 正常记账使用蓝黑墨水

为了保持账簿记录的持久性，防止涂改，登记账簿必须使用蓝黑墨水或碳素墨水书写，不得使用圆珠笔（银行的复写账簿除外）或者铅笔书写。

5. 特殊记账使用红墨水

可以使用红色墨水记账的情况包括：按照红字冲账的记账凭证，冲销错误记录；在不设借贷等栏的多栏式账页中，登记减少数；在三栏式账户的余额栏前，如未印明余额方向的，在余额栏内登记负数余额；根据国家统一的规定可以用红字登记的其他会计记录。会计中的红字一般表示负数，因此，除上述情况外，不得使用红色墨水登记账簿。

6. 顺序连续登记

会计账簿应当按照连续编号的页码顺序登记。记账时发生错误或者隔页、缺号、跳行的，应在空页、空行处用红色墨水划对角线注销，或者注明“此页空白”或“此行空白”字样，并由记账人员和会计机构负责人（会计主管人员）在更正处签章。

7. 结出余额

凡需要结出余额的账户，结出余额后，应当在“借或贷”栏目内注明“借”或“贷”字样，以示余额的方向；对于没有余额的账户，应在“借或贷”栏内写“平”字，并在“余额”栏“元”位处用“θ”表示。库存现金日记账和银行存款日记账必须逐日结出余额。

8. 过次承前

每一账页登记完毕时，应当结出本页发生额合计及余额，在该账页最末一行“摘要”栏注明“转次页”或“过次页”，并将这一金额记入下一页第一行有关金额栏内，在该行“摘要”栏注明“承前页”，以保持账簿记录的连续性，便于对账和结账。

9. 不得涂改、刮擦、挖补

如发生账簿记录错误，不得刮擦、挖补或用褪色药水更改字迹，而应采用规定的方法更正。

（六）会计账簿的格式与登记方法

考试要求： 熟悉

1. 日记账的格式与登记方法

日记账，是指按照经济业务发生或完成的时间先后顺序逐日逐笔进行登记的账簿。设置日记账的目的是为了使经济业务的时间顺序清晰地反映在账簿记录中。在我国，大多数企业一般只设库存现金日记账和银行存款日记账。

(1) 库存现金日记账的格式与登记方法。

库存现金日记账，是指用来核算和监督库存现金日常收、付和结存情况的序时账簿。库存现金日记账的格式主要为三栏式和多栏式两种，库存现金日记账必须使用订本账。

1) 三栏式库存现金日记账。

三栏式库存现金日记账，是指用来登记库存现金的增减变动及其结果的日记账。设有借方、贷方和余额三个金额栏目，一般将其分别称为收入、支出和结余三个基本栏目。

三栏式库存现金日记账是由出纳人员根据库存现金收款凭证、库存现金付款凭证以及银行存款的付款凭证，按照库存现金收、付款业务和银行存款付款业务发生时间的先后顺序逐日逐笔登记。

三栏式库存现金日记账的登记方法如下：①日期栏：系指记账凭证的日期，应与库存现金实际收付日期一致。②凭证栏：是指登记入账的收付款凭证的种类和编号，如：“库存现金收（付）款凭证”，简写为“现收（付）”；“银行存款收（付）款凭证”，简写为“银收（付）”。凭证栏还应登记凭证的编号数，以便于查账和核对。③摘要栏：摘要说明登记入账的经济业务的内容。文字要简练，但要能说明问题。④对方科目栏：系指库存现金收入的来源科目或支出的用途科目。如银行提取现金，其来源科目（即对方科目）为“银行存款”。其作用在于了解经济业务的来龙去脉。⑤收入、支出栏（或借方、贷方）：系指库存现金实际收付的金额。每日终了，应分别计算库存现金收入和付出的合计数，结出余额，同时将余额与出纳员的库存现金核对，即通常说的“日清”。如账款不符应查明原因，并记录备案。月终同样要计算库存现金收、付和结存的合计数，通常称为“月结”。

2) 多栏式库存现金日记账。

多栏式库存现金日记账是在三栏式库存现金日记账基础上发展起来的。这种日记账的借方（收入）和贷方（支出）金额栏都按对方科目设专栏，也就是按收入的来源和支出的用途设专栏。这种格式在月末结账时，可以结出各收入来源专栏和支出用途专栏的合计数，便于对现金收支的合理性、合法性进行审核分析，便于检查财务收支计划的执行情况，其全月发生额还可以作为登记总账的依据。

(2) 银行存款日记账的格式与登记方法。

银行存款日记账，是指用来核算和监督银行存款每日的收入、支出和结余情况的账簿。银行存款日记账应按企业在银行开立的账户和币种分别设置，每个银行账户设置一本日记账。由出纳员根据与银行存款收付业务有关的记账凭证，按时间先后顺序逐日逐笔进行登记。根据银行存款收款凭证和有关的库存现金付款凭证（如现金存入银行的业务）登记银行存款收入栏，根据银行存款付款凭证登记其支出栏，每日结出存款余额。

银行存款日记账的格式与库存现金日记账相同，可以采用三栏式，也可以采用多栏式。多栏式可以将收入和支出的核算在一本账上进行，也可以分设“银行存款收入日记账”和“银行存款支出日记账”两本账。其格式和登记方法与“库存现金收入日记账”和“库存现金支出日记账”基本相同。三栏式银行存款日记账的格式见表1-9。

银行存款日记账的登记方法也与库存现金日记账的登记方法基本相同。

【注意】在实际工作中，无论是设置三栏式还是多栏式，一般还应在银行存款日记账的适当位置增加一栏“结算凭证”，以便记账时标明每笔业务的结算凭证及编号，便于与银行核对账目。

2. 总分类账的格式与登记方法

（1）总分类账的格式。

总分类账，是指按照总分类账户分类登记以提供总括会计信息的账簿。总分类账最常用的格式为三栏式，设有借方、贷方和余额三个金额栏目。

（2）总分类账的登记方法。

总分类账的登记方法因登记的依据不同而有所不同。经济业务少的小型单位的总分类账可以根据记账凭证逐笔登记；经济业务多的大中型单位的总分类账可以根据记账凭证汇总表（又称科目汇总表）或汇总记账凭证等定期登记。

3. 明细分类账的格式与登记方法

明细分类账，是指根据有关明细分类账户设置并登记的账簿。它能提供交易或事项比较详细、具体的核算资料，以弥补总账所提供资料的不足。因此，各企业单位在设置总账的同时，还应设置必要的明细账。明细分类账一般采用活页式账簿、卡片式账簿。明细分类账一般根据记账凭证和相应的原始凭证来登记。

根据各种明细分类账所记录经济业务的特点，明细分类账的常用格式主要分为以下三种：

（1）三栏式。

三栏式账页是设有借方、贷方和余额三个栏目，用以分类核算各项经济业务，提供详细核算资料的账簿，其格式与表1-10所示的总分类账的格式相同。

（2）多栏式。

多栏式账页将属于同一个总账科目的各个明细科目合并在一张账页上进行登记，即在这种格式账页的借方或贷方金额栏内按照明细项目设若干专栏。这种格式适用于收入、成本、费用类科目的明细核算，其格式见表1-11。

表1-11 制造费用明细账

2017年		凭证字号	摘要	借方					贷方	余额
月	日			办公费	水电费	材料费	折旧费	职工薪酬		
12	12	付6	购买办公用品	2 000						2 000
	21	付9	支付水电费		14 500					16 500
	31	转3	分配材料费			750				17 250
	31	转4	计提折旧				20 820			38 070
	31	转5	分配工资费用					4 630		42 700
	31	转6	计提福利费					648.2		43 348.2
	31	转8	分配制造费用						43 348.2	0
	31		本月合计	2 000	14 500	750	20 820	5 278.2	43 348.2	0

（3）数量金额式。

数量金额式账页适用于既要进行金额核算，又要进行数量核算的账户，如原材料、库存商品等存货账户，其借方（收入）、贷方（发出）和余额（结存）都分别设有数量、单价和金额三个专栏，见表 1-12。

表 1-12　原材料明细分类账

类别：　　　　　　　　　　　　　计划单价：
品名或规格：　　　　　　　　　　储备定额：
存放地点：　　　　　　　　　　　计量单位：

年		凭证号	摘要	收入			发出			结存		
月	日			数量	单价	金额	数量	单价	金额	数量	单价	金额

4. 总分类账户与明细分类账户的平行登记

(1) 总分类账户与明细分类账户的关系。

总分类账户是所辖明细分类账户的统驭账户，对所辖明细分类账户起着控制作用；明细分类账户则是总分类账户的从属账户，对其所隶属的总分类账户起着辅助作用。总分类账户及其所辖明细分类账户的核算对象是相同的。它们所提供的核算资料互相补充，只有把二者结合起来，才能既总括又详细地反映同一核算内容。因此，总分类账户和明细分类账户必须平行登记。

(2) 总分类账户与明细分类账户平行登记的要点。

平行登记，是指对所发生的每项经济业务都要以会计凭证为依据，一方面记入有关总分类账户，另一方面记入所属明细分类账户的方法。

总分类账户与明细分类账户平行登记的要点如下：

1) 方向相同。

在总分类账户及其所属的明细分类账户中登记同一项经济业务时，方向通常相同。即在总分类账户中记入借方，在其所属的明细分类账户中也应记入借方；在总分类账户中记入贷方，在其所属的明细分类账户中一般也应记入贷方。

2) 期间一致。

发生的经济业务，记入总分类账户和所属明细分类账户的具体时间可以有先后，但应在同一个会计期间记入总分类账户和所属明细分类账户。

3) 金额相等。

记入总分类账户的金额必须与记入其所属的一个或几个明细分类账户的金额合计数相等。

(七) 对账与结账

考试要求：掌握

1. 对账

对账，就是核对账目，是指对账簿记录所进行的核对工作。在会计核算工作中，由于种种原因，有时难免会发生各种差错和账实不符的现象。对账就是为了保证账簿记录的真实性、完整性和准确性，在记账之后结账之前，定期或不定期地对有关数据进行检查、核对，以便为编制财务报表提供真实、可靠数据资料的重要会计工作。

对账一般可以分为账证核对、账账核对和账实核对。

(1) 账证核对。

账簿是根据经过审核之后的会计凭证登记的，但实际工作中仍有可能发生账证不符的情况，记账后，应将账簿记录与会计凭证核对，核对账簿记录与原始凭证、记账凭证的时间、凭证字号、内容、金额等是否一致，记账方向是否相符，做到账证相符。

（2）账账核对。

账账核对的内容主要包括：

1）总分类账簿之间的核对。按照“资产＝负债＋所有者权益”这一会计等式和“有借必有贷、借贷必相等”的记账规律，总分类账簿各账户的期初余额、本期发生额和期末余额之间存在对应的平衡关系，各账户的期末借方余额合计和贷方余额合计也存在平衡关系。通过这种等式和平衡关系，可以检查总账记录是否正确、完整。

2）总分类账簿与所辖明细分类账簿之间的核对。总分类账各账户的期末余额应与其所辖的各明细分类账的期末余额之和核对相符。

3）总分类账簿与序时账簿之间的核对。我国企事业单位必须设置库存现金日记账和银行存款日记账。库存现金日记账必须每天与库存现金核对相符，银行存款日记账也必须定期与银行对账。在此基础上，还应检查库存现金总账和银行存款总账的期末余额，与库存现金日记账和银行存款日记账的期末余额是否相符。

4）明细分类账簿之间的核对。例如，会计部门有关实物资产的明细账与财产物资保管部门或使用部门的明细账定期核对，以检查其余额是否相符。核对的方法一般是由财产物资保管部门或使用部门定期编制收发结存汇总表报会计部门核对。

经典例题

JINGDIANLITI

对账时，账账核对不包括的内容是（　　）。

A. 总账与所属明细账之间的核对　　B. 总账各账户的余额核对

C. 总账与备查账之间的核对　　D. 总账与日记账的核对

【答案】C

（3）账实核对。

账实核对，是指各项财产物资、债权债务等账面余额与实有数额之间的核对。账实核对的内容主要包括：

1）库存现金日记账账面余额与库存现金实际库存数逐日核对是否相符。

2）银行存款日记账账面余额与银行对账单的余额定期核对是否相符。

3）各项财产物资明细账账面余额与财产物资的实有数额定期核对是否相符。

4）有关债权债务明细账账面余额与对方单位的债权债务账面记录核对是否相符。

造成账实不符的原因有较多，如财产物资保管过程中发生的自然损耗；财产收发过程中由于计量或检验不准，造成多收或少收的差错；由于管理不善、制度不严造成的财产损坏、丢失和被盗等；在账簿记录中发生的重记、漏记和错记等；由于有关凭证未到，形成未达账项，造成结算双方账实不符；发生意外灾害等。因此，需要通过定期的财产清查来弥补漏洞，保证会计信息真实可靠，提高企业管理水平。

2. 结账

结账，是指将账簿记录定期结算清楚的账务工作。在一定时期结束时（如月末、季末或年末），为了编制财务报表，需要进行结账，具体包括月结、季结和年结。结账的内容通常包括两个方面：一是结清各种损益类账户，并据以计算确定本期利润；二是结出各资产、负债和所有者权益账户的本期发生额合计和期末余额。

结账时应注意以下方面：

（1）对不需按月结计本期发生额的账户，如各项应收应付款明细账和各项财产物资明细账等，每次记账以后，都要随时结出余额，每月最后一笔余额是月末余额，即月末余额就是本月最后一笔经济业务记录的同一行内余额。月末结账时，只需要在最后一笔经济业务记录下面通栏划单红线，不需要再次结计余额。

(2) 库存现金、银行存款日记账和需要按月结计发生额的收入、费用等明细账，每月结账时，要在最后一笔经济业务记录下面通栏划单红线，结出本月发生额和余额，在摘要栏内注明"本月合计"字样，并在下面通栏划单红线。

(3) 对于需要结计本年累计发生额的明细账户，每月结账时，应在"本月合计"行下结出自年初起至本月末止的累计发生额，登记在月份发生额下面，在摘要栏内注明"本年累计"字样，并在下面通栏划单红线。12 月末的"本年累计"就是全年累计发生额，全年累计发生额下通栏划双红线。

(4) 总账账户平时只需结出月末余额。年终结账时，为了总括地反映全年各项资金运动情况的全貌，核对账目，要将所有总账账户结出全年发生额和年末余额，在摘要栏内注明"本年合计"字样，并在合计数下通栏划双红线。

(5) 年度终了结账时，有余额的账户，应将其余额结转下年，并在摘要栏注明"结转下年"字样；在下一会计年度新建有关账户的第一行余额栏内填写上年结转的余额，并在摘要栏注明"上年结转"字样，使年末有余额账户的余额如实地在账户中加以反映，以免混淆有余额的账户和无余额的账户。

(八) 错账更正的方法

考试要求： 掌握

在记账过程中，可能由于种种原因会使账簿记录发生错误。对于发生的账簿记录错误，应该采用正确、规范的方法予以更正，不得涂改、挖补、刮擦或者用药水消除字迹，不得重新抄写。错账的更正方法一般有划线更正法、红字更正法和补充登记法三种。

1. 划线更正法

在结账前发现账簿记录有文字或数字错误，而记账凭证没有错误，采用划线更正法。更正时，可在错误的文字或数字上划一条红线，在红线的上方填写正确的文字或数字，并由记账人员及会计机构负责人（会计主管人员）在更正处盖章，以明确责任。但应注意，更正时不得只划销错误数字，应将全部数字划销，并保持原有数字清晰可辨，以便审查。

例如，某账簿中，将 128.50 元误记为 125.80 元，采用划线更正法更正时，不能只划去其中的"5.80"，改为"8.50"，而是应当把"125.80"全部用红线划去，并在其上方写上"128.50"。

2. 红字更正法

红字更正法，适用于以下两种情形：

(1) 记账后发现记账凭证中应借、应贷会计科目有错误所引起的记账错误。更正方法为：用红字填写一张与原记账凭证完全相同的记账凭证，在摘要栏内写明"注销某月某日某号凭证"，并据以用红字登记入账，以示注销原记账凭证，然后用蓝字填写一张正确的记账凭证，并据以用蓝字登记入账。

例如，企业以银行存款 3 000 元购买 A 固定资产，已投入使用，假定不考虑增值税因素。在填制记账凭证时，误做贷记"库存现金"科目，并已据以登记入账。会计分录如下：

借：固定资产　　　　3 000

　　贷：库存现金　　　　3 000

采用红字更正法更正的过程为：

第一步：用红字编制一张与原错误记账凭证内容完全相同的记账凭证。

借：固定资产　　3 000

　　贷：库存现金　　3 000

第二步：用蓝字编制一张正确的记账凭证，并据以登记入账。

借：固定资产　　3 000

　　贷：银行存款　　3 000

第三步：根据上述红字记账凭证和正确的记账凭证登记相关账簿。

（2）记账后发现记账凭证和账簿记录中应借、应贷会计科目无误，只是所记金额大于应记金额引起的记账错误。更正的方法是：按多记的金额用红字编制一张与原记账凭证应借、应贷科目完全相同的记账凭证，在摘要栏内写明“冲销某月某日第×号记账凭证多记金额”，以冲销多记的金额，并据以用红字登记入账。

例如，某企业接受投资者现金投资 30 000 元，已存入银行。误做下列记账凭证，并已登记入账。会计分录如下：

借：银行存款　　50 000

　　贷：实收资本　　50 000

采用红字更正法更正的过程为：

该笔业务只需用红字更正法填制一张记账凭证，将多记的金额 20 000 元用红字冲销即可。填制的记账凭证为：

借：银行存款　　20 000

　　贷：实收资本　　20 000

3. 补充登记法

记账后发现记账凭证和账簿记录中应借、应贷会计科目无误，只是所记金额小于应记金额时，采用补充登记法。更正的方法是：按少记的金额用蓝字填制一张与原记账凭证应借、应贷科目完全相同的记账凭证，在摘要栏内写明“补记某月某日第×号记账凭证少记金额”，以补充少记的金额，并据以用蓝字登记入账。

例如，收到某购货单位上月购货款 190 000 元，已存入银行。在填制记账凭证时，误将其金额写为 170 000 元，并已登记入账。

借：银行存款　　170 000

　　贷：应收账款　　170 000

采用补充登记法更正的过程为：

该笔业务只需用补充登记法填制一张记账凭证，将少记的金额 20 000 元补足即可。应编制的记账凭证为：

借：银行存款　　20 000

　　贷：应收账款　　20 000

三、账务处理程序

考试要求：掌握

账务处理程序，又称会计核算组织程序或会计核算形式，是指会计凭证、会计账簿、财务报表相结合的方式，包括账簿组织和记账程序。

企业常用的账务处理程序主要有记账凭证账务处理程序、汇总记账凭证账务处理程序和科目汇总表账务处理程序。它们之间的主要区别为登记总分类账的依据和方法不同。

（一）记账凭证账务处理程序

记账凭证账务处理程序，是指对发生的经济业务，先根据原始凭证或汇总原始凭证填制记账凭证，再直接根据记账凭证登记总分类账的一种账务处理程序。该账务处理程序适用于规模较小、经济业务量较少的单位。

记账凭证账务处理程序的特点是直接根据记账凭证对总分类账进行逐笔登记。其优点是简单明了，易于理解，总分类账可以较详细地反映经济业务的发生情况；缺点是登记总分类账的工作量较大。

记账凭证账务处理程序的一般步骤是：①根据原始凭证填制汇总原始凭证；②根据原始凭证或汇总原始凭证，填制收款凭证、付款凭证和转账凭证，也可以填制通用记账凭证；③根据收款凭证和付款凭证逐笔登记库存现金日记账和银行存款日记账；④根据原始凭证、汇总原始凭证和记账凭证，登记各种明细分类账；⑤根据记账凭证逐笔登记总分类账；⑥期末，将库存现金日记账、银行存款日记账和明细分类账的余额与有关总分类账的余额核对相符；⑦期末，根据总分类账和明细分类账的记录，编制财务报表。

记账凭证账务处理程序见图 1-10。

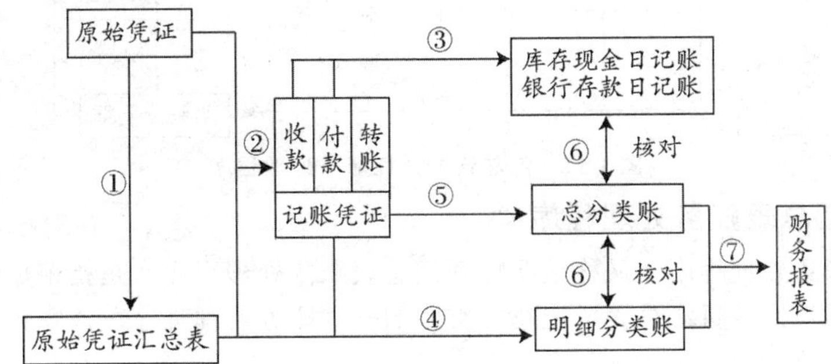

图 1-10　记账凭证账务处理程序

下列各项中，属于记账凭证账务处理程序一般步骤的有（　　）。

A. 期末，根据总分类账和明细分类账的记录，编制财务报表

B. 期末，将库存现金日记账、银行存款日记账和明细分类账的余额与有关总分类账的余额核对相符

C. 根据收、付款凭证逐笔登记库存现金日记账和银行存款日记账

D. 根据原始凭证、汇总原始凭证和记账凭证，登记各种明细分类账

【答案】 ABCD

（二）汇总记账凭证账务处理程序

汇总记账凭证账务处理程序，是指先根据原始凭证或汇总原始凭证填制记账凭证，定期根据记账凭证分类编制汇总收款凭证、汇总付款凭证和汇总转账凭证，再根据汇总记账凭证登记总分类账的一种账务处理程序。该账务处理程序适用于规模较大、经济业务较多的单位。

汇总记账凭证账务处理程序的特点是先根据记账凭证编制汇总记账凭证，再根据汇总记账凭证登记总分类账。其优点是减轻了登记总分类账的工作量；缺点是当转账凭证较多时，编制汇总转账凭证的工作量较大，并且按每一贷方账户编制汇总转账凭证，不利于会计核算的日常分工。

适用于规模较大、收付款业务较多，转账业务较少的单位的是（　　）。

A. 记账凭证账务处理程序　　B. 汇总记账凭证账务处理程序

C. 科目汇总表账务处理程序　　D. 通用记账凭证账务处理程序

【答案】 B

汇总记账凭证账务处理程序的一般步骤是：①根据原始凭证填制汇总原始凭证；②根据原始凭证或汇总原始凭证，填制收款凭证、付款凭证和转账凭证，也可以填制通用记账凭证；③根据收款凭证、付款凭证逐笔登记库存现金日记账和银行存款日记账；④根据原始凭证、汇总原始凭证和记账凭证，登记各种明细分类账；⑤根据各种记账凭证编制有关汇总记账凭证；⑥根据各种汇总记账凭证登记总分类账；⑦期末，将库存现金日记账、银行存款日记账和明细分类账的余额与有关总分类账的余额核对相符；⑧期末，根据总分类账和明细分类账的记录，编制财务报表。

汇总记账凭证账务处理程序见图 1-11。

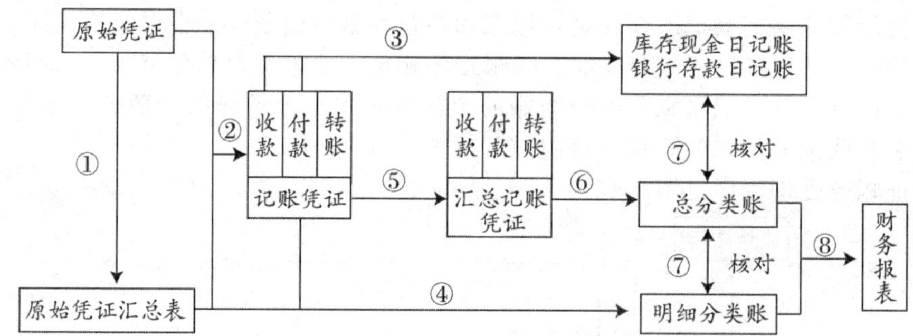

图 1-11 汇总记账凭证账务处理程序

（三）科目汇总表账务处理程序

科目汇总表账务处理程序，又称记账凭证汇总表账务处理程序，是指根据记账凭证定期编制科目汇总表，再根据科目汇总表登记总分类账的一种账务处理程序。该账务处理程序适用于经济业务较多的单位。

科目汇总表，又称记账凭证汇总表，是指企业定期对全部记账凭证进行汇总后，按照不同的会计科目分别列示各账户借方发生额和贷方发生额的一种汇总凭证。科目汇总表的编制方法是，根据一定时期内的全部记账凭证，按照会计科目进行归类，定期汇总出每一个账户的借方本期发生额和贷方本期发生额，填写在科目汇总表的相关栏内。

科目汇总表账务处理程序的特点是先将所有记账凭证汇总编制成科目汇总表，然后以科目汇总表为依据登记总分类账。其优点是减轻了登记总分类账的工作量，易于理解，方便学习，并可做到试算平衡；缺点是科目汇总表不能反映各个账户之间的对应关系，不利于对账目进行检查。

科目汇总表账务处理程序的一般步骤是：①根据原始凭证填制汇总原始凭证；②根据原始凭证或汇总原始凭证填制记账凭证；③根据收款凭证、付款凭证逐笔登记库存现金日记账和银行存款日记账；④根据原始凭证、汇总原始凭证和记账凭证，登记各种明细分类账；⑤根据各种记账凭证编制科目汇总表；⑥根据科目汇总表登记总分类账；⑦期末，将库存现金日记账、银行存款日记账和明细分类账的余额同有关总分类账的余额核对相符；⑧期末，根据总分类账和明细分类账的记录，编制财务报表。

科目汇总表账务处理程序见图 1-12。

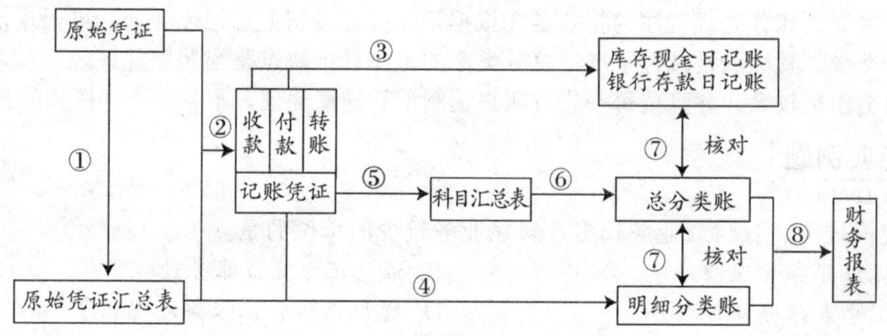

图 1-12 科目汇总表账务处理程序

第六节　财产清查

一、财产清查的概念

财产清查，是指通过对货币资金、实物资产和往来款项等财产物资进行盘点或核对，确定其实存数，查明账存数与实存数是否相符的一种专门方法。

二、财产清查的分类

考试要求：了解

财产清查按照清查范围，可分为全面清查和局部清查；按照清查的时间，可分为定期清查和不定期清查；按照清查的执行系统，可分为内部清查和外部清查。

经典例题
JINGDIANLITI

财产清查按其范围不同可以分为（　　）。

A. 内部清查和外部清查　　B. 资产清查与债务核对

C. 定期清查和不定期清查　　D. 全面清查和局部清查

【答案】D

【解析】财产清查按其范围不同可以分为全面清查和局部清查。

（一）按照清查范围分类

1. 全面清查

全面清查，是指对所有的财产进行全面的盘点和核对。全面清查由于清查范围大、内容多、时间长、参与人员多，不宜经常进行。

需要进行全面清查的情况通常包括：①年终决算前；②企业在合并、撤销或改变隶属关系前；③中外合资、国内合资前；④企业股份制改制前；⑤开展全面的资产评估、清产核资前；⑥单位主要领导调离工作前等。

经典例题
JINGDIANLITI

下列需要进行全面财产清查的情况有（　　）。

A. 年终决算前　　B. 企业股份制改制前

C. 开展全面资产评估前　　D. 单位主要领导调离前

【答案】ABCD

2. 局部清查

局部清查，是指根据需要只对部分财产进行盘点和核对。局部清查范围小、内容少、时间短、参与人员少，但专业性很强。

局部清查的范围和对象应根据业务需要和相关的具体情况而定。一般而言，对于流动性较大的财产物资，如原材料、在产品、产成品，应根据需要随时轮流盘点或重点抽查；对于贵重财产物资，每月都要进行清查盘点；对于库存现金，每日终了，应由出纳人员进行清点核对；对于银行存款，企业至少每月同银行核对一次；对债权、债务，企业应每年至少同债权人、债务人核对一至两次。

以下情况中，宜采用局部清查的是（　　）。

A. 年终决算前进行的清查

B. 企业清产核算资产时进行的清查

C. 企业更换财产保管人员时进行的清查

D. 企业改组为股份制试点企业时进行的清查

【答案】C

【解析】A、B、D三项应采用全面清查。

（二）按照清查的时间分类

1. 定期清查

定期清查，是指按照预先计划安排的时间对财产进行的盘点和核对。定期清查一般在年末、季末、月末进行。定期清查，可以是全面清查，也可以是局部清查。

2. 不定期清查

不定期清查，是指事前不规定清查日期，而是根据特殊需要临时进行的盘点和核对。不定期清查，可以是全面清查，也可以是局部清查，应根据实际需要来确定清查的对象和范围。

不定期清查主要在以下情况下进行：①财产、库存现金保管人员更换时，要对有关人员保管的财产、库存现金进行清查，以分清经济责任，便于办理交接手续；②发生自然灾害和意外损失时，要对受损失的财产进行清查，以查明损失情况；③上级主管、财政、审计和银行等部门，对本单位进行会计检查，应按检查的要求和范围对财产进行清查，以验证会计资料的可靠性；④进行临时性清产核资时，要对本单位的财产进行清查，以便摸清家底。

企业应当定期将会计账簿记录与实物、款项及有关资料相互核对，保证会计账簿记录与实物及款项的实有数额相符；在编制年度财务报表前，应当全面清查财产、核实债务。

（三）按照清查的执行系统分类

1. 内部清查

内部清查，是指由本单位内部自行组织清查工作小组所进行的财产清查工作。大多数财产清查都是内部清查。

2. 外部清查

外部清查，是指由上级主管部门、审计机关、司法部门、注册会计师根据国家有关规定或情况需要对本单位进行的财产清查。一般来讲，进行外部清查时应有本单位相关人员参加。

三、财产清查的一般程序

财产清查既是会计核算的一种专门方法，又是财产物资管理的一项重要制度。企业必须有计划、有组织地进行财产清查。

财产清查一般包括以下程序：

（1）建立财产清查组织。

（2）组织清查人员学习有关政策规定，掌握有关法律、法规和相关业务知识，以提高财产清查工作的质量。

（3）确定清查对象、范围，明确清查任务。

（4）制定清查方案，具体安排清查内容、时间、步骤、方法，并做好必要的清查前准备。

（5）清查时本着先清查数量、核对有关账簿记录等，后认定质量的原则进行。

（6）填制盘存清单。

（7）根据盘存清单，填制实物、往来款项清查结果报告表。

经典例题
JINGDIANLITI

下列各项中，属于财产清查一般程序的有（　　）。

A. 确定清查对象、范围，明确清查任务　B. 填制盘存清单和清查结果报告表

C. 组织清查人员学习有关政策规定　D. 确定清查方案

【答案】ABCD

四、财产清查的方法

考试要求：掌握

由于货币资金、实物、往来款项的特点各有不同，因此，在进行财产清查时，应采用与其特点和管理要求相适应的方法。

（一）货币资金的清查方法

1. 库存现金的清查

库存现金的清查是采用实地盘点法确定库存现金的实存数，然后与库存现金日记账的账面余额相核对，确定账存与实存是否相符。

库存现金清查主要包括两种情况：

（1）由出纳人员每日清点库存现金实存数，并与库存现金日记账的账面余额核对，这是出纳人员所做的经常性的现金清查工作。

（2）由清查小组对库存现金进行定期或不定期清查。清查时，出纳人员必须在场，库存现金由出纳人员经手盘点，清查人员从旁监督。同时，清查人员还应认真审核库存现金收付凭证和有关账簿，检查账务处理是否合理合法、账簿记录有无错误，以确定账存数与实存数是否相符。

通过库存现金的清查，既要检查账证是否客观、真实，是否符合有关规定（如是否有白条抵库、是否超限额留存现金、是否有公款私存等），又要检查账实是否相符。

在库存现金盘点结束后，直接填制“库存现金盘点报告表”，由盘点人员、出纳人员及其相关负责人签名盖章，并据以调整库存现金日记账的账面记录。

经典例题
JINGDIANLITI

关于库存现金的清查，下列说法正确的有（　　）。

A. 库存现金应该每日清点一次

B. 库存现金应该采用实地盘点法

C. 在清查过程中可以用借条、收据充抵库存现金

D. 要根据盘点结果编制现金盘点报告表

【答案】ABD

【解析】用借条、收据充抵库存现金不合规定。

2. 银行存款的清查

银行存款的清查是采用与开户银行核对账目的方法进行的，即将本单位银行存款日记账的账簿记录与开户银行转来的对账单逐笔进行核对，来查明银行存款的实有数额。银行存款的清查一般在月末进行。

（1）银行存款日记账与银行对账单不一致的原因。

将截至清查日所有银行存款的收付业务都登记入账后，对发生的错账、漏账应及时查清更正，再与银行的对账单逐笔核对。如果二者余额相符，通常说明没有错误；如果二者余额不相

符，则可能是企业或银行一方或双方在记账过程有错误或者存在未达账项。

企业的银行存款日记账与银行发来的对账单如果不一致，一定是记账过程中出现了错误。（　　）

【答案】×

【解析】企业的银行存款日记账与银行发来的对账单发生不一致的原因还包括存在未达账项。

未达账项，是指企业和银行之间，由于记账时间不一致而发生的一方已经入账，而另一方尚未入账的事项。未达账项一般包括四种情况，见表1-13。

表1-13　未达账项的情况

情况	示例
企业已收款记账，银行未收款未记账的款项	企业已将收到的购货单位开出的转账支票送存银行并且入了账，但是，因银行尚未办妥转账收款手续而没有入账
企业已付款记账，银行未付款未记账的款项	企业开出的转账支票已经入账，但是，因收款单位尚未到银行办理转账手续或银行尚未办妥转账付款手续而没有入账
银行已收款记账，企业未收款未记账的款项	企业委托银行代收的款项，银行已经办妥收款手续并且入了账，但是，因收款通知尚未到达企业而使企业没有入账
银行已付款记账，企业未付款未记账的款项	企业应付给银行的借款利息，银行已经办妥付款手续并且入了账，但是，因付款通知尚未到达企业而使企业没有入账

上述任何一种未达账项的存在，都会使企业银行存款日记账的余额与银行开出的对账单的余额不符。所以，在与银行对账时首先应查明是否存在未达账项，如果存在未达账项，应编制“银行存款余额调节表”，据以调节双方的账面余额，确定企业银行存款实有数。

（2）银行存款清查的步骤。

银行存款清查按以下四个步骤进行：

1）根据经济业务、结算凭证的种类、号码和金额等资料逐日、逐笔核对银行存款日记账和银行对账单。凡双方都有记录的，用铅笔在金额旁打上记号“√”。

2）找出未达账项（即银行存款日记账和银行对账单中没有打“√”的款项）。

3）将日记账和对账单的月末余额及未达账项填入“银行存款余额调节表”，并计算出调整后的余额。

4）将调整平衡的“银行存款余额调节表”，经主管会计签章后，呈报开户银行。

凡有几个银行户头以及开设有外币存款户头的单位，应分别按存款户头开设“银行存款日记账”。每月月底，应分别将各户头的“银行存款日记账”与各户头的“银行对账单”核对，并分别编制各户头的“银行存款余额调节表”。

银行存款余额调节表的编制，是以双方账面余额为基础，各自分别加上对方已收款入账而己方尚未入账的数额，减去对方已付款入账而己方尚未入账的数额。其计算公式如下：

企业银行存款日记账余额＋银行已收企业未收款－银行已付企业未付款
＝银行对账单存款余额＋企业已收银行未收款－企业已付银行未付款

银行存款余额调节表的格式见表1-14。

表1-14　银行存款余额调节表

账号：　　　　　　　　　　年　　月　　日　　　　　　　　　　单位：元

项目	金额	项目	金额
企业银行存款日记账		银行对账单余额	
加：银行已收，企业未收款		加：企业已收，银行未收款	

续表

项目	金额	项目	金额
减：银行已付，企业未付款		减：企业已付，银行未付款	
调节后的存款余额		调节后的存款余额	

会计主管：(签章)　　　　　　　　　　　　　　制表人：(签章)

经典例题

JINGDIANLITI

2017 年 7 月 30 日，甲公司银行存款日记账的账面余额为 31 000 元，银行对账单上企业存款余额为 36 000 元，经逐笔核对，发现有下列未达账项：

(1) 29 日，甲公司销售产品收到转账支票一张计 2 000 元，将支票存入银行，银行尚未办理入账手续。

(2) 29 日，甲公司采购原材料开出转账支票一张计 1 000 元，该公司已作银行存款付出，银行尚未收到支票而未入账。

(3) 30 日，甲公司开出现金支票一张计 250 元，银行尚未入账。

(4) 30 日，银行代甲公司收回货款 8 000 元，收款通知尚未到达该公司，该公司尚未入账。

(5) 30 日，银行代付电费 1 750 元，付款通知尚未到达该公司，该公司尚未入账。

(6) 30 日，银行代付水费 500 元，付款通知尚未到达该公司，该公司尚未入账。

根据以上资料编制银行存款余额调节表，见表 1-15。

表 1-15　银行存款余额调节表

账号：　　　　　　　　　　2017 年　7 月　30 日　　　　　　　　　　单位：元

项目	金额	项目	金额
企业银行存款日记账	31 000	银行对账单余额	36 000
加：银行已收，企业未收款	8 000	加：企业已收，银行未收款	2 000
减：银行已付，企业未付款	2 250	减：企业已付，银行未付款	1 250
调节后的存款余额	36 750	调节后的存款余额	36 750

会计主管：(签章)　　　　　　　　　　　　　　制表人：(签章)

(二) 实物资产的清查方法

实物资产主要包括固定资产、存货等。实物资产的清查就是对实物资产在数量和质量上所进行的清查。常用的清查方法主要有实地盘点法和技术推算法。

1. 实地盘点法

实地盘点法，是指在财产物资存放现场逐一清点数量或用计量仪器确定其实存数的一种方法。此方法数字准确可靠，但工作量较大。其适用的范围较广，在多数财产物资清查中都可以采用这种方法。

2. 技术推算法

技术推算法，是指利用技术方法推算财产物资实存数的方法。适用于煤炭、砂石等堆积量大而价值又不高，难以逐一清点的财产物资的清查。此方法数字不够准确可靠，但工作量较小。

经典例题

JINGDIANLITI

财产清查中，对煤炭、砂石等量大、成堆存放而价值又不高，难以逐一清点的财产物资所采用的清查方法是（　　）。

A. 实地盘点法　　B. 查询核对法　　C. 技术推算法　　D. 抽查检验法

【答案】C

实物资产清查过程中，实物保管人员和盘点人员必须同时在场。

对于财产物资的盘点结果，应逐一填制“盘存单”（见表 1-16），并同账面余额记录核对，确定盘盈或盘亏数，填制“实存账存对比表”（见表 1-17），作为调整账面记录的原始凭证。

表 1-16 盘存单

单位名称： 盘点时间： 编号：

财产类别： 存放地点：

编号	名称	计量单位	数量	单价	金额	备注

盘点人： 保管人：

表 1-17 实存账存对比表

单位名称： 年 月 日 编号：

<table>
<tr><th rowspan="3">编号</th><th rowspan="3">类别及名称</th><th rowspan="3">计量单位</th><th rowspan="3">单价</th><th colspan="2">实存</th><th colspan="2">账存</th><th colspan="4">对比结果</th><th rowspan="3">备注</th></tr>
<tr><th rowspan="2">数量</th><th rowspan="2">金额</th><th rowspan="2">数量</th><th rowspan="2">金额</th><th colspan="2">盘盈</th><th colspan="2">盘亏</th></tr>
<tr><th>数量</th><th>金额</th><th>数量</th><th>金额</th></tr>
<tr><td></td><td></td><td></td><td></td><td></td><td></td><td></td><td></td><td></td><td></td><td></td><td></td><td></td></tr>
<tr><td></td><td></td><td></td><td></td><td></td><td></td><td></td><td></td><td></td><td></td><td></td><td></td><td></td></tr>
</table>

主管人员： 会计： 制表：

（三）往来款项的清查方法

往来款项主要包括应收、应付款项和预收、预付款项等。往来款项的清查一般采用发函询证的方法进行核对。清查单位应在其各种往来款项记录准确的基础上，按每一个经济往来单位填制“往来款项对账单”，一式两联，其中一联送交对方单位核对账目，另一联作为回单联。对方单位经过核对相符后，在回单联上加盖公章退回，表示已核对。如有数字不符，对方单位应在对账单中注明情况退回本单位，本单位进一步查明原因，再行核对。

往来款项清查以后，将清查结果编制成“往来款项清查报告单”（见表 1-18），填列各项债权、债务的余额。对于有争执的款项以及无法收回的款项，应在报告单上详细列明情况，以便及时采取措施进行处理，避免或减少坏账损失。

表 1-18 往来款项清查报告单

总账科目： 年 月 日 单位：元

<table>
<tr><th rowspan="2">明细科目</th><th rowspan="2">账面结存余额</th><th rowspan="2">对方核实数额</th><th rowspan="2">不符数额</th><th colspan="5">不符原因分析</th><th rowspan="2">备注</th></tr>
<tr><th>未达账项</th><th>托付款项</th><th>争执款项</th><th>坏账</th><th>其他</th></tr>
<tr><td></td><td></td><td></td><td></td><td></td><td></td><td></td><td></td><td></td><td></td></tr>
</table>

记账员：（签章） 清查人员：（签章）

五、财产清查结果的处理

考试要求：熟悉

对于财产清查结果的处理可分为以下两种情况：

（一）审批之前的处理

根据“清查结果报告表”“盘点报告表”等已经查实的数据资料，填制记账凭证，记入有关账簿，使账簿记录与实际盘存数相符，同时根据管理权限，将处理建议报股东大会或董事会，或经理（厂长）会议或类似机构批准。

（二）审批之后的处理

企业清查产生的各种财产的损溢，应于期末前查明原因，并根据企业的管理权限，经股东大会或董事会，或经理（厂长）会议或类似机构批准后，在期末结账前处理完毕。企业应严格按照有关部门关于财产清查结果的处理意见填制有关记账凭证，登记有关账簿，并追回由责任者承担的财产损失。

期末结账前，如果企业清查产生的各种财产的损溢尚未经批准，在对外提供财务报表时，先按上述规定进行处理，并在附注中作出说明；其后批准处理的金额与已处理金额不一致的，应调整财务报表相关项目的年初数。

第七节　财务报告

一、财务报告及其目标

考试要求：了解

财务报告，是指企业对外提供的反映企业某一特定日期的财务状况和某一会计期间的经营成果、现金流量等会计信息的文件。

财务报告的目标是向财务报告使用者提供与企业财务状况、经营成果和现金流量等有关的会计信息，反映企业管理层受托责任履行情况，有助于财务报告使用者做出经济决策。财务报告使用者通常包括投资者、债权人、政府及其有关部门、社会公众等。

二、财务报告的组成

考试要求：了解

财务会计报告是对企业财务状况、经营成果和现金流量的结构性表述。财务会计报告至少应当包括下列组成部分（“四表一注”）：

（1）资产负债表。

资产负债表是反映企业在某一特定日期的财务状况的财务报表。

（2）利润表。

利润表是反映企业在一定会计期间的经营成果的财务报表。

（3）现金流量表。

现金流量表是反映企业在一定会计期间的现金和现金等价物流入和流出的财务报表。

（4）所有者权益变动表。

所有者权益变动表是反映构成所有者权益的各组成部分当期增减变动情况的财务报表。

（5）附注。

附注是对在资产负债表、利润表、现金流量表和所有者权益变动表等报表中列示项目的文字描述或明细资料，以及对未能在这些报表中列示项目的说明等。

财务报表上述组成部分具有同等的重要程度。

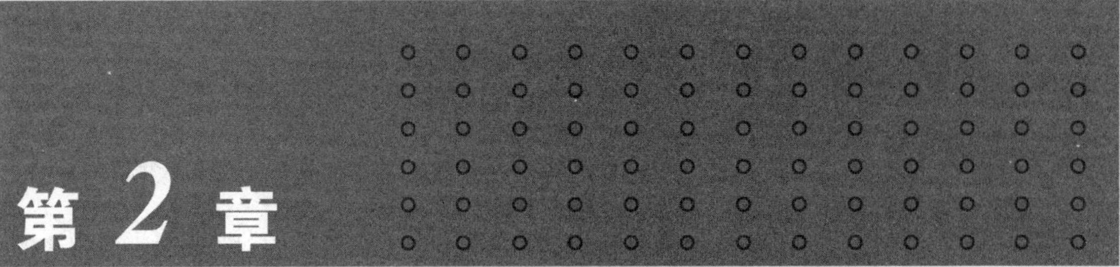

第2章 资 产

考情点拨
KAOQINGDIANBO

本章在以往的考试中所占分值为30分左右，涉及各种题型。重点掌握现金管理、现金清查的主要内容，银行结算制度的主要内容、银行存款核算与核对、存货成本的确定、发出存货的计价方法、存货清查、各种资产的核算等。

第一节 货币资金

货币资金是指企业生产经营过程中处于货币形态的资产，包括库存现金、银行存款和其他货币资金。

一、库存现金

考试要求：掌握
命题频率：2015年单选题、判断题；2016年单选题

库存现金是指存放于企业财会部门、由出纳人员经管的货币，是企业流动性最强的资产。

（一）现金管理制度

根据国务院发布的《现金管理暂行条例》的规定，企业现金管理制度主要包括以下内容：

1. 现金的使用范围

企业可用现金支付的款项有：

(1) 职工工资、津贴；
(2) 个人劳务报酬；
(3) 根据国家规定颁发给个人的科学技术、文化艺术、体育比赛等各种奖金；
(4) 各种劳保、福利费用以及国家规定的对个人的其他支出；
(5) 向个人收购农副产品和其他物资的价款；
(6) 出差人员必须随身携带的差旅费；
(7) 结算起点（1 000元）以下的零星支出；
(8) 中国人民银行确定需要支付现金的其他支出。

除上述情况可以用现金支付外，其他款项的支付应通过银行转账结算。

2. 现金的限额

现金的限额，指为了保证单位日常零星开支的需要，允许单位留存现金的最高数额。

现金限额由开户银行根据单位的实际需要核定，一般按照单位 3～5 天日常零星开支所需确定。边远地区和交通不便地区的开户单位的库存现金限额，可按多于 5 天、但不得超过 15 天的日常零星开支的需要确定。

3. 现金收支的规定

开户单位现金收支应当依照下列规定办理：

(1) 开户单位现金收入应当于当日送存开户银行，若当日送存确有困难，可由开户银行确定送存时间。

(2) 开户单位支付现金，可以从本单位库存现金限额中支付或从开户银行提取，不得从本单位的现金收入中直接支付（即坐支）。

因特殊情况需要坐支现金的，应当事先报经开户银行审查批准，由开户银行核定坐支范围和限额。

(3) 开户单位从开户银行提取现金时，由本单位财会部门负责人签字盖章并写明用途，经开户银行审核后，予以支付。

(4) 因采购地点不确定，交通不便，生产或市场急需，抢险救灾以及其他特殊情况必须使用现金的，开户单位应向开户银行提出申请，由本单位财会部门负责人签字盖章，经开户银行审核后，予以支付现金。

（二）现金的账务处理

企业内部各部门周转使用的备用金，可以单独设置"备用金"科目进行核算。

（三）现金的清查

企业应当按规定对库存现金进行定期和不定期的清查，一般采用实地盘点法，对于清查的结果应当编制现金盘点报告单。

如果账款不符，发现有待查明原因的现金短缺或溢余，应先通过"待处理财产损溢"科目核算，按管理权限经批准后，分别按以下情况处理：

(1) 如为现金短缺，属于应由责任人赔偿或保险公司赔偿的部分，计入其他应收款；属于无法查明原因的，计入管理费用。

(2) 如为现金溢余，属于应支付给有关人员或单位的，计入其他应付款；属于无法查明原因的，计入营业外收入。

经典例题
JINGDIANLITI

现金盘点时发现现金短缺，无法查明原因的，经批准后计入（　　）。

A. 营业外支出　　B. 财务费用　　C. 管理费用　　D. 其他业务成本

【答案】 C

【解析】 无法查明原因的现金短缺，应计入管理费用。

二、银行存款

考试要求： 掌握
命题频率： 2015 年单选题；2016 年判断题

银行存款是企业存放在银行或其他金融机构的货币资金。

（一）银行存款的账务处理

企业应当设置银行存款总账和银行存款日记账，分别进行银行存款的总分类核算和明细分类核算。企业可按开户银行和其他金融机构、存款种类等设置"银行存款日记账"，根据收付款凭证，按照业务的发生顺序逐笔登记。每日终了，应结出余额。

(二) 银行存款的核对

“银行存款日记账”应定期与“银行对账单”核对，至少每月核对一次。

企业银行存款账面余额与银行对账单余额之间如有差额，应编制“银行存款余额调节表”调节，如没有记账错误，调节后的双方余额应相等。

银行存款余额调节表只是为了核对账目，不能作为调整银行存款账面余额的记账依据。

如：2016 年 12 月 31 日，向阳公司银行存款日记账的余额为 2 700 000 元，银行转来对账单的余额为 4 150 000 元。经逐笔核对，发现以下未达账项：

(1) 企业送存转账支票 3 000 000 元，并已登记银行存款增加，但银行尚未记账。

(2) 企业开出转账支票 2 250 000 元，并已登记银行存款减少，但持票单位尚未到银行办理转账，银行尚未记账。

(3) 企业委托银行代收某公司购货款 2 400 000 元，银行已收妥并登记入账，但企业未收到收款通知，尚未记账。

(4) 银行代企业支付电话费 200 000 元，银行已登记减少企业银行存款，但企业未收到银行付款通知，尚未记账。

计算结果见表 2-1。

表 2-1 银行存款余额调节表 单位：元

项目	金额	项目	金额
企业银行存款日记账余额	2 700 000	银行对账单余额	4 150 000
加：银行已收，企业未收款	2 400 000	加：企业已收，银行未收款	3 000 000
减：银行已付，企业未付款	200 000	减：企业已付，银行未付款	2 250 000
调节后的存款余额	4 900 000	调节后的存款余额	4 900 000

由于结算凭证在企业与银行之间或收付款银行之间传递需要时间，造成企业与银行之间入账的时间差，一方收到凭证并已入账，另一方未收到凭证因而未能入账，由此形成的账款，即未达账项。

发生未达账项的情况具体有四种：

一是企业已收款入账，银行尚未收款入账；

二是企业已付款入账，银行尚未付款入账；

三是银行已收款入账，企业尚未收款入账；

四是银行已付款入账，企业尚未付款入账。

三、其他货币资金

考试要求：掌握

命题频率：2014 年多选题、判断题；2015 年多选题；2016 年多选题、不定项选择题

(一) 其他货币资金的内容

其他货币资金指企业除现金、银行存款以外的其他各种货币资金，主要包括银行汇票存款、银行本票存款、信用卡存款、信用证保证金存款、存出投资款和外埠存款等。

(二) 其他货币资金的账务处理

1. 银行汇票存款

(1) 企业将款项交存银行时：

借：其他货币资金——银行汇票

　　贷：银行存款

（2）企业持银行汇票购货，收到有关发票账单时：

借：材料采购

原材料

库存商品

应交税费——应交增值税（进项税额）

贷：其他货币资金——银行汇票

（3）采购完毕收回剩余款项时：

借：银行存款

贷：其他货币资金——银行汇票

（4）销货企业收到银行汇票，填制进账单到开户银行办理款项入账手续时：

借：银行存款（根据进账单及销货发票等）

贷：主营业务收入

应交税费——应交增值税（销项税额）

2. 银行本票存款

（1）申请人因银行本票超过提示付款期限或其他原因要求退款时：

借：银行存款（根据银行盖章退回的进账单第一联）

贷：其他货币资金——银行本票

（2）企业填写“银行本票申请书”，将款项交存银行时：

借：其他货币资金——银行本票

贷：银行存款

（3）企业持银行本票购货，收到有关发票账单时：

借：材料采购

原材料

库存商品

应交税费——应交增值税（进项税额）

贷：其他货币资金——银行本票

（4）销货企业收到银行本票，填制进账单到开户银行办理款项入账手续时：

借：银行存款

贷：主营业务收入

应交税费——应交增值税（销项税额）

3. 信用卡存款

（1）企业应填制“信用卡申请表”，连同支票和有关资料一并送存发卡银行时：

借：其他货币资金——信用卡（根据银行盖章退回的进账单第一联）

贷：银行存款

（2）企业用信用卡购物或支付有关费用，收到开户银行转来的信用卡存款的付款凭证及所附发票账单时：

借：管理费用

贷：其他货币资金——信用卡

（3）企业信用卡在使用过程中，需要向其账户续存资金时：

借：其他货币资金——信用卡

贷：银行存款

（4）企业的持卡人如不需要继续使用信用卡时，应持信用卡主动到发卡银行办理销户，销卡时：

借：银行存款

贷：其他货币资金——信用卡

信用卡按是否向发卡银行交存备用金分为贷记卡和准贷记卡。贷记卡，是指发卡银行给予持卡人一定的信用额度，持卡人可在信用额度内先消费、后还款的信用卡。它具有透支消费、期限内还款可免息、卡内存款不计付利息等特点。准贷记卡，是指持卡人须先按发卡银行要求交存一定金额备用金，当备用金账户余额不足支付时，可在发卡银行规定的信用额度内透支的信用卡。准贷记卡的透支期限最长为60天，贷记卡的首月最低还款额不得低于当月透支余额的10%。

4. 信用证保证金存款

（1）企业填写“信用证申请书”，将信用证保证金交存银行时：

借：其他货币资金——信用证保证金（根据银行盖章退回的“信用证申请书”回单）

　　贷：银行存款

（2）企业接到开证行通知时：

借：材料采购

　　原材料

　　库存商品

　　应交税费——应交增值税（进项税额）

　　贷：其他货币资金——信用证保证金（根据信用证结算凭证及所附发票账单）

（3）将未用完的信用证保证金存款余额转回开户银行时：

借：银行存款

　　贷：其他货币资金——信用证保证金

5. 存出投资款

（1）企业向证券公司划出资金时：

借：其他货币资金——存出投资款（按实际划出的金额）

　　贷：银行存款

（2）购买股票、债券、基金等时：

借：交易性金融资产

　　贷：其他货币资金——存出投资款

6. 外埠存款

（1）企业将款项汇往外地开立采购专用账户，根据汇出款项凭证编制付款凭证时：

借：其他货币资金——外埠存款

　　贷：银行存款

（2）收到采购人员转来供应单位发票账单等报销凭证时：

借：材料采购

　　原材料

　　库存商品

　　应交税费——应交增值税（进项税额）

　　贷：其他货币资金——外埠存款

（3）采购完毕收回剩余款项时：

借：银行存款

　　贷：其他货币资金——外埠存款（根据银行的收账通知）

经典例题
JINGDIANLITI

下列各项中，不会引起其他货币资金发生变动的是（　　）。

A. 企业销售商品收到商业汇票

B. 企业用银行本票购买办公用品

C. 企业将款项汇往外地开立采购专业账户

D. 企业为购买基金将资金存入在证券公司指定银行开立的账户

【答案】A

【解析】商业汇票在“应收票据”核算，不会引起其他货币资金发生变动，故 A 选项正确；BCD 选项分别通过银行本票存款、外埠存款、存出投资款进行核算，而银行本票存款、外埠存款和存出投资款属于其他货币资金，会引起其他货币资金发生变动，故 BCD 选项不正确。

第二节　应收及预付款项

应收及预付款项包括应收款项和预付款项。应收款项包括应收票据、应收账款和其他应收款等。预付款项则是指企业按照合同规定预付的款项，如预付账款等。

一、应收票据

考试要求：掌握

命题频率：2014 年判断题；2016 年不定项选择题；2017 年不定项选择题

（一）应收票据概述

应收票据是指企业因销售商品、提供劳务等而收到的商业汇票。

商业汇票是一种由出票人签发的，委托付款人在指定日期无条件支付确定金额给收款人或者持票人的票据。

根据承兑人不同，商业汇票分为商业承兑汇票和银行承兑汇票。

商业汇票的付款期限，最长不得超过六个月。

商业承兑汇票是指由付款人签发并承兑，或由收款人签发交由付款人承兑的汇票。银行承兑汇票是指由在承兑银行开立存款账户的存款人（这里也是出票人）签发，由承兑银行承兑的票据。

（二）应收票据的账务处理

1. 取得应收票据和收回到期票款

（1）因债务人抵偿前欠货款而取得的应收票据：

借：应收票据

　　贷：应收账款

（2）因企业销售商品、提供劳务等而收到开出、承兑的商业汇票：

借：应收票据

　　贷：主营业务收入

　　　　应交税费——应交增值税（销项税额）

（3）商业汇票到期收回款项时：

借：银行存款（按实际收到的金额）

　　贷：应收票据

2. 应收票据的转让

实务中，企业可以将自己持有的商业汇票背书转让。

（1）通常情况下，企业将持有的商业汇票背书转让以取得所需物资时：

借：材料采购
　　原材料　　｝（按应计入取得物资成本的金额）
　　库存商品

应交税费——应交增值税（进项税额）（按照专用发票上注明的增值税税额）
贷：应收票据（按商业汇票的票面金额）
银行存款（借贷方差额，也可能在借方）

（2）票据贴现：
借：银行存款（按实际收到的金额）
财务费用（按贴现息部分）
贷：应收票据（按票据的票面金额）

二、应收账款

考试要求：掌握

（一）应收账款的定义

应收账款指企业因销售商品、提供劳务等经营活动，应向购货单位或接受劳务单位收取的款项，主要包括企业销售商品或提供劳务等应向有关债务人收取的价款及代购货单位垫付的包装费、运杂费等。

（二）应收账款的账务处理

（1）销售时：
借：应收账款
贷：主营业务收入
应交税费——应交增值税（销项税额）

（2）收回应收账款时：
借：银行存款
贷：应收账款

（3）企业代购货单位垫付包装费、运杂费时：
借：应收账款
贷：银行存款

（4）收回代垫费用时：
借：银行存款
贷：应收账款

（5）在收到承兑的商业汇票时：
借：应收票据
贷：应收账款

不单独设置“预收账款”科目的企业，预收的账款也在“应收账款”科目核算。如果期末余额在贷方，则反映企业预收的账款。关键用途是填资产负债表。

某企业采用托收承付结算方式销售一批商品，增值税专用发票注明的价款为 1 000 万元，增值税税额为 170 万元，销售商品时为客户代垫运输费 5 万元，全部款项已办妥托收手续。该企业应确认的应收账款为（　　）万元。

A. 1 000　　B. 1 005　　C. 1 170　　D. 1 175

【答案】D

【解析】应收账款是指企业因销售商品、提供劳务等经营活动，应向购货单位或接受劳务单位收取的款项，主要包括企业销售商品或提供劳务等应向有关债务人收取的价款及代购货单位垫付的包装费、运杂费等。因此，该企业应确认的应收账款的金额＝1 000＋170＋5＝1 175（万元）。

三、预付账款

考试要求：掌握

预付账款是指企业按照合同规定预付的款项。

预付款项情况不多的企业，可以不设置“预付账款”科目，而将预付的款项通过“应付账款”科目核算。

（1）企业根据购货合同的规定向供应单位预付款项时：

借：预付账款

　　贷：银行存款

（2）企业收到所购物资时：

借：材料采购／原材料／库存商品（按应计入购入物资成本的金额）

　　应交税费——应交增值税（进项税额）（按相应的增值税进项税额）

　　贷：预付账款

（3）当预付价款小于采购货物所需支付的款项，补付不足部分时：

借：预付账款

　　贷：银行存款

（4）当预付价款大于采购货物所需支付的款项，收回多余款项时：

借：银行存款

　　贷：预付账款

四、应收股利和应收利息

考试要求：掌握

（一）应收股利的账务处理

应收股利是指企业应收取的现金股利和应收取其他单位分配的利润。为了反映和监督应收股利的增减变动及其结存情况，企业应设置“应收股利”科目。“应收股利”科目的借方登记应收股利的增加，贷方登记收到的现金股利或利润，期末余额一般在借方，反映企业尚未收到的现金股利或利润。

（1）企业在持有以公允价值计量且其变动计入当期损益的金融资产（交易性金融资产），被投资单位宣告发放现金股利，按应享有的份额，确认为当期投资收益：

借：应收股利

　　贷：投资收益

（2）企业在持有长期股权投资期间，该投资单位宣告发放现金股利或利润，按应享有的份额：

借：应收股利

　　贷：投资收益（采用成本法核算的长期股权投资）

　　　　长期股权投资——损益调整（采用权益法核算的长期股权投资）

【注意】企业取得以公允价值计量且其变动计入当期损益的金融资产（主要为交易性金融资产）、长期股权投资等资产，若实际支付的价款中包含已宣告但尚未分派的现金股利或利润，不单独作为应收股利处理，则不需要借记“应收股利”科目，而是直接计入相关资产的成本或初始确认金额。

(3) 企业收到被投资单位分配的现金股利或利润：

借：其他货币资金——存出投资款(企业通过证券公司购入上市公司股票所形成的股权投资取得的现金股利)

银行存款（企业持有的其他股权投资取得的现金股利或利润）

贷：应收股利

（二）应收利息的账务处理

应收利息是指企业根据合同或协议规定应向债务人收取的利息。为了反映和监督应收利息的增减变动及其结存情况，企业应设置“应收利息”科目。“应收利息”科目的借方登记应收利息的增加，贷方登记收到的利息，期末余额一般在借方，反映企业尚未收到的利息。

五、其他应收款

考试要求：掌握

（一）其他应收款的内容

其他应收款是指企业除应收票据、应收账款、预付账款等以外的其他各种应收及暂付款项。其主要内容包括：

(1) 应收的各种赔款、罚款，如企业财产因遭受意外损失而向有关保险公司收取的赔款等；

(2) 应收的出租包装物租金；

(3) 应向职工收取的各种垫付款项，如为职工垫付的水电费、应由职工负担的医药费、房租费等；

(4) 存出保证金，如租入包装物支付的押金；

(5) 其他各种应收、暂付款项。

（二）其他应收款的账务处理

(1) 发生其他各种应收、暂付款项时：

借：其他应收款

贷：有关科目

(2) 收回或转销各种款项时：

借：库存现金

银行存款

贷：其他应收款

六、应收款项减值

扫码听课

考试要求：了解

命题频率：2015 年单选题、多选题、判断题；2016 单选题、多选题；2017 年不定项选择题

（一）应收账款减值损失的确认

企业的各项应收款项，可能会因购货人拒付、破产、死亡等原因而无法收回，无法收回的应收款项即坏账。企业因坏账而遭受的损失为坏账损失或减值损失。

企业应当在资产负债表日对应收款项的账面价值进行检查，有客观证据表明应收款项发生减值的，应当将该应收款项的账面价值减记至预计未来现金流量现值，减记的金额确认为减值损失，同时计提坏账准备。

应收款项减值方法有直接转销法和备抵法。我国企业会计准则规定确定应收款项的减值只能采用备抵法，不得采用直接转销法。

1. 直接转销法

采用直接转销法时，日常核算中应收款项可能发生的坏账损失不予考虑，只有在实际发生坏账时，才作为坏账损失计入当期损益，同时直接冲销应收款项：

借：资产减值损失

　　贷：应收账款

2. 备抵法

备抵法是采用一定的方法按期估计坏账损失，计入当期损益，同时建立坏账准备，待坏账实际发生时，冲销已提的坏账准备和相应的应收款项。

企业在预计未来现金流量现值时，应当在合理预计未来现金流量的同时，合理选用折现利率。

短期应收款项的预计未来现金流量与其现值相差很小的，在确认相关减值损失时，可不对其预计未来现金流量进行折现。

（二）坏账准备的账务处理

企业应当设置“坏账准备”科目，核算应收款项的坏账准备计提、转销等情况。企业当期计提的坏账准备应当计入资产减值损失。

“坏账准备”科目的贷方登记当期计提的坏账准备金额，借方登记实际发生的坏账损失金额和冲减的坏账准备金额，期末余额一般在贷方，反映企业已计提但尚未转销的坏账准备。

坏账准备可按以下公式计算：

当期应计提的坏账准备＝当期按应收款项计算应提坏账准备金额－“坏账准备”科目的贷方余额（或＋“坏账准备”科目的借方余额）

（1）企业计提坏账准备时：

借：资产减值损失——计提的坏账准备（按应减记的金额）

　　贷：坏账准备

（2）冲减多计提的坏账准备时：

借：坏账准备

　　贷：资产减值损失——计提的坏账准备

（3）企业确实无法收回的应收款项按管理权限报经批准后作为坏账转销时，应当冲减已计提的坏账准备。已确认并转销的应收款项以后又收回的，应当按照实际收到的金额增加坏账准备的账面余额。企业实际发生坏账损失时：

借：坏账准备

　　贷：应收账款

　　　　其他应收款

经典例题

JINGDIANLITI

1. 2015 年 12 月 31 日，某企业应收账款账面余额为 1 200 万元，预计未来现金流量现值为 600 万元；计提坏账准备前，企业坏账准备贷方科目余额为 350 万元。不考虑其他因素，当日该企业应计提的坏账准备为（　　）万元。

A. 250　　B. 600　　C. 350　　D. 1 200

【答案】 A

【解析】 企业预计未来现金流量现值为 600 万元，应收账款账面余额为 1 200 万元，则当期减值损失（应计提的坏账准备）为 1 200－600＝600（万元）。计提坏账准备前，企业坏账准备贷方科目余额为350万元，反映企业已计提但尚未转销的坏账准备，因此当期可少计提350元的坏账准备。由于当期应计提的坏账准备＝当期按应收款项计算应提坏账准备金额－“坏账准备”科目的贷方余额，因此当日该企业应计提的坏账准备＝600－350＝250（万元）。

2. 下列各项中，会导致应收账款账面价值减少的有（　　）。

A. 计提应收账款坏账准备　　B. 收回已转销的应收账款

C. 收回应收账款　　D. 转销无法收回的采用备抵法核算的应收账款

【答案】ABC

【解析】D选项不会导致应收账款账面价值减少，其会计分录为：

借：坏账准备

　　贷：应收账款

第三节　交易性金融资产

一、交易性金融资产的内容

考试要求：了解

交易性金融资产主要是指企业为了近期内出售而持有的金融资产，包括企业以赚取差价为目的从二级市场购入的股票、债券、基金等。

二、交易性金融资产的账务处理

考试要求：掌握

命题频率：2014年多选题；2015年单选题；2016年不定项选择题；2017年单选题、判断题

（一）交易性金融资产核算应设置的会计科目

“交易性金融资产”科目用以核算企业为交易目的所持有的债券投资、股票投资、基金投资等交易性金融资产的公允价值。企业持有的直接指定为以公允价值计量且其变动计入当期损益的金融资产也在“交易性金融资产”科目核算。

“交易性金融资产”科目的借方登记交易性金融资产的取得成本、资产负债表日其公允价值高于账面余额的差额，以及出售交易性金融资产时结转公允价值低于账面余额的变动金额；贷方登记资产负债表日其公允价值低于账面余额的差额，以及企业出售交易性金融资产时结转的成本和公允价值高于账面余额的变动金额。

交易性金融资产按类别和品种可分别设置“成本”“公允价值变动”等明细科目进行核算。

“公允价值变动损益”科目用以核算企业交易性金融资产等的公允价值变动而形成的应计入当期损益的利得或损失。“公允价值变动损益”科目的借方登记资产负债表日企业持有的交易性金融资产等的公允价值低于账面余额的差额；贷方登记资产负债表日企业持有的交易性金融资产等的公允价值高于账面余额的差额。

（二）交易性金融资产的取得

企业取得交易性金融资产时，应当按照该金融资产取得时的公允价值作为其初始入账金额。公允价值，是指市场参与者在计量日发生的有序交易中，出售一项资产所能收到或者转移一项负债所需支付的价格。在公平交易中，熟悉情况的交易双方自愿进行资产交换或者债务清偿的金额。金融资产的公允价值，应当以市场交易价格为基础加以确定。

企业取得交易性金融资产所支付价款中包含了已宣告但尚未发放的现金股利或已到付息期但尚未领取的债券利息的，不应单独确认为应收项目，而应构成交易性金融资产的初始入账金额。

企业取得交易性金融资产所发生的相关交易费用应当在发生时作为投资收益进行会计处理。交易费用是指可直接归属于购买、发行或处置金融工具新增的外部费用，包括支付给代理机构、咨询公司、券商等的手续费和佣金及其他必要支出。

企业取得交易性金融资产：

借：交易性金融资产——成本（按照该金融资产取得时的公允价值）

投资收益（按照发生的交易费用）

应交税费——应交增值税（进项税额）（按增值税专用发票上注明的进项税额）

贷：其他货币资金（按照实际支付的金额）

（三）交易性金融资产的持有

（1）企业持有交易性金融资产期间对于被投资单位宣告发放的现金股利或企业在资产负债表日按分期付息、一次还本债券投资的票面利率计算的利息收入，应当确认为应收项目，并计入投资收益。

企业在持有交易性金融资产的期间，取得被投资单位宣告发放的现金股利，或在资产负债表日按分期付息、一次还本债券投资的票面利率计算的利息收入：

借：应收股利

应收利息

贷：投资收益

（2）资产负债表日，交易性金融资产应当按照公允价值计量，公允价值与账面余额之间的差额计入当期损益。

企业应当在资产负债表日按照交易性金融资产公允价值高于其账面余额的差额：

借：交易性金融资产——公允价值变动

贷：公允价值变动损益

【注意】公允价值低于其账面余额的差额做相反的会计分录。

（四）交易性金融资产的出售

企业出售交易性金融资产时，应当将该金融资产出售时的公允价值与其账面余额之间的差额作为投资损益进行会计处理，同时，将原计入公允价值变动损益的该金融资产的公允价值变动转出，由公允价值变动损益转为投资收益。

企业出售交易性金融资产时：

借：其他货币资金（按照实际收到的金额）

贷：交易性金融资产——成本（按照该金融资产的账面余额的成本部分）

——公允价值变动（按照该金融资产的账面余额的公允价值的变动部分，可能在借方）

投资收益（按实际收到的金额与金融资产账面余额的差，可能记借方）

同时，将原计入该金融资产的公允价值变动转出（余额在贷方）：

借：公允价值变动损益

贷：投资收益

【注意】若公允价值变动损益余额在借方，做相反方向会计分录。

经典例题

JINGDIANLITI

1. 2015 年 12 月 10 日，甲公司购入乙公司股票 10 万股，作为交易性金融资产核算，支付价款 249 万元，另支付交易费用 0.6 万元。12 月 31 日，公允价值为 258 万元，2015 年甲公司利润表中“公允价值变动损益”本年金额为（　　）万元。

A. 9　　B. 9.6　　C. 8.4　　D. 0.6

【答案】A

【解析】应确认公允价值变动损益=258-249=9（万元）。

2. 甲公司从证券市场购入股票20 000股，每股10元，其中包含已宣告但尚未领取的现金股利0.6元，另支付交易费用1 000元。企业将其划分为交易性金融资产核算，则其初始入账价值是（　　）元。

A. 201 000　　B. 200 000　　C. 188 000　　D. 189 000

【答案】B

【解析】交易性金融资产的入账价值=20 000×10=200 000（元），交易费用不计入交易性金融资产的初始入账价值，现金股利计入交易性金融资产的初始入账价值。

（五）转让金融商品的缴纳增值税的账务处理

金融商品转让的销售额=金融商品卖出价-金融商品买入价

【注意】金融商品买入价不需要扣除已宣告尚未发放的现金股利和已到付息期尚未领取的利息。

如果金融商品卖出价与金融商品买入价相减后出现负差，可结转下一纳税期与下期转让金融商品销售额互抵，但年末时仍出现负差的，不得转入下一会计年度。

（1）转让金融资产当月月末，如产生转让收益：

借：投资收益（按应纳税额）

　　贷：应交税费——转让金融商品应交增值税（金融商品转让的销售额×6%）

转让金融资产当月月末，如产生转让损失：

借：应交税费——转让金融商品应交增值税（按可结转下月抵扣税额）

　　贷：投资收益

（2）年末，如果“应交税费——转让金融商品应交增值税”科目有借方余额：

借：投资收益

　　贷：应交税费——转让金融商品应交增值税

第四节　存货

一、存货概述

考试要求：掌握

命题频率：2014年判断题；2015年单选题、多选题、不定项选择题；2016年单选题、多选题；2017年不定项选择题

（一）存货的内容

存货包括各类材料、在产品、半成品、产成品、商品以及包装物、低值易耗品、委托代销商品等。“在途物资”“发出商品”“委托加工物资”也属于企业的存货。已完成销售手续、但购买方在当月尚未提取的商品不属于企业的存货。

企业接受来料加工制造的代制品和为外单位加工修理的代修品，制造和修理完成验收入库后，视同企业的产成品。受托代销商品不属于存货。生产成本的借方余额为在产品，属于存货。

（二）存货成本的确定

存货应当按照成本进行初始计量。存货成本包括采购成本、加工成本和其他成本。

1. 存货的采购成本

存货的采购成本包括购买价款、相关税费、运输费、装卸费、保险费以及其他可归属于存货采购成本的费用。

存货的购买价款即企业购入的材料或商品的发票账单上列明的价款，但不包括按照规定可以抵扣的增值税税额。

存货的相关税费包括企业购买存货发生的进口关税、消费税、资源税和不能抵扣的增值税进项税额以及相应的教育费附加等。

其他可归属于存货采购成本的费用包括存货采购过程中发生的仓储费、包装费、运输途中的合理损耗、入库前的挑选整理费用等。

运输途中的合理损耗，是指商品在运输过程中，因商品性质、自然条件及技术设备等因素，所发生的自然的或不可避免的损耗。例如，汽车在运输煤炭、化肥等的过程中自然散落以及易挥发产品在运输过程中的自然挥发。

商品流通企业在采购商品过程中发生的运输费、装卸费、保险费以及其他可归属于存货采购成本的费用等进货费用，应当计入存货采购成本，也可以先进行归集，期末根据所购商品的存销情况进行分摊。

对于已售商品的进货费用，计入当期损益；对于未售商品的进货费用，计入期末存货成本。企业采购商品的进货费用金额较小的，可以在发生时直接计入当期损益。

2. 存货的加工成本

存货的加工成本包括直接人工以及按照一定方法分配的制造费用。

3. 存货的其他成本

存货的其他成本指除采购成本、加工成本以外的，使存货达到目前场所和状态所发生的其他支出。

通常，企业设计产品发生的设计费用计入当期损益，但是为特定客户设计产品所发生的、可直接确定的设计费用应计入存货的成本。

存货的来源不同，其成本的构成内容也不同。实务中具体按以下原则确定：

（1）购入的存货，其成本包括：买价、运杂费（包括运输费、装卸费、保险费、包装费、仓储费等）、运输途中的合理损耗、入库前的挑选整理费用（包括挑选整理中发生的工、费支出和挑选整理过程中所发生的数量损耗，并扣除回收的下脚废料价值）以及按规定应计入成本的税费和其他费用。

（2）自制的存货，包括自制原材料、自制包装物、自制低值易耗品、自制半成品及库存商品等，其成本包括直接材料、直接人工和制造费用等的各项实际支出。

（3）委托外单位加工完成的存货，包括加工后的原材料、包装物、低值易耗品、半成品、产成品等，其成本包括实际耗用的原材料或者半成品、加工费、装卸费、保险费、委托加工的往返运输费等费用以及按规定应计入成本的税费。

但是，下列费用不应计入存货成本，而应在其发生时计入当期损益：

（1）非正常消耗的直接材料、直接人工和制造费用，应在发生时计入当期损益，如由于自然灾害而发生的直接材料、直接人工和制造费用。

（2）存货采购入库后发生的仓储费用，应在发生时计入当期损益。但是为达到下一个生产阶段所必需的仓储费用应计入存货成本，如某种酒类产品生产企业为使生产的酒达到规定的产品质量标准而必须发生的仓储费用，应计入酒的成本，而不应计入当期损益。

（3）不能归属于使存货达到目前场所和状态的其他支出，应在发生时计入当期损益。

（三）发出存货的计价方法

实务中，企业发出的存货可以按实际成本核算，也可以按计划成本核算。若采用计划成本核算，应在会计期末调整为实际成本。

在实际成本核算方式下，企业可以采用发出存货成本的计价方法，包括个别计价法、先进先出法、月末一次加权平均法和移动加权平均法等。

1. 个别计价法

个别计价法，亦称个别认定法、具体辨认法、分批实际法，在这种方法下，把每一种存货的实际成本作为计算发出存货成本和期末存货成本的基础。

个别计价法适用于一般不能替代使用的存货、为特定项目专门购入或制造的存货以及提供的劳务，如珠宝、名画等贵重物品。

2. 先进先出法

在先进先出法下，先购入的存货成本在后购入存货成本之前转出，据此确定发出存货和期末存货的成本。

先进先出法可以随时结转存货发出成本，但较烦琐。如果存货收发业务较多且存货单价不稳定时，其工作量较大。

在物价持续上升时，期末存货成本接近于市价，而发出成本偏低，会高估企业当期利润和库存存货价值；反之，会低估企业存货价值和当期利润。

3. 月末一次加权平均法

月末一次加权平均法是指以本月全部进货数量加上月初存货数量作为权数，去除本月全部进货成本加上月初存货成本，计算出存货的加权平均单位成本，以此为基础计算本月发出存货的成本和期末存货的成本的一种方法。计算公式如下：

存货单位成本

＝［月初结存存货成本＋Σ（本月各批进货的实际单位成本×本月各批进货的数量）］÷（月初结存存货的数量＋本月各批进货数量之和）

本月发出存货的成本＝本月发出存货的数量×存货单位成本

本月月末结存存货成本＝月末结存存货的数量×存货单位成本

或：

本月月末结存存货成本

＝月初结存存货的实际成本＋本月收入存货的实际成本－本月发出存货的实际成本

采用月末一次加权平均法，只在月末一次计算加权平均单价，有利于简化成本计算工作。但由于平时无法从账上提供发出和结存存货的单价及金额，不利于存货成本的日常管理与控制。

4. 移动加权平均法

移动加权平均法是指以每次进货的成本加上原有结存存货的成本的合计额，除以每次进货数量加上原有结存存货的数量的合计数，据以计算加权平均单位成本，作为在下次进货前计算各次发出存货成本依据的一种方法。计算公式如下：

存货单位成本＝（原有结存存货成本＋本次进货的成本）÷（原有结存存货数量＋本资进货数量）

本次发出存货成本＝本次发出存货数量×本次发货前存货的单位成本

本月月末结存存货成本＝月末结存存货的数量×本月月末存货单位成本

采用移动加权平均法，能够使企业管理层及时了解存货的结存情况，计算的平均单位成本以及发出和结存的存货成本比较客观。但由于每次收货都要计算一次平均单位成本，计算工作量较大，对收发货较频繁的企业不适用。

经典例题

JINGDIANLITI

1. 某企业为增值税一般纳税人，开出银行承兑汇票购入原材料一批，并支付银行承兑手续费。下列各项中，关于该企业采购原材料的会计处理，表述正确的有（　　）。

A. 支付的运输费计入材料成本　　B. 支付的可抵扣的增值税进项税额计入材料成本

C. 支付的原材料价款计入材料成本　　D. 支付的票据承兑手续费计入财务费用

【答案】ACD

【解析】B选项应计入应交税费——应交增值税（进项税额）。

2. 下列各项中，不计入存货采购成本的是（　　）。

A. 负担的运输费用　　B. 支付的进口关税

C. 入库后的仓储费　　D. 入库前的整理挑选费

【答案】C

【解析】入库后的仓储费，计入管理费用。

3. 甲企业为增值税一般纳税人，适用的增值税税率为17%。发出商品成本按月末一次加权平均法计算确定，原材料采用计划成本法核算。2014年12月该企业发生如下经济业务：

1日，库存商品结存数量为1 000件，单位生产成本为21元；本月生产完工验收入库商品2 000件，单位生产成本为24元；本月发出商品2 800件，其中2 000件符合收入确认条件并已确认收入，其余部分未满足收入确认条件。

甲企业会计处理结果正确的是（　　）。

A. 月末结转的商品销售成本为64 400元　　B. 本月发出商品的单位成本为23元

C. 本月发出商品的单位成本为21元　　D. 月末结转的商品销售成本为46 000元

【答案】BD

【解析】本月发出商品的单位成本=（月初结存商品成本+本月完工入库商品成本）÷（本月结存商品数量+本月完工入库商品数量）=（1 000×21+2 000×24）÷（1 000+2 000）=23（元），月末结转的商品销售成本=2 000×23=46 000（元），故BD选项正确。

二、原材料

考试要求：掌握

命题频率：2014年单选题；2016年单选题、多选题；2017年不定项选择题

原材料具体包括原料及主要材料、辅助材料、外购半成品（外购件）、修理用备件（备品备件）、包装材料、燃料等。

原材料的日常收发及结存可以采用实际成本核算，也可以采用计划成本核算。

（一）采用实际成本核算

1. 购入材料

由于支付方式不同，原材料入库的时间与付款的时间可能一致，也可能不一致，在账务处理上也有所不同。

（1）货款已经支付或开出、承兑商业汇票，同时材料已验收入库。

借：原材料

　　应交税费——应交增值税（进项税额）（增值税发票上注明的可抵扣税额）

　　贷：银行存款

　　　　其他货币资金

　　　　应付票据

（2）货款已经支付或已开出、承兑商业汇票，材料尚未到达或尚未验收入库。

借：在途物资

　　应交税费——应交增值税（进项税额）

　　贷：银行存款

　　　　应付票据

【注意】实际成本法下，已经付款或已开出、承兑商业汇票，但尚未到达或尚未验收入库的采购业务，通过"在途物资"科目核算。待材料到达或入库后，账务处理如下：

借：原材料

贷：在途物资

(3) 货款尚未支付，材料已经验收入库。

◆收到发票账单：

借：原材料

应交税费——应交增值税（进项税额）

贷：应付账款

◆未收到发票账单且无法确定成本：

借：原材料

贷：应付账款——暂估应付账款

◆下月初做相反的会计分录予以冲回：

借：应付账款——暂估应付账款

贷：原材料

(4) 货款已经预付，材料尚未验收入库。

◆支付货款时：

借：预付账款

贷：银行存款

◆收到材料时：

①材料入库时：

借：原材料

应交税费——应交增值税（进项税额）

贷：预付账款

②补付货款时：

借：预付账款

贷：银行存款

2. 发出材料

借：生产成本——基本生产成本

——辅助生产成本

制造费用

管理费用

贷：原材料

【注意】发出材料实际成本的确定，可以由企业从上述个别计价法、先进先出法、月末一次加权平均法、移动加权平均法等方法中选择。计价方法一经确定，不得随意变更。如需变更，应在附注中予以说明。

（二）采用计划成本核算

1. 购入材料

(1) 货款已经支付，同时材料验收入库。

借：材料采购

应交税费——应交增值税（进项税额）

贷：银行存款

【注意】在计划成本法下，购入的材料无论是否验收入库，都要先通过“材料采购”科目进行核算，以反映企业所购材料的实际成本，从而与“原材料”科目相比较，计算确定材料差异成本。

(2) 货款已经支付，材料尚未验收入库。

借：材料采购

应交税费——应交增值税（进项税额）

贷：银行存款

（3）货款尚未支付，材料已经验收入库。

◆收到发票账单：

借：材料采购

应交税费——应交增值税（进项税额）

贷：应付票据

应付账款

◆未收到发票账单：

借：原材料

贷：应付账款——暂估应付账款

◆下月初做相反的会计分录予以冲回：

借：应付账款——暂估应付账款

贷：原材料

◆验收入库的材料：

借：原材料（按计划成本）

贷：材料采购

借：材料成本差异（按实际成本大于计划成本的差异）

贷：材料采购

【注意】实际成本小于计划成本的，做相反账务处理。材料成本差异期末为借方余额，即超支差异，为正数；期末为贷方余额，即节约差异，为负数。

2. 发出材料

月末，企业根据领料单等编制“发料凭证汇总表”结转发出材料的计划成本，应当根据所发出材料的用途，按计划成本分别记入“生产成本”“制造费用”“销售费用”“管理费用”等科目，同时结转材料成本差异。

（1）结转发出材料的计划成本。

借：生产成本——基本生产成本

——辅助生产成本

制造费用

管理费用

贷：原材料

（2）结转材料成本差异。

本期材料成本差异率＝（期初结存材料的成本差异＋本期验收入库材料的成本差异）÷（期初结存材料的计划成本＋本期验收入库材料的计划成本）×100％

发出材料应负担的成本差异＝发出材料的计划成本×本期材料成本差异率

如果企业的材料成本差异率各期之间是比较均衡的，也可以采用期初材料成本差异率分摊本期的材料成本差异。年度终了，应对材料成本差异率进行核实调整。

期初材料成本差异率＝（期初结存材料的成本差异÷期初结存材料的计划成本）×100％

发出材料应负担的成本差异＝发出材料的计划成本×期初材料成本差异率

结转发出材料的节约差异：

借：材料成本差异

贷：生产成本——基本生产成本

——辅助生产成本

制造费用

管理费用

【注意】若发出材料为超支差异，做相反账务处理。

经典例题 JINGDIANLITI

1. 某企业月初原材料借方余额为 20 万元，材料成本差异借方余额为 0.2 万元，当月入库材料计划成本为 60 万元，材料成本差异为节约 1.8 万元，当月领用材料计划成本为 45 万元，结存材料的实际成本为（　　）万元。

A. 35.7　　B. 33.4　　C. 35.0　　D. 34.3

【答案】D

【解析】本期材料成本差异率＝（期初结存材料的成本差异＋本期验收入库材料的成本差异）÷（期初结存材料的计划成本＋本期验收入库材料的计划成本）×100%＝（0.2－1.8）÷（20＋60）×100%＝－2%，结存材料的实际成本＝（20＋60－45）×（1－2%）＝34.3（万元）。

2. 甲企业采用移动加权平均法计算出甲材料的成本，2013 年 4 月 1 日，甲材料结存 300 千克，每千克实际成本为 3 元；4 月 3 日，发出甲材料 100 千克；4 月 12 日，购入甲材料 200 千克，每千克实际成本 10 元；4 月 27 日，发出甲材料 350 千克，4 月末该企业甲材料的期末结存成本为（　　）元。

A. 450　　B. 440　　C. 500　　D. 325

【答案】D

【解析】4 月 12 日甲材料的加权平均单位成本＝［（300－100）×3＋200×10］÷（300－100＋200）＝6.5（元/千克），4 月末该企业甲材料结存成本＝（300－100＋200－350）×6.5＝325（元）。

三、周转材料

考试要求：掌握

周转材料，是指企业能够多次使用，不符合固定资产定义，逐渐转移其价值但仍保持原有形态，不确认为固定资产的材料。企业的周转材料包括包装物和低值易耗品。

（一）包装物

1. 包装物的内容

包装物核算内容包括：

（1）生产过程中用于包装产品作为产品组成部分的包装物；

（2）随同商品出售而不单独计价的包装物；

（3）随同商品出售单独计价的包装物；

（4）出租或出借给购买单位使用的包装物。

2. 包装物的账务处理

（1）生产领用包装物。

生产领用包装物：

借：生产成本（按照领用包装物的实际成本）

　　贷：周转材料——包装物（按照领用包装物的计划成本）

　　　　材料成本差异（实际成本与计划成本之差，也可能在借方）

（2）随同商品出售包装物。

1）随同商品出售而不单独计价的包装物：

借：销售费用（按其实际成本计入销售费用）

　　贷：周转材料——包装物（按其计划成本）

材料成本差异（按实际成本与计划成本差额，可能在借方）

2）随同商品出售而单独计价的包装物：

借：银行存款（按实际取得的金额）

贷：其他业务收入（按其销售收入）

应交税费——应交增值税（销项税额）（按增值税专用发票上注明的增值税销项税额）

同时，结转所有销售包装物的成本：

借：其他业务成本（按其实际成本）

贷：周转材料——包装物（按其计划成本）

材料成本差异（按实际成本与计划成本差额，可能在借方）

（二）低值易耗品

1. 低值易耗品的内容

低值易耗品一般划分为一般工具、专用工具、替换设备、管理用具、劳动保护用品和其他用具等。

2. 低值易耗品的账务处理

在采用分次摊销法的情况下，需要单独设置“周转材料——低值易耗品——在用”“周转材料——低值易耗品——在库”和“周转材料——低值易耗品——摊销”明细科目。

如：2016 年 12 月 1 日，向阳公司的基本生产车间领用专用工具一批，实际成本为 200 000 元，不符合固定资产定义，采用分次摊销法进行摊销。12 月 15 日第二次领用该专用工具。应编制会计分录如下：

（1）领用专用工具时：

借：周转材料——低值易耗品——在用	200 000	
贷：周转材料——低值易耗品——在库		200 000

（2）第一次领用时摊销其价值的一半：

借：制造费用	100 000	
贷：周转材料——低值易耗品——摊销		100 000

（3）第二次领用时摊销其价值的一半：

借：制造费用	100 000	
贷：周转材料——低值易耗品——摊销		100 000

同时：

借：周转材料——低值易耗品——摊销	200 000	
贷：周转材料——低值易耗品——在用		200 000

四、委托加工物资

考试要求：掌握

（一）委托加工物资的内容和成本

委托加工物资是指企业委托外单位加工的各种材料、商品等物资。企业委托外单位加工物资的成本包括加工中实际耗用物资的成本、支付的加工费用及应负担的运杂费、支付的税费等。

（二）委托加工物资的账务处理

委托加工物资也可以采用计划成本或售价进行核算，其方法与库存商品相似。

1. 发出物资

如：2016 年 12 月 1 日，向阳公司委托某量具厂加工一批量具，发出材料的计划成本为 140 000 元，材料成本差异率为 4%，以银行存款支付运杂费 4 400 元，假定不考虑相关税费。

应编制会计分录如下：

（1）发出材料时：

借：委托加工物资　　145 600

　　贷：原材料　　140 000

　　　　材料成本差异　　5 600

（2）支付运杂费时：

借：委托加工物资　　4 400

　　贷：银行存款　　4 400

需要说明的是，企业发给外单位加工物资时，如果采用计划成本或售价核算的，还应同时结转材料成本差异或商品进销差价：

借：材料成本差异（可能在贷方）

　　贷：商品进销差价（可能在借方）

2. 支付加工费、运杂费等

如：承上例，2016年12月5日，向阳公司以银行存款支付上述量具的加工费用40 000元，假定不考虑相关税费。应编制会计分录如下：

借：委托加工物资　　40 000

　　贷：银行存款　　40 000

3. 加工完成验收入库

如：承上例，2016年12月10日，向阳公司收回由某量具厂代加工的量具，以银行存款支付运杂费5 000元。该量具已验收入库，其计划成本为220 000元。应编制会计分录如下：

（1）支付运杂费时：

借：委托加工物资　　5 000

　　贷：银行存款　　5 000

（2）量具入库时：

借：周转材料——低值易耗品　　220 000

　　贷：委托加工物资　　195 000

　　　　材料成本差异　　25 000

本例中，加工完成的委托加工物资的实际成本为195 000［（145 600＋4 400）＋40 000＋5 000］元，计划成本为220 000元，成本差异为－25 000（195 000－220 000）元。

如：向阳公司委托Z公司加工200 000件商品（属于应税消费品），有关经济业务如下：

（1）12月20日，发出材料一批，计划成本为12 000 000元，材料成本差异率为－3％。应编制会计分录如下：

1）发出委托加工材料时：

借：委托加工物资　　12 000 000

　　贷：原材料　　12 000 000

2）结转发出材料应分摊的材料成本差异时：

借：材料成本差异　　360 000

　　贷：委托加工物资　　360 000

（2）2月20日，支付商品加工费240 000元，支付应当交纳的消费税1 320 000元，该商品收回后用于连续生产，消费税可抵扣，向阳公司和Z公司均为一般纳税人，适用增值税税率为17％。应编制会计分录如下：

借：委托加工物资　　240 000

　　应交税费——应交消费税　　1 320 000

　　　　　　——应交增值税（进项税额）　　40 800

　　贷：银行存款　　1 600 800

(3) 3 月 20 日，用银行存款支付往返运杂费 20 000 元。

借：委托加工物资　　20 000

　　贷：银行存款　　20 000

(4) 3 月 25 日，上述商品 200 000 件（每件计划成本为 65 元）加工完毕，向阳公司已办理验收入库手续。

借：库存商品　　13 000 000

　　贷：委托加工物资　　11 900 000

　　　　材料成本差异　　1 100 000

本例中，加工完成的委托加工物资的实际成本为 11 900 000 [（12 000 000－360 000）＋240 000＋20 000] 元，计划成本为 13 000 000（2 000 000×65）元，成本差异为－1 100 000（11 900 000－13 000 000）元（节约额）。

【注意】需要交纳消费税的委托加工物资，由受托方代收代缴的消费税，收回后用于直接销售的，记入“委托加工物资”科目；收回后用于继续加工的，记入“应交税费——应交消费税”科目。

五、库存商品

考试要求：掌握

命题频率：2014 年单选题

（一）库存商品的内容

库存商品具体包括库存产成品、外购商品、存放在门市部准备出售的商品、发出展览的商品、寄存在外的商品、接受来料加工制造的代制品和为外单位加工修理的代修品等。

已完成销售手续但购买单位在月末未提取的产品，不应作为企业的库存商品，而应作为代管商品处理，单独设置“代管商品”备查簿进行登记。

（二）库存商品的账务处理

1. 验收入库商品

对于库存商品采用实际成本核算的企业，当库存商品生产完成并验收入库时：

借：库存商品（按实际成本）

　　贷：生产成本——基本生产成本

2. 发出商品

企业销售商品、确认收入结转销售成本时：

借：主营业务成本

　　贷：库存商品

商品流通企业购入的商品可以采用进价或售价核算。采用售价核算的，商品售价和进价的差额，可通过“商品进销差价”科目核算。月末，应分摊已销商品的进销差价，将已销商品的销售成本调整为实际成本：

借：商品进销差价

　　贷：主营业务成本

商品流通企业的库存商品还可以采用毛利率法和售价金额核算法进行日常核算。

(1) 毛利率法。

毛利率法指根据本期销售净额乘以上期实际（或本期计划）毛利率匡算本期销售毛利，并据以计算发出存货和期末存货成本的一种方法。其计算公式如下：

毛利率＝（销售毛利/销售额）×100%

销售净额＝商品销售收入－销售退回与折让

销售毛利＝销售额×毛利率

销售成本＝销售额－销售毛利

期末存货成本＝期初存货成本＋本期购货成本－本期销售成本

毛利率法是商品流通企业，尤其是商业批发企业常用的计算本期商品销售成本和期末库存商品成本的方法。

（2）售价金额核算法。

售价金额核算法指平时商品的购入、加工收回、销售均按售价记账，售价与进价的差额通过“商品进销差价”科目核算，期末计算进销差价率和本期已销售商品应分摊的进销差价，并据以调整本期销售成本的一种方法。计算公式如下：

$$商品进销差价率=\frac{期初库存商品进销差价+本期购入商品进销差价}{期初库存商品售价+本期购入商品售价}\times100\%$$

本期销售商品应分摊的商品进销差价＝本期商品销售收入×商品进销差价率

本期销售商品的成本＝本期商品销售收入－本期销售商品应分摊的商品进销差价

期末结存商品的成本＝期初库存商品的进价成本＋本期购进商品的进价成本—本期销售商品的成本

对于从事商业零售业务的企业（如百货公司、超市等），由于经营的商品种类、品种、规格等繁多，而且要求按商品零售价格标价，采用其他成本计算结转方法均较困难，因此广泛采用售价金额核算法。

某企业采用售价金额法核算库存商品成本，本月月初库存商品成本为 18 万元，售价总额为 22 万元，本月购进商品成本为 16 万元，售价总额为 28 万元，本月销售商品收入为 15 万元，该企业本月结转销售商品成本总额为（　　）万元。

A. 10.2　　B. 23.8　　C. 26.2　　D. 19.0

【答案】 A

【解析】 商品进销差价率＝（期初库存商品进销差价＋本期购入商品进销差价）÷（期初库存商品售价＋本期购入商品售价）×100%＝［(22－18)＋(28－16)］÷(22＋28)×100%＝32%。本月销售商品应分摊的商品进销差价＝15×32%＝4.8（万元），因此，该企业本月结转销售商品成本总额＝15－4.8＝10.2（万元）。

六、存货清查

考试要求： 掌握

命题频率： 2015 年多选题；2016 年单选题、多选题

存货清查是指通过对存货的实地盘点，确定存货的实有数量，并与账面结存数核对，从而确定存货实存数与账面结存数是否相符的一种专门方法。

（一）存货盘盈的账务处理

（1）企业发生存货盘盈时：

借：原材料

　　库存商品

　　贷：待处理财产损溢

（2）在按管理权限报经批准后：

借：待处理财产损溢

　　贷：管理费用

（二）存货盘亏及毁损的账务处理

（1）企业发生存货盘亏及毁损时，报经批准前：

借：待处理财产损溢

　　贷：原材料

　　　　库存商品

　　　　应交税费——应交增值税（进项税额转出）

（2）在按管理权限报经批准后：

借：原材料（入库的残料价值）

　　其他应收款（保险公司和过失人的赔款）

　　管理费用（扣除残料价值和应由保险公司、过失人赔款后的净损失）

　　营业外支出（非常损失的部分）

　　贷：待处理财产损溢

经典例题

JINGDIANLITI

1. 某企业核算批准后的存货毁损净损失，下列各项中，计入管理费用的是（　　）。

A. 因自然灾害造成的损失　　B. 应由保险机构赔偿的损失

C. 应由责任人赔偿的损失　　D. 因保管不善造成的损失

【答案】 D

【解析】 A 选项应计入营业外支出；BC 选项应计入其他应收款。

2. 下列各项中，企业盘亏的库存商品按规定报经批准后，正确的会计处理有（　　）。

A. 应由保险公司和过失人承担的赔款，记入“其他应收款”科目

B. 入库的残料价值，记入“原材料”科目

C. 盘亏库存商品净损失中，属于一般经营损失的部分，记入“管理费用”科目

D. 盘亏库存商品净损失中，属于非常损失的部分，记入“营业外支出”科目

【答案】 ABCD

【解析】 企业发生存货盘亏及毁损时，借记“待处理财产损溢”科目，贷记“原材料”“库存商品”等科目。在管理权限报经批准后应做如下账务处理：对于入库的残料价值，记入“原材料”等科目；对于应由保险公司和过失人的赔款，记入“其他应收款”科目；扣除残料价值和应由保险公司、过失人赔款后的净损失，属于一般经营损失的部分，记入“管理费用”科目，属于非常损失的部分，记入“营业外支出”科目。故 ABCD 选项均正确。

七、存货减值

考试要求： 了解

命题频率： 2014 年多选题；2016 年单选题

在会计期末，存货的价值并不一定按成本记录，而是应按成本与可变现净值孰低计量。

（一）存货跌价准备的计提和转回

资产负债表日，存货应当按照成本与可变现净值孰低计量。

成本是指期末存货的实际成本。

可变现净值为存货的估计售价减去至完工时估计将要发生的成本、估计的销售费用以及估计的相关税费后的金额。可变现净值的特征表现为存货的预计未来净现金流量，而不是存货的

售价或合同价。

当存货成本低于可变现净值时，存货按成本计价；当存货成本高于可变现净值时，存货按可变现净值计价。

(二) 存货跌价准备的账务处理

(1) 当存货成本高于其可变现净值时：

借：资产减值损失——计提的存货跌价准备（按照存货可变现净值低于成本的差额）

　　贷：存货跌价准备

(2) 转回已计提的存货跌价准备金额时：

借：存货跌价准备（按恢复增加的金额）

　　贷：资产减值损失——计提的存货跌价准备

以前减记存货价值的影响因素已经消失的，减记的金额应当予以恢复，并在原已计提的存货跌价准备金额内转回。

(3) 企业结转存货销售成本时，对于已计提存货跌价准备的，应当一并结转，同时调整销售成本：

借：存货跌价准备

　　贷：主营业务成本

　　　　其他业务成本

经典例题
JINGDIANLITI

1. 资产减值的影响因素消失，已确认的减值可以在其已计提的金额内转回的是（　　）。

A. 投资性房地产　B. 固定资产　C. 存货　D. 无形资产

【答案】 C

【解析】 以前减记存货价值的影响因素已经消失的，减记的金额应当予以恢复，并在原已计提的存货跌价准备金额内转回，故C选项正确；ABD选项减值一经计提，后续期间不得转回，故ABD选项不正确。

2. 下列各项中，计算存货可变现净值应涉及的项目有（　　）。

A. 存货的估计售价　B. 估计的销售费用

C. 至完工时将要发生的成本　D. 估计的相关税费

【答案】 ABCD

【解析】 可变现净值为存货的估计售价减去至完工时估计将要发生的成本、估计的销售费用以及相关税费后的金额。存货的可变现净值由存货的估计售价、至完工时将要发生的成本、估计的销售费用和估计的相关税费等内容构成。

第五节　固定资产

考试要求： 掌握

命题频率： 2014年单选题、不定项选择题；2015年单选题、多选题、不定项选择题；2016年单选题、多选题、判断题、不定项选择题

一、固定资产的概念

固定资产是指同时具有以下特征的有形资产：

(1) 为生产商品、提供劳务、出租或经营管理而持有；

(2) 使用寿命超过一个会计年度。

二、固定资产的特征

从固定资产的概念可以看出，作为企业的固定资产应具备以下两个特征：

（1）企业持有固定资产的目的，是为了生产商品、提供劳务、出租或经营管理的需要，而不像存货是为了对外出售。这一特征是固定资产区别于存货等流动资产的重要标志。

（2）企业使用固定资产的期限较长，使用寿命一般超过一个会计年度。这一特征表明企业固定资产属于非流动资产，其给企业带来的收益期超过一年，能在一年以上的时间里为企业创造经济利益。

三、固定资产的分类

（一）按经济用途分类

按固定资产的经济用途分类，可分为生产经营用固定资产和非生产经营用固定资产。

生产经营用固定资产如生产经营用的房屋、建筑物、机器、设备、器具、工具等。

非生产经营用固定资产如职工宿舍等使用的房屋、设备和其他固定资产等。

（二）综合分类

按固定资产的经济用途和使用情况等综合分类，可把企业的固定资产划分为七大类：①生产经营用固定资产。②非生产经营用固定资产。③租出固定资产（指企业在经营租赁方式下出租给外单位使用的固定资产）。④不需用固定资产。⑤未使用固定资产。⑥土地（指过去已经估价单独入账的土地。因征地而支付的补偿费，应计入与土地有关的房屋、建筑物的价值内，不单独作为土地价值入账。企业取得的土地使用权，应作为无形资产管理，不作为固定资产管理）。⑦融资租入固定资产（指企业以融资租赁方式租入的固定资产，在租赁期内，应视同自有固定资产进行管理）。

四、固定资产核算应设置的会计科目

为了反映和监督固定资产的取得、计提折旧和处置等情况，企业一般需要设置“固定资产”、“累计折旧”、“在建工程”、“工程物资”、“固定资产清理”等科目。

“固定资产”科目核算企业固定资产的原价，借方登记企业增加的固定资产的原价，贷方登记减少的固定资产原价，期末借方余额，反映企业期末固定资产的账面原价。企业应当设置“固定资产登记簿”和“固定资产卡片”，按固定资产类别、使用部门和每项固定资产进行明细核算。

“累计折旧”科目属于“固定资产”的调整科目，核算企业固定资产的累计折旧，贷方登记企业计提的固定资产折旧，借方登记处置固定资产转出的累计折旧，期末贷方余额，反映企业固定资产的累计折旧额。

“在建工程”科目核算企业基建、更新改造等在建工程发生的支出，借方登记企业各项在建工程的实际支出，贷方登记完工工程转出的成本，期末借方余额，反映企业尚未达到预定可使用状态的在建工程的成本。

“工程物资”科目核算企业为在建工程而准备的各种物资的实际成本，借方登记企业购入工程物资的成本，贷方登记领用工程物资的成本，期末借方余额，反映企业为在建工程准备的各种物资的成本。

“固定资产清理”科目核算企业因出售、报废、毁损、对外投资、非货币性资产交换、债务重组等原因转入清理的固定资产价值以及清理过程中发生的清理费用和清理收益等，借方登记转出的固定资产账面价值、清理过程中应支付的相关税费及其他费用，贷方登记出售固定资产取得的价款、残料价值和变价收入。期末借方余额，反映企业尚未清理完毕的固定资产净损失，期末如为贷方余额，则反映企业尚未清理完毕的固定资产清理净收益。固定资产清理完成时，借方登记转出的清理净收益，贷方登记转出的清理净损失，结转清理净收益、净损失后，该科目无余额。企业应当按照被清理的固定资产项目设置明细账，进行明细核算。

此外，企业固定资产、在建工程、工程物资等发生减值的，还应当设置“固定资产减值准备”“在建工程减值准备”“工程物资减值准备”等科目进行核算。

五、固定资产的账务处理

（一）固定资产的取得

1. 外购固定资产

企业外购的固定资产应按实际支付的购买价款、相关税费、使固定资产达到预定可使用状态前所发生的可归属于该项资产的运输费、装卸费、安装费和专业人员服务费等，作为固定资产的取得成本。其中，相关税费不包括按照现行增值税制度规定，可以从销项税额中抵扣的增值税进项税额。

企业购入不需要安装的固定资产，应按实际支付的购买价款、相关税费以及使固定资产达到预定可使用状态前所发生的可归属于该项资产的运输费、装卸费和专业人员服务费等，作为固定资产成本：

借：固定资产

　　贷：银行存款

若企业为增值税一般纳税人，则企业购进机器设备等固定资产的进项税额不纳入固定资产成本核算，可以在销项税额中抵扣：

借：应交税费——应交增值税（进项税额）

　　贷：银行存款

购入需要安装的固定资产，应在购入的固定资产取得成本的基础上加上安装调试成本等，作为购入固定资产的成本，先通过“在建工程”科目核算，待安装完毕达到预定可使用状态时，再由“在建工程”科目转入“固定资产”科目。

企业购入固定资产时，按实际支付的购买价款、运输费、装卸费和其他相关税费等：

借：在建工程

　　贷：银行存款

支付安装费用时：

借：在建工程

　　贷：银行存款

安装完毕达到预定可使用状态时：

借：固定资产（按其实际成本）

　　贷：在建工程

企业以一笔款项购入多项没有单独标价的固定资产，应将各项资产单独确认为固定资产，并按各项固定资产公允价值的比例对总成本进行分配，分别确定各项固定资产的成本。

2. 建造固定资产

企业自行建造固定资产，应当按照建造该项资产达到预定可使用状态前所发生的必要支出，作为固定资产的成本。

自建固定资产应先通过“在建工程”科目核算，工程达到预定可使用状态时，再从“在建工程”科目转入“固定资产”科目。企业自建固定资产，主要有自营和出包两种方式。

（1）自营工程。

◆购入工程物资时：

借：工程物资

应交税费——应交增值税（进项税额）［按增值税专用发票上注明的增值税进项税额的 60%（当期可抵扣的进项税额）］

——待抵扣进项税额［按增值税专用发票上注明的增值税进项税额的 40%（本月起第 13 个月可抵扣的进项税额）］

贷：银行存款

◆领用工程物资时：

借：在建工程

贷：工程物资

◆在建工程领用本企业原材料时：

借：在建工程

贷：原材料

◆在建工程领用本企业生产的商品时：

借：在建工程

贷：库存商品

◆自营工程发生的其他费用（如分配工程人员工资等）：

借：在建工程

贷：银行存款

应付职工薪酬

◆自营工程达到预定可使用状态时：

借：固定资产（按发生的实际成本）

贷：在建工程

（2）出包工程。

◆企业按合理估计的发包工程进度和合同规定向建造承包商结算进度款时：

借：在建工程

应交税费——应交增值税（进项税额）［按增值税专用发票上注明的增值税进项税额的 60%（当期可抵扣的进项税额）］

——待抵扣进项税额［按增值税专用发票上注明的增值税进项税额的 40%（本月起第 13 个月可抵扣的进项税额）］

贷：银行存款

◆工程完成，按合同规定补付工程款时：

借：在建工程

应交税费——应交增值税（进项税额）［按增值税专用发票上注明的增值税进项税额的 60%（当期可抵扣的进项税额）］

——待抵扣进项税额［按增值税专用发票上注明的增值税进项税额的 40%（本月起第 13 个月可抵扣的进项税额）］

贷：银行存款

◆工程达到预定可使用状态时，按其成本：

借：固定资产

贷：在建工程

（二）对固定资产计提折旧

扫码听课

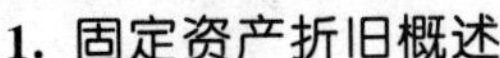

1. 固定资产折旧概述

企业应当在固定资产的使用寿命内，按照确定的方法对应计折旧额进行系统分摊。

应计折旧额是指应当计提折旧的固定资产原价扣除其预计净残值后的金额，已计提减值准备的固定资产，还应当扣除已计提的固定资产减值准备累计金额。

影响折旧的因素主要有以下几个方面：

(1) 固定资产原价，是指固定资产的成本。

(2) 预计净残值，是指假定固定资产预计使用寿命已满并处于使用寿命终了时的预期状态，企业目前从该项资产处置中获得的扣除预计处置费用后的金额。

(3) 固定资产减值准备，是指固定资产已计提的固定资产减值准备累计金额。

(4) 固定资产的使用寿命，是指企业使用固定资产的预计期间，或者该固定资产所能生产产品或提供劳务的数量。

企业确定固定资产使用寿命时，应当考虑下列因素：

(1) 该项资产预计生产能力或实物产量；

(2) 该项资产预计有形损耗，如设备使用中发生磨损、房屋建筑物受到自然侵蚀等；

(3) 该项资产预计无形损耗，如因新技术的出现而使现有的资产技术水平相对陈旧、市场需求变化使产品过时等；

(4) 法律或者类似规定对该项资产使用的限制。

除以下情况外，企业应当对所有固定资产计提折旧：

(1) 已提足折旧仍继续使用的固定资产；

(2) 单独计价入账的土地。

在确定计提折旧的范围时，还应注意以下几点：

(1) 固定资产应当按月计提折旧，当月增加的固定资产，当月不计提折旧，从下月起计提折旧；当月减少的固定资产，当月仍计提折旧，从下月起不计提折旧。

(2) 固定资产提足折旧后，不论能否继续使用，均不再计提折旧；提前报废的固定资产，也不再补提折旧。所谓提足折旧，是指已经提足该项固定资产的应计折旧额。

(3) 已达到预定可使用状态但尚未办理竣工决算的固定资产，应当按照估计价值确定其成本，并计提折旧；待办理竣工决算后，再按实际成本调整原来的暂估价值，但不需要调整原已计提的折旧额。

固定资产使用寿命、预计净残值和折旧方法的改变应当作为会计估计变更进行会计处理。

2. 固定资产的折旧方法

企业应当根据与固定资产有关的经济利益的预期实现方式，合理选择固定资产折旧方法。可选用的折旧方法包括年限平均法（又称直线法）、工作量法、双倍余额递减法和年数总和法等。

(1) 年限平均法。

年限平均法的计算公式如下：

年折旧率＝（1－预计净残值率）÷预计使用寿命（年）

月折旧率＝年折旧率÷12

月折旧额＝固定资产原价×月折旧率

年限平均法计提固定资产折旧，其特点是将固定资产的应计折旧额均衡地分摊到固定资产预计使用寿命内，采用这种方法计算的每期折旧额是相等的。

(2) 工作量法。工作量法是指根据实际工作量计算每期应提折旧额的一种方法。

工作量法的基本计算公式如下：

单位工作量折旧额＝［固定资产原价×（1－预计净残值率）］÷预计总工作量

某项固定资产月折旧额＝该项固定资产当月工作量×单位工作量折旧额

(3) 双倍余额递减法。

双倍余额递减法的计算公式如下：

年折旧率＝2/预计使用寿命（年）×100％

年折旧额＝每个折旧年度年初固定资产账面净值×年折旧率

月折旧率＝年折旧率÷12

月折旧额＝每月月初固定资产账面净值×月折旧率

在不考虑固定资产预计净残值的情况下，根据每期期初固定资产原价减去累计折旧后的余额和双倍的直线法折旧率计算固定资产折旧的一种方法，即为双倍余额递减法。

采用双倍余额递减法计提固定资产折旧，一般应在固定资产使用寿命到期前两年内，将固定资产账面净值扣除预计净残值后的余额平均摊销。

(4) 年数总和法。

年数总和法的计算公式如下：

$$年折旧率 = \frac{预计使用寿命 - 已使用年限}{预计使用寿命 \times (预计使用寿命 + 1)/2} \times 100\%$$

$$或者：年折旧率 = \frac{尚可使用年限}{预计使用寿命的年数总和} \times 100\%$$

年折旧额＝（固定资产原价－预计净残值）×年折旧率

月折旧率＝年折旧率÷12

月折旧额＝（固定资产原价－预计净残值）×月折旧率

将固定资产的原价减去预计净残值后的余额，乘以一个逐年递减的分数计算每年的折旧额，这个分数的分子代表固定资产尚可使用寿命，分母代表固定资产预计使用寿命逐年数字总和，即为年数总和法，也称年限合计法。

3. 固定资产折旧的账务处理

(1) 企业自行建造固定资产过程中使用的固定资产，其计提的折旧应计入在建工程成本。

(2) 基本生产车间所使用的固定资产，其计提的折旧应计入制造费用。

(3) 管理部门所使用的固定资产，其计提的折旧应计入管理费用。

(4) 销售部门所使用的固定资产，其计提的折旧应计入销售费用。

(5) 经营租出的固定资产，其应提的折旧额应计入其他业务成本。

企业计提固定资产折旧时：

借：制造费用

　　管理费用

　　销售费用

　　其他业务成本

　　贷：累计折旧

(三) 固定资产发生的后续支出

固定资产的后续支出是指固定资产在使用过程中发生的更新改造支出、修理费用等。

固定资产的更新改造等后续支出，满足固定资产确认条件的，应当计入固定资产成本，如有被替换的部分，应同时将被替换部分的账面价值从该固定资产原账面价值中扣除；不满足固定资产确认条件的固定资产修理费用等，应当在发生时计入当期损益。

固定资产发生的可资本化的后续支出，应当通过“在建工程”科目核算。

(1) 固定资产发生可资本化的后续支出时，企业应将该固定资产的原价、已计提的累计折旧和减值准备转销，将固定资产的账面价值转入在建工程：

借：在建工程

　　累计折旧

　　固定资产减值准备

　　贷：固定资产

(2) 发生的可资本化的后续支出：

借：在建工程

　　贷：银行存款

(3) 在固定资产发生的后续支出完工并达到预定可使用状态时：

借：固定资产

　　贷：在建工程

(4) 企业生产车间（部门）和行政管理部门发生的不可资本化的后续支出，比如，发生的固定资产日常修理费用：

借：管理费用

　　贷：银行存款

(5) 企业专设销售机构发生的不可资本化的后续支出，比如，发生的固定资产日常修理费用：

借：销售费用

　　贷：银行存款

(四) 固定资产的处置

固定资产处置，即固定资产的终止确认，具体包括固定资产的出售、报废、毁损、对外投资、非货币性资产交换、债务重组等。处置固定资产应通过“固定资产清理”科目核算。具体包括以下几个环节：

(1) 固定资产转入清理。企业因出售、报废、毁损、对外投资、非货币性资产交换、债务重组等转出的固定资产：

借：固定资产清理（按该项固定资产的账面价值）

　　累计折旧（按已计提的累计折旧）

　　固定资产减值准备（按已计提的减值准备）

　　贷：固定资产（按其账面原价）

(2) 发生的清理费用等。固定资产清理过程中应支付的相关税费及其他费用：

借：固定资产清理

　　应交税费——应交增值税（进项税额）

　　贷：银行存款

(3) 收回出售固定资产的价款、残料价值和变价收入等：

　　借：银行存款（按收回出售固定资产的价款和税款）

　　　　原材料（残料入库，按残料价值）

　　　　贷：固定资产清理（按增值税专用发票上注明的价款）

　　　　　　应交税费——应交增值税（销项税额）（按增值税专用发票上注明的增值税销项税额）

(4) 保险赔偿等的处理。应由保险公司或过失人赔偿的损失：

　　借：其他应收款

　　　　贷：固定资产清理

(5) 清理净损益的处理。

1) 固定资产清理完成后，属于生产经营期间正常的处理损失：

借：营业外支出——非流动资产处置损失

　　贷：固定资产清理

2) 属于自然灾害等非正常原因造成的损失：

借：营业外支出——非常损失

　　贷：固定资产清理

如为贷方余额：

借：固定资产清理

　　贷：营业外收入——非流动资产处置利得

(五) 固定资产的减值

扫码听课

固定资产的初始入账价值是历史成本。

固定资产在资产负债表日存在可能发生减值的迹象时，其可收回金额低于账面价值的，企业应当将该固定资产的账面价值减记至可收回金额，减记的金额确认为减值损失，计入当期损益，同时计提相应的资产减值准备：

借：资产减值损失——计提的固定资产减值准备

　　贷：固定资产减值准备

固定资产减值损失一经确认，在以后会计期间不得转回。

(六) 固定资产的清查

(1) 固定资产的盘盈。

企业在财产清查中盘盈的固定资产，作为前期差错处理。

企业在财产清查中盘盈的固定资产，在按管理权限报经批准处理前应先通过“以前年度损益调整”科目核算。盘盈的固定资产，应按重置成本确定其入账价值：

借：固定资产

　　贷：以前年度损益调整

(2) 固定资产的盘亏。

1) 在财产清查中盘亏的固定资产：

借：待处理财产损溢（按照盘亏固定资产的账面价值）

　　累计折旧（按照已计提的累计折旧）

　　固定资产减值准备（按照已计提的减值准备）

　　贷：固定资产（按照固定资产的原价）

2) 按照管理权限报经批准后处理时：

借：其他应收款（按照可收回的保险赔偿或过失人赔偿）

　　营业外支出——盘亏损失（按照应计入营业外支出的金额）

　　贷：待处理财产损溢

经典例题

JINGDIANLITI

1. 下列关于固定资产的表述中，正确的是（　　）。

A. 经营租出的生产设备计提的折旧计入其他业务成本

B. 当月新增固定资产，当月开始计提折旧

C. 生产线的日常修理费计入在建工程

D. 设备报废清理费计入管理费用

【答案】 A

【解析】 经营租出的固定资产，其应提的折旧额应计入其他业务成本，故A选项正确；当月增加的固定资产，应从下月开始计提折旧，故B选项不正确；企业生产车间或行政管理部门发生的固定资产（生产线）日常修理费用应计入管理费用，故C选项不正确；设备报废清理费应记入“固定资产清理”的借方，最终转入营业外收支，故D选项不正确。

2. 某企业对一条生产线进行改扩建，该生产线原价为1 000万元，已计提折旧为300万元，扩建生产线发生的相关支出为800万元，满足固定资产确认条件，则改建后生产线的入账价值为（　　）万元。

A. 800　　　　B. 1 500

C. 1 800　　　　D. 1 000

【答案】B

【解析】改扩建后固定资产的入账价值＝1 000－300＋800＝1 500（万元）。

第六节 无形资产和长期待摊费用

一、无形资产

考试要求：掌握
命题频率：2014 年单选题；2015 年单选题、判断题；2016 年单选题；2017 年判断题

（一）无形资产概述

1. 无形资产的概念和特征

无形资产是指企业拥有或者控制的没有实物形态的可辨认非货币性资产。无形资产具有三个主要特征：

一是不具有实物形态。无形资产是不具有实物形态的非货币性资产，它不像固定资产、存货等有形资产具有实物形体。

二是具有可辨认性。资产满足下列条件之一的，符合无形资产定义中的可辨认性标准：

（1）能够从企业中分离或者划分出来，并能单独或者与相关合同、资产或负债一起，用于出售、转让、授予许可、租赁或者交换。

（2）源自合同性权利或其他法定权利，无论这些权利是否可以从企业或其他权利和义务中转移或者分离。

商誉的存在无法与企业自身分离，不具有可辨认性。

三是属于非货币性长期资产。无形资产属于非货币性资产且能够在多个会计期间为企业带来经济利益。无形资产的使用年限在一年以上，其价值将在各个受益期间逐渐摊销。

2. 无形资产的内容

无形资产主要包括专利权、非专利技术、商标权、著作权、土地使用权和特许权等。

（二）无形资产的账务处理

1. 无形资产的取得

无形资产应当按照成本进行初始计量。

（1）外购无形资产。外购无形资产的成本包括购买价款、相关税费以及直接归属于使该项资产达到预定用途所发生的其他支出。

（2）自行研究开发无形资产。

1）企业自行开发无形资产发生的研发支出：

借：研发支出——费用化支出（不满足资本化条件的）
　　研发支出——资本化支出（满足资本化条件的）
　　贷：原材料
　　　　银行存款
　　　　应付职工薪酬

2）研究开发项目达到预定用途形成无形资产的：

借：无形资产（按照资本化支出科目的余额）
　　贷：研发支出——资本化支出

3）期（月）末，应将“研发支出——费用化支出”科目归集的金额转入“管理费用”科目：

借：管理费用

贷：研发支出——费用化支出

如果无法可靠区分研究阶段的支出和开发阶段的支出，应将其所发生的研发支出全部费用化，计入当期损益，记入“管理费用”科目。

2. 无形资产的摊销

企业应当于取得无形资产时分析判断其使用寿命。使用寿命有限的无形资产应进行摊销，使用寿命不确定的无形资产不应摊销。使用寿命有限的无形资产，通常其残值视为零。对于使用寿命有限的无形资产应当自可供使用（即其达到预定用途）当月起开始摊销，处置当月不再摊销。

无形资产摊销方法包括年限平均法（即直线法）、生产总量法等。企业选择的无形资产的摊销方法，应当反映与该项无形资产有关的经济利益的预期实现方式。无法可靠确定预期实现方式的，应当采用直线法摊销。

企业应当按月对无形资产进行摊销。无形资产的摊销额一般应当计入当期损益。企业管理用的无形资产，其摊销金额计入管理费用；出租的无形资产，其摊销金额计入其他业务成本；某项无形资产包含的经济利益通过所生产的产品或其他资产实现的，其摊销金额应当计入相关资产成本。

3. 无形资产的处置

企业处置无形资产，应当将取得的价款扣除该无形资产账面价值以及出售相关税费后的差额作为营业外收入或营业外支出进行会计处理。

企业处置无形资产：

借：银行存款（按照实际收到的金额等）

累计摊销（按照已计提的累计摊销）

营业外支出——非流动资产处置损失（按其差额）

贷：应交税费
银行存款 }（按照应支付的相关税费及其他费用）

无形资产（按其账面余额）

营业外收入——非流动资产处置利得（按其差额）

已计提减值准备的，还应同时结转减值准备，借记“无形资产减值准备”科目。

4. 无形资产的减值

无形资产在资产负债表日存在可能发生减值的迹象时，其可收回金额低于账面价值的，企业应当将该无形资产的账面价值减记至可收回金额，减记的金额确认为减值损失，计入当期损益，同时计提相应的资产减值准备：

借：资产减值损失——计提的无形资产减值准备（按照应减记的金额）

贷：无形资产减值准备

无形资产减值损失一经确认，在以后会计期间不得转回。

经典例题
JINGDIANLITI

1. 下列各项中，关于无形资产摊销的表述，不正确的是（　　）。

A. 使用寿命不确定的无形资产不应摊销

B. 无形资产的摊销方法应当反映其经济利益的预期实现方式

C. 各种无形资产的摊销额应全部计入当期损益

D. 使用寿命有限的无形资产自可供使用当月起开始摊销

【答案】C

【解析】各种无形资产的摊销额应根据受益对象，计入不同的科目中。例如企业管理用的无形资产，其摊销金额计入管理费用；某项无形资产包含的经济利益通过所生产的产品或其他资产实现的，其摊销金额应当计入相关资产成本。

2. 某企业研发一项非专利技术，共发生研发支出 250 万元，其中研究阶段支出 160 万元，开发阶段支出 90 万元（其中符合资本化条件的支出为 80 万元），假定研发成功，则该项非专利技术的入账价值为（　　）万元。

A. 90　　B. 80　　C. 250　　D. 240

【答案】B

【解析】自行研发无形资产，只有满足资本化条件的开发阶段的支出才计入无形资产成本，而研究阶段的支出和开发阶段不满足资本化条件的支出，是计入当期损益的。根据题干所述，该非专利技术的入账价值为 80 万元，故 B 选项正确。

二、长期待摊费用

考试要求：熟悉
命题频率：2016 年单选题

长期待摊费用是指企业已经发生但应由本期和以后各期负担的分摊期限在一年以上的各项费用，如以经营租赁方式租入的固定资产发生的改良支出等。为了反映和监督长期待摊费用的取得、摊销等情况，企业应当设置"长期待摊费用"科目进行核算。

（1）企业发生的长期待摊费用：

借：长期待摊费用
　　贷：原材料
　　　　银行存款

（2）摊销长期待摊费用：

借：管理费用
　　销售费用
　　贷：长期待摊费用

"长期待摊费用"科目期末借方余额，反映企业尚未摊销完毕的长期待摊费用。"长期待摊费用"科目可按费用项目进行明细核算。

经典例题
JINGDIANLITI

1. 经营租赁租入办公楼发生的改良支出，应计入（　　）。

A. 固定资产　　B. 在建工程　　C. 长期待摊费用　　D. 无形资产

【答案】C

【解析】经营租入固定资产发生的改良支出，应计入长期待摊费用，故 C 选项正确。

2. 2013 年 3 月 1 日，某企业对经营租赁方式租入的办公楼进行装修，发生职工薪酬 15 万元，其他费用 45 万元。2013 年 10 月 31 日，该办公楼装修完工，达到预定可使用状态并交付使用，至租赁到期还有 5 年，假定不考虑其他因素，该企业发生的装修费用对 2013 年度损益的影响金额为（　　）万元。

A. 45　　B. 12　　C. 2　　D. 60

【答案】C

【解析】经营租赁方式租入的固定资产发生的改良支出应计入长期待摊费用，完工后进行摊销。因此，该企业对该办公楼进行装修费用在 2013 年 11、12 月两个月的摊销额＝（45＋15）÷5÷12×2＝2（万元）。

第 3 章

负 债

考情点拨
KAOQINGDIANBO

本章在以往的考试中所占分值 10 分左右，因为全面实行营改增，教材本章变动较大。重点掌握短期借款、应付票据、应交增值税、应交消费税、应付职工薪酬、长期借款、应付债券的核算。

考试要求：熟悉
命题频率：2014 年单选题

负债是指企业过去的交易或者事项形成的、预期会导致经济利益流出企业的现时义务。负债按其流动性，可分为流动负债和非流动负债。

流动负债是指预计在 1 年内或超过 1 年的一个正常营业周期内清偿的债务，包括短期借款、应付票据、应付账款、应付利息、预收账款、应付职工薪酬、应交税费、应付股利、其他应付款等。

非流动负债是指偿还期在 1 年或超过 1 年的一个营业周期以上的债务，包括长期借款、应付债券、长期应付款等。

第一节　短期借款

考试要求：掌握
命题频率：2016 年不定项选择题；2017 年单选题

短期借款是指企业向银行或其他金融机构等借入的期限在 1 年以下（含 1 年）的各种款项。

◆企业从银行或其他金融机构取得短期借款时：

借：银行存款
　　贷：短期借款

在实际工作中，如果短期借款利息是按期支付的，如按季度支付利息，或者利息是在借款到期时连同本金一起归还，并且其数额较大的，企业应采用月末预提方式进行短期借款利息的核算。

短期借款利息属于筹资费用，应当于发生时直接计入当期财务费用。

◆在资产负债表日，企业应当按照计算确定的短期借款利息费用：

借：财务费用
　　贷：应付利息

◆实际支付利息时：

借：应付利息

　　贷：银行存款

◆短期借款到期偿还本金时：

借：短期借款

　　贷：银行存款

第二节　应付及预收款项

一、应付账款

考试要求：掌握
命题频率：2016 年单选题

（一）应付账款概述

应付账款是指企业因购买材料、商品或接受劳务供应等经营活动而应付给供应单位的款项。

（二）应付账款发生与偿还

企业购入材料、商品或接受劳务等所产生的应付账款，应按应付金额入账。

◆购入材料、商品等验收入库，但货款尚未支付：

借：材料采购｝（根据发票账单或暂估价值等）
　　在途物资｝

　　应交税费——应交增值税（进项税额）

　　贷：应付账款（按应付的款项）

◆企业接受供应单位提供劳务而发生的应付未付款项：

借：生产成本｝（根据供应单位的发票账单）
　　管理费用｝

　　贷：应付账款

◆应付账款或开出商业汇票抵付应付账款时：

借：应付账款

　　贷：银行存款

　　　　应付票据

应付账款附有现金折扣的，应按照扣除现金折扣前的应付款总额入账。因在折扣期限内付款而获得的现金折扣，应在偿付应付账款时冲减财务费用。

实务中，企业外购电力、燃气等动力一般通过“应付账款”科目核算。

◆在每月付款时先作暂付款处理：

借：应付账款

　　贷：银行存款

◆月末按照外购动力的用途：

借：生产成本

　　制造费用

　　管理费用

贷：应付账款

（三）应付账款转销

应付账款一般在较短期限内支付，但有时由于债权单位撤销或其他原因而使应付账款无法清偿。企业应将确实无法支付的应付账款予以转销：

借：应付账款（按其账面余额）

贷：营业外收入

经典例题
JINGDIANLITI

转销确实无法支付的应付账款，账面余额转入（ ）。

A. 管理费用　　B. 财务费用　　C. 其他业务收入　　D. 营业外收入

【答案】 D

【解析】 转销确实无法支付的应付账款，属于企业的利得，应计入营业外收入。

二、应付票据

考试要求： 掌握
命题频率： 2014年判断题

（一）应付票据概述

应付票据是指企业购买材料、商品和接受劳务供应等而开出、承兑的商业汇票，包括商业承兑汇票和银行承兑汇票。

我国商业汇票的付款期限不超过6个月，因此企业应将应付票据作为流动负债管理和核算。同时，由于应付票据的偿付时间较短，在实务中，一般均按照开出、承兑的应付票据的面值入账。

（二）应付票据的账务处理

◆企业因购买材料、商品和接受劳务供应等而开出、承兑的商业汇票：

借：材料采购
　原材料
　库存商品
　应付账款
　应交税费——应交增值税（进项税额）
　贷：应付票据（按其票面金额作为入账金额）

◆企业因开出银行承兑汇票而支付银行的承兑汇票手续费：

借：财务费用
　贷：银行存款
　　库存现金

（三）应付票据转销

◆应付商业承兑汇票到期，如企业无力支付票款，应将应付票据按账面余额转作应付账款：

借：应付票据
　贷：应付账款

◆应付银行承兑汇票到期，如企业无力支付票款，应将应付票据的账面余额转作短期借款：

借：应付票据

　　贷：短期借款

三、预收账款

考试要求：掌握

预收账款是指企业按照合同规定向购货单位预收的款项。预收账款与应付账款同为企业短期债务，但与应付账款不同的是，预收账款所形成的负债不是以货币偿付，而是以货物清偿。

◆企业预收购货单位的款项：

借：银行存款

　　贷：预收账款

◆销售实现时：

借：预收账款（按实现的收入和应交的增值税销项税额）

　　贷：主营业务收入（按实现的营业收入）

　　　　应交税费——应交增值税（销项税额）

◆企业收到购货单位补付的款项：

借：银行存款

　　贷：预收账款

◆向购货单位退回其多付的款项：

借：预收账款

　　贷：银行存款

预收货款业务不多的企业，可以不单独设置“预收账款”科目，其所发生的预收货款，可通过“应收账款”科目核算。

四、应付利息和应付股利

考试要求：熟悉

（一）应付利息

应付利息是指企业按照合同约定应支付的利息，包括短期借款、分期付息到期还本的长期借款、企业债券等应支付的利息。

◆企业采用合同约定的利率计算确定利息费用时，按应付合同利息金额：

借：在建工程

　　财务费用

　　研发支出

　　贷：应付利息

◆实际支付利息时：

借：应付利息

　　贷：银行存款

（二）应付股利

应付股利是指企业根据股东大会或类似机构审议批准的利润分配方案确定分配给投资者的现金股利或利润。

◆企业根据股东大会或类似机构审议批准的利润分配方案，确认应付给投资者的现金股利或利润时：

借：利润分配——应付现金股利或利润

　　贷：应付股利

◆向投资者实际支付现金股利或利润时：

借：应付股利

　　贷：银行存款

此外，需要说明的是，企业董事会或类似机构通过的利润分配方案中拟分配的现金股利或利润，不需要进行账务处理，但应在附注中披露。企业分配的股票股利不通过“应付股利”科目核算。

五、其他应付款

考试要求：熟悉

命题频率：2016 年单选题；2017 年单选题

其他应付款是指企业除应付票据、应付账款、预收账款、应付职工薪酬、应交税费、应付股利等经营活动以外的其他各项应付、暂收的款项，如应付经营租赁固定资产租金、租入包装物租金、存入保证金等。

◆企业发生其他各种应付、暂收款项时：

借：管理费用

　　贷：其他应付款

◆支付或退回其他各种应付、暂收款项时：

借：其他应付款

　　贷：银行存款

经典例题

JINGDIANLITI

下列事项中不记入“其他应付款”科目的是（　　）。

A. 无力支付到期的银行承兑汇票　　B. 销售商品收取的包装物押金

C. 应付租入包装物的租金　　D. 应付经营租赁固定资产的租金

【答案】 A

【解析】 A 选项计入短期借款，即：

借：应付票据

　　贷：短期借款

第三节　应付职工薪酬

一、职工薪酬的内容

考试要求：掌握

命题频率：2014 年多选题；2015 年判断题

职工薪酬，是指企业为获得职工提供的服务或解除劳动关系而给予的各种形式的报酬或补偿。职工薪酬包括短期薪酬、离职后福利、辞退福利和其他长期职工福利。企业提供给职工配偶、子女、受赡养人、已故员工遗属及其他受益人等的福利，也属于职工薪酬。

这里所称的“职工”，主要包括三类人员：

（1）与企业订立劳动合同的所有人员，含全职、兼职和临时职工；

（2）未与企业订立劳动合同，但由企业正式任命的企业治理层和管理层人员，如董事会成员、监事会成员等；

（3）在企业的计划和控制下，虽未与企业订立劳动合同或未由其正式任命，但向企业所提供服务与职工所提供服务类似的人员，也属于职工的范畴，包括通过企业与劳务中介公司签订用工合同而向企业提供服务的人员。

职工薪酬主要包括以下内容：

（一）短期薪酬

短期薪酬，是指企业在职工提供相关服务的年度报告期间结束后十二个月内需要全部予以支付的职工薪酬，因解除与职工的劳动关系给予的补偿除外。短期薪酬具体包括：

（1）职工工资、奖金、津贴和补贴，是指按照构成工资总额的计时工资、计件工资、支付给职工的超额劳动报酬和增收节支的劳动报酬、为补偿职工特殊或额外的劳动消耗和因其他特殊原因支付给职工的津贴，以及为保证职工工资水平不受物价影响支付给职工的物价补贴等。其中，企业按照短期奖金计划向职工发放的奖金属于短期薪酬，按照长期奖金计划向职工发放的奖金属于其他长期职工福利。

（2）职工福利费，是指企业向职工提供的生活困难补助、丧葬补助费、抚恤费、职工异地安家费、防暑降温费等职工福利支出。

（3）医疗保险费、工伤保险费和生育保险费等社会保险费，是指企业按照国家规定的基准和比例计算，向社会保险经办机构缴纳的医疗保险费、工伤保险费和生育保险费。

（4）住房公积金，是指企业按照国家规定的基准和比例计算，向住房公积金管理机构缴存的住房公积金。

（5）工会经费和职工教育经费，是指企业为了改善职工文化生活、为职工学习先进技术和提高文化水平和业务素质，用于开展工会活动和职工教育及职业技能培训等相关支出。

（6）短期带薪缺勤，是指职工虽然缺勤但企业仍向其支付报酬的安排，包括年休假、病假、婚假、产假、丧假、探亲假等。长期带薪缺勤属于其他长期职工福利。

（7）短期利润分享计划，是指因职工提供服务而与职工达成的基于利润或其他经营成果提供薪酬的协议。长期利润分享计划属于其他长期职工福利。

（8）其他短期薪酬，是指除上述薪酬以外的其他为获得职工提供的服务而给予的短期薪酬。

（二）离职后福利

离职后福利，是指企业为获得职工提供的服务而在职工退休或与企业解除劳动关系后，提供的各种形式的报酬和福利，短期薪酬和辞退福利除外。企业应当将离职后福利计划分类为设定提存计划和设定受益计划。

离职后福利计划，是指企业与职工就离职后福利达成的协议，或者企业为向职工提供离职后福利制定的规章或办法等。

设定提存计划，是指向独立的基金缴存固定费用后，企业不再承担进一步支付义务的离职后福利计划；设定受益计划，是指除设定提存计划以外的离职后福利计划。

（三）辞退福利

辞退福利，是指企业在职工劳动合同到期之前解除与职工的劳动关系，或者为鼓励职工自愿接受裁减而给予职工的补偿。

（四）其他长期职工福利

其他长期职工福利，是指除短期薪酬、离职后福利、辞退福利之外所有的职工薪酬，包括长期带薪缺勤、长期残疾福利、长期利润分享计划等。

下列各项中，应通过“应付职工薪酬”科目核算的有（　　）。

A. 支付职工的工资、奖金及津贴　　B. 按规定计提的职工教育经费

C. 向职工发放的防暑降温费　　D. 职工出差报销的差旅费

【答案】ABC

【解析】职工出差报销的差旅费不通过“应付职工薪酬”核算，应记入“管理费用”科目。

二、应付职工薪酬的科目设置

考试要求：了解

“应付职工薪酬”科目应当按照“工资、奖金、津贴和补贴”“职工福利费”“非货币性福利”“社会保险费”“住房公积金”“工会经费和职工教育经费”“带薪缺勤”“利润分享计划”“设定提存计划”“设定受益计划义务”“辞退福利”等职工薪酬项目设置明细账进行明细核算。

三、短期薪酬的核算

考试要求：掌握

命题频率：2015 年不定项选择题；2016 年不定项选择题

企业应当在职工为其提供服务的会计期间，将实际发生的短期薪酬确认为负债，并计入当期损益，其他会计准则要求或允许计入资产成本的除外。

（一）货币性职工薪酬

1. 工资、奖金、津贴和补贴

◆对于职工工资、奖金、津贴和补贴等货币性职工薪酬，企业应当在职工为其提供服务的会计期间，将实际发生的职工工资、奖金、津贴和补贴等，根据职工提供服务的受益对象，确认职工薪酬：

借：生产成本
　　制造费用
　　劳务成本
　　贷：应付职工薪酬——工资
　　　　　　　　　　——奖金
　　　　　　　　　　——津贴和补贴

◆企业按照有关规定向职工支付工资、奖金、津贴、补贴等：

借：应付职工薪酬——工资
　　　　　　　　——奖金
　　　　　　　　——津贴和补贴
　　贷：银行存款
　　　　库存现金

◆企业从应付职工薪酬中扣还各种款项（代垫的家属药费、个人所得税等）：

借：应付职工薪酬
　　贷：银行存款
　　　　库存现金

其他应收款

应交税费——应交个人所得税

2. 职工福利费

对于职工福利费，企业应当在实际发生时根据实际发生额计入当期损益或相关资产成本：

借：生产成本

制造费用

管理费用

销售费用

贷：应付职工薪酬——职工福利费

3. 国家规定计提标准的职工薪酬

对于国家规定了计提基础和计提比例的医疗保险费、工伤保险费、生育保险费等社会保险费和住房公积金，以及按规定提取的工会经费和职工教育经费，企业应当在职工为其提供服务的会计期间，根据规定的计提基础和计提比例计算确定相应的职工薪酬金额，并确认相关负债，按照受益对象计入当期损益或相关资产成本：

借：生产成本

制造费用

管理费用

贷：应付职工薪酬

4. 短期带薪缺勤

对于职工带薪缺勤，企业应当根据其性质及职工享有的权利，分为累积带薪缺勤和非累积带薪缺勤两类。企业应当对累积带薪缺勤和非累积带薪缺勤分别进行会计处理。如果带薪缺勤属于长期带薪缺勤的，企业应当作为其他长期职工福利处理。

（1）累积带薪缺勤，是指带薪权利可以结转下期的带薪缺勤，本期尚未用完的带薪缺勤权利可以在未来期间使用。企业应当在职工提供了服务从而增加了其未来享有的带薪缺勤权利时，确认与累积带薪缺勤相关的职工薪酬，并以累积未行使权利而增加的预期支付金额计量。确认累积带薪缺勤时：

借：管理费用

贷：应付职工薪酬——带薪缺勤——短期带薪缺勤——累积带薪缺勤

（2）非累积带薪缺勤，是指带薪权利不能结转下期的带薪缺勤，本期尚未用完的带薪缺勤权利将予以取消，并且职工离开企业时也无权获得现金支付。我国企业职工休婚假、产假、丧假、探亲假、病假期间的工资通常属于非累积带薪缺勤。

由于职工提供服务本身不能增加其能够享受的福利金额，企业在职工未缺勤时不应当计提相关费用和负债。为此，企业应当在职工实际发生缺勤的会计期间确认与非累积带薪缺勤相关的职工薪酬。

企业确认职工享有的与非累积带薪缺勤权利相关的薪酬，视同职工出勤确认的当期损益或相关资产成本。通常情况下，与非累积带薪缺勤相关的职工薪酬已经包括在企业每期向职工发放的工资等薪酬中，因此，不必额外做相应的账务处理。

（二）非货币性职工薪酬

◆企业以其自产产品作为非货币性福利发放给职工的，应当根据受益对象，按照该产品的公允价值计入相关资产成本或当期损益，同时确认应付职工薪酬：

借：管理费用

生产成本

制造费用
贷：应付职工薪酬——非货币性福利

◆将企业拥有的房屋等资产无偿提供给职工使用的，应当根据受益对象，将该住房每期应计提的折旧计入相关资产成本或当期损益，同时确认应付职工薪酬：

借：管理费用
生产成本
制造费用
贷：应付职工薪酬——非货币性福利

同时：

借：应付职工薪酬——非货币性福利
贷：累计折旧

◆租赁住房等资产供职工无偿使用的，应当根据受益对象，将每期应付的租金计入相关资产成本或当期损益，并确认应付职工薪酬：

借：管理费用
生产成本
制造费用
贷：应付职工薪酬——非货币性福利

难以认定受益对象的非货币性福利，应直接计入当期损益和应付职工薪酬。

◆企业以自产产品作为职工薪酬发放给职工时，应确认主营业务收入：

借：应付职工薪酬——非货币性福利
贷：主营业务收入

【注意】同时结转相关成本，涉及增值税销项税额的，还应进行相应的处理。

◆企业支付租赁住房等资产供职工无偿使用所发生的租金：

借：应付职工薪酬——非货币性福利
贷：银行存款

经典例题
JINGDIANLITI

企业以现金支付行政管理人员生活困难补助 2 000 元，下列各项中，会计处理正确的是（　　）。

A. 借：管理费用　　2 000
贷：库存现金　　2 000

B. 借：其他业务成本　　2 000
贷：库存现金　　2 000

C. 借：应付职工薪酬——福利　　2 000
贷：库存现金　　2 000

D. 借：营业外支出　　2 000
贷：库存现金　　2 000

【答案】C

【解析】企业以现金支付行政管理人员的生活困难补助属于职工福利，计提时的会计处理为：

借：管理费用　　2 000
贷：应付职工薪酬——福利　　2 000

支付时的会计处理为：

借：应付职工薪酬——福利　　2 000
贷：库存现金　　2 000

四、设定提存计划的核算

考试要求：掌握

对于设定提存计划，企业应当根据在资产负债表日为换取职工在会计期间提供的服务而应向单独主体缴存的提存金，确认为应付职工薪酬负债，并计入当期损益或相关资产成本：

借：生产成本

　　制造费用

　　管理费用

　　销售费用

　　贷：应付职工薪酬——设定提存计划

第四节　应交税费

一、应交税费概述

考试要求：熟悉

企业根据税法规定应交纳的各种税费包括：增值税、消费税、城市维护建设税、资源税、企业所得税、土地增值税、房产税、车船税、土地使用税、教育费附加、矿产资源补偿费、印花税、耕地占用税等。

企业代扣代交的个人所得税等，也通过"应交税费"科目核算，而企业交纳的印花税、耕地占用税等不需要预计应交数的税金，不通过"应交税费"科目核算。

经典例题

JINGDIANLITI

下列各项中，应通过"应交税费"科目核算的有（　　）。

A. 教育费附加　　B. 个人所得税　　C. 企业所得税　　D. 城市维护建设税

【答案】ABCD

二、应交增值税

（一）增值税概述

1. 增值税概念

增值税是以商品（含应税劳务、应税服务）在流转过程中产生的增值额作为计税依据而征收的一种流转税。

2. 增值税纳税人

在我国境内销售货物、提供加工修理或修配劳务（简称应税劳务），销售应税服务、无形资产和不动产（简称应税行为）以及进口货物的企业单位和个人为增值税的纳税人。其中，"应税服务"，包括交通运输服务、邮政服务、电信服务、建筑服务、金融服务、现代服务、生活服务。

3. 增值税纳税人分类

增值税纳税人分为一般纳税人和小规模纳税人。

4. 增值税计算方法

计算增值税的方法分为一般计税方法和简易计税方法。

(1) 增值税的一般计税方法，是先按照当期销售额和运用的税率计算出销项税额，然后以该销售税额对当期购进项目支付的税款（即进项税额）进行抵扣，从而间接算出当期的应纳税额。其计算公式如下：

当期应纳税额＝当期销项税额－当期进项税额

公式中的“当期销项税额”是指纳税人当期销售货物、提供应税劳务、发生应税行为时按照销售额和增值税率计算并收取的增值税税额。销项税额的计算公式：

销项税额＝销售额×增值税税率

公式中的“当期进项税额”是指纳税人当期购进货物、接受加工修理和修配劳务、应纳服务、无形资产和不动产所支付或承担的增值税税额。通常包括：

1) 从销售方或提供方取得的增值税专用发票上注明的增值税额；

2) 从海关取得的海关进口增值税专用缴款书上注明的增值税额；

3) 购进农产品，除取得增值税专用发票或者海关进口增值税专用缴款书外，若用于生产税率为11%的产品，按照农产品收购发票或者销售发票上注明的农产品买价和11%的扣除率计算的进项税额；若用于生产税率为17%的产品，按照农产品收购发票或者销售发票上注明的农产品买价和13%的扣除率计算的进项税额；

4) 接受境外单位或者个人提供的应税服务，从税务机关或者境内代理人取得的解缴税款的中华人民共和国税收缴款凭证（以下称税收缴款凭证）上注明的增值税额。

5) 一般纳税人支付的道路、桥、闸通行费，凭取得的通行费发票上注明的收费金额和规定的方法计算的可抵扣的增值税进项税额。

当期销项税额小于当期进项税额不足抵扣时，其不足部分可以结转至下期继续抵扣。

增值税一般纳税人计算增值税大多采用一般计税方法。

(2) 小规模纳税人一般采用简易计税方法；一般纳税人销售服务、无形资产或者不动产，符合规定的，可以采用简易计税方法。增值税的简易计税方法是按照销售额与征收率的乘积计算应纳税额。应纳税额计算公式：

应纳税额＝销售额×征收率

5. 增值税税率

一般纳税人采用的税率分为基本税率、低税率和零税率三种。

一般纳税人销售或者进口货物、提供应税劳务、提供应税服务，除低税率适用范围外，税率一律为17%，即基本税率。

一般纳税人销售或者进口粮食、食用植物油、自来水、暖气、冷气、热水、煤气、石油液化气、天然气、沼气、居民用煤炭制品、图书、报纸、杂志、饲料、化肥、农药、农机、农膜以及国务院及其有关部门规定的其他货物，适用11%的低税率。

一般纳税人提供交通运输业服务、邮政、基础电信、建筑、不动产租赁服务、销售不动产、转让土地使用权，适用11%的低税率；提供增值电信服务、金融服务、现代服务租赁（租赁服务除外，有形动产租赁服务适用17%的税率）、生活服务、转让土地使用权以外的其他无形资产，适用6%的低税率。

一般纳税人出口货物、境内企业或个人发生的跨境应税行为（如转让无形资产）符合条件的，税率为零。

需要说明的是，小规模纳税人的征收率为3%；应税行为中按照简易计税方法计税的销售不动产、不动产经营租赁服务的征收率为5%，其他情况的征收率为3%。

(二) 一般纳税人的账务处理

1. 增值税核算应设置的会计科目

为了核算企业应交增值税的发生、抵扣、交纳、退税及转出等情况；增值税一般纳税人应当在“应交税费”科目下设置“应交增值税”“未交增值税”“预缴增值税”“待抵扣进项税额”“待认证进项税额”“待转销项税额”等明细科目。

（1）“应交增值税”明细账内设置“进项税额”“销项税额抵减”“已交税金”“转出未交增值税”“减免税款”“销项税额”“出口退税”“进项税额转出”“转出多交增值税”“简易计税”等专栏。其中：

1）“进项税额”专栏，记录一般纳税人购进货物、加工修理修配劳务、服务、无形资产或不动产而支付或负担的、准予从销项税额中抵扣的增值税额；

2）“销项税额抵减”专栏，记录一般纳税人按照现行增值税制度规定因扣减销售额而减少的销项税额；

3）“已交税金”专栏，记录一般纳税人已交纳的当月应交增值税额；

4）“转出未交增值税”和“转出多交增值税”专栏，分别记录一般纳税人月度终了转出当月应交未交或多交的增值税额；

5）“减免税款”专栏，记录一般纳税人按现行增值税制度规定准予减免的增值税额；

6）“销项税额”专栏，记录一般纳税人销售货物、加工修理修配劳务、服务、无形资产或不动产应收取的增值税额，以及从境外单位或个人购进服务、无形资产或不动产应扣缴的增值税额；

7）“出口退税”专栏，记录一般纳税人出口产品按规定退回的增值税额；

8）“进项税额转出”专栏，记录一般纳税人购进货物、加工修理修配劳务、服务、无形资产或不动产等发生非正常损失以及其他原因而不应从销项税额中抵扣，按规定转出的进项税额；

9）“简易计税”专栏，记录一般纳税人采用简易计税方法应交纳的增值税额。

（2）“未交增值税”明细科目，核算一般纳税人月度终了从“应交增值税”或“预缴增值税”明细科目转入当月应交未交、多交或预缴的增值税额，以及当月交纳以前期间未交的增值税额。

（3）“预缴增值税”明细科目，核算一般纳税人转让不动产、提供不动产经营租赁服务、提供建筑服务、采用预收款方式销售自行开发的房地产项目等，按现行增值税制度规定应预缴的增值税额。

（4）“待抵扣进项税额”明细科目，核算一般纳税人已取得增值税扣税凭证并经税务机关认证，按照现行增值税制度规定准予以后期间从销项税额中抵扣的进项税额。

（5）“待认证进项税额”明细科目，核算一般纳税人由于未取得增值税扣税凭证或未经税务机关认证而不得从当期销项税额中抵扣的进项税额。

（6）“待转销项税额”明细科目，核算一般纳税人销售货物、加工修理修配劳务、服务、无形资产或不动产，已确认相关收入（或利得）但尚未发生增值税纳税义务而需于以后期间确认为销项税额的增值税额。

2. 取得资产、接受应税劳务或应税行为

（1）一般纳税人购进货物、接受加工修理修配劳务或者服务、取得无形资产或者不动产：

借：在途物资
　　原材料
　　库存商品
　　生产成本　（按应计入相关成本费用的金额）
　　无形资产
　　固定资产
　　管理费用

　　应交税费——应交增值税（进项税额）（按可抵扣的增值税额）

　　贷：应付账款
　　　　应付票据　（按应付或实际支付的金额）
　　　　银行存款

购进货物等发生的退货，应根据税务机关开具的红字增值税专用发票编制相反的会计分录。

◆一般纳税人购进农产品，除取得增值税专用发票或者海关进口增值税专用缴款书外，若用于生产税率为11%的产品，按照农产品收购发票或者销售发票上注明的农产品买价和11%的扣除率计算的进项税额；若用于生产税率为17%的产品，按照农产品收购发票或者销售发票上注明的农产品买价和13%的扣除率计算的进项税额：

借：材料采购
在途物资
原材料
库存商品 }（按农产品买价扣除进项税额后的差额）

应交税费——应交增值税（进项税额）（按可抵扣的增值税额）

贷：应付账款
应付票据
银行存款 }（按应付或实际支付的价款）

(2) 购进不动产或不动产在建工程的进项税额的分年抵扣。

按现行增值税制度规定，自2016年5月1日后，一般纳税人取得并按固定资产核算的不动产或者不动产在建工程以其进项税额自取得之日起分2年从销项税额中抵扣的，第一年抵扣比例为60%，第二年抵扣比例为40%。

◆企业购进不动产或不动产在建工程：

借：固定资产
在建工程 }（按取得资产的成本）

应交税费——应交增值税（进项税额）（按当期可抵扣的增值税额）

——待抵扣进项税额（按以后期间可抵扣的增值税额）

贷：应付账款
应付票据
银行存款 }（按应付或实际支付的金额）

◆尚未抵扣的进项税额待以后期间允许抵扣时：

借：应交税费——应交增值税（进项税额）（按允许抵扣的金额）

贷：应交税费——待抵扣进项税额

(3) 货物等已验收入库但尚未取得增值税扣税凭证。

企业购进的货物等已到达并验收入库，但尚未收到增值税扣税凭证的，应按货物清单或相关合同协议上的价格暂估入账。下月初，用红字冲销暂估入账金额，待取得相关增值税扣税凭证并经认证后，应进行如下账务处理：

借：原材料
库存商品
无形资产
固定资产 }（按应计入相关成本费用或资产的金额）

应交税费——应交增值税（进项税额）（按未来可抵扣的增值税额）

贷：应付账款
应付票据
银行存款 }（按应付或实际支付的金额）

(4) 进项税额转出。

企业已单独确认进项税额的购进货物、加工修理修配劳务或者服务、无形资产或者不动产但其事后改变用途（如用于简易计税方法计税项目、免征增值税项目、非增值税应税项目等），或发生非正常损失，企业应将已记入“应交税费——应交增值税（进项税额）”科目的金额转入“应交税费——应交增值税（进项税额转出）”科目。

这里所说的“非正常损失”，是指因管理不善造成被盗、丢失、霉烂变质的损失，以及被执法部门依法没收或者强令自行销毁的货物。

进项税额转出的会计处理：

借：待处理财产损溢

　　应付职工薪酬

　　贷：应交税费——应交增值税（进项税额转出）

属于转作待处理财产损失的进项税额，应与非正常损失的购进货物、在产品或库存商品、固定资产和无形资产的成本一并处理。

3. 销售货物、提供应税劳务、发生应税行为

（1）企业销售货物、提供加工修理修配劳务、销售服务、无形资产或不动产：

借：应收账款
　　应收票据　}（按应收或已收的金额）
　　银行存款

　　贷：主营业务收入
　　　　其他业务收入　}（按应收或已收的金额）
　　　　固定资产清理

　　　　应交税费——应交增值税（销项税额或简易计税）

应交税费是按现行增值税制度规定计算的销项税额，或者是采用简易计税方法计算的应纳增值税额。

企业销售货物等发生销售退回的，应根据税务机关开具的红字增值税专用发票做相反的会计分录。会计上收入或利得确认时点先于增值税纳税义务发生时点的，应将相关销项税额记入“应交税费——待转销项税额”科目，待实际发生纳税义务时再转入“应交税费——应交增值税（销项税额或简易计税）”科目。

（2）视同销售。

企业有些交易和事项从会计角度看不属于销售行为，不能确认销售收入，但按照税法规定，应视同对外销售处理，计算应交增值税。

视同销售需要交纳增值税的事项有：企业将自产或委托加工的货物用于集体福利或个人消费，将自产、委托加工或购买的货物作为投资、分配给股东或投资者、无偿赠送他人等。在这些情况下，企业应当根据视同销售的具体内容按照现行增值税制度规定计算的销项税额（或采用简易计税方法计算的应纳增值税额）：

借：在建工程

　　长期股权投资

　　应付职工薪酬

　　营业外支出

　　贷：应交税费——应交增值税（销项税额或简易计税）

4. 交纳增值税

◆企业交纳当月应交的增值税：

借：应交税费——应交增值税（已交税金）

　　贷：银行存款

◆企业交纳以前期间未交的增值税：

借：应交税费——未交增值税

　　贷：银行存款

5. 月末转出多交增值税和未交增值税

月度终了，企业应当将当月应交未交或多交的增值税自“应交增值税”明细科目转入“未交增值税”明细科目。

◆对于当月应交未交的增值税：

借：应交税费——应交增值税（转出未交增值税）

　　贷：应交税费——未交增值税

◆对于当月多交的增值税：

借：应交税费——未交增值税

　　贷：应交税费——应交增值税（转出多交增值税）

◆企业购入材料等不能取得增值税专用发票的，发生的增值税应计入材料采购成本：

借：材料采购

　　在途物资

　　原材料

　　库存商品

　　贷：银行存款

（三）小规模纳税人的账务处理

小规模纳税人核算增值税采用简化的方法，即购进货物、接受应税劳务和应税行为支付的增值税，一律不予抵扣，直接计入有关货物或劳务的成本。销售货物、提供应税劳务和应税行为时，按照不含税的销售额和规定的增值税征收率计算应交纳的增值税，但不得开具增值税专用发票。

一般来说，小规模纳税人采用销售额和应纳税额合并定价的方法并向客户结算款项，销售货物或提供应税劳务后，应进行价税分离，确定不含税的销售额。不含税的销售额计算公式：

不含税销售额＝含税销售额÷（1＋征收率）

应纳税额＝不含税销售额×征收率

小规模纳税人进行账务处理时，只需在“应交税费”科目下设置“应交增值税”明细科目，该明细科目不再设置专栏。“应交税费——应交增值税”科目贷方登记应交纳的增值税，借方登记已交纳的增值税；期末贷方余额反映尚未交纳的增值税，借方余额反映多交纳的增值税。

◆小规模纳税人购进货物或接受应税劳务、应税行为：

借：材料采购
　　在途物资 }（按照应付或实际支付的全部款项）
　　原材料

　　贷：应付账款

　　　　应付票据

　　　　银行存款

◆销售货物、提供应税劳务和应税行为：

借：银行存款（按全部价款）

　　贷：主营业务收入（按不含税的销售额）

　　　　应交税费——应交增值税（按应征税额）

1. 某企业为增值税一般纳税人，适用的增值税税率为17%。该企业因管理不善致使一批库存材料被盗，该批原材料的实际成本为40 000元，购买时支付的增值税为6 800元，应收保险公司赔偿21 000元。不考虑其他因素，该批被盗原材料形成的净损失为（　　）元。

A. 19 000　　　　B. 40 000

C. 46 800　　　　D. 25 800

【答案】D

【解析】管理不善导致的材料被盗，材料的增值税进项税应当作进项税额转出处理。所以被盗材料形成的净损失＝40 000＋6 800－21 000＝25 800（元）。

2. 增值税一般纳税人购入农产品，收购发票上注明买价为100 000元，规定的增值税进项税额扣除率为11%，另支付入库前挑选整理费500元，则入账价值是（　　）元。

A. 89 500　　　　B. 113 000

C. 113 500　　　　D. 100 500

【答案】A

【解析】所购农产品的入账价值＝100 000×（1－11%）＋500＝89 500（元）。

三、应交消费税

（一）消费税概述

消费税是指在我国境内生产、委托加工和进口应税消费品的单位和个人，按其流转额交纳的一种税。

消费税有从价定率和从量定额两种征收方法。采取从价定率方法征收的消费税，以不含增值税的销售额为税基，按照税法规定的税率计算。企业的销售收入包含增值税的，应将其换算为不含增值税的销售额。采取从量定额计征的消费税，根据按税法确定的企业应税消费品的数量和单位应税消费品应缴纳的消费税计算确定。

（二）应交消费税的账务处理

1. 销售应税消费品

企业销售应税消费品应交的消费税：

借：税金及附加

　　贷：应交税费——应交消费税

2. 自产自用应税消费品

企业将生产的应税消费品用于在建工程等非生产机构时，按规定应交纳的消费税：

借：在建工程

　　贷：应交税费——应交消费税

3. 委托加工应税消费品

企业如有应交消费税的委托加工物资，一般应由受托方代收代缴税款。

◆委托加工物资收回后，直接用于销售的，应将受托方代收代缴的消费税计入委托加工物资的成本：

借：委托加工物资

　　贷：应付账款

　　　　银行存款

◆委托加工物资收回后用于连续生产应税消费品的，按规定准予抵扣的，应按已由受托方代收代缴的消费税：

借：应交税费——应交消费税

　　贷：应付账款

　　　　银行存款

待用委托加工的应税消费品生产出应纳消费税的产品销售时，再交纳消费税。

4. 进口应税消费品

企业进口应税物资在进口环节应交的消费税，应计入该项物资的成本：

借：材料采购

　　固定资产

　　贷：银行存款

经典例题

JINGDIANLITI

甲企业为增值税一般纳税人，适用的增值税税率为 17%，原材料按实际成本核算。该企业 12 月 15 日，委托外单位加工 B 材料（属于应税消费品），发出 B 材料成本 70 000 元，支付加工费 20 000 元，取得的增值税专用发票上注明的增值税税额为 3 400 元，由受托方代收代缴的消费税为 10 000 元，材料加工完毕验收入库，款项均已支付，材料收回后用于继续生产应税消费品。下列关于甲企业委托加工业务的会计处理，正确的是（　　）。

A. 收回委托加工物资的成本为 90 000 元

B. 收回委托加工物资的成本为 100 000 元

C. 受托方代收代缴的消费税 10 000 元应计入委托加工物资成本

D. 受托方代收代缴的消费税 10 000 元应记入“应交税费”科目的借方

【答案】 AD

【解析】 企业委托外单位加工物资的成本包括加工中实际耗用物资的成本、支付的加工费用及应负担的运杂费、支付的税费等，因此，甲企业收回委托加工物资的成本＝70 000＋20 000＝90 000（元）。需要缴纳消费税的委托加工物资，收回后用于继续加工的，记入“应交税费——应交消费税”科目的借方，不计入成本中。

四、其他应交税费

考试要求： 熟悉

命题频率： 2016 年多选题

其他应交税费是指除上述应交税费以外的其他各种应上交国家的税费，包括应交资源税、应交城市维护建设税、应交土地增值税、应交所得税、应交房产税、应交土地使用税、应交车船税、应交教育费附加、应交矿产资源补偿费、应交个人所得税等。企业应当在“应交税费”科目下设置相应的明细科目进行核算，贷方登记应交纳的有关税费，借方登记已交纳的有关税费，期末贷方余额反映尚未交纳的有关税费。

（一）应交资源税

资源税是对在我国境内开采矿产品或者生产盐的单位和个人征收的税。

◆对外销售应税产品应交纳的资源税应记入“税金及附加”科目：

借：税金及附加

　　贷：应交税费——应交资源税

◆自产自用应税产品应交纳的资源税应记入“生产成本”“制造费用”等科目：

借：生产成本

　　制造费用

　　贷：应交税费——应交资源税

（二）应交城市维护建设税

城市维护建设税是以增值税和消费税为计税依据征收的一种税。其纳税人为交纳增值税和消费税的单位和个人，以纳税人实际缴纳的增值税和消费税税额为计税依据，并分别与两项税金同时缴纳。税率因纳税人所在地不同从1%～7%不等。公式为：

应纳税额＝（应交增值税＋应交消费税）×适用税率

◆企业按规定计算出应交纳的城市维护建设税：

借：税金及附加

　　贷：应交税费——应交城市维护建设税

◆交纳城市维护建设税：

借：应交税费——应交城市维护建设税

　　贷：银行存款

（三）应交教育费附加

教育费附加是为了发展教育事业而向企业征收的附加费用，企业按应交流转税的一定比例计算交纳。企业按规定计算出应交纳的教育费附加：

借：税金及附加

　　贷：应交税费——应交教育费附加

（四）应交土地增值税

土地增值税是对转让国有土地使用权、地上的建筑物及其附着物（以下简称转让房地产）并取得增值性收入的单位和个人所征收的一种税。

土地增值税按照转让房地产所取得的增值额和规定的税率计算征收。转让房地产的增值额是转让收入减去税法规定扣除项目金额后的余额，其中，转让收入包括货币收入、实物收入和其他收入；扣除项目主要包括取得土地使用权所支付的金额、房地产开发成本及费用、与转让房地产有关的税金、旧房及建筑物的评估价格、财政部确定的其他扣除项目等。土地增值税采用四级超率累进税率，其中最低税率为30%，最高税率为60%。

◆企业转让的土地使用权连同地上建筑物及其附着物一并在“固定资产”科目核算的，转让时应交的土地增值税：

借：固定资产清理

　　贷：应交税费——应交土地增值税

◆土地使用权在“无形资产”科目核算的：

借：银行存款
　　累计摊销　　　　　　（按实际收到的金额）
　　无形资产减值准备
　　营业外支出

　　贷：应交税费——应交土地增值税（按应交的土地增值税）
　　　　无形资产
　　　　营业外收入

◆房地产开发经营企业销售房地产应交纳的土地增值税：

借：税金及附加

　　贷：应交税费——应交土地增值税

◆交纳土地增值税：

借：应交税费——应交土地增值税

　　贷：银行存款

（五）应交房产税、城镇土地使用税、车船税和矿产资源补偿费

房产税是国家对在城市、县城、建制镇和工矿区征收的由产权所有人缴纳的一种税。房产税依照房产原值一次减除10%～30%后的余额计算交纳。没有房产原值作为依据的，由房产

所在地税务机关参考同类房产核定；房产出租的，以房产租金收入为房产税的计税依据。

城镇土地使用税是以城市、县城、建制镇、工矿区范围内使用土地的单位和个人为纳税人，以其实际占用的土地面积和规定税额计算征收。

车船税是以车辆、船舶（简称车船）为课征对象，向车船的所有人或者管理人征收的一种税。

矿产资源补偿费是对在我国领域和管辖海域开采矿产资源而征收的费用。矿产资源补偿费按照矿产品销售收入的一定比例计征，由采矿人交纳。

企业应交的房产税、城镇土地使用税、车船税、矿产资源补偿费：

借：税金及附加

　　贷：应交税费——应交房产税

　　　　　　　　——应交城镇土地使用税

　　　　　　　　——应交车船税

　　　　　　　　——应交矿产资源补偿费

(六) 应交个人所得税

企业职工按规定应交纳的个人所得税通常由单位代扣代缴。

◆企业按规定计算的代扣代缴的职工个人所得税：

借：应付职工薪酬

　　贷：应交税费——应交个人所得税

◆企业交纳个人所得税时：

借：应交税费——应交个人所得税

　　贷：银行存款

经典例题
JINGDIANLITI

1. 增值税为1 100 000元，城镇土地使用税为200 000元，消费税为500 000元，土地增值税为350 000元，城市维护建设税税率为7%，下列关于城市维护建设税的处理，正确的是（　　）。

A. 借：管理费用　　112 000

　　贷：应交税费——应交城市维护建设税　　112 000

B. 借：管理费用　　150 500

　　贷：应交税费——应交城市维护建设税　　150 500

C. 借：税金及附加　　112 000

　　贷：应交税费——应交城市维护建设税　　112 000

D. 借：税金及附加　　150 500

　　贷：应交税费——应交城市维护建设税　　150 500

【答案】 C

【解析】 城市维护建设税＝（1 100 000＋500 000）×7%＝112 000（元），应计入税金及附加。

2. 下列各项中，关于相关税金的会计处理，正确的有（　　）。

A. 拥有产权房屋缴纳的房产税计入房屋成本

B. 企业应交的城市维护建设税计入税金及附加

C. 签订购销合同缴纳的印花税计入主营业务成本

D. 商用货物缴纳的车船税计入管理费用

【答案】 BD

【解析】 AC选项应计入管理费用。

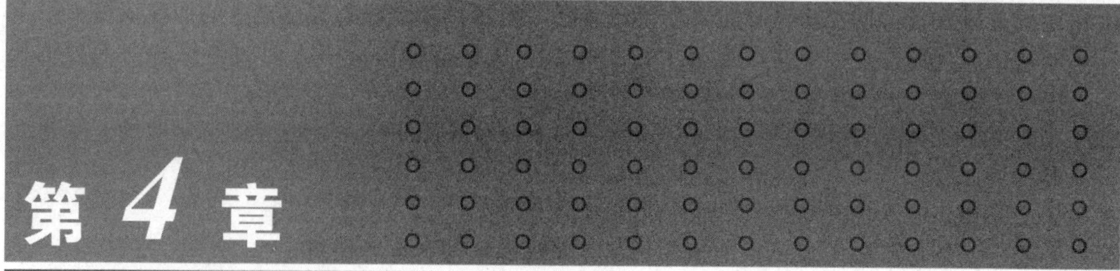

所有者权益

考情点拨
KAOQINGDIANBO

本章在以往的考试中所占分值为 7～8 分。重点掌握实收资本、资本公积和留存收益的核算。

所有者权益是企业资产扣除负债后由所有者享有的剩余权益。公司所有者权益又称为股东权益。所有者权益的来源包括所有者投入的资本、其他综合收益、留存收益等，具体表现为实收资本（或股本）、资本公积（含资本溢价或股本溢价、其他资本公积）、其他综合收益、盈余公积和未分配利润。其中，盈余公积和未分配利润又合称为留存收益，反映企业历年实现的净利润留存于企业的部分。本章主要介绍实收资本、资本公积和留存收益的有关内容。

第一节　实收资本

一、实收资本概述

考试要求：了解

实收资本指企业按照章程规定或合同、协议约定，接受投资者投入企业的资本。

实收资本的构成比例或股东的股份比例，是确定所有者在企业所有者权益中份额的基础，也是企业进行利润或股利分配的主要依据。

股东可以用货币出资，也可以用实物、知识产权、土地使用权等可以用货币估价并可以依法转让的非货币财产作价出资；但法律、行政法规规定不得作为出资的财产除外。全体股东的货币出资金额不得低于有限责任公司注册资本的 30%。

二、实收资本的账务处理

考试要求：掌握
命题频率：2014 年多选题；2015 年多选题；2016 年判断题、不定项选择题；2017 年判断题

（一）接受现金资产投资

1. 股份有限公司以外的企业接受现金资产投资

企业接受现金资产投资时：

借：银行存款（按照实际收到的金额）

　　贷：实收资本（按投资合同或协议约定投资者在企业注册资本中所占的部分）

【注意】股份有限公司以外的企业在创立时，投资者认缴的出资额与注册资本一致，一般不会产生资本溢价。

2. 股份有限公司接受现金资产投资

股份有限公司发行股票时，既可以按面值发行股票，也可以溢价发行（我国目前不准许折价发行）。

股份有限公司在核定的股本总额及核定的股份总额的范围内发行股票时，应在实际收到现金资产时进行会计处理：

借：银行存款

　　贷：股本（按每股面值与发行股份总额的乘积计算的金额）

　　　　资本公积——股本溢价（实际收到的金额与股本之间的差额）

与其他类型的企业不同，股份有限公司在成立时可能会溢价发行股票，因而在成立之初，就可能会产生股本溢价。

（二）接受非现金资产投资

1. 接受投入固定资产

企业接受投资者作价投入的房屋、建筑物、机器设备等固定资产，应按照投资合同或协议约定的价值确定固定资产的价值，但投资合同或协议约定价值不公允的除外。在进行会计处理时：

借：固定资产（按照投资合同或协议约定的价值）

　　应交税费——应交增值税（进项税额）

　　贷：实收资本（按投资者在企业注册资本中应享有的份额）

　　　　资本公积

2. 接受投入材料物资

企业接受投资者作价投入的材料物资，应按照投资合同或协议约定的价值确定材料物资的价值，但投资合同或协议约定价值不公允的除外。在进行会计处理时：

借：原材料（按照投资合同或协议约定的价值）

　　应交税费——应交增值税（进项税额）

　　贷：实收资本（按投资者在企业注册资本中应享有的份额）

　　　　资本公积

3. 接受投入无形资产

企业收到以无形资产方式投入的资本，应按投资合同或协议约定价值确定无形资产价值（但投资合同或协议约定价值不公允的除外）和在注册资本中应享有的份额。

（三）实收资本（或股本）的增减变动

我国企业法人登记管理条例规定，除国家另有规定外，企业的注册资金应当与实收资本相一致，当实收资本比原注册资金增加或减少的幅度超过 20%时，应持资金使用证明或者验资证明，向原登记主管机关申请变更登记。如擅自改变注册资本或抽逃资金，要受到工商行政管理部门的处罚。

1. 实收资本（或股本）的增加

一般企业增加资本主要有三个途径：接受投资者追加投资、资本公积转增资本和盈余公积转增资本。

需要注意的是，由于资本公积和盈余公积均属于所有者权益，用其转增资本时，如果是独资企业则比较简单，直接结转即可。如果是股份有限公司或有限责任公司则应该按照原投资者各自出资比例相应增加各投资者的出资额。

2. 实收资本（或股本）的减少

企业减少实收资本应按法定程序报经批准，股份有限公司采用收购本公司股票方式减资的，通过“库存股”科目核算回购股份的金额。减资时，按股票面值和注销股数计算的股票面值总额冲减股本，按注销库存股的账面余额与所冲减股本的差额冲减股本溢价，股本溢价不足冲减的，应依次冲减“盈余公积”“利润分配——未分配利润”等科目。如果回购股票支付的价款低于面值总额的，所注销库存股的账面余额与所冲减股本的差额作为增加资本公积（股本溢价）处理。

经典例题
JINGDIANLITI

下列各项中，会导致企业实收资本增加的有（　　）。

A. 资本公积转增资本　　B. 接受投资者追加投资

C. 盈余公积转增资本　　D. 接受非流动资产捐赠

【答案】 ABC

【解析】 D选项不会增加实收资本，相应的会计处理为：

借：固定资产（等）

　　贷：营业外收入

第二节　资本公积

一、资本公积概述

考试要求：掌握

（一）资本公积的来源

资本公积指企业收到投资者出资额超出其在注册资本（或股本）中所占份额的部分，以及其他资本公积等。

资本公积包括资本溢价（或股本溢价）和直接计入所有者权益的利得和损失等。其中，直接计入所有者权益的利得和损失是指不应计入当期损益、会导致所有者权益发生增减变动的、与所有者投入资本或者向所有者分配利润无关的利得或者损失。

形成资本溢价（或股本溢价）的原因有溢价发行股票、投资者超额缴入资本等。

其他资本公积是指除净损益、其他综合收益和利润分配以外所有者权益的其他变动。如企业的长期股权投资采用权益法核算时，因被投资单位除净损益、其他综合收益和利润分配以外所有者权益的其他变动，投资企业按应享有份额而增加或减少的资本公积。

（二）资本公积与实收资本（或股本）、留存收益的区别

1. 资本公积与实收资本（或股本）的区别

（1）从来源和性质看。

实收资本（或股本）是投资者实际投入企业并依法进行注册的资本，它体现了企业所有者对企业的基本产权关系。

资本公积是投资者的出资额超出其在注册资本中所占份额的部分，以及直接计入所有者权益的利得和损失，它不直接表明所有者对企业的基本产权关系。

（2）从用途看。

实收资本（或股本）的构成比例是确定所有者参与企业财务经营决策的基础，也是企业进行利润分配或股利分配的依据，同时还是企业清算时确定所有者对净资产的要求权的依据。

资本公积的用途主要是用来转增资本（或股本）。资本公积不体现各所有者的占有比例，

也不能作为所有者参与企业财务经营决策或进行利润分配（或股利分配）的依据。

2. 资本公积与留存收益的区别

资本公积的来源不是企业实现的利润，而主要是来自资本溢价（或股本溢价）等。

留存收益是企业从历年实现的利润中提取或形成的留存于企业的内部积累，来源于企业生产经营活动实现的利润。

二、资本公积的账务处理

考试要求：掌握
命题频率：2016 年判断题、不定项选择题；2017 年单选题

（一）资本溢价（或股本溢价）

1. 资本溢价

除股份有限公司外的其他类型的企业，在企业创立时，投资者认缴的出资额与注册资本一致，通常不会产生资本溢价。但在企业重组或有新的投资者加入时，常常会出现资本溢价。

新投资者加入企业后，对企业内部积累也要分享，所以新加入的投资者往往要付出大于原投资者的出资额，才能取得与原投资者相同的出资比例。投资者多缴的部分就形成了资本溢价。

2. 股本溢价

股份有限公司是以发行股票的方式筹集股本的，股票可按面值发行，也可按溢价发行，我国目前不准折价发行。

与其他类型的企业不同，股份有限公司在成立时可能会溢价发行股票，因而在成立之初，就可能会产生股本溢价。股本溢价的数额等于股份有限公司发行股票时实际收到的款额超过股票面值总额的部分。

在按面值发行股票的情况下，企业发行股票取得的收入，应全部作为股本处理；在溢价发行股票的情况下，企业发行股票取得的收入，等于股票面值部分作为股本处理，超出股票面值的溢价收入应作为股本溢价处理。

发行股票相关的手续费、佣金等交易费用，如果是溢价发行股票的，应从溢价中抵扣，冲减资本公积（股本溢价）；无溢价发行股票或溢价金额不足以抵扣的，应将不足抵扣的部分冲减盈余公积和未分配利润。

（二）其他资本公积

企业对被投资单位的长期股权投资采用权益法核算的，在持股比例不变的情况下，对因被投资单位除净损益、其他综合收益和利润分配以外的所有者权益的其他变动，应按持股比例计算其应享有或应分担被投资单位所有者权益的增减数额。在处置长期股权投资时，应转销与该笔投资相关的其他资本公积。

（三）资本公积转增资本

经股东大会或类似机构决议，用资本公积转增资本时，应冲减资本公积，同时按照转增资本前的实收资本（或股本）的结构或比例，将转增的金额记入“实收资本”（或“股本”）科目下各所有者的明细分类账。

某股份有限公司首次公开发行普通股 6 000 万股，每股价值 1 元，每股发行价格 3 元，发生手续费、佣金等 500 万元，该项业务应计入资本公积的金额为（　　）万元。

A. 11 500　　B. 12 000　　C. 12 500　　D. 17 500

【答案】A

【解析】资本公积包括资本溢价（或股本溢价）和直接计入所有者权益的利得和损失等。其中，直接计入所有者权益的利得和损失是指不应计入当期损益、会导致所有者权益发生增减变动的、与所有者投入资本或者向所有者分配利润无关的利得或者损失。因此，该项业务应计入资本公积的金额＝6 000×（3－1）－500＝11 500（万元）。

第三节 留存收益

一、留存收益概述

留存收益指企业从历年实现的利润中提取或形成的留存于企业的内部积累，包括盈余公积和未分配利润两类。

盈余公积指企业按照规定从净利润中提取的积累资金。公司制企业的盈余公积包括法定盈余公积和任意盈余公积。

法定盈余公积是指企业按照规定的比例从净利润中提取的盈余公积。任意盈余公积是指企业按照股东会或股东大会决议提取的盈余公积。

经批准企业提取的盈余公积可用于弥补亏损、转增资本或发放现金股利或利润等。

未分配利润指企业实现的净利润经过弥补亏损、提取盈余公积和向投资者分配利润后留存在企业的、历年结存的利润。

二、留存收益的账务处理

扫码听课

考试要求：掌握

命题频率：2015 年单选题；2016 年单选题、多选题、不定项选择题

（一）利润分配

利润分配指企业根据国家有关规定和企业章程、投资者协议等，对企业当年可供分配的利润所进行的分配。

可供分配的利润＝当年实现的净利润（或净亏损）＋年初未分配利润（或－年初未弥补亏损）＋其他转入

利润分配的顺序依次是：

（1）提取法定盈余公积；

（2）提取任意盈余公积；

（3）向投资者分配利润。

企业未分配利润通过“利润分配——未分配利润”明细科目进行核算。年度终了，企业应将全年实现的净利润或发生的净亏损，自“本年利润”科目转入“利润分配——未分配利润”科目，并将“利润分配”科目所属其他明细科目的余额，转入“未分配利润”明细科目。

结转后，“利润分配——未分配利润”科目如为贷方余额，表示累积未分配的利润数额；如为借方余额，则表示累积未弥补的亏损数额。

（二）盈余公积

公司制企业应按照净利润（减弥补以前年度亏损，下同）的10%提取法定盈余公积。非公司制企业法定盈余公积的提取比例可超过净利润的10%。法定盈余公积累计额已达注册资

本的 50％时可以不再提取。

如果以前年度未分配利润有盈余（即年初未分配利润余额为正数），在计算提取法定盈余公积的基数时，不应包括企业年初未分配利润；如果以前年度有亏损（即年初未分配利润余额为负数），应先弥补以前年度亏损再提取盈余公积。

公司制企业可根据股东会或股东大会的决议提取任意盈余公积。非公司制企业经类似权力机构批准，也可提取任意盈余公积。

法定盈余公积和任意盈余公积的区别在于其各自计提的依据不同，前者以国家的法律法规为依据；后者由企业的权力机构自行决定。

企业提取的盈余公积经批准可用于弥补亏损、转增资本、发放现金股利或利润等。企业按规定提取盈余公积时，应通过“利润分配”和“盈余公积”等科目核算。

经典例题
JINGDIANLITI

下列各项中，导致企业所有者权益总额发生增减变动的业务事项是（　　）。

A. 当年实现净利润　　B. 盈余公积转实收资本

C. 资本公积转实收资本　　D. 盈余公积补亏

【答案】 A

【解析】 所有者权益包括实收资本、资本公积、其他综合收益、盈余公积、未分配利润和库存股。盈余公积转实收资本项目，反映企业以盈余公积转增资本的金额；资本公积转实收资本项目，反映企业以资本公积转增资本的金额；盈余公积补亏，反映企业以盈余公积弥补亏损的金额。故 BCD 选项属于所有者权益内部的一增一减，所有者权益总额不变。当年实现净利润会使企业所有者权益总额增加，故 A 选项正确。

第5章

收入、费用、利润

考情点拨 KAOQINGDIANBO

本章在以往的考试中所占分值为21～25分。本章知识点较多且容易出不定项选择题，复习难度大。在第一节的学习中，重点掌握销售收入金额的确定，销售收入、完工百分比法确认提供劳务收入、让渡资产使用权的使用费收入账务处理；在第二节的学习中，重点掌握营业成本组成内容及核算、税金及附加的内容及核算、期间费用的内容及核算；在第三节的学习中，重点掌握利润的构成及其主要内容、营业外收支的核算内容及账务处理、所得税计算及账务处理、本年利润的结转及账务处理。

第一节　收入

一、销售商品收入

考试要求：掌握

命题频率：2014年判断题、不定项选项题；2015年单选题；2016年单选题、判断题、不定项选择题；2017年不定项选择题

销售商品收入的会计处理主要涉及一般销售商品业务、已经发出商品但不符合收入确认条件的销售业务、销售折让、销售退回、采用预收款方式销售商品、采用支付手续费方式委托代销商品等情况。

扫码听课

（一）销售商品收入的确认

销售商品收入同时满足下列条件的，才能予以确认：

1. 企业已将商品所有权上的主要风险和报酬转移给购货方

判断企业是否已将商品所有权上的主要风险和报酬转移给购货方，应当关注交易的实质，并结合所有权凭证的转移进行判断。

如果与商品所有权有关的任何损失均不需要销货方承担，与商品所有权有关的任何经济利益也不归销货方所有，就意味着商品所有权上的主要风险和报酬转移给了购货方。

2. 企业既没有保留通常与所有权相联系的继续管理权，也没有对已售出的商品实施有效控制

在通常情况下，企业售出商品后不再保留与商品所有权相联系的继续管理权，也不再对售出商品实施有效控制，商品所有权上的主要风险和报酬已经转移给购货方，通常应在发出商品时确认收入。

如果企业在商品销售后保留了与商品所有权相联系的继续管理权，或能够继续对其实施有

效控制，说明商品所有权上的主要风险和报酬没有转移，销售交易不能成立，不能确认收入，如售后租回。

3. 相关的经济利益很可能流入企业

在销售商品的交易中，与交易相关的经济利益主要表现为销售商品的价款。相关的经济利益很可能流入企业，是指销售商品价款收回的可能性大于不能收回的可能性，即销售商品价款收回的可能性超过 50%。

企业在销售商品时，如估计销售价款不是很可能收回，即使收入确认的其他条件均已满足，也不应当确认收入。

如果企业判断销售商品收入满足确认条件而予以确认，同时确认了一笔应收债权，以后由于购货方资金周转困难无法收回该债权时，不应调整原会计处理，而应对该债权计提坏账准备、确认坏账损失。

如果企业根据以前与买方交往的直接经验判断买方信誉较差，或销售时得知买方在另一项交易中发生了巨额亏损、资金周转十分困难，或在出口商品时不能肯定进口企业所在国政府是否允许将款项汇出等，就可能会出现与销售商品相关的经济利益不能流入企业的情况，不应确认收入。

4. 收入的金额能够可靠地计量

收入的金额能够可靠地计量，指收入的金额能够合理地估计。如果收入的金额不能够合理估计，就无法确认收入。

企业在销售商品时，商品销售价格通常已经确定。但是，由于销售商品过程中某些不确定因素的影响，也有可能存在商品销售价格发生变动的情况。在这种情况下，新的商品销售价格未确定前通常不应确认销售商品收入。

5. 相关的已发生或将发生的成本能够可靠地计量

相关的已发生或将发生的成本能够可靠地计量，指与销售商品有关的已发生或将发生的成本能够合理地估计。通常情况下，销售商品相关的已发生或将发生的成本能够合理地估计，如库存商品的成本、商品运输费用等。

如果库存商品是本企业生产的，其生产成本能够可靠计量；如果是外购的，购买成本能够可靠计量。有时，销售商品相关的已发生或将发生的成本不能够合理地估计，此时企业不应确认收入，若已收到价款，应将已收到的价款确认为负债。

（二）一般销售商品业务收入的账务处理

在进行销售商品的会计处理时，如果销售商品收入符合收入准则所规定的五项确认条件的，企业应确认收入并结转相关销售成本。

通常情况下，销售商品采用托收承付方式的，在办妥托收手续时确认收入；交款提货销售商品的，在开出发票账单收到货款时确认收入。

交款提货销售商品是指购买方已根据企业开出的发票账单支付货款并取得提货单的销售方式。在这种方式下，购货方支付货款取得提货单，企业尚未交付商品，销售方保留的是商品所有权上的次要风险和报酬，商品所有权上的主要风险和报酬已经转移给购货方，通常应在开出发票账单收到货款时确认收入。

企业销售商品满足收入确认条件时，应当按照已收或应收合同或协议价款的公允价值确定销售商品收入金额。通常情况下，购货方已收或应收的合同或协议价款即为其公允价值，应当以此确定销售商品收入的金额。

企业销售商品所实现的收入以及结转的相关销售成本，通过“主营业务收入”“主营业务成本”等科目核算。

（三）已经发出但不符合销售商品收入确认条件的商品的账务处理

如果企业售出商品不符合销售商品收入确认的五项条件，不应确认收入。为了单独反映已经发出但尚未确认销售收入的商品成本，企业应增设“发出商品”科目。“发出商品”科目核算一般销售方式下，已经发出但尚未确认收入的商品成本。

有时尽管发出的商品不符合收入确认条件，但如果销售该商品的纳税义务已经发生，比如已经开出增值税专用发票，则应确认应交的增值税销项税额，做会计分录如下：

借：应收账款

　　贷：应交税费——应交增值税（销项税额）

如果纳税义务没有发生，则不需要进行上述处理。

发出不符合收入确认条件的商品时，应借记（　　）。

A. 主营业务成本　　B. 库存商品　　C. 发出商品　　D. 在途物资

【答案】C

【解析】发出不符合收入确认条件的商品，应做分录：

借：发出商品

　　贷：库存商品

(四) 商业折扣、现金折扣和销售折让的账务处理

企业销售商品收入的金额通常按照从购货方已收或应收的合同或协议价款确定。在确定销售商品收入的金额时，应注意区分商业折扣、现金折扣和销售折让及其不同的账务处理方法。

通常，确定销售商品收入的金额时，不应考虑预计可能发生的现金折扣、销售折让，即应按总价确认，但应是扣除商业折扣后的净额。

1. 商业折扣

商业折扣是指企业为促进商品销售而给予的价格扣除。例如，企业为鼓励客户多买商品，规定购买 10 000 元以上商品给予客户 10%的折扣，或客户每买 100 件送 2 件。

企业销售商品涉及商业折扣的，应当按照扣除商业折扣后的金额确定销售商品收入金额。

2. 现金折扣

现金折扣是指债权人为鼓励债务人在规定的期限内付款而向债务人提供的债务扣除。

现金折扣一般用符号“折扣率/付款期限”表示，例如，“2/10，1/20，*N*/30”表示：销货方允许客户最长的付款期限为 30 天，如果客户在 10 天内付款，销货方可按商品售价给予客户 2%的折扣；如果客户在 20 天内付款，销货方可按商品售价给予客户 1%的折扣；如果客户在 21 天至 30 天内付款，将不能享受现金折扣。

现金折扣发生在企业销售商品之后，企业销售商品后现金折扣是否发生以及发生多少要视买方的付款情况而定，企业在确认销售商品收入时不能确定现金折扣金额。因此，企业销售商品涉及现金折扣的，应当按照扣除现金折扣前的金额确定销售商品收入金额。现金折扣实际上是企业为了尽快回笼资金而发生的理财费用，应在实际发生时计入当期财务费用。

在计算现金折扣时，要区分是按不包含增值税的价款提供现金折扣，还是按包含增值税的价款提供现金折扣。例如，销售价格为 500 元的商品，增值税税额为 85 元，如不包含增值税，按 1%折扣率计算，购买方享有的现金折扣金额为 5 元；如果购销双方约定计算现金折扣时一并考虑增值税，则购买方享有的现金折扣金额为 5.85 元。

3. 销售折让

销售折让指企业因售出商品质量不符合要求等原因而在售价上给予的减让。企业将商品销售给买方后，如买方发现商品在质量、规格等方面不符合要求，可能要求卖方在价格上给予一定的减让。

销售折让如发生在确认销售收入之前，则应在确认销售收入时直接按扣除销售折让后的金

额确认；已确认销售收入的售出商品发生销售折让，且不属于资产负债表日后事项的，应在发生时冲减当期销售商品收入，如按规定允许扣减增值税税额的，还应冲减已确认的应交增值税销项税额。

（五）销售退回的账务处理

企业销售商品除了可能发生销售折让外，还有可能发生销售退回。企业售出商品发生的销售退回，应当分别按不同情况进行会计处理：

（1）尚未确认销售收入的售出商品发生销售退回的，应当冲减“发出商品”科目，同时增加“库存商品”科目。

（2）已确认销售商品收入的售出商品发生销售退回的，除属于资产负债表日后事项外，一般应在发生时冲减当期销售商品收入，同时冲减当期销售商品成本。如按规定允许扣减增值税税额的，应同时扣减已确认的应交增值税销项税额。如该项销售退回已发生现金折扣，应同时调整相关财务费用的金额。

（六）采用预收款方式销售商品的账务处理

预收款销售方式下，销售方直到收到最后一笔款项才将商品交付购货方，表明商品所有权上的主要风险和报酬只有在收到最后一笔款项时才转移给购货方，销售方通常应在发出商品时确认收入，在此之前预收的货款应确认为预收账款。

经典例题
JINGDIANLITI

2015 年 9 月 10 日，某企业与客户签订销售合同并预收货款 55 000 元，9 月 20 日商品发出，增值税专用发票上注明价款为 50 000 元，增值税额为 8 500 元，当月发出商品的同时收到货款，该企业应确认的商品销售收入金额为（　　）元。

A. 50 000　　B. 3 500　　C. 58 500　　D. 55 000

【答案】 A

【解析】 相关分录为：

借：银行存款　　55 000
　　贷：预收账款　　55 000
借：预收账款　　58 500
　　贷：主营业务收入　　50 000
　　　　应交税费——应交增值税（销项税额）　　8 500
借：银行存款　　3 500
　　贷：预收账款　　3 500

该企业应确认的商品销售收入为增值税专用发票上注明的价款 50 000 元，增值税8 500元由该企业代扣代缴。

（七）采用支付手续费方式委托代销商品的账务处理

采用支付手续费委托代销方式下，委托方在发出商品时，商品所有权上的主要风险和报酬并未转移给受托方，委托方在发出商品时通常不应确认销售商品收入，而应在收到受托方开出的代销清单时确认为销售商品收入，同时将应支付的代销手续费计入销售费用；受托方应在代销商品销售后，按合同或协议约定的方式计算确定代销手续费，确认劳务收入。

受托方可通过“受托代销商品”“受托代销商品款”或“应付账款”等科目，对受托代销商品进行核算。确认代销手续费收入时：

借：受托代销商品款
　　贷：其他业务收入

关于采用支付手续费方式委托代销商品，下列各项中会计处理表述正确的有（　　）。

A. 委托方通常在收到受托方开出的代销清单时确认销售商品收入

B. 委托方发出商品时应按约定的售价记入“委托代销商品”科目

C. 受托方应在代销商品销售后按照双方约定的手续费确认劳务收入

D. 受托方一般应按其与委托方约定的售价总额确认受托代销商品款

【答案】ACD

【解析】B选项，采用支付手续费方式委托代销商品时，委托方发出商品应按商品成本记入“委托代销商品”科目。

（八）销售材料等存货的账务处理

企业在日常活动中还可能发生对外销售不需用的原材料、随同商品对外销售单独计价的包装物等业务。企业销售原材料、包装物等存货也视同商品销售，其收入确认和计量原则比照商品销售。企业销售原材料、包装物等存货实现的收入作为其他业务收入处理，结转的相关成本作为其他业务成本处理。

二、提供劳务收入

考试要求：掌握

命题频率：2014年判断题；2015年多选题、不定项选择题

企业对外提供劳务所实现的收入以及结转的相关成本，如属于企业的主营业务，应通过“主营业务收入”“主营业务成本”等科目核算；如属于主营业务以外的其他经营活动，应通过“其他业务收入”“其他业务成本”等科目核算。

企业对外提供劳务发生的支出一般先通过“劳务成本”科目给予归集，待确认为费用时，再由“劳务成本”科目转入“主营业务成本”或“其他业务成本”科目。

（一）在同一会计期间内开始并完成的劳务的账务处理

1. 一次就能完成的劳务

对于一次就能完成的劳务，企业应在提供劳务完成时，确认收入及相关成本。企业应在提供劳务完成时：

借：应收账款
　　银行存款
　　贷：主营业务收入（按确定的收入金额）

同时：

借：主营业务成本（按所发生的相关支出）
　　贷：银行存款

2. 持续一段时间但在同一会计期间内开始并完成的劳务

对于持续一段时间但在同一会计期间内开始并完成的劳务，企业应在为提供劳务发生相关支出时确认劳务成本，劳务完成时再确认劳务收入，并结转相关劳务成本。

◆企业应在为提供劳务相关支出时：

借：劳务成本
　　贷：银行存款
　　　　应付职工薪酬

原材料

◆劳务完成确认劳务收入时：

借：应收账款

银行存款

贷：主营业务收入（按确定的收入金额）

同时，结转相关劳务成本：

借：主营业务成本

贷：劳务成本

（二）劳务的开始和完成分属不同的会计期间的账务处理

1. 提供劳务交易结果能够可靠估计

如劳务的开始和完成分属不同的会计期间，且企业在资产负债表日提供劳务交易结果能够可靠估计的，应采用完工百分比法确认提供劳务收入。同时满足下列条件的，为提供劳务交易的结果能够可靠估计：

（1）收入的金额能够可靠地计量。

收入的金额能够可靠地计量指提供劳务收入的总额能够合理估计。

通常情况下，企业应当按照从接受劳务方已收入或应收入的合同或协议价款确定提供劳务收入总额。

（2）相关的经济利益很可能流入企业。

相关的经济利益很可能流入企业，是指提供劳务收入总额收回的可能性大于不能收回的可能性。

通常情况下，企业提供的劳务符合合同或协议要求，接受劳务方承诺付款，就表明提供劳务收入总额收回的可能性大于不能收回的可能性。

（3）交易的完工进度能够可靠地确定。

企业可以根据提供劳务的特点，选用下列方法确定提供劳务交易的完工进度：

1）已完工作的测量，这是一种比较专业的测量方法，由专业测量师对已经提供的劳务进行测量，并按一定方法计算确定提供劳务交易的完工程度。

2）已经提供的劳务占应提供劳务总量的比例，这种方法主要以劳务量为标准确定提供劳务交易的完工程度。

3）已经发生的成本占估计总成本的比例，这种方法主要以成本为标准确定提供劳务交易的完工程度。

只有反映已提供劳务的成本才能包括在已经发生的成本中，只有反映已提供或将提供劳务的成本才能包括在估计总成本中。

（4）交易中已发生和将发生的成本能够可靠地计量。

交易中已发生和将发生的成本能够可靠地计量指交易中已经发生和将要发生的成本能够合理地估计。

2. 提供劳务交易结果不能可靠估计

如劳务的开始和完成分属不同的会计期间，且企业在资产负债表日提供劳务交易结果不能可靠估计的，即不能同时满足上述四个条件的，不能采用完工百分比法确认提供劳务收入。此时，企业应当正确预计已经发生的劳务成本能否得到补偿，分别按下列情况处理：

（1）已经发生的劳务成本预计全部能够得到补偿，应按已收或预计能够收回的金额确认提供劳务收入，并结转已经发生的劳务成本。

（2）已经发生的劳务成本预计部分能够得到补偿的，应按能够得到部分补偿的劳务成本金额确认提供劳务收入，并结转已经发生的劳务成本。

（3）已经发生的劳务成本预计全部不能得到补偿的，应将已经发生的劳务成本计入当期损益（主营业务成本或其他业务成本），不确认提供劳务收入。

甲企业为一般纳税人，2014 年 12 月 31 日确认劳务收入。本月月初与乙企业签订一项安装工程合同，合同总价款为 160 000 元，合同签订时预收劳务款 50 000 元，至月末累计发生劳务支出 60 000 元，工程尚未完工，预计至完工还需要发生劳务支出40 000元，当年末乙企业发生财务困难，余款能否支付难以确定。甲企业安装工程业务的会计处理正确的是（　　）。

A. 结转劳务成本 60 000 元　　B. 确认劳务收入 50 000 元

C. 确认劳务收入 96 000 元　　D. 结转劳务成本 31 250 元

【答案】AB

【解析】提供劳务交易结果不能可靠估计的，如果已发生的劳务成本预计部分能够得到补偿的，应按能够得到部分补偿的劳务成本金额确认提供劳务收入，并结转已经发生的劳务成本。安装工程业务确认收入、结转成本的相关会计处理为：

借：预收账款　　50 000
　　贷：主营业务收入　　50 000
借：主营业务成本　　60 000
　　贷：劳务成本　　60 000

三、让渡资产使用权收入

考试要求：掌握
命题频率：2016 年多选题；2017 年单选题

让渡资产使用权收入主要指让渡无形资产等资产使用权的使用费收入，出租固定资产取得的租金、进行债权投资收取的利息、进行股权投资取得的现金股利等，也构成让渡资产使用权收入。这里主要介绍让渡无形资产等资产使用权的使用费收入的核算。

（一）让渡资产使用权收入的确认和计量

让渡资产使用权的使用费收入同时满足下列条件的，才能予以确认：

1. 相关的经济利益很可能流入企业

企业在确定让渡资产使用权的使用费收入金额是否很可能收回时，应当根据对方企业的信誉和生产经营情况、双方就结算方式和期限等达成的合同或协议条款等因素，综合进行判断。如果企业估计使用费收入金额收回的可能性不大，就不应确认收入。

2. 收入的金额能够可靠地计量

当让渡资产使用权的使用费收入金额能够可靠估计时，企业才能确认收入。让渡资产使用权的使用费收入金额，应按照有关合同或协议约定的收费时间和方法计算确定。如果合同或协议规定一次性收取使用费，且不提供后续服务的，应当视同销售该项资产一次性确认收入；提供后续服务的，应在合同或协议规定的有效期内分期确认收入。如果合同或协议规定分期收取使用费的，应按合同或协议规定的收款时间和金额或规定的收费方法计算确定的金额分期确认收入。

（二）让渡资产使用权收入的账务处理

企业让渡资产使用权的使用费收入，一般通过“其他业务收入”科目核算；所让渡资产计提的摊销额等，一般通过“其他业务成本”科目核算。

◆企业确认让渡资产使用权的使用费收入时：

借：银行存款
　　应收账款　}（按确定的收入金额）

贷：其他业务收入

◆企业对所让渡资产计提摊销以及所发生的与让渡资产有关的支出等：

借：其他业务成本

贷：累计摊销

经典例题

JINGDIANLITI

下列各项中，属于让渡资产使用权收入的有（　　）。

A. 持有债券取得的利息　　B. 从被投资公司取得的现金股利

C. 转让商标使用权收取的使用费　　D. 出租办公楼收取的租金

【答案】 ABCD

【解析】 让渡资产使用权收入主要指让渡无形资产等资产使用权的使用费收入，出租固定资产取得的租金、进行债权投资收取的利息、进行股权投资取得的现金股利等，也构成让渡资产使用权收入。故 ABCD 选项均正确。

第二节　费用

一、营业成本

考试要求： 掌握

命题频率： 2016 年单选题、多选题；2017 年多选题

营业成本包括主营业务成本和其他业务成本。

（一）主营业务成本

主营业务成本指企业销售商品、提供劳务等经常性活动所发生的成本。企业一般在确认销售商品、提供劳务等主营业务收入时，或在月末，将已销售商品、已提供劳务的成本转入主营业务成本。

◆企业应当设置“主营业务成本”科目，按主营业务的种类进行明细核算，用于核算企业因销售商品、提供劳务或让渡资产使用权等日常活动而发生的实际成本：

借：主营业务成本

贷：库存商品

劳务成本

◆期末，将主营业务成本的余额转入“本年利润”科目：

借：本年利润

贷：主营业务成本

期末“主营业务成本”结转后无余额。

（二）其他业务成本

其他业务成本指企业确认的除主营业务活动以外的其他经营活动所发生的支出。

其他业务成本包括销售材料的成本、出租固定资产的折旧额、出租无形资产的摊销额、出租包装物的成本或摊销额等。

采用成本模式计量投资性房地产的，其投资性房地产计提的折旧额或摊销额，也构成其他业务成本。

企业应当设置“其他业务成本”科目，核算企业确认的除主营业务活动以外的其他经营活

动所发生的支出，包括销售材料的成本、出租固定资产的折旧额、出租无形资产的摊销额、出租包装物的成本或摊销额等。

企业发生的其他业务成本：

借：其他业务成本

　　贷：原材料

　　　　周转材料

　　　　累计折旧

　　　　累计摊销

　　　　应付职工薪酬

　　　　银行存款

本科目按其他业务成本的种类进行明细核算。期末，本科目余额转入“本年利润”科目，结转后本科目无余额。

经典例题

JINGDIANLITI

下列各项中，会导致“营业成本”本期金额增加的是（　　）。

A. 结转销售原材料的成本　　B. 处置固定资产的净损失

C. 收到与资产相关的政府补助　　D. 库存商品盘亏的净损失

【答案】 A

【解析】 营业成本＝主营业务成本＋其他业务成本。A选项应计入其他业务成本。B选项应计入营业外支出。C选项应计入递延收益。D选项属于一般经营损失的，应计入管理费用；属于非常损失的，应计入营业外支出。

二、税金及附加

考试要求： 掌握
命题频率： 2014年单选题；2015年单选题

税金及附加是指企业经营活动应负担的相关税费，包括消费税、城市维护建设税、教育费附加、资源税、房产税、车船税、城镇土地使用税、印花税。

消费税是对生产、委托加工及进口应税消费品（主要指烟、酒、高档化妆品、高档次及高能耗的消费品）征收的一种税。

城市维护建设税和教育费附加是对从事生产经营活动的单位和个人，以其实际缴纳的增值税、消费税为依据，按纳税人所在地适用的不同税率计算征收的一种税。

资源税是对在我国境内从事资源开采的单位和个人征收的一种税。

房产税是以房屋为征税对象，按房屋的计税余值或出租房屋取得的租金收入为计税依据，向产权所有人征收的一种财产税。

车船税是对行驶于我国公共道路，航行于国内河流、湖泊或领海口岸的车船，按其种类实行定额征收的一种税。

城镇土地使用税是以城市、县城、建制镇、工矿区范围内使用土地的单位和个人为纳税人，以其实际占用的土地面积和规定税额计算征收。

印花税是对经济活动和经济交往中书立、领受凭证征收的一种税。

企业应当设置“税金及附加”科目，核算企业经营活动发生的消费税、城市维护建设税、教育费附加、资源税、房产税、车船税、城镇土地使用税、印花税等相关税费。

按规定计算确定的与经营活动相关的税费：

借：税金及附加

　　贷：应交税费

期末，应将“税金及附加”科目余额转入“本年利润”科目，结转后本科目无余额。

经典例题

JINGDIANLITI

下列各项中，应计入“税金及附加”的是（　　）。

A. 制造企业转让自用房产应缴纳的土地增值税

B. 交通运输企业提供运输服务应缴纳的增值税

C. 天然气企业对外出售天然气应缴纳的资源税

D. 拥有并使用车船的制造企业应缴纳的车船税

【答案】C

【解析】税金及附加是指企业经营活动应负担的相关税费，包括消费税、城市维护建设税、教育费附加和资源税等，故 C 选项正确。A 选项应计入“固定资产清理”；B 选项增值税属于价外税，不计入税金及附加；D 选项应计入“税金及附加”。

三、期间费用

考试要求：掌握

命题频率：2014 年单选题、多选题；2015 年单选题、多选题；2016 年不定项选择题；2017 年单选题、多选题

（一）期间费用的概述

期间费用是指企业日常活动发生的不能计入特定核算对象的成本，而应计入发生当期损益的费用。

期间费用是企业日常活动中所发生的经济利益的流出。之所以不计入特定的成本核算对象，主要是因为期间费用是企业为组织和管理整个经营活动所发生的费用，与可以确定特定成本核算对象的材料采购、产成品生产等没有直接关系，因而期间费用不计入有关核算对象的成本，而是直接计入当期损益。

期间费用包含以下两种情况：一是企业发生的支出不产生经济利益，或者即使产生经济利益但不符合或者不再符合资产确认条件的，应当在发生时确认为费用，计入当期损益。二是企业发生的交易或者事项导致其承担了一项负债，而又不确认为一项资产的，应当在发生时确认为费用计入当期损益。

（二）期间费用的账务处理

期间费用包括销售费用、管理费用和财务费用。

1. 销售费用

销售费用是指企业销售商品和材料、提供劳务的过程中发生的各种费用，包括保险费、包装费、展览费和广告费、商品维修费、预计产品质量保证损失、运输费、装卸费等以及为销售本企业商品而专设的销售机构（含销售网点、售后服务网点等）的职工薪酬、业务费、折旧费等经营费用。企业发生的与专设销售机构相关的固定资产修理费用等后续支出也属于销售费用。

销售费用是与企业销售商品活动有关的费用，但不包括销售商品本身的成本和劳务成本。销售商品的成本属于“主营业务成本”，提供劳务的成本属于“劳务成本”。

2. 管理费用

管理费用是指企业为组织和管理生产经营发生的各种费用，包括企业在筹建期间内发生的

开办费、董事会和行政管理部门在企业的经营管理中发生的以及应由企业统一负担的公司经费（包括行政管理部门职工工资及福利费、物料消耗、低值易耗品摊销、办公费和差旅费等）、行政管理部门负担的工会经费、董事会费（包括董事会成员津贴、会议费和差旅费等）、聘请中介机构费、咨询费（含顾问费）、诉讼费、业务招待费、房产税、车船税、城镇土地使用税、印花税、技术转让费、矿产资源补偿费、研究费用、排污费等。企业生产车间（部门）和行政管理部门发生的固定资产修理费用等后续支出，也作为管理费用核算。

商品流通企业管理费用不多的，可不设"管理费用"科目，相关核算内容可并入"销售费用"科目核算。

3. 财务费用

财务费用是指企业为筹集生产经营所需资金等而发生的筹资费用，包括利息支出（减利息收入）、汇兑损益以及相关的手续费、企业发生的现金折扣等。

1. 下列各项中，应计入期间费用的是（　　）。

A. 计提车间管理用固定资产的折旧费　　B. 预计产品质量保证损失

C. 车间管理人员的工资费用　　D. 销售商品发生的商业折扣

【答案】 B

【解析】 期间费用包括销售费用、管理费用和财务费用。AC 选项计入制造费用，不属于期间费用；B 选项计入销售费用，属于期间费用；D 选项，商业折扣不确定。

2. 下列各项中，应计入管理费用的有（　　）。

A. 计提管理人员工资 50 万元　　B. 发生业务招待费 20 万元

C. 发生展览费 10 万元　　D. 发生违约金 5 万元

【答案】 AB

【解析】 C 选项，展览费计入销售费用；D 选项，违约金计入营业外支出。管理人员工资和业务招待费应计入管理费用，故 AB 选项正确。

第三节　利润

一、利润的构成

考试要求： 掌握
命题频率： 2015 年单选题；2016 年单选题、多选题、不定项选择题

利润是指企业在一定会计期间的经营成果。利润包括收入减去费用后的净额、直接计入当期利润的利得和损失等。

未计入当期利润的利得和损失扣除所得税影响后的净额计入其他综合收益项目。净利润与其他综合收益的合计金额为综合收益总额。利得是指由企业非日常活动所形成的、会导致所有者权益增加的、与所有者投入资本无关的经济利益的流入。损失是指由企业非日常活动所发生的、会导致所有者权益减少的、与向所有者分配利润无关的经济利益的流出。

与利润相关的计算公式主要如下：

（一）营业利润

营业利润＝营业收入－营业成本－税金及附加－销售费用－管理费用－财务费用－资产减值损失＋公允价值变动收益（－公允价值变动损失）＋投资收益（－投资损失）＋其他收益

其中：

营业收入是指企业经营业务所确认的收入总额，包括主营业务收入和其他业务收入。

营业成本是指企业经营业务所发生的实际成本总额，包括主营业务成本和其他业务成本。

资产减值损失是指企业计提各项资产减值准备所形成的损失。

公允价值变动收益（－损失）是指企业交易性金融资产等公允价值变动形成的应计入当期损益的利得（－损失）。

投资收益（－损失）是指企业以各种方式对外投资所取得的收益（－发生的损失）。

其他收益主要是指与企业日常活动相关，除冲减相关成本费用以外的政府补助。

（二）利润总额

利润总额＝营业利润＋营业外收入－营业外支出

其中：

营业外收入是指企业发生的与其日常活动无直接关系的各项利得。

营业外支出是指企业发生的与其日常活动无直接关系的各项损失。

（三）净利润

净利润＝利润总额－所得税费用

其中，所得税费用是指企业确认的应从当期利润总额中扣除的所得税费用。

经典例题
JINGDIANLITI

1. 下列各项中，影响当期利润表“营业利润”项目金额的有（　　）。

A. 转让专利使用权取得的净收益　　B. 出租机器设备取得的净收益

C. 出售原材料取得的净收益　　D. 支付税收滞纳金

【答案】ABC

【解析】D 选项计入营业外支出，影响利润总额，但不影响营业利润。

2. 下列各项中，不影响营业利润的是（　　）。

A. 购买交易性金融资产支付的交易费用

B. 处置固定资产净收益

C. 计提坏账准备

D. 管理用的无形资产摊销

【答案】B

【解析】营业利润＝营业收入－营业成本－财务费用－管理费用－销售费用－资产减值损失－税金及附加＋投资收益＋公允价值变动收益；利润总额＝营业利润＋营业外收入－营业外支出。A 选项计入投资收益，B 选项计入营业外收入，C 选项计入资产减值损失，D 选项计入管理费用，所以只有 B 选项不影响营业利润。

二、营业外收支

扫码听课

考试要求：掌握

命题频率：2014 年单选题、判断题；2016 年单选题；2017 年单选题、判断题；2017 年不定项选择题

（一）营业外收入

1. 营业外收入核算的内容

营业外收入是指企业确认的与其日常活动无直接关系的各项利得。其不需要与有关的费用

进行配比，包括非流动资产处置利得、盘盈利得、捐赠利得、非货币性资产交换利得、债务重组利得等。

其中：非流动资产处置利得包括固定资产处置利得和无形资产出售利得。固定资产处置利得，指企业出售固定资产所取得价款，或报废固定资产的材料价值和变价收入等，扣除被处置固定资产的账面价值、清理费用、与处置相关的税费后的净收益；无形资产出售利得，指企业出售无形资产所取得价款，扣除被出售无形资产的账面价值、与出售相关的税费后的净收益。

盘盈利得，指企业对现金等资产清查盘点时发生盘盈，报经批准后计入营业外收入的金额。

捐赠利得，指企业接受捐赠产生的利得。

2. 营业外收入的账务处理

企业应通过“营业外收入”科目，核算营业外收入的取得及结转情况。该科目可按营业外收入项目进行明细核算。

（1）确认处置非流动资产利得。

确认处置非流动资产利得时：

借：固定资产清理
　　银行存款
　　待处理财产损溢
　　无形资产
　　贷：营业外收入

（2）确认盘盈利得、捐赠利得。

企业确认盘盈利得、捐赠利得计入营业外收入时：

借：库存现金
　　待处理财产损溢
　　贷：营业外收入

（3）期末结转“营业外收入”科目。

期末，应将“营业外收入”科目余额转入“本年利润”科目：

借：营业外收入
　　贷：本年利润

期末结转后“营业外收入”科目应无余额。

（二）营业外支出

1. 营业外支出的核算内容

营业外支出是指企业发生的与其日常活动无直接关系的各项损失，主要包括非流动资产处置损失、公益性捐赠支出、盘亏损失、罚款支出、非货币性资产交换损失、债务重组损失等。

其中：非流动资产处置损失包括固定资产处置损失和无形资产出售损失。固定资产处置损失，指企业出售固定资产所取得价款，或报废固定资产的材料价值和变价收入等，抵补处置固定资产的账面价值、清理费用、处置相关税费后的净损失；无形资产出售损失，指企业出售无形资产所取得价款，抵补出售无形资产的账面价值、出售相关税费后的净损失。

公益性捐赠支出，指企业对外进行公益性捐赠发生的支出。

盘亏损失，主要指对于财产清查盘点中盘亏的资产，查明原因并报经批准计入营业外支出的损失。

非常损失，指企业对于因客观因素（如自然灾害等）造成的损失，扣除保险公司赔偿后应计入营业外支出的净损失。

罚款支出，指企业支付的行政罚款、税务罚款，以及其他违反法律法规、合同协议等而支付的罚款、违约金、赔偿金等支出。

2. 营业外支出的账务处理

企业应通过“营业外支出”科目，核算营业外支出的发生及结转情况。该科目可按营业外支出项目进行明细核算。

(1) 确认处置非流动资产损失。

企业确认处置非流动资产损失时：

借：营业外支出

　　贷：固定资产清理

　　　　无形资产

(2) 确认盘亏、罚款支出。

确认盘亏、罚款支出计入营业外支出时：

借：营业外支出

　　贷：待处理财产损溢

　　　　库存现金

(3) 期末结转“营业外支出”科目。

期末，应将“营业外支出”科目余额转入“本年利润”科目：

借：本年利润

　　贷：营业外支出

结转后“营业外支出”科目应无余额。

经典例题

JINGDIANLITI

某公司因持续暴雨导致停工损失 5 天，停工期间发生的原材料损耗 7 000 元，应分摊的人工费用 3 000 元，应分摊的水电费 500 元，该停工损失应由保险公司赔偿 2 000 元。假定不考虑其他因素，下列关于停工损失会计处理正确的是（　　）。

A. 净停工损失 8 500 元，计入营业外支出

B. 净停工损失 8 500 元，计入基本生产成本

C. 净停工损失 10 500 元，计入营业外支出

D. 净停工损失 10 500 元，计入基本生产成本

【答案】 A

【解析】 净停工损失＝7 000＋3 000＋500－2 000＝8 500（元）。持续暴雨导致的停工损失属于自然灾害导致的净停工损失，应计入营业外支出。

三、所得税费用

考试要求： 掌握

命题频率： 2016 年单选题、多选题

企业的所得税费用包括当期所得税和递延所得税两个部分，其中，当期所得税是指当期应交所得税。

递延所得税包括递延所得税资产和递延所得税负债。递延所得税资产是指以未来期间很可能取得用来抵扣可抵扣暂时性差异的应纳税所得额为限确认的一项资产。递延所得税负债是指根据应纳税暂时性差异计算的未来期间应付所得税的金额。

(一) 应交所得税的计算

应交所得税是指企业按照税法规定计算确定的针对当期发生的交易和事项，应交纳给税务

部门的所得税金额，即当期应交所得税。应纳税所得额是在企业税前会计利润（即利润总额）的基础上调整确定的，计算公式为：

应纳税所得额＝税前会计利润＋纳税调整增加额－纳税调整减少额

纳税调整增加额主要包括税法规定允许扣除项目中，企业已计入当期费用但超过税法规定扣除标准的金额（如超过税法规定标准的职工福利费、工会经费、职工教育经费、业务招待费、公益性捐赠支出、广告费和业务宣传费等），以及企业已计入当期损失但税法规定不允许扣除项目的金额（如税收滞纳金、罚金、罚款）。

纳税调整减少额主要包括按税法规定允许弥补的亏损和准予免税的项目，如前五年内未弥补亏损和国债利息收入等。

企业当期应交所得税的计算公式为：

应交所得税＝应纳税所得额×所得税税率

（二）所得税费用的账务处理

企业根据会计准则的规定，计算确定的当期所得税和递延所得税之和，即为应从当期利润总额中扣除的所得税费用。即：

所得税费用＝当期所得税＋递延所得税

其中，递延所得税＝（递延所得税负债的期末余额－递延所得税负债的期初余额）－（递延所得税资产的期末余额－递延所得税资产的期初余额）。

企业应通过“所得税费用”科目，核算企业所得税费用的确认及其结转情况。期末，应将“所得税费用”科目的余额转入“本年利润”科目：

借：本年利润

　　贷：所得税费用

结转后“所得税费用”科目应无余额。

经典例题

JINGDIANLITI

某企业 2012 年度税前会计利润为 2 000 万元，其中本年国债利息收入 120 万元，税收滞纳金 20 万元，企业所得税税率为 25%。假定不考虑其他因素，该企业 2012 年度所得税费用为（　　）万元。

A. 465　　B. 470　　C. 475　　D. 500

【答案】 C

【解析】 该企业 2012 年度应纳税所得额＝税前会计利润＋纳税调整增加额－纳税调整减少额＝2 000＋20－120＝1 900（万元）（税收滞纳金属于纳税调整增加额，国债利息收入属于纳税调整减少额）。该企业 2012 年度所得税费用＝应纳税所得额×所得税税率＝1 900×25%＝475（万元）。

四、本年利润

考试要求： 掌握

命题频率： 2016 年多选题

（一）结转本年利润的方法

会计期末结转本年利润的方法有表结法和账结法两种。

1. 表结法

表结法下，各损益类科目每月月末只需结计出本月发生额和月末累计余额，不结转到“本年利润”科目，只有在年末时才将全年累计余额结转入“本年利润”科目。但每月月末要将损益类科目的本月发生额合计数填入利润表的本月数栏，同时将本月末累计余额填入利润表的本年累计数栏，通过利润表计算反映各期的利润（或亏损）。表结法下，年中损益类科目无须结转入“本年利润”科目，从而减少了转账环节和工作量，同时并不影响利润表的编制及有关损益指标的利用。

2. 账结法

账结法下，每月月末均需编制转账凭证，将在账上结计出的各损益类科目的余额结转入“本年利润”科目。结转后“本年利润”科目的本月余额反映当月实现的利润或发生的亏损，“本年利润”科目的本年余额反映本年累计实现的利润或发生的亏损。账结法在各月均可通过“本年利润”科目提供当月及本年累计的利润（或亏损）额，但增加了转账环节和工作量。

（二）结转本年利润的会计处理

企业应设置“本年利润”科目，核算企业本年度实现的净利润（或发生的净亏损）。

会计期末，企业应将“主营业务收入”“其他业务收入”“营业外收入”等科目的余额分别转入“本年利润”科目的贷方，将“主营业务成本”“其他业务成本”“税金及附加”“销售费用”“管理费用”“财务费用”“资产减值损失”“营业外支出”“所得税费用”等科目的余额分别转入“本年利润”科目的借方。企业还应将“公允价值变动损益”“投资收益”科目的净收益转入“本年利润”科目的贷方，将“公允价值变动损益”“投资收益”科目的净损失转入“本年利润”科目的借方。结转后“本年利润”科目如为贷方余额，表示当年实现的净利润；如为借方余额，表示当年发生的净亏损。

年度终了，企业还应将“本年利润”科目的本年累计余额转入“利润分配——未分配利润”科目。如“本年利润”为贷方余额：

借：本年利润

　　贷：利润分配——未分配利润

如为借方余额，做相反的会计分录。结转后“本年利润”科目应无余额。

经典例题

JINGDIANLITI

下列各项中，关于期末结转本年利润“账结法”的表述，正确的有（　　）。

A. 每月月末需要编制结转损益凭证

B. 与“表结法”相比，减少了转账环节和相应的工作量

C. 每月月末将各损益类科目的余额转入“本年利润”科目

D. “本年利润”科目可以提供当月及本年累计的利润（或亏损）额

【答案】 ACD

【解析】 与“表结法”相比，“账结法”增加了转账环节和相应的工作量。

第6章 财务报表

考情点拨
KAOQINGDIANBO

本章在以往的考试中所占分值为10分左右，知识点较多，报表编制难度大。重点掌握财务报表的格式、内容和编制。

财务报表是对企业财务状况、经营成果和现金流量的结构性表述。一套完整的财务报表至少应当包括资产负债表、利润表、现金流量表、所有者权益（或股东权益）变动表以及附注。

第一节　资产负债表

一、资产负债表概述

考试要求： 熟悉
命题频率： 2015年单选题

资产负债表是指反映企业在某一特定日期的财务状况的报表。资产负债表主要反映资产、负债和所有者权益三方面的内容，并满足“资产＝负债＋所有者权益”平衡式。

通过资产负债表，可以反映企业在某一特定日期所拥有或控制的经济资源、所承担的现时义务和所有者对净资产的要求权，帮助财务报表使用者全面了解企业的财务状况、分析企业的偿债能力等情况，从而为其做出经济决策提供依据。

（一）资产

资产应当按照流动资产和非流动资产两大类别在资产负债表中列示，在流动资产和非流动资产类别下进一步按性质分项列示。

流动资产是指预计在一个正常营业周期中变现、出售或耗用，或者主要为交易目的而持有，或者预计在资产负债表日起一年内（含一年）变现的资产，或者自资产负债表日起一年内交换其他资产或清偿负债的能力不受限制的现金或现金等价物。资产负债表中列示的流动资产项目通常包括：货币资金、以公允价值计量且其变动计入当期损益的金融资产、应收票据、应收账款、预付款项、应收利息、应收股利、其他应收款、存货和一年内到期的非流动资产等。

非流动资产是指流动资产以外的资产。资产负债表中列示的非流动资产项目通常包括：长期股权投资、固定资产、在建工程、工程物资、固定资产清理、无形资产、开发支出、长期待摊费用以及其他非流动资产等。

（二）负债

负债，反映在某一特定日期企业所承担的、预期会导致经济利益流出企业的现时义务。负债应当按照流动负债和非流动负债在资产负债表中进行列示，在流动负债和非流动负债类别下再进一步按性质分项列示。

流动负债是指预计在一个正常营业周期中清偿，或者主要为交易目的而持有，或者自资产负债表日起一年内（含一年）到期应予以清偿，或者企业无权自主地将清偿推迟至资产负债表日后一年以上的负债。资产负债表中列示的流动负债项目通常包括：短期借款、应付票据、应付账款、预收款项、应付职工薪酬、应交税费、应付利息、应付股利、其他应付款、一年内到期的非流动负债等。

非流动负债是指流动负债以外的负债。非流动负债项目通常包括：长期借款、应付债券和其他非流动负债等。

（三）所有者权益

所有者权益，是企业资产扣除负债后的剩余权益，反映企业在某一特定日期股东（投资者）拥有的净资产的总额。所有者权益一般按照实收资本、资本公积、其他综合收益、盈余公积和未分配利润分项列示。

经典例题
JINGDIANLITI

以下属于资产负债表中非流动负债的是（　　）。

A. 预收账款　　B. 其他应付款

C. 应付股利　　D. 递延收益

【答案】 D

【解析】 ABC 选项都属于流动负债，递延收益属于非流动负债。

二、资产负债表的结构

考试要求： 掌握

我国企业的资产负债表采用账户式结构。

账户式资产负债表分左右两方，左方为资产项目，大体按资产的流动性大小排列，流动性大的资产如“货币资金”“以公允价值计量且其变动计入当期损益的金融资产”等排在前面，流动性小的资产如“长期股权投资”“固定资产”等排在后面。右方为负债及所有者权益项目，一般按要求清偿时间的先后顺序排列，“短期借款”“应付票据”“应付账款”等需要在一年以内或者长于一年的一个正常营业周期内偿还的流动负债排在前面，“长期借款”等在一年以上才需偿还的非流动负债排在中间，在企业清算之前不需要偿还的所有者权益项目排在后面。

企业衍生金融工具业务具有重要性的，应当在资产负债表资产项下“以公允价值计量且其变动计入当期损益的金融资产”项目和“应收票据”项目之间增设“衍生金融资产”项目，在资产负债表负债项下“以公允价值计量且其变动计入当期损益的金融负债”项目和“应付票据”项目之间增设“衍生金融负债”项目，分别反映企业衍生工具形成资产和负债的期末余额。

账户式资产负债表中的资产各项目的合计等于负债和所有者权益各项目的合计，即资产负债表左方和右方平衡。因此，通过账户式资产负债表，可以反映资产、负债、所有者权益之间的内在关系，即“资产＝负债＋所有者权益”。我国企业资产负债表格式见表 6-1。

表 6-1 资产负债表

会企 01 表

编制单位： ____年____月____日 单位：元

资产	期末余额	年初余额	负债和所有者权益（或股东权益）	期末余额	年初余额
流动资产：			**流动负债：**		
货币资金			短期借款		
以公允价值计量且其变动计入当期损益的金融资产			以公允价值计量且其变动计入当期损益的金融负债		
应收票据			应付票据		
应收账款			应付账款		
预付款项			预收款项		
应收利息			应付职工薪酬		
应收股利			应交税费		
其他应收款			应付利息		
存货			应付股利		
持有待售的非流动资产或持有待售的处置组中的资产			其他应付款		
一年内到期的非流动资产			持有待售的处置组中的负债		
其他流动资产			一年内到期的非流动负债		
流动资产合计			其他流动负债		
非流动资产：			流动负债合计		
以摊余成本计量的金融资产			**非流动负债：**		
以公允价值计量且变动计入其他综合收益的金融资产			长期借款		
长期应收款			应付债券		
长期股权投资			长期应付款		
投资性房地产			专项应付款		
固定资产			预计负债		
在建工程			递延收益		
工程物资			递延所得税负债		
固定资产清理			其他非流动负债		
生产性生物资产			非流动负债合计		
油气资产			负债合计		
无形资产			**所有者权益（或股东权益）：**		
开发支出			实收资本（或股本）		
商誉			资本公积		
长期待摊费用			减：库存股		
递延所得税资产			其他综合收益		
其他非流动资产			盈余公积		
非流动资产合计			未分配利润		
			所有者权益（或股东权益）合计		
资产总计			负债和所有者权益（或股东权益）总计		

三、资产负债表的编制

考试要求：掌握
命题频率：2015 年单选题；2016 年单选题、多选题、判断题、不定项选择题；2017 年单选题、判断题

（一）资产负债表项目的填列方法

资产负债表各项目均需填列“年初余额”和“期末余额”两栏。资产负债表的“年初余额”栏通常根据上年年末有关项目的期末余额填列，且与上年年末资产负债表“期末余额”栏一致。如果企业上年度资产负债表规定的项目名称和内容与本年度不一致，应当对上年年末资产负债表相关项目的名称和数字按照本年度的规定进行调整，填入“年初余额”栏。

“期末余额”栏主要有以下几种填列方法：

1. 根据总账科目余额填列

如“以公允价值计量且其变动计入当期损益的金融资产”“短期借款”“应付票据”等项目，根据“以公允价值计量且其变动计入当期损益的金融资产”“短期借款”“应付票据”各总账科目的余额直接填列；有些项目则需根据几个总账科目的期末余额计算填列，如“货币资金”项目，需根据“库存现金”“银行存款”“其他货币资金”三个总账科目的期末余额的合计数填列。

2. 根据明细账科目余额计算填列

如“应付账款”项目，需要根据“应付账款”和“预付款项”两个科目所属的相关明细科目的期末贷方余额计算填列；“应收账款”项目，需要根据“应收账款”和“预收账款”两个科目所属的相关明细科目的期末借方余额减去与应收账款有关的坏账准备贷方余额计算填列；“预付款项”项目，需要根据“应付账款”科目借方余额和“预付账款”科目借方余额减去与“预付账款”有关的坏账准备贷方余额计算填列；“预收款项”项目，需要根据“应收账款”科目贷方余额和“预收账款”科目贷方余额计算填列；“开发支出”项目，需要根据“研发支出”科目中所属的“资本化支出”明细科目期末余额计算填列；“应付职工薪酬”项目，需要根据“应付职工薪酬”科目的明细科目期末余额计算填列；“一年内到期的非流动资产”“一年内到期的非流动负债”项目，需要根据有关非流动资产和非流动负债项目的明细科目余额计算填列；“未分配利润”项目，需要根据“利润分配”科目中所属的“未分配利润”明细科目期末余额填列。

3. 根据总账科目和明细账科目余额分析计算填列

如“长期借款”项目，需要根据“长期借款”总账科目余额扣除“长期借款”科目所属的明细科目中将在一年内到期且企业不能自主地将清偿义务展期的长期借款后的金额计算填列；“其他非流动资产”项目，应根据有关科目的期末余额减去将于一年内（含一年）收回数后的金额计算填列；“其他非流动负债”项目，应根据有关科目的期末余额减去将于一年内（含一年）到期偿还数后的金额计算填列。

4. 根据有关科目余额减去其备抵科目余额后的净额填列

如资产负债表中“应收票据”“应收账款”“长期股权投资”“在建工程”等项目，应当根据“应收票据”“应收账款”“长期股权投资”“在建工程”等科目的期末余额减去“坏账准备”“长期股权投资减值准备”“在建工程减值准备”等科目余额后的净额填列。“投资性房地产”“固定资产”项目，应当根据“投资性房地产”“固定资产”科目的期末余额减去“投资性房地产累计折旧”“累计折旧”“投资性房地产减值准备”“固定资产减值准备”等科目余额后的净额填列；“无形资产”项目，应当根据“无形资产”科目的期末余额，减去“累计摊销”“无形资产减值准备”等科目余额后的净额填列。

5. 综合运用上述填列方法分析填列

如资产负债表中的“存货”项目，需要根据“原材料”“委托加工物资”“周转材料”“材

料采购”“在途物资”“发出商品”“材料成本差异”等总账科目期末余额的分析汇总数，再减去“存货跌价准备”科目余额后的净额填列。

（二）资产负债表项目的填列说明

资产负债表中资产、负债和所有者权益主要项目的填列说明如下：

1. 资产项目的填列说明

（1）“货币资金”项目，反映企业库存现金、银行结算户存款、外埠存款、银行汇票存款、银行本票存款、信用卡存款、信用证保证金存款等的合计数。本项目应根据“库存现金”“银行存款”“其他货币资金”科目期末余额的合计数填列。

（2）“以公允价值计量且其变动计入当期损益的金融资产”项目，反映企业持有的以公允价值计量且其变动计入当期损益的为交易目的所持有的债券投资、股票投资、基金投资、权证投资等金融资产。本项目应当根据“交易性金融资产”科目和初始确认时指定为以公允价值计量且其变动计入当期损益的金融资产科目的期末余额填列。

（3）“应收票据”项目，反映企业因销售商品、提供劳务等而收到的商业汇票，包括银行承兑汇票和商业承兑汇票。本项目应根据“应收票据”科目的期末余额，减去“坏账准备”科目中有关应收票据计提的坏账准备期末余额后的净额填列。

（4）“应收账款”项目，反映企业因销售商品、提供劳务等经营活动应收取的款项。本项目应根据“应收账款”和“预收账款”科目所属各明细科目的期末借方余额合计数，减去“坏账准备”科目中有关应收账款计提的坏账准备期末余额后的净额填列。如“应收账款”科目所属明细科目期末有贷方余额的，应在资产负债表“预收款项”项目内填列。

（5）“预付款项”项目，反映企业按照购货合同规定预付给供应单位的款项等。本项目应根据“预付账款”和“应付账款”科目所属各明细科目的期末借方余额合计数，减去“坏账准备”科目中有关预付账款计提的坏账准备期末余额后的净额填列。如“预付账款”科目所属明细科目期末有贷方余额的，应在资产负债表“应付账款”项目内填列。

（6）“应收利息”项目，反映企业应收取的债券投资等的利息。本项目应根据“应收利息”科目的期末余额，减去“坏账准备”科目中有关应收利息计提的坏账准备期末余额后的净额填列。

（7）“应收股利”项目，反映企业应收取的现金股利和应收取其他单位分配的利润。本项目应根据“应收股利”科目的期末余额，减去“坏账准备”科目中有关应收股利计提的坏账准备期末余额后的净额填列。

（8）“其他应收款”项目，反映企业除应收票据、应收账款、预付账款、应收股利、应收利息等经营活动以外的其他各种应收、暂付的款项。本项目应根据“其他应收款”科目的期末余额，减去“坏账准备”科目中有关其他应收款计提的坏账准备期末余额后的净额填列。

（9）“存货”项目，反映企业期末在库、在途和在加工中的各种存货的可变现净值。存货包括各种材料、商品、在产品、半成品、包装物、低值易耗品、委托代销商品等。本项目应根据“材料采购”“原材料”“低值易耗品”“库存商品”“周转材料”“委托加工物资”“委托代销商品”“生产成本”等科目的期末余额合计数，减去“代销商品款”“存货跌价准备”科目期末余额后的净额填列。材料采用计划成本核算，以及库存商品采用计划成本核算或售价核算的企业，还应按加或减材料成本差异、商品进销差价后的金额填列。

（10）“持有待售的非流动资产或持有待售的处置组中的资产”项目，反映企业主要通过出售（包括具有商业实质的非货币性资产交换）而非持续使用收回其账面价值的一项非流动资产或处置组。企业应当在资产负债表中区别于其他资产单独列示持有待售的非流动资产或持有待售的处置组中的资产。

（11）“一年内到期的非流动资产”项目，反映企业将于一年内到期的非流动资产项目金额。本项目应根据有关科目的期末余额分析填列。

(12)"以摊余成本计量的金融资产"项目，反映企业持有的以摊余成本计量的金融资产。本项目应根据有关科目的期末余额分析填列。

(13)"以公允价值计量且其变动计入其他综合收益的金融资产"项目，反映企业持有的以公允价值计量且其变动计入其他综合收益的金融资产。本项目应根据有关科目的期末余额分析填列。

(14)"长期应收款"项目，反映企业融资租赁产生的应收款项和采用递延方式分期收款、实质上具有融资性质的销售商品和提供劳务等经营活动产生的应收款项。本项目应根据"长期应收款"科目的期末余额，减去相应的"未实现融资收益"科目和"坏账准备"科目所属相关明细科目期末余额后的金额填列。

(15)"长期股权投资"项目，反映投资方对被投资单位实施控制、重大影响的权益性投资，以及对其合营企业的权益性投资。本项目应根据"长期股权投资"科目的期末余额，减去"长期股权投资减值准备"科目的期末余额后的净额填列。

(16)"投资性房地产"项目，反映为赚取租金或资本增值或两者兼有而持有的房地产，主要包括已出租的土地使用权、持有并准备增值后转让的土地使用权和已出租的建筑物。本项目应根据"投资性房地产"科目的期末余额，减去"投资性房地产累计折旧（摊销）"和"投资性房地产减值准备"科目期末余额后的净额填列。

(17)"固定资产"项目，反映企业各种固定资产原价减去累计折旧和减值准备后的净值。本项目应根据"固定资产"科目的期末余额，减去"累计折旧"和"固定资产减值准备"科目期末余额后的净额填列。

(18)"在建工程"项目，反映企业期末各项未完工程的实际支出，包括交付安装的设备价值、未完建筑安装工程已经耗用的材料、工资和费用支出等项目的可收回金额。本项目应根据"在建工程"科目的期末余额，减去"在建工程减值准备"科目期末余额后的净额填列。

(19)"工程物资"项目，反映企业尚未使用的各项工程物资的实际成本。本项目应根据"工程物资"科目的期末余额填列。

(20)"固定资产清理"项目，反映企业因出售、毁损、报废等原因转入清理但尚未清理完毕的固定资产的净值，以及固定资产清理过程中所发生的清理费用和变价收入等各项金额的差额。本项目应根据"固定资产清理"科目的期末借方余额填列，如"固定资产清理"科目期末为贷方余额，以"—"号填列。

(21)"无形资产"项目，反映企业持有的专利权、非专利技术、商标权、著作权、土地使用权等无形资产的成本减去累计摊销和减值准备后的净值。本项目应根据"无形资产"科目的期末余额，减去"累计摊销"和"无形资产减值准备"科目期末余额后的净额填列。

(22)"开发支出"项目，反映企业开发无形资产过程中能够资本化形成无形资产成本的支出部分。本项目应当根据"研发支出"科目中所属的"资本化支出"明细科目期末余额填列。

(23)"长期待摊费用"项目，反映企业已经发生但应由本期和以后各期负担的分摊期限在一年以上的各项费用。长期待摊费用中在一年内（含一年）摊销的部分，在资产负债表"一年内到期的非流动资产"项目填列。本项目应根据"长期待摊费用"科目的期末余额减去将于一年内（含一年）摊销的数额后的金额分析填列。

(24)"递延所得税资产"项目，反映企业根据所得税准则确认的可抵扣暂时性差异产生的所得税资产。本项目应根据"递延所得税资产"科目的期末余额填列。

(25)"其他非流动资产"项目，反映企业除长期股权投资、固定资产、在建工程、工程物资、无形资产等以外的其他非流动资产。本项目应根据有关科目的期末余额填列。

2. 负债项目的填列说明

(1)"短期借款"项目，反映企业向银行或其他金融机构等借入的期限在一年以下（含一年）的各种借款。本项目应根据"短期借款"科目的期末余额填列。

(2)“以公允价值计量且其变动计入当期损益的金融负债”项目，反映企业持有的以公允价值计量且其变动计入当期损益的为交易目的所发行的金融负债。本项目应当根据“交易性金融负债”科目和在初始确认时指定为以公允价值计量且其变动计入当期损益的金融负债科目的期末余额填列。

(3)“应付票据”项目，反映企业因购买材料、商品和接受劳务供应等而开出、承兑的商业汇票，包括银行承兑汇票和商业承兑汇票。本项目应根据“应付票据”科目的期末余额填列。

(4)“应付账款”项目，反映企业因购买材料、商品和接受劳务供应等经营活动应支付的款项。本项目应根据“应付账款”和“预付账款”科目所属各明细科目的期末贷方余额合计数填列。如“应付账款”科目所属明细科目期末有借方余额的，应在资产负债表“预付款项”项目内填列。

(5)“预收款项”项目，反映企业按照购货合同规定预收供应单位的款项。本项目应根据“预收账款”和“应收账款”科目所属各明细科目的期末贷方余额合计数填列。如“预收账款”科目所属明细科目期末有借方余额的，应在资产负债表“应收账款”项目内填列。

(6)“应付职工薪酬”项目，反映企业为获得职工提供的服务或解除劳动关系而给予的各种形式的报酬或补偿。企业提供给职工配偶、子女、受赡养人、已故员工遗属及其他受益人等的福利，也属于职工薪酬。职工薪酬主要包括短期薪酬、离职后福利、辞退福利和其他长期职工福利。本项目应根据“应付职工薪酬”科目所属各明细科目的期末贷方余额分析填列。外商投资企业按规定从净利润中提取的职工奖励及福利基金，也在本项目列示。

(7)“应交税费”项目，反映企业按照税法规定计算应交纳的各种税费，包括增值税、消费税、所得税、资源税、土地增值税、城市维护建设税、房产税、土地使用税、车船税、教育费附加、矿产资源补偿费等。企业代扣代缴的个人所得税，也通过本项目列示。企业所交纳的税金不需要预计应交数的，如印花税、耕地占用税等，不在本项目列示。本项目应根据“应交税费”科目的期末贷方余额填列，如“应交税费”科目期末为借方余额，应以“－”号填列。

(8)“应付利息”项目，反映企业按照规定应当支付的利息，包括分期付息到期还本的长期借款应支付的利息、企业发行的企业债券应支付的利息等。本项目应根据“应付利息”科目的期末余额填列。

(9)“应付股利”项目，反映企业应付未付的现金股利或利润。企业分配的股票股利，不通过本项目列示。本项目应根据“应付股利”科目的期末余额填列。

(10)“其他应付款”项目，反映企业除应付票据、应付账款、预收账款、应付职工薪酬、应付股利、应付利息、应交税费等经营活动以外的其他各项应付、暂收的款项。本项目应根据“其他应付款”科目的期末余额填列。

(11)“一年内到期的非流动负债”项目，反映企业非流动负债中将于资产负债表日后一年内到期部分的金额，如将于一年内偿还的长期借款。本项目应根据有关科目的期末余额分析填列。

(12)“长期借款”项目，反映企业向银行或其他金融机构借入的期限在一年以上（不含一年）的各项借款。本项目应根据“长期借款”科目的期末余额扣除“长期借款”科目所属的明细科目中将在资产负债表日起一年内到期且企业不能自主地将清偿义务展期的长期借款后的金额计算填列。

(13)“应付债券”项目，反映企业为筹集长期资金而发行的债券本金（和利息）。本项目应根据“应付债券”科目的期末余额填列。

(14)“长期应付款”项目，反映除了长期借款和应付债券以外的其他各种长期应付款。主要有应付补偿贸易引进设备款、采用分期付款方式购入固定资产和无形资产发生的应付账款、应付融资租入固定资产租赁费等。本项目应当根据“长期应付款”科目的期末余额，减去“未确认融资费用”科目的期末余额，再减去所属相关明细科目中将于一年内到期的部分后的金额进行列示。

(15)“专项应付款”项目，反映企业接受国家作为企业所有者拨入的具有专门用途的款项所形成的不需要以资产或增加其他负债偿还的负债，是企业接受国家拨入的具有专门用途的拨款。本项目应根据“专项应付款”科目的期末余额填列。

（16）“预计负债”项目，反映企业根据或有事项等相关准则确认的各项预计负债，包括对外提供担保、未决诉讼、产品质量保证、重组义务以及固定资产和矿区权益弃置义务等产生的预计负债。本项目应根据“预计负债”科目的期末余额填列。

（17）“递延收益”项目，反映尚待确认的收入或收益。本项目核算包括企业根据政府补助准则确认的应在以后期间计入当期损益的政府补助金额、售后租回形成融资租赁的售价与资产账面价值差额等其他递延性收入。本项目应根据“递延收益”科目的期末余额填列。

（18）“递延所得税负债”项目，反映企业根据所得税准则确认的应纳税暂时性差异产生的负债。本项目应根据“递延所得税负债”科目的期末余额填列。

（19）“其他非流动负债”项目，反映企业除长期借款、应付债券等项目以外的其他非流动负债。本项目应根据有关科目的期末余额填列。其他非流动负债项目应根据有关科目期末余额减去将于一年内（含一年）到期偿还数后的余额分析填列。非流动负债各项目中将于一年内（含一年）到期的非流动负债，应在“一年内到期的非流动负债”项目内反映。

3. 所有者权益项目的填列说明

（1）“实收资本（或股本）”项目，反映企业各投资者实际投入的资本（或股本）总额。本项目应根据“实收资本（或股本）”科目的期末余额填列。

（2）“资本公积”项目，反映企业资本公积的期末余额。本项目应根据“资本公积”科目的期末余额填列。

（3）“其他综合收益”项目，反映企业其他综合收益的期末余额。本项目应根据“其他综合收益”科目的期末余额填列。

（4）“盈余公积”项目，反映企业盈余公积的期末余额。本项目应根据“盈余公积”科目的期末余额填列。

（5）“未分配利润”项目，反映企业尚未分配的利润。未分配利润是指企业实现的净利润经过弥补亏损、提取盈余公积和向投资者分配利润后留存在企业的、历年结存的利润。本项目应根据“本年利润”科目和“利润分配”科目的余额计算填列。未弥补的亏损在本项目内以“—”号填列。

经典例题
JINGDIANLITI

1. 下列资产负债表项目中，根据总账科目余额直接填列的是（　　）。

A. 无形资产　　B. 短期借款

C. 投资性房地产　　D. 固定资产

【答案】B

【解析】“短期借款”项目根据“短期借款”总账科目的余额直接填列。ACD 选项应根据有关科目余额减去其备抵科目余额后的净额填列。

2. 期末，某企业“预收账款”科目所属各明细科目借方余额合计 20 万元，“应收账款”科目所属各明细科目借方余额合计 60 万元，“坏账准备——应收账款”科目贷方余额为 30 万元，该企业资产负债表“应收账款”项目期末余额为（　　）万元。

A. 80　　B. 30　　C. 50　　D. 60

【答案】C

【解析】资产负债表“应收账款”项目期末余额＝“应收账款”明细科目借方余额＋“预收账款”明细科目借方余额－有关应收账款计提“坏账准备”科目余额。根据题意，企业资产负债表“应收账款”项目期末余额＝20＋60－30＝50（万元）。

3. 下列各项中，关于资产负债表“预收款项”项目填列方法表述正确的是（ ）。

A. 根据“预收账款”科目的期末余额填列

B. 根据“预收账款”和“应收账款”科目所属各明细科目的期末贷方余额合计数填列

C. 根据“预收账款”和“预付账款”科目所属各明细科目的期末借方余额合计数填列

D. 根据“预收账款”和“应付账款”科目所属各明细科目的期末贷方余额合计数填列

【答案】B

【解析】资产负债表中的“预收款项”项目应根据“预收账款”和“应收账款”科目所属各明细科目的期末贷方余额合计数填列。

第二节 利润表

一、利润表概述

考试要求：掌握

利润表，又称损益表，是反映企业在一定会计期间的经营成果的报表。

通过利润表，可以反映企业在一定会计期间收入、费用、利润（或亏损）的数额和构成情况，帮助财务报表使用者全面了解企业的经营成果，分析企业的获利能力及盈利增长趋势，从而为其作出经济决策提供依据。

利润表包括的项目主要有营业收入、营业成本、税金及附加、销售费用、管理费用、财务费用、资产减值损失、公允价值变动收益、投资收益、其他收益、营业利润、营业外收入、营业外支出、利润总额、所得税费用、净利润、其他综合收益的税后净额、综合收益总额、每股收益等。

二、利润表的结构

考试要求：掌握

我国企业的利润表采用多步式格式，见表6-2。

表6-2 利润表

会企02表

编制单位： ＿年＿月 单位：元

项目	本期金额	上期金额
一、营业收入		
减：营业成本		
税金及附加		
销售费用		
管理费用		
财务费用		
资产减值损失		
加：公允价值变动收益（损失以“—”号填列）		
投资收益（损失以“—”号填列）		
其中：对联营企业和合营企业的投资收益		
其他收益		
二、营业利润（亏损以“—”号填列）		

续表

项目	本期金额	上期金额
加：营业外收入		
其中：非流动资产处置利得		
减：营业外支出		
其中：非流动资产处置损失		
三、利润总额（亏损总额以“—”号填列）		
减：所得税费用		
四、净利润（净亏损以“—”号填列）		
五、其他综合收益的税后净额		
（一）以后不能重分类进损益的其他综合收益		
1. 重新计量设定受益计划净负债或净资产的变动		
2. 权益法下在被投资单位不能重分类进损益的其他综合收益中享有的份额		
……		
（二）以后将重分类进损益的其他综合收益		
1. 权益法下在被投资单位以后将重分类进损益的其他综合收益中享有的份额		
2. 可供出售金融资产公允价值变动损益		
3. 持有至到期投资重分类为可供出售金融资产损益		
4. 现金流量套期损益的有效部分		
5. 外币财务报表折算差额		
……		
六、综合收益总额		
七、每股收益		
（一）基本每股收益		
（二）稀释每股收益		

三、利润表的编制

考试要求： 掌握

命题频率： 2014 年单选题；2015 年不定项选择题；2016 年多选题；2017 年单选题

利润表编制的原理是“收入－费用＝利润”的会计等式和收入与费用的配比原则。企业在生产经营中不断地取得各项收入，同时发生各种费用，收入减去费用，剩余的部分就是企业的盈利。取得的收入和发生的相关费用的对比情况就是企业的经营成果。如果企业经营不当，发生的生产经营费用超过取得的收入，企业就发生了亏损；反之企业就能取得一定的利润。企业将经营成果的核算过程和结果编制成报表，就形成了利润表。

（一）利润表项目的填列方法

我国企业利润表的主要编制步骤和内容如下：

第一步，以营业收入为基础，减去营业成本、税金及附加、销售费用、管理费用、财务费用、资产减值损失，加上公允价值变动收益（减去公允价值变动损失）、投资收益（减去投资损失）和其他收益，计算出营业利润；

第二步，以营业利润为基础，加上营业外收入，减去营业外支出，计算出利润总额；

第三步，以利润总额为基础，减去所得税费用，计算出净利润（或净亏损）；

第四步，以净利润（或净亏损）为基础，计算每股收益；

第五步，以净利润（或净亏损）和其他综合收益为基础，计算综合收益总额。

利润表各项目均需填列“本期金额”和“上期金额”两栏。其中“上期金额”栏内各项数字，应根据上年该期利润表的“本期金额”栏内所列数字填列。“本期金额”栏内各期数字，除“基本每股收益”和“稀释每股收益”项目外，应当按照相关科目的发生额分析填列。如“营业收入”项目，根据“主营业务收入”“其他业务收入”科目的发生额分析计算填列；“营业成本”项目，根据“主营业务成本”“其他业务成本”科目的发生额分析计算填列。

（二）利润表项目的填列说明

(1)“营业收入”项目，反映企业经营主要业务和其他业务所确认的收入总额。本项目应根据“主营业务收入”和“其他业务收入”科目的发生额分析填列。

(2)“营业成本”项目，反映企业经营主要业务和其他业务所发生的成本总额。本项目应根据“主营业务成本”和“其他业务成本”科目的发生额分析填列。

(3)“税金及附加”项目，反映企业经营业务应负担的消费税、城市维护建设税、资源税、土地增值税和教育费附加等。本项目应根据“税金及附加”科目的发生额分析填列。

(4)“销售费用”项目，反映企业在销售商品过程中发生的包装费、广告费等费用和为销售本企业商品而专设的销售机构的职工薪酬、业务费等经营费用。本项目应根据“销售费用”科目的发生额分析填列。

(5)“管理费用”项目，反映企业为组织和管理生产经营发生的管理费用。本项目应根据“管理费用”科目的发生额分析填列。

(6)“财务费用”项目，反映企业为筹集生产经营所需资金等而发生的筹资费用。本项目应根据“财务费用”科目的发生额分析填列。

(7)“资产减值损失”项目，反映企业各项资产发生的减值损失。本项目应根据“资产减值损失”科目的发生额分析填列。

(8)“公允价值变动收益”项目，反映企业应当计入当期损益的资产或负债公允价值变动收益。本项目应根据“公允价值变动损益”科目的发生额分析填列，如为净损失，本项目以“—”号填列。

(9)“投资收益”项目，反映企业以各种方式对外投资所取得的收益。本项目应根据“投资收益”科目的发生额分析填列。如为投资损失，本项目以“—”号填列。

(10)“其他收益”项目，反映收到的与企业日常活动相关的计入当期收益的政府补助。本项目应根据“其他收益”科目的发生额分析填列。

(11)“营业利润”项目，反映企业实现的营业利润。如为亏损，本项目以“—”号填列。

(12)“营业外收入”项目，反映企业发生的与经营业务无直接关系的各项收入。本项目应根据“营业外收入”科目的发生额分析填列。

(13)“营业外支出”项目，反映企业发生的与经营业务无直接关系的各项支出。本项目应根据“营业外支出”科目的发生额分析填列。

(14)“利润总额”项目，反映企业实现的利润。如为亏损，本项目以“—”号填列。

(15)“所得税费用”项目，反映企业应从当期利润总额中扣除的所得税费用。本项目应根据“所得税费用”科目的发生额分析填列。

(16)“净利润”项目，反映企业实现的净利润。如为亏损，本项目以“—”号填列。

(17)“其他综合收益的税后净额”项目，反映企业根据企业会计准则规定未在损益中确认的各项利得和损失扣除所得税影响后的净额。

（18）“综合收益总额”项目，反映企业净利润与其他综合收益的合计金额。

（19）“每股收益”项目，包括基本每股收益和稀释每股收益两项指标，反映普通股或潜在普通股已公开交易的企业，以及正处在公开发行普通股或潜在普通股过程中的企业的每股收益信息。

经典例题
JINGDIANLITI

下列各项中，应列入利润表“其他综合收益的税后净额”项目的有（　　）。

A. 交易性金融资产公允价值变动损益

B. 公允价值模式计量的投资性房地产期末公允价值与账面价值的差额

C. 可供出售金融资产公允价值变动收益

D. 权益法下被投资单位当期实现其他综合收益中享有的份额

【答案】 CD

【解析】 AB 选项计入公允价值变动损益，不列入“其他综合收益的税后净额”项目。

第三节　所有者权益变动表

一、所有者权益变动表的作用

考试要求： 掌握

所有者权益变动表是指反映构成所有者权益各组成部分当期增减变动情况的报表。

通过所有者权益变动表，既可以为报表使用者提供所有者权益总量增减变动的信息，也能为其提供所有者权益增减变动的结构性信息，特别是能够让报表使用者理解所有者权益增减变动的根源。

二、所有者权益变动表的结构和主要内容

考试要求： 掌握

在所有者权益变动表上，企业至少应当单独列示反映下列信息的项目：

（1）综合收益总额；

（2）会计政策变更和差错更正的累积影响金额；

（3）所有者投入资本和向所有者分配利润等；

（4）提取的盈余公积；

（5）实收资本或资本公积、盈余公积、未分配利润的期初和期末余额及其调节情况。

所有者权益变动表以矩阵的形式列示：

（1）列示导致所有者权益变动的交易或事项，即所有者权益变动的来源，对一定时期所有者权益的变动情况进行全面反映；

（2）按照所有者权益各组成部分（即实收资本、资本公积、其他综合收益、盈余公积、未分配利润和库存股）列示交易或事项对所有者权益各部分的影响。

我国企业所有者权益变动表的格式见表 6-3。

表 6-3 所有者权益变动表

会企 04 表

编制单位： ______年度 单位：元

项目	本年金额							上年金额						
	实收资本（或股本）	资本公积	减：库存股	其他综合收益	盈余公积	未分配利润	所有者权益合计	实收资本（或股本）	资本公积	减：库存股	其他综合收益	盈余公积	未分配利润	所有者权益合计
一、上年年末余额														
加：会计政策变更														
前期差错更正														
二、本年年初余额														
三、本年增减变动金额（减少以“—”号填列）														
（一）综合收益总额														
（二）所有者投入和减少资本														
1. 所有者投入资本														
2. 股份支付计入所有者权益的金额														
3. 其他														
（三）利润分配														
1. 提取盈余公积														
2. 对所有者（或股东）的分配														
3. 其他														
（四）所有者权益内部结转														
1. 资本公积转增资本（或股本）														
2. 盈余公积转增资本（或股本）														
3. 盈余公积弥补亏损														
4. 其他														
四、本年年末余额														

三、所有者权益变动表的编制

（一）所有者权益变动表项目的填列方法

所有者权益变动表各项目均需填列“本年金额”和“上年金额”两栏。

所有者权益变动表“上年金额”栏内各项数字，应根据上年度所有者权益变动表“本年金额”栏内所列数字填列。上年度所有者权益变动表规定的各个项目的名称和内容同本年度不一致的，应对上年度所有者权益变动表各项目的名称和数字按照本年度的规定进行调整，填入所有者权益变动表的“上年金额”栏内。

所有者权益变动表“本年金额”栏内各项数字一般应根据“实收资本（或股本）”“资本公积”“其他综合收益”“盈余公积”“利润分配”“库存股”“以前年度损益调整”科目的发生额分析填列。

企业的净利润及其分配情况作为所有者权益变动的组成部分，不需要单独编制利润分配表列示。

（二）所有者权益变动表主要项目说明

1.“上年年末余额”项目

“上年年末余额”项目，反映企业上年资产负债表中实收资本（或股本）、资本公积、库存股、其他综合收益、盈余公积、未分配利润的年末余额。

2.“会计政策变更”“前期差错更正”项目

“会计政策变更”“前期差错更正”项目，分别反映企业采用追溯调整法处理的会计政策变更的累积影响金额和采用追溯重述法处理的会计差错更正的累积影响金额。

3.“本年增减变动金额”项目

（1）“综合收益总额”项目，反映净利润和其他综合收益扣除所得税影响后的净额相加后的合计金额。

（2）“所有者投入和减少资本”项目，反映企业当年所有者投入的资本和减少的资本。

1）“所有者投入资本”项目，反映企业接受投资者投入形成的实收资本（或股本）和资本溢价或股本溢价；

2）“股份支付计入所有者权益的金额”项目，反映企业处于等待期中的权益结算的股份支付当年计入资本公积的金额。

（3）“利润分配”项目，反映企业当年的利润分配金额。

（4）“所有者权益内部结转”项目，反映企业构成所有者权益的组成部分之间的增减变动情况。

1）“资本公积转增资本（或股本）”项目，反映企业以资本公积转增资本或股本的金额；

2）“盈余公积转增资本（或股本）”项目，反映企业以盈余公积转增资本或股本的金额；

3）“盈余公积弥补亏损”项目，反映企业以盈余公积弥补亏损的金额。

第四节　附注

考试要求：熟悉

一、附注的概念及作用

附注是对资产负债表、利润表、现金流量表和所有者权益变动表等报表中列示项目的文字描述或明细资料，以及对未能在这些报表中列示项目的说明等。

附注主要起到两方面的作用：

（1）附注的披露，是对资产负债表、利润表、现金流量表和所有者权益变动表列示项目的含义的补充说明，帮助使用者更准确地把握其含义。例如，通过阅读附注中披露的固定资产折旧政策的说明，使用者可以掌握报告企业与其他企业在固定资产折旧政策上的异同，以便进行更准确的比较。

（2）附注提供了对资产负债表、利润表、现金流量表和所有者权益变动表中未列示项目的详细或明细说明。例如，通过阅读附注中披露的存货增减变动情况，使用者可以了解资产负债表中未单列的存货分类信息。

通过附注与资产负债表、利润表、现金流量表和所有者权益变动表列示项目的相互参照关系，以及对未能在报表中列示项目的说明，可以使报表使用者全面了解企业的财务状况、经营成果和现金流量以及所有者权益的情况。

二、附注的主要内容

附注是财务报表的重要组成部分。根据企业会计准则的规定，企业应当按照如下顺序披露附注的内容：

（一）企业的基本情况

（1）企业注册地、组织形式和总部地址。

（2）企业的业务性质和主要经营活动。

（3）母公司以及集团最终母公司的名称。

（4）财务报告的批准报出者和财务报告批准报出日。

（5）营业期限有限的企业，还应当披露有关营业期限的信息。

（二）财务报表的编制基础

财务报表的编制基础是指财务报表是在持续经营基础上还是非持续经营基础上编制的。企业一般是在持续经营基础上编制财务报表，清算、破产属于非持续经营基础。

（三）遵循企业会计准则的声明

企业应当声明编制的财务报表符合企业会计准则的要求，真实、完整地反映了企业的财务状况、经营成果和现金流量等有关信息，以此明确企业编制财务报表所依据的制度基础。

（四）重要会计政策和会计估计

企业应当披露采用的重要会计政策和会计估计，不重要的会计政策和会计估计可以不披露。在披露重要会计政策和会计估计时，企业应当披露重要会计政策的确定依据和财务报表项目的计量基础，以及会计估计中所采用的关键假设和不确定因素。

会计政策的确定依据，主要是指企业在运用会计政策过程中所作的对报表中确认的项目金额最具影响的判断，有助于使用者理解企业选择和运用会计政策的背景，增加财务报表的可理解性。财务报表项目的计量基础，是指企业计量该项目采用的是历史成本、重置成本、可变现净值、现值还是公允价值，这直接影响使用者对财务报表的理解和分析。

在确定报表中确认的资产和负债的账面价值过程中，企业有时需要对不确定的未来事项在资产负债表日对这些资产和负债的影响加以估计，如企业预计固定资产未来现金流量采用的折现率和假设。这类假设的变动对这些资产和负债项目金额的确定影响很大，有可能会在下一个会计年度内作出重大调整，因此，强调这一披露要求，有助于提高财务报表的可理解性。

（五）会计政策和会计估计变更以及差错更正的说明

企业应当按照会计政策、会计估计变更和差错更正会计准则的规定，披露会计政策和会计估计变更以及差错更正的有关情况。

（六）报表重要项目的说明

企业对报表重要项目的说明，应当按照资产负债表、利润表、现金流量表、所有者权益变动表及其项目列示的顺序，采用文字和数字描述相结合的方式进行披露。报表重要项目的明细金额合计应当与报表项目金额相衔接，主要包括以下重要项目：

1. 应收款项

企业应当披露应收款项的账龄结构和客户类别以及期初、期末账面余额等信息。

2. 存货

企业应当披露下列信息：

（1）各类存货的期初和期末账面价值；

（2）确定发出存货成本所采用的方法；

（3）存货可变现净值的确定依据，存货跌价准备的计提方法，当期计提的存货跌价准备的金额，当期转回的存货跌价准备的金额，以及计提和转回的有关情况；

（4）用于担保的存货账面价值。

3. 长期股权投资

企业应当披露下列信息：

（1）对控制、共同控制、重大影响的判断；

（2）对投资性主体的判断及主体身份的转换；

（3）企业集团的构成情况；

（4）重要的非全资子公司的相关信息；

（5）对使用企业集团资产和清偿企业集团债务的重大限制；

（6）纳入合并财务报表范围的结构化主体的相关信息；

（7）企业在其子公司的所有者权益份额发生变化的情况；

（8）投资性主体的相关信息；

（9）合营安排和联营企业的基础信息；

（10）重要的合营企业和联营企业的主要财务信息；

（11）不重要的合营企业和联营企业的汇总财务信息；

（12）与企业在合营企业和联营企业中权益相关的风险信息；

（13）未纳入合并财务报表范围的结构化主体的基础信息；

（14）与权益相关资产负债的账面价值和最大损失敞口；

（15）企业是结构化主体的发起人但在结构化主体中没有权益的情况；

（16）向未纳入合并财务报表范围的结构化主体提供支持的情况；

（17）未纳入合并财务报表范围结构化主体的额外信息披露。

4. 投资性房地产

企业应当披露下列信息：

（1）投资性房地产的种类、金额和计量模式；

（2）采用成本模式的，投资性房地产的折旧或摊销，以及减值准备的计提情况；

（3）采用公允价值模式的，公允价值的确定依据和方法，以及公允价值变动对损益的影响；

（4）房地产转换情况、理由，以及对损益或所有者权益的影响；

（5）当期处置的投资性房地产及其对损益的影响。

5. 固定资产

企业应当披露下列信息：

（1）固定资产的确认条件、分类、计量基础和折旧方法；

(2) 各类固定资产的使用寿命、预计净残值和折旧率;

(3) 各类固定资产的期初和期末原价、累计折旧额及固定资产减值准备累计金额;

(4) 当期确认的折旧费用;

(5) 对固定资产所有权的限制及金额和用于担保的固定资产账面价值;

(6) 准备处置的固定资产名称、账面价值、公允价值、预计处置费用和预计处置时间等。

6. 无形资产

企业应当披露下列信息:

(1) 无形资产的期初和期末账面余额、累计摊销额及减值准备累计金额;

(2) 使用寿命有限的无形资产,其使用寿命的估计情况;使用寿命不确定的无形资产,其使用寿命不确定的判断依据;

(3) 无形资产的摊销方法;

(4) 用于担保的无形资产账面价值、当期摊销额等情况;

(5) 计入当期损益和确认为无形资产的研究开发支出金额。

7. 职工薪酬

企业应当披露短期职工薪酬相关的下列信息:

(1) 应当支付给职工的工资、奖金、津贴和补贴,及其期末应付未付金额;

(2) 应当为职工缴纳的医疗保险费、工伤保险费和生育保险费等社会保险费,及其期末应付未付金额;

(3) 应当为职工缴存的住房公积金,及其期末应付未付金额;

(4) 为职工提供的非货币性福利,及其计算依据;

(5) 依据短期利润分享计划提供的职工薪酬金额及其计算依据;

(6) 其他短期薪酬。

企业应当披露所设立或参与的设定提存计划的性质、计算缴费金额的公式或依据,当期缴费金额以及应付未付金额。

企业应当披露与设定受益计划有关的下列信息:

(1) 设定受益计划的特征及与之相关的风险;

(2) 设定受益计划在财务报表中确认的金额及其变动;

(3) 设定受益计划对企业未来现金流量金额、时间和不确定性的影响;

(4) 设定受益计划义务现值所依赖的重大精算假设及有关敏感性分析的结果。

企业应当披露支付的因解除劳动关系所提供的辞退福利及其期末应付未付金额。

企业应当披露提供的其他长期职工福利的性质、金额及其计算依据。

8. 应交税费

企业应当披露应交税费的构成及期初、期末账面余额等信息。

9. 短期借款和长期借款

企业应当披露短期借款、长期借款的构成及期初、期末账面余额等信息。对于期末逾期借款,应分别对贷款单位、借款金额、逾期时间、年利率、逾期未偿还原因和预期还款期等进行披露。

10. 应付债券

企业应当披露应付债券的构成及期初、期末账面余额等信息。

11. 长期应付款

企业应当披露长期应付款的构成及期初、期末账面余额等信息。

12. 营业收入

企业应当披露营业收入的构成及本期、上期发生额等信息。

13. 公允价值变动收益

企业应当披露公允价值变动收益的来源及本期、上期发生额等信息。

14. 投资收益

企业应当披露投资收益的来源及本期、上期发生额等信息。

15. 资产减值损失

企业应当披露各项资产的减值损失及本期、上期发生额等信息。

16. 营业外收入

企业应当披露营业外收入的构成及本期、上期发生额等信息。

17. 营业外支出

企业应当披露营业外支出的构成及本期、上期发生额等信息。

18. 所得税费用

企业应当披露下列信息：

（1）所得税费用（收益）的主要组成部分；

（2）所得税费用（收益）与会计利润关系的说明。

19. 其他综合收益

企业应当披露下列信息：

（1）其他综合收益各项目及其所得税影响；

（2）其他综合收益各项目原计入其他综合收益、当期转出计入当期损益的金额；

（3）其他综合收益各项目的期初和期末余额及其调节情况。

20. 政府补助

企业应当披露下列信息：

（1）政府补助的种类及金额；

（2）计入当期损益的政府补助金额；

（3）本期返还的政府补助金额及原因。

21. 借款费用

企业应当披露下列信息：

（1）当期资本化的借款费用金额；

（2）当期用于计算确定借款费用资本化金额的资本化率。

（七）或有和承诺事项、资产负债表日后非调整事项、关联方关系及其交易等需要说明的事项

（八）有助于财务报表使用者评价企业管理资本的目标、政策及程序的信息

第7章

管理会计基础

考情点拨

KAOQINGDIANBO

本章第一节为2018版初级会计资格考试大纲新增的内容，第二至四节在以往的考试中所占分值为9分左右，各种成本计算方法容易混淆，并且有一定的难度。重点掌握管理会计概念与目标、管理会计基本指引、产品成本核算的程序、成本核算对象的确定、成本项目的设置、各种要素的归集与分配、生产要素在完工产品和在产品之间的归集和分配等。

第一节　管理会计概述

一、管理会计概念与管理会计体系

管理会计工作是会计工作的重要组成部分。财政部于2014年10月印发了《关于全面推进管理会计体系建设的指导意见》（以下简称《指导意见》），明确提出了全面推进管理会计体系建设的指导思想、基本原则、主要目标、主要任务和措施及工作要求。

（一）管理会计的概念与目标

考试要求：掌握

管理会计是会计的重要分支，主要服务于单位（包括企业和行政事业单位，下同）内部管理需要，是通过利用相关信息，有机融合财务与业务活动，在单位规划、决策、控制和评价等方面发挥重要作用的管理活动。

管理会计的目标是通过运用管理会计工具方法，参与单位规划、决策、控制、评价活动并为之提供有用信息，推动单位实现战略规划。

（二）我国管理会计体系建设的任务和措施

考试要求：熟悉

中国特色的管理会计体系是一个由理论、指引、人才、信息化加咨询服务构成的“4＋1”的管理会计有机系统。建设我国管理会计体系的主要任务和措施有以下方面。

1. 推进管理会计理论体系建设

推动加强管理会计基本理论、概念框架和工具方法研究，形成中国特色的管理会计理论体系。一是整合科研院校、单位等优势资源，推动形成管理会计产学研联盟，协同创新，支持管理会计理论研究和成果转化。二是加大科研投入，鼓励科研院校、国家会计学院等建立管理会计研究基地，在系统整合理论研究资源、总结提炼实践做法经验、研究开发管理会计课程和案例、宣传推广管理会计理论和先进做法等方面，发挥综合示范作用。三是推动改进现行会计科研成果评价方法，切实加强管理会计理论和实务研究。四是充分发挥有关会计团体在管理会计理论研究中的具体组织、推动作用，及时宣传管理会计理论研究成果，提升我国管理会计理论研究的国际影响力。

2. 推进管理会计指引体系建设

形成以管理会计基本指引为统领、以管理会计应用指引为具体指导、以管理会计案例示范为补充的管理会计指引体系。一是在课题研究的基础上，组织制定管理会计指引体系，推动其有效应用。二是建立管理会计专家咨询机制，为管理会计指引体系的建设和应用等提供咨询。三是鼓励单位通过与科研院校合作等方式，及时总结、梳理管理会计实践经验，组织建立管理会计案例库，为管理会计的推广应用提供示范。

3. 推进管理会计人才队伍建设

推动建立管理会计人才能力框架，完善现行会计人才评价体系。一是将管理会计知识纳入会计人员和注册会计师继续教育、大中型企事业单位总会计师素质提升工程和会计领军（后备）人才培养工程。二是推动改革会计专业技术资格考试和注册会计师考试内容，适当增加管理会计专业知识的比重。三是鼓励高等院校加强管理会计课程体系和师资队伍建设，加强管理会计专业方向建设和管理会计高端人才培养，与单位合作建立管理会计人才实践培训基地，不断优化管理会计人才培养模式。四是探索管理会计人才培养的其他途径。五是推动加强管理会计国际交流与合作。

4. 推进面向管理会计的信息系统建设

指导单位建立面向管理会计的信息系统，以信息化手段为支撑，实现会计与业务活动的有机融合，推动管理会计功能的有效发挥。一是鼓励单位将管理会计信息化需求纳入信息化规划，从源头上防止出现“信息孤岛”，做好组织和人力保障，通过新建或整合、改造现有系统等方式，推动管理会计在本单位的有效应用。二是鼓励大型企业和企业集团充分利用专业化分工和信息技术优势，建立财务共享服务中心，加快会计职能从重核算到重管理决策的拓展，促进管理会计工作的有效开展。三是鼓励会计软件公司和有关中介服务机构拓展管理会计信息化服务领域。

二、管理会计指引体系

管理会计指引体系包括基本指引、应用指引和案例库。

（一）管理会计基本指引

考试要求：掌握

为促进单位（包括企业和行政事业单位）加强管理会计工作，提升内部管理水平，促进经济转型升级，根据《会计法》、《财政部关于全面推进管理会计体系建设的指导意见》等，财政部印发了《管理会计基本指引》（以下简称《基本指引》）。《基本指引》总结提炼了管理会计的目标、原则、要素等内容，以指导单位管理会计实践。《基本指引》在管理会计指引体系中起统领作用，是制定应用指引和建设案例库的基础。

1. 管理会计应用原则和应用主体

单位应用管理会计，应遵循下列原则：

（1）战略导向原则。管理会计的应用应以战略规划为导向，以持续创造价值为核心，促进单位可持续发展。

（2）融合性原则。管理会计应嵌入单位相关领域、层次、环节，以业务流程为基础，利用管理会计工具方法，将财务和业务等有机融合。

(3) 适应性原则。管理会计的应用应与单位应用环境和自身特征相适应。单位自身特征包括单位性质、规模、发展阶段、管理模式、治理水平等。

(4) 成本效益原则。管理会计的应用应权衡实施成本和预期效益，合理、有效地推进管理会计应用。

管理会计应用主体视管理决策主体确定，可以是单位整体，也可以是单位内部的责任中心。

2. 管理会计要素

单位应用管理会计，应包括应用环境、管理会计活动、工具方法、信息与报告四要素。

(1) 应用环境。

管理会计应用环境，是单位应用管理会计的基础，包括内外部环境。内部环境主要包括与管理会计建设和实施相关的价值创造模式、组织架构、管理模式、资源保障、信息系统等因素。外部环境主要包括国内外经济、市场、法律、行业等因素。

(2) 管理会计活动。

管理会计活动是单位利用管理会计信息，运用管理会计工具方法，在规划、决策、控制、评价等方面服务于单位管理需要的相关活动。

(3) 工具方法。

管理会计工具方法是实现管理会计目标的具体手段，是单位应用管理会计时所采用的战略地图、滚动预算管理、作业成本管理、本量利分析、平衡计分卡等模型、技术、流程的统称。管理会计工具方法主要应用于以下领域：战略管理、预算管理、成本管理、营运管理、投融资管理、绩效管理、风险管理等。

(4) 信息与报告。

管理会计信息包括管理会计应用过程中所使用和生成的财务信息和非财务信息。

单位应充分利用内外部各种渠道，通过采集、转换等多种方式，获得相关、可靠的管理会计基础信息。单位应有效利用现代信息技术，对管理会计基础信息进行加工、整理、分析和传递，以满足管理会计应用需要。单位生成的管理会计信息应相关、可靠、及时、可理解。

管理会计报告是管理会计活动成果的重要表现形式，旨在为报告使用者提供满足管理需要的信息。管理会计报告按期间可以分为定期报告和不定期报告，按内容可以分为综合性报告和专项报告等类别。单位可以根据管理需要和管理会计活动性质设定报告期间。一般应以公历期间作为报告期间，也可以根据特定需要设定报告期间。

(二) 管理会计应用指引

考试要求： 熟悉

在管理会计指引体系中，应用指引居于主体地位，是对单位管理会计工作的具体指导。为切实提高科学性和可操作性，管理会计应用指引既要遵循基本指引，也要体现实践特点；既要形成一批普遍适用、具有广泛指导意义的基本工具方法，如经济增加值（EVA）、本量利分析、平衡计分卡、作业成本法等，也要针对一些在管理会计方面可能存在独特要求的行业和部门，研究制定特殊行业的应用指引；既考虑企业的情况，也考虑行政事业单位的情况；在企业层面，还要兼顾不同行业、不同规模、不同发展阶段等特征，坚持广泛的代表性和适用性。

(三) 管理会计案例库

案例库是对国内外管理会计经验的总结提炼，是对如何运用管理会计应用指引的实例示范。建立管理会计案例库，为单位提供直观的参考借鉴，是管理会计指引体系指导实践的重要内容和有效途径，也是管理会计体系建设区别于企业会计准则体系建设的一大特色。

三、货币时间价值

考试要求：熟悉

（一）货币时间价值的含义

货币时间价值，是指一定量货币资本在不同时点上的价值量差额。货币时间价值来源于货币进入社会再生产过程后的价值增值。

通常情况下，货币时间价值相当于没有风险、没有通货膨胀条件下的社会平均利润率，是利润平均化规律发生作用的结果。

（二）终值和现值的计算

终值，又称将来值，是指现在一定量的货币在未来某一时点上的价值，俗称本利和，通常记作 F。

现值，又称本金，是指未来某一时点上的一定量的货币折合到现在的价值，通常记作 P。

【注意】现值和终值是一定量的货币在前后两个不同时点上对应的价值，其差额即为货币的时间价值。两者之间的关系可用下列公式表示：

终值＝现值＋利息

利息的多少主要取决于以下三个因素：

（1）利率。利率可视为货币时间价值的一种具体表现，用 i 表示，也称折现率。

（2）计息期。现值和终值对应的时点之间可以划分为 n 个计息期（$n \geqslant 1$），相邻两次计息的时间间隔是计息期。如年、月、日等。计息期除非特殊说明，一般为一年。

（3）计息方式。

1）复利计息——利滚利，是指把以前实现的利息计入本金中再去计算利息。

2）单利计息——只计算本金计息，利息不再产生利息。

1. 复利的终值和现值

（1）复利终值。

复利终值指一定量的货币，按复利计算的若干期后的本利总和。

已知复利现值，求复利终值：

第 1 期：$F_1 = P + P \times i \times 1 = P \times (1+i)$

第 2 期：$F_2 = [P \times (1+i)] + [P \times (1+i)] \times i \times 1$

$= P \times (1+i) \times (1+i)$

$= P \times (1+i)^2$

以此类推：

第 n 期，复利终值的计算公式为：

$$F = P \cdot (1+i)^n$$

式中，$(1+i)^n$ 称为“复利终值系数”，记作 $(F/P, i, n)$，n 为计算利息的期数。

例如，现在投资 1 万元，在投资回报率为 10%的情况下，40 年后变为多少万元？

[分析] 已知复利现值，求复利终值，需要利用复利终值系数 $(F/P, 10\%, 40) = 45.259$。根据“复利终值系数表”可知，与利率 10%、期限 40 期对应的 $(F/P, 10\%, 40)$ 为 45.259。则复利终值＝$1 \times (F/P, 10\%, 40) = 1 \times 45.259 = 45.259$（万元）。

（2）复利现值。

复利现值是指未来某期的一定量的货币，按复利计算的现在价值。

已知复利终值，求复利现值，则有：

$$P = F \cdot (1+i)^{-n}$$

式中，$(1+i)^{-n}$称为“复利现值系数”，记作（P/F，i，n），n为计算利息的期数。

例如，某人为了40年后能获得45.259万元，在投资收益率为10%的情况下，求当前应投出的金额？

[分析] 已知复利终值，求复利现值，需要利用复利现值系数（P/F，10%，40）。查教材后附的“复利现值系数表”可知，与利率10%、期限40期对应的（P/F，10%，40）为0.022 1。则复利现值=45.259×（P/F，10%，40）=45.259×0.022 1=1（万元）。

根据上述两个例题可知，复利终值与复利现值互为逆运算；复利终值系数$(1+i)^n$与复利现值系数$(1+i)^{-n}$互为倒数。

2. 年金终值与年金现值

（1）年金的含义。

年金，是指间隔期相等的系列等额收付款，通常记作A。

【注意】 系列等额收付的间隔期间只需要满足“相等”条件即可，间隔期可以不是一年。

（2）年金的类型。

年金按其每次收付款项发生的时点不同，可以分为普通年金、预付年金、递延年金、永续年金等类型。其中，普通年金是年金的基本形式。

1）普通年金。

普通年金，又称“后付年金”，是指从第一期起，在一定时期内每期期末等额收付的系列款项。例如：按揭贷款（等额本息方式）。

①普通年金终值。

普通年金终值，是指普通年金最后一次收付时的本利和，是每次收付款项的复利终值之和。普通年金终值的计算实际上就是已知年金A，求终值F_A，即利用复利将每期年金折到第n期期末。

根据复利终值的方法，计算年金终值的公式为：

$$F_A=A+A(1+i)+A(1+i)^2+A(1+i)^3+\cdots+A(1+i)^{n-1} \quad ①$$

将①两边都乘以$(1+i)$，则有，

$$F_A(1+i)=A(1+i)+A(1+i)^2+A(1+i)^3+A(1+i)^4+\cdots+A(1+i)^n \quad ②$$

由②−①可得，

$F_A\times i=A(1+i)^n-A$，整理后得，

$$F_A=A\times\frac{(1+i)^n-1}{i}=A\times(F/A,i,n)$$

式中，$\frac{(1+i)^n-1}{i}$称为“年金终值系数”，记作（F/A，i，n）。

【注意】 年金终值系数与复利终值系数的关系如下：

$$\frac{(1+i)^n-1}{i}=\frac{\text{复利终值系数}-1}{i}$$

②年偿债基金。

年偿债基金，是指为了在约定的未来某一时点清偿某笔债务或积聚一定数额的资金而必须分次等额形成的存款准备金。例如：零存整取。

年偿债基金与普通年金终值互为逆运算，其计算公式为：

$$A=F_A\times\frac{i}{(1+i)^n-1}=F_A\times(A/F,i,n)$$

式中，$\frac{i}{(1+i)^n-1}$称为“偿债基金系数”，记作（A/F，i，n）。

【注意】 偿债基金系数$\frac{i}{(1+i)^n-1}$与普通年金终值系数$\frac{(1+i)^n-1}{i}$互为倒数。

③普通年金现值。

普通年金现值，是指将在一定时期内按相同时间间隔在每期期末收付的相等金额折算到第一期期初的现值之和。

根据复利现值的方法计算年金现值的公式为：

$$P_A=A\times(1+i)^{-1}+A\times(1+i)^{-2}+A\times(1+i)^{-3}+\cdots+A\times(1+i)^{-n} \quad ①$$

将①两边同时乘以（1+i），可得：

$$P_A(1+i)=A+A\times(1+i)^{-1}+A\times(1+i)^{-2}+\cdots+A\times(1+i)^{-(n-1)} \quad ②$$

由②－①可得，

$$P_A=A\times\frac{1-(1+i)^{-n}}{i}=A\times(P/A,i,n)$$

式中，$\frac{1-(1+i)^{-n}}{i}$称为“年金现值系数”，记作（$P/A,i,n$）。

【注意】 普通年金现值系数与复利现值系数的关系如下：

$$\frac{1-(1+i)^{-n}}{i}=\frac{1-\text{复利现值系数}}{i}$$

④年资本回收额。

年资本回收额，是指在约定年限内等额回收初始投入资本的金额。

年资本回收额与普通年金现值互为逆运算，其计算公式为：

$$A=P_A\times\frac{i}{1-(1+i)^{-n}}=P_A\times(A/P,i,n)$$

式中，$\frac{i}{1-(1+i)^{-n}}$称为“资本回收系数”，记作（$A/P,i,n$）。

【注意】 资本回收系数$\frac{i}{1-(1+i)^{-n}}$与普通年金现值系数$\frac{1-(1+i)^{-n}}{i}$互为倒数。

2）预付年金。

预付年金，又称“先付年金”或“即付年金”，是指从第一期起，在一定时期内每期期初等额收付的系列款项。例如：按期支付房租。

【注意】 普通年金和预付年金都是从第一期开始发生等额收付，两者的区别是普通年金发生在期末，预付年金发生在期初。

①预付年金终值。

预付年金终值，是指一定时期内每期期初等额收付的系列款项的终值。预付年金终值的计算公式为：

$$F_A=A(1+i)+A(1+i)^2+A(1+i)^3+\cdots+A(1+i)^n$$

$$F_A=A\times\frac{(1+i)^n-1}{i}\times(1+i)=A\times\frac{(1+i)^{n+1}-1}{i}-1=A[(F/A,i,n+1)-1]$$

式中，[（$F/A,i,n+1$）-1]称为“预付年金终值系数”。

②预付年金现值。

预付年金现值，是指在一定时期内按相同时间间隔在每期期初首付的相等金额折算到第一期期初的现值之和。预付年金现值的计算公式如下：

$$P_A=A+A(1+i)^{-1}+A(1+i)^{-2}+A(1+i)^{-3}+\cdots+A(1+i)^{-(n-1)}$$

$$\begin{aligned}P_A&=A\times\frac{1-(1+i)^{-n}}{i}\times(1+i)\\&=A\times(P/A,i,n)(1+i)\\&=A\times[(P/A,i,n-1)+1]\end{aligned}$$

式中，[（P/A，i，$n-1$）+1] 称为“预付年金现值系数”。

3）递延年金。

递延年金，是指隔若干期后才开始发生的系列等额收付款项。

①递延年金终值。

递延年金的终值计算与普通年金的终值计算一样，计算公式如下：

$$F_A = A\ (F/A,\ i,\ n)$$

式中，“n”表示的是 A 的个数，与递延期无关。

②递延年金现值。

递延年金现值，是指间隔一定时期后每期期末或期初收付的系列等额款项，按照复利计息方式折算的现时价值，即间隔一定时期后每期期末或期初等额收付资金的复利现值之和。

递延年金现值的计算方法有三种：

※计算方法一：先将递延年金视为 n 期普通年金，求出在递延期期末的普通年金现值，然后再折算到现在，即第 0 期价值，即为：

$$P_A = A \times (P/A,\ i,\ n) \times (P/F,\ i,\ m)$$

式中，m 为递延期；n 为连续收支期数，即年金期。

※计算方法二：先计算 $m+n$ 期年金现值，再减去 m 期年金现值：

$$P_A = A \times [(P/A,\ i,\ m+n) - (P/A,\ i,\ m)]$$

※计算方法三：先求递延年金终值再折现为现值：

$$P_A = A \times (F/A,\ i,\ n) \times (P/F,\ i,\ m+n)$$

4）永续年金。

永续年金，是指无限期收付的年金，即一系列没有到期日的现金流。永续年金的现值可以看成是一个 n 无穷大时普通年金的现值。永续年金现值的计算公式如下：

$$P_A\ (n \to \infty) = A\,\frac{1-(1+i)^{-n}}{i} = A/i$$

当 n 趋向无穷大时，由于 A、i 都是有界量，$(1+i)^{-n}$ 趋向无穷小，因此 $P\ (n \to \infty) = A\,\frac{1-(1+i)^{-n}}{i}$ 趋向 A/i。

(三) 名义利率与实际利率

1. 一年多次计息时的名义利率与实际利率

如果以“年”作为基本计息期，每年计算一次复利，这种情况下的年利率是名义利率。

如果按照短于一年的计息期计算复利，并将全年利息额除以年初的本金，此时得到的利率是实际利率。

1 年复利 m 次，则有 m 个计息期，名义利率为 r，每个计息期的利率 $=\frac{r}{m}$，则有

$$实际利息 = 本金 \times \left(1+\frac{r}{m}\right)^m - 本金 = 本金 \times \left[\left(1+\frac{r}{m}\right)^m - 1\right]$$

$$实际利率\ i = 1\ 年的实际利息/本金$$

$$= \left(1+\frac{r}{m}\right)^m - 1$$

2. 通货膨胀情况下的名义利率与实际利率

名义利率，是指包括补偿通货膨胀（包括通货紧缩）风险的利率。

实际利率，是指剔除通货膨胀后储户或投资者得到的利息回报的真实利率。

名义利率与实际利率的关系可用下列公式表示：

$$1+名义利率 = (1+实际利率) \times (1+通货膨胀率)$$

$$实际利率=\frac{1+名义利率}{1+通货膨胀率}-1=\frac{名义利率-通货膨胀率}{1+通货膨胀率}$$

甲公司投资一项证券资产，每年年末都能按照6%的名义利率获取相应的现金收益。假设通货膨胀率为2%，则该证券资产的实际利率为（　　）。

A. 3.88%　　　　B. 3.92%　　　　C. 4.00%　　　　D. 5.88%

【答案】 B

【解析】 本题考查实际利率与名义利率之间的换算关系，实际利率＝（6%－2%）/(1+2%)＝3.92%。

第二节　产品成本核算概述

产品成本指企业在生产产品（包括提供劳务）过程中所发生的材料费用、职工薪酬等，以及不能直接计入而按一定标准分配计入的各种间接费用。

一、产品成本核算的要求

考试要求： 熟悉

成本核算的要求包括以下方面：

(1) 做好各项基础工作。

(2) 正确划分各种费用支出的界限。

为正确计算产品成本，必须正确划分以下五个方面的费用界限：①正确划分收益性支出和资本性支出的界限；②正确划分成本费用、期间费用和营业外支出的界限；③正确划分本期费用与以后期间费用的界限；④正确划分各种产品成本费用的界线；⑤正确划分本期完工产品与期末在产品成本的界限。

上述五方面费用的划分应当遵循受益原则，即谁受益谁负担、何时受益何时负担、负担费用应与受益程度成正比。上述费用划分的过程，也是产品成本的计算过程。

(3) 根据生产特点和管理要求选择适当的成本计算方法。

产品成本的计算，关键是选择适当的产品成本计算方法。产品成本计算的方法必须根据产品的生产特点、管理要求及工艺过程等予以确定。

目前，企业常用的产品成本计算方法有品种法、分批法、分步法、分类法、定额法、标准成本法等。

(4) 遵守一致性原则。

企业产品成本核算采用的会计政策和会计估计一经确定，不得随意变更。在成本核算中，各种处理方法要前后一致，使前后各项的成本资料相互可比。

(5) 编制产品成本报表。

企业一般应当按月编制产品成本报表，全面反映企业生产成本、成本计划执行情况、产品成本及其变动情况等。企业可以根据自身管理要求，确定成本报表的具体格式和列报方式。

二、产品成本核算的一般程序

成本核算的一般程序指对企业在生产经营过程中发生的各项生产费用和期间费用，按照成本核算的要求，逐步进行归集和分配，最后计算出各种产品的生产成本和各项期间费用的过程。成本核算的一般程序如下：

(1) 根据生产特点和成本管理的要求，确定成本核算对象。

(2) 确定成本项目。企业计算产品生产成本，一般应当设置原材料、燃料和动力、职工薪酬、车间经费四个成本项目。

(3) 设置有关成本和费用明细账。如生产成本明细账、制造费用明细账、产成品和自制半成品明细账等。

(4) 收集确定各种产品的生产量、入库量、在产品盘存量以及材料、工时、动力消耗等，并对所有已发生费用进行审核。

(5) 归集所发生的全部费用，并按照确定的成本计算对象予以分配，按成本项目计算各种产品的在产品成本、产成品成本和单位成本。

(6) 结转产品销售成本。

三、产品成本核算对象

考试要求：掌握

(一) 产品成本核算对象的概念

成本核算对象是确定归集和分配生产费用的具体对象，即生产费用承担的客体。

成本核算对象的确定，是设立成本明细分类账户、归集和分配生产费用以及正确计算成本的前提。

(二) 产品成本核算对象的确定

产品项目不等同于成本核算对象。

一般情况下，对制造企业而言，大批大量单步骤生产产品或管理上不要求提供有关生产步骤成本信息的，以产品品种为成本核算对象；小批单件生产产品的，以每批或每件产品为成本核算对象；多步骤连续加工产品且管理上要求提供有关生产步骤成本信息的，以每种产品及各生产步骤为成本核算对象；产品规格繁多的，可将产品结构、耗用原材料和工艺过程基本相同的各种产品，适当合并作为成本核算对象。

成本核算对象确定后，各种会计、技术资料的归集应当与此一致，一般不应中途变更，以免造成成本核算不实、结算漏账和经济责任不清的弊端。

企业内部管理有相关要求的，还可以按照现代企业多维度、多层次的管理要求，确定多元化的产品成本核算对象。

多维度包括产品维度、工序维度、车间班组维度、生产设备维度、客户订单维度、变动成本维度和固定成本维度等。

多层次包括企业管理部门、工厂、车间和班组等成本管理层次。

四、产品成本项目

考试要求：掌握

命题频率：2016年不定项选择题

(一) 产品成本项目的概念

为具体反映计入产品生产成本的生产费用的各种经济用途，还应将其进一步划分为若干个项目，即产品生产成本项目，简称产品成本项目或成本项目。

(二) 产品成本项目的设置

成本项目的设置应根据生产经营特点和管理上的要求确定，对于制造企业而言，一般可设置“直接材料”“燃料及动力”“直接人工”和“制造费用”等项目。

1. 直接材料

直接材料指构成产品实体的原材料以及有助于产品形成的主要材料和辅助材料。包括原材料、辅助材料、备品配件、外购半成品、包装物、低值易耗品等费用。

2. 燃料及动力

燃料及动力是指直接用于产品生产的外购和自制的燃料和动力。

3. 直接人工

直接人工指直接从事产品生产的工人的职工薪酬。

上述直接费用根据实际发生数进行核算，并按照成本核算对象进行归集，根据原始凭证或原始凭证汇总表直接计入成本。

4. 制造费用

制造费用指企业为生产产品和提供劳务而发生的各项间接费用，如企业部门发生的水电费、固定资产折旧、无形资产摊销、管理人员的职工薪酬、劳动保护费、国家规定的有关环保费用、季节性和修理期间的停工损失等。不能根据原始凭证或原始凭证汇总表直接计入成本的费用，需要按一定标准分配计入成本核算对象。

第三节　产品成本的归集和分配

一、产品成本归集和分配的基本原则

企业所发生的生产费用，能确定由某一成本核算对象负担的，应当按照所对应的产品成本项目类别，直接计入产品成本核算对象的生产成本；由几个成本核算对象共同负担的，应当选择合理的分配标准分配计入。

企业应当根据生产经营特点，以正常生产能力水平为基础，按照资源耗费方式确定合理的分配标准。具体可以体现为五大原则：①受益性原则；②及时性原则；③成本效益性原则；④基础性原则；⑤管理性原则。

企业应当按照权责发生制的原则，根据产品的生产特点和管理要求结转成本。企业不得以计划成本、标准成本、定额成本等代替实际成本。企业采用计划成本、标准成本、定额成本等类似成本进行直接材料日常核算的，期末，应当将耗用直接材料的计划成本或定额成本等类似成本调整为实际成本。

企业内部管理还可以利用现代信息技术，在确定多维度、多层次成本核算对象的基础上，对有关费用进行归集、分配和结转。

二、要素费用的归集和分配

考试要求：掌握
命题频率：2014 年单选题、多选题；2015 年单选题；2016 年单选题、多选题、判断题；2017 年单选题

制造企业的生产费用按照经济内容可划分为以下要素费用，即外购材料、外购燃料、外购动力、职工薪酬、折旧费、利息费用、税金和其他费用。按照要素费用分类核算工业企业的费

用，反映了工业企业在一定时期内发生了哪些费用及其金额，可以用于分析各时期费用的构成和各要素费用所占的比重，进而分析考核各时期各种要素费用计划的执行情况。

（一）成本核算的科目设置

1．“生产成本”科目

“生产成本”科目核算企业进行工业性生产发生的各项生产成本，包括生产各种产品（产成品、自制半成品等）、自制材料、自制工具、自制设备等。

基本生产成本应当分别按照基本生产车间和成本核算对象（产品的品种、类别、订单、批别、生产阶段等）设置明细账（或成本计算单），并按规定的成本项目设置专栏，见表7-1。

表7-1　基本生产成本明细账

（产品成本明细账）

产品：A

车间：第一车间　　　　单位：元

月	日	摘要	产量（件）	成本项目			成本合计
				直接材料	直接人工	制造费用	
5	31	在产品费用		70 000	8 000	15 000	93 000
6	30	本月生产费用		840 000	46 000	94 000	980 000
6	30	生产费用累计		910 000	54 000	109 000	1 073 000
6	30	本月完工产品成本	400	800 000	80 000	80 000	960 000
6	30	完工产品单位成本		4 000	200	400	4 600
6	30	在产品费用		110 000	14 000	29 000	153 000

辅助生产是为基本生产服务而进行的产品生产和劳务供应。该科目按辅助生产车间和提供的产品、劳务分设辅助生产成本明细账，按辅助生产的成本项目分设专栏。期末，对共同负担的费用按照一定的分配标准分配给各受益对象。

2．“制造费用”科目

制造费用是指制造企业为生产产品（或提供劳务）而发生的，应计入产品成本但没有专设成本项目的各项间接费用。

“制造费用”科目核算企业生产车间（部门）为生产产品和提供劳务而发生的各项间接费用，以及虽然直接用于产品生产但管理上不要求或不便于单独核算的费用。企业可按不同的生产车间、部门和费用项目进行明细核算。期末，将共同负担的制造费用按照一定的标准分配计入各成本核算对象，除季节性生产外，本科目期末应无余额。

（二）材料、燃料、动力的归集和分配

1．材料、燃料、动力的归集和分配

无论是外购的，还是自制的，发生材料、燃料和动力等各项要素费用时，对于直接用于产品生产、构成产品实体的原材料，一般分产品领用，应根据领退料凭证直接计入相应产品成本的“直接材料”项目。

对于不能分产品领用的材料，如化工生产中为几种产品共同耗用的材料，需要采用适当的分配方法，分配计入各相关产品成本的“直接材料”成本项目。

材料、燃料、动力的归集和分配率计算公式为：

$$\text{材料、燃料、动力费用分配率}=\frac{\text{材料、燃料、动力消耗总额}}{\text{分配标准（如产品重量、耗用的原材料、生产工时等）}}$$

某种产品应负担的材料、燃料、动力费用

＝该产品的重量、耗用的原材料、生产工时等×材料、燃料、动力费用分配率

在消耗定额比较准确的情况下，原材料、燃料也可按照产品的材料定额消耗量比例或材料定额费用比例进行分配。

按材料定额消耗量比例分配材料费用的计算公式如下：

某种产品材料定额消耗量＝该产品实际产量×单位产品材料消耗量

材料消耗量分配率＝材料实际总消耗量/各种产品材料定额消耗量之和

某种产品应分配的材料费用＝该种产品的材料定额消耗量×材料消耗量分配率×材料单价

2. 材料、燃料、动力分配的账务处理

材料、燃料、动力费用的分配，一般通过材料、燃料、动力分配表进行，具体账务处理如下：

借：基本生产成本
　　辅助生产成本
　　制造费用
　　管理费用
　　销售费用
　　贷：原材料

经典例题
JINGDIANLITI

某企业生产 A、B 两种产品的外购动力消耗定额分别为 4 工时和 6.5 工时。6 月份生产 A 产品 500 件，B 产品 400 件，共支付动力费 11 040 元。该企业按定额消耗量比例分配动力费，当月 A 产品应分配的动力费为（　　）元。

A. 3 840　　B. 4 800　　C. 61 343　　D. 6 240

【答案】 B

【解析】 企业生产 A、B 两种产品的动力消耗定额分配率＝11 040÷（500×4＋400×6.5）＝2.4，因此，当月 A 产品应分配的动力费＝2.4×500×4＝4 800（元）。

（三）职工薪酬的归集和分配

职工薪酬是企业在生产产品或提供劳务活动过程中所发生的各种直接和间接人工费用的总和。

对于职工薪酬的分配，实务中通常有两种处理方法：

（1）按本月应付金额分配本月工资费用，该方法适用于月份之间薪酬差别较大的情况；

（2）按本月支付薪酬金额分配本月工资费用，该方法适用于月份之间薪酬差别不大的情况。

1. 职工薪酬的归集和分配

工资结算单或工资单一般按车间、部门分别填制，是职工薪酬分配的依据。

直接进行产品生产的生产工人的职工薪酬，直接计入产品成本的“直接人工”成本项目；不能直接计入产品成本的职工薪酬，按工时、产品产量、产值比例等方式进行合理分配，计入各有关产品成本的“直接人工”项目。相应的计算公式为：

生产职工薪酬费用分配率＝各种产品生产职工薪酬总额÷各种产品生产工时之和

某种产品应分配的生产职工薪酬＝该种产品生产工时×生产职工薪酬费用分配率

如果取得各种产品的实际生产工时数据比较困难，而各种产品的单件工时定额比较准确，也可按产品的定额工时比例分配职工薪酬，相应的计算公式如下：

某种产品耗用的定额工时＝该种产品投产量×单位产品工时定额

生产职工薪酬费用分配率＝各种产品生产职工薪酬总额÷各种产品定额工时之和

某种产品应分配的生产职工薪酬＝该种产品定额工时×生产职工薪酬费用分配率

2. 职工薪酬的账务处理

职工薪酬的分配，应通过职工薪酬分配表进行。具体账务处理如下：

借：基本生产成本
　　辅助生产成本
　　制造费用
　　管理费用
　　销售费用
　　贷：应付职工薪酬

经典例题 JINGDIANLITI

某企业生产甲、乙两种产品，2009 年 12 月共发生生产工人工资 70 000 元，福利费 10 000 元。上述人工费按生产工时比例在甲、乙产品间分配，其中甲产品的生产工时为 1 200 小时，乙产品的生产工时为 800 小时。该企业生产甲产品应分配的人工费为（　　）元。

A. 28 000　　B. 32 000　　C. 42 000　　D. 48 000

【答案】D

【解析】甲产品应分担的人工费＝（70 000＋10 000）×1 200÷（1 200＋800）＝48 000（元）。

（四）辅助生产费用的归集和分配

1. 辅助生产费用的归集

辅助生产费用的归集是通过辅助生产成本总账及明细账进行。一般按车间及产品和劳务设立明细账。

当辅助生产发生各项费用时记入“辅助生产成本”科目及其明细科目。一般情况下，辅助生产的制造费用，与基本生产的制造费用一样，先通过“制造费用”科目进行单独归集，然后再转入“辅助生产成本”科目。对于辅助生产车间规模很小、制造费用很少且辅助生产不对外提供产品和劳务的，为简化核算工作，辅助生产的制造费用也可以不通过“制造费用”科目，而直接记入“辅助生产成本”科目。

2. 辅助生产费用的分配及账务处理

辅助生产的分配应通过辅助生产费用分配表进行。辅助生产费用的分配方法很多，通常采用直接分配法、交互分配法、计划成本分配法、顺序分配法和代数分配法等。

（1）直接分配法。

直接分配法的特点是不考虑各辅助生产车间之间相互提供劳务或产品的情况，而是将各种辅助生产费用直接分配给辅助生产以外的各受益单位。

采用直接分配法，各辅助生产费用只进行对外分配，分配一次，计算简单，但分配结果不够准确。

直接分配法适用于辅助生产内部相互提供产品和劳务不多、不进行费用的交互分配、对辅助生产成本和企业产品成本影响不大的情况。

（2）交互分配法。

交互分配法的辅助生产费用通过两次分配完成，首先将辅助生产明细账上的合计数根据各辅助生产车间、部门相互提供的劳务或产品数量计算分配率，在辅助生产车间进行交互分配；然后将各辅助生产车间交互分配后的实际费用（即交互前的费用加上交互分配转入的费用，减去交互分配转出的费用），再按提供的劳务量或产品量在辅助生产车间以外的各受益单位之间进行分配。

交互分配法的优点是提高了分配的正确性，但同时加大了分配的工作量。

（3）计划成本分配法。

计划成本分配法是辅助生产为各受益单位提供的劳务或产品，都按劳务或产品的计划单位成本进行分配，辅助生产车间实际发生的费用与按计划单位成本分配转出的费用之间的差额采用简化计算方法全部计入管理费用。

计划成本分配法便于考核和分析各受益单位的成本，有利于分清各单位的经济责任，但成本分配不够准确。

计划成本分配法适用于辅助生产劳务或产品计划单位成本比较准确的企业。

（4）顺序分配法。

顺序分配法，也称梯形分配法，是按照辅助生产车间受益多少的顺序分配生产费用，受益少的先分配，受益多的后分配，先分配的辅助生产车间不负担后分配的辅助生产车间的费用。顺序分配法适用于各辅助生产车间之间相互受益程度有明显顺序的企业。

（5）代数分配法。

代数分配法是先根据解联立方程的原理，计算辅助生产劳务或产品的单位成本，然后根据各受益单位耗用的数量和单位成本分配辅助生产费用。

代数分配法有关费用的分配结果最正确，但在辅助生产车间较多的情况下，未知数也较多，计算工作比较复杂。

代数分配法适用于已经实现电算化的企业。

经典例题
JINGDIANLITI

甲公司有供电车间和供水车间两个辅助生产车间，2014 年 1 月供电车间供电 80 000 度，费用 120 000 元，供水车间供水 5 000 吨，费用 36 000 元，供电车间耗用水 200 吨，供水车间耗用电 600 吨，甲公司采用直接分配法进行核算，则 2014 年 1 月供水车间的分配率是（　　）元/吨。

A. 7.375　　B. 7.625　　C. 7.2　　D. 7.5

【答案】 D

【解析】 供水车间的分配率＝36 000÷（5 000－200）＝7.5（元/吨）。

（五）制造费用的归集和分配

1. 制造费用的归集

制造费用包括以下方面：

（1）物料消耗。

（2）车间管理人员的薪酬。

（3）车间管理用房屋和设备的折旧费、租赁费和保险费。

（4）车间管理用具摊销。

（5）车间管理用的照明费、水费、取暖费、劳动保护费、设计制图费、试验检验费、差旅费、办公费以及季节性及修理期间停工损失等。

◆基本生产车间和辅助生产车间发生的直接用于生产、但没有专设成本项目的各种材料成本以及用于组织和管理生产活动的各种材料成本，账务处理如下：

借：制造费用——基本生产车间
　　　　　　——辅助生产车间
　　贷：原材料

◆基本生产车间和辅助生产车间管理人员的工资、福利费等职工薪酬，账务处理如下：

借：制造费用
　　贷：应付职工薪酬

月末，应按照一定的方法将通过“制造费用”科目归集的制造费用从贷方分配转入有关成本计算对象。

2. 制造费用的分配

制造费用应当按照车间分别进行，不应将各车间的制造费用汇总，在企业范围内统一分配。制造费用分配方法很多，通常采用生产工人工时比例法（或生产工时比例法）、生产工人工资比例法（或生产工资比例法）、机器工时比例法和按年度计划分配率分配法等。

企业具体选用哪种分配方法，由企业自行决定。分配方法一经确定，不得随意变更。如需变更，应当在附注中予以说明。

制造费用常用计算公式概括如下：

制造费用分配率＝制造费用总额÷各产品分配标准之和（如，产品生产工时总数或生产工人定额工时总数、生产工人工资总和、机器工时总数、产品计划产量的定额工时总数）

某种产品应分配的制造费用＝该种产品分配标准×制造费用分配率

其中，由于生产工时是分配间接费用的常用标准之一，因此，生产工人工时比例法较为常用；生产工人工资比例分配法适用于各种产品生产机械化程度相差不多的企业，如果生产工人工资是按生产工时比例分配，该方法实际上等同于生产工人工时比例法。

机器工时比例法是按照各产品生产所用机器设备运转时间的比例分配制造费用的方法，适用于产品生产的机械化程度较高的车间。

按年度计划分配率分配法是按照年度开始前确定的全年度适用的计划分配率分配费用的方法，分配率计算公式的分母按定额工时计算，年度内如果发生全年的制造费用实际数与计划数差别较大，应及时调整计划分配率，该方法特别适用于季节性生产企业。

3. 制造费用的账务处理

制造费用的分配无论采用哪种分配方法，都应根据分配计算结果编制制造费用分配表，根据制造费用分配表进行制造费用分配的总分类核算和明细核算。相关会计分录如下：

借：生产成本

　　贷：制造费用

然后再将归集在辅助生产成本的费用按照辅助生产费用的方法进行分配，其中，分配给基本生产的制造费用在归集了全部基本生产车间的制造费用后，转入“基本生产成本”科目。

经典例题

JINGDIANLITI

下列各项中，属于制造企业制造费用分配方法的有（　　）。

A. 生产工人工时比例法　　B. 交互分配法

C. 机器工时比例法　　D. 生产工人工资比例法

【答案】 ACD

【解析】 制造费用的分配，通常采用生产工人工时比例法、生产工人工资比例法、机器工时比例法和按年度计划分配率分配法等。B选项属于辅助生产费用的分配方法。

（六）废品损失和停工损失的核算

1. 废品损失的核算

废品损失是在生产过程中发生的和入库后发现的不可修复废品的生产成本，以及可修复废品的修复费用，扣除回收的废品残料价值和应收赔款以后的损失。

经质量检验部门鉴定不需要返修、可以降价出售的不合格品，以及产品入库后由于保管不善等原因而损坏变质的产品和实行“三包”企业在产品出售后发现的废品均不包括在废品损失内。

单独核算废品损失的，应增设“废品损失”科目，在成本项目中增设“废品损失”项目。废品损失不单独核算的，相应费用等体现在“生产成本——基本生产成本”“原材料”等科目中。

辅助生产一般不单独核算废品损失。

（1）不可修复废品损失。

不可修复废品损失的生产成本，可按废品所耗实际费用计算，也可按废品所耗定额费用计算。其账务处理如下：

借：废品损失

　　贷：基本生产成本

废品损失采用按废品所耗定额费用计算不可修复废品成本时，废品的生产成本是按废品数量和各项费用定额计算的，不需要考虑废品实际发生的生产费用。

（2）可修复废品损失。

可修复废品返修以前发生的生产费用，不是废品损失，不需要计算其生产成本，而应留在“生产成本——基本生产成本”科目和所属有关产品成本明细账中，不需要转出。

◆返修发生的各种费用，应根据各种费用分配表，记入“废品损失”科目的借方：

借：废品损失

　　贷：原材料

　　　　应付职工薪酬

　　　　制造费用

◆回收的残料价值及应收的赔款：

借：原材料

　　其他应收款

　　贷：废品损失

◆期末将“废品损失”转入“基本生产成本”科目，“废品损失”期末无余额：

借：基本生产成本

　　贷：废品损失

2. 停工损失的核算

停工损失是生产车间或车间内某个班组在停工期间发生的各项费用，包括停工期间发生的原材料费用、人工费用和制造费用等。应由过失单位或保险公司负担的赔款，应从停工损失中扣除。不满 1 个工作日的停工，一般不计算停工损失。

企业的停工可以分为正常停工和非正常停工。

正常停工包括季节性停工、正常生产周期内的修理期间的停工、计划内减产停工等；非正常停工包括原材料或工具等短缺停工、设备故障停工、电力中断停工、自然灾害停工等。

季节性停工、修理期间的正常停工费用在产品成本核算范围内，应计入产品成本。非正常停工费用应计入企业当期损益。

单独核算停工损失的企业，应增设“停工损失”科目，在成本项目中增设“停工损失”项目。其账务处理如下：

借：停工损失

　　贷：制造费用

借：生产成本（正常、季节性）

　　营业外支出（自然灾害）

　　其他应收款（过失人或保险公司的赔偿）

　　贷：停工损失

不单独核算停工损失的企业，不设立“停工损失”科目，直接反映在“制造费用”和“营业外支出”等科目中。辅助生产一般不单独核算停工损失。

经典例题
JINGDIANLITI

1. 企业生产甲产品完工后发现 10 件废品，其中 4 件为不可修复废品，6 件为可修复废品。不可修复废品按定额成本计价，每件 250 元；回收材料价值 300 元，修复 6 件可修复废品，共发生直接材料 100 元，直接人工费 120 元，制造费用 50 元，假定不可修复废品净损失由同种产品负担，应转入“基本生产成本——甲产品”废品净损失为(　　)元。

A. 700　　B. 1 000　　C. 970　　D. 270

【答案】 C

【解析】 记入“基本生产成本——甲产品”科目的废品净损失的金额＝100＋120＋50＋4×250－300＝970（元）。

2. 下列各项中，应计入废品损失的有（　　）。

A. 不需要返修、可降价出售的不合格产品成本
B. 库存产成品因保管不善而损坏变质的产品成本
C. 产品入库后发现的不可修复废品的生产成本
D. 生产过程中发生的不可修复废品的生产成本

【答案】 CD

【解析】 废品损失是指在生产过程中发生的和入库后发现的不可修复废品的生产成本，以及可修复废品的修复费用，扣除回收的废品残料价值和应收赔款以后的损失。但是经质量部门鉴定不需要返修、可以降价出售的不合格品，以及产品入库后由于保管不善等原因而损坏变质的产品和实行“三包”企业在产品出售后发现的废品均不包括在废品损失内。

三、生产费用在完工产品和在产品之间的归集和分配

考试要求： 掌握
命题频率： 2014 年单选题、不定项选择题；2015 年单选题；2016 年单选题、不定项选择题

（一）在产品数量的核算

在产品数量是核算在产品成本的基础，在产品成本与完工产品成本之和就是产品的生产费用总额。

在产品是指没有完成全部生产过程、不能作为商品销售的产品，包括正在车间加工中的在产品（包括正在返修的废品）和已经完成一个或几个生产步骤但还需要继续加工的半成品（包括未经验收入库的产品和等待返修的废品）两部分。不包括对外销售的自制半成品。对某个车间或生产步骤而言，在产品只包括该车间或该生产步骤正在加工中的那部分在产品。

为确定在产品结存的数量，企业需要做好两方面工作：一是在产品收发结存的日常核算；二是做好产品的清查工作。

◆在产品发生盘盈的：

借：生产成本——基本生产成本（按盘盈在产品成本）
　　贷：待处理财产损溢——待处理流动资产损溢

经批准后转入“制造费用”科目。

◆在产品发生盘亏和毁损的：

借：待处理财产损溢——待处理流动资产损溢
　　贷：生产成本——基本生产成本

◆取得残料时：

借：原材料

　　贷：待处理财产损溢——待处理流动资产损溢

在产品发生盘亏和毁损的，经批准处理时，应分别转入相应科目，其中由于车间管理不善造成的损失，转入“制造费用”科目。因此，在产品盘存盈亏处理的核算，应在“制造费用”结账前进行。

（二）生产费用在完工产品和在产品之间的分配

扫码听课

完工产品、在产品成本之间的关系如下：

本月完工产品成本＝本月发生成本＋月初在产品成本－月末在产品成本

根据这一关系，结合生产特点，将生产成本在完工产品和在产品之间进行分配常用的方法有：

1. 不计算在产品成本法

不计算在产品成本法虽然月末有在产品，但不计算其成本。也就是说，这种产品每月发生的成本，全部由完工产品负担，其每月发生的生产成本之和即为每月完工产品成本。

不计算在产品成本法适用于各月末在产品数量很小的产品。

2. 在产品按固定成本计价法

采用在产品按固定成本计价法，各月末在产品的成本固定不变。

这种方法适用于月末在产品数量较多，但各月变化不大的产品或月末在产品数量很小的产品。

3. 在产品按所耗直接材料成本计价法

采用在产品按所耗直接材料成本计价法，月末在产品成本只按所耗用的直接材料成本计算确认，人工成本和制造费用则全部由完工产品成本承担。

在产品按所耗直接材料成本计价法，适用于各月月末在产品数量较多，各月在产品数量变化也较大，直接材料成本在生产成本中所占比重较大且材料在生产开始时一次就全部投入的产品。

4. 约当产量比例法

扫码听课

采用约当产量比例法，应将月末在产品数量按照完工程度折算为相当于完工产品的产量，即约当产量，然后将产品应负担的全部成本按照完工产品产量与月末在产品比例分配计算完工产品成本和月末在产品成本。

约当产量比例法适用于产品数量较多，各月在产品数量变化也较大，且生产成本中直接材料成本和直接人工等加工成本的比重相差不大的产品。其计算公式如下：

在产品约当产量＝在产品数量×完工程度

单位成本＝（月初在产品成本＋本月发生生产成本）÷（完工产品产量＋在产品约当产量）

完工产品成本＝完工产品产量×单位成本

在产品成本＝在产品约当产量×单位成本

有了各工序在产品完工程度和各工序在产品盘存数量，即可求得在产品的约当产量。各工序产品的完工程度可事先制定，产品工时定额不变时可长期使用。如果各工序在产品数量和单位工时定额都相差不多，在产品的完工程度也可按 50％计算。

应当指出，在很多加工生产中，材料是在生产开始时一次投入的。这时，在产品无论完工程度如何，都应和完工产品负担同样材料成本。如果材料是随着生产过程陆续投入的，则应按照各工序投入的材料成本在全部材料成本中所占的比例计算在产品的约当产量。

5. 在产品按定额成本计价法

采用在产品按定额成本计价法，月末在产品成本按定额成本计算，该种产品的全部成本（如果有月初在产品，包括月初在产品成本在内）减去按定额成本计算的月末在产品成本，余额作为完工产品的成本；每月生产成本脱离定额的节约差异或超支差异全部计入当月完工产品成本。

在产品按定额成本计价法适用于各项消耗定额或成本定额比较准确、稳定，各月末在产品数量变化不大的产品。这种方法的计算公式如下：

月末在产品成本＝月末在产品数量×在产品单位定额成本

完工产品总成本＝（月初在产品成本＋本月发生生产成本）－月末在产品成本

完工产品单位成本＝完工产品总成本÷产成品产量

6. 定额比例法

采用定额比例法，产品的生产成本在完工产品和月末在产品之间按照两者的定额消耗量或定额成本比例分配。其中，直接材料成本按直接材料的定额消耗量或定额成本比例分配，其他成本项目按定额工时比例分配。

定额比例法适用于各项消耗定额或成本定额比较准确、稳定，但各月末在产品数量变动较大的产品。这种方法的计算公式如下（以按定额成本比例为例）：

直接材料成本分配率＝（月初在产品实际材料成本＋本月投入的实际材料成本）÷（完工产品定额材料成本＋月末在产品定额材料成本）

完工产品应负担的直接材料成本＝完工产品定额材料成本×直接材料成本分配率

月末在产品应负担的直接材料成本＝月末在产品定额材料成本×直接材料成本分配率

直接人工成本分配率＝（月初在产品实际人工成本＋本月投入的实际人工成本）÷（完工产品定额工时＋月末在产品定额工时）

完工产品应负担的直接人工成本＝完工产品定额工时×直接人工成本分配率

月末在产品应负担的直接人工成本＝月末在产品定额工时×直接人工成本分配率

7. 在产品按完工产品成本计价法

将在产品视同完工产品计算、分配生产费用，适用于月末在产品已接近完工，或产品已经加工完毕但尚未验收或包装入库的产品。

经典例题
JINGDIANLITI

1. 某企业本月生产完工甲产品 200 件，乙产品 300 件，月初、月末均无在产品，该企业本月共发生直接人工成本 6 万元，按定额工时比例在甲、乙产品之间分配，甲、乙产品的单位产品工时定额分别为 7 小时、2 小时，本月甲产品应分配的直接人工成本为（　　）万元。

   A. 2.4　　B. 1.8

   C. 3.6　　D. 4.2

   【答案】D

   【解析】按照产品的定额工时比例分配职工薪酬，甲产品耗用的定额工时＝甲产品投产量×单位产品工时定额＝200×7＝1 400（小时），乙产品耗用的定额工时＝乙产品投产量×单位产品工时定额＝300×2＝600（小时），生产工资费用分配率＝各种产品生产工资总额÷各种产品定额工时之和＝6÷（1 400＋600）＝0.003（万元），甲产品应分配的直接人工成本＝甲产品耗用的定额工时×生产工资费用分配率＝1 400×0.003＝4.2（万元）。

2. 生产 A 产品有两道工序，第一道工序要 240 个小时，第二道工序要 160 个小时，已知第一道工序没有在产品，第二道工序在产品 200 个，平均完工进度是 60%，第二道工序在产品的约当产量是（　　）个。

   A. 160　　B. 168

   C. 248　　D. 200

   【答案】B

【解析】第二道工序的完工进度＝（240＋160×60%）÷（240＋160）×100%＝84%，所以第二道工序在产品约当产量＝84%×200＝168（个）。

（三）联产品和副产品的成本分配

1. 联产品成本的分配

联产品是使用同种原材料，经过同一生产过程，同时生产出来的两种或两种以上的主要产品。联产品的联合成本在分离点后，可按相对销售价格分配法、实物数量法、系数分配法等在各联产品之间进行分配。

相对销售价格分配法要求联合成本按照分离点上每种产品的销售价格比例进行分配，适用于每种产品在分离点时的销售价格能够可靠计量的情况；实物数量法要求联合成本以产品的实物数量或重量为基础分配，适用于所生产的产品的价格很不稳定或无法直接确定的情况。

联产品成本计算的一般程序为：

（1）将联产品作为成本核算对象，设置成本明细账。

（2）归集联产品成本，计算联合成本。

（3）计算各种产品的成本。

2. 副产品成本的分配

副产品是在同一生产过程中，使用同种原料，在生产主产品的同时附带生产出来的非主要产品。在分配主产品和副产品的生产成本时，通常先确定副产品的生产成本，然后确定主产品的生产成本。

确定副产品成本的方法有：不计算副产品扣除成本法、副产品成本按固定价格或计划价格计算法、副产品只负担继续加工成本法、联合成本在主副产品之间分配法以及副产品作价扣除法等。副产品作价扣除法需要从产品售价中扣除继续加工成本、销售费用、销售税金及相应的利润，即：

副产品扣除单价＝单位售价－（继续加工单位成本＋单位销售费用＋单位销售税金＋合理的单位利润）

如果副产品与主产品分离以后，还需要进一步加工，才能形成市场所需的产品。企业应根据副产品进一步加工生产的特点和管理要求，采用适当的方法单独计算副产品的成本。

主副产品的区分并不是绝对的，甚至可以相互转化。例如，焦炭与煤气就取决于企业的生产目标，以生产煤气为主的企业，煤气为主产品，焦炭为副产品；而以生产焦炭为主的企业，则焦炭为主产品，煤气为副产品。

经典例题
JINGDIANLITI

联产品的联合成本在分离点后，应按照一定的方法在各联产品之间分配，适用的分配方法有（　　）。

A. 相对销售价格分配法　　B. 工时分配法

C. 分类法　　D. 实物数量法

【答案】AD

【解析】联产品的联合成本在分离点后，可按一定分配方法，如相对销售价格分配法、实物数量法、系数分配法等。

（四）完工产品成本的结转

企业完工产品经产成品仓库验收入库后，其成本应从“生产成本——基本生产成本”科目及所属产品成本明细账的贷方转出，转入“库存商品”科目的借方，“生产成本——基本生产成本”科目的月末余额，就是基本生产在产品的成本，也就是在基本生产过程中占用的生产资金，应与所属各种产品成本明细账中月末在产品成本之核对相符。

第四节　产品成本计算方法

一、产品成本计算方法概述

考试要求： 熟悉

（一）生产特点对产品成本计算的影响

根据生产工艺过程的特点，工业企业的生产可分为单步骤生产和多步骤生产两种。根据生产组织的特点，工业企业生产可分为大量生产、成批生产和单件生产三种。确定产品成本计算方法的主要因素有：成本计算对象、成本计算期及生产费用在完工产品与在产品之间的分配。

（二）产品成本计算的主要方法

各种产品成本计算方法的适用范围如表 7-2 所示。

表 7-2　产品成本计算的基本方法

产品成本计算方法	成本计算对象	生产类型		
		生产组织特点	生产工艺特点	成本管理
品种法	产品品种	大量大批生产	单步骤生产	
			多步骤生产	不要求分步计算成本
分批法	产品批别	单件小批生产	单步骤生产	
			多步骤生产	不要求分步计算成本
分步法	生产步骤	大量大批生产	多步骤生产	要求分步计算成本

除上述方法外，可采用分类法，还可以采用定额法。

二、产品成本计算的品种法

考试要求： 熟悉
命题频率： 2014 年判断题、单选题；2015 年单选题

（一）品种法特点

品种法以产品品种作为成本核算对象，归集和分配生产成本，计算产品成本的一种方法。

品种法适用于单步骤、大量生产的企业，如发电、供水、采掘等企业。

品种法计算成本的主要特点：

（1）成本核算对象是产品品种。

（2）品种法下一般定期（每月月末）计算产品成本。

（3）月末一般不存在在产品，如果企业月末有在产品，要将生产成本在完工产品和在产品之间进行分配。

（二）品种法成本核算的一般程序

品种法成本核算的一般程序如下：

（1）按产品品种设立成本明细账，根据各项费用的原始凭证及相关资料编制有关记账凭证并登记有关明细账，编制各种费用分配表分配各种要素费用。

（2）根据上述各种费用分配表和其他有关资料，登记辅助生产明细账、基本生产明细账、制造费用明细账等。

（3）根据辅助生产明细账编制辅助生产成本分配表，分配辅助生产成本。

（4）根据制造费用明细账编制制造费用分配表，在各种产品之间分配制造费用，并据以登记基本生产成本明细账。

（5）根据各产品基本生产明细账编制产品成本计算单，分配完工产品成本和在产品成本。

（6）编制产成品的成本汇总表，结转产成品成本。

经典例题
JINGDIANLITI

下列各项中，关于品种法的表述正确的有（ ）。

A. 成本核算对象是产品品种
B. 广泛适用于单件小批生产的企业
C. 定期计算产品成本
D. 广泛适用于单步骤、大量大批生产的企业

【答案】ACD

三、产品成本计算的分批法

考试要求：熟悉
命题频率：2014 年多选题；2016 年单选题

（一）分批法特点

分批法，是以产品的批别作为产品成本核算对象，归集和分配生产成本，计算产品成本的一种方法。

分批法主要适用于单件、小批生产的企业，如造船、重型机器制造、精密仪器制造等，也可用于一般企业中的新产品试制或试验的生产、在建工程以及设备修理作业等。

分批法计算成本的主要特点有：

（1）成本核算对象是产品的批别。由于产品的批别大多是根据销货订单确定的，因此，这种方法又称订单法。成本核算对象是购买者事先订货或企业规定的产品批别。

（2）产品成本的计算是与生产任务通知单的签发和结束紧密配合的，因此，产品成本计算是不定期的。成本计算期与产品生产周期基本一致，但与财务报告期不一致。

（3）由于成本计算期与产品的生产周期基本一致，因此，在计算月末在产品成本时，一般不存在在完工产品和在产品之间分配成本的问题。

经典例题
JINGDIANLITI

1. 产品成本计算的分批法，适用的生产组织是（ ）的企业。

A. 大量、成批生产 B. 大量、小批生产 C. 单件、小批生产 D. 单件、成批生产

【答案】C

【解析】分批法主要适用于单件、小批生产的企业。

2. 下列各项中，关于分批法的表述正确的有（ ）。

A. 成本计算期与产品生产周期基本一致
B. 一般不需要在在完工产品和在产品之间分配成本
C. 以产品的批别作为成本核算对象
D. 需要计算和结转各步骤产品的生产成本

【答案】ABC

【解析】分批法计算成本的主要特点包括：①成本核算对象是产品的批别；②成本计算期与产品生产周期基本一致；③一般不存在在完工产品和在产品之间分配成本的问题。故 ABC 选项正确。

（二）分批法成本核算的一般程序

分批法成本核算的一般程序如下：

（1）按产品批别设置产品基本生产成本明细账、辅助生产成本明细账。账内按成本项目设置专栏，按车间设置制造费用明细账。同时，设置待摊费用、预提费用等明细账。

（2）根据各生产费用的原始凭证或原始凭证汇总表和其他有关资料，编制各种要素费用分配表，分配各要素费用并登账。

对于直接计入费用，应按产品批别列示并直接计入各个批别的产品成本明细账；对于间接计入费用，应按生产地点归集，并按适当的方法分配计入各个批别的产品成本明细账。

（3）月末根据完工批别产品的完工通知单，将计入已完工的该批产品的成本明细账所归集的生产费用，按成本项目加以汇总，计算出该批完工产品的总成本和单位成本，并转账。

四、产品成本计算的分步法

考试要求：熟悉
命题频率：2014 年判断题；2016 年单选题、判断题

（一）分步法特点

分步法是按照生产过程中各个加工步骤（分品种）为成本核算对象，归集和分配生产成本，计算各步骤半成品和最后产成品成本的一种方法。

分步法适用于大量大批的多步骤生产，通常不仅要求按照产品品种计算成本，而且还要求按照生产步骤计算成本，以便为考核和分析各种产品及各生产步骤的成本计划的执行情况提供资料。

分步法计算成本的主要特点有：

（1）成本核算对象是各种产品的生产步骤；

（2）月末为计算完工产品成本，还需要将归集在生产成本明细账中的生产成本在完工产品和在产品之间进行分配；

（3）除了按品种计算和结转产品成本外，还需要计算和结转产品的各步骤成本。其成本核算对象，是各种产品及其所经过的各个加工步骤。

如果企业只生产一种产品，则成本核算对象就是该种产品及其所经过的各个生产步骤。其成本计算期是固定的，与产品的生产周期不一致。

（二）分步法成本核算的一般程序

在实际工作中，根据成本管理对各生产步骤成本资料的不同要求（如是否要求计算半成品成本）和简化核算的要求，各生产步骤成本的计算和结转，一般采用逐步结转和平行结转两种方法，称为逐步结转分步法和平行结转分步法。

1. 逐步结转分步法

（1）逐步结转分步法的定义。

逐步结转分步法是为了分步计算半成品成本而采用的一种分步法，也称计算半成品成本分步法。它是按照产品加工的顺序，逐步计算并结转半成品成本，直到最后加工步骤完成才能计算产成品成本的一种方法。

（2）逐步结转分步法的适用范围。

逐步结转分步法用于大量大批连续式复杂性生产的企业，如钢铁厂的生铁、钢锭，纺织厂

的棉纱等，都需要计算半成品成本。

（3）逐步结转分步法的优缺点。

逐步结转分步法的优点：①能提供各个生产步骤的半成品成本资料；②为各生产步骤的在产品实物管理及资金管理提供资料；③能够全面地反映各生产步骤的生产耗费水平，更好地满足各生产步骤成本管理的要求。

逐步结转分步法的缺点：成本结转工作量较大，各生产步骤的半成品成本如果采用逐步综合结转方法，还要进行成本还原，增加了核算的工作量。

（4）逐步结转分步法的分类。

逐步结转分步法按照成本在下一步骤成本计算单中的反映方式，还可以分为综合结转和分项结转两种方法。这里我们具体介绍综合结转法。

综合结转法，是指上一步骤转入下一步骤的半成品成本，以“直接材料”或专设的“半成品”项目综合列入下一步骤的成本计算单中。如果半成品通过半成品库收发，由于各月所生产的半成品的单位成本不同，因而所耗半成品的单位成本可以如同材料核算一样，采用先进先出法或加权平均法计算。

2. 平行结转分步法

平行结转分步法也称不计算半成品成本分步法。是在计算各步骤成本时，不计算各步骤所产半成品的成本，也不计算各步骤所耗上一步骤的半成品成本，而只计算本步骤发生的各项其他成本，以及这些成本中应计入产成品的份额，将相同产品的各步骤成本明细账中的这些份额平行结转、汇总，即可计算出该种产品的产成品成本。

成本核算对象和成本结转程序采用平行结转分步法的成本核算对象是各种产成品及其经过的各生产步骤中的成本份额。而各步骤的产品生产成本并不伴随着半成品实物的转移而结转。

产品生产成本在完工产品和在产品之间的分配采用平行结转分步法，每一生产步骤的生产成本也要在其完工产品与月末在产品之间进行分配。但是完工产品是指企业最后完成的产成品；在产品是指各步骤尚未加工完成的在产品和各步骤已完工但尚未最终完成的产品。

平行结转分步法的优点：

（1）各步骤可以同时计算产品成本，平行汇总计入产成品成本，不必逐步结转半成品成本；

（2）能够直接提供按原始成本项目反映的产成品成本资料，不必进行成本还原，因而能够简化和加速成本计算工作。

平行结转分步法的缺点：

（1）不能提供各个步骤的半成品成本资料；在产品的费用在产品最后完成以前，不随实物转出而转出，即不按其所在的地点登记，而按其发生的地点登记，因而不能为各个生产步骤在产品的实物和资金管理提供资料。

（2）各生产步骤的产品成本不包括所耗半成品费用，因而不能全面地反映各该步骤产品的生产耗费水平（第一步骤除外），不能更好地满足这些步骤成本管理的要求。

经典例题
JINGDIANLITI

下列方法中，需要进行成本还原的是（　　）。

A. 综合结转分步法　　B. 平行结转分步法

C. 分项结转分步法　　D. 简化分批法

【答案】A

【解析】逐步结转分步法可以分为综合结转和分项结转两种方法。其中，采用综合结转分步法需要进行成本还原，增加了核算的工作量。

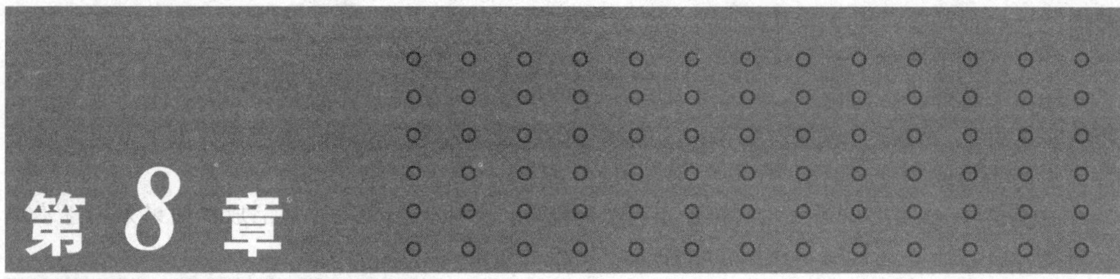

第8章 政府会计基础

考情点拨 KAOQINGDIANBO

本章第一节为2018版初级会计资格考试大纲新增的内容，第二节在以往的考试中所占分值为5分左右，知识点较多且需死记硬背。重点掌握政府会计主体、核算体系及目标，政府会计核算一般要求及会计信息质量要求，政府财务会计要素和预算会计要素，以及事业单位会计资产、负债、净资产、收入和支出的核算。

第一节 政府会计基本准则

一、政府会计概述

(一) 政府会计改革的背景和目标

考试要求：了解

政府会计是运用会计专门方法对政府及其组成主体（包括政府所属的行政事业单位、政府性基金等）的财务状况、运行业绩、现金流量等情况进行全面核算、监督和报告的会计管理系统。政府会计是提供政府财务信息的重要工具，是政府预算公正、透明和财政资金有效使用的重要保障。通过政府会计提供的财务信息能够考察部门预算的使用情况及执行效果。

2013年11月，党的十八届三中全会通过的《中共中央关于全面深化改革若干重大问题的决定》作出了“建立权责发生制的政府综合财务报告制度”的重要战略部署。2014年12月，国务院批转了财政部《权责发生制政府综合财务报告制度改革方案》（国发〔2014〕63号，以下简称《改革方案》），正式确立了我国权责发生制政府综合财务报告制度改革的指导思想、总体目标、基本原则、主要任务、具体内容、配套措施、实施步骤和组织保障。

权责发生制政府综合财务报告制度改革是基于政府会计规则的重大改革，总体目标是通过构建统一、科学、规范的政府会计准则体系，建立健全政府财务报告编制办法，适度分离政府财务会计与预算会计、政府财务报告与决算报告功能，全面、清晰反映政府财务信息和预算执行信息，为开展政府信用评级、加强资产负债管理、改进政府绩效监督考核、防范财政风险等提供支持，促进政府财务管理水平提高和财政经济可持续发展。

(二) 政府会计改革的基本原则

考试要求：了解

《改革方案》确立了权责发生制政府综合财务报告改革的基本原则，也是新时期我国政府会计改革的基本原则，具体包括：①立足中国国情，借鉴国际经验；②坚持继承发展，注重改革创新；③坚持公开透明，便于社会监督；④做好总体规划，稳妥有序推进。

（三）政府会计改革的任务

考试要求：熟悉

《改革方案》中布置了新时期我国政府会计改革的主要任务，具体包括以下几项。

1. 建立健全政府会计核算体系

推进财务会计与预算会计适度分离并相互衔接，在完善预算会计功能基础上，增强政府财务会计功能，夯实政府财务报告核算基础，为中长期财政发展、宏观调控和政府信用评级服务。

2. 建立健全政府财务报告体系

政府财务报告主要包括政府部门财务报告和政府综合财务报告。政府部门编制部门财务报告，反映本部门的财务状况和运行情况，财政部门编制政府综合财务报告，反映政府整体的财务状况、运行情况和财政中长期可持续性。

3. 建立健全政府财务报告审计和公开机制

政府综合财务报告和部门财务报告按规定接受审计。审计后的政府综合财务报告与审计报告依法报本级人民代表大会常务委员会备案，并按规定向社会公开。

4. 建立健全政府财务报告分析应用体系

以政府财务报告反映的信息为基础，采用科学方法，系统分析政府的财务状况、运行成本和财政中长期可持续发展水平。充分利用政府财务报告反映的信息，识别和管理财政风险，更好地加强政府预算、资产和绩效管理，并将政府财务状况作为评价政府受托责任履行情况的重要指标。

（四）政府会计标准体系

考试要求：熟悉

政府会计标准体系由政府会计基本准则、具体准则及应用指南和政府会计制度等组成。

1. 政府会计基本准则及具体准则

基本准则用于规范政府会计目标、政府会计主体、政府会计信息质量要求、政府会计核算基础，以及政府会计要素定义、确认和计量原则、列报要求等原则事项。基本准则指导具体准则和制度的制定，并为政府会计实务问题提供处理原则。具体准则依据基本准则制定，用于规范政府发生的经济业务或事项的会计处理，详细规定经济业务或事项引起的会计要素变动的确认、计量、记录和报告。

2. 政府会计应用指南及政府会计制度

政府会计应用指南是对具体准则的实际应用作出的操作性规定。政府会计制度主要规定政府会计科目及账务处理、报表体系及编制说明等，与政府会计具体准则及应用指南相互协调、相互补充。

《改革方案》指出，政府会计科目设置要实现预算会计和财务会计双重功能。预算会计科目应准确完整反映政府预算收入、预算支出和预算结余等预算执行信息，财务会计科目应全面准确反映政府的资产、负债、净资产、收入、费用等财务信息。条件成熟时，推行政府成本会计，规定政府运行成本归集和分摊方法等，反映政府向社会提供公共服务支出和机关运行成本等财务信息。

二、政府会计基本准则

为了规范政府的会计核算，保证会计信息质量，根据《中华人民共和国会计法》、《中华人民共和国预算法》和其他有关法律、行政法规，2015 年 10 月，财政部印发了《政府会计准则——基本准则》（以下简称《基本准则》），自 2017 年 1 月 1 日起施行。

（一）政府会计主体

考试要求：掌握

《基本准则》适用于各级政府、各部门、各单位（即“政府会计主体”）。各级政府指各级政府财政部门，具体负责财政总（预算）会计的核算。各部门、各单位是指与本级政府财政部门直接或者间接发生预算拨款关系的国家机关、军队、政党组织、社会团体、事业单位和其他单位。

军队、已纳入企业财务管理体系的单位和执行《民间非营利组织会计制度》的社会团体，不适用《基本准则》。

经典例题 JINGDIANLITI

下列不属于《政府会计准则——基本准则》适用范围的是（　　）

A. 国家机关　　B. 党政组织　　C. 社会团体　　D. 民间非营利组织

【答案】D

【解析】执行《民间非营利组织会计制度》的社会团体，不适用《基本准则》。

（二）政府会计核算体系及目标

考试要求：掌握

《基本准则》确立了“双功能”“双基础”“双报告”的政府会计核算体系。

1.“双功能”

政府会计由预算会计和财务会计构成。预算会计对政府会计主体预算执行过程中发生的全部预算收入和全部预算支出进行会计核算，主要反映和监督预算收支执行情况。财务会计对政府会计主体发生的各项经济业务或者事项进行会计核算，主要反映和监督政府会计主体财务状况、运行情况和现金流量等。

2.“双基础”

预算会计实行收付实现制，国务院另有规定的，从其规定；财务会计实行权责发生制。

3.“双报告”

政府会计主体应当编制决算报告和财务报告。政府决算报告的编制主要以收付实现制为基础，以预算会计核算生成的数据为准。政府财务报告的编制主要以权责发生制为基础，以财务会计核算生成的数据为准。

决算报告的目标是向决算报告使用者提供与政府预算执行情况有关的信息，综合反映政府会计主体预算收支的年度执行结果，有助于决算报告使用者进行监督和管理，并为编制后续年度预算提供参考和依据。政府决算报告使用者包括各级人民代表大会及其常务委员会、各级政府及其有关部门、政府会计主体自身、社会公众和其他利益相关者。

财务报告的目标是向财务报告使用者提供与政府财务状况、运行情况和现金流量等有关的信息，反映政府会计主体公共受托责任履行情况，有助于财务报告使用者作出决策或者进行监督和管理。政府财务报告使用者包括各级人民代表大会常务委员会、债权人、各级政府及其有关部门、政府会计主体自身和其他利益相关者。

（三）政府会计核算一般要求

考试要求：掌握

政府会计核算应当遵循以下基本要求：

(1) 政府会计主体应当对其自身发生的经济业务或者事项进行会计核算。

(2) 政府会计核算应当以政府会计主体持续运行为前提。

(3) 政府会计核算应当划分会计期间，分期结算账目，按规定编制决算报告和财务报告。会计期间至少分为年度和月度。会计年度、月度等会计期间的起讫日期采用公历日期。

(4) 政府会计核算应当以人民币作为记账本位币。发生外币业务时，应当将有关外币金额折算为人民币金额计量，同时登记外币金额。

(5) 政府会计核算应当采用借贷记账法记账。

(四) 政府会计信息质量要求

考试要求： 掌握

政府会计信息质量要求包括可靠性、全面性、相关性、及时性、可比性、可理解性和实质重于形式。

1. 可靠性

政府会计主体应当以实际发生的经济业务或者事项为依据进行会计核算，如实反映各项会计要素的情况和结果，保证会计信息真实可靠。

2. 全面性

政府会计主体应当将发生的各项经济业务或者事项统一纳入会计核算，确保会计信息能够全面反映政府会计主体预算执行情况和财务状况、运行情况、现金流量等。

3. 相关性

政府会计主体提供的会计信息，应当与反映政府会计主体公共受托责任履行情况以及报告使用者决策或者监督、管理的需要相关，有助于报告使用者对政府会计主体过去、现在或者未来的情况作出评价或者预测。

4. 及时性

政府会计主体对已经发生的经济业务或者事项，应当及时进行会计核算，不得提前或者延后。

5. 可比性

政府会计主体提供的会计信息应当具有可比性。同一政府会计主体不同时期发生的相同或者相似的经济业务或者事项，应当采用一致的会计政策，不得随意变更。确需变更的，应当将变更的内容、理由及其影响在附注中予以说明。

不同政府会计主体发生的相同或者相似的经济业务或者事项，应当采用一致的会计政策，确保政府会计信息口径一致，相互可比。

6. 可理解性

政府会计主体提供的会计信息应当清晰明了，便于报告使用者理解和使用。

7. 实质重于形式

政府会计主体应当按照经济业务或者事项的经济实质进行会计核算，不限于以经济业务或者事项的法律形式为依据。

(五) 政府财务会计要素

考试要求： 掌握

政府财务会计要素包括资产、负债、净资产、收入和费用。

1. 资产

(1) 资产的定义。

资产，是指政府会计主体过去的经济业务或者事项形成的，由政府会计主体控制的，预期能够产生服务潜力或者带来经济利益流入的经济资源。其中，服务潜力，是指政府会计主体利用资产提供公共产品和服务以履行政府职能的潜在能力。经济利益流入表现为现金及现金等价物的流入，或者现金及现金等价物流出的减少。

（2）资产类别。

政府会计主体的资产按照流动性，分为流动资产和非流动资产。其中，流动资产，是指预计在1年内（含1年）耗用或者可以变现的资产，包括货币资金、短期投资、应收及预付款项、存货等。非流动资产，是指流动资产以外的资产，包括固定资产、在建工程、无形资产、长期投资、公共基础设施、政府储备资产、文物文化资产、保障性住房和自然资源资产等。

（3）资产的确认条件。

符合政府资产定义的经济资源，在同时满足以下两个条件时，确认为资产：

1）与该经济资源相关的服务潜力很可能实现或者经济利益很可能流入政府会计主体。

2）该经济资源的成本或者价值能够可靠地计量。

（4）资产的计量属性。

政府资产的计量属性主要包括历史成本、重置成本、现值、公允价值和名义金额。

1）在历史成本计量下，资产按照取得时支付的现金金额或者支付对价的公允价值计量。

2）在重置成本计量下，资产按照现在购买相同或者相似资产所需支付的现金金额计量。

3）在现值计量下，资产按照预计从其持续使用和最终处置中所产生的未来净现金流入量的折现金额计量。

4）在公允价值计量下，资产按照市场参与者在计量日发生的有序交易中，出售资产所能收到的价格计量。

5）无法采用上述计量属性的，采用名义金额（即人民币1元）计量。

政府会计主体在对资产进行计量时，一般应当采用历史成本。采用重置成本、现值、公允价值计量的，应当保证所确定的资产金额能够持续、可靠计量。

2. 负债

（1）负债的定义。

负债，是指政府会计主体过去的经济业务或者事项形成的，预期会导致经济资源流出政府会计主体的现时义务。

【注意】现时义务，是指政府会计主体在现行条件下已承担的义务。未来发生的经济业务或者事项形成的义务不属于现时义务，不应当确认为负债。

（2）负债的分类。

政府会计主体的负债按照流动性，分为流动负债和非流动负债。流动负债，是指预计在1年内（含1年）偿还的负债，包括应付及预收款项、应付职工薪酬、应缴款项等。非流动负债，是指流动负债以外的负债，包括长期应付款、应付政府债券和政府依法担保形成的债务等。

（3）负债的确认条件。

符合负债定义的义务，在同时满足以下两个条件时，确认为负债：

1）履行该义务很可能导致含有服务潜力或者经济利益的经济资源流出政府会计主体；

2）该义务的金额能够可靠地计量。

（4）负债的计量属性。

政府负债的计量属性主要包括历史成本、现值和公允价值。

1）在历史成本计量下，负债按照因承担现时义务而实际收到的款项或者资产的金额，或者承担现时义务的合同金额，或者按照为偿还负债预期需要支付的现金计量。

2）在现值计量下，负债按照预计期限内需要偿还的未来净现金流出量的折现金额计量。

3）在公允价值计量下，负债按照市场参与者在计量日发生的有序交易中，转移负债所需支付的价格计量。

政府会计主体在对负债进行计量时，一般应当采用历史成本。采用现值、公允价值计量的，应当保证所确定的负债金额能够持续、可靠计量。

3. 净资产

净资产，是指政府会计主体资产扣除负债后的净额。净资产金额取决于资产和负债的计量。

【注意】净资产项目应当列入资产负债表。

4. 收入

（1）收入的定义。

收入，是指报告期内导致政府会计主体净资产增加的、含有服务潜力或者经济利益的经济资源的流入。

（2）收入的确认条件。

收入的确认应当同时满足以下三个条件：

1）与收入相关的含有服务潜力或者经济利益的经济资源很可能流入政府会计主体；

2）含有服务潜力或者经济利益的经济资源流入会导致政府会计主体资产增加或者负债减少；

3）流入金额能够可靠地计量。

5. 费用

（1）费用的定义。

费用，是指报告期内导致政府会计主体净资产减少的、含有服务潜力或者经济利益的经济资源的流出。

（2）费用的确认条件。

费用的确认应当同时满足以下三个条件：

1）与费用相关的含有服务潜力或者经济利益的经济资源很可能流出政府会计主体；

2）含有服务潜力或者经济利益的经济资源流出会导致政府会计主体资产减少或者负债增加；

3）流出金额能够可靠地计量。

经典例题

JINGDIANLITI

（　　），资产按照现在购买相同或者相似资产所需支付的现金金额计量。

A. 在历史成本计量下　　B. 在重置成本计量下

C. 在现值计量下　　D. 在公允价值计量下

【答案】B

【解析】本题考查的是资产的计量属性，属于识记理解题，同时也需了解资产与负债的计量属性的特点。

（六）政府预算会计要素

考试要求：掌握

政府预算会计要素包括预算收入、预算支出与预算结余。

1. 预算收入

预算收入，是指政府会计主体在预算年度内依法取得的并纳入预算管理的现金流入。预算收入一般在实际收到时予以确认，以实际收到的金额计量。

2. 预算支出

预算支出，是指政府会计主体在预算年度内依法发生并纳入预算管理的现金流出。预算支出一般在实际支付时予以确认，以实际支付的金额计量。

3. 预算结余

预算结余，是指政府会计主体预算年度内预算收入扣除预算支出后的资金余额，以及历年滚存的资金余额。预算结余包括结余资金和结转资金。

下列属于政府预算会计要素的是（　　）

A. 资产　　B. 净资产　　C. 预算结余　　D. 结余

【答案】C

【解析】政府预算会计要素包括预算收入、预算支出与预算结余。

（七）政府财务报告

考试要求：熟悉

1. 政府财务报告的构成和内容

政府财务报告是反映政府会计主体某一特定日期的财务状况和某一会计期间的运行情况和现金流量等信息的文件。

政府财务报告应当包括财务报表和其他应当在财务报告中披露的相关信息和资料。其中，财务报表是对政府会计主体财务状况、运行情况和现金流量等信息的结构性表述。财务报表包括会计报表和附注。

会计报表至少应当包括资产负债表、收入费用表和现金流量表。资产负债表是反映政府会计主体在某一特定日期的财务状况的报表。收入费用表是反映政府会计主体在一定会计期间运行情况的报表。现金流量表是反映政府会计主体在一定会计期间现金及现金等价物流入和流出情况的报表。

附注是对在资产负债表、收入费用表、现金流量表等报表中列示项目所作的进一步说明，以及对未能在这些报表中列示项目的说明。

2. 政府财务报告编报

政府财务报告以权责发生制为基础编制，包括政府部门财务报告和政府综合财务报告。

（1）政府部门财务报告。

政府部门财务报告，是指政府各部门、各单位按规定编制的财务报告。主要反映本部门财务状况、运行情况等，为加强政府部门资产负债管理、预算管理、绩效管理等提供信息支撑。

（2）政府综合财务报告。

政府综合财务报告是指由政府财政部门编制的，反映各级政府整体财务状况、运行情况和财政中长期可持续性的报告。可作为考核地方政府绩效、开展地方政府信用评级、评估预警地方政府债务风险、编制全国和地方资产负债表以及制定财政中长期规划和其他相关规划的重要依据。

（八）政府决算报告

考试要求：了解

政府决算报告是综合反映政府会计主体年度预算收支执行结果的文件。政府决算报告应当包括决算报表和其他应当在决算报告中反映的相关信息和资料。政府决算报告的具体内容及编制要求等，由财政部另行规定。

【注意】符合预算收入、预算支出和预算结余定义及其确认条件的项目应当列入政府决算报表。

第二节　事业单位会计

考试要求：了解

事业单位会计是各级各类事业单位以货币为计量单位，对自身发生的经济业务或者事项进行全面、系统、连续的核算和监督的专业会计。当前，在政府预算会计领域，事业单位应当根据《事业单位会计准则》、《事业单位会计制度》以及行业事业单位会计制度，将其实际发生的各项经济业务或者事项统一纳入会计核算，确保会计信息能够全面反映事业单位的财务状况、事业成果，预算执行等情况。

一、事业单位会计的特点

相对于企业而言，事业单位会计主要有以下几个特点：

(1) 事业单位会计核算目标是向会计信息使用者提供与事业单位财务状况、事业成果、预算执行等有关的会计信息。

事业单位的会计报表包括资产负债表、收入支出表和财政补助收入支出表，反映事业单位某一特定日期的财务状况和某一会计期间的事业成果和预算执行情况。其中，财政补助收入支出表反映事业单位某一会计年度财政补助收入、支出、结转及结余情况。

(2) 会计核算一般采用收付实现制，但部分经济业务或者事项的核算采用权责发生制。

事业单位的会计核算以收付实现制为主，收入一般在实际收到款项时确认，支出一般在实际支付时确认。事业单位对其经营活动按照权责发生制原则核算，对应收应付款项等部分经济业务或者事项也采用权责发生制核算。

(3) 事业单位会计要素分为资产、负债、净资产、收入和支出五大类。而企业会计要素包括资产、负债、所有者权益、收入、费用和利润。

(4) 事业单位的各项财产物资应当按照取得或购建时的实际成本进行计量，除国家另有规定外，事业单位不得自行调整其账面价值。

二、资产和负债

(一) 资产

考试要求：掌握
命题频率：2014 年单选题；2015 年单选题；2016 年判断题

资产指事业单位占有或者使用的能以货币计量的经济资源，包括各种财产、债权和其他权利。

事业单位的资产包括货币资金、短期投资、应收及预付款项、存货、长期投资、固定资产、在建工程、无形资产等。

事业单位的资产按照流动性，分为流动资产和非流动资产。流动资产是指预计在 1 年内（含 1 年）变现或者耗用的资产，包括货币资金、短期投资、应收及预付款项、存货等。非流动资产是指流动资产以外的资产，包括长期投资、固定资产、在建工程、无形资产等。

1. 货币资金

事业单位的货币资金是事业单位资产的重要组成部分，包括库存现金、银行存款、零余额账户用款额度等。

（1）库存现金。

事业单位的库存现金是存放在本单位的现金，主要用于单位的日常零星开支。事业单位应当严格按照国家有关现金管理的规定收支现金，不得超范围、超额度使用现金，不得“坐支”现金，并按照规定核算现金的各项收支业务，确保库存现金使用的合法性和合理性，保护库存现金的安全与完整。

◆单位收到现金：

借：库存现金

　　贷：有关科目

◆支出现金：

借：有关科目

　　贷：库存现金

◆如发现现金溢余：

1）属于应支付给有关人员或单位的部分：

借：库存现金

　　贷：其他应付款

2）属于无法查明原因的部分：

借：库存现金

　　贷：其他收入

◆如发现现金短缺：

1）属于应由责任人赔偿的部分：

借：其他应收款

　　贷：库存现金

2）属于无法查明原因的部分，报经批准后：

借：其他支出

　　贷：库存现金

（2）银行存款。

事业单位的银行存款是指事业单位存入银行或其他金融机构的各种存款。事业单位应当严格按照国家有关支付结算办法的规定办理银行存款收支业务，并按照规定核算银行存款的各项收支业务。

◆单位将款项存入银行或其他金融机构时：

借：银行存款

　　贷：有关科目

◆提取和支出存款时：

借：有关科目

　　贷：银行存款

月度终了，事业单位银行存款账面余额与银行对账单余额之间如有差额，必须逐笔查明原因并进行处理，按月编制“银行存款余额调节表”，调节相符。

（3）零余额账户用款额度。

1）国库集中支付制度及程序。

实行国库集中支付的事业单位，财政资金的支付方式包括财政直接支付和财政授权支付。

事业单位设置“零余额账户用款额度”科目，核算实行国库集中支付的事业单位根据财政部门批复的用款计划收到的零余额账户用款额度。在财政授权支付方式下，事业单位根据收到的“授权支付到账通知书”，确认收入并增记零余额账户用款额度，支用额度时作冲减零余额账户用款额度的处理。“零余额账户用款额度”科目年末应无余额。

2）零余额账户用款额度的核算。

◆在财政授权支付方式下，事业单位收到代理银行盖章的“授权支付到账通知书”时：

借：零余额账户用款额度（根据通知书所列数额）

　　贷：财政补助收入

◆按规定支用额度时：

借：事业支出

　　存货

　　贷：零余额账户用款额度

2. 短期投资

事业单位的短期投资是指事业单位依法取得的，持有时间不超过 1 年（含 1 年）的投资，主要是国债投资。事业单位进行短期投资，应当严格遵守国家法律、行政法规以及财政部门、主管部门关于对外投资的有关规定。

◆短期投资在取得时：

借：短期投资（按照其实际成本，包括购买价款以及税金、手续费等相关税费）

　　贷：银行存款

◆短期投资持有期间收到利息时：

借：银行存款（按实际收到的金额）

　　贷：其他收入

◆出售短期投资或到期收回短期国债本息：

借：银行存款（按照实际收到的金额）

　　贷：短期投资（按照出售或收回短期国债的成本）

　　　　其他收入（可能在借方）

3. 应收及预付款项

事业单位的应收及预付款项是指事业单位在开展业务活动中形成的各项债权，包括财政应返还额度，应收票据、应收账款、其他应收款等应收款项和预付账款。

(1) 财政应返还额度。

财政应返还额度是指实行国库集中支付的事业单位，年度终了应收财政下年度返还的资金额度，即反映结转下年使用的用款额度。

为核算财政应返还额度，事业单位应当设置“财政应返还额度”科目，并设置“财政直接支付”和“财政授权支付”两个明细科目，进行明细核算。

◆在财政直接支付方式下，年度终了，根据本年度财政直接支付预算指标数与当年财政直接支付实际支出数的差额：

借：财政应返还额度——财政直接支付

　　贷：财政补助收入

◆下年度恢复财政直接支付额度后，事业单位以财政直接支付方式发生实际支出时：

借：事业支出

　　贷：财政应返还额度——财政直接支付

◆在财政授权支付方式下，年度终了，依据代理银行提供的对账单作注销额度的相关账务处理：

借：财政应返还额度——财政授权支付

　　贷：零余额账户用款额度

◆下年初恢复额度时：

借：零余额账户用款额度

贷：财政应返还额度——财政授权支付

◆事业单位本年度财政授权支付预算指标数大于零余额账户用款额度下达数的，根据未下达的用款额度：

借：财政应返还额度——财政授权支付

贷：财政补助收入

◆下年度收到财政部门批复的上年末未下达零余额账户用款额度时：

借：零余额账户用款额度

贷：财政应返还额度——财政授权支付

（2）应收票据。

事业单位的应收票据是指事业单位因开展经营活动销售产品、提供有偿服务等而收到的商业汇票，包括银行承兑汇票和商业承兑汇票。

◆事业单位取得应收票据时：

借：应收票据

贷：经营收入

应缴税费

◆应收票据收回、贴现、背书转让或转为应收账款时：

借：有关科目

贷：应收票据

（3）应收账款。

事业单位的应收账款是指事业单位因开展经营活动销售产品、提供有偿服务等而应收取的款项。

◆事业单位发生应收账款时：

借：应收账款

贷：经营收入

应缴税费

◆收到款项时：

借：银行存款

贷：应收账款

◆逾期三年或以上、有确凿证据表明确实无法收回的应收账款，事业单位应按规定报经批准后予以核销。核销的应收账款应在备查簿中保留登记。转入待处置资产时，按照待核销的应收账款金额：

借：待处置资产损溢

贷：应收账款

◆报经批准予以核销时：

借：其他支出

贷：待处置资产损溢

◆已核销应收账款在以后期间收回的，按照实际收回的金额：

借：银行存款

贷：其他收入

（4）预付账款。

事业单位的预付账款是指事业单位按照购货、劳务合同规定预付给供应单位的款项。

◆事业单位发生预付账款时：

借：预付账款

贷：银行存款

◆收到所购资产或劳务时：

借：有关科目

　　贷：预付账款（按照相应预付账款金额）

　　　　银行存款（按照补付的款项）

按照补付的款项逾期三年或以上、有确凿证据表明因供货单位破产、撤销等原因已无望再收到所购物资，且确实无法收回的预付账款，按规定报经批准后予以核销。核销的预付账款应在备查簿中保留登记。

◆转入待处置资产时，按照待核销的预付账款金额：

借：待处置资产损溢

　　贷：预付账款

◆报经批准予以核销时：

借：其他支出

　　贷：待处置资产损溢

◆已核销预付账款在以后期间收回的，按照实际收回的金额：

借：银行存款

　　贷：其他收入

（5）其他应收款。

事业单位的其他应收款是指事业单位除财政应返还额度、应收票据、应收账款、预付账款以外的其他各项应收及暂付款项，如职工预借的差旅费、拨付给内部有关部门的备用金、应向职工收取的各种垫付款项等。

◆事业单位发生其他各种应收及暂付款项时：

借：其他应收款

　　贷：银行存款

◆收回或转销其他各种应收及暂付款项时：

借：有关科目

　　贷：其他应收款

◆逾期三年或以上、有确凿证据表明确实无法收回的其他应收款，按规定报经批准后予以核销。核销的其他应收款应在备查簿中保留登记。转入待处置资产时，按照待核销的其他应收款金额：

借：待处置资产损溢

　　贷：其他应收款

◆报经批准予以核销时：

借：其他支出

　　贷：待处置资产损溢

◆已核销其他应收款在以后期间收回的，按照实际收回的金额：

借：银行存款

　　贷：其他收入

4. 存货

存货是指事业单位在开展业务活动及其他活动中为耗用而储存的各种材料、燃料、包装物、低值易耗品及达不到固定资产标准的用具、装具、动植物等。

事业单位购买随用的零星办公用品，可以在购进时直接列作支出，不作为存货核算。

事业单位的存货在取得时按照其实际成本入账。购入的存货，其成本包括购买价款、相关税费、运输费、装卸费、保险费以及其他使得存货达到目前场所和状态所发生的其他支出。

自行加工的存货，其成本包括耗用的直接材料费用、发生的直接人工费用和按照一定方法分配的与存货加工有关的间接费用。接受捐赠、无偿调入的存货，其成本按照有关凭据注明的金额加上相关税费、运输费等确定；没有相关凭据的，其成本比照同类或类似存货的市场价格加上相关税费、运输费等确定；没存相关凭据、同类或类似存货的市场价格也无法可靠取得的，该存货按照名义金额（即人民币1元）入账。

存货在发出时，应当根据实际情况采用先进先出法、加权平均法或者个别计价法确定发出存货的实际成本。

◆存货增加时：

借：存货

　　贷：银行存款

　　　　应付账款

事业单位应当通过明细核算或辅助登记方式，登记取得存货成本的资金来源（区分财政补助资金、非财政专项资金和其他资金）。

◆开展业务活动等领用、发出存货：

借：事业支出

　　经营支出

　　贷：存货

◆对外捐赠、无偿调出存货，转入待处置资产时：

借：待处置资产损溢

　　贷：存货

◆实际捐出、调出存货时：

借：其他支出

　　贷：待处置资产损溢

◆事业单位的存货应当定期进行清查盘点，每年至少盘点一次。对于发生的存货盘盈、盘亏或者报废、毁损，应当及时查明原因，按规定报经批准后进行账务处理。盘盈的存货，按照确定的入账价值：

借：存货

　　贷：其他收入

◆盘亏或者毁损、报废的存货，转入待处置资产时：

借：待处置资产损溢

　　贷：存货

◆报经批准予以处置时：

借：其他支出

　　贷：待处置资产损溢

5. 长期投资

长期投资是指事业单位依法取得的，持有时间超过1年（不含1年）的股权和债权性质的投资。

事业单位对外转让或到期收回长期投资时，相应减少非流动资产基金。

（1）长期投资的取得。

事业单位依法取得长期投资时，应当按照其实际成本作为投资成本。以货币资金取得的长期投资，按照实际支付的全部价款（包括购买价款以及税金、手续费等相关税费）作为投资成本；以非现金资产取得的长期投资，按照非现金资产的评估价值加上相关税费作为投资成本。长期投资增加时，应当相应增加非流动资产基金。

◆以货币资金取得长期投资时：

借：长期投资

　　贷：银行存款

同时，按照投资成本金额：

借：事业基金

　　贷：非流动资产基金——长期投资

(2) 长期投资持有期间的收益。

事业单位长期投资在持有期间应采用成本法核算，除非追加（或收回）投资，其账面价值一直保持不变。事业单位收到利润或者利息时，按照实际收到的金额，计入其他收入。事业单位收到利润或者利息时，按照实际收到的金额：

借：银行存款

　　贷：其他收入——投资收益

(3) 长期投资的处置。

1) 事业单位对外转让或到期收回长期债券投资时，应将实际收到的金额与投资成本之间的差额计入其他收入，并相应减少非流动资产基金：

借：银行存款（按照实际收到的金额）

　　贷：长期投资（按照收回长期投资的成本）

　　　　其他收入——投资收益（可能在借方）

同时，按照收回长期投资对应的非流动资产基金：

借：非流动资产基金——长期投资

　　贷：事业基金

2) 事业单位转让或核销长期股权投资时，应将长期投资转入待处置资产：

借：待处置资产损溢（按照长期股权投资账面余额）

　　贷：长期投资

◆实际转让或报经批准予以核销时，应相应减少非流动资产基金：

借：非流动资产基金——长期投资

　　贷：待处置资产损溢

转让长期股权投资过程中取得的净收入，应当按照国家有关规定处理。

6. 固定资产

事业单位的固定资产是指事业单位持有的使用期限超过 1 年（不含 1 年）、单位价值在 1 000元以上（其中，专用设备单位价值在 1 500 元以上），并在使用过程中基本保持原有物质形态的资产。

为满足预算管理的需要，事业单位固定资产的核算一般采用双分录的形式。购置固定资产的支出，在实际支付购买价款时确认为当期支出或减少专用基金中的修购基金，同时增加固定资产原值和非流动资产基金。在计提折旧时，逐期减少固定资产对应的非流动资产基金。处置固定资产时，相应减少非流动资产基金。

(1) 固定资产的取得。

事业单位取得固定资产时，应当按照其实际成本入账。购入的固定资产，其成本包括购买价款、相关税费以及固定资产交付使用前所发生的可归属于该项资产的运输费、装卸费、安装调试费和专业人员服务费等。

固定资产增加时，应当相应增加非流动资产基金：

借：固定资产（按照确定的固定资产成本）

　　贷：非流动资产基金——固定资产

同时，按照实际支付金额：

借：事业支出

　　专用基金——修购基金

　　贷：银行存款

(2) 计提固定资产折旧。

事业单位应当按照《事业单位财务规则》或相关财务制度的规定确定是否对固定资产计提折旧。对固定资产计提折旧的，应当按月计提，按照实际计提金额：

借：非流动资产基金——固定资产

　　贷：累计折旧

(3) 固定资产的处置。

固定资产的处置具体包括固定资产的出售、报废、毁损、无偿调出、对外捐赠等。固定资产转入待处置资产时，事业单位应将其账面余额和相关的累计折旧转入“待处置资产损溢”科目，实际出售、毁损、报废、调出、捐出时，将相关的非流动资产基金余额转入“待处置资产损溢”科目。对处置过程中取得的收入、发生的相关费用通过“待处置资产损溢”科目核算，处置净收入根据国家有关规定处理。

7. 在建工程

事业单位的在建工程是指事业单位已经发生的必要支出，但尚未完工交付使用的各种建筑（包括新建、改建、扩建、修缮等）和设备安装工程。

事业单位在建工程增加或减少时，应当相应增加或减少非流动资产基金。

(1) 建筑工程。

◆将固定资产转入改建、扩建或修缮等时：

借：在建工程

　　贷：非流动资产基金——在建工程

同时，按照固定资产对应的非流动资产基金：

借：非流动资产基金——固定资产

　　累计折旧（按照已计提折旧）

　　贷：固定资产（按照固定资产的账面余额）

◆支付工程价款及专门借款利息时：

借：在建工程

　　贷：非流动资产基金——在建工程

同时：

借：其他支出

　　贷：银行存款

◆工程完工交付使用时：

借：固定资产

　　贷：非流动资产基金——固定资产

同时：

借：非流动资产基金——在建工程

　　贷：在建工程

(2) 设备安装工程。

◆购入需要安装的设备：

借：在建工程

　　贷：非流动资产基金——在建工程

同时，按照实际支付金额：

借：事业支出

　　经营支出

　　贷：银行存款

◆发生安装费用：

借：在建工程

　　贷：非流动资产基金——在建工程

同时：

借：事业支出

　　贷：银行存款

◆设备安装完工交付使用时：

借：固定资产

　　贷：非流动资产基金——固定资产

同时：

借：非流动资产基金——在建工程

　　贷：在建工程

8. 无形资产

事业单位的无形资产是指事业单位持有的没有实物形态的可辨认非货币性资产，包括专利权、商标权、著作权、土地使用权、非专利技术等。事业单位购入的不构成相关硬件不可缺少组成部分的应用软件，应当作为无形资产核算。

事业单位无形资产增加或减少时，应当相应增加或减少非流动资产基金。无形资产在计提摊销时，逐期减少无形资产对应的非流动资产基金。

（1）无形资产的取得。

事业单位取得无形资产时，应当按照其实际成本入账。购入的无形资产，其成本包括购买价款、相关税费以及归属于该项资产达到预定用途所发生的其他支出。

◆无形资产增加时，应当相应增加非流动资产基金：

借：无形资产（按照确定的无形资产成本）

　　贷：非流动资产基金——无形资产

同时，按照实际支付金额：

借：事业支出

　　贷：银行存款

委托软件公司开发软件视同外购无形资产进行处理，在支付软件开发费时，按照实际支付的金额作为无形资产的成本入账。自行开发并按照法律程序申请取得的无形资产，按照依法取得时发生的注册费、聘请律师费等费用作为无形资产的成本入账，依法取得前所发生的研究开发支出不作为无形资产成本，应当于发生时直接计入当期支出。

（2）计提无形资产摊销。

事业单位应当按照《事业单位财务规则》或相关财务制度的规定确定是否对无形资产计提摊销。对无形资产计提摊销的，应当按月计提：

借：非流动资产基金——无形资产（按照实际计提金额）

　　贷：累计摊销

（3）无形资产的处置。

无形资产的处置具体包括转让、无偿调出和对外捐赠无形资产。当无形资产预期不能为事业单位带来服务潜能或经济利益时，也应当按规定报经批准后核销。无形资产转入待处置资产时，事业单位应将其账面余额和相关的累计摊销转入“待处置资产损溢”科目，实际转让、调出、捐出及核销时，将相关的非流动资产基金余额转入“待处置资产损溢”科目。对处置过程中取得的收入、发生的相关费用通过“待处置资产损溢”科目核算，处置净收入根据国家有关规定处理。

1. 实行国库集中支付的事业单位，对于应收财政下年度返还的资金额度，应当借记的会计科目是（　　）。

A. 应缴国库款　　B. 其他应收款

C. 财政应返还额度　　D. 应收账款

【答案】C

【解析】实行国库集中支付的事业单位，对于应收财政下年度返还的资金额度，应当借记“财政应返还额度”科目。

2. 某事业单位经财政部门审核后以财政直接支付方式向自来水公司支付水费，应贷记的会计科目是（　　）。

A. 事业收入　　B. 银行存款

C. 财政补助收入　　D. 零余额账户用款额度

【答案】C

【解析】在财政直接支付方式下，事业单位以财政直接支付方式发生实际支出时，借记“事业支出”等科目，贷记“财政应返还额度——财政补助收入”科目。

（二）负债

考试要求：掌握

命题频率：2014 年单选题；2015 年多选题；2016 年多选题

负债是指事业单位所承担的能以货币计量，需要以资产或者劳务偿还的债务。事业单位的负债包括短期借款、应缴款项、应付职工薪酬、应付及预收款项、长期借款、长期应付款等。事业单位的负债按照流动性，分为流动负债和非流动负债。流动负债是指预计在 1 年内（含 1 年）偿还的负债，包括短期借款、应缴款项、应付职工薪酬、应付及预收款项等。非流动负债是指流动负债以外的负债，包括长期借款、长期应付款等。

1. 短期借款

事业单位的短期借款是指事业单位借入的期限在 1 年内（含 1 年）的各种借款。

◆事业单位借入各种短期借款时：

借：银行存款

　　贷：短期借款

◆支付短期借款利息时：

借：其他支出

　　贷：银行存款

◆归还短期借款时：

借：短期借款

　　贷：银行存款

2. 应缴款项

事业单位的应缴款项是指事业单位应缴未缴的各种款项，包括应当上缴国库或者财政专户的款项、应缴税费，以及其他按照国家有关规定应当上缴的款项。

（1）应缴税费。

事业单位的应缴税费是指事业单位按照税法等规定应缴纳的各种税费，包括增值税、城市维护建设税、教育费附加、车船税、房产税、城镇土地使用税、企业所得税等。

为核算应缴纳的各种税费，事业单位应当设置“应缴税费”科目，该科目贷方登记事业单位发生纳税义务时应当缴纳的税费，借方登记实际缴纳的金额，期末贷方余额反映事业单位应缴未缴的税费金额。

◆事业单位发生纳税义务时，按照应缴纳的税费金额：

借：有关科目

　　贷：应缴税费

◆实际缴纳时：

借：应缴税费

　　贷：银行存款

(2) 应缴国库款。

事业单位的应缴国库款是指事业单位按规定应缴入国库的款项（应缴税费除外）。

为核算应缴国库的各类款项，事业单位应当设置“应缴国库款”科目。该科目贷方登记应缴国库款的增加，借方登记实际缴纳的金额，期末贷方余额反映事业单位应缴入国库但尚未缴纳的款项。

◆事业单位按规定计算确定或实际取得应缴国库的款项时：

借：有关科目

　　贷：应缴国库款

◆上缴款项时：

借：应缴国库款

　　贷：银行存款

(3) 应缴财政专户款。

事业单位的应缴财政专户款是指事业单位按规定应缴入财政专户的款项。

为核算应缴财政专户的各类款项，事业单位应当设置“应缴财政专户款”科目。该科目贷方登记应缴财政专户款的增加，借方登记实际缴纳的金额，期末贷方余额反映事业单位应缴入财政专户但尚未缴纳的款项。

◆事业单位取得应缴财政专户的款项时：

借：有关科目

　　贷：应缴财政专户款

◆上缴款项时：

借：应缴财政专户款

　　贷：银行存款

3. 应付职工薪酬

事业单位的应付职工薪酬是指事业单位按有关规定应付给职工及为职工支付的各种薪酬。包括基本工资、绩效工资、国家统一规定的津贴补贴、社会保险费、住房公积金等。

◆事业单位计算当期应付职工薪酬：

借：事业支出

　　经营支出

　　贷：应付职工薪酬

◆按税法规定代扣代缴个人所得税：

借：应付职工薪酬

　　贷：应缴税费

◆向职工支付工资、津贴补贴等薪酬及按照国家有关规定缴纳职工社会保险费和住房公积金时：

借：应付职工薪酬

贷：银行存款

4. 应付及预收款项

事业单位的应付及预收款项是指事业单位在开展业务活动中发生的各项债务，包括应付票据、应付账款、其他应付款等应付款项和预收账款。

（1）应付票据。

事业单位的应付票据是指事业单位因购买材料、物资等而开出、承兑的商业汇票，包括银行承兑汇票和商业承兑汇票。

◆事业单位开出、承兑商业汇票时：

借：存货

贷：应付票据

◆支付银行承兑汇票的手续费时：

借：事业支出

经营支出

贷：银行存款

◆商业汇票到期，收到银行支付到期票据的付款通知时：

借：应付票据

贷：银行存款

◆本单位无力支付银行承兑汇票票款的：

借：应付票据

贷：短期借款

◆本单位无力支付商业承兑汇票票款的：

借：应付票据

贷：应付账款

（2）应付账款。

事业单位的应付账款是指事业单位因购买材料、物资等而应付的款项。

◆事业单位购入材料、物资等已验收入库但货款尚未支付的：

借：存货

贷：应付账款

◆偿付应付账款时：

借：应付账款

贷：银行存款

◆无法偿付或债权人豁免偿还的应付账款：

借：应付账款

贷：其他收入

（3）预收账款。

事业单位的预收账款是指事业单位按合同规定预收的款项。

◆事业单位从付款方预收款项时：

借：银行存款

贷：预收账款

◆确认有关收入时：

借：预收账款

贷：经营收入（按照应确认的收入金额）

银行存款（按照付款方补付或退回付款方的金额，可能在借方）

◆无法偿付或债权人豁免偿还的预收账款：

借：预收账款

　　贷：其他收入

（4）其他应付款。

事业单位的其他应付款是指事业单位除应缴税费、应缴国库款、应缴财政专户款、应付职工薪酬、应付票据、应付账款、预收账款之外的其他各项偿还期限在 1 年内（含 1 年）的应付及暂收款项，如存入保证金等。

◆发生其他各项应付及暂收款项时：

借：银行存款

　　贷：其他应付款

◆支付其他应付款项时：

借：其他应付款

　　贷：银行存款

◆无法偿付或债权人豁免偿还的其他应付款项：

借：其他应付款

　　贷：其他收入

5. 长期借款

事业单位的长期借款是指事业单位借入的期限超过 1 年（不含 1 年）的各种借款。

◆事业单位借入各种长期借款时：

借：银行存款

　　贷：长期借款

◆支付长期借款利息时：

借：其他支出

　　贷：银行存款

如为购建固定资产支付的专门借款，属于工程项目建设期间支付的，还应同时：

借：在建工程

　　贷：非流动资产基金——在建工程

◆归还长期借款本金时：

借：长期借款

　　贷：银行存款

6. 长期应付款

事业单位的长期应付款是指事业单位发生的偿还期限超过 1 年（不含 1 年）的应付款项，如以融资租赁租入固定资产的租赁费、跨年度分期付款购入固定资产的价款等。

◆发生长期应付款时：

借：固定资产

　　在建工程

　　贷：长期应付款

　　　　非流动资产基金

◆支付长期应付款时：

借：事业支出

　　经营支出

　　贷：银行存款

同时：

借：长期应付款

　　贷：非流动资产基金

◆无法偿付或债权人豁免偿还的长期应付款：

借：长期应付款

　　贷：其他收入

经典例题
JINGDIANLITI

下列各项中，属于事业单位流动负债的有（　　）。

A. 应付职工薪酬　　B. 其他应付款

C. 应缴税费　　D. 应缴国库款

【答案】ABCD

【解析】短期借款、应缴款项（包括应缴税费和应缴国库款）、应付职工薪酬、应付及预收款项（包括其他应付款）等均属于事业单位流动负债。

三、净资产

考试要求：掌握

命题频率：2016 年多选题

净资产是指事业单位资产扣除负债后的余额。事业单位的净资产包括事业基金、非流动资产基金、专用基金、财政补助结转结余、非财政补助结转结余等。事业单位应当严格区分财政补助结转结余和非财政补助结转结余。

财政拨款结转结余不参与事业单位的结余分配、不转入事业基金，单独设置“财政补助结转”和“财政补助结余”科目核算。非财政补助结转结余通过设置“非财政补助结转”“事业结余”“经营结余”“非财政补助结余分配”等科目核算。

经典例题
JINGDIANLITI

下列各项中，属于事业单位净资产的有（　　）。

A. 非流动资产基金　　B. 财政补助结转结余

C. 非财政补助结转结余　　D. 财政应返还额度

【答案】ABC

【解析】事业单位的净资产包括事业基金、非流动资产基金、专用基金、财政补助结转结余、非财政补助结转结余等。D 选项属于事业单位的应收及预付款项。

（一）财政补助结转结余

考试要求：掌握

命题频率：2016 年判断题

1. 财政补助结转

财政补助结转资金是指当年支出预算已执行但尚未完成或因故未执行，下年需按原用途继续使用的财政补助资金。财政补助结转包括基本支出结转和项目支出结转。事业单位设置“财政补助结转”科目，核算滚存的财政补助结转资金。期末，事业单位应当将财政补助收入和对应的财政补助支出结转至“财政补助结转”科目。

◆根据财政补助收入本期发生额：

借：财政补助收入

　　贷：财政补助结转

◆根据财政补助支出本期发生额：

借：财政补助结转

　　贷：事业支出——财政补助支出

◆年末，完成上述财政补助收支结转后，应当对财政补助各明细项目执行情况进行分析，按照有关规定将符合财政补助结余性质的项目余额转入财政补助结余：

借：财政补助结转（可能在贷方）

　　贷：财政补助结余（可能在借方）

◆按规定上缴财政补助结转资金或注销财政补助结转额度的，按照实际上缴资金数额或注销的资金额度数额：

借：财政补助结转

　　贷：财政应返还额度

　　　　零余额账户用款额度

　　　　银行存款

取得主管部门归集调入财政补助结转资金或额度的，做相反会计分录。

2. 财政补助结余

财政补助结余资金是指支出预算工作目标已完成，或由于受政策变化、计划调整等因素影响工作终止，当年剩余的财政补助资金。财政补助结余是财政补助项目支出结余资金。事业单位设置“财政补助结余”科目，核算事业单位滚存的财政补助项目支出结余资金。

◆年末，事业单位应当对财政补助各明细项目执行情况进行分析，按照有关规定将符合财政补助结余性质的项目余额转入财政补助结余：

借：财政补助结转（可能在贷方）

　　贷：财政补助结余（可能在借方）

◆按规定上缴财政补助结余资金或注销财政补助结余额度的，按照实际上缴资金数额或注销的资金额度数额：

借：财政补助结余

　　贷：财政应返还额度

　　　　零余额账户用款额度

　　　　银行存款

取得主管部门归集调入财政补助结余资金或额度的，做相反会计分录。

（二）非财政补助结转结余

考试要求：掌握
命题频率：2014 年单选题

1. 非财政补助结转

非财政补助结转资金是指事业单位除财政补助收支以外的各专项资金收入与其相关支出相抵后剩余滚存的、须按规定用途使用的结转资金，通过设置“非财政补助结转”科目核算，以满足专项资金专款专用的管理要求。

(1) 期末，事业单位应当将除财政补助收支以外的各专项资金收支结转至“非财政补助结转”科目。

◆根据事业收入、上级补助收入、附属单位上缴收入、其他收入本期发生额中的专项资金收入：

借：事业收入

　　上级补助收入

附属单位上缴收入
其他收入
贷：非财政补助结转

◆根据事业支出、其他支出本期发生额中的非财政专项资金支出：

借：非财政补助结转
贷：事业支出——非财政专项资金支出
其他支出

(2) 年末，完成非财政补助专项资金结转后，应当对非财政补助专项结转资金各项目情况进行分析，将已完成项目的项目剩余资金区分以下情况处理：

◆缴回原专项资金拨入单位的：

借：非财政补助结转
贷：银行存款

◆留归本单位使用的：

借：非财政补助结转
贷：事业基金

2. 非财政补助结余

非财政补助结余包括事业结余和经营结余两个组成部分。

(1) 事业结余。

事业结余是指事业单位一定期间除财政补助收支、非财政专项资金收支和经营收支以外各项收支相抵后的余额。

为核算事业结余，事业单位应当设置"事业结余"科目。期末，事业单位应当结转本期事业收支。

◆根据事业收入、上级补助收入、附属单位上缴收入、其他收入本期发生额中的非专项资金收入：

借：事业收入
上级补助收入
附属单位上缴收入
其他收入
贷：事业结余

◆根据事业支出、其他支出本期发生额中的非财政、非专项资金支出，以及对附属单位补助支出、上缴上级支出的本期发生额：

借：事业结余
贷：事业支出——其他资金支出
其他支出
对附属单位补助支出
上缴上级支出

◆年末，将"事业结余"科目余额结转至"非财政补助结余分配"科目：

借：事业结余（可能在贷方）
贷：非财政补助结余分配（可能在借方）

(2) 经营结余。

经营结余是指事业单位一定期间各项经营收支相抵后余额弥补以前年度经营亏损后的余额。

为核算经营结余，事业单位应当设置"经营结余"科目。期末，事业单位应当结转本期经营收支。

◆根据经营收入本期发生额：

借：经营收入

　　贷：经营结余

◆根据经营支出本期发生额：

借：经营结余

　　贷：经营支出

◆年末，如“经营结余”科目为贷方余额，将余额结转至“非财政补助结余分配”科目：

借：经营结余

　　贷：非财政补助结余分配

经营结余如为借方余额，即为经营亏损，不予结转。

（3）非财政补助结余分配。

事业单位应当设置“非财政补助结余分配”科目，核算事业单位本年度非财政补助结余分配的情况和结果。年末，将“事业结余”科目余额和“经营结余”科目贷方余额结转至“非财政补助结余分配”科目后，要按照规定进行结余分配。

◆有企业所得税缴纳义务的事业单位计算出应缴纳的企业所得税：

借：非财政补助结余分配

　　贷：应缴税费

◆按照有关规定提取职工福利基金的，按提取的金额：

借：非财政补助结余分配

　　贷：专用基金

◆将“非财政补助结余分配”科目余额结转至事业基金：

借：非财政补助结余分配（可能在贷方）

　　贷：事业基金（可能在借方）

经典例题

JINGDIANLITI

事业单位非财政补助专项资金结转后，按规定留归本单位使用的剩余资金应转入的科目是（　　）。

A. 事业结余　　B. 事业基金

C. 非财政补助结余　　D. 非财政补助结余分配

【答案】B

【解析】年末，完成非财政补助专项资金结转后，留归本单位使用的剩余资金按规定应转入“事业基金”科目，借记“非财政补助结转”科目，贷记“事业基金”科目。

（三）事业基金

考试要求：掌握

事业单位的事业基金是指事业单位拥有的非限定用途的净资产，主要为非财政补助结余扣除结余分配后滚存的金额。为核算事业基金，事业单位应当设置“事业基金”科目。

◆年末，将“非财政补助结余分配”科目余额结转至事业基金：

借：非财政补助结余分配（可能在贷方）

　　贷：事业基金（可能在借方）

◆将留归本单位使用的非财政补助专项（项目已完成）剩余资金结转至事业基金：

借：非财政补助结转

　　贷：事业基金

（四）非流动资产基金

考试要求：掌握
命题频率：2014 年多选题

事业单位的非流动资产基金是指事业单位长期投资、固定资产、在建工程、无形资产等非流动资产占用的金额。

事业单位应当设置"非流动资产基金"科目，核算因非流动资产增减变动而引起的非流动资产基金增减变动，该科目期末贷方余额反映事业单位非流动资产占用的金额。非流动资产基金应当在取得长期投资、固定资产、在建工程、无形资产等非流动资产或发生相关支出时予以确认。

计提固定资产折旧、无形资产摊销时，应当冲减非流动资产基金。

处置长期投资、固定资产、无形资产，以及以固定资产、无形资产对外投资时，应当冲销该资产对应的非流动资产基金。

非流动资产基金的具体账务处理可以参见本章第二节长期投资、固定资产、在建工程、无形资产的有关核算内容。

经典例题
JINGDIANLITI

下列各项中，会引起事业单位非流动资产基金发生增减变动的有（　　）。

A. 转让专利权　　　　B. 处置长期投资

C. 固定资产计提折旧　　　　D. 购入 3 个月到期的国债

【答案】ABC

【解析】事业单位非流动资产基金是指事业单位长期投资、固定资产、在建工程、无形资产等非流动资产占用的金额。ABC 选项均会引起事业单位非流动资产基金发生增减变动。D 选项是短期投资，属于流动资产，不会引起事业单位非流动资产基金发生增减变动。

（五）专用基金

考试要求：掌握

事业单位的专用基金是指事业单位按规定提取或者设置的具有专门用途的净资产，主要包括修购基金、职工福利基金等。

为核算专用基金，事业单位应当设置"专用基金"科目。该科目贷方登记提取的专用基金，借方登记实际使用的专用基金，期末贷方余额反映事业单位专用基金余额。

◆事业单位按规定提取专用基金时：

借：有关支出科目
　　非财政补助结余分配
　　贷：专用基金

◆按规定使用专用基金时：

借：专用基金
　　贷：银行存款

◆使用专用基金形成固定资产的，还应同时：

借：固定资产
　　贷：非流动资产基金——固定资产

四、收入与支出

事业单位的收入是指事业单位开展业务及其他活动依法取得的非偿还性资金。事业单位的支出是指事业单位开展业务及其他活动发生的资金耗费和损失。

(一) 收入

考试要求：掌握
命题频率：2015 年单选题、判断题；2016 年单选题

事业单位的收入包括财政补助收入、事业收入、上级补助收入、附属单位上缴收入、经营收入、其他收入等。

事业单位的收入一般应当在收到款项时予以确认，并按照实际收到的金额进行计量。

采用权责发生制确认的收入，应当在提供服务或者发出存货，同时收讫价款或者取得索取价款的凭据时予以确认，并按照实际收到的金额或者有关凭据注明的金额进行计量。

1. 财政补助收入

事业单位的财政补助收入是指事业单位从同级财政部门取得的各类财政拨款，包括基本支出补助和项目支出补助。为核算财政补助收入业务，事业单位应当设置“财政补助收入”科目。该科目贷方登记事业单位取得的财政补助收入，借方登记期末结转的金额，期末结账后该科目应无余额。

◆在财政直接支付方式下，对财政直接支付的支出，事业单位根据财政国库支付执行机构委托代理银行转来的“财政直接支付入账通知书”及原始凭证，按照通知书中的直接支付入账金额：

借：有关科目
　　贷：财政补助收入

◆在财政授权支付方式下，事业单位收到代理银行盖章的“授权支付到账通知书”时，根据通知书所列数额：

借：零余额账户用款额度
　　贷：财政补助收入

◆在其他方式下，实际收到财政补助收入时：

借：银行存款
　　贷：财政补助收入

◆期末，事业单位应当将“财政补助收入”本期发生额结转至财政补助结转：

借：财政补助收入
　　贷：财政补助结转

2. 事业收入

事业单位的事业收入是指事业单位开展专业业务活动及其辅助活动取得的收入。为核算事业收入，事业单位应当设置“事业收入”科目。该科目贷方登记事业单位取得的事业收入，借方登记期末结转的金额，期末结账后该科目应无余额。事业收入需要区分专项资金收入和非专项资金收入，对专项资金还应按具体项目进行明细核算。

◆对采用财政专户返还方式管理的事业收入，收到应上缴财政专户的事业收入时：

借：银行存款
　　贷：应缴财政专户款

◆向财政专户上缴款项时：

借：应缴财政专户款（按照实际上缴的款项金额）
　　贷：银行存款（按照实际上缴的款项金额）

◆按照实际上缴的款项金额收到从财政专户返还的事业收入时：

借：银行存款（按照实际收到的返还金额）

　　贷：事业收入

◆对其他事业收入，收到款项时：

借：银行存款

　　贷：事业收入

◆期末，事业单位应当将“事业收入”本期发生额中的专项资金收入结转至非财政补助结转：

借：事业收入

　　贷：非财政补助结转

◆将“事业收入”本期发生额中的非专项资金收入结转至事业结余：

借：事业收入

　　贷：事业结余

3. 上级补助收入

事业单位的上级补助收入是指事业单位从主管部门和上级单位取得的非财政补助收入。为核算上级补助收入，事业单位应当设置“上级补助收入”科目。该科目贷方登记事业单位取得的上级补助收入，借方登记期末结转的金额，期末结账后该科目应无余额。上级补助收入需要区分专项资金收入和非专项资金收入，对专项资金还应按具体项目进行明细核算。

◆事业单位收到上级补助收入时：

借：银行存款

　　贷：上级补助收入

◆期末，事业单位应当将“上级补助收入”本期发生额中的专项资金收入结转至非财政补助结转：

借：上级补助收入

　　贷：非财政补助结转

◆将“上级补助收入”本期发生额中的非专项资金收入结转至事业结余：

借：上级补助收入

　　贷：事业结余

4. 附属单位上缴收入

事业单位的附属单位上缴收入是指事业单位附属独立核算单位按照有关规定上缴的收入。为核算附属单位上缴收入，事业单位应当设置“附属单位上缴收入”科目。该科目贷方登记事业单位取得的附属单位上缴收入，借方登记期末结转的金额，期末结账后该科目应无余额。附属单位上缴收入需要区分专项资金收入和非专项资金收入，对专项资金还应按具体项目进行明细核算。

◆事业单位收到附属单位缴来款项时：

借：银行存款

　　贷：附属单位上缴收入

◆期末，事业单位应当将“附属单位上缴收入”本期发生额中的专项资金收入结转至非财政补助结转：

借：附属单位上缴收入

　　贷：非财政补助结转

◆将“附属单位上缴收入”本期发生额中的非专项资金收入结转至事业结余：

借：附属单位上缴收入

　　贷：事业结余

5. 经营收入

事业单位的经营收入是指事业单位在专业业务活动及其辅助活动之外开展非独立核算经营

活动取得的收入。

◆事业单位在提供服务或发出存货，同时收讫价款或者取得索取价款的凭据时，按照确定的收入金额：

借：银行存款

　　应收账款

　　应收票据

　　贷：经营收入

负有增值税纳税义务的，还应按税法确定的增值税税额，贷记“应缴税费”科目。

◆期末，事业单位应当将“经营收入”本期发生额转至经营结余：

借：经营收入

　　贷：经营结余

6. 其他收入

事业单位的其他收入是指事业单位除财政补助收入、事业收入、上级补助收入、附属单位上缴收入、经营收入以外的各项收入，包括投资收益、银行存款利息收入、租金收入、捐赠收入、现金盘盈收入、存货盘盈收入、收回已核销应收及预付款项、无法偿付的应付及预收款项等。为核算其他收入，事业单位应当设置“其他收入”科目。该科目贷方登记事业单位取得的其他收入，借方登记期末结转的金额，期末结账后该科目应无余额。

其他收入需要区分专项资金收入和非专项资金收入，对专项资金还应按具体项目进行明细核算。

◆事业单位在收到利息、利润、租金收入、现金捐赠收入、发现现金溢余，以及收回已核销的应收及预付款时：

借：银行存款

　　库存现金

　　贷：其他收入

◆事业单位在接受存货捐赠或发生存货盘盈时：

借：存货

　　贷：其他收入

◆发生无法偿付或债权人豁免偿还应付及预收款项业务时：

借：应付账款

　　贷：其他收入

◆期末，事业单位应当将“其他收入”本期发生额中的专项资金收入结转至非财政补助结转：

借：其他收入

　　贷：非财政补助结转

◆将“其他收入”本期发生额中的非专项资金收入结转至事业结余：

借：其他收入

　　贷：事业结余

下列各项中，事业单位应通过“其他收入”科目核算的是（　　）。

A. 开展非独立核算经营活动取得的收入

B. 按照规定对外投资取得的投资收益

C. 附属独立核算单位按照有关规定上缴的收入

D. 从主管部门取得的非财政补助收入

【答案】B

【解析】事业单位的其他收入包括投资收益、银行存款利息收入、租金收入、捐赠收入、现金盘盈收入、存货盘盈收入、收回已核销应收及预付款项、无法偿付的应付及预收款项等。A 选项计入经营收入；C 选项计入附属单位上缴收入；D 选项计入上级补助收入。

（二）支出

考试要求：掌握

事业单位支出包括事业支出、上缴上级支出、对附属单位补助支出、经营支出、其他支出等。

事业单位的支出一般应当在实际支付时予以确认，并按照实际支付金额进行计量。

采用权责发生制确认的支出或者费用，应当在其发生时予以确认，并按照实际发生额进行计量。

1. 事业支出

事业单位的事业支出是指事业单位开展专业业务活动及其辅助活动发生的基本支出和项目支出。为核算事业支出，事业单位应当设置“事业支出”科目。该科目借方登记当期实际发生的事业支出，贷方登记期末结转的金额，期末结账后该科目应无余额。

事业支出需要分别按财政补助支出、非财政专项资金支出和其他资金支出等进行明细核算，这样才能使各类支出与财政补助收入、非财政专项资金收入和其他资金来源相配比，从而准确计算财政补助结转结余和非财政补助结转结余。

◆事业单位开展专业业务活动及其辅助活动中发生的各项支出时：

借：事业支出

　　贷：银行存款

　　　　应付职工薪酬

　　　　存货

◆期末，将“事业支出——财政补助支出”本期发生额结转至“财政补助结转”科目：

借：财政补助结转

　　贷：事业支出——财政补助支出

◆将“事业支出——非财政专项资金支出”本期发生额结转至“非财政补助结转”科目：

借：非财政补助结转

　　贷：事业支出——非财政专项资金支出

◆将“事业支出——其他资金支出”本期发生额结转至“事业结余”科目：

借：事业结余

　　贷：事业支出——其他资金支出

2. 上缴上级支出

事业单位的上缴上级支出是指事业单位按照财政部门和主管部门的规定上缴上级单位的支出。为核算上缴上级支出，事业单位应当设置“上缴上级支出”科目。该科目借方登记当期实际上缴上级单位的款项，贷方登记期末结转的金额，期末结账后该科目应无余额。

◆事业单位按规定将款项上缴上级单位的：

借：上缴上级支出

　　贷：银行存款

◆期末，将“上缴上级支出”本期发生额结转至事业结余：

借：事业结余

贷：上缴上级支出

3. 对附属单位补助支出

事业单位的对附属单位补助支出是指事业单位用财政补助收入之外的收入对附属单位补助发生的支出。为核算对附属单位补助支出，事业单位应当设置“对附属单位补助支出”科目。该科目借方登记当期发生的对附属单位的补助支出，贷方登记期末结转的金额，期末结账后该科目应无余额。

◆事业单位发生对附属单位补助支出的：

借：对附属单位补助支出

贷：银行存款

◆期末，将“对附属单位补助支出”本期发生额结转至事业结余：

借：事业结余

贷：对附属单位补助支出

4. 经营支出

事业单位的经营支出是指事业单位在专业业务活动及其辅助活动之外开展非独立核算经营活动发生的支出。事业单位开展非独立核算经营活动的，应当正确归集开展经营活动发生的各项费用数；无法直接归集的，应当按照规定的标准或比例合理分摊。经营支出应当与经营收入相配比。为核算经营支出，事业单位应当设置“经营支出”科目。该科目借方登记当期发生的经营支出，贷方登记期末结转的金额，期末结账后该科目应无余额。

◆事业单位在专业业务活动及其辅助活动之外开展非独立核算经营活动发生的各项支出：

借：经营支出

贷：银行存款

应付职工薪酬

存货

◆期末，将“经营支出”本期发生额结转至经营结余：

借：经营结余

贷：经营支出

5. 其他支出

事业单位的其他支出是指事业单位除事业支出、上缴上级支出、对附属单位补助支出、经营支出以外的各项支出，包括利息支出、捐赠支出、现金盘亏损失、资产处置损失、接受捐赠（调入）非流动资产发生的税费支出等。为核算其他支出，事业单位应当设置“其他支出”科目。该科目借方登记当期发生的其他支出，贷方登记期末结转的金额，期末结账后该科目应无余额。其他支出需要分别对非财政专项资金支出、其他资金支出等进行明细核算，这样才能使各类支出与非财政专项资金收入和其他资金来源相配比，从而准确计算非财政补助结转和事业结余。

◆事业单位支付银行借款利息、对外捐赠现金资产、发现现金短缺、支付接受捐赠（调入）非流动资产发生的相关税费时：

借：其他支出

贷：银行存款

库存现金

◆报经批准核销应收及预付款项、捐出或处置存货时：

借：其他支出

贷：待处置资产损溢

◆期末，将“其他支出”本期发生额中的专项资金支出结转至非财政补助结转：

借：非财政补助结转

贷：其他支出

◆将“其他支出”本期发生额中的非专项资金支出结转至事业结余：

借：事业结余

　　贷：其他支出

五、财务报告

（一）财务报告的概念和构成

考试要求：熟悉

事业单位的财务报告是反映事业单位某一特定日期的财务状况和某一会计期间的事业成果、预算执行等会计信息的文件。

事业单位的财务会计报告包括财务报表和其他应当在财务会计报告中披露的相关信息和资料。

财务报表是对事业单位财务状况、事业成果、预算执行情况等的结构性表述。财务报表由会计报表及其附注构成。事业单位的会计报表至少应当包括资产负债表、收入支出表或者收入费用表和财政补助收入支出表。

（二）资产负债表的编制

考试要求：了解

事业单位的资产负债表反映事业单位在某一特定日期全部资产、负债和净资产情况。资产负债表应当按照资产、负债和净资产分类列示。资产和负债应当分别按流动资产和非流动资产、流动负债和非流动负债列示。事业单位应当编制月度和年度资产负债表。资产负债表的基本格式见表 8-1。

表 8-1　资产负债表

会事业 01 表

编制单位：　　　　__年__月__日　　　　单位：元

资产	期末余额	年初余额	负债和净资产	期末余额	年初余额
流动资产：			流动负债：		
货币资金			短期借款		
短期投资			应缴税费		
财政应返还额度			应缴国库款		
应收票据			应缴财政专户款		
应收账款			应付职工薪酬		
预付账款			应付票据		
其他应收款			应付账款		
存货			预收账款		
其他流动资产			其他应付款		
流动资产合计			其他流动负债		
非流动资产：			流动负债合计		
长期投资			非流动负债：		
固定资产			长期借款		
固定资产原价			长期应付款		
减：累计折旧			非流动负债合计		

续表

资产	期末余额	年初余额	负债和净资产	期末余额	年初余额
在建工程			负债合计		
无形资产			净资产：		
无形资产原价			事业基金		
减：累计摊销			非流动资产基金		
待处置资产损溢			专用基金		
非流动资产合计			财政补助结转		
			财政补助结余		
			非财政补助结转		
			非财政补助结余		
			1. 事业结余		
			2. 经营结余		
			净资产合计		
资产总计			负债和净资产总计		

事业单位资产负债表“年初余额”栏内各项数字，应当根据上年年末资产负债表“期末余额”栏内数字填列；“期末余额”栏根据事业单位本期总账科目期末余额填列。

(三) 收入支出表的编制

考试要求：了解

事业单位的收入支出表反映事业单位在某一会计期间内各项收入、支出和结转结余情况，以及年末非财政补助结余的分配情况。收入支出表或者收入费用表应当按照收入、支出或者费用的构成和非财政补助结余分配情况分项列示。事业单位应当编制月度和年度收入支出表。收入支出表的基本格式见表 8-2。

表 8-2　收入支出表

会事业 02 表

编制单位：　　　　__年__月　　　　单位：元

项目	本月数	本年累计数
一、本期财政补助结转结余		
财政补助收入		
减：事业支出（财政补助支出）		
二、本期事业结转结余		
（一）事业类收入		
1. 事业收入		
2. 上级补助收入		
3. 附属单位上缴收入		
4. 其他收入		
其中：捐赠收入		
减：（二）事业类支出		
1. 事业支出（非财政补助支出）		

续表

项目	本月数	本年累计数
2. 上缴上级支出		
3. 对附属单位补助支出		
4. 其他支出		
三、本期经营结余		
经营收入		
减：经营支出		
四、弥补以前年度亏损后的经营结余		
五、本年非财政补助结转结余		
减：非财政补助结转		
六、本年非财政补助结余		
减：应缴企业所得税		
减：提取专用基金		
七、转入事业基金		

收入支出表“本月数”栏反映各项目的本月实际发生数。在编制年度收入支出表时，应当将本栏改为“上年数”栏，反映上年度各项目的实际发生数。

（四）财政补助收入支出表的编制

考试要求：了解

财政补助收入支出表反映事业单位某一会计年度财政补助收入、支出、结转及结余情况。事业单位应当编制年度财政补助收入支出表。财政补助收入支出表的基本格式见表8-3。

表8-3 财政补助收入支出表

会事业03表

编制单位： ____年度 单位：元

项目	本年数	上年数
一、年初财政补助结转结余		—
（一）基本支出结转		—
1. 人员经费		—
2. 日常公用经费		—
（二）项目支出结转		—
××项目		—
（三）项目支出结余		—
二、调整年初财政补助结转结余		—
（一）基本支出结转		—
1. 人员经费		—
2. 日常公用经费		—
（二）项目支出结转		—
××项目		—
（三）项目支出结余		—
三、本年归集调入财政补助结转结余		
（一）基本支出结转		
1. 人员经费		

续表

项目	本年数	上年数
2. 日常公用经费		
（二）项目支出结转		
××项目		
（三）项目支出结余		
四、本年上缴财政补助结转结余		
（一）基本支出结转		
1. 人员经费		
2. 日常公用经费		
（二）项目支出结转		
××项目		
（三）项目支出结余		
五、本年财政补助收入		
（一）基本支出		
1. 人员经费		
2. 日常公用经费		
（二）项目支出		
××项目		
六、本年财政补助支出		
（一）基本支出		
1. 人员经费		
2. 日常公用经费		
（二）项目支出		
××项目		
七、年末财政补助结转结余		—
（一）基本支出结转		—
1. 人员经费		—
2. 日常公用经费		—
（二）项目支出结转		—
××项目		—
（三）项目支出结余		—

（五）附注

考试要求：了解

事业单位的会计报表附注至少应当披露下列内容：

（1）遵循《事业单位会计准则》《事业单位会计制度》的声明；

（2）单位整体财务状况、业务活动情况的说明；

（3）会计报表中列示的重要项目的进一步说明，包括其主要构成、增减变动情况等；

（4）重要资产处置情况的说明；

（5）重大投资、借款活动的说明；

（6）以名义金额计量的资产名称、数量等情况，以及以名义金额计量理由的说明；

（7）以前年度结转结余调整情况的说明；

（8）有助于理解和分析会计报表需要说明的其他事项。

主要参考法律法规

1. 中华人民共和国会计法（1985 年 1 月 21 日第六届全国人民代表大会常务委员会第九次会议通过 根据 1993 年 12 月 29 日第八届全国人民代表大会常务委员会第五次会议《关于修改〈中华人民共和国会计法〉的决定》第一次修正 1999 年 10 月 31 日第九届全国人民代表大会常务委员会第十二次会议修订 根据 2017 年 11 月 4 日第十二届全国人民代表大会常务委员会第三十次会议《关于修改〈中华人民共和国会计法〉等十一部法律的决定》第二次修正））

2. 中华人民共和国公司法（2005 年 10 月 27 日中华人民共和国第十届全国人民代表大会常务委员会第十八次会议修订通过，自 2006 年 1 月 1 日施行）

3. 会计基础工作规范（1996 年 6 月 17 日财政部发布，自 1996 年 6 月 17 日起施行）

4. 企业会计准则——基本准则（2006 年 2 月 15 日财政部发布，自 2007 年 1 月 1 日施行，2014 年 7 月 23 日财政部修改发布）

5. 政府会计准则——基本准则（2015 年 10 月 23 日财政部发布，自 2017 年 1 月 1 日施行）

6. 企业会计准则第 1 号——存货（2014 年 3 月 13 日财政部发布，自 2014 年 7 月 1 日起在上市公司范围内施行）

7. 企业会计准则第 4 号——固定资产（2006 年 2 月 15 日财政部发布，自 2007 年 1 月 1 日起在上市公司范围内施行）

8. 企业会计准则第 6 号——无形资产（2006 年 2 月 15 日财政部发布，自 2007 年 1 月 1 日起在上市公司范围内施行）

9. 企业会计准则第 8 号——资产减值（2006 年 2 月 15 日财政部发布，自 2007 年 1 月 1 日起在上市公司范围内施行）

10. 企业会计准则第 9 号——职工薪酬（2014 年 1 月 27 日财政部发布，自 2014 年 7 月 1 日起在所有执行企业会计准则的企业范围内施行，鼓励在境外上市的企业提前执行）

11. 企业会计准则第 14 号——收入（2006 年 2 月 15 日财政部发布，自 2007 年 1 月 1 日起施行）

12. 企业会计准则第 16 号——政府补助（2017 年 5 月 10 日财政部修订发布，自 2017 年 6 月 12 日起在所有执行企业会计准则的企业范围内施行）

13. 企业会计准则第 18 号——所得税（2006 年 2 月 15 日财政部发布，自 2007 年 1 月 1 日起施行）

14. 企业会计准则第 19 号——外币折算（2006 年 2 月 15 日财政部发布，自 2007 年 1 月 1 日起在上市公司范围内施行）

15. 企业会计准则第 30 号——财务报表列报（2014 年 1 月 26 日财政部修订发布，自 2014 年 7 月 1 日起在所有执行企业会计准则的企业范围内施行，鼓励在境外上市的企业提前执行）

16. 企业会计准则第 42 号——持有待售的非流动资产、处置组和终止经营（2017 年 4 月 28 日财政部发布，自 2017 年 5 月 28 日起施行）

17. 企业会计准则——应用指南（2006 年 10 月 30 日财政部发布，自 2007 年 1 月 1 日起施行）

18. 企业会计准则解释第 3 号（2009 年 6 月 11 日财政部发布，自 2009 年 1 月 1 日起施行）

19. 事业单位会计准则（中华人民共和国财政部令第 72 号，2012 年 12 月 6 日财政部发布，自 2013 年 1 月 1 日起施行）

20. 事业单位会计制度（2012 年 12 月 19 日财政部发布，自 2013 年 1 月 1 日起施行）

21. 现金管理暂行条例（1988 年 9 月 8 日中华人民共和国国务院令第 12 号发布 根据 2011 年 1 月 8 日《国务院关于废止和修改部分行政法规的决定》修订）

22. 增值税会计处理规定（2016 年 12 月 3 日财政部发布，自发布之日起施行）

23. 营业税改征增值税试点实施办法（2016 年 3 月 23 日财政部 国家税务总局发布，自 2016 年 5 月 1 日起施行）

24. 营业税改征增值税试点有关事项的规定（2016 年 3 月 23 日财政部 国家税务总局发布，自 2016 年 5 月 1 日起施行）

25. 中华人民共和国增值税暂行条例（2008 年 11 月 10 日，中华人民共和国国务院令第 538 号，自 2009

年1月1日起施行）

26. 关于建筑服务等营改增试点政策的通知（2017年7月11日财政部 国家税务总局发布，自2017年7月1日起施行）

27. 财政部关于全面推进管理会计体系建设的指导意见（2014年10月27日财政部发布，自2014年10月27日起施行）

28. 管理会计基本指引（2016年6月22日财政部发布，自2016年6月22日起施行）

29. 企业产品成本核算制度（试行）（2013年8月16日财政部发布，自2014年1月1日起施行）

30. 国务院关于批转财政部权责发生制政府综合财务报告制度改革方案的通知（国发〔2014〕63号，2014年12月12日国务院发布，自2014年12月12日起施行）